Handbuch Religionskunde in Deutschland

De Gruyter Praxishandbuch

Handbuch Religionskunde in Deutschland

Herausgegeben von
Wanda Alberts, Horst Junginger, Katharina Neef
und Christina Wöstemeyer

DE GRUYTER

Die Open-Access-Version dieser Publikation wird publiziert mit Unterstützung der Universitätsbibliothek Leipzig und des Niedersächsischen Ministeriums für Wissenschaft und Kultur.

ISBN 978-3-11-069441-3
e-ISBN (PDF) 978-3-11-069453-6
e-ISBN (EPUB) 978-3-11-069462-8
DOI https://doi.org/10.1515/9783110694536

Dieses Werk ist lizenziert unter der Creative Commons Namensnennung - Nicht-kommerziell - Keine Bearbeitungen 4.0 International Lizenz. Weitere Informationen finden Sie unter https://creativecommons.org/licenses/by-nc-nd/4.0/.

Library of Congress Control Number: 2022946300

Bibliografische Information der Deutschen Nationalbibliothek
Die Deutsche Nationalbibliothek verzeichnet diese Publikation in der Deutschen Nationalbibliografie; detaillierte bibliografische Daten sind im Internet über http://dnb.dnb.de abrufbar.

© 2023 bei den Autorinnen und Autoren, Zusammenstellung © 2023 Wanda Alberts, Horst Junginger, Katharina Neef und Christina Wöstemeyer, publiziert von Walter de Gruyter GmbH, Berlin/Boston
Dieses Buch ist als Open-Access-Publikation verfügbar über www.degruyter.com.

Satz: Integra Software Services Pvt. Ltd.
Druck und Bindung: CPI books GmbH, Leck

www.degruyter.com

Vorwort

Religionskunde ist kein geschützter Begriff. Er ist vielfältig in Gebrauch und wird unterschiedlich verstanden. Dabei mehrt sich gerade gegenwärtig seine Verwendung, vor allem in schulpolitischen Bezügen. Deshalb ist es dringend notwendig, ihn wissenschaftlich zu reflektieren und zu schärfen. Eine solche Arbeit trägt nicht zuletzt auch dazu bei, die sehr komplexe und unübersichtliche Situation der religions- bzw. ethikbezogenen Unterrichte in Deutschland analytisch zu erfassen und in wissenschaftlich klaren Kategorien zu beschreiben. Dieses Handbuch liefert daher eine religionswissenschaftlich fundierte Definition von Religionskunde, mit der dann historisch und systematisch vergleichend die Situation im deutschen Sprachraum analysiert und beschrieben wird.

Das Feld der religionsbezogenen Unterrichte ist stark stratifiziert und dicht verflochten. Neben der grundgesetzlichen Garantie der konfessionsgebundenen Religionsunterrichte, die sich wiederum auf Landesebene in verschiedene Praxen auffächert, gibt es diverse, in den einzelnen deutschen Bundesländern unterschiedliche, gesetzliche Regelungen für die sogenannten Alternativfächer, die dann wiederum in unterschiedlichen Formen umgesetzt werden. Je nach dem, aus welcher Perspektive man schaut (z. B. ausgehend von der Unterrichtspraxis im Klassenraum, aus der Perspektive der Lehrkräfte, aus der Perspektive von Kultusministerien), entstehen unterschiedliche Bilder. Hinzu kommen zahlreiche Widersprüche zwischen Rhetorik und Praxis, Anspruch und empirischer Realität, großen oder kleineren gesellschaftlich wirkmächtigen Erzählungen und politischen und juristischen Rahmenbedingungen.

Religionskunde nimmt in diesem Feld, auch wenn sie rhetorisch immer wieder als relevantes Bildungsgut und wichtiger Anker für die Debatte um die Alternativunterrichte gesehen wird, *de facto* bisher empirisch einen sehr kleinen Raum ein. Denn der Diskurs über Religion in schulischen Bildungskontexten wird nach wie vor weitgehend von religiös-konfessionellen Perspektiven, die sich in der Regel im separativen Unterricht, d. h. nach religiösem Bekenntnis getrennten Schüler*innengruppen, manifestieren, bestimmt. In den sogenannten Alternativfächern für Schüler*innen, die sich vom Religionsunterricht abmelden oder aus anderen Gründen nicht an ihm teilnehmen, finden diese sich dann in weitgehend ethisch-philosophisch geprägten Fächern wieder, in denen zwar relativ häufig religionsbezogene Gegenstände thematisiert werden, eine systematische und religionswissenschaftlich basierte Reflexion über diese Themen bzw. den Zugang zu ihnen jedoch ausbleibt.

Religionskunde, so wie sie in diesen kleinen Räumen vorkommt – das zeigt die Analyse der Situation in den einzelnen Bundesländern – ist meist nicht auf religionswissenschaftlicher Grundlage konzipiert, sondern basiert auf explizit oder implizit theologisch-normativen, philosophisch-universalisierenden oder religionskritischen Perspektiven. Die empirische Erfassung gelebter und gesellschaftlich verhandelter Religion in religionsübergreifender, säkularer, d. h. nicht religionsaffirmativer und nicht religionskritischer, Perspektive kann in Deutschland bestenfalls als seltene

Ausnahme bezeichnet werden. Dies ist angesichts der Relevanz der Frage nach dem Zusammenleben im Kontext religiöser Pluralität bildungspolitisch ein eigentlich unverantwortliches Versäumnis, das bei genauerem Hinsehen und dem Vergleich mit Ländern, in denen Religionskunde einen selbstverständlichen und wichtigen Platz in schulischen Curricula hat, nicht viel mehr als Kopfschütteln hervorbringen kann.

Ein wichtiges Ziel der Herausgeber*innen dieses Bandes ist es, Leser*innen ein genaueres Hinsehen zu ermöglichen. Angesichts häufig schwer greifbarer und analytisch unpräziser Rhetorik über Religionskunde – z. T. explizit abwertend als „bloße Religionskunde", der im Gegensatz zu religiösen Perspektiven das Wesentliche an Religion gerade entgehe – möchte dieses Handbuch Licht ins Dickicht dieses Feldes bringen. Dazu werden die Situation von Religionskunde im Kontext der bildungspolitischen Entwicklungen und Spezifika in jedem einzelnen Bundesland genau analysiert.

Hierfür wurden Religionswissenschaftler*innen als Autor*innen gewonnen, die diese Analyse unabhängig von den Interessen religiöser Institutionen vornehmen, und Situation und Rahmenbedingungen von Religionskunde in den einzelnen Bundesländern darstellen. Damit soll eine Forschungslücke in der Diskussion um Religionskunde geschlossen und ein Beitrag zur Versachlichung der Debatte um religionsbezogenen Unterricht geleistet werden.

Die Ergebnisse der Analysen von Religionskunde in den deutschen Bundesländern sind in vielerlei Hinsicht erschreckend, wenn nicht empörend. Ein religionskundlicher Umgang mit religionsbezogenen Themen im Sinne einer sachlichen, deskriptiven wie analytischen Annäherung wird in den unterschiedlichen Kontexten immer wieder systematisch marginalisiert bzw. verhindert – zugunsten unreflektierter, historisch überkommener Usancen und/oder partikularer religiöser Interessen an der Diskurshoheit über das Thema Religion in der Schule. Dies steht im Widerspruch zu grundlegenden Ansprüchen des Schulsystems und Erziehungsverständnisses eines modernen demokratischen Staates. Geschichte und *status quo* der Religionskunde in Deutschland werden in diesem Handbuch beschrieben. Darüber, welche politischen Konsequenzen daraus folgen müssten, mögen sich unterschiedliche Leser*innengruppen selbst Gedanken machen.

Dieses Handbuch stellt jedoch klar heraus, dass das Thema Religion nicht länger aus dem säkularen Bildungskanon deutscher Schulen herausgelöst werden sollte, sondern religiös ungebundener, säkularer Religionskunde ein selbstverständlicher Platz in der Schule zugewiesen werden sollte – und das auf der Basis der grundgesetzlichen Garantie der Religionsfreiheit und unabhängig von der Religionszugehörigkeit der Schüler*innen.

Die Entstehungsgeschichte des Handbuches geht weiter zurück, als es den Herausgeber*innen lieb ist: Bereits 2018 beim Gründungstreffen des Arbeitskreises „Religionswissenschaft und Schule" der Deutschen Vereinigung für Religionswissenschaft (DVRW) begonnen, sollte es 2020 erscheinen. Aber zu den gemeinhin bekannten Verzögerungen, die solche großen Projekte immer mit sich bringen, kam auch noch ein pandemisches Geschehen, das alle Autor*innen und Herausgeber*innen in vielfältiger Weise vor Herausforderungen stellte und sie einschränkte – als akademisch Lehrende, wissenschaftlich Forschende, plötzlich prekär Arbeitende oder auch privat als Eltern, Partner*innen, pflegende Angehörige oder Erkrankte. Auch Teamtreffen konnten aufgrund des generellen Reisestopps an deutschen Universitäten nicht mehr durchgeführt werden. Und bei aller Dankbarkeit über die Möglichkeiten digitaler Kommunikation – persönliche Redaktionstreffen sind und bleiben produktiver ...

Nichtsdestotrotz ist das Handbuch nun also mit ein wenig Verspätung fertiggestellt. Das das Herausgeber*innenteam zeichnet für alle Ungenauigkeiten, die sich trotz Überarbeitung nach wie vor oder bedingt durch zeitliche Abstände in den Texten befinden. Wir danken auch allen Autor*innen für ihre Beiträge zu unseren Diskussionen in der Planungsphase des Handbuches und zu diesem Handbuch. Sie haben sich auf religionskundliche Spurensuche begeben und mit ihren ausführlichen Recherchen dazu beigetragen, dass aus den vielen verschiedenen, mitunter auch nicht recht zueinander passenden Puzzleteilen ein Gesamtbild entstanden ist, das den Status der Religionskunde in der bundesdeutschen Fächerlandschaft abbildet. Besonders den Autor*innen, die ihre Artikel fristgerecht abgegeben haben und sie nun aufgrund der langen Liegezeit noch einmal überarbeiten mussten, danken wir für ihre Geduld.

Wir danken auch den Studierenden, die das Handbuch für das Lektorat begleiteten: Felix Winge und Theo Gossens. Sophie Krohn hat mit großer Mühe und Sorgfalt das Register erstellt Zu. Zudem bedanken wir uns bei Sophie Wagenhofer und Katrin Mittman vom Verlag de Gruyter, die das Projekt auch von der Verlagsseite her mit viel Geduld und Verständnis über eine längere Zeit begleitet haben, als ursprünglich geplant war.

Hannover und Leipzig im Sommer 2022
Wanda Alberts
Horst Junginger
Katharina Neef
Christina Wöstemeyer

Inhaltsverzeichnis

Vorwort —— V

Teil 1: Religionskunde in Deutschland

Wanda Alberts
1   Religionskunde —— 3

Christina Wöstemeyer
2   Systematischer Überblick: Religions- und ethikbezogener Unterricht in Deutschland —— 21

Teil 2: Historische Entwicklungen und Kontexte

Katharina Neef
Einleitung —— 63

Katharina Neef
1   Das 19. Jahrhundert und das Deutsche Kaiserreich —— 65

Katharina Neef
2   Weimarer Republik —— 77

Horst Junginger
3   Die Zeit des Nationalsozialismus —— 85

Anja Kirsch
4   Deutsche Demokratische Republik —— 97

Horst Junginger
5   Bundesrepublik Deutschland —— 109

Teil 3: Bundesländer

Günter Kehrer
1   Baden-Württemberg —— 129

Stefan Schröder
2   **Bayern** —— 143

Astrid Reuter
3   **Berlin** —— 163

Astrid Reuter
4   **Brandenburg** —— 183

Ina Peter, Jana Peter, Maret Peter
5   **Bremen** —— 205

Giovanni Maltese
6   **Hamburg** —— 229

Verena Maske
7   **Hessen** —— 255

Sophie Faulstich
8   **Mecklenburg-Vorpommern** —— 273

Christina Wöstemeyer
9   **Niedersachsen** —— 297

Ulf Plessentin, Anna Raneck-Kuhlmann
10   **Nordrhein-Westfalen** —— 329

Anja-Maria Bassimir
11   **Rheinland-Pfalz** —— 357

Joanna Katharina Kiefer
12   **Saarland** —— 375

Katharina Neef
13   **Sachsen** —— 391

Felix Winge, Claudia Wustmann
14   **Sachsen-Anhalt** —— 407

Stephanie Gripentrog-Schedel
15   Schleswig-Holstein —— 425

Benedikt Erb
16   Thüringen —— 447

Teil 4: **Vergleichsperspektiven**

Katharina Frank
1   Schweiz —— 471

Karsten Lehmann
2   Österreich —— 495

Sachregister —— 515

Teil 1: Religionskunde in Deutschland

Wanda Alberts

1 Religionskunde

Religionskunde bezeichnet spezifische Formen des Lehrens und Lernens über Religion, die von anderen Formen abgegrenzt werden müssen, um den Begriff nicht so vage zu halten, dass jegliche Thematisierung von Religion in welchen Kontexten auch immer als Religionskunde bezeichnet werden könnte. Letzteres würde den Begriff so unspezifisch werden lassen, dass er in wissenschaftlichen, bildungspolitischen und didaktischen Diskursen nicht wirklich brauchbar wäre. Als erste vereinfachte Ausgangsdefinition kann man sagen, dass Religionskunde *von religiösen Institutionen unabhängiges Lehren und Lernen über Religion* ist.

Organisatorische Aspekte

Lehren und Lernen über Religion ist ein unübersichtliches Feld mit ganz unterschiedlichen Kontexten und Akteur*innen, die jeweils spezifische Interessen verfolgen. Einerseits gibt es etablierte Religionsgemeinschaften mit ihren je eigenen Systemen der Religionsvermittlung. Dieser Bereich ist klar als „religiöse Bildung", d. h. Bildung innerhalb von Religionssystemen, beschreibbar: Religiöse Akteure sorgen innerhalb ihres Systems für die Reproduktion religiösen Wissens bzw. religiöser Kompetenzen. Dem gegenüber stehen staatliche Schulsysteme, in denen der Staat Verantwortung für Inhalte, Formen und Organisation der Kompetenzvermittlung übernimmt. Dieser Unterricht ist in der Regel – im Gegensatz zur freiwilligen Teilnahme an religiösen Veranstaltungen – verpflichtend.

Bei der Frage nach der Vermittlung von Wissen und Kompetenzen bezüglich Religion wird es allerdings etwas komplizierter als bei der Frage nach der Vermittlung von Wissen und Kompetenzen bezüglich anderer Unterrichtsgegenstände. Warum ist das so? Der Antwort auf diese Frage kann man sich vielleicht am ehesten dadurch annähern, dass man sich den Kontrast der aktuellen Organisation religionsbezogenen Unterrichts in Deutschland zur Vorstellung verdeutlicht, Religion sei tatsächlich ein Unterrichtsgegenstand wie andere auch, d. h. es gäbe einen Wissensbereich „Religion", der in einem „normalen" Unterrichtsfach (oder im Rahmen eines größeren Bereichs, wie beispielsweise Sozialkunde oder Politik) seinen Platz hätte: ein Schulfach wie jedes andere, besucht von allen Schüler*innen einer Klasse gemeinsam, mit einem von den entsprechenden staatlichen Stellen im Zusammenhang mit der Wissenschaft, die sich mit dem Gegenstand und ihrer Didaktisierung beschäftigt, verantworteten Fach, unterrichtet von Lehrkräften, die dieses Fach studiert haben. Für die skandinavischen Länder ist das in etwa so zutreffend – und das entsprechende Schulfach heißt „Religionskunde" (vgl. Alberts 2008, 4f). In Deutschland sieht die Thematisierung von Religion ganz anders aus – und Religionskunde wird in der Schule, wenn überhaupt, dann eher am Rande und für kleine Gruppen angeboten. Die Thematisierung von Religion unterliegt in der deutschen Schule ganz spezifischen eigenen Regeln – mit erheblichen inhaltlichen und organisatorischen Konsequenzen.[1]

Die Frage nach der universitären Bezugsdisziplin verdeutlicht die Bedeutung des gesellschaftlichen Kontextes bezüglich der Reproduktion von Wissen über Religion. Im Fächerspektrum der Universitäten hat der Gegenstand Religion ebenfalls eine Sonderstellung. Auch in den säkular verfassten öffentlichen Universitäten ist die religiös unabhängige Religionswissenschaft weiterhin ein kleines Fach. Im Gegensatz dazu sind konfessionelle Theologien, die laut Bundesverfassungsgericht als Teil des Selbstbestimmungsrechtes der Religionsgemeinschaften zu betrachten sind (Vgl. BVerfG 2008), traditioneller Bestandteil der Universitätslandschaft, abgesichert durch Staatsverträge. Die Beschäftigung mit Religion aus einer jeweils bestimmten konfessionellen Perspektive nimmt einen weitaus größeren Raum ein als die religiös unabhängige Religionswissenschaft,[2] was wiederum Auswirkungen auf den gesellschaftlichen Diskurs über Religion hat, der ebenfalls weitgehend von theologischen Perspektiven geprägt ist. Während die Existenz des Faches Religionswissenschaft nach wie vor wenig bekannt ist, werden Theologen häufig generell als „Spezialisten für Religion" betrachtet, obwohl sie i.d.R. nur in der Tradition einer bestimmten Konfession ausgebildet sind, deren Perspektive sie dann repräsentieren, und sie daher mit Greschat eher als „religiöse Spezialisten" bezeichnet werden könnten (vgl. Greschat 1988, 129). Auch wenn ein theologisches Studium eine *wissenschaftliche* Auseinandersetzung mit „der eigenen Religion" beinhaltet, werden die grundsätzliche Perspektive und Rahmenbedingungen jedoch von religiösen Institutionen bestimmt, mit der eigenen Konfession als zentralem Gegenstand des Faches. Eine etwaige zusätzliche Auseinandersetzung mit „anderen Religionen" oder Religion allgemein sind ebenfalls von dieser konfessionellen Perspektive und den entsprechenden Rahmenbedingungen geprägt. Dies zeigt sich bereits in der Formulierung „andere" Religionen, die auf einen Prozess des „othering" hindeutet, ebenso an der Perspektive auf „Religion allgemein", die in konfessionellen Kontexten i.d.R.

---

1 Religionsbezogener Unterricht ist in Deutschland, gesetzlich verankert durch Art. 7.3 des Grundgesetzes, vor allem als konfessioneller Unterricht aus religiöser Perspektive organisiert, mit einer Trennung der Schüler*innen nach Konfessionen in Abweichung von der üblichen Klassengemeinschaft und Alternativfächern für Schüler*innen, die von diesem nicht verpflichtenden Unterricht abgemeldet werden (separatives Modell, vgl. Alberts 2007). Zur aktuellen Situation des religionsbezogenen Unterrichts in Deutschland siehe den systematischen Überblick von Christina Wöstemeyer in diesem Handbuch.
2 Die Landschaft der Theologie in Deutschland ist weiterhin weitgehend christlich geprägt, wobei nach und nach Zentren für islamische Theologie etabliert werden, so etwa in Tübingen, Frankfurt, Münster, Osnabrück, Erlangen-Nürnberg, Berlin und Paderborn (vgl. auch BMBF 2022). An der Universität Potsdam wurde 2013 zudem jüdische Theologie etabliert (vgl. Universität Potsdam 2017).

von den Aspekten geprägt sind, die in der „eigenen" Religion als besonders wichtig betrachtet werden (wie beispielsweise die protestantisch geprägte Vorstellung, bei Religion gehe es vor allem um „Glaube"). Dem gegenüber steht der religionswissenschaftliche Ansatz, der Diskurse über und Vorstellungen von „Religion", sowie damit im Zusammenhang stehende beobachtbare Handlungen, in unterschiedlichen Kontexten auf der Welt analysiert und „Religion" vor diesem Hintergrund in ganz anderer Weise immer wieder neu konzeptualisiert. In diesem Prozess setzt sich die Religionswissenschaft permanent mit unterschiedlichen Konzeptualisierungen von Religion und den dahinterliegenden Motivationen und Mechanismen auseinander und analysiert die entsprechenden Diskurse kritisch in ihren jeweilgen Kontexten und in vergleichender Perspektive.

In Bezug auf die Frage nach Religionskunde in Deutschland ist es daher unverzichtbar, genaue Differenzierungen der unterschiedlichen Formen des Lehrens und Lernens über Religion in der Schule vorzunehmen. Damit kann der Platz von Religionskunde in dieser Landschaft identifiziert werden und sie von anderen Formen des Lehrens und Lernens über Religion abgegrenzt werden. Dies ist unter anderem wichtig, weil von dieser Differenzierung Grund- und Menschenrechtsfragen abhängen. Positive und negative Religionsfreiheit, d. h., vereinfacht gesagt, die Freiheit Religion auszuüben und die Freiheit, Religion nicht ausüben zu müssen, ist ein Grundrecht (GG Art. 4) und auch in der Europäischen Menschenrechtskonvention abgesichert (EMRK Art. 9, in Bezug auf Bildung EMRK Art. 2 des Zusatzprotokolls). Für die Schule heißt das: Die Teilnahme an religiös normiertem Unterricht ist freiwillig, die Teilnahme an nicht religiös normiertem Unterricht hingegen darf verpflichtend sein. Es ist also essentiell, dass religiöse Normierungen des Unterrichts explizit gemacht werden, so dass Eltern und Schüler*innen eine Wahl treffen können, die ihre Religionsfreiheit respektiert. Eine Verschleierung von religiöser Normierung führt zu Menschenrechtsverletzungen, wie die Verurteilung des norwegischen Religionsunterrichts durch den Europäischen Gerichtshof für Menschenrechte (EGMR 2007) zeigt.[3]

Damit sind wir zunächst bei den organisatorischen Rahmenbedingungen des Unterrichts über Religion. In den meisten deutschen Bundesländern wird, mit unterschiedlicher gesetzlicher Grundlage und unterschiedlichen organisatorischen Feinheiten, ein Standardmodell separativen Unterrichts angeboten. Es gibt etab-

---

3 Im Fall des norwegischen Religionsunterrichts ging es um die Frage nach dem grundsätzlichen Charakter des in Norwegen 1998 für alle Schülerinnen und Schüler verpflichtend eingeführten integrativen Religionsunterrichts. Der EGMR hält in verschiedenen Urteilen fest, dass verpflichtender Religionsunterricht unterschiedliche Religionen „objektiv, kritisch und pluralistisch" darstellen muss (vgl. beispielsweise EGMR 2007, Abschnitt 102). Relevant waren für dieses Urteil auch die Frage nach der qualitativen Gleichwertigkeit in der Darstellung unterschiedlicher Religionen sowie eine klare Abgrenzung zu religiöser Praxis. Beides war im norwegischen Schulfach KRL nicht gegeben. Dies wurde im Jahr 2004 bereits vom Menschenrechtskomitee der Vereinten Nationen kritisiert (UNHRC 2004).

lierte Formen des konfessionellen Religionsunterrichts, der in Kooperation des Staates mit den entsprechenden Religionsgemeinschaften (vor allem den christlichen Kirchen) angeboten wird, wodurch die religiöse Normierung des Unterrichts abgesichert wird, beispielsweise in Bezug auf die Ausbildung und Auswahl der Lehrkräfte oder die Erstellung der Curricula.

Je nachdem, ob konfessioneller Religionsunterricht als Standard oder Teil eines Wahlpflichtbereichs betrachtet wird, gibt es andererseits Ersatz- oder Wahlpflichtfächer, an denen teilzunehmen diejenigen Schüler*innen verpflichtet sind, die keinen konfessionellen RU besuchen. Diese Ersatz- oder Wahlpflichtfächer heißen beispielsweise „Ethik", „Werte und Normen", „Philosophie" oder „Praktische Philosophie". „Religionskunde" kommt als Fachbezeichnung nicht vor. Diese Vermeidung des Begriffs Religionskunde lässt sich zum einen aus der Logik des konfessionellen Religionsunterrichts erklären, der im Dienste der Wertevermittlung aus religiöser Perspektive verortet wird, wodurch sein „Ersatz" dann eben auch der Wertevermittlung und nicht etwa der allgemeinen Religionskunde dienen soll. Andererseits zeigen die Debatten um die Einführung des Faches Lebensgestaltung-Ethik-Religionskunde (LER) in Brandenburg Spezifika des deutschen Diskurses über die Vermittlung von Wissen über Religion aus religiös normierter und religiös nicht normierter Perspektive, die „Religionskunde" weiterhin häufig als entweder eigentlich gar nicht möglich oder nicht wünschenswert, weil irrelevant, erscheinen lassen (vgl. dazu ausführlich Lott 1998). Innerhalb dieser nicht-konfessionellen Ersatz- oder Wahlpflichtfächer kann allerdings explizit „Religionskunde" vorgesehen sein (wie beispielsweise prominent im Fach Werte und Normen in Niedersachsen) oder Religion, Religionen, religiöse Vielfalt o. ä. als Unterrichtsgegenstände im Curriculum erscheinen, wobei, nach der Arbeitsdefinition oben, auch dann zu erwarten wäre, dass es sich dabei um Religionskunde, d. h. religiös unabhängigen Unterricht über Religion, handelt. Wir können also festhalten: Die Thematisierung von Religion in den nicht-konfessionellen Ersatz- bzw. Wahlpflichtfächern ist ein erster und prominenter Ort für Religionskunde in Deutschland.

Das integrativ angelegte Fach Lebensgestaltung, Ethik, Religionskunde in Brandenburg trägt als einziges Fach in Deutschland explizit „Religionskunde" im Titel. Aufgrund eines Kompromisses vor dem Bundesverfassungsgericht nach einer Klage von den beiden großen Kirchen, der CDU/CSU Fraktion im Bundestag, Eltern und Schüler*innen gegen den verpflichtenden Charakter dieses Faches, ist es jedoch möglich, sich davon abzumelden. Da das Fach aber keine religiösen Elemente enthält, bedeutet diese Abmeldemöglichkeit keine Freiheit von Religion (d. h. negative Religionsfreiheit), sondern de facto eine „Freiheit von Religionskunde". Man kann sich von LER abmelden und stattdessen an von Religionsgemeinschaften angebotenem Religionsunterricht teilnehmen (Vgl. das Kapitel zu Brandenburg in diesem Band). Damit wird Religionskunde im Prinzip auf eine Stufe mit Religionsausübung gestellt. Man hat nicht nur die Freiheit, nicht an Religion teilnehmen zu müssen, sondern man hat auch die Freiheit, nicht an explizit *religiös unabhängiger* Religionskunde teilnehmen zu müssen. Es steht einem also, auch in Brandenburg, weiterhin frei, sich mit Religion ausschließlich aus einer bestimmten religiösen Perspektive zu beschäftigen und eine säkulare, religionskundliche Perspektive auf Religion nicht einmal kennenzulernen. Das Brandenburgische Schulfach LER kann als der zweite Ort für Religionskunde in Deutschland festgehalten werden, der allerdings nicht von allen Schüler*innen verpflichtend besucht werden muss.

Der explizite und bewusste Verzicht auf eine Abmeldemöglichkeit des seit 2006 schrittweise in Berlin für alle Schüler*innen eingeführten integrativen Faches „Ethik" hat zu einem heftigen Streit geführt. Das Ethikfach in Berlin ist das einzige, welches tatsächlich und ohne Abmeldemöglichkeit von allen Schüler*innen besucht werden muss. Religionsunterricht ist in Berlin ein zusätzliches, freiwilliges Angebot. Der Form halber ist festzuhalten, dass die Thematisierung von Religion in diesem Ethikunterricht im Prinzip als einziger tatsächlich für alle Schüler*innen eines Bundeslandes verpflichtender – und in unserer Spurensuche dritter – Ort für Religionskunde einzuordnen ist. Allerdings nimmt die Thematisierung von Religion im Berliner Ethikunterricht einen sehr geringen Raum ein, so dass dieser, trotz der tatsächlich integrativen Rahmenbedingungen, als sehr kleiner Ort zu bezeichnen ist (vgl. das Kapitel über Berlin in diesem Handbuch).[4]

Explizit in Abgrenzung von Religionskunde versteht sich das Hamburger Modell. Hier lohnt es sich, genauer hinzuschauen. Das Modell „Religionsunterricht für Alle" ist *de jure* ein Modell für alle, die sich dafür entscheiden, freiwillig an einem spezifisch religiös normierten Angebot teilzunehmen. Hervorgegangen aus einem einladenden evangelischen Angebot an alle Schülerinnen und Schüler, wurde es in den letzten Jahren weiterentwickelt zu einem interreligiösen Modell, an dem inzwischen auch Vertreter*innen islamischer Religionsgemeinschaften sowie der alevitischen und jüdischen Gemeinde mitarbeiten. Eine Beteiligung des Erzbistums Hamburg wird geprüft (vgl. HBSB 2019). Lehrer*innen müssen eine offizielle Beauftragung einer der vier Gruppen, d. h. von einer evangelischen, muslimischen, alevitischen oder jüdischen Religionsgemeinschaft erteilt bekommen (vgl. HBSB o. J.).

Das durch wenige Religionsgemeinschaften normierte Angebot hat eine *interreligiöse Mission*, die von anderen Religionsgemeinschaften und säkularen Akteuren, wie beispielsweise dem Säkularen Forum Hamburg (vgl. SFH 2020), abgelehnt wird und die sich deutlich von einem *religionskundlichen* Ansatz unterscheidet und abgrenzt. Der religiöse (im Gegensatz zu einem religionskundlichen) Charakter des Angebotes wird im öffentlichen Diskurs selten deutlich und auch die Bezeichnung „RU für Alle" (RUFA) trägt zur Verschleierung dieses Charakters des Unterrichts als freiwilligem religiösen Angebot bei, zumal der Unterricht nicht lediglich als gemeinsames Angebot der beteiligten Religionsgemeinschaften erscheint, sondern auch von

---

[4] Zudem ist anzumerken, dass der Lehrplan die religiöse Normierung von religionsbezogenen Unterrichtsinhalten zumindest teilweise einräumt, wenn im Lehrplan als *verbindliche* Vorgabe für den Ethikunterricht festgehalten wird, dass bei der Behandlung einzelner Themen die Kooperation „mit anderen Fächern, insbesondere mit dem Religions- und Weltanschauungsunterricht," (BSBJF 2015,18) gesucht werden soll.

behördlicher Seite als gemeinsames Fach für alle Schülerinnen und Schüler dargestellt wird. Flankiert wird diese Intransparenz durch die strukturelle Vernachlässigung des säkularen Ersatzfaches „Philosophie", das weder im Diskurs noch organisatorisch als tatsächliche Alternative sichtbar wird, so dass die Möglichkeit, nicht am sogenannten „Religionsunterricht für Alle" teilzunehmen, nur für gut informierte Spezialist*innen sichtbar wird und der religiöse Charakter des Standardangebots „für Alle" systematisch verschleiert wird (vgl. das Kapitel über Hamburg in diesem Handbuch).

Ähnlich sieht es in Bremen aus. Der in der Bremer Landesverfassung verankerte „bekenntnismäßig nicht gebundene [...] Unterricht in Biblischer Geschichte auf allgemein christlicher Grundlage" (LVFHB 2016, Art. 32) ist ein freiwilliges Angebot, das jedoch durch die Bezeichnung „Religion", einem Fach, das sich laut Bildungsplan an alle Schülerinnen und Schüler wendet, „ungeachtet ihrer jeweiligen religiösen und weltanschaulichen Überzeugungen" (SBW 2014, 6), als religionskundlicher Unterricht erscheint. Wäre der Unterricht tatsächlich religionskundlich, d. h. religiös unabhängig, könnte er für alle Schüler*innen verpflichtend eingeführt werden. Anders als in Hamburg, wo die Lehrkräftebildung für den RUFA fest im Rahmen der Theologie und der interreligiösen „Akademie der Weltreligionen" erfolgt, ist in Bremen allerdings die säkulare Religionswissenschaft der Universität Bremen für die Lehrkräftebildung verantwortlich.[5] Diese verfolgt einen religionskundlichen Ansatz und setzt sich dafür ein, den Bremer Unterricht in Richtung eines integrativen Unterrichts weiterzuentwickeln. Die Orientierung der jüngsten Bremer Lehrpläne am Hamburger Modell und die Einrichtung eines „Beirats der Religionsgemeinschaften" weisen jedoch in eine andere Richtung. In diesem Handbuch soll einerseits das Anliegen, beispielsweise der Bremer Religionswissenschaft, in Bremen einen *religionskundlichen* Unterricht zu etablieren, ernst genommen werden. Andererseits muss der tatsächliche *status quo* abgebildet werden, ohne die Widersprüche des Modells zu verschweigen. Demnach gibt es in Bremen derzeit einen „überkonfessionellen", interreligiösen (vgl. Kenngott 2017, 1) Religionsunterricht, an dessen Konzeption über den Beirat wenige Religionsgemeinschaften beteiligt waren. Er ist insgesamt stark protestantisch geprägt und laut Gesetz können Schüler*innen sich davon abmelden. Dieser Unterricht wird jedoch als gemeinsames Schulfach „Religion" inszeniert, wobei der religiöse Charakter verschleiert und die Abmeldemöglichkeit nahezu unsichtbar wird (vgl. das Kapitel über Bremen in diesem Handbuch).

Aus organisatorischer Perspektive können also weder der Hamburger noch der Bremische Religionsunterricht als Religionskunde bezeichnet werden, sondern sind Formen des religiös normierten interreligiösen bzw. überkonfessionellen Religionsunterrichts, an dem teilzunehmen oder nicht den Schüler*innen freisteht. Im Ham-

---

5 Dies hängt auch damit zusammen, dass der Hamburger Religionsunterricht formell unter Art. 7.3 GG fällt, also „in Übereinstimmung mit den Grundsätzen der Religionsgemeinschaften" erteilt wird, während die sogenannte „Bremer Klausel" (Art. 141 GG) Bremen explizit vom Geltungsbereich von Art. 7.3 GG ausnimmt.

burger Modell wird, bei genauem Hinsehen, die Abgrenzung zur Religionskunde explizit vorgenommen, in Bremen ist sie weniger deutlich sichtbar.

Wir können also nach dieser Spurensuche in Deutschland folgendes festhalten: Für Religionskunde, wenn sie als von religiösen Institutionen unabhängiger Unterricht verstanden wird, gibt es drei Orte: die Alternativfächer zu konfessionellem Religionsunterricht (soweit Religion dort thematisiert wird), das Fach Lebensgestaltung, Ethik, Religionskunde (LER) in Brandenburg und einen kleinen Bereich des integrativen Ethikunterrichts in Berlin.

Inhaltliche Aspekte

Neben der oben vorgenommenen organisatorischen Bestimmung von Religionskunde ist eine inhaltliche Füllung des Begriffs notwendig. Auch hier ist es wichtig festzuhalten, dass nicht jegliche Thematisierung von Religion, religiöser Vielfalt oder unterschiedlichen Religionen als Religionskunde zu bezeichnen ist. Vielmehr liegt Religionskunde eine spezifische Perspektive auf Religion und Religionen zugrunde, die sich von anderen Perspektiven unterscheidet. Der Gegenstand „Religion/Religionen" kann aus ganz unterschiedlichen Perspektiven konzeptualisiert und analysiert werden. Die Unabhängigkeit der Religionskunde von religiöser Normierung impliziert eine *säkulare* Perspektive auf den Gegenstand „Religion/Religionen". Diese unterscheidet sich i. d. R. charakteristisch von religiösen Perspektiven auf denselben Gegenstand.

Hier werden die inhaltlichen Aspekte der Bezugsdisziplinen relevant. Während konfessionelle Theologien Bezugsdisziplinen für konfessionellen Religionsunterricht darstellen, ist die von religiösen Institutionen und Normierungen unabhängige säkulare Religionswissenschaft, die diverse Diskurse über Religion in globaler, vergleichender Perspektive analysiert, universitäre Bezugsdisziplin von Religionskunde. Religionskunde didaktisiert die Erkenntnisse der Religionswissenschaft für den schulischen Kontext.

Konzeptualisierung des Gegenstandes

Die Spezifika dieses religionswissenschaftlich basierten Ansatzes werden bereits in der Konzeptualisierung des Gegenstandes deutlich: Religion ist für Religionswissenschaftler*innen nicht einfach (sei es aus der eigenen oder der gesellschaftlichen Erfahrung) intuitiv gegeben, sondern ihr Ausgangspunkt ist die Vielfalt der bereits vorhandenen Konzeptualisierungen von Religion(en) in ihren jeweiligen Kontexten. Konzeptualisierungen, die also immer Kontexte und Interessen widerspiegeln. Die Religionswissenschaft selbst konzeptualisiert Religion auf der Grundlage der „Spielregeln" der säkularen Gesellschafts- und Kulturwissenschaften, bewegt sich im Rahmen der entsprechenden Theorien und Methodologien, und hat klare Kriterien für das kultur- und sozialwissenschaftliche Studium von Religion entwickelt, die sich von religiösen Herangehensweisen grundsätzlich unterscheiden.

Hier hat die Religionswissenschaft viel aus ihrer eigenen Geschichte und der Ablösung von der universitären Theologie gelernt. In der Auseinandersetzung mit der Religionsphänomenologie ist z. B. im sogenannten „Methodenstreit" deutlich geworden, dass aus kulturwissenschaftlicher Perspektive Religion nicht etwa im Sinne Rudolf Ottos als ein Phänomen *sui generis*, das *a priori* gegeben ist, betrachtet werden kann. Religion kann auch religionswissenschaftlich nicht als „Umgang mit dem Heiligen" betrachtet werden, weil dies selbst eine religiöse Perspektive voraussetzt. Pointiert hat dies Kurt Rudolph formuliert: „for the scholar of religions there is, strictly speaking, nothing ,holy' or ,sacred' that would occasion him or her to abandon the rational methods of the study of religions" (Rudolph 2000, 235). Folgendes Zitat von Rudolph aus demselben Artikel ist direkt auf die Frage nach religionsbezogenem Unterricht übertragbar: „There is ... no direct transition from the scholar of religions to the faithful adherent of a religion, despite all assertions to the contrary. Either one engages in scholarship (Wissenschaft) or in worship. As a result, any attempt to unite both movements in a single act is, to my mind, bound to fail; it necessarily violates the distance between observation and object." (235) Übertragen auf religionsbezogenen Unterricht heißt das Folgendes: Entweder er konzeptualisiert und rahmt Religion säkular (Religionskunde) oder er konzeptualisiert und rahmt Religion religiös (konfessioneller oder interreligiöser Unterricht). Religiöse Konzeptualisierungen können im religionskundlichen Unterricht lediglich Gegenstand, aber nicht Rahmen des Unterrichts sein. Religiöser Unterricht mag religionskundliche Elemente integrieren. Religionskundlicher Unterricht hingegen kann religiöse Elemente nur ausschließlich auf der Gegenstandsebene, nicht aber in die Rahmung integrieren. Durch religiöse Rahmung wird der Unterricht zu religiösem Unterricht, widerspricht also dem Grundanspruch von Religionskunde (vgl. Frank 2010).

Besonders deutlich wird die durch systematische Reflexion der Gegenstandskonzeptualisierung gekennzeichnete Perspektive an der Kritik des Weltreligionenparadigmas, die die jüngere Religionswissenschaft kennzeichnet. Während die Konzeptualisierung von Religion in Form von „Weltreligionen" in vielen Kontexten einfach gegeben zu sein scheint, und folglich Religionskunde oft simplifizierend als Darstellung dieser Weltreligionen verstanden wird, hinterfragt die Religionswissenschaft systematisch die Bedingungen und Intentionen dieses Konzepts und zeigt damit verbundene Problematiken und Konsequenzen auf (vgl. Masuzawa 2005, Cotter & Robertson 2016). Eine in dieser Art kritisch reflektierende Religionskunde unterscheidet sich grundsätzlich von einer „Weltreligionendidaktik", die beispielsweise in konfessionellen Kontexten häufig zur Darstellung der „anderen" Religionen herangezogen wird.

Die Feinheiten der Gegenstandsbestimmung der Religionskunde drücken die Herausgeber*innen in der ersten Ausgabe der 2015 in der Schweiz gegründeten Zeitschrift für Religionskunde folgendermaßen aus: „Die Zeitschrift hätte (...) auch ‚Didaktik der religiösen Kulturen' heissen können, was aber ebenfalls unbefriedigend ist, da nicht die religiösen Kulturen Gegenstand der Didaktik sind, sondern das Wissen, dass die Religionswissenschaft über diese Kulturen hervorgebracht hat." (Bleisch, Desponds, Durisch Gauthier und Frank 2015, 11–12).[6]

Dabei wird der Gegenstand „Religion" auch religionswissenschaftlich höchst unterschiedlich konzeptualisiert. Dies stellt jedoch für die Religionskunde kein Problem dar, sondern verweist vielmehr auf das Potential und eine zentrale Funktion von Religionskunde: Reflexion über die Vielfalt der Konzeptualisierungsmöglichkeiten von Religion und ihre Aktualisierungen in unterschiedlichen gesellschaftlichen Kontexten ist eine wichtige Grundkompetenz, die wiederum Voraussetzung für viele weitere Lernschritte ist. Einerseits werden verschiedenen Konzeptualisierungen, die ja auch in der Schule aufeinandertreffen, kennengelernt und eingeordnet, andererseits wird die religionskundliche Perspektive deutlich: die Konzeptualisierung des Gegenstands aus nichtreligiöser Perspektive, entwickelt in der Didaktik der säkularen Religionswissenschaft. Wenn erst einmal klar ist, wie vorurteilsbeladen die alltäglich vorfindlichen Religionskonzepte sind, und dass es nicht den einen und richtigen Religionsbegriff gibt, kann erarbeitet werden, welche Voraussetzungen unterschiedlichen Religionsbegriffen zugrunde liegen, und was bei ihrer Verwendung in den Fokus gerät und was ausgeschlossen wird. Diese Erarbeitung kann, einerseits in Bezug auf den allgemeinen Begriff „Religion", andererseits aber auch in Bezug auf einzelne „Religionen" oder religionsbezogene Themen, gemeinsam mit den Schüler*innen eingeübt werden.

Katharina Frank (2015, 45) betont zurecht, dass jede Bestimmung von Religion als Kontextdefinition bzw. „Gebrauchsdefinition" (vgl. Stausberg 2012, 41) betrachtet werden muss, und der in der Religionskunde zugrunde gelegte Religionsbegriff nicht zu weit von einem alltagssprachlichen Begriff von Religion entfernt sein sollte. Sie legt in ihrer empirisch begründeten Religionskunde-Didaktik einen Religionsbegriff zugrunde, der religiöse Konstellationen grundsätzlich als kommunikative Konstrukte betrachtet, die Teile von „mehr oder weniger kohärenten, systematisierten" (Frank 2015, 46) Symbolbeständen sind. Im Rückgriff auf unterschiedliche religionswissenschaftliche Konzeptualisierungen von Religion konkretisiert sie dies folgendermaßen:

> Dieser Symbolbestand verweist auf kommunizierte *Transzendenzerfahrungen* (...) und verfügt über Träger oder Akteure (Individuen und Gemeinschaft, bzw. Geber und Empfänger), für welche der Symbolbestand eine *kollektiv verbindliche Gültigkeit* beansprucht (...). Um eine Kommunikation als ‚Religion' oder ‚religiös' bezeichnen zu können, müssen daher zwei Ausprägungen gegeben sein: der kollektive Geltungsgrund und der transzendente Weltbezug. (46, Hervorhebungen im Original).

---

6 Die Herausgeber*innen betonen zudem, dass die Bezugnahme auf die Religionswissenschaft nicht als ausschließlich verstanden wird, sondern die vergleichende Religionswissenschaft im interdisziplinären Dialog steht.

Nach dieser Definition würde beispielsweise Spiritualität, wie Frank selbst festhält, nicht oder nur beschränkt zu „Religion" gezählt, da sie, sofern sie nicht Teil eines systematisierten und Gültigkeit beanspruchenden Symbolbestandes ist, eines kollektiven Geltungsanspruchs entbehre. An diesem Beispiel wird deutlich, wie der Themenfokus von der Religionsdefinition abhängt, und dass auch die Didaktik der Religionskunde eine Definitionsvielfalt zugrunde legen kann, soweit geklärt ist, dass religiös normierte Religionsdefinitionen zwar in den Gegenstandsbereich des zu Untersuchenden fallen, jedoch nicht Grundlage für religionskundlichen Unterricht darstellen können.

In den skandinavischen Ländern beispielsweise hat das Konzept „Lebensanschauung" eine zentrale Funktion in religionskundlichen Fächern. Das, was gemeinhin als Religion bezeichnet wird, wird im Kontext unterschiedlicher Welt- und Lebensanschauungen, zu denen also auch säkulare Welt- und Menschenbilder, wie beispielsweise der säkulare Humanismus, wissenschaftliche Weltbilder, Marxismus oder Existentialismus zählen, vergleichend studiert. Wenn der Religionsbegriff in breiteren Konzepten wie Weltanschauung oder Lebensanschauung aufgeht, sind für eine Eingrenzung des Gegenstandes auch nicht unbedingt die von Frank genannten Kriterien der kommunizierten Transzendenzerfahrungen oder die Beanspruchung kollektiver Gültigkeit notwendig. Leitend für die Definitionsstrategien und Eingrenzungen des Gegenstandes von Religionskunde ist die Frage, welche Aspekte des vielfältig definierten und verhandelten Diskursfeldes „Religion" man in den Fokus stellen möchte, wodurch ein Rahmen für die Strukturierung des Unterrichts entsteht.

Die Bestimmung des Gegenstandes ist auch vom Ziel des Unterrichts abhängig. Was soll mit religionskundlichem Unterricht erreicht werden? Kenntnisse über religiöses Spezialwissen, das mit dem Alltag der Schülerinnen und Schüler häufig wenig zu tun hat, oder die Befähigung zur Einordnung von, zum Umgang mit und zur Beteiligung an gesellschaftlichen Diskursen über Religion? Orientiert man sich an letzterer Konzeption, wird ein diskursiver Zugang als Ausgangspunkt plausibel: Gegenstand des Unterrichts sind diverse gesellschaftliche (beispielsweise bildungsbezogene, mediale, politische, religiöse) Diskurse über Religion, die in ihren Kontexten und ihrer Genese analysiert werden und deren Bedeutung für den Umgang mit aktuellen gesellschaftlichen Herausforderungen reflektiert wird. Dies schließt auch innerreligiöse und interreligiöse Diskurse als Unterrichts*gegenstand* ein. All dies bildet, einer in der Religionswissenschaft üblichen Unterscheidung folgend, die „Objektebene", die von einer „Metaebene" aus studiert wird. Die Objektebene umfasst also jegliche Diskurse über Religion, ein weites Feld, das abgeleitet aus den Zielen der Religionskunde eingegrenzt werden muss. Die Metaebene ist die religionskundliche Perspektive, die Grundprinzipien der akademischen Religionswissenschaft für schulische Kontexte didaktisiert – und die sich deutlich von konfessionellen bzw. religiös normierten Perspektiven unterscheidet.

Rahmung des Gegenstandes

Neben der Konzeptualisierung des Gegenstandes, d. h. der Bestimmung der Inhalte, die im religionskundlichen Unterricht studiert werden, ist die *Perspektive* auf diesen Gegenstand für die Identifizierung von Religionskunde entscheidend. Zur Einordnung unterschiedlicher Perspektiven auf die Gegenstände religionsbezogenen Unterrichts hat die Schweizer Religionswissenschaftlerin Katharina Frank auf der Grundlage empirischer Forschung, d. h. durch Beobachtung religionsbezogenen Unterrichts, den Begriff der „Rahmung" eingeführt (vgl. Frank 2010). Inhalte können im Unterricht auf ganz unterschiedliche Arten gerahmt werden und die Art der Rahmung ist entscheidend dafür, ob religionskundlicher Unterricht oder religiöser Unterricht vorliegt, ob religionskundliches oder religiöses Wissen vermittelt wird. Das bedeutet beispielsweise, dass daran, dass der Unterricht sich mit dem Thema „Islam" beschäftigt, noch nicht erkennbar wird, ob ein religionskundlicher oder ein religiöser Unterricht vorliegt, ob religionskundliches oder religiöses Wissen über Islam vermittelt wird. Diese wichtige Unterscheidung ist erst durch eine genauere Analyse davon, *wie das Thema „Islam" konzeptualisiert wird* und *wie die einzelnen damit verbundenen Themen gerahmt werden*, möglich. Die Rahmung entscheidet auch darüber, wie die Schüler*innen am Unterrichtsgegenstand partizipieren, wobei für die Identifizierung von Religionskunde wieder die Unterscheidung zwischen religiöser oder säkularer Partizipation entscheidend ist.

Die aus der Empirie religionsbezogenen Unterrichts heraus entwickelten unterschiedlichen Typen der Religionsvermittlung (Unterrichtshandeln durch die Lehrkraft) und den daraus resultierenden Arten der Partizipation der Schüler*innen stellt Frank (2015) übersichtlich zusammengefasst dar. Damit legt sie klare Kriterien zur Unterscheidung von säkularer Religionskunde und religiösem Unterricht vor. Sie unterscheidet bei der Analyse von Gegenstand und Rahmung vier Religionsvermittlungstypen: den *narrativen Typus*, der religiöse Gegenstände ohne Rahmung darlegt, den *dogmatischen Typus*, der religiöse oder säkulare Gegenstände religiösdogmatisch rahmt, den *lebensweltlichen Typus*, der religiöse Gegenstände lebensweltlich individualisierend oder lebensweltlich universalisierend rahmt und den *kulturkundlichen Typus*, der religiöse Gegenstände geschichts-, sozialkundlich oder systematisch-vergleichend rahmt. Aus diesen Rahmungen ergeben sich die folgenden Arten der im Unterricht implizierten Partizipation: offen-einladende Partizipation an Religion im narrativen Typus, vorgegebene aktive Partizipation an Religion (Perspektivübernahme) im dogmatischen Typus, subjektive aktive Partizipation an Religion (Perspektivinduktion) im lebensweltlichen Typus und Partizipation als Beobachter (Perspektivwechsel) im kulturkundlichen Typus (vgl. Frank 2015, 48).

Die Feinheiten von Franks Analyse und der entsprechenden Beispiele sind für die Didaktik der Religionskunde und ihrer Verortung im Kontext unterschiedlicher Modelle religionsbezogenen Unterrichts hochrelevant, können an dieser Stelle jedoch nicht im Detail dargestellt werden. Wichtig ist jedoch die Konsequenz, die sich aus der Zusammenführung der Analyse und theoretischen Überlegungen ergibt: Nicht nur der offensichtlich religiös rahmende dogmatische Typus, sondern auch der narrative und der lebensweltliche Typus vermitteln religiöses Wissen:

> Auch beim narrativen und beim lebensweltlichen Typus werden religiöse Wahrheiten vorausgesetzt: Lernende wie Lehrende reden ganz selbstverständlich so, als ob ‚Jesus' für jedermann lebensweltlich bedeutsam wäre, als ob ‚Gott', ‚Propheten', ‚Engel' usw. intersubjektiv wahrnehmbar wären und zum Allgemeinwissen der Gesellschaft gehörten. Ob und gegebenenfalls für wen diese religiösen Vorstellungen existieren und für wen sie bedeutsam sind, ist nicht Gegenstand des Unterrichts. Lernende, die nicht der entsprechenden Religion angehören, sind aus der Kommunikation ausgeschlossen. Für die Schülerinnen und Schüler ist also nur entweder eine aktive Partizipation an der präsentierten Religion oder aber ein Ausschluss aus dem Unterrichtsgespräch möglich. (Frank 2015, 51)

Sowohl der narrative und dogmatische Typus als auch der lebensweltliche Typus religionsbezogenen Unterrichts zielen also auf Teilhabe an vermittelter Religion. Im Gegensatz dazu zielt der kulturkundliche Typus auf Teilhabe am schulischen Unterricht, ohne Teilhabe an Religion zu implizieren oder vorauszusetzen. Beim kulturkundlichen Typus

> spielen die empirisch-kontextualisierenden Fragen sowie die Beobachtung aus einer empirisch basierten, etischen Aussensicht eine wichtige Rolle. Hier wird religionskundliches Wissen etabliert. Die Partizipation der Schülerinnen und Schüler an religiösen Wissensbeständen ist passiv, d. h. die Lernenden sind nicht aktive Teilenehmer/-innen, sondern nur Beobachter/-innen von Religion. (...) Sie sprechen nicht religiös, sondern säkular über Religion. Jeder Schüler / jede Schülerin hat bei einer solchen Rahmung die Möglichkeit, sich aktiv am Unterrichtsgespräch zu beteiligen, auch wenn er /sie nicht religiös erzogen ist oder keinen aktiven Zugang zur religiösen Sprache hat und diesen auch nicht erwerben will (negative Religionsfreiheit). (Frank 2015, 51)

Die Wahrung der Religionsfreiheit aller Schüler*innen, die am Unterricht teilnehmen, kann als entscheidendes Kriterium für Religionskunde betrachtet werden. Für die aktive Teilnahme am Unterricht ist das eigene Verhältnis der Schüler*innen zu Religion nicht entscheidend. Die kulturkundliche Rahmung der Gegenstände ist für religiös sozialisierte und nicht religiös sozialisierte Schüler*innen gleichermaßen geeignet. Die positive Religionsfreiheit wird gewahrt, weil die Religionszugehörigkeit und gegebenenfalls. vertretene religiöse Positionen kein Hindernis für das Unterrichtsgespräch sind. Das Kennenlernen einer religionskundlichen Perspektive, die von religiösen Perspektiven, denen sie ggfs. entgegensteht, unterschieden wird, bedeutet keine Einschränkung der Religionsfreiheit. Die negative Religionsfreiheit wird gewahrt, weil der Unterricht keine aktive Partizipation an Religion impliziert. Religiöse Positionen sind lediglich Gegenstände des Unterrichts, rahmen ihn jedoch nicht.

Das Zusammenspiel organisatorischer und inhaltlicher Aspekte

Die Bedeutung unterschiedlicher Konzeptualisierungen des Gegenstandes und die Unterscheidung von Gegenstand und Rahmung sei an der Abgrenzung zu interreligiösen Anliegen verdeutlicht – nicht zuletzt, da die entscheidenden Unterschiede zwischen Religionskunde und interreligiösen Ansätzen in diversen Diskursen, unter anderem in der politischen Diskussion um religionsbezogenen Unterricht, häufig nicht nachvollzogen werden.

Interreligiöse Modelle unterscheiden sich von religionskundlichem Unterricht darin, dass sie maßgeblich – auf bestimmte Weise identifizierten – Vertreter*innen von Religionsgemeinschaften die Verantwortung sowohl für die Konzeptualisierung der Gegenstände als auch für die Rahmung der Gegenstände des Unterrichts überlassen. Auch wenn es sich so nicht um konfessionellen Unterricht in dem Sinne handelt, dass nur die Position *einer* Religionsgemeinschaft den Gegenstand des Unterrichts und seine Rahmung maßgeblich bestimmt, bleibt es religiöser Unterricht. Dessen Inhalte spiegeln und reproduzieren die bestehenden Privilegien einzelner Religionsgemeinschaften, auch wenn sie nun gemeinsam von Vertreter*innen mehrerer Religionsgemeinschaften bestimmt werden.

Dabei werden durch den Prozess der Auswahl bestimmter Vertreter*innen oder Repräsentant*innen von Religionsgemeinschaften religionsinterne Hierarchien für den schulischen Kontext reproduziert und gestärkt. Zudem wird damit bestimmten ausgewählten Religionsgemeinschaften die Gelegenheit gegeben, ihre Sicht auf die „eigene" Religion, andere Traditionen innerhalb „ihrer" Religion, religiöse Vielfalt und interreligiösen Dialog, als „richtige", letztlich staatlich beglaubigte Sicht zu legitimieren – und dies sowohl bei der Gegenstandsbestimmung als auch bei der Rahmung des Unterrichts. Ganz spezifische religionsinterne Kriterien und Konzepte werden also für die Konzeptualisierung des Unterrichts und damit für den Charakter des Faches ausschlaggebend.

Im Gegensatz dazu steht der religionskundliche Unterricht, der die Verantwortlichkeit für Konzeptualisierung und Rahmung des Gegenstandes Religion Didaktiker*innen der Religionswissenschaft überträgt, im Sinne Greschats also „Spezialisten für Religion" und nicht „religiösen Spezialisten". Aus religionswissenschaftlicher Perspektive ist eine auf einem systematischen Studium der Vielfalt der Konzeptualisierungen, Verhandlungen und Vergemeinschaftungen von Religion aufbauende Konzeptualisierung des Unterrichtsgegenstandes Ausgangspunkt. Selbstdarstellungen und Anliegen von Religionsgemeinschaften sind dabei selbstverständlich Gegenstand des Unterrichts, sie bilden aber nicht Ausgangspunkt und Rahmen. Einzelnen Religionsgemeinschaften, die ja immer eine bestimmte partikulare Perspektive auf Religion repräsentieren, wird nicht das Recht eingeräumt, Rahmung und Inhalte des Unterrichts mitzubestimmen, ebensowenig wie die Unterrichtsgegenstände anderer Fächer von ihrem Gegenstand bestimmt werden: Politische Parteien bestimmen nicht die Inhalte des Politikunterrichts, historische Figuren nicht die Inhalte des Geschichtsunterrichts und Vertreter*innen anderer Länder nicht diesbezügliche Inhalte des Geographieunterrichts. Religionskunde bedeutet also eine Abkehr davon, den Gegenstand Religion aus dem säkularen Bildungskanon herauszulösen und ihn in die Verantwortung religiöser Akteure zu legen. Stattdessen bildet sie ein Fach, bzw. in Ermangelung eines eigenen Faches einen Bereich, in dem Unterricht über Religion nach derselben Logik, die auch für andere Schulfächer gilt, organisiert und inhaltlich gefüllt wird. Damit wird verneint, dass der Gegenstand Religion einer Sonderbehandlung im Bildungskanon bedarf. Die Etablierung von Religionskunde bedeutet also eine „Normalisierung" des Gegenstands Religion in der Schule, eine Emanzipation von einem ausschließlich religiös normierten und reproduzierten Zugriff auf Religion.

Die charakteristischen Unterschiede zwischen Religionskunde und interreligiösem bzw. überkonfessionellem Religionsunterricht sind in folgender Tabelle noch einmal zusammengefasst:[7]

	Religionskunde	interreligiöser Unterricht
Bezugsdisziplinen für die Inhalte	Religionswissenschaft (keine religiöse Normierung)	Theologien, bzw. Vertreter*innen von Religionsgemeinschaften (religiöse Normierung)
Didaktisierung der Inhalte	Didaktik der Religionswissenschaft im Kontext der Gesellschafts- und Bildungswissenschaften	theologische Religionspädagogik(en)
Konzeptualisierung des Unterrichtsgegenstandes	religionswissenschaftlich / aus säkularer Perspektive	theologisch / aus religiöser Perspektive
Rahmung der Inhalte	säkular	religiös
induziertes Wissen	säkulares Wissen über Religion	religiöses Wissen
induzierte Kompetenzen	säkulare Kompetenzen[8]	religiöse Kompetenzen
Charakter des Unterrichts	säkularer Unterricht	religiöser Unterricht
rechtliche Stellung (Wahrung der Religionsfreiheit)	kann verpflichtend sein (keine Ausnahme im schulischen Bildungskanon notwendig)	freiwillig, kann nicht verpflichtend sein (negative Religionsfreiheit)

---

[7] Zu den entsprechenden Unterscheidungen und Beispielen für religiösen und säkularen Unterricht vgl. auch Frank 2015.
[8] Nach Frank (2016, 27) zählen hierzu beispielsweise Kontextualisierungskompetenz, Forschungskompetenz, Theoriekompetenz, Kommunikationskompetenz und Urteilskompetenz.

Religionswissenschaftlich verantwortete Religionskunde ist also etwas grundsätzlich anderes als in Kooperation mit Religionsgemeinschaften entwickelter interreligiöser oder überkonfessioneller Unterricht. Angesichts der Spezifika der diesbezüglichen gesellschaftlichen Diskurse, die einerseits häufig eine Verschleierung des Charakters und der juristischen Rahmenbedingungen des Religionsunterrichts spiegeln und andererseits säkulare Religionskunde im Gegensatz zur religiös normierten Auseinandersetzung mit Religion häufig abwerten, sei Folgendes festgehalten:

Aufgrund der Tatsache, dass konfessioneller Unterricht auf der Stundentafel und in der Schulfachbezeichnung häufig lediglich allgemein als „Religion" bezeichnet wird, ist die konfessionelle Prägung – vor allem für Eltern und Schüler*innen – häufig nicht deutlich sichtbar. Wenn zudem interreligiöse, von Religionsgemeinschaften maßgeblich geprägte Angebote als gemeinsamer Religionsunterricht für *alle* Schüler*innen dargestellt werden und Alternativen strukturell weitgehend unsichtbar bleiben, wird für Lai*innen noch weniger deutlich, dass es sich um freiwillige religiöse Angebote handelt.

Konfessioneller oder interreligiöser Unterricht können nicht als per se Religionskunde beinhaltend betrachtet werden, nur weil Beschäftigung mit unterschiedlichen Religionen bzw. religiöser Vielfalt auch zu den Themen des Unterrichts gehört. Kulturkundliche bzw. religionskundliche Sequenzen mögen durchaus Platz in konfessionellem oder interreligiösem Unterricht haben, die organisatorischen Rahmenbedingungen und inhaltlich grundsätzlich unterschiedlichen Ansätze und Anliegen bezüglich der Beschäftigung mit Religion, Religionen und religiöser Vielfalt führen jedoch in der Regel zu entscheidenden Unterschieden sowohl hinsichtlich der Konzeptualisierung und inhaltlichen Ausgestaltung der Unterrichtsgegenstände als auch insbesondere der Rahmung der Inhalte. Die Art des vermittelten Wissens unterscheidet sich also grundsätzlich und charakteristisch, auch wenn es teilweise Überschneidungen der Unterrichtsgegenstände geben kann.

Eine sachliche Diskussion über die Möglichkeiten und Grenzen von Religionskunde wird dadurch erschwert, dass eine säkulare Perspektive auf Religion, insbesondere in schulischen Zusammenhängen, aus theologischer Perspektive häufig entweder als Unmöglichkeit oder als nicht wirklich relevanter Zugang zu Religion dargestellt wird. Da theologische Perspektiven diesbezügliche gesellschaftliche und politische Diskurse maßgeblich prägen und Religionswissenschaftler*innen bisher aus unterschiedlichen historischen, bildungspolitischen und disziplinbezogenen Gründen in diesen Diskursen wenig präsent waren, wird diese Position häufig nicht herausgefordert. So bleiben relevante Differenzierungen in Bezug auf unterschiedliche Ansprüche und Positionalitäten aus, wodurch der Charakter sowie die Verantwortlichkeiten für die strukturellen Rahmenbedingungen und inhaltliche Ausgestaltung von Religionskunde diffus erscheinen. Grundprinzipien der Didaktik der Religionskunde, wie sie in der neueren Religionswissenschaft entwickelt wurden (im deutschsprachigen Kontext vgl. beispielsweise Alberts 2008, 2012, Frank 2010, 2016, Schröder 2020, 2022), werden dadurch in Verkennung einer seit Jahren auch international florierenden Subdisziplin der Religionswissenschaft,[9] als bisher nicht wirklich existent – und eventuell gar nicht möglich – dargestellt. Dieses Spezifikum des deutschen Diskurses blockiert die Wahrnehmung des Potentials von Religionskunde auf charakteristische Weise.

Daher überrascht es vielleicht auch nicht, dass die Analyse von Religionskunde in den einzelnen deutschen Bundesländern zeigt, dass der Gegenstand Religion bis auf wenige Ausnahmen aus dem säkularen Bildungskanon ausgeklammert ist. Aktuell ist Religionskunde in Deutschland ein Randphänomen, weitgehend abhängig vom und ersetzbar durch konfessionellen Religionsunterricht. Einzig innerhalb von LER in Brandenburg hat Religionskunde einen sichtbaren und einigermaßen verbindlichen Ort für die Mehrzahl der Schüler*innen, doch auch dort ist es möglich, sie durch religiöse Angebote zu ersetzen. Zum interreligiösen Modell Hamburgs gibt es keine sichtbare Religionskunde beinhaltende Alternative. Der Charakter des überkonfessionellen Religionsunterrichts in Bremen bleibt Lai*innen verschleiert, so dass er als Religionskunde erscheint, obwohl die organisatorischen Rahmenbedingungen und die inhaltliche Konzeptualisierung klar einen religiösen Ansatz implizieren.

Angesichts der nationalen, europäischen und globalen Herausforderungen ist es gesellschaftlich höchst problematisch, einen so wichtigen Unterrichtsgegenstand wie Religion weitgehend der partikularen Füllung aus religiöser Perspektive zu überlassen. Klare Unterscheidungen und ein Ende der Verschleierungs- und Abwertungsdiskurse[10] könnten dazu beitragen, dass Religionskunde nicht länger eine Leerstelle im deutschen Bildungssystem bleibt. Dazu soll die systematische Analyse der Situation von Religionskunde in allen deutschen Bundesländern in diesem Handbuch einen Beitrag leisten.

Bibliografie

Alberts, Wanda. 2007. *Integrative Religious Education in Europe. A Study-of-Religions Approach* (Religion and Reason 45). Berlin/New York: De Gruyter.

Alberts, Wanda. 2008. „Religionswissenschaftliche Fachdidaktik in europäischer Perspektive". *Zeitschrift für Religionswissenschaft* 16 (1): 1–14.

Alberts, Wanda. 2012. „Religionswissenschaft und Religionsunterricht". In *Religionswissenschaft*, hg. von Michael Stausberg, 299–312. Berlin/Boston: De Gruyter.

---

9 Vgl. das 2007 eingerichtete europäische Netzwerk „Working Group on Religion in Public Education" der *European Association for the Study of Religions* (EASR 2022) und den Arbeitskreis „Religionswissenschaft und Schule" der *Deutschen Vereinigung für Religionswissenschaft* (DVRW 2022) und die entsprechenden Publikationen der Mitglieder dieser wissenschaftlichen Vereinigungen mit diesem Schwerpunkt.

10 Für eine Auseinandersetzung mit auf Religionskunde bezogenen Abwertungsdiskursen vgl. beispielsweise Kenngott 2017:1 und Lott 1998.

Bleisch, Petra, Séverine Desponds, Nicole Durisch Gauthier, Katharina Frank. 2015. „Zeitschrift für Religionskunde. Begriffe, Konzepte, Programmatik". *Zeitschrift für Religionskunde* 1: 8–25.
BSBJF (= Berliner Senatsverwaltung für Bildung, Jugend und Familie). 2015. *Rahmenlehrplan Ethik Teil C, Jahrgangsstufen 7 – 10. Fassung vom 18.11.2015*. Berlin.
BMBF (= Bundesministerium für Bildung und Forschung). 2022. *Islamische Theologie*, Berlin. https://www.bmbf.de/bmbf/de/forschung/geistes-und-sozialwissenschaften/islamische-theologie/islamische-theologie.html (28.02.2022).
BVerfG (= Bundesverfassungsgericht). 2008. Beschluss des Ersten Senats vom 28. Oktober 2008-1 BvR 462/06 -, Rn. 1–85.
Cotter, Christopher R., David Robertson. 2016. *After World Religions. Reconstructing Religious Studies*. Abingdon/New York: Routledge.
DVRW (= Deutsche Vereinigung für Religionswissenschaft). 2022. *AK Religionswissenschaft und Schule (AK RELSCHU)*. https://www.dvrw.uni-hannover.de/de/arbeitskreise/ak-religionswissenschaft-und-schule-ak-relschu/ (1.3.2022).
EASR (= European Association for the Study of Religion). 2022. *Working Group „Religion in Public Education"*. https://www.easr.eu/easr-working-groups/public-education/ (1.3.2022).
EGMR (= Europäischer Gerichtshof für Menschenrechte). 2007. *Folgerø and others vs. Norway*, Entsch. v. 29. 6.2007– 15472/02.
Frank, Katharina. 2010. *Schulischer Religionsunterricht. Eine religionswissenschaftlich-soziologische Untersuchung*. Stuttgart: Kohlhammer (Diss.).
Frank, Katharina. 2015. „Vermittlung und Rezeption von religiösem und säkularem Wissen im schulischen Religionsunterricht", *Zeitschrift für Religionskunde* 1: 43–61.
Frank, Katharina. 2016. „Skizze eines religionswissenschaftlichen Kompetenzmodells für die Religionskunde", *Zeitschrift für Religionskunde* 3: 19–33.
Greschat, Hans-Jürgen. 1988. *Was ist Religionswissenschaft?* Stuttgart: Kohlhammer.
HBSB (= Hamburger Behörde für Schule und Berufsbildung). 2019. *Wegweiser. Ein Religionsunterricht für alle Kinder*, Pressemitteilung vom 29.11.2019, Hamburg, https://www.hamburg.de/bsb/presse mitteilungen/13278536/2019-11-29-bsb-religionsunterricht/ (28.02.2022).
HBSB (= Hamburger Behörde für Schule und Berufsbildung). o. J. *Voraussetzungen Regelungen für den Religionsunterricht*, Hamburg, https://www.hamburg.de/bsb/bewerbungen/11228020/religionsunterricht-voraussetzungen/ (28.02.2022).
Kenngott, Eva-Maria. 2017. „Religionskunde". In: *Wirelex*. https://www.bibelwissenschaft.de/stich wort/100127/ (1.3.2022).
LVFHB. 2016. *Landesverfassung der Freien Hansestadt Bremen*, Bremen.
Lott, Jürgen. 1998. *Wie hast du's mit der Religion?: das neue Schulfach „Lebensgestaltung – Ethik – Religionskunde" (LER) und die Werteerziehung in der Schule*. Gütersloh: Gütersloher Verlagshaus.
Masuzawa, Tomoko. 2005. *The Invention of World Religions: Or, How European Universalism was Preserved in the Language of Pluralism*. Chicago: University of Chicago Press.
Rudolph, Kurt. 2000. „Some Reflections on Approaches and Methodologies in the Study of Religions". In: *Secular Theories on Religion: Current Perspectives* hg. von Tim Jensen, Mikael Rothstein, 231–248. Kopenhagen: Museum Tusculanum Press.
SBW (= Freie Hansestadt Bremen, die Senatorin für Bildung und Wissenschaft). 2014. *Religion. Bildungsplan. Grundschule – Oberschule – Gymnasium. Jahrgangsstufen 1–13*. Bremen.
Schröder, Stefan. 2020. „Umstrittene Säkularität. Säkularer Religionsunterricht an öffentlichen Schulen". In: *Zeitschrift für Religionswissenschaft* 28 (2): 314–335.
Schröder, Stefan. 2022. „Ein „heißes Eisen" – Urteilskompetenz im religionswissenschaftlichen Fachdiskurs und in religionskundlichen Lehrplänen". In: *Zeitschrift für Religionskunde* 10: 104–120.

SFH (= Säkulares Forum Hamburg). 2020. *Hamburger Religionsunterricht in der Krise. Probleme des Hamburger Religionsunterrichts für konfessionsfreie Kinder in den Klassen 1 bis 6.* Hamburg. https://www.sf-hh.org/web/wp-content/uploads/2020/11/Borschuere_SFHH_2020-2.pdf (28.2.2022).

Stausberg, Michael. 2012. „Religion: Begriff, Definitionen, Theorien". In: *Religionswissenschaft.* hg. von Michael Stausberg, 33–48. Berlin/Boston: De Gruyter.

UNHRC (= United Nations, Human Rights Committee). 2004. *Leirvåg et al. v. Norway*, CCPR/C/82/D/1155/2003.

Universität Potsdam. 2017. *School of Jewish Theology. Profil*, https://www.juedischetheologie-unipotsdam.de/de/juedische-theologie-in-potsdam/index (28.02.2022).

Christina Wöstemeyer
2 Systematischer Überblick: Religions- und ethikbezogener Unterricht in Deutschland

Religions- und ethikbezogener Unterricht in Deutschland

Wenn es um die Vielfalt an religions- und ethikbezogenen Fächern im Schulsystem geht, stellt Deutschland international einen Sonderfall dar. In kaum einem anderen Land gibt es eine solch heterogene und komplexe Landschaft von Schulfächern, in denen Religion verhandelt wird. Dieser Beitrag basiert auf aktuellen Angaben der bundeslandspezifischen Kultusministerien, Schulbehörden, Landesinstitute, Bildungsserver, Schulportale und Fachverbände sowie auf entsprechenden curricularen Vorgaben, ministeriellen Erlassen und Verordnungen, Schulgesetzen und Landesverfassungen (Stand: Ende 2021/Anfang 2022). Darüber hinaus wurden die in diesem Handbuch veröffentlichten Beiträge zu den einzelnen Bundesländern hinzugezogen und es wurden Gespräche mit Mitarbeiter*innen von Ministerien und Schulbehörden sowie Religionsgemeinschaften geführt. Was die Ansprechpersonen und Verantwortlichkeit für die Fächer betrifft, gibt es keine zentrale bundeseinheitliche Regelung, sondern jedes Bundesland organisiert die Zuständigkeiten und damit die Informationen zu den Fächern unterschiedlich, was der Kulturhoheit der Länder und der Organisationsform des jeweiligen Bildungssystems geschuldet ist. Die folgende Liste gibt einen Überblick über die Fachbezeichnungen, die in Deutschland an öffentlichen Schulen existieren[1]:

- Alevitische Religion
- Allgemeine Ethik
- Altkatholische Religion
- Buddhistischer Religionsunterricht
- Ethik
- Ethikunterricht
- Islamunterricht
- Islamische Religion
- Jüdische Religion
- Katholische Religion
- Lebensgestaltung – Ethik – Religionskunde (LER)
- Philosophie/Ethik
- Philosophieren mit Kindern
- Praktische Philosophie
- Religion
- Religionsunterricht der Christengemeinschaft

---

[1] Die Liste erhebt keinen Anspruch auf Vollständigkeit, da sich die Bezeichnungen je nach Bundesland und Quelle (zum Beispiel Schulgesetze, Curricula) unterscheiden und es einige lokale Besonderheiten gibt, die hier nicht berücksichtigt werden können.

- Evangelische Religion
- Freireligiöse Religion
- Humanistische Lebenskunde
- Mennonitischer Religionsunterricht
- Orthodoxer Religionsunterricht
- Philosophie
- Syrisch-orthodoxer Religionsunterricht
- Unitarischer Religionsunterricht
- Werte und Normen

Im vorliegenden Beitrag möchte ich diese Fächervielfalt aus verschiedenen systematischen Blickwinkeln religionswissenschaftlich erfassen und strukturieren.[2] Insgesamt zeigte sich während der Recherche, dass die Landschaft religions- und ethikbezogenen Unterrichts in Deutschland ein Feld ist, das bislang vor allem aus religionswissenschaftlicher Perspektive unzureichend erforscht und systematisiert wurde. Will man vergleichend auf die Fächer und Bundesländer schauen, die Besonderheiten ausfindig machen und ihren religionskundlichen Charakter untersuchen, lohnt sich eine umfassende Recherche, die die Fachbezeichnungen, die rechtlichen Status, die den Unterricht verantwortenden Instanzen, die Lehrbefähigungen, die Bezugsdisziplinen und das Lehramtsstudium sowie die inhaltliche Ausrichtung der Schulfächer in den curricularen Vorgaben fokussiert und die Fächer dahingehend ordnet und aus religionswissenschaftlich-kritischer Perspektive beleuchtet. Mit der Art der Systematisierung gehen verschiedene fach- und bildungspolitische Logiken und Implikationen sowie Bildungsverständnisse einher – und nicht zuletzt hängt damit auch die Frage zusammen, ob die positive und negative Religionsfreiheit im Bildungssystem gewahrt wird. Diesen Implikationen und Konsequenzen soll in diesem Beitrag nachgegangen werden.

Die Datenlage ist mitunter sehr diffus, uneinheitlich oder sogar widersprüchlich. Selbst aus den Angaben der zuständigen Kultusministerien geht manchmal nicht klar hervor, ob ein bestimmter Unterricht eingerichtet ist. So liegen oft Angaben von kleineren Religionsgemeinschaften vor, die den jeweiligen Bekenntnisunterricht in einem Bundesland aufführen, doch lassen sich keine Informationen von ministerieller Seite finden, die diese Angaben bestätigen, so dass erst aufwendige telefonische Recherchen unternommen werden müssen, um die Sachlage zu klären. Teils werden auf den Webseiten der Kultusministerien die Religions- und Weltanschauungsgemeinschaften aufgezählt, die Religionsunterricht anbieten dürfen, jedoch sind nur für einen Teil davon curriculare Vorgaben zu finden. Zwischen der Möglichkeit, einen bestimmten Unterricht einzurichten, und des tatsächlichen Unterrichtsangebots wird also mitunter nicht klar unterschieden. Manche Kultusministerien listen potenzielle Religionsunterrichte auf, die dann aber in den Statistiken der Kultusministerkonferenz, die die tatsächlichen Belegzahlen für die Fächer ermitteln, nicht er-

---

2 Ein derartiger systematischer Überblick stellt bisher ein Desiderat dar, wenngleich es einige Arbeiten zu Religions- und Ethikunterricht in Deutschland gibt. Dessen Großteil bildet allerdings nicht den aktuellen Stand ab oder hat nicht das gesamte Fächerspektrum im Blick (vgl. Rösch 2009; Treml 1994; REMID 2012; Kenngott, Englert, Knauth 2015; Spielhaus, Štimac 2018; KMK 2020b).

scheinen.³ Diese Umstände erklären auch die teils diskrepanten Angaben, die auf den Bundeslandauftaktseiten dieses Handbuchs zu finden sind. In dem Gesagten deutet sich an, dass die Fächerlandschaft fluide und dynamisch ist, was eine exakte Momentaufnahme erschwert. Zudem wurden die Daten und die Rechtsquellen nicht zum gleichen Zeitpunkt erfasst bzw. verfasst, deshalb sind sie teilweise schwer aufeinander zu beziehen (zum Beispiel Belegungszahlen und Einführungserlasse für neue Fächer). Außerdem hängt das tatsächliche Unterrichtsangebot von der Nachfrage der Schüler*innen ab und kann entsprechend von Schuljahr zu Schuljahr variieren, so dass zum Angebot in den Schulstufen kaum langfristig geltende Aussagen getroffen werden können. Die Ermittlung des Fächerangebots in den verschiedenen Bundesländern ist entsprechend aufwendig.

Rechtsstatus

Bevor in den nachfolgenden Kapiteln des Handbuchs vor allem die historische Genese religions- und ethikbezogenen Unterrichts beleuchtet wird, soll hier ein Fokus auf die gegenwärtigen rechtlichen Status der Fächer und die damit verbundenen Unterscheidungen und Logiken gelegt werden. Deutschland hat ein säkulares Bildungssystem und das gesamte öffentliche Schulwesen unterliegt der staatlichen Aufsicht (Grundgesetzartikel 7, Absatz 1). Schulbildung wird nicht von Religionsgemeinschaften verantwortet, sondern vom Staat, der den Lehrkräften die Facultas erteilt, curriculare Vorgaben zu den Fächern erstellt und auch die Lehrmaterialien prüft. Das gilt für alle Fächer – mit Ausnahme des Religionsunterrichts. Dieser liegt in der Verantwortung von entsprechenden Religions- oder Weltanschauungsgemeinschaften⁴ und

---

3 Beispielsweise heißt es auf den Seiten des Niedersächsischen Kultusministeriums „Die niedersächsische Landesregierung sieht es als ihre Verpflichtung an, das grundgesetzlich verbriefte Recht auf konfessionellen christlichen, jüdischen, islamischen und alevitischen Religionsunterricht zu ermöglichen." (NMK 2022), allerdings sind nur der evangelische, katholische und islamische Religionsunterricht in Niedersachsen von der Kultusministerkonferenz statistisch erfasst (vgl. KMK 2021). Der alevitische und der jüdische Unterricht erscheinen dort nicht. Gleiches gilt für den orthodoxen bzw. griechisch-orthodoxen Religionsunterricht, der zwar angeführt wird (vgl. NMK 2011), jedoch weder auf der genannten Ministeriumswebseite noch in den Statistiken der Kultusministerkonferenz Erwähnung findet. Auf Anfrage beim Kultusministerium konnte jedoch in Erfahrung gebracht werden, dass der alevitische, der jüdische und der orthodoxe Religionsunterricht tatsächlich vereinzelt angeboten werden und dieses Angebot außerdem um syrisch-orthodoxen Religionsunterricht ergänzt wurde. Hinzu kommt, dass nicht für alle besagten Fächer curriculare Vorgaben hinterlegt sind. Dieses Beispiel zeigt, dass die tatsächliche Situation des religions- und ethikbezogenen Unterrichts oft nur schwer empirisch zu erheben ist.
4 Als Begründung für den obligatorischen schulischen Religionsunterricht wird häufig das sogenannte Böckenförde-Diktum herangezogen: Der Staatsrechtler Ernst-Wolfgang Böckenförde konstatiert, dass sich der freiheitliche, säkularisierte Staat in einem Dilemma befände, denn er lebe von

ist als Pflichtfach in Grundgesetzartikel 7 Absatz 3 (GG 7,3) fixiert: „Der Religionsunterricht ist in den öffentlichen Schulen mit Ausnahme der bekenntnisfreien Schulen ordentliches Lehrfach. Unbeschadet des staatlichen Aufsichtsrechtes wird der Religionsunterricht in Übereinstimmung mit den Grundsätzen der Religionsgemeinschaften erteilt. Kein Lehrer darf gegen seinen Willen verpflichtet werden, Religionsunterricht zu erteilen." Der Religionsunterricht in Deutschland ist damit als einziges Schulfach grundgesetzlich abgesichert und hat Verfassungsrang. Dementsprechend ist grundsätzlich Religionsunterricht nach GG 7,3 der Normalfall. Allerdings gibt es aufgrund des föderalen Bildungssystems juristische Ausnahmen und bundeslandspezifische Alternativfächer, weil aufgrund der positiven und negativen Religionsfreiheit (vgl. GG 4) kein*e Schüler*in zur Teilnahme verpflichtet werden darf, so dass eine Abmeldeoption vom Religionsunterricht besteht. Als seit den 1960er Jahren von dieser Möglichkeit verstärkt Gebrauch gemacht wurde, reagierte die Bildungspolitik mit der Entwicklung alternativer Unterrichtsfächer in staatlicher Trägerschaft, die die Wertevermittlung für die vom Religionsunterricht abgemeldeten Schüler*innen übernehmen sollten.[5] Dieser Schritt wurde von vielen Religionsgemeinschaften, die konfessionellen Unterricht anboten, begrüßt (vgl. beispielsweise EKD 1994, 37) – auch weil so der Erhalt des Religionsunterrichts gesichert wurde. Denn es bestand die berechtigte Sorge, die Abmeldungen würden weiter wachsen, solange die Alternative zum Religionsunterricht eine Freistunde wäre (vgl. Treml 1994, 19 sowie Rösch 2018, 80). So existiert heute in Deutschland eine Fülle an religions- und ethikbezogenen Unterrichten, deren Fachstatus allerdings variiert, wie der folgende Überblick für die allgemeinbildenden öffentlichen Regelschulen zeigt.

Voraussetzungen, die er selbst nicht garantieren könne (vgl. Böckenförde 2006, 112). Gemeint ist eine moralische Wertebildung, die für ein demokratisches Zusammenleben unabdingbar sei. Dieses verbindende Ethos sei in den Religionen zu finden. Da sich der Staat jedoch zur Neutralität gegenüber Religionen und Weltanschauungen verpflichtet, könne er selbst diese Wertebildung nicht übernehmen und habe die Expertise deshalb den Religionsgemeinschaften zuerkannt, die unter Beibehaltung der staatlichen Schulaufsicht schulischen Religionsunterricht anbieten dürfen. Damit ist der Religionsunterricht eine gemeinsame Angelegenheit von Staat und entsprechenden Religionsgemeinschaften – auch *res mixta* genannt.

5 Die Einrichtung der staatlich verantworteten Alternativfächer zum Religionsunterricht stellt in gewisser Weise einen Widerspruch zum Böckenförde-Diktum dar, weil in den Fächern mitunter durchaus eine Wertebildung durch den Staat erfolgt. Zur vertieften Auseinandersetzung sei auf folgenden Sammelband verwiesen: Kim, Minkyung; Gutmann, Tobias; Friedrich, Jan und Katharina Neef, Hg. 2021. *Werte im Ethikunterricht. An den Grenzen der Wertneutralität*. Leverkusen: Verlag Barbara Budrich.

Pflichtfächer

Religionsunterricht wird auf der Grundlage des GG 7,3-Artikels von verschiedenen Religionsgemeinschaften angeboten und häufig als konfessioneller Religionsunterricht bezeichnet, selbst wenn das im engeren Sinne nicht auf die Gesamtheit der Religionsunterrichte zutrifft, da sie nicht alle in der Trägerschaft einer einzelnen Konfession oder Religionsgemeinschaft liegen. Flächendeckend werden in Deutschland die Fächer Evangelische und Katholische Religion erteilt, die bundesweit (mit Ausnahme Bremens, Berlins, Brandenburgs und in gewisser Weise auch Hamburgs) als Pflichtfach eingerichtet sind. Daneben werden vor allem in den alten Bundesländern christlich-orthodoxer und (teils als Modellversuch) islamischer Religionsunterricht sowie alevitischer Religionsunterricht als Pflichtfach angeboten. Darüber hinaus gibt es jüdischen Religionsunterricht und punktuell weitere Religionsunterrichtsangebote. Für das hessische Fach „Freireligiöse Religion", das als verpflichtendes Bekenntnisfach von der Freireligiösen Landesgemeinschaft Hessen angeboten wird, gilt ebenso die GG 7,3-Regelung.

Einen Sonderfall stellt das Bundesland Hamburg dar. Dort wird unter der Fachbezeichnung „Religion" ein „Dialogischer Religionsunterricht für alle" (RUfa) verstanden, der sich qua Selbstverständnis an sämtliche Schüler*innen richtet. Er ist 1995 aus dem bereits existierenden evangelischen Religionsunterricht heraus entwickelt worden, um auf die zunehmende Pluralität an Religionszugehörigkeiten auf Seiten der Schüler*innenschaft zu reagieren.[6] Der GG 7,3-Artikel wird hier dahingehend interpretiert, dass die Formulierung „in Übereinstimmung mit den Grundsätzen der Religionsgemeinschaf*ten* [Hervorh. CW]" ein interreligiöses Konzept zulässt. Die Lehramtsausbildung mit „ökumenisch ausgerichtete[r] Theologie, der Religionspädagogik, aber auch der Religionswissenschaft sowie benachbarter Geistes- und Sozialwissenschaften" (Rahmenlehrplan Religion 2004, 8) als Bezugswissenschaft findet an der „Akademie der Weltreligionen" und der Universität Hamburg statt. Curriculare Vorgaben wurden in Abstimmung mit einigen ausgewählten der in Hamburg ansässigen Religionsgemeinschaften konzipiert, ebenso wie erste Unterrichtsmaterialien. Allerdings war bis vor Kurzem trotz interreligiösem Konzept die Nordelbische Evangelische Landeskirche alleinige Trägerin des Unterrichts. Diese Trägerschaft wird aktuell auf muslimische, alevitische und jüdische sowie gegebenenfalls auch katholische Verbände ausgeweitet (vgl. Landesinstitut für Lehrerbildung und Schulentwicklung Hamburg (o. A.)). Die Lehrkräfte benötigen seit neuestem neben der

---

6 Das Säkulare Forum Hamburg kritisiert, dass dabei allerdings außer Acht gelassen wurde, dass neben der religiösen Pluralisierung auch eine starke Säkularisierung stattfindet und die Hälfte der Hamburger Bevölkerung nicht religiös gebunden ist. Säkulare Perspektiven haben bisher jedoch keinen Eingang in den Hamburger Religionsunterricht gefunden, der gleichzeitig damit wirbt, sich an alle Schüler*innen zu richten (vgl. SFH 2020).

staatlichen Lehrerlaubnis eine Beauftragung durch eine der Religionsgemeinschaften, die den Religionsunterricht mitverantwortet (DITIB, SCHURA, VIKZ, Evangelisch-Lutherischen Kirche in Norddeutschland, Alevitische Gemeinde Deutschland e. V., Jüdische Gemeinde). Neben dem RUfa-Pflichtfach werden außerdem vereinzelt katholischer und jüdischer Religionsunterricht an einigen staatlichen Schulen angeboten. Der Religionsunterricht wird in Hamburg ab der siebten Klasse zum Wahlpflichtfach, da ab dann alternativ das Fach Philosophie gewählt werden kann. Bei einer Abwahl des Religionsunterrichts in der ersten bis sechsten Klasse steht kein Alternativfach zur Verfügung.

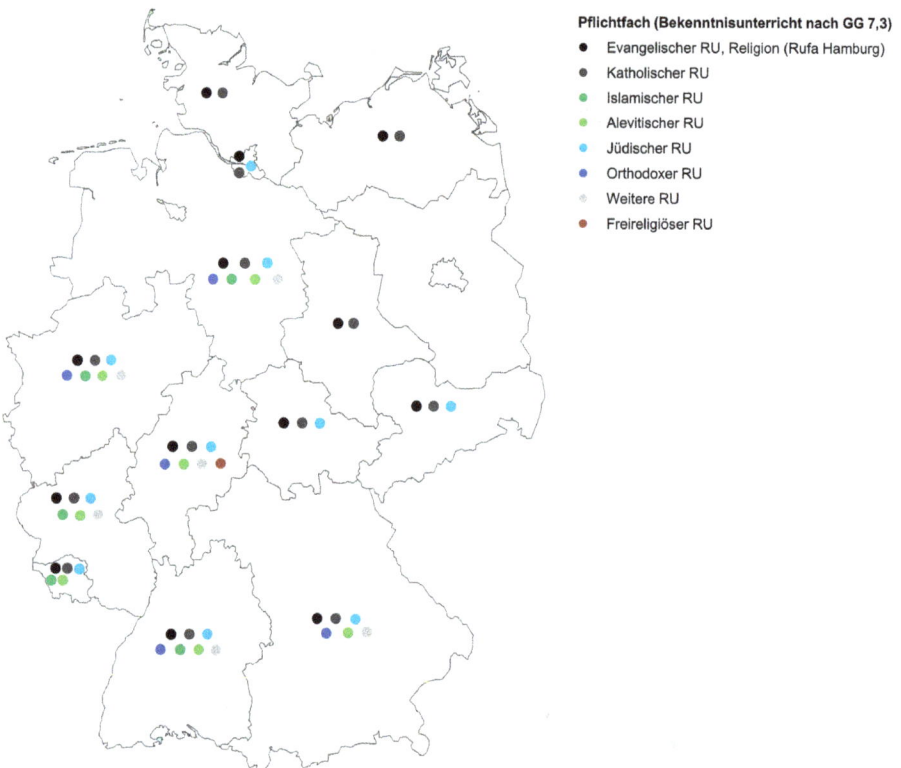

Abb.1: Pflichtfächer bekenntnisgebunden.

Zur Unterrichtung der in Abb. 1 aufgeführten Fächer bedarf es einer Lehrerlaubnis der den Unterricht verantwortenden Religions- oder Weltanschauungsgemeinschaft. Das gilt insbesondere für die Abnahme von Abiturprüfungen. Aber praktisch darf die Schulleitung auch jede sonstige Lehrkraft für den Unterricht einsetzen, wenn diese sich dazu bereit erklärt.

Das Hamburger Modell zeigt einen Trend an, der insgesamt beim Religionsunterricht in Deutschland zu verzeichnen ist. Mit der Öffnung des Religionsunterrichts – sowohl hinsichtlich der Bekenntniszugehörigkeit der Schüler*innen als auch der religiösen Trägerschaft des Unterrichts – reagieren viele Religionsgemeinschaften auf den demographischen Wandel. In einer Gesellschaft, in der einerseits christliche Religionszugehörigkeit abnimmt und gleichzeitig religiöse Pluralität zunimmt, liegt es für viele Religionsgemeinschaften auf der Hand, gemeinsame Formen religiösen Lernens zu ermöglichen, um den schulischen Religionsunterricht aufrecht erhalten zu können. So wird vielerorts bereits konfessionell-kooperativer Unterricht angeboten.[7]

Zu den Bekenntnisunterrichten gehören auch Unterrichte, die von Weltanschauungsgemeinschaften angeboten werden. Dazu zählt das Fach *Humanistische Lebenskunde* in Berlin und Brandenburg, das dort als freiwilliges Zusatzfach gewählt werden kann und der bereits erwähnte Unterricht *Freireligiöse Religion* von der Freireligiösen Landesgemeinschaft Hessen, der als Pflichtfach eingerichtet ist.[8]

Darüber hinaus gibt es Religionsunterricht, der nicht von Religionsgemeinschaften angeboten wird, nämlich den so genannten *Islamunterricht* im Sinne von islamkundlichem Unterricht, der in Bayern, Hessen, Schleswig-Holstein und früher in Nordrhein-Westfalen (teils als Schulversuch) eingerichtet wurde. Zwar ist er staatlich verantwortet, doch werden bei der Fachkonzeption häufig auch religiöse Akteure bzw. Perspektiven aktiv beteiligt.[9]

Im Folgenden soll geklärt werden, wie es sich mit dem Fachstatus in den drei Bundesländern Bremen, Berlin und Brandenburg verhält, in denen Sonderregelungen gelten. Sie bieten Pflichtunterrichte an, die sich an alle Schüler*innen unabhängig von deren Bekenntnis richten. Allerdings unterscheiden sich die Fächer trotzdem stark voneinander.

So begründet Bremen die Bremer Klausel (Grundgesetzartikel 141): „Artikel 7 Abs. 3 Satz 1 findet keine Anwendung in einem Lande, in dem am 1. Januar 1949 eine andere landesrechtliche Regelung bestand." In Bremen wurde aufgrund des ökumenischen Anliegens, calvinistische und lutherische Konfessionen zu einigen, bereits 1799 ein überkonfessioneller biblischer Geschichtsunterricht auf allgemein christlicher Grundlage angeboten. Gegenwärtig heißt das staatliche Fach „Religion", richtet sich

---

[7] Die in den 1990er Jahren in Diasporasituationen entstandene Möglichkeit evangelischen und katholischen Unterricht konfessionell-kooperativ zu erteilen, ist mittlerweile weit verbreitet.
[8] In Niedersachsen verfügt der Humanistische Verband Niedersachsen über keinen eigenen Bekenntnisunterricht, macht sich jedoch in Form des „Fachverbands Werte und Normen – Ethische und humanistische Bildung in Niedersachsen e. V." für den staatlich verantworteten Werte und Normen-Unterricht stark (vgl. Schröder 2020).
[9] Christoph Bochinger spricht im Zusammenhang mit dem neuen bayrischen Islamunterricht von einem „christlich grundierten Ethikunterricht für Muslime" (vgl. Bochinger 2021). Auf das Fach Islamunterricht wird in diesem Beitrag nicht vertiefter eingegangen.

als Pflichtfach (Primarstufe) bzw. Wahlpflicht-/Wahlfach (Sekundarstufe I und II) an alle Schüler*innen einer Klasse und lässt keine weiteren verpflichtende Religionsunterrichte zu. Trotzdem besteht eine Dispensoption. Zudem gibt es in der Sekundarstufe I und II das Fach Philosophie als Alternativfach, das entweder als Wahlpflichtfach für Religion oder unabhängig davon als freies Wahlfach eingerichtet werden kann. Das schafft in Bremen die Besonderheit, dass im Schulsystem der Sekundarstufe I und II zwei bekenntnisungebundene Fächer verankert sind, die der Gruppe der sogenannten Werte vermittelnden Fächer zugeordnet werden können und miteinander konkurrieren. In anderen Bundesländern ist das gelegentlich nur in der Sekundarstufe II der Fall, wo Ethik oder Philosophie als Ersatzpflichtfach zum konfessionellen Religionsunterricht und/oder als Wahlfach angeboten werden. Das Konkurrenzverhältnis zweier staatlich getragener Fächer in Form einer Wahlpflichtkonstruktion stellt also ein Bremer Unicum dar.

Anders sieht es in Brandenburg aus. Hier wurde nach dem Mauerfall der Modellversuch LER (heute: Lebensgestaltung – Ethik – Religionskunde) eingerichtet und anschließend als staatliches Pflichtfach eingeführt, wobei sich auch Brandenburg auf die Bremer Klausel berief, was rechtlich allerdings nicht endgültig geklärt ist. Daher ist es trotz Pflichtfachstatus möglich, sich von LER abzumelden und stattdessen – oder aber als freiwilliges Zusatzfach – einen konfessionellen Religionsunterricht oder Humanistische Lebenskunde zu wählen.

Auch Berlin beruft sich auf die Bremer Klausel, so dass dort kein obligatorischer Religionsunterricht angeboten wird. Bereits seit 1948 besteht in Berlin die Möglichkeit, verschiedene Bekenntnisfächer als freiwilliges, nicht versetzungsrelevantes Zusatzfach zu besuchen. Derzeit gibt es zehn derartige Fächer: Alevitische Religion, Buddhistische Religion, Evangelische Religion, Humanistische Lebenskunde, Islamische Religion, Jüdische Religion, Katholische Religion, Orthodoxer Religionsunterricht, Syrisch-orthodoxer Religionsunterricht sowie Religionsunterricht der Christengemeinschaft. Unabhängig vom Religionsunterricht und den grundgesetzlichen Vorgaben dazu wurde in Berlin (nach einem Schulversuch 1993/94) im Jahr 2006 Ethik als alleiniges Pflichtfach in staatlicher Trägerschaft für die Klassen 7 bis 10 eingeführt.[10] Damit ist Berlin das einzige Bundesland, das über ein integratives Pflichtfach ohne Dispensoption verfügt, bei dem alle Schüler*innen gemeinsam im Klassenverband unterrichtet werden. Darüber hinaus wird in Berlin Philosophie als Wahlfach in der Sekundarstufe I und II angeboten.

Bezogen auf die in Deutschland vertretenen religions- und ethikbezogenen Pflichtfächer in Deutschland ergibt sich damit folgendes Bild (Abb. 2):

---

10 Im Jahr 2009 gab es in Berlin einen in der Öffentlichkeit breit diskutierten Volksentscheid. Die Berliner*innen sollten über die Einführung eines Wahlpflichtbereichs entscheiden, bei dem der Bekenntnisunterricht als gleichberechtigtes Wahlpflichtangebot zum Fach Ethik eingerichtet worden wäre. Die Wähler*innen votierten gegen die Einführung von Ethik und Religion als Wahlpflichtfächer und damit für die Beibehaltung des integrativen Ethikpflichtfachs.

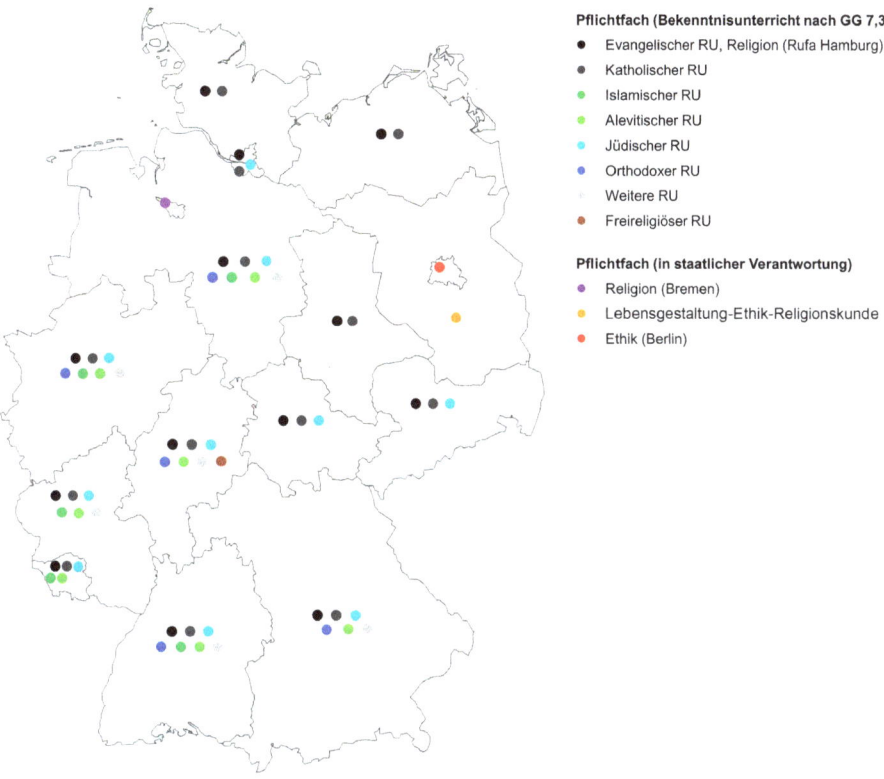

Abb. 2: Pflichtfächer bekenntnisgebunden und -ungebunden.

Alternativfächer

Neben den Pflichtfächern besteht eine Vielzahl so genannter Alternativfächer, die sich unter anderem hinsichtlich des Rechtsstatus und der Verteilung in den Bundesländern voneinander unterscheiden (vgl. Abb. 3). Heute sieht das Angebot der alternativ zum Religionsunterricht entwickelten Fächer wie folgt aus. Einige, vor allem neue Bundesländer bieten **Wahlpflichtfächer** an, die dem Religionsunterricht rechtlich gleichgestellt sind:
- Ethik in Sachsen, Sachsen-Anhalt und Thüringen (alle Schulstufen)
- Philosophie in Hamburg (ab der 7. Klasse) und in Bremen (ab der 5. Klasse)[11]

---

[11] Das ist insofern bemerkenswert, als dass in Bremen eigentlich die GG 7,3-Regelung nicht greift. Zudem wird das Fach Philosophie im Schulgesetz nicht namentlich genannt, sondern es ist nur von einem „geeigneten Alternativfach" die Rede, ohne dass dieses genauer spezifiziert wird (BremSchulG § 7 Abs. 2).

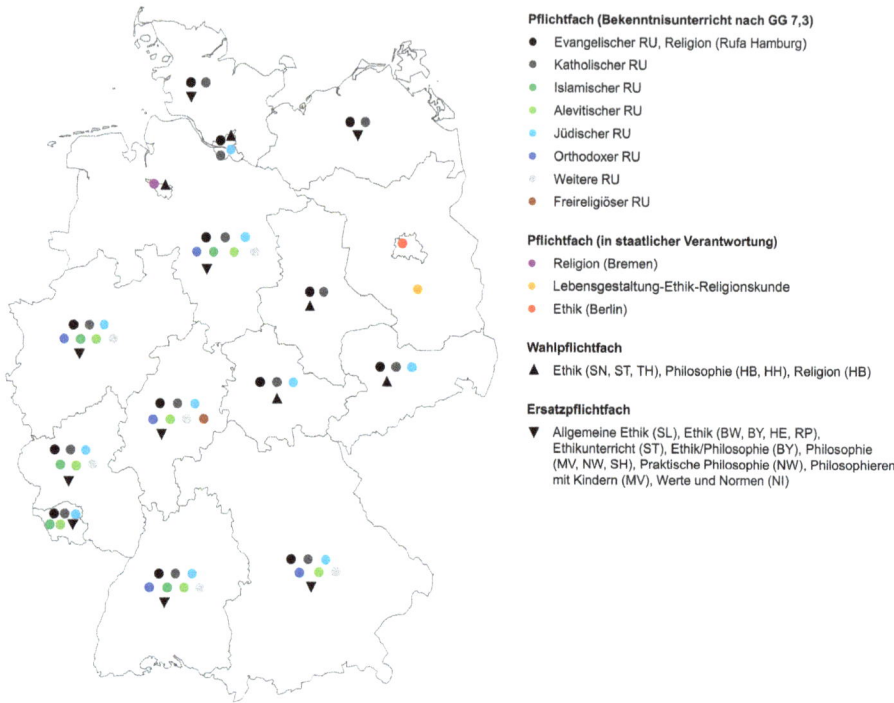

Abb. 3: Pflicht-, Wahlpflicht- und Ersatzpflichtfächer.

In diesen Fällen wird der Religionsunterricht entsprechend vom Pflicht- zum Wahlpflichtfach. Wahlpflicht bedeutet die freie Wahl zwischen Pflichtangeboten.[12] Es bedarf demnach keiner vorherigen Abwahl des Religionsunterrichts.

In den meisten Bundesländern werden hingegen nach wie vor **Ersatzpflichtfächer** angeboten. Wer sich also vom Religionsunterricht abmeldet bzw. nicht am Religionsunterricht teilnimmt, ist zur Teilnahme am Ersatzunterricht verpflichtet:

- Ethik (Sek I, Sek II) in Baden-Württemberg,
- Ethik bzw. Ethik/Philosophie (alle Schulstufen) in Bayern,
- Ethik (alle Schulstufen) in Hessen,
- Philosophieren mit Kindern (Primarstufe, Sek I) sowie Philosophie (Sek II) in Mecklenburg-Vorpommern,
- Praktische Philosophie (Sek I; geplant für die Primarstufe) und Philosophie (Sek II) in Nordrhein-Westfalen,

---

[12] Die Lage in Thüringen ist nicht ganz eindeutig, da das Fach Ethik dem Religionsunterricht dort zwar nominell gleichgestellt ist, dieser gegenüber Ethik dennoch eine Vorrangstellung genießt. So weist der Ethikunterricht dort Züge eines Ersatzpflichtfachs auf (vgl. den entsprechenden Beitrag von Benedikt Erb in diesem Handbuch).

- Ethik (alle Schulstufen) in Rheinland-Pfalz,
- Allgemeine Ethik (Sek I, Sek II) im Saarland,
- Philosophie (alle Schulstufen) in Schleswig-Holstein und
- Werte und Normen (Sek I, Sek II; geplant für die Primarstufe) in Niedersachsen

Der Religionsunterricht ist hier die Regel, der Ethikunterricht die Ausnahme, die vom Religionsunterrichtsangebot abhängig ist.

Aus der Auflistung wird ersichtlich, dass es in einigen Bundesländern in der Primarstufe bzw. in der ersten bis vierten Klasse bislang keine Alternative zum Religionsunterricht gibt (in Baden-Württemberg, Hamburg, Niedersachsen und Nordrhein-Westfalen) (Abb. 4).[13] Das gilt auch in Bundesländern, in denen Religionsunterricht nicht nach GG 7,3 angeboten wird und stattdessen staatlich verantwortete

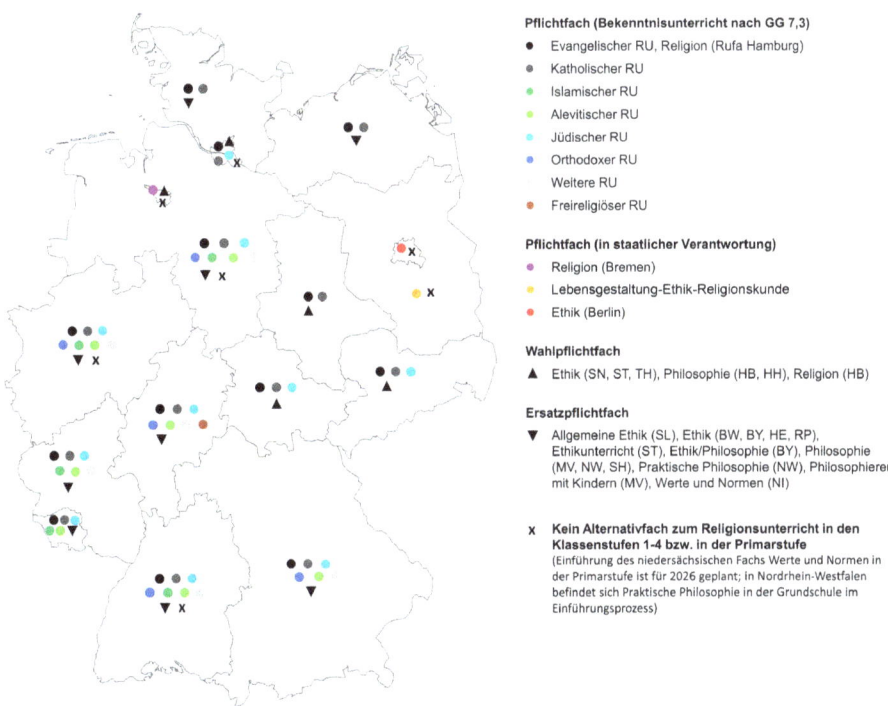

Abb. 4: Pflicht-, Wahlpflicht- und Ersatzpflichtfächer sowie 1.-4. Klassen/Primarstufe ohne Alternativfächer zum Religionsunterricht.

---

[13] Allerdings planen die beiden Letzteren eine zeitnahe Einführung der Fächer in der Primarstufe.

Pflichtfächer eingerichtet sind: So startet das Fach LER in Brandenburg erst in der fünften Klasse; von der ersten bis vierten Klasse findet nur – wenngleich als freiwilliges Zusatzfach im Randstundenbereich – Bekenntnisunterricht statt. Ähnliches gilt in Berlin, wo das Fach Ethik nur von Klasse sieben bis zehn eingerichtet ist und ansonsten freiwillig Bekenntnisunterrichte als Zusatzfach in einer Randstunde besucht werden können. Auch in Bremen findet in der Primarstufe kein Alternativfachunterricht statt, sondern es wird ausschließlich Religionsunterricht angeboten, der zwar staatlich verantwortet, aber dennoch abwählbar ist. Für die Schüler*innen, die nicht am Religionsunterricht der Primarstufe teilnehmen, findet in den besagten Bundesländern eine Frei- bzw. „Betreuungsstunde" statt. Diese verbringen sie entweder im Unterricht einer anderen Klasse oder sie werden anderweitig betreut. Die Abwahloption ist damit zwar eine Einlassung für das Recht auf positive und negative Religionsfreiheit. Praktisch aber führt sie zu Exklusion und stellt weder für die Schüler*innen noch für die Schulen ein attraktives Angebot dar, so dass betroffene Schüler*innen oft in Ermangelung von Alternativen trotzdem am angebotenen Religionsunterricht teilnehmen bzw. dazu angeregt werden.

Wahl-, Ersatz- und Zusatzfächer

Neben den Pflicht-, Wahlpflicht- und Ersatzpflichtfächern gibt es – vor allem in der Sekundarstufe II – **Wahlfächer** (WF), die im Rahmen eines Wahlpflichtbereichs aus gesellschaftswissenschaftlichen Fächern unabhängig von der Belegung des Religionsunterrichts gewählt werden können. Hinzu kommen **Ersatzfächer** (EF), die statt der Ersatzpflichtfächer wählbar sind, und **freiwillige, nicht versetzungsrelevante Zusatzfächer** (ZF). Hierzu zählen:
- Philosophie[14] (Sek II) in Baden-Württemberg, Brandenburg, Hessen, Niedersachsen, Nordrhein-Westfalen, Rheinland-Pfalz, Saarland, Sachsen (WF)
- Philosophie (Sek I ab Klasse 7 bzw. 9, Sek II) in Berlin (WF)
- Philosophie (Sek I, Sek II) Bremen (WF)
- Philosophie (Sek I ab Klasse 9, Sek II) in Sachsen-Anhalt (WF)
- Philosophie (Sek II) in Niedersachsen (EF für Werte und Normen)
- Islamunterricht (Primarstufe, Sek I) in Bayern (EF für Ethik)

---

14 In einigen Bundesländern ist auch für das Ethikfach die Option eingerichtet, es (wie das Fach Philosophie) unabhängig von der Belegung eines Religionsunterrichts innerhalb eines Wahlpflichtbereichs als Wahlfach zu belegen (zum Beispiel im Falle das Fachs Werte und Normen in Niedersachsen). Auch Bekenntnisunterrichte kommen in einigen Bundesländer in diesen Wahlpflichtbereichen vor.

- Islamunterricht (Primarstufe, Sek I bis Klasse 9) in Hessen (EF für Ethik)
- Religions- und Weltanschauungsunterrichte (Primarstufe ab Klasse 5, Sek I) in Brandenburg (EF für LER)
- Religions- und Weltanschauungsunterrichte (alle Schulstufen) in Berlin und Brandenburg (ZF)
- Islamunterricht (Primarstufe) in Schleswig-Holstein (ZF)

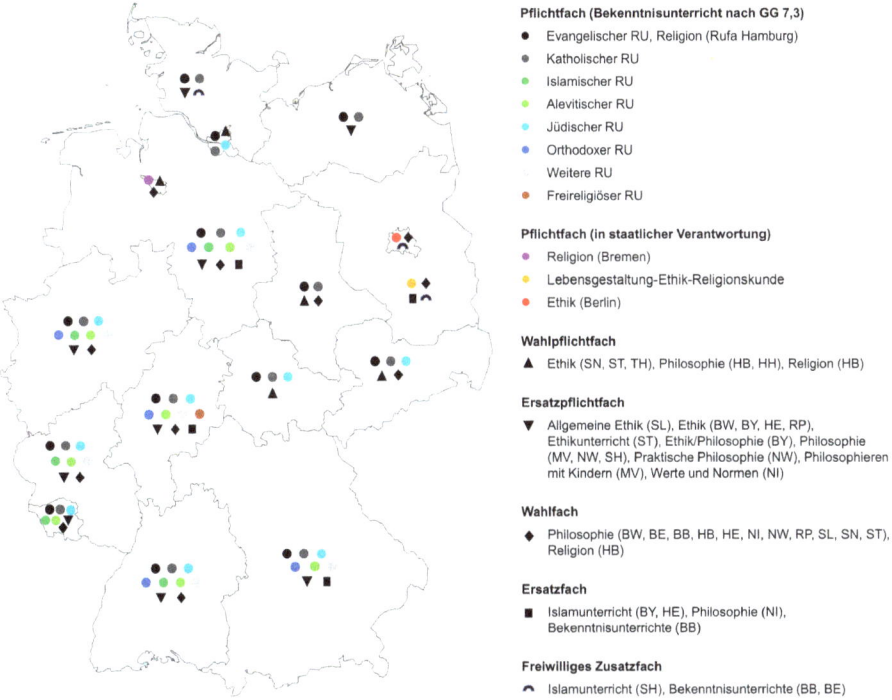

Abb. 5: Pflicht-, Wahlpflicht- und Ersatzpflichtfächer sowie Wahl-, Ersatz- und Zusatzfächer.

Die Tabelle (Tab. 1) am Ende des Kapitels zeigt abschließend eine Gesamtdarstellung der Fächer inklusive des jeweiligen Fachstatus und der Verteilung in den Schulstufen der unterschiedlichen Bundesländer.

Zusammenfassung

Vergleicht man die Situation in den Bundesländern, fällt zunächst auf, dass die Mehrheit der Bundesländer über ein sehr ausdifferenziertes Angebot an Religionsunterrichten verfügt. Dabei bieten vor allem die nordöstlichen Bundesländer hauptsächlich evangelischen und katholischen Religionsunterricht sowie die Alternativfächer an.[15] Der Vielzahl an Religionsunterrichten, die vor allem in den südwestlichen Bundesländern in stark ausdifferenzierter Form vertreten sind, steht eine überschaubare Anzahl von Alternativfächern gegenüber, die sich grob in Ethik- und Philosophieunterrichte aufteilen lassen, aber gleichzeitig sehr unterschiedlich in den Bundesländern und Schulstufen konzipiert und verankert sind. Dabei überwiegend die Religionsunterrichte nicht nur zahlenmäßig, sondern genießen auch aufgrund ihrer rechtlichen Konstitution und schulpraktischen Umsetzung vielerorts eine Vorrangstellung. Das ist überall dort der Fall, wo der Religionsunterricht Pflichtfach und der Ethik- oder Philosophieunterricht Ersatzpflichtfach ist. Aber auch dort, wo *de jure* Wahlfreiheit besteht, gibt es oft Ungleichgewichte zwischen den Fächern, etwa hinsichtlich der ministeriellen und schulischen Informationspolitik zur Wahloption (vgl. Kapitel zu Hamburg und Bremen) oder hinsichtlich des verfahrensmäßigen Ablaufs der Unterrichtsbelegung bzw. -wahl (vgl. Kapitel zu Thüringen). Eine weitere Ungleichbehandlung der Ethik- und Philosophiefächer lässt sich aus der Verteilung der Fächer in den Schulstufen ablesen, das wurde bereits bei der Thematisierung fehlender Alternativfächer in der Primarstufe deutlich. Hinzu kommt, dass es fast bundesweit möglich ist, (vor allem evangelischen und katholischen) Religionsunterricht als Abiturfach auf erhöhtem Anforderungsniveau zu belegen, wohingegen einige Alternativfächer nur in der Sekundarstufe I angeboten und bzw. oder in der Sekundarstufe II nur auf grundlegendem Anforderungsniveau zugelassen sind. Ein weiterer Unterschied lässt sich zwischen den Fächern Ethik und Philosophie in der gymnasialen Oberstufe feststellen. Philosophie kann mehrheitlich als Abiturfach auf erhöhtem Anforderungsniveau belegt werden, der Ethikunterricht hingegen oft nur auf grundlegendem Anforderungsniveau (vgl. beispielsweise Niedersachsen).

Nach dieser umfangreichen Auseinandersetzung mit den verschiedenen Fachstatus bzw. der konkreten rechtlichen Stellung eines Fachs soll an dieser Stelle – ganz im Sinne des Handbuchs, dessen Hauptanliegen es ist, Religionskunde in Deutschland ausfindig zu machen – bilanzierend gefragt werden, was die bisherigen Ergebnisse zur Klärung der Frage nach der „Religionskundlichkeit" der Fächer beitragen können. Schaut man auf die Tabelle (Tab. 1), lässt sich daraus nicht direkt entnehmen, in welchen Fächern religionskundliche Inhalte vermittelt werden. Es liegt zunächst die Vermutung nahe, dass die Fächer, die in der Tabelle als bekenntnisungebundene Alternativfächer (oder auch Pflichtfächer) gelabelt sind, religionskundlich-säkulare Perspektiven enthalten könnten, wenn sie sich mit Religion/en

---

15 Hier sei jedoch kritisch angemerkt, dass die Auflistung prinzipiell eingerichteter Unterrichte noch nichts über die tatsächliche Nachfrage der Fächer bei den Schüler*innen und die damit zusammenhängenden Belegzahlen aussagt. So stehen hier Fächer nebeneinander, von denen einige nur klassen-, klassenstufen- oder sogar schulübergreifend zustande kommen und andere in allen Klassen eines Jahrgangs eingerichtet sind, weil die Nachfrage so groß ist.

und Weltanschauungen beschäftigen, da dieser Zugang aufgrund des Neutralitätsgebots geboten wäre. Es fällt auf, dass es – bis auf Lebensgestaltung-Ethik-Religionskunde (LER) in Brandenburg – kein Fach gibt, das auf den ersten Blick mit Religionskunde in Verbindung gebracht werden kann. Nur das staatliche Fach LER trägt den Hinweis im Namen. Zudem könnte das Bremer Fach Religion, das ebenfalls bekenntnisungebunden in staatlicher Trägerschaft liegt, einen religionskundlichen Charakter vermuten lassen. Beide Pflichtfächer sind jedoch – im Gegensatz zu sämtlichen anderen staatlichen obligatorischen Schulfächern – abwählbar und müssen nicht zwingend belegt werden. Alternativ können Schüler*innen in Bremen das Fach Philosophie wählen und in Brandenburg einen bekenntnisgebundenen Religions- oder Weltanschauungsunterricht besuchen (oder sie wählen diesen zusätzlich zum LER-Unterricht als freiwilliges Zusatzfach). Dieser Faktor wirft die Frage auf, warum eine Dispensoption besteht, wenn es sich nicht um einen Bekenntnisunterricht handelt.[16] Einzig der Ethikunterricht in Berlin ist ein staatlich verantwortetes Pflichtfach im eigentlichen Sinne, das keine Dispensoption vorsieht – allerdings weist es kaum religionskundliche Züge auf. Alle anderen Fächer, die neben den Bekenntnisunterrichten eingerichtet sind, werden in der Alternativfachlogik gedacht und dabei stets in Beziehung zu den Religions- und Weltanschauungsunterrichten gesetzt, ohne die ihre Existenz nicht gerechtfertigt scheint. Folgerichtig entzieht sich das Wahlfach Philosophie auch dieser Logik und kann in den meisten Bundesländern in der Sekundarstufe II unabhängig von der Belegung des Religionsunterrichts innerhalb eines eigenen Wahlpflichtbereichs, bestehend aus verschiedenen gesellschaftswissenschaftlichen Fächern, gewählt werden.

Der Rechtsstatus und der noch recht unspezifische Vermerk „bekenntnisungebunden" allein geben also keinen hinreichenden Aufschluss darüber, ob es sich um bekenntnisunabhängigen und somit potentiell um religionskundlichen Unterricht handelt – zumal es nicht notwendigerweise gegeben ist, dass in Fächern wie Ethik und Philosophie auch religionsbezogene Themen vorgesehen sind. Dazu müssen weitere Faktoren wie die tatsächliche Ausgestaltung der Trägerschaft der Fächer und die Konzeption und Inhalte der curricularen Vorgaben berücksichtigt und genauer beleuchtet werden.

Trägerschaft

Ein weiteres Ordnungskriterium für die religionsbezogenen Unterrichte ist ihre Trägerschaft. Bei den folgenden Ausführungen dazu wird keine inhaltliche Bestimmung des Unterrichts vorgenommen, sondern erhoben, ob der Unterricht seitens

---

16 Auf die mit diesen Fragestellungen zusammenhängenden Diskurse wird in den entsprechenden Bundeslandkapiteln des vorliegenden Handbuchs eingegangen.

des Staates oder seitens religiöser bzw. weltanschaulicher Gemeinschaften verantwortet und konzipiert wird. Generell ist hier zu unterscheiden zwischen Bekenntnisunterricht und bekenntnisungebundenem Unterricht an öffentlichen Schulen.

Bekenntnisunterricht

Unter Bekenntnisunterricht werden Weltanschauungsunterricht und Religionsunterricht gefasst. Ersterer ist in Deutschland in zwei Fächern realisiert: als *Humanistische Lebenskunde* in Berlin und Brandenburg in Verantwortung des Humanistischen Verbands Berlin-Brandenburg und als *Freireligiöse Religion* in Hessen durch die Humanistische Gemeinschaft Hessen. Der Religionsunterricht dagegen lässt sich in konfessionellen, konfessionell-kooperativen und dialogisch-interreligiösen Unterricht unterteilen. Zu den konfessionellen Religionsunterrichten zählen der *alevitische, altkatholische, buddhistische, evangelisch-lutherische, jüdische, mennonitische, orthodoxe, römisch-katholische, syrisch-orthodoxe, unitarische* sowie der *Religionsunterricht der Christengemeinschaft*. Sie werden in ihrer jeweiligen bundeslandspezifischen Ausprägung von der entsprechend Religionsgemeinschaft verantwortet.[17] Beim *konfessionell-kooperativen Religionsunterricht* handelt es sich um ein Religionsunterrichtsformat, bei dem die evangelische oder die katholische Kirche den Unterricht unter Wahrung der je konfessionellen Prägung gemeinsam verantworten. Im Gegensatz dazu wird in Hamburg unter der Bezeichnung *Religionsunterricht für alle* aktuell ein von ausgewählten Religionsgemeinschaften gemeinsam verantworteter dialogischer Religionsunterricht entwickelt, der zuvor ausschließlich in Trägerschaft der Nordelbischen Landeskirche lag.

Alle aufgeführten Bekenntnisunterrichte (Abb. 6) befinden sich in Trägerschaft von Religions- oder Weltanschauungsgemeinschaften, die entsprechende Verträge mit den jeweiligen Bundesländern geschlossen haben, in denen der Unterricht angeboten wird, und die die Lehrbefähigungen für die Lehrkräfte erteilen sowie für die Lehrinhalte verantwortlich sind. Bedingung für die Einrichtung des Unterrichts sind die vertraglichen Vereinbarungen, ausreichend zur Verfügung stehende Lehrkräfte sowie Lehrpläne. Das Fach wird dann angeboten, wenn eine bestimmte Mindestanzahl von Schüler*innen vorhanden ist, die das Fach belegen.

---

17 Die Bezeichnung „konfessioneller" Religionsunterricht ist genau genommen nicht präzise, da in einigen Fällen mehrere Denominationen, Landesverbände oder Diözesen den Unterricht verantworten (beispielsweise im Falle des orthodoxen Religionsunterrichts) oder diese von Bundesland zu Bundesland variieren (wie zum Beispiel beim islamischen Religionsunterricht).

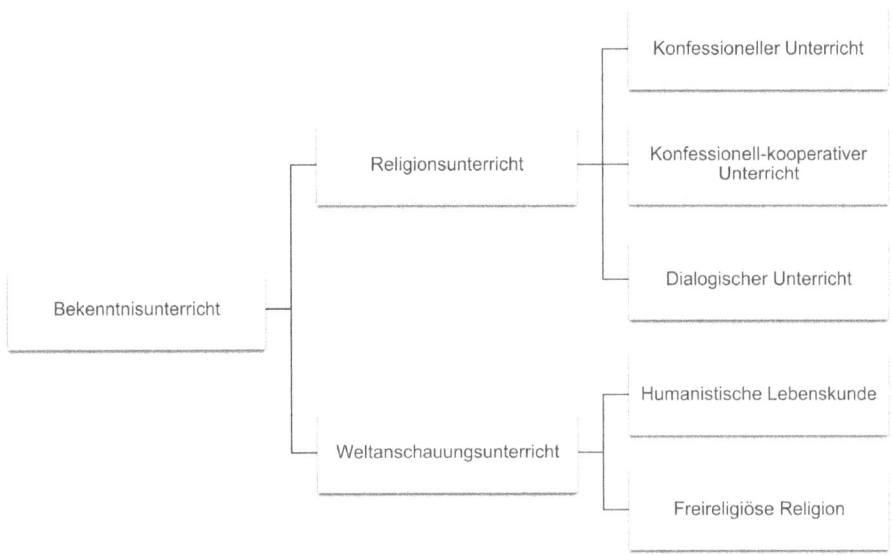

Abb. 6: Bekenntnisunterricht.

Bekenntnisungebundener Unterricht

Im Gegensatz zum Bekenntnisunterricht liegt der bekenntnisungebundene Unterricht in staatlicher Trägerschaft, das heißt der Staat ist für die Lehramtsausbildung, die Erteilung der Lehrerlaubnis, sowie die Konzeption der Curricula zuständig. Dies gilt nicht nur für die Ethik- und Philosophiefächer, sondern für sämtliche andere Schulfächer des deutschen Schulsystems, das grundsätzlich säkular ausgerichtet ist.

Bekenntnisungebundener Unterricht findet sich also im Ethikunterricht (Allgemeine Ethik, Ethik, Ethikunterricht, LER, Werte und Normen), im Philosophieunterricht (Philosophie, Praktische Philosophie, Philosophieren mit Kindern) sowie in den staatlich verantworteten Fächern Religion in Bremen sowie Islamunterricht in Bayern, Hessen und Schleswig-Holstein (Abb. 7).

Allerdings ist die Bezeichnung „bekenntnisungebundener Unterricht" bei genauerem Hinsehen in einigen Fällen irreführend, da religiöse Akteure durchaus in manche Fächer hineinwirken, so dass diese zwar auch nicht bekenntnisgebunden, aber eben auch nicht gänzlich bekenntnisunabhängig sind.

So werden die beiden Fächer Religion (Bremen) und Werte und Normen (Niedersachsen) zwar staatlich verantwortet, bei der Erstellung der curricularen Vorgaben wird jedoch auf die Mitwirkung von Religions- und Weltanschauungsgemeinschaften zurückgegriffen. Der Bildungsplan für das Fach Religion in Bremen etwa ist das Ergebnis einer Kooperation von Vertreter*innen der Universität, des Bremer Landesinstituts für Schule (LIS) und des Fachverbands der Religionslehrkräfte mit einem

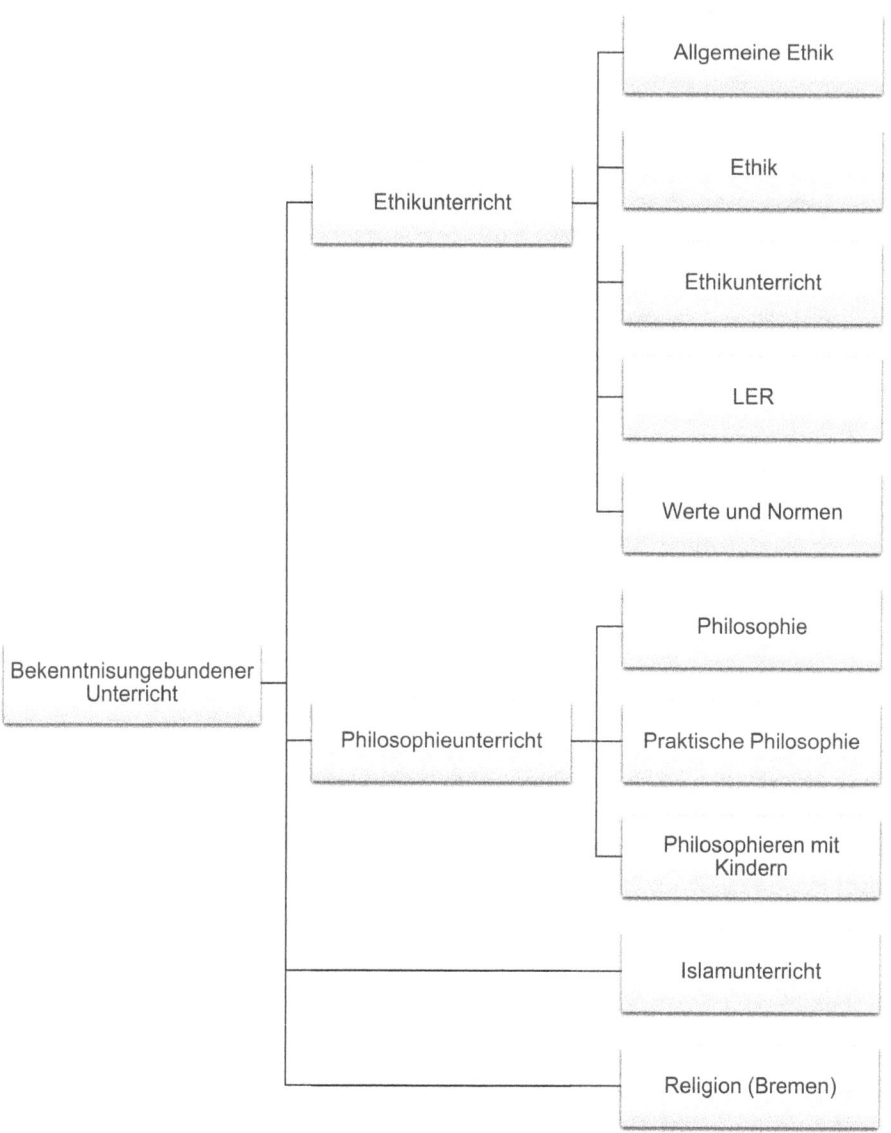

Abb. 7: Bekenntnisungebundener Unterricht.

„Fachbeirat der Religionsgemeinschaften", der aus Bremischer Evangelischer Kirche, Katholischer Kirche, Jüdischer Gemeinde sowie Dachverbänden islamischer Religionsgemeinschaften (DITIB, Schura und VIKZ) besteht. Außerdem orientiert sich der Bildungsplan an den curricularen Vorgaben für den Hamburger Religionsunterricht für alle, der in religiöser Trägerschaft liegt.

Ähnlich verhält es sich bei der Zusammensetzung der Kommission zur Erstellung der Kerncurricula für das Fach Werte und Normen in Niedersachsen. Auch hier findet eine Beteiligung einer Bekenntnisgemeinschaft statt, indem vorschriftsmäßig ein Mitglied aus dem Landesschulbeirat in die Kommission aufgenommen wurde, das dort den „Humanistischen Verband Deutschland – Niedersachsen KdöR" (HVD Niedersachsen) vertritt[18] (vgl. NSchG § 171 sowie HVN 2017) und ein weiteres Mitglied über den „Fachverband Werte und Normen – ethische und humanistische Bildung in Niedersachsen e. V.", der ebenfalls dem HVD Niedersachsen nahesteht, seinen Platz in der Kommission erhielt.[19] Darüber hinaus sind in einigen Bundesländern Religionslehrkräfte an der Erstellung von Grundschulcurricula für Ethik- oder Philosophieunterricht beteiligt. Neben Lehrkräften, die das entsprechende Fach in der Sekundarstufe I bereits unterrichten und die fachliche Expertise beisteuern, werden Religionslehrkräfte aus der Primarstufe hinzugezogen, die in erster Linie die Expertise für die Schulform in die Kommission einbringen sollen, aber auch aufgrund der Nähe zu den Fachinhalten als kompetent erachtet werden.

Hinzu kommt, dass in den curricularen Vorgaben einiger staatlich verantworteter Fächer Kooperationen zwischen bekenntnisgebundenem und -ungebundenem Unterricht befürwortet werden. So wird beispielsweise im Berliner Ethik-Rahmenlehrplan zu Kooperationen mit den Bekenntnisunterrichten angeregt (vgl. Rahmenlehrplan Berlin-Brandenburg 2015a, 18). In Mecklenburg-Vorpommern ist die Option, Evangelische Religion, Katholische Religion und Philosophieunterricht unter Wahrung der facheigenen „Eigenständigkeit und ihrer Besonderheiten und der Rechte der Schülerinnen, Schüler und Erziehungsberechtigen" als gemeinsamen Fächergruppenunterricht im Klassenverband durchzuführen, im Schulgesetz verankert (SchulG M-V § 8, Absatz 3). Wie genau bei diesen Kooperationen oder Zusammenlegungen von bekenntnisgebundenen und -ungebundenen Fächern die Aufrechterhaltung der positiven und negativen Religionsfreiheit in der Unterrichtspraxis gewährleistet werden soll, wird nicht weiter ausgeführt.

Auch auf der Ebene der Lehramtsausbildung für die angehenden Lehrkräfte der bekenntnisungebundenen Schulfächer lässt sich eine Beteiligung religiöser

---

[18] Der Landesschulbeirat, der unter anderem aus verschiedenen Vertreter*innen der in Niedersachsen vertretenen Religions- und Weltanschauungsgemeinschaften besteht, darf grundsätzlich ein Kommissionsmitglied entsenden. So ist es prinzipiell auch möglich, dass ein Mitglied der Alevitischen Gemeinde oder der Evangelischen Kirche Teil der Lehrplankommission geworden wäre. Zudem hat das Land Niedersachsen 1970 einen Vertrag mit dem HVD Niedersachsen (damals noch: Freireligiöse Landesgemeinschaft) geschlossen, wonach dem damaligen religionskundlichen Unterricht, der später im Fach Werte und Normen aufgelöst wurde, eine gleichberechtigte Stellung neben dem Religionsunterricht eingeräumt wird.
[19] Der Fachverband Werte und Normen legt in seiner Satzung fest, dass er das Fach Werte und Normen insbesondere durch „die fachliche und bildungspolitische Mitgestaltung der Lehrpläne und Lehrmittel auf Grundlage demokratischer, aufklärerischer und humanistischer Wertvorstellungen" (Fachverband Werte und Normen 2016, 2) fördern möchte.

Akteur*innen und Perspektiven ausmachen, wenn in Studiengängen theologische Lehrveranstaltungen innerhalb von Pflichtmodulen angeboten werden (zum Beispiel in Bayern, NRW, Rheinland-Pfalz, Sachsen, Thüringen).

Zusammenfassend lässt sich festhalten, dass religiöse bzw. weltanschauliche Akteur*innen also nicht nur den Bekenntnisunterricht verantworten und mitgestalten, sondern in einigen Fällen auch an der Konzeption der staatlich verantworteten Fächer mitbeteiligt sind. Das ist insofern problematisch, als dass die grundgesetzlich verankerte Trennung zwischen Staat und Religion(sgemeinschaften), die für den konfessionellen Religionsunterricht zwar ausgesetzt ist, an dieser Stelle auch für andere Fächer unterlaufen wird.

Curriculare Vorgaben

Die Kommissionen, die für die Erstellung der Curricula der bekenntnisungebundenen Fächer zuständig sind, sind je nach Fach und Bundesland unterschiedlich zusammengesetzt. Allerdings lässt sich feststellen, dass sie mehrheitlich aus Lehrkräften mit philosophischem Ausbildungshintergrund bestehen. Eine religionswissenschaftliche Beteiligung findet nahezu nicht statt, stattdessen werden in einigen Fällen religiöse bzw. theologische Akteur*innen hinzugezogen (zum Beispiel bezüglich des Fachs Religion in Bremen). Paradoxerweise ist die Disziplin Religionswissenschaft aber in einigen curricularen Vorgaben prominent als Bezugswissenschaft für die entsprechenden Fächer definiert (v. a. im Fall von Werte und Normen in Niedersachsen, LER in Brandenburg sowie Religion in Bremen). Wenn es um die Frage geht, in welchen Fächern die Religionswissenschaft curricular verankert ist, lohnt sich zunächst ein Blick in die Einheitlichen Prüfungsanforderungen (EPA), die die Kultusministerkonferenz herausgegeben hat und die maßgeblich die inhaltliche Konzeption der konsekutiv vor diesem Hintergrund zu entwickelnden Curricula für die Sekundarstufen und letztlich auch für die Primarstufe bestimmen. Während es in den EPA Philosophie (KMK 2006b) keine religionswissenschaftlichen Bezüge gibt, legen die EPA Ethik (KMK 2006a) auf inhaltlicher Ebene religionskundliche Themen fest und weisen die Religionswissenschaft folgerichtig als dezidierte Bezugsdisziplin aus: „So sind die Bezugswissenschaften des Faches Ethik neben der Philosophie mit Schwerpunkt praktische Philosophie die Religionswissenschaft und die Gesellschaftswissenschaften." (KMK 2006a, 6). „Religion und Weltanschauung" wird als einer von mehreren inhaltlichen Schwerpunkten vorgeschrieben (KMK 2006a, 9).

Um die Reichweite der EPA zu ermitteln, ist ein Blick auf Abb. 5 aufschlussreich, die anzeigt, welche Bundesländer philosophische Fächer (Philosophie, Praktische Philosophie, Philosophieren mit Kindern) oder Ethikfächer (Ethik, Ethikunterricht, Allgemeine Ethik, Werte und Normen) als Ersatzpflicht- oder Wahlpflichtfach zum Religionsunterricht eingerichtet haben. Ersteres ist in Bremen, Hamburg, Mecklenburg-Vorpommern, Nordrhein-Westfalen und Schleswig-Holstein der Fall, zweiteres in Bayern, Baden-Württemberg, Hessen, Niedersachsen, Rheinland-Pfalz, Saarland, Sachsen, Sachsen-Anhalt und Thüringen. Oder aber es wurde ein Pflichtfach Ethik bzw. LER installiert, das von allen Schülerinnen in Berlin bzw. in Brandenburg (mit Abwahloption) besucht werden muss. Wenn Philosophie nicht das Ersatzpflicht- oder Wahlpflichtfach ist, kann es in den meisten Bundesländern jedoch trotzdem in der gymnasialen Oberstufe als Wahlfach belegt werden, so dass die EPA Philosophie nahezu bundesweit greifen. Die EPA Ethik, in denen die Religionswissenschaft als Bezugsdisziplin festgelegt ist, beziehen sich auf die oben genannten Ethikfächer und wirken sich somit in der Hälfte der Bundesländer auf die Konzeption der dortigen Curricula aus.

In den Lehrplänen für die Ethikfächer finden sich diverse Religionsbezüge, wenngleich die philosophischen Anteile auch hier dominant sind. Die Analysen dieses Handbuchs zeigen, dass es in den curricularen Vorgaben überwiegend religiöse, religionsphänomenologische und bzw. oder dem christozentrischen Weltreligionenparadigma verhaftete Religionskonzepte vorherrschen (zum Beispiel Baden-Württemberg, Bayern, Hessen, Thüringen, Niedersachsen) und auch die damit verbundenen Lern- und Kompetenzziele nicht als religionskundlich bezeichnet werden können. Vielmehr ist es offenbar ein Hauptanliegen dieser Fächer, Sinn und Orientierung zu stiften, wenn es um die Behandlung religiös-weltanschaulicher Diversität oder anderer religionsbezogener Inhalte geht. Das wird beispielsweise erreicht, indem diese Inhalte überwiegend mit ethischen Lern- und Kompetenzzielen verbunden werden. So dienen zumeist die vier Kantischen Fragen „Was kann ich wissen?", „Was soll ich tun?", „Was darf ich hoffen?" und „Was ist der Mensch?" als leitende, den Unterricht grundsätzlich strukturierende Perspektive – unter der dann auch die religionsbezogenen Inhalte verhandelt werden. Auf diese Weise werden die religionsbezogenen Themen *per se* einer philosophie- bzw. ethikdidaktischen Metaperspektive untergeordnet, neben der einer religionswissenschaftliche Betrachtungsweise kein Platz eingeräumt wird. Diese Dominanz der Philosophiedidaktik verhindert eine religionswissenschaftliche Auseinandersetzung mit Themen, deren philosophische Rückbindung als problematisch zu betrachten ist. Denn vorliegende Fachdidaktiken der Religionswissenschaft (vgl. Helbling, Bleisch Bouzar, Schellenberg 2021; Kjeldsen 2019 und Alberts Einleitung im vorliegenden Handbuch) zeigen, dass die Bearbeitung religionsbezogener Themen aus religionswissenschaftlich-fachdidaktischer Perspektive grundlegend anders aussehen würde als in den bisherigen Curricula angedacht.[20]

---

[20] Eine generelle Verbindung von religionswissenschaftlicher und philosophischer Perspektive auf der didaktischen Metaebene ist aus religionswissenschaftlicher Sicht nicht umsetzbar, weil es sich um ganz unterschiedliche Fragestellungen und Perspektiven auf die Gegenstände handelt. Gleichzeitig stehen sämtliche Schulfächer, in denen die Religionswissenschaft als eine von mehreren Bezugsdisziplinen fungiert, vor der Herausforderung mit dieser Vielfalt an Disziplinen und Fachdidaktiken umzugehen, da es keine gemeinsame interdisziplinäre Fachdidaktik für sie gibt,

Im Gegensatz zu den Ethikfächern sind in den Philosophiefächern kaum Themen mit Religionsbezug vorgesehen, dementsprechend ist auch keine religionskundliche Perspektive in den curricularen Vorgaben erkennbar. Teilweise finden sich Verweise auf religionsphilosophische Themenbereiche, wobei diese philosophische bzw. theologische Anbindung nicht transparent gemacht wird. Einzig das Thema Religionskritik, das vielfach im Philosophieunterricht verankert ist, würde sich als religionskundlicher Unterrichtsgegenstand anbieten, wobei in den meisten Fällen auch hier die philosophische Perspektive die Darstellung des Themas prägt.

Die Curricula für die Fächer LER (Brandenburg) und Religion (Bremen) weisen einen vergleichsweise hohen Anteil an religionsbezogenen Themen auf, weshalb sie im Folgenden gesondert behandelt und hinsichtlich ihres Religionsverständnisses dargestellt werden sollen. Ebenso bemerkenswert ist das Berliner Ethikcurriculum, da dem Fach aufgrund seiner rechtlichen Stellung als staatlich verantwortetem integrativem Pflichtfach eine Sonderrolle zukommt, die prinzipiell Raum für religionskundliche Konzepte bieten sollte.

LER wird aus den Bezugsdisziplinen Religionswissenschaft, Soziologie, Philosophie und Psychologie gespeist, wobei die Religionswissenschaft dem Lernbereich Religionskunde zugeordnet ist. Wie aus dem Lehrplan hervorgeht, „erwerben die Schülerinnen und Schüler religionskundliches Grundwissen und werden befähigt, religiöse Bezüge herzustellen, die für das Verstehen der eigenen sowie für sie fremder Kulturen bedeutsam sind" (Rahmenlehrplan Berlin-Brandenburg 2015b, 4). Zu den didaktischen Leitprinzipien des Faches gehört ein ausgeprägter Lebensweltbezug (Rahmenlehrplan Berlin-Brandenburg 2015b, 3), der in Kombination mit den inhaltsbezogenen Kompetenzen zur Orientierungsstiftung der Schüler*innen beitragen soll. Das bezieht sich auch auf die religionsbezogenen Anteile, bei denen gelegentlich ein subjektorientierter lebensweltlicher Ansatz ausgemacht werden kann, der in seiner schulpraktischen Umsetzung zu *religiösem* Unterricht führen kann (vgl. Frank 2010). Zudem finden sich auch religionsphänomenologische Formulierungen wie „Fragen nach dem Religiösen" (Rahmenlehrplan Berlin Brandenburg 2015b, 4) oder Bezüge zum Weltreligionenparadigma im Lehrplan. Andernorts wird aber Religion mit einem eher funktionalistischen Begriff als System der Welt- und Lebensdeutung verstanden, zu dem die Schüler*innen stets eine distanzierte beschreibende Haltung einnehmen sollen, so dass das Fach überwiegend durch einen „learning about religion/s"-Ansatz gekennzeichnet ist.

Das Fach Religion in Bremen weist den stärksten Bezug auf religionsbezogene Themen in einem staatlich verantworteten Fach in Deutschland vor. Obwohl die Religionswissenschaft als Bezugsdisziplin für das Fach Religion fungiert und die universitäre Lehramtsausbildung verantwortet, sind die Bremer Lehrpläne jedoch

---

sondern die fachdidaktische Konzeption und Umsetzung auf unterschiedlichen Ebenen und in verschiedenen Kontexten immer wieder neu ausgehandelt wird.

kaum religionswissenschaftlich fundiert, sondern haben sich vielmehr dem interreligiösen, überkonfessionellen Lernen verschrieben. Das liegt unter anderem daran, dass in Bremen – ähnlich wie in Hamburg – ein Beirat der Religionsgemeinschaften existiert, der neben den Bezugswissenschaften Theologie, Religionspädagogik und Religionswissenschaft zur Fachkonzeption beiträgt. Die starke Orientierung am Hamburger Modell findet auch in den curricularen Vorgaben ihren Niederschlag: Bei der Implementierung des neuen Bremer Fachs Religion im Schuljahr 2014/2015 wurde kein neuer Bildungsplan entwickelt, sondern stattdessen der Hamburger Lehrplan, der für den multireligiösen Unterricht im bekenntnisgebundenen Fach „Religionsunterricht für alle" konzipiert wurde, bis auf wenige Passagen und Änderungen fast vollständig übernommen. Konsequent verfolgt das Bremer Fach Religion daher auch einen dialogischen „learning from religions"-Ansatz, bei dem Religion substantiell und in einer überwiegend religionsaffirmativen Weise als sinn- und orientierungsstiftende Ressource verstanden und vermittelt wird.

Anders als in Bremen wird religionsbezogenen Themen im Berliner Fach Ethik nur ein geringer Umfang eingeräumt. Mit Blick auf den Lehrplan lässt sich das Fach in erster Linie als Werte reflektierend beschreiben. Thematisch werden Religionen und Weltanschauungen vor allem im Zusammenhang mit gesellschaftlicher Diversität behandelt und dienen hier stets dem Zweck ethische Reflexionskompetenz zu vermitteln. Zusätzlich wird Religion in Verbindung mit existentiellen Grundfragen des Lebens im Themenfeld „Glauben" behandelt und besonders als „Weltreligionen" etikettierte Religionen werden als mögliche Welterklärungsmodelle neben anderen dargestellt. Eine (anteilige) religionskundliche Ausrichtung des Lehrplans ist also nicht gegeben.

Zusammenfassend ist damit hinsichtlich der Curricula festzuhalten: Während in den Philosophiefächern wenige bis keine religionskundlichen Elemente zu finden sind, weisen die Ethikfächer diese viel häufiger vor, wenngleich insgesamt philosophische Themen und Fragestellungen die Lehrpläne dominieren. Die Behandlung religionsbezogener Themen dient in den Ethikfächern primär dem Ziel der Sinn- und Orientierungsstiftung, so dass es hier durchaus zu grundrechtlich problematischen Rahmungen kommen kann und kaum von religionskundlichen Fachkonzeptionen gesprochen werden kann, denn werden „Schüler_innen mit Religion(en) als Ressource (n) und Angebot(e) für ihre Persönlichkeitsentwicklung konfrontiert, geht die distanzierte Beobachter_innenposition auf Religion(en) als Phänomen(e) der gesellschaftlichen Umwelt verloren, die religionswissenschaftliches und auch religionskundliches Denken und Handeln auszeichnet" (Schröder 2022, 116–117). Religionswissenschaftlich-fachdidaktisch basierte Konzepte mit entsprechend formulierten Lern- und Kompetenzzielen finden sich zwar vereinzelt in curricularen Vorgaben – etwa im Fach LER –, wenn es um die Behandlung religionsbezogener Themen im Unterricht geht. Nimmt man die Faktoren Trägerschaft und Curricula aber gemeinsam in den Blick, zeigt sich, dass nicht von Religions- oder Weltanschauungsgemeinschaften verantworteter Unterricht nicht automatisch religionskundlichem Unterricht entspricht, sondern die entsprechenden in Deutschland existierenden Fächer vielmehr der ethischen Wertereflexion und -vermittlung dienen statt der Entwicklung und Vermittlung von „analytical and critical thinking competencies and knowledge. This includes the ability to analyse, discuss, and explain religious and non-religious discourses on religion(s) and examine religious diversity in relation to social and historical developments, power, politics, social conflicts, and other factors (Alberts, 2008, 2010; Andreassen, 2016; Berglund, 2013; Frank, 2014; Frank & Bochinger, 2008; Jensen, 2011)" (Kjeldsen 2019, 18).

Religionswissenschaftliche Lehramtsausbildung

Die Recherche- und Analyseergebnisse des Handbuchs zeigen, dass zwar eine Reihe religionsbezogener Themen in den Fächern vorgesehen ist, allerdings nur wenig tatsächlich religionswissenschaftliche Zugänge und Perspektiven in den curricularen Vorgaben auszumachen sind, wenn es um deren Behandlung geht. Gleichzeitig fungiert die Religionswissenschaft für einen Teil der Fächer als ausgewiesene Bezugsdisziplin neben anderen.[21] Die daraus ableitbare Verantwortung der Religionswissenschaft hinsichtlich der fachdidaktischen Gestaltung der Fächer spiegelt sich jedoch weder auf der Ebene curricularer Vorgaben noch bei der strukturellen und inhaltlichen Konzeption der Lehramtsausbildung für die Fächer. Die Religionswissenschaft übernimmt nur an wenigen universitären Standorten die (Mit-)Verantwortung für die Lehramtsausbildung (vgl. Abb. 8), so dass die Lehrkräfte größtenteils kaum religionswissenschaftlich-fachdidaktisch ausgebildet werden und der Unterschied zwischen religiösem und religionskundlichem Unterrichten nicht ausreichend vermittelt wird. Dies setzt sich auch in der zweiten Ausbildungsphase fort: In den Studienseminaren des Vorbereitungsdienstes kommt kaum religionswissenschaftlich-fachdidaktische Wissens- und Kompetenzvermittlung zum Einsatz, da überwiegend philosophisch ausgebildete Lehrkräfte als Ausbilder*innen fungieren.

Dort wo die Lehramtsausbildung dennoch religionswissenschaftlich verankert ist, stehen die Beteiligten nicht selten vor der Herausforderung, mit den Diskrepanzen zwischen universitärer religionswissenschaftlicher Fachdidaktik, curricularer Konstitution des Fachs und darin vorfindbarem Religions(wissenschafts)verständnis konstruktiv umzugehen und eine anschlussfähige universitäre Ausbildung zu ermöglichen.

Auf die Bundesländer bzw. universitären Standorte, an denen eine umfangreiche religionswissenschaftliche Lehramtsausbildung angeboten wird, soll hier kurz eingegangen werden. An der Universität Potsdam findet die interdisziplinäre Lehr-

---

21 Vor allem die Curricula für Werte und Normen in Niedersachsen, LER in Brandenburg und Religion in Bremen, aber auch die curricularen Vorgaben für Ethik bzw. Praktische Philosophie in Bayern, Berlin, Nordrhein-Westfalen, Thüringen, Sachsen und im Saarland erwähnen die Religionswissenschaft als Bezugsdisziplin.

amtsausbildung für das Fach LER statt. Die Bezugswissenschaften Philosophie, Religionswissenschaft, Psychologie und Soziologie sind hier fest in der universitären Lehramtsausbildung verankert. Die Religionswissenschaft speist zwar in einem verhältnismäßig großen Umfang fachwissenschaftliche Anteile ins Studium ein, ist jedoch weniger in die Vermittlung fachdidaktischer Kompetenzen involviert.

Wer in Bremen das Fach Religion unterrichten möchte, studiert den entsprechenden Bachelorstudiengang auf Lehramt und den anschließenden Master of Education am Institut für Religionswissenschaft und Religionspädagogik der Universität Bremen, das die Lehramtsausbildung dort alleinig verantwortet, was bundesweit einmalig ist. In Bremen basiert der Unterricht im staatlich verantworteten Fach Religion auf einem Bildungsplan, der eng an den Hamburger Lehrplan für das dortige Bekenntnisfach Religion angelehnt ist, aber dennoch die Religionswissenschaft als eine der Bezugsdisziplinen definiert. Dadurch ergibt sich in Bremen die paradoxe Konstellation, dass die Religionswissenschaft *de jure* als Bezugswissenschaft dient und Lehrkräfte ausbildet für ein Fach mit grundsätzlich (inter-)religiösen Lern- und Kompetenzzielen.

Ähnlich verhält es sich für das Fach Werte und Normen in Niedersachsen. Im Gegensatz zu dem geringen Anteil an religionsbezogenen Themen im Kerncurriculum ist der Anteil der Religionswissenschaft an der (ansonsten vor allem von der Philosophie verantworteten) Lehramtsausbildung, die in Niedersachsen an den Universitäten in Göttingen, Hannover und Oldenburg stattfindet, vergleichsweise hoch. Das ist insbesondere am Standort Hannover der Fall, wo das Bachelorstudium vor allem aus religionswissenschaftlichen Veranstaltungen besteht. Auch hier sind die curricularen Vorgaben größtenteils nicht mit religionswissenschaftlich-fachdidaktischen Konzepten kompatibel, wenn es um die religionsbezogenen Inhalte und Kompetenzen geht.

Wie das nachfolgende Schaubild (Abb. 8) zeigt, gibt es neben diesen Standorten mit starker religionswissenschaftlicher Lehramtsbeteiligung auch Bundesländer bzw. Standorte, an denen die Religionswissenschaft marginal (zum Beispiel in fakultativen Wahlmodulen) oder nur an einzelnen Standorten an der Ausbildung angehender Ethik- oder Philosophielehrkräfte beteiligt ist. Dazu zählen die Universitäten München, Würzburg, Münster, Leipzig, Erfurt, Jena und Marburg. In den anderen Bundesländern findet keine religionswissenschaftliche Beteiligung an der ersten Phase der Lehramtsausbildung statt, auch weil dort meist keine entsprechenden Lehrstühle und Institute eingerichtet sind.

Im Hinblick auf die Vermittlung religionskundlicher Perspektiven in den bekenntnisungebundenen Schulfächern ist es relevant, dass an einigen lehramtsausbildenden Standorten (teils fakultative, teils obligatorische) theologische Lehrveranstaltungen in das Studium integriert sind. So bieten etwa die Universitäten in Jena, Augsburg, Paderborn und Wuppertal im Rahmen des Ethik- bzw. Philosophielehramtsstudiums fakultative theologische Lehrveranstaltungen an. In Leipzig ist ein von der Theologischen Fakultät verantwortetes kirchenhistorisches bzw. exegetisches Modul

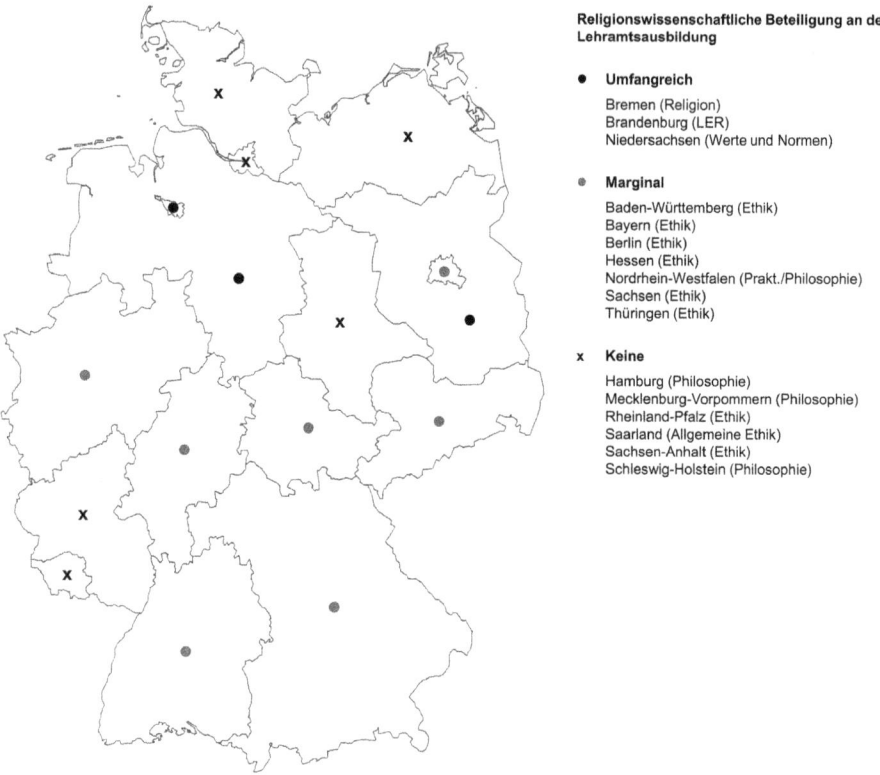

Abb. 8: Religionswissenschaftliche Beteiligung an der Lehramtsausbildung.

obligatorisch zu belegen. Auch in Bremen und Potsdam gehört die Bibelexegese zum verbindlichen Studieninhalt, allerdings werden die dazugehörigen Veranstaltungen an religionswissenschaftlichen Instituten angeboten.

Damit ist zu konstatieren, dass eine umfangreiche obligatorische Implementierung der Religionswissenschaft in die Lehramtsausbildung für die Schulfächer, in denen diese als Bezugsdisziplin ausgewiesen ist, in Deutschland bisher noch aussteht.[22]

Lehrbefähigungen

Eine Analyse religions- und ethikbezogener Unterrichte hinsichtlich der notwendigen Lehrerlaubnis der Lehrkräfte ist nicht besonders aussagekräftig, da fast alle Lehrkräfte

---

[22] Dagegen wird die Religionswissenschaft in der Schweiz durchaus auf der Ebene der Lehramtsausbildung und Curriculumsgestaltung in die Verantwortung genommen (vgl. Frank in diesem Handbuch).

den Unterricht anbieten dürfen. Zur Erteilung des Religionsunterrichts dürfen allerdings nur Lehrer*innen mit entsprechender Lehrerlaubnis der zuständigen Religionsgemeinschaft zum Unterricht in dem Fach verpflichtet werden. Darüber hinaus können auch andere Lehrkräfte dafür eingesetzt werden, jedoch darf laut GG 7,3 kein „Lehrer […] gegen seinen Willen verpflichtet werden, Religionsunterricht zu erteilen". Für den bekenntnisungebundenen Unterricht in staatlicher Trägerschaft sieht das anders aus. Dort kann prinzipiell jede (fachfremde) Lehrkraft, d. h. auch solche für Religions- und Weltanschauungsunterricht, eingesetzt werden. Der von der Kultusministerkonferenz festgelegte Fächerkomplex „Ethik/Religionskunde" (KMK 2020, 4) darf von sämtlichen in den Fächern ausgebildeten Personen mit entsprechender Facultas unterrichtet werden; das impliziert auch die Abnahme von Abiturprüfungen, was wiederum fachfremden Lehrkräften ohne eine solche Facultas nicht erlaubt ist. Zum besagten Fächerkomplex zählen die Fächer Ethik, Ethik/Philosophie, Philosophieren mit Kindern, Praktische Philosophie, Werte und Normen sowie Lebensgestaltung – Ethik – Religionskunde (LER). In den *Regelungen und Verfahren zur Erhöhung der Mobilität und Qualität von Lehrkräften* wird diese Fächergruppe um Allgemeine Ethik und Ethikunterricht erweitert und die Kultusministerkonferenz legt dazu fest: „Eine in einem Land in der Bundesrepublik Deutschland nach den Vorgaben der Kultusministerkonferenz erworbene Befähigung zu einem Lehramt in einem der Fächer der jeweiligen Fächergruppe eröffnet den Zugang zum Schuldienst in jedem der Fächer der jeweiligen Fächergruppe" (KMK 2013, 7).

Diese Regelungen bedeuten aus religionswissenschaftlicher Sicht ein Problem bei der „Qualitätssicherung", wenn es um die religionskundlichen Unterrichtsanteile geht. Das Unterrichten durch fachfremde bzw. nicht religionswissenschaftlich ausgebildete Lehrkräfte in Fächern, die die Religionswissenschaft als Bezugsdisziplin benennen, kann – wenn auch größtenteils unbewusst – aufgrund der fehlenden Expertise zu religiösen Konzeptualisierungen von Religion und damit einhergehend zu religiöser Bildung führen. Auf diese Weise würde die Religionsfreiheit der Schüler*innen, die an dem entsprechenden staatlich verantworteten Unterricht teilnehmen, verletzt. Zur Wahrung der Religionsfreiheit bedarf es in den staatlichen Fächern mit religionsbezogenen Anteilen deshalb religionswissenschaftlich qualifizierter Lehrkräfte.

Abschlussreflexion

Den Abschluss dieser Analyse der religions- und ethikbezogenen Fächer in Deutschland auf rechtlich-organisatorischer sowie auf inhaltlich-konzeptioneller Ebene soll nun eine Zusammenfassung und kritische Reflexion aus religionswissenschaftlicher Perspektive bilden. Wanda Alberts legt im Einleitungskapitel dieses Handbuchs ausführlich dar, wodurch sich religionskundlicher Unterricht auszeichnet und zeigt den grundlegenden Unterschied zwischen säkularem und religiösem Unterricht auf. Damit grenzt sie religionskundlich-säkulare Unterrichtskonzeptionen klar von religiös normiertem und theologisch basiertem inter-/religiösen Unterricht ab. Nach der Analyse des Fächerspektrums und der systematischen Erfassung seiner „Religionskundlichkeit" ist diese Unterscheidung um eine Abgrenzung zum säkularen ethik- bzw. philosophieorientierten Unterricht und dessen wertevermittelnder Fachlogik zu ergänzen. So ergibt sich folgendes Bild: Die Bekenntnisunterrichte sind klar dem religiösen bzw. weltanschaulichen Unterricht zugeordnet.[23] Zum philosophisch bzw. ethisch ausgerichteten säkularen Unterricht zählen die Philosophiefächer sowie ein Großteil der Ethikfächer. Kein Schulfach kann einzig dem säkular-religionskundlichen Unterricht zugeordnet werden. Allerdings gibt es durchaus Fächer in den Grenzbereichen, d. h. Fächer mit religionskundlichen Anteilen, wie LER, Religion in Bremen oder Werte und Normen. Dabei variieren die Bezüge zu den anderen Unterrichtsformen: So besteht LER auch aus den Lernbereichen Ethik und Lebensgestaltung, so dass es als säkulare Unterrichtsform sowohl religionskundliche als auch ethische Anteile hat. Allerdings lassen sich hier auch vereinzelt implizit religiöse Religionsverständnisse und Lernziele im Lehrplan feststellen. Das Bremer Fach Religion hat neben Theologie und Religionspädagogik die Religionswissenschaft zur Bezugsdisziplin, die auch die Lehramtsausbildung verantwortet. Obwohl es in staatlicher Trägerschaft liegt, sieht es eine Dispensoption vor und basiert auf einem religiös normierten Bildungsplan, an dessen Erstellung unter anderem religiöse Akteur*innen beteiligt waren. Es weist also gleichzeitig religiöse und religionswissenschaftliche Züge auf, so dass sich hier religionskundlich-säkularer und religiöser Unterricht überschneiden. Ähnliches gilt für das Fach Werte und Normen, das sowohl auf der bildungspolitischen Akteur*innenebene als auch auf inhaltlich-curricularer Ebene religiös-weltanschauliche Einflüsse zeigt, obwohl die Religionswissenschaft als Bezugsdisziplin neben Philosophie und geeigneten Gesellschaftswissenschaften fungiert und die Lehramtsausbildung mitgestaltet. Gleichzeitig ist das Fach überwiegend philosophisch-säkular ausgerichtet und kann deshalb sowohl beiden säkularen als auch dem religiösen Unterricht zugeordnet werden. Einige Ethikfächer weisen in ihren religionsbezogenen Anteilen eine Nähe zum säkular-religionskundlichen Unterricht, aber dennoch teils religiöse Normierungen auf – das Feld ist also von Grenzfällen geprägt.

Vor dem Hintergrund der vorangegangenen systematischen Darstellungen lassen sich aus religionswissenschaftlicher Perspektive mehrere Schlussfolgerungen und Erkenntnisse ableiten, die auf eine problematische Konstellation der Fächerlandschaft im Allgemeinen und einiger Schulfächer im Speziellen verweisen:
1. Selbst wenn ein Unterricht staatlich verantwortet wird, ist nicht in jedem Fall gewährleistet, dass es sich auf organisatorischer Ebene um ein von Religions- und Weltanschauungsgemeinschaften unabhängig konzipiertes Fach handelt.

---

[23] Das schließt nicht aus, dass es prinzipiell auch hier zu religionswissenschaftlichen Didaktisierungen von Unterrichtsgegenständen kommen kann.

2. Unterricht, der auf organisatorischer Ebene nicht religiös bzw. nicht unter Beteiligung religiöser Akteur*innen konzipiert wurde, kann auf inhaltlicher Ebene sehr wohl religiöse Rahmungen und Normierungen enthalten.[24]
3. In diesen Fällen werden Schüler*innen in einem versetzungsrelevanten staatlichen Unterricht (wie Werte und Normen, Religion in Bremen und einem Großteil der Ethikfächer), der eigentlich eine Alternative zu religiösem Unterricht darstellen soll, dazu angehalten, an implizit religiöser Bildung teilzunehmen. Das verletzt die grundgesetzlich zugesicherte positive und negative Religionsfreiheit. Ersatzweise bieten einige Bundesländer zwar Philosophie an, dort findet aber nahezu keine religionsbezogene bzw. religionskundliche Bildung statt.
4. In Deutschland gibt es kein Fach, das sich ausführlich mit Religion/en und Weltanschauungen beschäftigt und dabei nicht in irgendeiner Art und Weise religiös normiert ist. Das Fach LER kommt diesem Status jedoch sehr nahe.
5. Es gibt nur Fächer mit religionskundlichen Anteilen. Ein eigenständiges religionswissenschaftlich basiertes Fach existiert in Deutschland bisher nicht.
6. Trotzdem ist die Religionswissenschaft in den Curricula diverser Fächer als Bezugswissenschaft definiert. Allerdings findet keine erkennbare Beteiligung der Disziplin bei der Erstellung von Curricula statt und es gibt nur wenige Fächer, bei denen sie die Lehramtsausbildung (mit)verantwortet (Religion in Bremen, LER, Werte und Normen, sowie geringe Anteile in einigen Ethiklehramtsstudiengängen).
7. Bekenntnisunabhängiger Unterricht wird, bis auf wenige Ausnahmen, gesetzlich gegenüber dem bekenntnisgebundenen Unterricht benachteiligt und steht nicht als gleichberechtigte Alternative zur Verfügung. Das wird besonders dort deutlich, wo in der Grundschule keine Alternative zum Religionsunterricht geboten wird und die Schüler*innen stattdessen in anderen Klassen untergebracht oder anderweitig außerhalb des Fachunterrichts betreut werden (zum Beispiel Baden-Württemberg, Hamburg, bis voraussichtlich 2026 Niedersachsen).
8. Den vielen GG 7,3-Pflichtfächern stehen drei bekenntnisungebundene Pflichtfächer gegenüber, die sich auf die Bremer Klausel berufen: Religion (Bremen), Ethik (Berlin) und LER (Brandenburg).[25] Obwohl es sich um staatlich verantwortete Fächer handelt, besteht bei LER und Religion (Bremen) analog zu den GG 7,3-Pflichtfächern eine Abwahloption. So ist Ethik in Berlin das einzige

---

[24] Jensen und Kjeldsen sprechen in diesem Zusammenhang von „small-c confessional RE", der zwar formal unabhängig von konkreten Konfessionen sei, aber weiterhin auf einem religiösen Verständnis von Religion basiere und implizit oder explizit Religion oder religiöse Werte vermittle (Jensen/Kjeldsen 2013, 188).
[25] Ob die Bremer Klausel tatsächlich für Brandenburg gilt, ist umstritten. Nach der deutschen Wiedervereinigung wurde ein Normenkontrollverfahren eingeleitet und das Bundesverfassungsgericht sollte darüber entscheiden, ob Brandenburg von der GG 7,3-Regelung ausgenommen ist oder nicht. Die Frage wurde jedoch bis dato juristisch nicht abschließend geklärt (vgl. Kapitel zu Brandenburg in diesem Handbuch).

Fach, das in Deutschland integrativ im Klassenverband unterrichtet wird. In allen anderen Bundesländern liegt ein separatives Modell vor.

Ungeachtet der vielen verschiedenen Fachkonzeptionen religions- und ethikbezogener Unterrichte wird in manchen Zusammenhängen von einer „Fächergruppe" gesprochen, wobei dieser je nach Kontext unterschiedliche Fächer zugeordnet werden.[26] Das ist insofern problematisch, als dass damit suggeriert wird, dass die besagten Fächer etwas gemeinsam haben, wie beispielsweise die Unterrichtsgegenstände, Lern- und Kompetenzziele oder etwa ein übergeordnetes Bildungsziel wie moralische Bildung. Damit werden die teils eklatanten Unterschiede zwischen den Fächern verwischt oder gar negiert. Das kann dazu führen, dass nicht zwischen religiösem und religionskundlichem Sprechen über den Gegenstand Religion differenziert wird. Nicht nur aus religionswissenschaftlicher Perspektive stellt dies ein gravierendes Problem dar, sondern auch auf politischer und gesellschaftlicher Ebene.

Im Gegensatz zur vereinheitlichenden Rede von einer Fächergruppe bildet das „Alternativfach"-Narrativ eine bildungspolitische Grenzmarkierung, da es mit einem bestimmten Verständnis der Religions- und Ethikunterrichtslandschaft einhergeht. Es setzt diese so genannten Alternativfächer in ein Abhängigkeitsverhältnis zu den GG 7,3-Pflichtfächern, bei denen es sich in den meisten Fällen um konfessionellen Religionsunterricht handelt. Realisiert wird dieses Verhältnis durch den Fachstatus. Die Alternativfachlogik überschattet die Diskussion um religions- und ethikbezogene Bildung, denn religionskundliche Unterrichtsformate, die gänzlich unabhängig von GG 7,3 konzipiert würden, erscheinen so nicht im Denkhorizont. Zudem kann mit dem analytischen Ergebnis dieses Handbuch von Alternativfächern oft nicht die Rede sein, da ein Großteil der alternativ zum Religionsunterricht angebotenen Fächer trotzdem implizit religiös bzw. religiös normiert ist. Ein tatsächliches Alternativfach ist auf eine distanzierte Betrachtung des Gegenstandes Religion angewiesen und müsste entsprechend religionswissenschaftlich basiert sein, um die positive und negative Religionsfreiheit zu garantieren. Diese religionswissenschaftliche Perspektive unterscheidet sich aber von der bisherigen Bildungspolitik der meisten Bundesländer, denn deren Alternative zu religiösem Unterricht heißt nicht religionskundlicher Unterricht. Die mit den meisten Ersatzpflicht- und Wahlpflichtfächern geschaffene Alternative zum Religionsunterricht zielt auf die Wertereflexion und -vermittlung, nicht auf den Umgang mit Religion und religiöser Diversität. Es soll eine alternative, nicht religiöse

---

26 Die Kultusministerkonferenz spricht zum Beispiel von einem „Fächerkomplex ‚Ethik/Religionskunde'", zu dem sie Ethik, Ethik/Philosophie, Philosophieren mit Kindern, Praktische Philosophie, Werte und Normen sowie LER zählt (KMK 2020a, Anlage 1, Seite 4). An anderer Stelle legt sie für diese Fächergruppe (ergänzt um Allgemeine Ethik und Ethikunterricht) fest, dass die „Befähigung zu einem Lehramt in einem der Fächer der jeweiligen Fächergruppe [...] den Zugang zum Schuldienst in jedem der Fächer [eröffnet]" (KMK 2013, 6–7). Damit wird die Relevanz der religionswissenschaftlichen Qualifizierung, die für einige der genannten Fächer gefordert ist, in den Hintergrund gerückt.

Auseinandersetzung mit Werten und deren Bedeutung für den eigenen Lebensvollzug stattfinden – und es soll nicht darum gehen, sich aus einer nicht religiös normierten Perspektive mit Religion/en und Weltanschauungen als gesellschaftlich bedeutsamen Phänomenen auseinanderzusetzen. Dem bildungspolitischen Alternativfach- und Begründungsdiskurs liegt also eine konkrete Ausgangsfrage zugrunde: Wie können Schülerinnen, die nicht am Bekenntnisunterricht teilnehmen, trotzdem ethisch-moralische Bildung erfahren? Trotz der Abgrenzung zum Religionsunterricht fungiert Religion in diesen Unterrichten aber oft noch als Begründungsressource, indem gefragt wird, wie auch Religionen diese Werte vergegenwärtigen. Die religionswissenschaftlich-fachdidaktische Perspektive stellt die Ausgangsfrage des religionskundlichen Unterrichts dagegen ganz anders: Wie kann säkularer, nicht religiös normierter Unterricht über Religion/en und Weltanschauungen gestaltet werden?

Um diese aus der religionswissenschaftlichen Analyse des Fächerspektrums generierte Anfrage an die Bildungspolitik stärker ins bildungspolitische Bewusstsein zu rücken, bedarf es einer Sensibilisierung für diese unterschiedlichen Logiken und damit einhergehend einer Diskursverschiebung. Gleichzeitig muss sich die Religionswissenschaft – ähnlich wie sie das in der Vergangenheit mit der Theologie getan hat – kritisch mit ihrem Verhältnis zur Philosophie auseinandersetzen[27], ihre Fachdidaktik dahingehend weiterentwickeln und säkular-religionskundliche Unterrichtsformate schaffen, die zu gegebenem Zeitpunkt ins schulische Bildungssystem implementiert werden können.

---

27 In diesem Zusammenhang fanden jüngst in verschiedenen Kontexten Diskussionen über das Spannungsfeld zwischen religionswissenschaftlicher Wertneutralität einerseits und Wertevermittlung in religionsbezogenen staatlich verantworteten Schulfächern andererseits statt. Wichtige Diskussionsstränge, Argumente und Erkenntnisse wurden bereits in den folgenden Beiträgen festgehalten: Darm, Ricarda. 2020. „Das Weltreligionenparadigma. Zentrale Probleme des Konstrukts für den inklusiven Werte- und Normen-Unterricht." *Schule inklusiv* 8:41–44; Gossens, Theo. 2021. *Beurteilen im Werte und Normen-Unterricht. Zum Spannungsfeld diskursiver Religionswissenschaft und curricularer Anforderungen.* [Masterarbeit]; Neef, Katharina. 2021. „Religion als Herausforderung des Wertneutralitätsgebots im Ethikunterricht." In *Werte im Ethikunterricht. An den Grenzen der Wertneutralität*, hg. v. Minkyung Kim, Jan Friedrich, Tobias Gutmann, Katharina Neef, 125–146. Opladen: Verlag Barbara Budrich; Rassiller, Markus. 2022. „Bewerten und Beurteilen. Dimensionen religionskundlicher Urteilsbildung." *Zeitschrift für Religionskunde (ZFRK)* 10:81–103; Schröder, Stefan. 2022. „Ein heißes Eisen. Urteilskompetenz im religionswissenschaftlichen Fachdiskurs und in religionskundlichen Lehrplänen." *Zeitschrift für Religionskunde (ZFRK)* 10:104–120.

Bibliografie

Bochinger, Christoph. 2021. *Religionswissenschaft und Schulpolitik – Das Schulfach 'Islamischer Unterricht' in Bayern*. Vortrag bei der DVRW-Tagung am 15.09.2021.

Böckenförde, Ernst Wolfgang. 2006 [1991]. „Die Entstehung des Staates als Vorgang der Säkularisation." In *Recht, Staat, Freiheit. Studien zur Rechtsphilosophie, Staatstheorie und Verfassungsgeschichte*, 92–114. Frankfurt: Suhrkamp.

Darm, Ricarda. 2020. „Das Weltreligionenparadigma. Zentrale Probleme des Konstrukts für den inklusiven Werte- und Normen-Unterricht." *Schule inklusiv* 8:41–44.

EKD Evangelische Kirche Deutschland. 1994. *Identität und Verständigung. Standort und Perspektiven des Religionsunterrichts in der Pluralität*. Gütersloh: Gütersloher Verlagshaus.

Fachverband Werte und Normen – Ethische und Humanistische Bildung in Niedersachsen. 2016. *Satzung (beschlossen am 25.02.2016, geändert am 27.05.2016 sowie am 13.03.2020)*. URL: http://www.fv-wun.de/media/2020/03/Satzung_FVWuN_2020-03-13.pdf [letzter Zugriff: 04.05.2021]

Frank, Katharina. 2010. *Schulischer Religionsunterricht. Eine religionswissenschaftlich-soziologische Untersuchung*. Stuttgart: Kohlhammer.

Gossens, Theo. 2021. *Beurteilen im Werte und Normen-Unterricht. Zum Spannungsfeld diskursiver Religionswissenschaft und curricularer Anforderungen*. Hannover [Masterarbeit].

Helbling, Dominik, Bleisch Bouzar, Petra, Schellenberg, Urs. 2021. „Art. Fachdidaktik, religionswissenschaftlich". *Wissenschaftlich Religionspädagogisches Lexikon im Internet* (www.wirelex.de)

HVN (= Humanistischer Verband Deutschland/Niedersachsen). 2017. *Stellungnahme HAZ und NDR*. 19.10.2017

Jensen, Tim; Kjeldsen, Karna. 2013. „RE in Denmark – Political and Professional Discourses and Debates, Past and Present." *Temenos. Nordic Journal of Comparative Religion* 49 (2):185–223.

Katholisches Büro Niedersachsen und Konföderation evangelischer Kirchen in Niedersachsen. 2019. *Religionsunterricht in Niedersachsen*. Hannover: Eigenverlag.

Kenngott, Eva-Maria; Englert, Rudolf; Knauth, Thorsten. 2015. *Konfessionell – interreligiös – religionskundlich. Unterrichtsmodelle in der Diskussion*. Stuttgart: Kohlhammer.

Kjeldsen, Karna. 2019. „A study-of-religion(s)-based religion education: skills, knowledge, and aims." *CEPS Journal* 9:11–29.

KMK (= Sekretariat der Ständigen Konferenz der Kultusminister der Länder in der Bundesrepublik Deutschland). 2006a. *Einheitliche Prüfungsanforderungen in der Abiturprüfung Ethik (Beschluss der Kultusministerkonferenz vom 01.12.1989 i. d. F. vom 16.11.2006)*. Berlin.

KMK. 2006b. *Einheitliche Prüfungsanforderungen in der Abiturprüfung Philosophie (Beschluss der Kultusministerkonferenz vom 01.12.1989 i. d. F. vom 16.11.2006)*. Berlin.

KMK. 2013. *Regelungen und Verfahren zur Erhöhung der Mobilität und Qualität von Lehrkräften. Ländergemeinsame Umsetzungsrichtlinien für die Anpassung von Regelungen und Verfahren bei der Einstellung in Vorbereitungs- und Schuldienst sowie für die Anerkennung von Studien- und Prüfungsleistungen in Studiengängen der Lehramtsausbildung. (Beschluss vom 07.03.2013 i. d. F. vom 27.12.2013)*. Berlin.

KMK. 2020a. *Sachstand in der Lehrerbildung. Stand 07.10.2020*. Berlin.

KMK. 2020b. *Zur Situation des Unterrichts in den Fächern Ethik, Philosophie, Lebensgestaltung-Ethik-Religionskunde (L E R), Werte und Normen in der Bundesrepublik Deutschland (Bericht der Kultusministerkonferenz vom 22.02.2008 i. d. F. vom 25.06.2020)*. Berlin.

KMK. 2021. *Auswertung Religionsunterricht Schuljahr 2019/20. Teilnehmende Schülerinnen und Schüler allgemeinbildender Schulen in öffentlicher Trägerschaft nach Schularten (aufgegliedert nach Religionsunterrichten, Ethik und weiteren Ersatzunterrichten) für den Primar- und Sekundarbereich I.* Berlin.

Landesinstitut für Lehrerbildung und Schulentwicklung Hamburg (o. A.): *Weiterentwicklung des Religionsunterrichts für alle*. https://li.hamburg.de/religion/material/4419346/art-einleitung/ [letzter Zugriff: 10.01.2022]

Neef, Katharina. 2021. „Religion als Herausforderung des Wertneutralitätsgebots im Ethikunterricht." In *Werte im Ethikunterricht. An den Grenzen der Wertneutralität*, hg. v. Minkyung Kim, Jan Friedrich, Tobias Gutmann, Katharina Neef, 125–146. Opladen: Verlag Barbara Budrich.

NMK (= Niedersächsisches Kultusministerium). 2011. *Regelungen für den Religionsunterricht und den Unterricht Werte und Normen*. RdErl. d. MK v. 10.5.2011 – 33-82105 (SVBl. S. 226) – VORIS 22410. Hannover.

NMK. 2022. *Religionsunterricht*. https://www.mk.niedersachsen.de/startseite/schule/schulerin nen_und_schuler_eltern/religionsunterricht/religionsunterricht-90778.html [letzter Zugriff: 10.02.2022]

Rahmenlehrplan Berlin-Brandenburg. 2015a. *Teil C: Ethik, Jahrgangsstufen 7–10*.

Rahmenlehrplan Berlin-Brandenburg. 2015b. *Teil C: Lebensgestaltung – Ethik – Religionskunde, Jahrgangsstufen 5–10*.

Rahmenlehrplan Religion. Freie und Hansestadt Hamburg, 2004. *Rahmenlehrplan Religion. Bildungsplan achtstufiges Gymnasium Sekundarstufe 1*.

Rassiller, Markus. 2022. „Bewerten und Beurteilen. Dimensionen religionskundlicher Urteilsbildung." *Zeitschrift für Religionskunde* ZFRK 10:81–103.

REMID (= Religionswissenschaftlicher Medien- und Informationsdienst e. V.). 2012. *Religionsunterricht in Deutschland*. https://www.remid.de/info_religionsunterricht/ [letzter Zugriff: 10.2.2022]

Rösch, Anita. 2009. *Kompetenzorientierung im Philosophie- und Ethikunterricht. Entwicklung eines Kompetenzmodells für die Fächergruppe Philosophie, Praktische Philosophie, Ethik, Werte und Normen, LER*. Zürich: LIT Verlag.

Rösch, Anita. 2018. „Das Spannungsfeld von Wertbezogenheit und Neutralität im Ethikunterricht." In *Schulbuch und religiöse Vielfalt*, hg. v. Zrinka Štimac, Riem Spielhaus, 79–92. Göttingen: V&R unipress.

SHF (= Säkulares Forum Hamburg). 2020. *Religionsunterricht in der Krise. Probleme des Hamburger Religionsunterrichts für konfessionsfreie Kinder in den Klassen 1 bis 6*. Hamburg: Eigenverlag.

Schröder, Stefan. 2020. „Umstrittene Säkularität. Säkularer Religionsunterricht an öffentlichen Schulen." *Zeitschrift für Religionswissenschaft* 28/2:314–335.

Schröder, Stefan. 2022. „Ein heißes Eisen. Urteilskompetenz im religionswissenschaftlichen Fachdiskurs und in religionskundlichen Lehrplänen." *Zeitschrift für Religionskunde* ZFRK 10:104–120.

Spielhaus, Riem; Štimac, Zrinka. 2018. „Schulischer Religionsunterricht im Kontext religiöser und weltanschaulicher Pluralität." *Aus Politik und Zeitgeschichte* 28–29:41–46.

Treml, Alfred K. 1994. „Ethik als Unterrichtsfach in den verschiedenen Bundesländern – Eine Zwischenbilanz." *Ethik & Unterricht* 5, Sonderheft 1:18–29.

Tab. 1: Gesamtübersicht aller Fächer mit Angabe des Fachstatus und der Verteilung in den Schulstufen der Bundesländer.

		Primarstufe[1]	Sekundarstufe I	Sekundarstufe II Grundlegendes Anforderungsniveau	Sekundarstufe II Erhöhtes Anforderungsniveau
Baden-Württemberg	Ethik	–	EPF^{BU}	EPF^{BU}	EPF^{BU}
	Philosophie	–	–	WF^{BU}	–
	Alevitische Religion	PF^{BG}	PF^{BG}	PF^{BG}	–
	Altkatholischer Religionsunterricht	PF^{BG}	PF^{BG}	PF^{BG}	PF^{BG}
	Evangelische Religion (KoKoRu[2]-Option)	PF^{BG}	PF^{BG}	PF^{BG}	PF^{BG}
	Islamische Religion	PF^{BG}	PF^{BG}	PF^{BG}	PF^{BG}
	Jüdische Religion	PF^{BG}	PF^{BG}	PF^{BG}	PF^{BG}
	Katholische Religion (KoKoRu-Option)	PF^{BG}	PF^{BG}	PF^{BG}	PF^{BG}
	Orthodoxer Religionsunterricht	PF^{BG}	PF^{BG}	PF^{BG}	PF^{BG}
	Syrisch-orthodoxer Religionsunterricht	PF^{BG}	PF^{BG}	PF^{BG}	PF^{BG}
Bayern	Ethik	EPF^{BU}	EPF^{BU}	–	–
	Ethik/Philosophie	–	EPF^{BU}	EPF^{BU}	EPF^{BU}
	Alevitische Religion	PF^{BG}	–	–	–
	Altkatholischer Religionsunterricht	PF^{BG}	PF^{BG}	PF^{BG}	PF^{BG}
	Evangelische Religion	PF^{BG}	PF^{BG}	PF^{BG}	PF^{BG}
	Jüdische Religion	–	PF^{BG}	PF^{BG}	–
	Katholische Religion	PF^{BG}	PF^{BG}	PF^{BG}	PF^{BG}
	Orthodoxer Religionsunterricht	PF^{BG}	PF^{BG}	PF^{BG}	PF^{BG}
	Islamunterricht	EF^{BU} für Ethik	EF^{BU} für Ethik	–	–

Tab. 1 (fortgesetzt)

		Primarstufe	Sekundarstufe I	Sekundarstufe II Grundlegendes Anforderungsniveau	Sekundarstufe II Erhöhtes Anforderungsniveau
Berlin[3]	Ethik	–	PF[BU]	–	–
	Philosophie	–	WF[BU] (ab Klasse 7 bzw. 9)	WF[BU]	WF[BU]
	Alevitische Religion	ZF[BG]	ZF[BG]	ZF[BG]	–
	Buddhistische Religion	ZF[BG]	ZF[BG]	ZF[BG]	–
	Evangelische Religion	ZF[BG]	ZF[BG]	ZF[BG]	–
	Humanistische Lebenskunde	ZF[BG]	ZF[BG]	ZF[BG]	–
	Islamische Religion	ZF[BG]	ZF[BG]	ZF[BG]	–
	Jüdische Religion	ZF[BG]	ZF[BG]	ZF[BG]	–
	Katholische Religion	ZF[BG]	ZF[BG]	ZF[BG]	–
	Orthodoxer Religionsunterricht	ZF[BG]	ZF[BG]	ZF[BG]	–
	Religionsunterricht der Christengemeinschaft	ZF[BG]	ZF[BG]	ZF[BG]	–
	Syrisch-orthodoxer Religionsunterricht	ZF[BG]	ZF[BG]	ZF[BG]	–
Brandenburg	Lebensgestaltung-Ethik-Religionskunde	PF[BU] (ab Klasse 5) (mit Abwahloption)	PF[BU] (mit Abwahloption)	–	–
	Philosophie	–	–	WF[BU]	WF[BU]
	Evangelische Religion (KoKoRu-Option)	ZF[BG] (+ EF[BG] ab Klasse 5)	ZF + EF[BG]	ZF[BG]	–
	Humanistische Lebenskunde	ZF[BG] (+ EF[BG] ab Klasse 5)	ZF + EF[BG]	ZF[BG]	–
	Katholische Religion (KoKoRu-Option)	ZF[BG] (+ EF[BG] ab Klasse 5)	ZF + EF[BG]	ZF[BG]	–

Tab. 1 (fortgesetzt)

		Primarstufe	Sekundarstufe I	Sekundarstufe II Grundlegendes Anforderungsniveau	Sekundarstufe II Erhöhtes Anforderungsniveau
Bremen[4]	Philosophie	–	WPF^{BU}, WF^{BU}	WPF^{BU}, WF^{BU}	WPF^{BU}, WF^{BU}
	Religion	PF^{BU} (mit Abwahloption)	WPF^{BU} (mit Abwahloption), WF^{BU}	WPF^{BU} (mit Abwahloption), WF^{BU}	WPF^{BU} (mit Abwahloption), WF^{BU}
Hamburg	Philosophie	–	WPF^{BU} (ab Klasse 7)	WPF^{BU}	WPF^{BU}
	Religion (RUfa)	PF^{BG}	WPF^{BG}	WPF^{BG}	WPF^{BG}
	Jüdische Religion	PF^{BG}	WPF^{BG}	WPF^{BG}	–
	Katholische Religion	PF^{BG}	WPF^{BG}	WPF^{BG}	WPF^{BG}
Hessen	Ethik	EPF^{BU}	EPF^{BU}	EPF^{BU}	EPF^{BU}
	Philosophie	–	–	WF^{BU}	–
	Alevitische Religion	PF^{BG}	PF^{BG}	–	–
	Altkatholischer Religionsunterricht	PF^{BG}	PF^{BG}	PF^{BG}	–
	Evangelische Religion	PF^{BG}	PF^{BG}	PF^{BG}	PF^{BG}
	Freireligiöse Religion	PF^{BG}	PF^{BG}	PF^{BG}	–
	Islamische Religion (derzeit ausgesetzt)	PF^{BG}	PF^{BG}	–	–
	Jüdische Religion	PF^{BG}	PF^{BG}	PF^{BG}	PF^{BG}
	Katholische Religion	PF^{BG}	PF^{BG}	PF^{BG}	PF^{BG}
	Mennonitische Religion	PF^{BG}	PF^{BG}	PF^{BG}	PF^{BG}
	Orthodoxer Religionsunterricht	PF^{BG}	PF^{BG}	PF^{BG}	PF^{BG}
	Syrisch-orthodoxer Religionsunterricht	PF^{BG}	PF^{BG}	–	–
	Unitarische Religion	PF^{BG}	PF^{BG}	PF^{BG}	–
	Islamunterricht (Schulversuch)	EF^{BU} für Ethik	EF^{BU} für Ethik (bis Klasse 9)	–	–

Tab. 1 (fortgesetzt)

		Primarstufe	Sekundarstufe I	Sekundarstufe II Grundlegendes Anforderungsniveau	Sekundarstufe II Erhöhtes Anforderungsniveau
Mecklenburg-Vorpommern	Philosophie	–	–	EPF^{BU}	EPF^{BU}
	Philosophieren mit Kindern	EPF^{BU}	EPF^{BU}	–	–
	Evangelische Religion	PF^{BG}	PF^{BG}	PF^{BG}	PF^{BG}
	Katholische Religion	PF^{BG}	PF^{BG}	PF^{BG}	PF^{BG}
Niedersachsen	Werte und Normen	(EPF^{BU} ab 2026)	EPF^{BU}	EPF^{BU}	–
	Philosophie	–	–	EF^{BU} für Werte und Normen, WF^{BU}	EF^{BU} für Werte und Normen, WF^{BU}
	Alevitische Religion	PF^{BG}	PF^{BG}	–	–
	Evangelische Religion (KoKoRu-Option)	PF^{BG}	PF^{BG}	PF^{BG}	PF^{BG}
	Islamische Religion	PF^{BG}	PF^{BG}	PF^{BG}	PF^{BG}
	Jüdische Religion	PF^{BG}	PF^{BG}	PF^{BG}	PF^{BG}
	Katholische Religion (KoKoRu-Option)	PF^{BG}	PF^{BG}	PF^{BG}	PF^{BG}
	Orthodoxer Religionsunterricht	PF^{BG}	–	–	–
	Syrisch-orthodoxer Religionsunterricht	PF^{BG}	–	–	–
Nordrhein-Westfalen	Praktische Philosophie	EPF^{BU} (zeitnahe Einführung)	EPF^{BU}	–	–
	Philosophie	–	–	EPF^{BU}, WF^{BU}	EPF^{BU}, WF^{BU}
	Alevitische Religion	PF^{BG}	PF^{BG}	–	–
	Evangelische Religion (KoKoRu-Option)	PF^{BG}	PF^{BG}	PF^{BG}	PF^{BG}
	Islamische Religion	PF^{BG}	PF^{BG}	PF^{BG}	–
	Jüdische Religion	PF^{BG}	PF^{BG}	PF^{BG}	–
	Katholische Religion (KoKoRu-Option)	PF^{BG}	PF^{BG}	PF^{BG}	PF^{BG}

Tab. 1 (fortgesetzt)

		Primarstufe	Sekundarstufe I	Sekundarstufe II Grundlegendes Anforderungsniveau	Sekundarstufe II Erhöhtes Anforderungsniveau
	Mennonitische Religion (Schulversuch)	PF^{BG}	–	–	–
	Orthodoxe Religion	PF^{BG}	PF^{BG}	PF^{BG}	–
	Syrisch-orthodoxer Religionsunterricht	PF^{BG}	PF^{BG}	–	–
Rheinland-Pfalz	Ethik	EPF^{BU}	EPF^{BU}	EPF^{BU}	–
	Philosophie	–	–	WF^{BU}	WF^{BU}
	Alevitische Religion	PF^{BG}	(PF^{BG} voraussichtlich ab 2022)	–	–
	Evangelische Religion	PF^{BG}	PF^{BG}	PF^{BG}	PF^{BG}
	Islamische Religion (modellhafte Erprobung)	PF^{BG}	PF^{BG}	–	–
	Jüdische Religion	PF^{BG}	PF^{BG}	PF^{BG}	–
	Katholische Religion	PF^{BG}	PF^{BG}	PF^{BG}	PF^{BG}
	Mennonitische Religion	PF^{BG}	PF^{BG}	PF^{BG}	PF^{BG}
Saarland	Allgemeine Ethik	–	EPF^{BU}	EPF^{BU}	EPF^{BU}
	Philosophie	–	–	WF^{BU}	WF^{BU}
	Alevitische Religion	PF^{BG}	–	–	–
	Evangelische Religion (KoKoRu-Option)	PF^{BG}	PF^{BG}	PF^{BG}	PF^{BG}
	Islamische Religion	PF^{BG}	–	–	–
	Jüdische Religion	PF^{BG}	PF^{BG}	–	–
	Katholische Religion (KoKoRu-Option)	PF^{BG}	PF^{BG}	PF^{BG}	PF^{BG}

Tab. 1 (fortgesetzt)

		Primarstufe	Sekundarstufe I	Sekundarstufe II Grundlegendes Anforderungsniveau	Sekundarstufe II Erhöhtes Anforderungsniveau
Sachsen	Ethik	WPF^{BU}	WPF^{BU}	WPF^{BU}	–
	Philosophie	–	–	WF^{BU}	–
	Evangelische Religion	WPF^{BG}	WPF^{BG}	WPF^{BG}	WPF^{BG}
	Jüdische Religion	WPF^{BG}	WPF^{BG}	WPF^{BG}	WPF^{BG}
	Katholische Religion	WPF^{BG}	WPF^{BG}	WPF^{BG}	WPF^{BG}
Sachsen-Anhalt	Ethikunterricht	WPF^{BU}	WPF^{BU}	WPF^{BU}	–
	Philosophie	–	WF^{BU} (ab Klasse 9)	WF^{BU}	–
	Evangelische Religion	WPF^{BG}	WPF^{BG}	WPF^{BG}	–
	Katholische Religion	WPF^{BG}	WPF^{BG}	WPF^{BG}	–
Schleswig-Holstein	Philosophie	EPF^{BU}	EPF^{BU}	EPF^{BU}	EPF^{BU}
	Evangelische Religion	PF^{BG}	PF^{BG}	PF^{BG}	PF^{BG}
	Katholische Religion	PF^{BG}	PF^{BG}	PF^{BG}	PF^{BG}
	Islamunterricht	ZF^{BU}	–	–	–
Thüringen	Ethik	WPF^{BU}	WPF^{BU}	WPF^{BU}	WPF^{BU}
	Evangelische Religion	WPF^{BG}	WPF^{BG}	WPF^{BG}	WPF^{BG}
	Jüdische Religion	WPF^{BG}	WPF^{BG}	WPF^{BG}	WPF^{BG}
	Katholische Religion	WPF^{BG}	WPF^{BG}	WPF^{BG}	WPF^{BG}

PF = Pflichtfach
EPF = Ersatzpflichtfach
WPF = Wahlpflichtfach
WF = Wahlfach
EF = Ersatzfach
ZF = Freiwilliges Zusatzfach
^{BG} Bekenntnisgebundener Unterricht, d. h. in Trägerschaft von Religions- oder Weltanschauungsgemeinschaften
^{BU} Bekenntnisungebundener Unterricht, d. h. in staatlicher Trägerschaft

[1] In Berlin und Brandenburg umfasst die Primarstufe die Jahrgangsstufen 1–6, in allen anderen Bundesländern die ersten vier Jahrgangsstufen.
[2] Beim konfessionell-kooperativen Religionsunterricht (KoKoRu) handelt es sich bisher um eine Organisationsform des evangelischen bzw. katholischen Religionsunterrichts und nicht um ein eigenständiges Fach. Schüler*innen erhalten entsprechend einen Vermerk auf dem Zeugnis, dass der evangelische oder katholische Religionsunterricht konfessionell-kooperativ erteilt wurde.

Tab. 1 (fortgesetzt)

[3] Die Bekenntnisunterrichte in Berlin können prinzipiell in allen Jahrgangsstufen als freiwilliges, nicht versetzungsrelevantes Zusatzfach angeboten. Diese Möglichkeit wird jedoch nicht von allen Religions- und Bekenntnisgemeinschaften in allen Schulstufen genutzt, u. a. da die Nachfrage nicht ausreichend ist oder auch weil keine Lehrpläne oder Lehrkräfte zur Verfügung stehen.

[4] *De Jure* wird das Fach Philosophie als Alternativfach bezeichnet, womit der tatsächliche Rechtsstatus allerdings nicht klar definiert ist. Schulrechtlich handelt es sich bei den Fächern Philosophie und Religion (welches abgewählt werden kann, obwohl es in staatlicher Trägerschaft liegt) um Wahlpflichtfächer, wenn beide Fächer angeboten werden und um ein Wahlfach, wenn nur eins der Fächer eingerichtet ist. In der Sekundarstufe II kann es sich bei Philosophie oder Religion zusätzlich um ein mögliches Profilfach handeln. In der Praxis finden sich jedoch ganz unterschiedliche Modelle, in denen Philosophie u. a. auch als Ersatzpflichtfach fungiert. Zur komplexen Situation der Fachstatus in Bremen s. entsprechendes Kapitel im vorliegenden Handbuch.

Um zu erheben, welche Religionsunterrichte in den Bundesländern an öffentlich-allgemeinbildenden Schulen angeboten werden, kamen verschiedene Quellen zum Einsatz: Schulgesetze, Lehrpläne, Ministerielle Erlasse, Angaben auf den Seiten der Kultusministerien oder Landesämter, Telefonate mit Referatsleitungen der Bildungsministerien oder der Landesinstitute und mit Referent*innen der Religionsgemeinschaften. Bei den Informationen wurde nicht durchgängig dahingehend unterschieden, ob ein Fach prinzipiell in der jeweiligen Jahrgangsstufe eingerichtet werden kann (rechtliche Möglichkeit) oder ob es tatsächlich angeboten und von Schüler*innen besucht wird (praktische Umsetzung). Die Erhebung wurde Ende 2021/Anfang 2022 durchgeführt, so dass es zu marginalen Abweichungen im Vergleich mit den Angaben in den spezifischen Bundeslandkapiteln dieses Handbuchs kommen kann, da letztere zu einem früheren Zeitpunkt verfasst wurden.

Anmerkungen:
- In den curricularen bzw. gesetzlichen Vorgaben vieler Bundesländer wird das gymnasiale Oberstufenfach Philosophie häufig als Wahlpflichtfach bezeichnet. Dies bezieht sich jedoch nicht auf das Verhältnis zum Religionsunterricht, sondern auf andere in einem Wahlpflichtbereich zusammengefasste Fächer wie Erdkunde, Politik o. ä. Es handelt sich in diesen Fällen also nicht um ein Wahlpflichtfach wie bspw. Ethik und Religion in Sachsen-Anhalt. Stattdessen fungiert Philosophie in der Mehrzahl der Fälle als Wahlfach in der Oberstufe, so dass der Terminus hier gewählt wurde, um etwaigen Verwechslungen mit einem Wahlpflichtfach in Bezug auf Religionsunterricht vorzubeugen.
- Fächer wie Altkatholische Religion, Jüdische Religion oder Orthodoxer Religionsunterricht, die von Religionsgemeinschaften angeboten werden, die in Deutschland vergleichsweise wenige Mitglieder haben, können zwar prinzipiell an Schulen eingerichtet werden, wenn entsprechende vertragliche Regelungen zwischen Land und Religions- bzw. Weltanschauungsgemeinschaft dazu getroffen wurden, ausreichend Lehrkräfte vorhanden sind und curriculare Vorgaben (notfalls aus anderen Bundesländern) vorliegen, allerdings hängt das tatsächliche Unterrichtsangebot von der Nachfrage ab. Diese ist in den meisten Fällen sehr gering, so dass sich ein gemeinsamer Unterricht organisatorisch kaum umsetzen lässt. Selbst die vereinzelt angebotenen Kurse, die zustande kommen, werden in den Schulstatistiken nicht abgebildet bzw. nur unter "sonstige" aufgeführt.

Teil 2: **Historische Entwicklungen und Kontexte**

Katharina Neef
Einleitung

Religionskunde im Sinne dieses Handbuches ist ein junges Konzept, dessen schulische Anwendung erst beginnt. Trotzdem ist es nötig, dieses Konzept in einen historischen Rahmen einzubetten. Denn nicht nur ist die schulische Behandlung von Religion – als Gegenstand oder Ziel des Unterrichts – ein Konstituent der Entwicklung des deutschen Schulwesens, vielmehr noch hat sie sich bereits historisch als Streitpunkt und damit als Kristallisationspunkt und Debattenthema unterschiedlicher Blicke auf Religion hervorgetan. Zudem zeigt der Aufriss der gegenwärtigen Praxis in den einzelnen Bundesländern, dass viele der heutigen Differenzen historische Wurzeln haben – und also die Ursachen dieser Differenzierung im 19. und 20. Jahrhundert zu suchen sind.

Wenn es aber Religionskunde im modernen Sinn bis weit in das 20. Jahrhundert hinein nicht gab, ist vorab der Fokus des folgenden Teils dieses Handbuchs zu klären. Der Hauptbezugspunkt ist der volksschulische Religionsunterricht, der Gegenstand sowohl innerreligiöser als auch säkularistischer Kritik war. Beide Stoßrichtungen problematisierten die klassisch tradierte katechetische Ausrichtung des Religionsunterrichts als *learning religion*, als theoretische und praktische Unterweisung in den Glauben hinein. Stattdessen findet sich eine Reihe von (nur erdachten bis praktisch umgesetzten) Modellen, die alternative Lernsettings vorwegnahmen: sowohl das religiöse Lernen erweiternde *learning from religion*-Settings als auch religionskundliche *learning about religion*-Ansätze. Zudem finden sich Ansätze, die schwer überhaupt in diese Rahmen zu integrieren sind und gänzlich anderen Agenden folgten. Deshalb wird im Folgenden der Terminus „religionskundlich" nur genutzt, wenn klare Übereinstimmungen mit dem Konzept des Handbuchs erkennbar sind; sonst ist allgemeiner von Religionsbezogenheit die Rede. Und bereits für diese historischen Formen religionsbezogenen Lernens muss gelten, was Katharina Frank für die Gegenwart festgestellt hat: Empirisch vermischen sich die verschiedenen Ansätze; dabei sind zwar einerseits Leitperspektiven für die Unterrichtsformen identifizierbar, aber andererseits können für verschiedene Unterrichtsthemen unterschiedliche Rahmungen prävalent werden (Frank 2010, 120–132).

Ein letzter Punkt betrifft die Diagnose der Säkularisierung. Wenn religionskundliche Perspektiven als Säkularisierungsprozess beschrieben werden, dann geschieht das nicht, um teleologisch die Entwicklung der Moderne als Verdrängung des Religiösen zu erzählen. Ganz im Gegenteil zeigt gerade die Debatte um die Rahmung des Religions- beziehungsweise seiner Ersatz- und Alternativunterrichte, dass die Verstaatlichung öffentlicher Einrichtungen wie des Volksschulwesens nicht automatisch mit der Verdrängung der institutionellen Religion oder religiöser Sprechfiguren einhergeht. Vielmehr ist genau darauf zu schauen, welche Inhalte mit welchen Zugriffen und welchen Lernzielen erfasst werden. Auf der institutionellen Ebene jedoch kann im Laufe des 19. und 20. Jahrhunderts klar von einem Säkularisierungsprozess, einer Verweltlichung weiter Teile des öffentlichen Schulwesens in Deutschland, gesprochen werden.

Bibliografie

Frank, Katharina. 2010. *Schulischer Religionsunterricht. Eine religionswissenschaftlich-soziologische Untersuchung*. Stuttgart: Kohlhammer.

Katharina Neef

1 Das 19. Jahrhundert und das Deutsche Kaiserreich

Der volksschulische Religionsunterricht und seine Kritik

Der Religionsunterricht ist seit der Formierung des Volksschulwesens ein integraler Bestandteil der öffentlichen schulischen Bildung. Dabei gilt für das höhere (gymnasiale) beziehungsweise das niedere (volksschulische) Schulwesen im 19. Jahrhundert: „Die religiöse Indoktrination in den Volksschulen war für die herrschende Klasse in Deutschland seit jeher ein wichtiges Mittel zur politischen Unterordnung der großen Masse der Bevölkerung. In der wissenschaftlich ausgerichteten höheren Schule dagegen spielte die Religion nur eine untergeordnete Rolle" (Herrlitz e.a. 2005, 126). Die Funktion, in der Religion in zentraler Position in die Volksschule integriert wurde, ist damit klar gefasst als Moralbildung und (Re)Produktion ständisch gesellschaftlicher Strukturen. Die sogenannte Stiehlsche Regulative, die seit 1854 das preußische Volksschulwesen prägte, formulierte als Ziel der Schulbildung die Formung der Schüler*innenschaft als evangelische Christen, preußische Untertanen und Vertreter ihres Standes (in dieser Reihenfolge, ebd., 60 f.). Stiehl selbst sah 1859 Schule und Kirche als eng verbunden: „Die Schule ist die Tochter der Kirche und die Gehülfin der Familie" (ebd., 59). Aus diesem Religionsverständnis scheint folgerichtig das (preußische) staatliche Verständnis von Religionsunterricht: Dieser versteht sich als genuiner Ansatz des *learning religion*, als Einübung von Glaubensinhalten, Frömmigkeitspraxen und kulturellen religiösen Formen – als traditionelle Inhalte des Unterrichts galten das „Auswendiglernen von Kirchenliedern und Bibelversen, die Kenntnis der Perikopen und ausgewählter kirchengeschichtlicher Ereignisse" (Enders 2002, 32 f.).

Diese enge Verknüpfung von Schule und Kirche ist kontinuierlich Gegenstand unterschiedlicher Kritik gewesen. Zuerst ist hier die politisch-administrative Kritik zu nennen, die bereits früh in der Schulbildung einen staatlichen Auftrag identifiziert und im Zeichen des Liberalismus eine Verstaatlichung des Schulwesens vorangetrieben hat. Diese Lesart erlebte in einer ganz anti-liberalen Wendung ein Wiederaufleben während des Kulturkampfs, als die geistliche Schulaufsicht (besonders in katholischen Regionen) als Hemmnis nationaler Bildung ausgemacht und abgeschafft wurde. Zwar blieben die Aufsicht über den konfessionellen Religionsunterricht kirchlich und kirchliche Funktionsträger bis 1918 reguläre Ansprechpartner der kommunalen Schuladministration, doch vollzog sich im Volksschulwesen der erwähnte Säkularisierungsprozess: Politische Akteur*innen hatten ein vitales Interesse, die öffentliche Bildung als unmittelbaren Zugriffsbereich auf die normative Formung des Staatsvolkes ihrem direkten Hoheitsbereich zuzuordnen. Dabei ist festzuhalten, dass das Religionsverständnis, das dem Religionsunterricht zugrunde lag, das genannte funktional-moralisierende war. Insofern schrieb der politische Zugriff auf den Religionsunterricht den *learning religion*-Ansatz fort, unter der zu erlernenden Religion weniger konkrete Frömmigkeitsformen und -praxen verstehend als vielmehr eine konservative, nicht-interventionistische Selbstpositionierung dem obrigkeitlichen Staat gegenüber: Religion wurde hier ausdefiniert als Untertanenloyalität und Integration in hierarchische (kirchliche wie weltliche) Strukturen.

Die zweite Form der Kritik an der Konjunktion von Kirche und Volksschule, die pädagogische, stand unter völlig anderen politischen Vorzeichen, hatte aber eine ähnlich säkularisierende Wirkung. Sie war weitenteils inhaltlich (also an Lehrinhalten, -anforderungen und Ausbildungsmodalitäten) orientiert und besaß ein großes Mobilisierungspotential innerhalb der Volksschullehrer*innenschaft (zur Präsenz von Lehrerinnen vgl. Huerkamp 2004): „Die Lösung der Volksschule und ihrer Lehrerschaft von der Kirche wurde [...] zu einem Vehikel des Strebens nach Professionalisierung und Identitätsbildung" (Enders 2002, 35, vgl. auch Heiland 2012). Die Forderungen der sich organisierenden Volksschullehrer*innenschaft nach einer Verweltlichung der Schule bedeuteten dabei nicht zwangsläufig den Ruf nach einer Abschaffung des Religionsunterrichts, sondern lediglich nach seiner Entkirchlichung beziehungsweise nach der Herauslösung der Volksschulen aus der geistlichen Schulaufsicht (Leber 2020, 226 f.). Damit löste man sich erstmals zaghaft vom *learning religion*-Ansatz, insofern, als dass eine Selbstdistanzierung des Lehrpersonals vom Gegenstand Religion zumindest denkbar wurde. Religion trat damit als Unterrichtsgegenstand auf, der unterrichtlich thematisiert werden konnte, ohne dass die Lehrkraft direkt involviert zu sein hatte oder ohne dass die Adressierten zur Inkorporation aufzufordern waren. Dabei verblieben die aus der Kritik am traditionellen Religionsunterricht entstandenen pädagogischen Entwürfe zumeist im Feld des *learning from religion* (etwa die Bremer Denkschrift 1905 und die Zwickauer Thesen 1908): Man stand weiterhin zu dem Ziel, eine Moral in der Schüler*innenschaft zu implementieren – sei diese nun konfessionell oder allgemeinchristlich verstanden.[1] Motiviert wurde dieses Programm durch ein deistisches Religionsverständnis und durch die Anbindung des eigenen pädagogischen Wirkens an ein Leitmotiv des 19. Jahrhunderts, nämlich die Verwissenschaftlichung (Tenorth ⁴2008, 223). Beide Stränge begründeten die Entkopplung von Schule und Kirche, wenn auch nicht zwangsläufig von Schule und Religion.

---

1 Dieses Wirken war also weniger religionskritisch motiviert, sondern spiegelt vielmehr die Selbstwahrnehmung der Lehrer*innenschaft als progressive soziale Gruppe, die sich auch als Ansprechpartnerin in der zeitgenössischen Debatte um die Formung der Nation profilierte. Mit der Kritik an der kirchlichen Affiliation des niederen Schulwesens wandelte die Lehrer*innenschaft auf einem schmalen Grat: Sie wollte gleichzeitig widerständig und integrationswillig sein – ersteres wurde als gesellschaftlich innovativ, letzteres national gerahmt.

Drittens ist die theologische Kritik am Religionsunterricht zu nennen, die die Indienstnahme des Religionsunterrichts zur staatsbürgerlichen Formung durchaus problematisierte und religiöse Bildung in einem romantischen Verständnis als individuelle Befähigung zu selbständiger religiöser Praxis (im Rahmen landeskirchlicher Angebote und Strukturen) sah. Auch hier ist damit deutlich ein *learning religion*-Ansatz zu konstatieren, der auf einen pietistisch gerahmten, erfahrungsbasierten Religionsbegriff zurückgriff.

So ist es zuletzt die vierte kritische Strömung, in der sich religionskundliche Ansätze finden, da auch ein deskriptives, kulturgeschichtlich informiertes Reden über Religion (*learning about religion*) als pädagogischer Rahmen aufscheint. Träger*innen dieser erst dogmenkritischen und später religionskritischen Sicht auf den Religionsunterricht waren die Freireligiösen Gemeinden und das von ihnen mitkonstituierte säkularistische Milieu (Weir 2014 spricht von einer „vierten Konfession"). Doch zeichnet sich hier in der Praxis ein sehr heterogenes Feld ab, das von regionalen und lokalen Regelungen geprägt war, verschiedene Formen des (schulischen und außerschulischen) Unterrichts umfasste und zudem noch diachron, das heißt entlang wechselnder Entwicklungen, zu betrachten ist. Im Folgenden werden daher zur Vermessung dieses Feldes die Agierenden, die Unterrichtsformen und zuletzt die so entwickelten Konzepte für religionsbezogenen Unterricht näher betrachtet. Dabei wird erkennbar, dass auch in dieser Strömung weiterhin unterschiedliche Rahmungen des religionsbezogenen Unterrichts mäanderten: Neben *learning about religion*-Ansätzen finden sich weiterhin Entwürfe mit *learning from religion*- oder *learning religion*-Rahmungen. Das korreliert maßgeblich mit den Zielen, die diesen alternativen Unterrichten beigemessen wurden, und den Religionsverständnissen, die ihnen zugrunde lagen.

Die Träger*innen alternativer Unterrichtsmodelle

Als maßgebliche Träger*innen potentiell religionskundlicher Unterrichte sind die Freireligiösen Gemeinden festzuhalten. Deren dogmenkritische und zunehmend naturalistische Grundhaltung, die Mitte des 19. Jahrhunderts zur Trennung von den Mehrheitskirchen geführt hatte (Simon-Ritz 1997, 57–92), mobilisierte sie auch gegen die religiöse Erziehung ihrer Kinder im regulären konfessionellen Religionsunterricht. In mehreren deutschen Staaten als Religionsgesellschaft anerkannt, forderten sie das Recht, ihre Kinder vom mehrheitskonfessionellen Unterricht abmelden und nach eigenen Maßgaben religiös unterweisen zu dürfen.[2] Auf lokaler Ebene wurden bereits

---

[2] Dieses Recht, Kinder von einem ihnen fremden, mehrheitskonfessionellen Unterricht befreien zu lassen, wurde traditionell katholischen, protestantischen und jüdischen Kindern zugestanden. Zentral waren deren Status als anerkannte Religionsgemeinschaft und die Fähigkeit, einen konfessionellen Ersatzunterricht anzubieten. Problematisch war diese Regelung also zum Einen für Minderheitenreligio-

in den 1850er Jahren Ersatzunterrichte eingerichtet, deren Anerkennung, Ausstattung und Unterstützung allerdings schwankte. Zu einer reichseinheitlichen Regelung kam es nicht, für Preußen ist nicht einmal eine landeskonforme Regelung abbildbar. So findet sich ein breites Spektrum: Freireligiöser Religionsunterricht konnte verboten werden oder mit Zustimmung und finanzieller Unterstützung der lokalen Behörden in bereitgestellten Schulräumen stattfinden.[3] Dazwischen finden sich verschiedene Stufungen behördlicher Kontrolle und Duldung. Allerdings kamen seit den 1880er Jahren vermehrt restriktive Politiken zur Anwendung – weil im Kontext der Sozialistengesetze sowohl der volksschulische Religionsunterricht politisch und staatsbürgerlich orientiert neuausgerichtet wurde (Fraund 1980) als auch die Freireligiösen Gemeinden als Alternativvergemeinschaftung des sozialdemokratischen Milieus anwuchsen (Weir 2014).

Die Freireligiösen Gemeinden wurden somit die relevantesten Träger alternativer religionsbezogener Unterrichtskonzepte – sowohl zahlenmäßig als auch aufgrund des Umstands, dass sie trotz der Fragilität ihres juristischen Status und der sich daraus ableitenden Rechte als Religionsgemeinschaft zumindest in einigen deutschen Staaten anerkannt waren und also überhaupt einen Rechtsanspruch hatten, ihre Kinder vom konfessionellen Unterricht abzumelden. Zudem verfügten sie über ein personelles Reservoir, das die Einrichtung von Alternativen formal ermöglichte – hinsichtlich etwaiger zu beschulender Kinder und hinsichtlich des Lehrpersonals. Letzteres waren naheliegend oft die Prediger der lokalen Gemeinden, sodass sich die ersten Praktiker dieser Unterrichte maßgeblich aus studierten Theologen und/oder Philosophen rekrutierten. Strukturell lassen sich damit zwei Punkte festhalten: Fachspezifisch sind ihre Unterrichte stark auf religiöse beziehungsweise religionsgeschichtliche sowie auf philosophische und hier speziell ethische Themen konzentriert. Und zweitens standen damit vor den Kindern Persönlichkeiten, deren Biografie oft von starken (De)Konversionsnarrativen getragen war, die ostentativ als ethische Entscheidungen performiert wurden.[4]

---

nen, denen entweder die staatliche Anerkennung oder ein anerkannter Ersatzunterricht fehlten. Zum Anderen entstand nach 1870 eine weitere Problemklientel: „Dissidentenkinder", also Kinder konfessionsloser Eltern, über deren Rechte und Pflichten bezüglich des Religionsunterrichts völlige Unklarheit herrschte.

3 Bis 1892 war auch in Preußen die Befreiung vom Religionsunterricht „unter Voraussetzung eines nachweislichen Besuchs eines freireligiösen Ersatzunterrichts […] gängige Praxis". Erst danach verschärfte die Administration ihr Vorgehen gegen den freireligiösen Religionsunterricht (Enders 2002, 56). Auch in Bayern „schwankte" die Rechtslage „zwischen Phasen gesetzlicher Öffnung und Restriktion" (Leber 2020, 248). Vgl. ferner einen (kritischen) zeitgenössischen Bericht zu den Regelungen in: Ethische Kultur 1913, 148 f.

4 Ein Beitritt zur Freireligiösen Gemeinde bedeutete für angehende Pfarrer den Bruch mit der bisherigen Berufsperspektive und das Wagnis einer deutlich unsichereren Karriere abseits des öffentlichen Dienstes. Dementsprechend dominant sind bei den Predigern sowohl das Konversionsnarrativ hin zum freireligiösen Glauben als auch das Dekonversionsnarrativ des Ausgangs aus einer als dogmatisch veralteten oder unauthentisch erfahrenen Landeskirche beziehungsweise der katholischen Kirche.

Wie erwähnt, näherten sich zu Zeiten der Sozialistengesetze Sozialdemokratie und freigeistiges Milieu einander an. Spätestens mit der Forderung der weltlichen Schule im Erfurter Programm 1891 (Enders 2002, 85) trat Erstere als zweite Akteurin in der Causa des religionsbezogenen Unterrichts hinzu. Hauptkritikpunkt der sozialdemokratischen Schulkritik war der antisozialdemokratische Grundton der öffentlichen Schule, den Wilhelm II. 1889 propagiert hatte und den man vor allem im Geschichts- und im Religionsunterricht manifestiert sah.[5] Allerdings erlangte die Forderung nach der weltlichen Schule innerhalb der Partei niemals den Status einer unmittelbar politisch anzugehenden Notwendigkeit, sodass hier keine praktischen Ansätze zu verzeichnen sind. Relevant ist das sozialdemokratische Milieu trotzdem, denn die Kinder sozialdemokratischer Elternhäuser blieben eine zahlenmäßig wichtige Klientel der freireligiösen Ersatzunterrichte.[6]

Zuletzt ist die Ethische Bewegung als Akteurin in der Debatte um religionskundliche Schulformate zu benennen, wobei die *Deutsche Gesellschaft für Ethische Kultur (DGEK)* hinsichtlich der Frage nach religionskundlichen Unterrichtskonzepten eigentlich insofern einen Grenzfall darstellt, als sie maßgeblich das Motiv des Sittlichkeits- oder Moralunterrichts vorantrieb, also dem Ersatzunterricht eine dezidiert normative Funktion zuschrieb.[7] Diese moralbezogene Fokussierung erklärt sich aus dem Gründungskontext der Gesellschaft: 1891/1892 gegründet, kritisierte man die staatsbürgerliche Neuausrichtung des Religionsunterrichts und forderte stattdessen einen auf universellen Sittengesetzen basierenden Moralunterricht (Enders 2002, 55–83). Den pantheistischen Ansatz hatte die Ethische Bewegung aus ihrem Herkunftsmilieu, den unitarischen Vereinigungen Nordamerikas, übernommen (Enders 2006, 91). Damit rekurrierte die *DGEK* klar auf einen konkreten Begriff von Religion als moralisierender Instanz, sodass *learning religion-* oder *learning from religion*-Perspektiven im Zentrum der schulischen Arbeit standen. Doch kam die *DGEK* über Diskussionen nie hinaus und so blieb lange unklar, ob man die generelle Abschaffung des Religionsunterrichts respektive seinen Ersatz durch einen allgemeinen Moralunterricht oder lediglich ein Ersatzfach für vom Religionsunterricht abgemeldete „Dissidentenkinder" forderte.

---

5 „Schon längere Zeit hat Mich der Gedanke beschäftigt, die Schule in ihren einzelnen Abstufungen nutzbar zu machen, um der Ausbreitung sozialistischer und kommunistischer Ideen entgegenzuwirken. In erster Linie wird die Schule durch Pflege der Gottesfurcht und der Liebe zum Vaterlande die Grundlage für eine gesunde Auffassung auch der staatlichen und gesellschaftlichen Verhältnisse zu legen haben. [... Die Schule] muss bestrebt sein, schon der Jugend die Überzeugung zu verschaffen, dass die Lehren der Sozialdemokratie nicht nur den göttlichen Geboten und der christlichen Sittenlehre widersprechen, sondern in Wirklichkeit unausführbar und in ihren Konsequenzen dem Einzelnen und dem Ganzen gleich verderblich sind." (Wilhelm II., „Allerhöchste Ordre", Berlin 1.5.1889, zit. n. Herrlitz e.a. 2005, 112).
6 Susanne Enders vermerkt etwa für Sachsen, dass seit 1870 auch dissidentische Vereine einen Ersatzunterricht hätten anbieten dürfen – offenbar „besuchten die meisten dissidentischen Kinder aber weiterhin den Unterricht der deutschkatholischen Gemeinden" (Enders 2002, 58).
7 Diese Rahmung lässt sich seither durchgängig in der Formierung der Ethikunterrichte wiederfinden.

1901 entschied man sich für Ersteres und forderte seither konsequent die Säkularisierung der Schule (Enders 2002, 72), ab 1906 im dazu gegründeten *Deutschen Bund für weltliche Schule und Moralunterricht*. Da jedoch sowohl die Integration der progressiven Teile der Volksschullehrer*innenschaft als auch die Kooperation mit der Sozialdemokratie scheiterten, verblieb auch der *Bund* bei programmatischen Ansagen einer Moralpädagogik mit einem unklaren Bezug zu Religion, wobei sich im Dialog mit internationalen Akteur*innen zeigte, dass man sich dezidiert areligiös und antiklerikal positionierte (Enders 2002, 39–47).

Die Status alternativer religionsbezogener Unterrichtsmodelle

Potentiell religionskundliche Unterrichte wurden also grundsätzlich in zwei Formen diskutiert: entweder als partikularer, Kinder von Dissident*innen adressierender Ersatzunterricht neben dem bestehenden konfessionellen Religionsunterricht oder als Ablöse des abzuschaffenden kirchlich verantworteten Religionsunterrichts. Dementsprechend unterschieden sich auch die Art der Debatte (pragmatisch orientiert versus fundamental kritisch) und der Rekurs auf den rechtlichen und schulischen Status des Alternativangebots. Zielten die Akteur*innen auf die Erweiterung des Angebots, konzentrierten sie sich auf bestehende Ausnahmen für minderheitenreligiöse Unterweisung und forderten die Anerkennung eigener Unterrichte als weitere Alternativen. Dementsprechend stark wurden der religiöse Charakter der Freireligiösen Gemeinden beziehungsweise der moralisierende, sittlichkeitsorientierende Duktus ihres Unterrichts betont. Damit behauptete man eine formale Gleichheit der Unterrichte, schloss sich der obrigkeitlichen Ordre an und begriff Religionsunterricht vorrangig als normatives, in das Gemeinwesen sozialisierendes Fach.[8] Damit setzte sich in diesem Flügel die (kultur)protestantische Engführung von Religion und Moral ungebrochen fort, sodass in diesem Diskussionsstrang vor allem *learning about religion*- oder *learning religion*-Ansätze dominierten: Trotz aller Kritik an ihren institutionellen Formen blieb Religion eine positiv konnotierte Größe, deren Erwerb und Kultivierung Gegenstand und Ziel des Unterrichts war.[9]

---

8 Dabei finden sich auch Ansprüche, dies auf religionskundlicher Basis sogar effektiver und tiefenwirksamer umsetzen zu können als der klassische Religionsunterricht, da dieser inhärente Widersprüche enthalte (etwa zwischen der „Freiheit des Christenmenschen" und dem dogmatischen Zwang beziehungsweise zwischen Gewissensfreiheit und der Verpflichtung von Volksschullehrkräften, das Fach zu unterrichten).
9 Diese strukturelle Parallelisierung des Ethikunterrichts als Alternative des Religionsunterrichts führt bis heute zur Anwesenheit erfahrungsbasierter, binnenperspektivlicher und gar introspektiver Zugänge zum Gegenstand Religion in den als weltanschaulich neutral definierten Ersatzfächern (vgl. Neef 2021).

Da der generelle Ersatz des Religionsunterrichts durch ein anderes Fach ein ungleich größeres utopisches Potential hatte, finden sich in diesem, wenn auch rein theoretischen Teil der Debatte klarere religionskundlich anschlussfähige Prämissen für den religionsbezogenen Unterricht: Der Fokus lag hier auf der historischen Erarbeitung religiöser Traditionen innerhalb wissenschaftlicher Einbettungen.[10] Umgesetzt wurden diese Konzepte nicht, doch fand diese Perspektive durchaus ihren Weg aus der Programmatik heraus in die schulische Praxis. Diese radikale Kritik bescherte den Ersatz- wie auch den Religionsunterrichten also durchaus eine *learning about religion*-Perspektive, die (in ihren Bezugswissenschaften und ihrem Geschichtsnarrativ gewandelt) als Teil des Curriculums dort seither einen festen Platz hat.

Bislang wurde lediglich die Volksschulbildung thematisiert. Doch sind zwei weitere Kontexte, in denen religionsbezogene Bildung stattfand, ebenfalls zu betrachten: der gymnasiale Religionsunterricht und außerschulisch stattfindende Unterrichte. Dabei ist zunächst grundsätzlich festzustellen, dass keinerlei Debatte um den gymnasialen Religionsunterricht stattfand. Das lag sowohl an der zeitlichen Begrenztheit des Fachs, das deutlich weniger Raum in der Stundentafel erhielt als im niederen Schulwesen, als auch an der universitären Rückbindung der Lehrinhalte beziehungsweise der Ausbildung der Lehrkräfte. Damit erschien dieser Religionsunterricht weniger doktrinär denn religionsgeschichtlich informiert und wurde entsprechend wenig problematisiert. Zudem galt die zu beschulende Klientel als deutlich weniger sozialdemokratie- und damit revolutionsanfällig – die Diagnose einer Notwendigkeit religiöser Bildung koppelte sich also explizit an Vorurteile hinsichtlich sozialer Zugehörigkeit.

Da die Kritik am etablierten Religionsunterricht nur begrenzte rechtliche und administrative Wege für Alternativen beschreiten konnte, formierten sich zusätzlich Konstellationen, die vor allem die diese Alternativunterrichte leitenden pädagogischen Ideale manifestierten. So wurde um die Jahrhundertwende in vielen Regionen (vor allen Preußens) ein semioffizieller Alternativunterricht angeboten, der zusätzlich und ergänzend zum Schulunterricht stattfand. Dafür organisierten die Freireligiösen Gemeinden und einzelne Freidenkervereine einen auf die Schulentlassung beziehungsweise die Jugendweihe vorbereitenden Unterricht. Obgleich also als katechetischer Unterricht konzipiert, sind diese Kurse doch religionskundlich relevant. Denn resultierend aus dem antidogmatischen Anspruch der Freireligiösen wurde Religion konsequent historisch gerahmt. Damit ist das Lernen über Religion als soziales, historisches und kulturelles Phänomen ein Konstituens dieser Unterrichte,[11] wenngleich

---

10 Zeitgenössisch waren dies evolutionistische Deutungen kultureller Entwicklungsgesetze und Wertungen von primitiver vs. Hochreligion. Als inhaltliche Modelle religionskundlicher Konzepte sind diese Betrachtungen damit indiskutabel – aber als potentielle Gegenstände eines solchen Unterrichts bleiben sie interessant.

11 Auffällig ist zudem ihre zeitliche Ansiedlung als Vorbereitungskurse der Initiation ins Erwachsenenleben, die mit dem Ende der Schulzeit nach dem achten Volksschuljahr zusammenfiel: Die ein- bis zweijährigen Vorbereitungskurse finden sich in der Praxis einiger Bundesländer wieder,

sich auch in den Programmen durchaus *learning from religion*-Ansätze zeigen. Auch ihre Klientel – eben nicht nur Kinder freireligiöser Elternhäuser, sondern auch Konfessionsloser und/oder Sozialdemokrat*innen – verweist auf religionskundliche Perspektiven als eine Grundlage dieser Unterrichte: Sie spiegelten eben kein konfessionelles Verständnis – und gewannen gerade im Zuge der Annäherung der Freireligiösen an Freidenkerei und Monismus ein deutliches naturalistisches und kulturalistisches Profil, indem Religion (wie generell menschliches Verhalten) biologisiert und historisiert wurde.[12]

Eine zuletzt zu bemerkende Differenz stellen die typischen Problemlagen der unterschiedlichen Unterrichtsformen dar: Der Ersatzunterricht wurde fast durchweg über die Kultusministerien und die lokalen Schulbehörden verhandelt. Der außerschulische Unterricht dagegen wurde als potentiell politische Angelegenheit polizeilich behandelt, da hier Besorgnis über die Agitation von Jugendlichen herrschte – entsprechende Versammlungen wurden nicht zur Anmeldung zugelassen, untersagt, beobachtet und aufgelöst (vgl. Wille 1914; Lesanovsky 2003, diverse Quellen zu Hamburg 385–505).

Die Konzepte religionsbezogenen Unterrichts jenseits konfessionellen Unterrichts

Damit seien zuletzt die genannten Konzepte für alternative religionsbezogene Unterrichte konkretisiert. Dabei sind zwei Rahmen zu identifizieren, die zwar als Quellen für die gegenwärtige Praxis des Ethikunterrichts, allerdings nur begrenzt als Vorläufer für Religionskunde gelten können: (weltlicher) Moralunterricht und (allgemeine) Religionsgeschichte.[13]

(Weltlicher) Moralunterricht rekurrierte auf ein weit verbreitetes und auch in schulpolitischen Zusammenhängen oft unhinterfragt geteiltes Religionsverständnis, das Religion als zentrale Instanz zur Errichtung und Aufrechterhaltung gesellschaftli-

---

den Ersatzunterricht nur in den höheren Klassenstufen anzubieten, während im Primarbereich der Religionsunterricht alternativlos bleibt.

12 Trotz einer schwachen genealogischen Verbindung zieht sich hier eine inhaltliche Linie zur staatlich organisierten Jugendweihe der DDR: Das als Geschenk gereichte „Weltall, Erde, Mensch" (Berlin 1954 u. a.) setzt dieses Curriculum der freireligiösen Unterrichte fort, indem Religion als kultureller (und in der Moderne obsoleter) Teil einer evolutiv verstandenen Menschheitsgeschichte präsentiert wird.

13 Das sind einerseits die gängigsten Bezeichnungen, andererseits wird hier auch die programmatische Ausrichtung am deutlichsten. Unter den Alternativbegriffen sind weiterhin als erste Wortteile Sittlichkeit und Ethik, als zweiter Wortteil Erziehung und Unterweisung vertreten. Zudem ist allgemein von Jugendunterricht und vereinzelt bereits auch von Religionskunde oder von Lebenskunde die Rede.

cher Werte funktionalisiert. Wenn also der Ersatz des Religionsunterrichts ebenfalls auf die Stimulation und Festigung bestimmter Werte und Normen abhob, stellte er sich in die Tradition des Religionsunterrichts und formierte sich als Alternative zu den etablierten konfessionellen Formen. Folgenschwer war dabei die Reduktion von Religion auf ihre moralisierende Potenz, die mit (kultur)protestantischen oder christozentrischen Definitionen von Religion konform geht (Masuzawa 2005).[14] Eine problembewusste, auch kontroverse Thematisierung von Religion wurde dadurch erschwert – letztlich war sie gar nicht im Sinne des Unterrichtsziels. Vielmehr rekurrierten die Freireligiösen Gemeinden dazu auf ein letztlich pantheistisches Konzept der Gott-Natur (Geis ^{2}2007, 268–275 [1898] und 293 [1904]). Damit blieben religionsaffirmative Narrative zentrale Konstituenten für moralunterrichtliche Unterrichtskonzepte, zumal nicht die deskriptive Beschreibung Ziel des Unterrichts war, sondern proaktive Aneignung und Verinnerlichung (*learning [from] religion*). Dies galt nicht nur für die adressierten Lernenden, sondern in besonderem Maße auch für die Lehrkräfte, die ihre moralische Integrität als maßgebliche Kompetenz für diese Form des Unterrichts ins Felde führten (Lehren durch exemplarisches Vorbild).[15]

Der religionsgeschichtliche Ansatz dagegen ist religionskundlich bedingt anschlussfähig. Denn besonders in den letzten Jahren des Kaiserreichs dominierten zunehmend die freidenkerischen Vereinigungen und Publikationen das öffentliche Feld, während die Freireligiösen Gemeinden (auch aufgrund ihres konzilianteren Tons) in den Hintergrund der Auseinandersetzungen um Religion traten. Bezogen etwa auf die monistische Bildungs- und Schulkritik leiteten zunehmend szientistische und religionskritische Stimmen die Debatte, welche die Historisierung und Kulturalisierung von Religion ganz klar mit Delegitimierungsargumenten und Ablösungsforderungen verbanden (vgl. Leber 2020, 229–237). Nichtsdestotrotz stand aber am Anfang dieser polemischen Abzweckung die ernstzunehmende Betonung der kulturellen Einbettung religiösen Wissens und ein Bemühen um die Vermittlung dieses historisierenden Blicks.

Dabei blieben die Curricula fast ausschließlich auf das Christentum fixiert, was an den zeitgenössischen Horizonten schulischen wie auch gesellschaftlichen Denkens lag: Die vergleichende Religionsforschung steckte in den Kinderschuhen und die plurale Gegenwart von Minderheitenreligionen oder gesellschaftliche Heterogenität waren nicht Gegenstand der Volksschulbildung. Diese inhaltliche Begrenztheit reduziert die Distanzierungspotenziale vom Gegenstand Religion, die eine historisie-

---

14 Paradoxerweise erhöht(e) aber diese strukturelle Nähe und Wahlverwandtschaft die (politische) Akzeptanz der Ersatz- und Ethikunterrichte: Ihr geteiltes hegemoniales Verständnis von Religion fordert(e) die funktionale Rahmung des Religionsunterrichts letztlich nicht heraus.
15 Das korreliert maßgeblich mit der spätestens im Zuge der Sozialistengesetze forcierten Kritik an den Freireligiösen, potentielle Staatsfeinde zu sein. Daraufhin wurde das Betonen ihres bürgerlichen Wertehorizonts, den sie gleichwohl mit ihrer Religionskritik herausforderten, eine zentrale Strategie des freidenkerischen Habitus um 1900 (vgl. dazu Leber 2020).

rende Arbeitsweise mit sich brächte. Und so finden sich auch in diesen Unterrichtssettings deutliche Anleihen an *learning from religion*-Modelle, etwa wenn auf Jesus als moralisches Vorbild Bezug genommen wurde (nachdem zuvor seine Historizität zumindest infrage gestellt worden war). Doch formierte sich mit dem religionsgeschichtlichen Modell überhaupt eine Sprechposition für Lehrkräfte, die einerseits von den (religiösen) Überzeugungen der Lehrkraft Abstand nahm und diese nicht zum Anschauungsgegenstand der Schüler*innen machte und es andererseits ermöglichte, über Religion als historisch veränderliche soziale Formation zu sprechen und somit durchaus religionshistorische Diversität anders denn als dogmatische Irrung thematisieren zu können.

Bibliografie

-, „Die freireligiösen Gemeinden und ihr Jugendunterricht". *Ethische Kultur* 21 (1913), 148 f.
Enders, Susanne. 2006. „Die Religion der natürlichen Ethik – Lebensreform und Pädagogik am Beispiel der ‚Deutschen Gesellschaft für Ethische Kultur'". In: *Reformpädagogik und Lebensreform in Mitteleuropa – Ursprünge, Ausprägungen und Richtungen, länderspezifische Entwicklungstendenzen.* hg. v. Ehrenhard Skiera, András Németh und György Mikonya. 89–110. Budapest: Gondolat Kiadó.
Enders, Susanne. 2002. *Moralunterricht und Lebenskunde.* Bad Heilbrunn: Julius Klinkhardt.
Frank, Katharina. 2010. *Schulischer Religionsunterricht. Eine religionswissenschaftlich-soziologische Untersuchung.* Stuttgart: Kohlhammer.
Fraund, Hans Martin. 1980. *Die Geschichte des Religionsunterrichts zwischen 1848 und 1933 am Beispiel ausgewählter Krisen- und Knotenpunkte und die Frage nach Freiheit, Konfessionalität und Wissenschaftlichkeit.* Mainz Univ. Diss. 1980.
Freireligiöse Gemeinde Mainz. ²2007. *Freireligiöses Quellenbuch. Eine Sammlung grundlegender Texte über Inhalt und Ziele Freier Religion. Bd. 1. 1844–1926.* hg. v. Lothar Geis. Mainz: Selbstverlag.
Groschopp, Horst. 1997. *Dissidenten. Freidenkerei und Kultur in Deutschland*, Berlin: Dietz (²2011. Marburg: Tectum).
Heiland, Vanessza. 2012. „Die Leipziger Debatten um den schulischen Religionsunterricht infolge der Novemberrevolution 1918". In: *Religiöse Devianz in Leipzig. Monisten*, Völkische, *Freimaurer und gesellschaftliche Debatten.* hg. v. Dirk Schuster und Martin Bamert. 41–66. Stuttgart: ibidem.
Herrlitz, Hans-Georg, Wulf Hopf, Hartmut Titze, Ernst Cloer. ⁴2005. *Deutsche Schulgeschichte von 1800 bis zur Gegenwart. Eine Einführung.* Weinheim: Juventa.
Holt, Niles. 1990. „The Church Withdrawal Movement in Germany". *Journal of Church and State* 32 (1), 37–48.
Huerkamp, Claudia. „Die Lehrerin". In: *Der Mensch des 19. Jahrhunderts.* hg. v. Ute Frevert und Heinz-Gerhard Haupt. 176–200. Essen: Magnus Verlag.
Kaiser, Jochen-Christoph. 1981. *Arbeiterbewegung und organisierte Religionskritik. Proletarische Freidenkerverbände in Kaiserreich und Weimarer Republik.* Stuttgart: Klett-Cotta.
Langewiesche, Dieter, Heinz-Elmar Tenorth (Hg.). 1989. *Handbuch der deutschen Bildungsgeschichte. Bd. V: 1918–1945. Die Weimarer Republik und die nationalsozialistische Diktatur.* München: C.H. Beck.

Leber, Christoffer. 2020. *Arbeit am Welträtsel. Religion und Säkularität in der Monismusbewegung um 1900*. Göttingen: Vandenhoeck & Ruprecht.

Lesanovsky, Werner (Hg.). 2003. *Den Menschen der Zukunft erziehen. Dokumente zur Bildungspolitik, Pädagogik und zum Schulkampf der deutschen Arbeiterbewegung 1870–1900*, Frankfurt am Main: Peter Lang.

Masuzawa, Tomoko. 2005. *The Invention of World Religions. Or, How European Universalism was preserved in the Language of Pluralism*. Chicago: University of Chicago Press.

Neef, Katharina. 2021. „Religion als Herausforderung des Wertneutralitätsgebots im Ethikunterricht". In: *Werte im Ethikunterricht. An den Grenzen der Wertneutralität*. hg. v. Minkyung Kim, Tobias Gutmann, Jan Friedrich und Katharina Neef. 125–143. Leverkusen: Barbara Budrich.

Simon-Ritz, Frank. 1997. *Die Organisation einer Weltanschauung. Die freigeistige Bewegung im Wilhelminischen Deutschland*, Gütersloh: Kaiser Gütersloher Verlagshaus.

Tenorth, Heinz-Elmar. [4]2008. *Geschichte der Erziehung. Einführung in die Grundzüge ihrer neuzeitlichen Entwicklung*. Weinheim: Juventa.

Weir, Todd. 2014. *Secularism and Religion in nineteenth-century Germany. The rise of the fourth confession*. Cambridge: Cambridge University Press.

Wille, Bruno. 1914. *Das Gefängnis zum Preußischen Adler. Eine selbsterlebte Schildbürgerei*. Jena: Eugen Diederich.

Katharina Neef
2 Weimarer Republik

Ausgangssituation: Staatsreform und Schulreform

Wie auch für die Zeit des Kaiserreichs ist für die Weimarer Republik festzustellen, dass Religion im schulischen Kontext vor allem als aktiv zu vermittelnder Unterrichtsgegenstand und als sich anzueignendes Lernziel anzutreffen ist. Religionskundlich relevant ist diese Phase aber in zweierlei Hinsicht: einerseits als historischer Punkt, an dem mit der Weimarer Reichsverfassung (WRV) die für die religionsbezogene schulische Bildung bis heute prägenden Strukturentscheidungen getroffen wurden, andererseits als Hintergrund eines zentralen Kontrastfalls für gegenwärtige religionskundliche Konzepte. Denn im republikanischen Rahmen etablierte sich neben den klassischen Religionsunterrichten mit dem Lebenskundeunterricht auch erstmals ein religionsbezogener Lernrahmen jenseits kirchlicher (beziehungsweise potentiell kultusgemeindlicher) Verantwortung und Referenz.

Dabei ist festzustellen, dass der historisch interessierte religionskundliche Blick auf die Weimarer Republik die lebenskundlichen Unterrichte dieser Zeit lediglich als Gegenstand beziehungsweise als möglichen historischen Raum für religionskundliche Didaktiken zu betrachten hat. Denn die Analyse ihrer Begründungslogiken wie auch ihrer Praxis (so sie historisch verfügbar ist) zeigt, dass religionskundliche *learning about religion*-Rahmungen eben nicht deckungsgleich sind mit konfessionslosen Fachkonzepten. Konfessionslosigkeit beziehungsweise Säkularismus führt nicht automatisch zu einem religionskundlichen Blick auf den Gegenstand – ganz im Gegenteil: Säkularistische und antiklerikale Ansätze überschreiten dezidiert den deskriptiven religionskundlichen Horizont und produzieren aktiv selbst Weltanschauungen und Werturteile. Damit sind ihre unterrichtlichen Formen wiederum selbst als *learning from religion* oder *learning religion* zu kategorisieren. Vor diesem Hintergrund ist es umso relevanter, die schulische Auseinandersetzung mit Religion als sozialem Phänomen fundiert und reflektiert – und nicht im Bannkreis weltanschaulicher Positionsbestimmungen – zu gestalten.

Das Ende der Monarchie und die anfänglichen politischen Kräfteverhältnisse ließen Teile der politischen Öffentlichkeit auf eine grundlegende Neuausrichtung des deutschen Schulwesens inklusive seiner Stellung zur Religions- und Kirchenfrage hoffen. So verfügten die preußischen Kultusminister Konrad Haenisch (SPD) und Adolph Hoffmann (USPD) bereits am 29. November 1918 die Aufhebung des konfessionellen Religionsunterrichts (Groschopp 2020, 219–221; zu Hoffmann vgl. Groschopp 2009) und in Sachsen wurde im April 1919 der Religionsunterricht abgeschafft (LNN, 4.4.1919). Beide Verordnungen wurden allerdings nach kurzer Zeit zurück- beziehungsweise nicht in der WRV aufgenommen, sodass der sogenannte Weimarer Schulkompromiss den Status Quo der konfessionellen Fundierung des Volksschulwesens und der kirchlichen Verantwortung des Religionsunterrichts konsolidierte (Leber 2020, 254f.). Dieser Kompromiss verstand sich 1919 auf vielen Feldern als Provisorium eines kommenden, hernach nie verabschiedeten Reichsschulgesetzes. Die aus diesem Selbstverständnis resultierenden und in Kauf genommenen Regelungslücken und formulativen Ungenauigkeiten erwiesen sich in den folgenden Jahrzehnten als Stellschrauben politischer wie kirchlicher Zugriffe auf die Verfasstheit der öffentlichen Schule.[1] Denn neben der Bestätigung des obligatorischen, kirchlich verantworteten Religionsunterrichts wurde auch die Konfessionsschule als Regelschule zementiert, obwohl der Wortlaut der WRV, Art. 146, eher Simultanschulen[2] als Standard nahelegt. Diese Schulform existierte seit gut einhundert Jahren in mehreren deutschen Schulsystemen – mit wechselnder Akzeptanz und unterschiedlichen religionspädagogischen Konzepten.[3] 1919 allerdings manifestierte sich in der Idee der Simultanschule vor allem eine Dimension der tendenziell sozialdemokratischen Idee der Einheitsschule: als gemeinsamer Lernort für alle Kinder des zu schaffenden demokratischen Staates.[4] Hinsichtlich der konfessionellen Trennung scheiterte das Projekt aber, denn viele öffentliche Schulen verblieben einfach gewohnheitsrechtlich in ihrem Status als Konfessionsschulen. Die Verfassungsformulierung, dass Eltern die Einrichtung von Bekenntnisschulen fordern könnten, bedeutete in der Praxis damit eher das Gegenteil: Wenn Eltern die – in der WRV gleichsam als Möglichkeit eingeräumte – Einrichtung bekenntnisfreier Schulen[5] forderten, mobilisierten vor

---

[1] Dies wirkt im Prinzip bis in die Gegenwart: Mit dem Scheitern einer reichs- bzw. später bundesweiten Regelung zu schulischen Belangen konsolidierte sich das öffentliche Bildungswesen eben auf der föderalen Ebene – in der es dann zu einer Vielzahl unterschiedlicher Lösungen gemeinsamer Fragen kam und kommt.

[2] Simultan- oder Gemeinschaftsschulen sind wie die Konfessionsschulen Bekenntnisschulen, d. h. Schulen, an denen konfessioneller Religionsunterricht erteilt wird. Im Gegensatz zu den Konfessionsschulen nehmen sie aber Kinder verschiedener Religion oder Konfession auf, die weitenteils gemeinsam und allein während des konfessionellen Religionsunterrichts getrennt beschult werden.

[3] Ebert 2001 datiert die Einrichtung der ersten Simultanschule in das Jahr 1817 im Herzogtum Nassau. Allerdings sei neben den getrennten Religionsunterricht auch eine „allgemeinreligiöse[.], nichtdogmatische[.] Unterrichtung getreten", die bereits 1846 wieder gestrichen worden sei (60). Das Großherzogtum Baden führte 1876 die Simultanschule als Regelschule ein (Götz von Olenhusen 1995, 373). Das Bremer Projekt der seit 1799 eingeführten Bibelgeschichte gehört auch in diese Tradition (Hannemann/Döbler 2013).

[4] In einer anderen Dimension gelang die Umsetzung dieser Idee zumindest formal, denn mit der Einführung der Grundschule in den Klassen 1 bis 4 wurde zumindest auf der strukturellen Ebene eine gemeinsame Primarstufe aller Kinder geschaffen und so die ständische Trennung der Lernenden durch verschiedene Schultypen idealiter aufgelöst. Vgl. dazu das Reichsgrundschulgesetz vom 18. April 1920, das Vorschulen, also separate Vorbereitungseinrichtungen für den gymnasialen Bildungsgang abschaffte.

[5] Alternative Termini sind weltliche Schule oder Sammelschule. Während erstere Begriffe deutlich auf die Klientel dieser Schulen hinweisen, indem sie kirchen- oder religionskritische Schlüsselbegriffe (wieder)aufnehmen, verweist der letzte Terminus auf praktische Kontexte: Neben Sammelschulen entstanden nach 1919 auch sogenannte Sammelklassen, in denen die konfessionell

allem die örtlichen (politisch wie auch kirchlich) konservativen Akteur*innen zum Teil erhebliche elterliche und administrative Widerstände, um das zu verhindern (vgl. am Kölner Beispiel: Walter 1993, 306–312). Folglich lassen sich hinsichtlich des religionsbezogenen Unterrichts vor allem Kontinuitäten feststellen, auch weil weite Teile des (religions)pädagogischen Feldes – auf der Ebene der Lehrkräfte wie auch der Ausbildungseinrichtungen – nicht im demokratischen Staat ankamen (Kennedy 2005). Allerdings gilt diese Diagnose in deutlich geringerem Maße für reformpädagogisch orientierte Kräfte (Reimann/Wermke 2019; Wermke 2010).

Dabei eröffneten die vagen Bestimmungen der WRV wie bereits vermerkt auch einen rechtlichen Freiraum, der einerseits die Gründung weltlicher Schulen und andererseits die Einrichtung eines lebenskundlichen Ersatzunterrichts an Simultanschulen ermöglichte. Hierin eröffneten sich somit doch Anknüpfungspunkte einer unterrichtlichen Betrachtung von Religion aus der Beobachter*innenperspektive. Relevant wurde dies auch, weil mit dem Kriegsende die Zahl der Dissident*innen sprunghaft anstieg (vgl. Kaiser 1981, 37–42) und damit auch die potentielle Nachfrage nach weltlichem Unterricht beziehungsweise einem Ersatzfach für den Religionsunterricht anzog. Maßgeblich der städtische Raum (und in besonderem Maße Berlin) wurde so zu einem Kristallisationszentrum, da sich hier einerseits genügend Interessent*innen und andererseits Knowhow und Strukturen bündelten, um derartige Projekte praktisch anzugehen. Dies führte bereits 1920 zur Gründung einer weltlichen Schule in Berlin-Adlershof, der bis 1933 über einhundert weitere Schulen vor allem in Preußen (mit Schwerpunkten in Berlin und dem Rhein-Ruhr-Gebiet) folgen sollten (Groschopp 2020, 19).[6] In diesen stark reformpädagogisch geprägten Sammelschulen und ebenso in den streckenweise in Simultanschulen eingerichteten Sammelklassen wurde statt des konfessionellen Religionsunterrichts das Fach Lebenskunde angeboten. Viktoria Gräbe (2019, 194) etwa stellt für Sachsen fest, dass 1920/1921 „in Leipzig weniger als die Hälfte der Volksschüler am konfessionellen Religionsunterricht teil [nahm]. In Sachsen insgesamt lag die Zahl der Abmeldungen vom Religionsunterricht mit 13,2 Prozent abgemeldeten Volksschülern und -schülerinnen (1922) deutlich über

---

marginalen Kinder gesammelt wurden – in Metropolregionen wie Berlin kamen so auch Gruppen in Schulstärke zusammen.

6 Die Forschungslage zu weltlichen Schulen ist sehr disparat: Während sich Groschopp (2020) auf Preußen konzentriert, betrachtet Walter (1993) den westpreußischen Raum. Gräbe (2020; 2019; Gräbe/Otto 2018) dagegen konzentriert sich auf den Lebenskundeunterricht und beforscht somit sowohl weltliche Schulen als auch Sammelklassen in Simultanschulen. Die Befunde treffen sich in der Feststellung, dass im städtischen Raum deutlich mehr Eltern auf Lebenskundeangebote zugriffen/zugreifen konnten als im ländlichen Bereich.

dem Reichsdurchschnitt". Weil aber Abmeldung nicht automatisch Ersatzfachbesuch bedeutet, ist zur Abdeckung damit nichts gesagt.[7]

Lebenskundeunterricht

Die praktizierten Lebenskundekonzepte schöpften maßgeblich aus den wilhelminischen Konzepten und Erfahrungen des freireligiösen und säkularistischen Feldes; auch sind sie als Nukleus des gegenwärtig durch den *Humanistischen Verband Deutschlands* in Berlin und Brandenburg angebotenen Unterrichts in Lebenskunde zu betrachten. Beide historischen Linien, die Tradition wie die spätere Transformation, verdeutlichen, dass das Fach Lebenskunde sich als Alternative zum klassischen Religionsunterricht positionierte und in seiner weltlichen Verfassung durchaus als Lösung von einem streng konfessionell verstandenen *learning religion*-Ansatz zu sehen ist, indem auch Sprechen *über* Religion erlernt werden sollte. Dabei prägten (und im Übrigen auch: prägen) das Fach zugleich starke Narrationen des *learning from religion* im Sinne eines moralisierenden Lernens und auch des *learning religion*, wenn Haltungen und Praktiken vorgestellt und eingeübt werden, die klassisch als deistisch oder allgemeinchristlich und in jüngerer Zeit noch überkuppelnder als spirituell verhandelt werden.[8] Die Lebenskunde transportiert(e) also in ihren ethischen Curriculateilen und in ihren pantheistischen Ansätzen nach wie vor ein freireligiös-aufklärerisches Erbe.

Ein anderer Teil dieses Erbes ist dagegen die Betrachtung von Religion als Teil kultureller menschheitlicher Entwicklung, das heißt die Versozialwissenschaftlichung und Historisierung religiöser Phänomene, die einen letztlich religionskundlichen *learning-about-religion*-Rahmen konstituieren. Doch zeigt sich auch hier ein historisches Erbe, das diesen Befund relativiert und korrumpiert. Denn diese sachliche und deskriptive Unterrichtskonstituente trat im Verlauf der Weimarer Republik zunehmend in den Hintergrund zugunsten klar säkularistischer Rahmungen dieses Unterrichts: Mit der Annäherung des freigeistigen Milieus an vor allem sozialdemokratische und kommunistische Kreise wurde das Narrativ der wissenschaftlichen Weltanschauung und eines radikalen Szientismus zunehmend hegemonial – und dementsprechend wandelte sich die Thematisierung von Religion im schulischen Kontext zu Antiklerikalismus und einer generellen Kritik institutioneller Religion, die höchstens noch durch ein Abheben auf eine Naturreligiosität (sowohl im Sinne naturmystischer Ergriffenheit als auch anthropologischer Gestimmtheit) relativiert wurde. Das entfernte den Lebens-

---

[7] Aufgrund von Lehrkräftemangel kam es oft zu Fehlstunden ohne unterrichtlichen Ersatz (Walter 1993, 314).
[8] Vgl. einführend dazu Bochinger 2000, wobei für dieses Feld eher die zweite von Bochinger identifizierte Traditionslinie mit ihrem individualistischen, erfahrungszentrierten Verständnis relevant ist.

kundeunterricht wieder beträchtlich von Konzepten und Lernzielen des *learning about religion*, da so gerahmten Unterrichten entweder ein stark reduzierter, szientistischer oder ein erfahrungsbasierter Religionsbegriff zugrunde lag. Ersterer diffamierte also Religion als überkommene Kulturform und abschreckendes Anschauungsbeispiel und macht ein negatives *learning-from-religion*-Setting zur Grundlage unterrichtlichen Lernens. Letzteres machte das Erlernen und Einfühlen in als religiös konnotierte emotionale Stimmungen zu einem Lernziel und stellte damit ein zwar entkonfessionalisiertes, aber nach wie vor klar christlich orientiertes *learning religion*-Setting dar; Analysen der Lehrpraxis belegen den starken Rekurs auf „ethische Personen" und „moralische Vorbilder", die maßgeblich aus dem biblischen Fundus herangezogen wurden (Groschopp 2020, 87; Gräbe 2019, 196).[9] Allerdings ist anzumerken, dass die Befunde nur eine begrenzte Aussagekraft haben, weil das Fach Lebenskunde weitgehend nicht nach Lehrplänen unterrichtet wurde beziehungsweise Unterrichtsmaterialien auf semioffiziellen Wegen diffundierten – das Warten auf das ausbleibende Reichsschulgesetz und der Impetus vieler Behörden, vor Inkrafttreten eines solchen Gesetzes keine Tatsachen auf den Verwaltungsweg schaffen zu wollen, hielten das Fach während der Weimarer Republik in vielerlei Hinsicht in der Schwebe (Gräbe 2020, 163; Groschopp 2020, 18–21). Zugleich kam diese Vagheit einigen Lehrkräften entgegen, die den Lebenskundeunterricht gern als „Gelegenheitsunterricht" organisieren wollten, der auf konkrete lebensweltliche Anlässe reagierte und das sokratische Gespräch zum Ziel hatte – also weniger konkretes Fachwissen vermitteln und einen Lehrplan umsetzen als vielmehr als sozialer Ort oder intellektueller Freiraum im Schulalltag wirken sollte (Gräbe 2020, 162; 2019, 196f.). Auch dieser Ansatz trägt deutliche schulreformerische Züge, welche sich auf das Fach konzentrierten.

Religion als nachlassender Konfliktfaktor im schulischen Alltag

Trotz der zum Teil laut geführten Konflikte um die Einrichtung von weltlichen beziehungsweise Simultanschulen und um den lebenskundlichen Ersatzunterricht führten die schulpolitischen Veränderungen in der Weimarer Republik im Ganzen betrachtet zu einer Entproblematisierung des Themas Religion in der Schule, die sich an einem

---

9 Ergänzend wurden auch nichtchristliche Religionen zum Gegenstand des Lebenskundeunterrichts – wenn auch nicht systematisch und häufig entlang damals noch unproblematisierter Evolutionismen und Orientalismen (Gräbe 2020, 170). Eine bemerkenswerte Ausnahme bildet Friedrich Wilhelm Foersters seit 1905 mehrfach auch als Unterrichtsmaterial aufgelegte „Lebenskunde", die Religionen explizit in einem kulturellen Rahmen thematisierte (ebd.). Die Person Foersters führt historisch dezidiert zurück in die Ethische Bewegung.

generellen Abfall des politischen Mobilisierungspotentials religiöser wie auch schulischer Belange zeigte: Der Kirchenaustritt wurde administrativ ebenso erleichtert wie die Abmeldung der eigenen Kinder vom Religionsunterricht aus Gewissensgründen. Zudem schufen die weltlichen Schulen des Metropolenraums einen laizistischen (Schul-)Raum, in den man die eigenen Kinder schicken konnte. Eine ernsthafte inhaltliche Debatte um den Ersatzunterricht und damit adäquate schulische Zugänge zum Gegenstand Religion kam damit nicht zustande.

Außerdem war die Lehrer*innenschaft in Beschlag genommen von den Umstrukturierungen des gesamten Schulwesens (Einführung der vierjährigen Grundschule, fortschreitende Professionalisierung und Pädagogisierung des Lehrer*innenberufs, habituelle Neuausrichtung, vgl. dazu Tenorth ^{4}2008, 204 und 254 f.). Dabei scheiterten die Versuche, die Professionalisierung weltlicher Lehrkräfte in eigenen Lehrer*innenaus- und -weiterbildungsstätten voranzutreiben (Groschopp 2020, 17 f.). So bot die Weimarer Republik, obwohl sie die Rahmungen für einen religionskundlichen Unterricht schuf, in dieser Hinsicht wenig konzeptionellen Progress. Vielmehr zeigt sich in der praktischen Dimension der Lebenskunde ein Fortschreiben der dichotomen Projekte der Vorkriegszeit: Moralunterricht versus Religionsgeschichte beziehungsweise eine Mischung von *learning from religion*- mit *learning about religion*-Ansätzen.

Hinzu kommt, dass diese Ansätze auf das kleine Feld der konfessionsfreien Sammelschulen und -klassen beschränkt blieben, während der Großteil der deutschen Volksschulen konfessionell geordnet und der konfessionelle, am *learning religion*-Zugang ausgerichtete Religionsunterricht der Regelfall blieb. Hinzu kam, dass in der Weimarer Republik auch innerhalb der Religionspädagogik Modernisierungsdebatten geführt wurden, die maßgeblich eine lebenskundliche Rahmung des Unterrichts anstrebten. Lebenskunde bedeutete in diesem sich hegemonial entwickelnden Diskursstrang eine dezidiert nicht deskriptive, lebensführungspraktische (das heißt sich normativ formierende) Abzweckung des Unterrichts.[10] Dadurch erhielten deskriptive, nicht-partizipative Zugänge zu religiösen Phänomenen im Gesamtschulgeschehen weiterhin wenig Raum.

Doch war es vor allem die politische Engführung von weltlichen Schulen beziehungsweise Dissidenz und sozialdemokratischem Milieu, die dazu führte, dass unmittelbar mit dem Systembruch 1933 nicht nur diese Praktiken radikal abgeschnitten wurden; fast direkt nach der Machtübernahme der Nationalsozialisten wurden sowohl die weltlichen Schulen aufgelöst als auch der Lebenskundeunterricht eingestellt. In den folgenden Jahren der Diktatur hatten deskriptive oder gar kritische Zugänge zu den Gegenständen des Unterrichts damit generell keine Chance auf Be-

---

10 Ein Seitenstrang dieser Entwicklung führt ins militärische Feld und zur Einführung eines berufsethischen Unterrichts bei der Konstituierung der Bundeswehr nach 1949: Lebenskunde stellt hier den letztlich religiös verantworteten staatsbürgerlich-demokratischen Gesinnungsunterricht für Militärangehörige dar.

rücksichtigung. In vielerlei Hinsicht wurde das deutsche Volksschulwesen damit auf einen Status von weit vor 1918 zurückgesetzt.

Bibliografie

-, „Abschaffung des Religionsunterrichts in Sachsen". *Leipziger Neueste Nachrichten* Nr. 81 (4.4.1919), 1.

Bochinger, Christoph. 2000. „Spiritualität". In: *Metzler Lexikon Religion*. Bd. 3. 360. Stuttgart: J.B. Metzler.

Ebert, Anna. 2001. *Das Schulfach Ethik. Seine geistes- und schulgeschichtlichen Wurzeln und seine Realisierung an den bayerischen Gymnasien nach 1945*. Bad Heilbrunn: Julius Klinkhardt.

Götz von Olenhusen, Irmtraud. 1995. *Klerus und abweichendes Verhalten. Zur Sozialgeschichte katholischer Priester im 19. Jahrhundert: Die Erzdiözese Freiburg*. Göttingen: Vandenhoeck & Ruprecht.

Gräbe, Viktoria. 2020. „Schulbücher für den evangelischen Religionsunterricht und die Lebenskunde in der Weimarer Republik. Zwischen Kontinuität und Aufbruch". In: *1918 in Bildung und Erziehung. Traditionen, Transitionen, Visionen*. hg. v. Andrea De Vicenti, Norbert Grube und Andreas Hoffmann-Ocon. 159–178. Bad Heilbrunn: Julius Klinkhardt.

Gräbe, Viktoria. 2019. „Zwischen Unterrichtsprinzip und Schulfach: Lebenskundlicher Unterricht im Volksschulwesen der Weimarer Republik. Zwei konzeptionelle Exempel". *Jahrbuch für Historische Bildungsforschung 25*, 191–213.

Gräbe, Viktoria, Marcus Otto. 2018. „Zwischen Säkularisierung und Sinnbildung? Zur schulischen Vermittlung von Religion in der Weimarer Republik und in der französischen Dritten Republik". In: *Religion und Bildungsmedien*. hg. v. Sylvia Schütze und Eva Matthes. 216–226. Bad Heilbrunn: Julius Klinkhardt.

Groschopp, Horst. 2020. *Weltliche Schule und Lebenskunde. Dokumente und Texte zur Hundertjahrfeier ihrer praktischen Innovation 1920*. Aschaffenburg: Alibri.

Groschopp, Horst. 2009. *„Los von der Kirche!". Adolph Hoffmann und die Staat-Kirche-Trennung in Deutschland. Texte zu 90 Jahren Weimarer Reichsverfassung*. Aschaffenburg: Alibri.

Hannemann, Tilman, Marvin Döbler. 2013. „Der Biblische Geschichtsunterricht in Bremen: Historische und rezente Kontexte". In: *Religionspädagogik zwischen religionswissenschaftlichen Ansprüchen und pädagogischen Erwartungen*. hg. v. Institut für Religionswissenschaft und Religionspädagogik. 105–134. Bremen: Universität Bremen. Online unter: https://www.uni-bremen.de/fileadmin/user_upload/fachbereiche/fb9/reliwiss/Dokumente__pdfs/Forschung/VIRR/VIRR_Band_04.pdf

Heiland, Vanessza. 2012. „Die Leipziger Debatten um den schulischen Religionsunterricht infolge der Novemberrevolution 1918". In: *Religiöse Devianz in Leipzig. Monisten, Völkische, Freimaurer und gesellschaftliche Debatten*. hg. v. Dirk Schuster und Martin Bamert. 41–66. Stuttgart: ibidem.

Kaiser, Jochen-Christoph. 1981. *Arbeiterbewegung und organisierte Religionskritik. Proletarische Freidenkerverbände in Kaiserreich und Weimarer Republik*. Stuttgart: Klett-Cotta.

Kennedy, Katherine. 2005. „The Persistence of Religion in Germany's Modernizing Schools, from Empire to Republic". *Paedagogica Historica 41*, 119–130.

Langewiesche, Dieter, Heinz-Elmar Tenorth (Hg.). 1989. *Handbuch der deutschen Bildungsgeschichte. Bd. V: 1918–1945. Die Weimarer Republik und die nationalsozialistische Diktatur*. München: C.H. Beck.

Leber, Christoffer. 2020. *Arbeit am Welträtsel. Religion und Säkularität in der Monismusbewegung um 1900*. Göttingen: Vandenhoeck & Ruprecht.
Reichsgrundschulgesetz (Gesetz, betreffend die Grundschulen und Aufhebung der Vorschulen). 28. April 1920. Online unter: http://www.documentarchiv.de/wr/1920/grundschulgesetz.html
Reimann, Gregor, Michael Wermke (Hg.). 2019. *Religiöse Bildung und demokratische Verfassung in historischer Perspektive*. Leipzig: Evangelische Verlagsanstalt.
Tenorth, Heinz-Elmar. [4]2008. *Geschichte der Erziehung. Einführung in die Grundzüge ihrer neuzeitlichen Entwicklung*. Weinheim: Juventa.
Walter, Franz. 1993. „Der Bund der freien Schulgesellschaften". In: *Religiöse Sozialisten und Freidenker in der Weimarer Republik*. hg. v. Siegfried Heimann und Franz Walter. 263–373. Bonn: Dietz Nachfolger.
Weimarer Reichsverfassung (Verfassung des deutschen Reiches) [WRV]. 11. August 2019. Online unter: http://www.documentarchiv.de/wr/wrv.html
Wermke, Michael (Hg.). 2010. *Religionspädagogik und Reformpädagogik: Brüche, Kontinuitäten, Neuanfänge. Eine Veröffentlichung des Arbeitskreises für Historische Religionspädagogik*. Jena: IKS Garamond.

Horst Junginger
3 Die Zeit des Nationalsozialismus

Das politische System Weimars zu überwinden, gehörte zu den obersten Prioritäten des Dritten Reiches. Auch im Schul- und Hochschulwesen sollten alle demokratischen Anklänge im Sinne des Nationalsozialismus beseitigt werden. Zum Teil kam es dabei zu Konflikten mit den Kirchen, die ihre schulpolitischen Ziele durch den Absolutheitsanspruch der NS-Ideologie gefährdet sahen. Die wichtigste Veränderung des Schulsystems betraf nach 1933 allerdings nicht das Christentum, sondern die deutschen Juden und Jüdinnen, die nach und nach aus dem öffentlichen Leben verdrängt und mit zunehmender Gewalt verfolgt wurden. Dagegen hatten die Kirchen nichts einzuwenden. Sie protestierten auch nicht dagegen, als jüdischen Schüler*innen und Lehrer*innen das Betreten der Schule verboten wurde. Trotz anderslautender Behauptungen beruhte der nationalsozialistische Antisemitismus nicht auf einer irgendwie gearteten Rassenmaterie. Vielmehr handelte es sich um eine pseudowissenschaftliche Verbrämung alter religiöser Vorurteile, die den christlichen Antijudaismus zur Grundlage hatten (Junginger 2008). Die Verbreitung antisemitischer Stereotype über den schulischen Religionsunterricht passte sich nach 1933 der politischen Entwicklung an. Wie man von der Vorurteilsforschung weiß, sind Ressentiments kaum mit rationalen Argumenten zu entkräften, wenn sie in jungen Jahren internalisiert wurden.

Das Reichskonkordat und seine Schulartikel

Weil die NS-Führung bei der Machtergreifung auf die Zustimmung des bürgerlichen Lagers angewiesen war, suchte Hitler die dort bestehende Angst vor einer revolutionären Umwälzung mit betont kirchenfreundlichen Stellungnahmen zu besänftigen. In seiner viel zitierten Regierungserklärung vom 23. März 1933 beteuerte er nachdrücklich, dass die neuen Machthaber im Christentum „die unerschütterlichen Fundamente der Moral und Sittlichkeit des Volkes" sehen und „größten Wert" auf eine freundschaftliche Ausgestaltung der Beziehungen zum Heiligen Stuhl legen würden (Domarus 1988, 236). Der Stenographiebericht verzeichnete an dieser Stelle Bravo-Rufe der Zentrumspartei zu den Ausführungen Hitlers. Das war insofern relevant, weil er die Stimmen des politischen Katholizismus benötigte, um das „Gesetz zur Behebung der Not von Volk und Reich" mit Zweidrittelmehrheit verabschieden zu können. Als es am nächsten Tag mit den Stimmen des Zentrums und der Bayerischen Volkspartei (BVP) beschlossen wurde, hob es das Prinzip der Gewaltenteilung aus den Angeln und ermöglichte der NS-Regierung, auf pseudolegalem Wege die Macht zu übernehmen. Nur mit Hilfe des Ermächtigungsgesetzes konnte Hitler das Reichskonkordat abschließen. Ansonsten hätte er die Verhandlungen mit dem

Vatikan dem Parlament zur Debatte vorlegen müssen (Helmreich 1966, 206). Für die Stabilisierung der nationalsozialistischen Herrschaft war der Staatskirchenvertrag mit dem Heiligen Stuhl essenziell.

Keine Regierung der Weimarer Republik, egal in welcher politischen Zusammensetzung, fand sich vor 1933 bereit, der Kirche Zugeständnisse beim Religionsunterricht und den Bekenntnisschulen zu machen, die das Haupthindernis für den Abschluss eines Konkordats bildeten. Auch wenn der gelegentlich verwendete Begriff „Junktim" für die Selbstauflösung des Zentrums und der BVP am 5. Juli und der drei Tage später erfolgten Paraphierung des Konkordats am 8. Juli 1933 zu weit geht, ist der kausale Zusammenhang zwischen den konkordatspolitischen Interessen Berlins und Roms evident und in der Geschichtswissenschaft heute unumstritten (Hübner 2014, 764). Weil sich die Diskussion in der Vergangenheit zu stark auf die von der Kurie befürwortete Ausschaltung des politischen Katholizismus konzentrierte, trat in den Hintergrund, dass die eigentliche Bedeutung des Konkordats auf dem Gebiet der Schulpolitik lag. Der wichtigste Punkt des Abkommens betraf die Schulartikel, deren politische Reichweite und finanziellen Folgewirkungen nicht hoch genug veranschlagt werden können. 1929 war es in Italien mit den Lateranverträgen zu einer ähnlich gelagerten Übereinkunft gekommen, bei der umfassende Zugeständnisse einer faschistischen Regierung die Voraussetzung für den Vertragsabschluss bildeten.

In der Schulfrage hatte das im März 1924 abgeschlossene Bayernkonkordat Vorbildfunktion (Scharnagl 1933, 194). Die äußerst kirchenfreundlichen Schulbestimmungen des bayerischen Konkordats wurden im November 1924 für die Evangelisch-Lutherische Kirche in Bayern rechts des Rheins übernommen und gingen 1933 in das Reichskonkordat ein (Lachmann/Schröder 2010, 155–59; Helmreich 1966, 207). Der Religionsunterricht, die Bekenntnisschulen und die katholischen Privatschulen steckten dort die drei Hauptfelder ab, bei denen der Vatikan seine Forderungen in einer Weise durchsetzen konnte, wie es mit einem demokratischen Vertragspartner niemals möglich gewesen wäre. Am wichtigsten war die gesetzliche Verankerung des Religionsunterrichts in Artikel 21 des Reichskonkordats, der deutlich über Artikel 149 der Weimarer Reichsverfassung hinausging. Der Fortfall des staatlichen Aufsichtsrechts über den Religionsunterricht wurde noch durch die Formulierung gestärkt, dass es künftig die Aufgabe des Religionsunterrichts sei, „mit Nachdruck" für eine Erziehung zum vaterländischen, staatsbürgerlichen und sozialen Pflichtbewusstsein zu sorgen. Den kirchlichen Oberbehörden wurde ausdrücklich zugestanden, die Lehrinhalte zu bestimmen und den Religionsunterricht auf Übereinstimmung mit dem katholischen Dogma zu überwachen.

Die von Preußen und den meisten anderen deutschen Ländern vor 1933 strikt abgelehnte Erteilung der Lehrbefugnis durch die Kirche (Missio canonica) fand Eingang in Artikel 22 des Reichskonkordats. Sollte es bei den Religionslehrern „wegen ihrer Lehre oder sittlichen Führung" Anlass zur Beanstandung geben, konnten sie ohne weiteres aus dem Dienst entfernt werden. Der in einem solchen Fall drohende

Verlust des Beamten- oder Angestelltenstatus übte erheblichen Anpassungsdruck aus. Hatte es in der Weimarer Reichsverfassung noch geheißen, dass im öffentlichen Schulwesen nicht das Religionsbekenntnis, sondern Anlage und Neigung der Kinder den Ausschlag geben sollten, verstärkte Artikel 23 das Recht der Kirche, auf einfachen elterlichen Antrag katholische Bekenntnisschulen einzurichten. Der demokratische Verfassungsauftrag zur Entkonfessionalisierung des Schulwesens war dadurch an entscheidender Stelle aufgebrochen worden. „Jetzt konnte selbst in alten Simultanschulgebieten Konfessionsschulen eingerichtet werden", obwohl die Weimarer Verfassung christliche Bekenntnisschulen in diesen Gebieten ausgeschlossen wissen wollte (Helmreich 1966, 208). Der Vorrang, den die Demokratie der bikonfessionellen Simultanschule vor der monokonfessionellen Bekenntnisschule eingeräumt hatte, wurde ebenso unterlaufen wie der Versuch, die religiösen Anteile eines an und für sich weltlichen Schulsystems auf den Religionsunterricht zu beschränken.

Abgesehen von diesen staatlichen Bestimmungen blieb katholischen Kindern der Besuch nichtkatholischer, neutraler oder gemischtkonfessioneller Schulen durch das Kanonische Recht grundsätzlich verboten (Codex Iuris Canonici 1917, c. 1374). Noch weitergehende Forderungen hatte Papst Pius XI. im Dezember 1929 in der Erziehungsenzyklika „Divini illius magistri" erhoben. Demnach verstieß bereits der gemeinsame Schulunterricht von Jungen und Mädchen gegen die *educatio christiana* (Meckel 2011, 62), wobei das päpstliche Verbot der Koedukation die Vermischung der Geschlechter in der Schule für widernatürlich erklärte. Der christliche Charakter der Schule bezog sich nach katholischer Auffassung nicht nur auf den Religionsunterricht und das katholische Glaubensbekenntnis von Lehrer*innen und Schüler*innen, sondern auf grundsätzlich alle Aspekte der schulischen Unterweisung. Von jeher bestand ein zentrales Anliegen der kirchlichen Konkordatspolitik darin, jedem Ansatz zur Verweltlichung des Schulwesens kompromisslos entgegenzutreten.

Die Weimarer Reichsverfassung bot kirchlichen Ansprüchen insofern eine offene Flanke, weil die Vorbehaltsklausel in Artikel 174 eine Begrenzung des schulpolitischen Einflusses der Kirchen mit einem erst noch zu erlassendes Reichsschulgesetz verkoppelte. Da dieses nie verabschiedet wurde, blieben die Verhältnisse wie sie waren und verharrten auf dem kirchenfreundlichen Status quo ante. Der Impuls zur Überwindung der Relikte des alten Staatskirchentums mochte in der Weimarer Republik von einigen Parteien zwar politisch gewollt sein. Doch seine Umsetzung stellte sich als schwierig bis unmöglich heraus. Bei dem in Aussicht genommenen Reichsschulgesetz handelte es sich Carl Schmitt zufolge um einen dilatorischen Formelkompromiss ersten Ranges, den sich clevere Kirchenjuristen ausgedacht hatten, um Zugeständnisse von politischer Seite zu erlangen.

Nicht nur wegen seiner Betonung der christlichen Grundlagen des nationalsozialistischen Staates, sondern weil Hitler mit den Linksparteien auch die wichtigsten Protagonisten eines von religiösen Einflüssen freien Bildungssystems aus dem Weg räumte, fielen die kirchlichen Reaktionen auf die nationalsozialistische Machtübernahme sehr positiv, geradezu euphorisch aus. Beide Kirchen sahen sich in ihrem Erziehungsanspruch bestätigt und deuteten die Infragestellung der christlichen Schule durch die Weimarer Republik als eine ebenso kurze wie folgenlose Episode der deutschen Geschichte. Der einflussreiche katholische Schulpolitiker Anton Scharnagl zollte der NS-Regierung gerade im Hinblick auf den Religionsunterricht seine volle Anerkennung. In „schneller Entschlusskraft" sei von ihr eine Regelung herbeigeführt worden, „auf die die beiden christlichen Bekenntnisse viele Jahre umsonst gehofft haben". Auf besondere Zustimmung stieß bei dem katholischen Geistlichen und langjährigen Politiker der Bayerischen Volkspartei die Beseitigung der weltlichen Sammelschulen. Erst dadurch hätten die dem deutschen Volke aus religionslosen Schulen erwachsenden Gefahren wirklich abgewehrt werden können (Scharnagl 1933, 193–197).

Der zwischen der Republik Baden und dem Heiligen Stuhl am 10. März 1933 ratifizierte Kirchenvertrag fiel weniger kirchenfreundlich aus als das Bayerische Konkordat, an dessen Zustandekommen Scharnagl maßgeblich beteiligt war. Im traditionell liberalen Baden wurde vor allem der in Artikel 11 festgeschriebene Religionsunterricht als Zumutung empfunden. Nach Unterzeichnung des Konkordats im Oktober 1932 berief die SPD aus Protest einen außerordentlichen Parteitag ein, der nicht nur die förmliche Ablehnung, sondern auch den Austritt aus der Regierungskoalition mit der Zentrumspartei beschloss. Günstiger lagen die Verhältnisse im katholischen Österreich. Dort wurde am 5. Juni 1933 ein aus kirchlicher Sicht mustergültiges Konkordat abgeschlossen, dass die austrofaschistische Regierung ein Jahr später am 1. Mai 1934 ratifizierte (Talos/Weninger 2017, 84 f.).[1]

Unmittelbar nachdem Hitler am 2. Juli 1933 dem Vertragstext zugestimmt hatte, lösten sich die beiden Parteien des politischen Katholizismus auf. Sechs Tage später folgte die Paraphierung und am 20. Juli 1933 die feierliche Unterzeichnung des Reichskonkordats. Die katholische Kirche gab dem Machtwechsel in Deutschland ihren Segen und erhielt dafür im Gegenzug einen außerordentlich günstigen Vertrag, der ihre Interessen auf dem Gebiet des Schul- und Hochschulwesens und bei der Befugnis zur Steuererhebung dauerhaft sicherstellte.

> Unbestritten ist, dass das Reichskonkordat der katholischen Kirche auf schulpolitischem Gebiet mit der Garantie des konfessionellen Primarschulwesens und der konfessionellen Lehrer-

---

1 Analog zu Deutschland beschloss der Wiener Nationalrat gleichzeitig ein Ermächtigungsgesetz, das aus der demokratischen Republik Österreich einen autoritär-faschistischen Ständestaat machte. In der Maiverfassung von 1934 ging das Recht nicht mehr vom Volk aus. Stattdessen hieß es in der Präambel nun: „Im Namen Gottes, des Allmächtigen, von dem alles Recht ausgeht, erhält das österreichische Volk für seinen christlichen deutschen Bundesstat auf ständischer Grundlage diese Verfassung." Die Staatskirchenverträge zwischen dem Heiligen Stuhl und den autoritär bis faschistischen Regierungen in Litauen (1927), Italien (1929), Deutschland (1933), Österreich (1934), Portugal (1940) und Spanien (1953) bilden gerade im Hinblick auf die Schulartikel ein wichtiges Forschungsdesiderat.

ausbildung für diesen Schulzweig Rechte einräumte, die kein parlamentarische legitimierter Reichstag der Weimarer Republik zu bewilligen bereit war. (Vollnhals 1987, 677)

Hitler war sich darüber im Klaren, dass seine kirchenpolitischen Zugeständnisse bei vielen Gefolgsleuten auf Kritik stoßen würde. So gesehen erscheint es aufschlussreich, dass er den Satz „Die nationale Regierung wird in Schule und Erziehung den christlichen Konfessionen den ihnen zukommenden Einfluss einräumen und sicherstellen." aus der veröffentlichten Fassung seiner Reichstagsrede vom 23. März herausstreichen ließ. Er fehlt deswegen in den von Max Domarus und anderen publizierten Reden Hitlers. Das ist mit ein Grund dafür, warum die Schulartikel des Reichskonkordats von der Forschung bislang nicht ausreichend gewürdigt wurden. Er findet sich aber im Stenographiebericht (Verhandlungen des Reichstags 1934, 28) und auch Anton Scharnagl nahm auf ihn Bezug, als er den nationalsozialistischen Staat für seine kirchenfreundliche Einstellung lobte:

> Die Schulbestimmungen des neuen Reichskonkordats bedeuten durch die vertragsmäßige Sicherung des katholischen Religionsunterrichts an allen Schulen, des Bestandes und des Geistes der katholischen Bekenntnisschulen und der katholischen Privatschulen für das ganze Deutsche Reich einen großen Fortschritt. Eine Reihe wesentlicher Forderungen, um die die Katholiken jahrzehntelang und zum Teil ohne Erfolg gekämpft haben, ist nun durch das Konkordat gewährleistet. (Scharnagel 1933, 199)

Scharnagel, der lange Jahre der BVP angehörte und 1943 zum Weihbischof des Erzbistums München und Freising ernannt wurde, spielte nach dem Krieg eine wichtige Rolle, um katholischen Glaubensgrundsätzen in Bayern politische Geltung zu verschaffen. Der bis heute starke Einfluss der Kirchen auf des staatliche Schulwesen in Bayern liegt in den vom Reichskonkordat übernommenen Bestimmungen des Länderkonkordats aus dem Jahr 1924 begründet.

Im Nachlass von Carl Schmitt fand sich 2004 ein umfangreiches Gutachten des katholischen Kirchenjuristen Hans Barion, der das Reichskonkordat einen „Sieg der Kurie über das Reich von größtem Ausmaß" nannte (Marschler 2004, 284 f.). Die aus dem Jahr 1933 stammende Stellungnahme Barions erörterte auf annähernd hundert Seiten, in welchem Ausmaß die vatikanische Diplomatie ihre nationalsozialistischen Verhandlungspartner nach seiner Meinung übervorteilte (ebd., 197–291). Mit kanonistischem Scharfsinn und profundem Insiderwissen ging der an der Staatlichen Akademie Braunsberg lehrende Barion alle Artikel einzeln durch, um die Ahnungslosigkeit der staatlichen Unterhändler auf dem Gebiet des Kirchen- und Staatskirchenrechts aufzuzeigen. Die ihnen haushoch überlegene Konkordatspolitik des Heiligen Stuhls hätte mit passgenauen Formulierungen eine den eigenen Interessen vorteilhafte Regelung für die sicher zu erwartenden Auslegungskonflikte bereits präjudiziert. Als ein dem Nationalsozialismus verpflichteter Theologe hielt es Barion für seine Aufgabe, die nationalen Interessen des deutschen Katholizismus gegen Übergriffe aus Rom zu verteidigen. Seine antikuriale Einstellung lag dabei ebenso wie die Gegnerschaft gegen den politischen Katholizismus auf der Linie seines verehrten Lehrers Schmitt.

Barion wollte nicht nur den Staat über die Kunst der kirchlichen *potestas indirecta* aufklären, mit der seit Kardinal Robert Bellarmin die Weiterentwicklung des päpstlichen Suprematieanspruchs bezeichnet wird. Mehr noch, Barion bot den Behörden 1933 sein juristisches Fachwissen an, um alle Möglichkeiten für eine NS-konforme Interpretation des Konkordats auszuloten (ebd., 289). Als er deswegen Schwierigkeiten mit der Kirche bekam, arbeitete Barion eng mit dem evangelischen Schmittschüler Werner Weber zusammen, der ihm zum lebenslangen Freund wurde. Weber war Referent im Reichsministerium für Wissenschaft, Kunst und Volksbildung in Berlin und wurde nach 1945 zu einem der einflussreichsten Staats- und Verfassungsjuristen der Bundesrepublik. Auch Weber glaubte, dass im Reichskonkordat „ein kirchliches Maximalprogramm" konkordatsrechtliche Geltung erlangte (Weber 1962, 9). Seine Folgewirkungen beeinträchtigten nicht nur die Einführung des Ethikunterrichts, sondern standen auch lange dem Konzept einer nichtkonfessionellen Religionskunde entgegen.

Schulpolitik im Kontext der nationalsozialistischen Bildungsreform

Sich mit der evangelischen Kirche zu arrangieren, stellte für Hitler ein wesentlich größeres Problem dar als der Abschluss des Reichskonkordats. Er brauchte einige Zeit, um zu realisieren, dass der Versuch, eine einheitliche evangelische Reichskirche zu schaffen, aussichtslos war. Die dreißig Landeskirchen des Deutschen Evangelischen Kirchenbundes (DEKB) wiesen nicht nur in Glaubensfragen, sondern auch im Hinblick auf die Kirchenorganisation und das Amtsverständnis so gravierende Differenzen auf, dass sie auch der Nationalsozialismus nicht überwinden konnte. Im Zuge der Überleitung des DEKB in die Deutsche Evangelische Kirche (DEK) wurden am 23. Juli 1933 Kirchenwahlen durchgeführt, bei denen die Deutschen Christen mit Hilfe staatlicher Unterstützung einen überwältigenden Erfolg erzielen konnten. Statt der erhofften nationalkirchlichen Einigung vergrößerten sich die Konflikte dadurch aber noch. Mit der Bekennenden Kirche trat eine starke Oppositionsbewegung auf den Plan, die sich dem kirchlichen Machtanspruch der Deutschen Christen entschieden widersetzte. Aufgrund der zunehmend chaotischer werdenden Verhältnisse in der DEK wurde im Sommer 1935 das Reichsministerium für die Kirchlichen Angelegenheiten geschaffen. Es erwies sich aber ebenso wie das Amt des Reichsbischofs und das im September 1935 erlassene „Gesetz zur Sicherung der Deutschen Evangelischen Kirche" als Fehlschlag.

Wie hätte unter diesen Umständen eine schulpolitische Regelung mit den evangelischen Kirchen aussehen können? Um die Initiative zu ergreifen, arbeitete der vom Reichskirchenminister Hanns Kerrl eingesetzte Reichskirchenausschuss eine umfangreiche „Denkschrift zur Frage der evangelischen Schulpolitik" aus. Sie verlangte, an der Bekenntnisschule als „Idealform der Schule für die evangelische Kirche" festzuhalten (Müller-Rolli 1999, 123–139). Es sei selbstverständlich, dass die evangelische Prägung des Unterrichts in allen Schulfächern, also nicht nur im Religionsunterricht, aufrechterhalten werden müsse. Die konfessionelle Struktur des Schulwesens könne nicht mit dem billigen Argument in Frage gestellt werden, im naturwissenschaftlichen Unterricht ließen sich auch Kartoffeln nicht „einmal evangelisch und einmal katholisch" behandeln oder im Sportunterricht Turnübungen „einmal evangelisch und einmal katholisch ausführen". Die reformatorische Beurteilung der Natur und ihrer Gesetze unterscheide sich sehr wohl vom katholischen Glaubensstandpunkt. Natürlich werde sich das protestantische Selbstverständnis auf alle Unterrichtsgegenstände auswirken. Der evangelische Einfluss sei deswegen nicht nur beim Religionsunterricht unverzichtbar (ebd., 125).

Das Plädoyer des Reichskirchenausschusses gegen die nationalsozialistische Einheitsschule war so wenig überzeugend, wie sich die Vergleichsbeispiele mit dem Turnen und den Kartoffeln als kontraproduktiv erwiesen. Zu noch größeren Problemen führte sein Versuch, die nationalsozialistische Losung „Ein Staat eine Schule" mit westlichen Demokratievorstellungen in Verbindung zu bringen (ebd., 126). Die Volksgemeinschaftsideologie dadurch bestärken zu wollen, dass die konfessionelle Teilung des Schulwesens der Einheit des Volkes zuträglicher sei „als die gewaltsame Zusammenfassung evangelischer und katholischer Schüler und Lehrer in einer Schule" (ebd. 127), wirkte auf nationalsozialistische Schulpolitiker geradezu absurd. Überdies verlangte der Reichskirchenausschuss, dass nicht nur beim Organisationsprinzip der Schule als solchem, sondern auch bei den Einstellungskriterien für Religionslehrer auf konfessionelle Parität geachtet werden müsse. Auf keinen Fall dürfe sich der Staat anmaßen, beim Religionsunterricht in kirchliche Hoheitsrechte einzugreifen. So sehr von den Religionslehrern erwartet werden könne, dass sie sich aktiv am kirchlichen Leben beteiligen, so wenig sei die Einmischung staatlicher Stellen bei ihrer Beauftragung oder Überwachung hinnehmbar (ebd., 131).

Auch die Bekennende Kirche machte sich für die evangelische Bekenntnisschule stark und lehnte eine konfessionsübergreifende christliche Gemeinschaftsschule strikt ab. Nach der Aufspaltung in zwei Flügel veröffentlichte der Rat der Evangelisch-Lutherischen Kirche Deutschlands (Lutherrat) Ende 1936 eigene „Thesen zur Schulfrage". Mit ihnen forderte er für alle getauften Kinder des eigenen Bekenntnisses „grundsätzlich die evangelische Erziehungsschule". Beim Religionsunterricht müsse das kirchliche Überwachungsrecht sowohl bei den Lehrplänen als auch bei den Lehrkräften gewährleistet bleiben (ebd., 258–260). Die Deutschen Christen traten ebenfalls für die Verbindlichkeit des evangelischen Religionsunterrichts an allen deutschen Schulen ein. Darüber hinaus erklärten sie aber noch die nationalsozialistische Rassenideologie im Ganzen als konstitutiv für ihn. Weil sich die deutschchristlichen Organisationen aber bereits im Zustand der Auflösung befanden, blieb ihr Votum folgenlos. Trotz der sonstigen Differenzen teilten alle Richtungen in der DEK die Forderung, das Schulsystem konfessionell-evangelischen Prägung aufrechtzuerhalten.

Hitler reagierte auf die fortdauernden kirchenpolitischen Auseinandersetzungen zunehmend gereizt und drohte damit, staatliche Mittel zu kürzen. Das Dritte Reich befand sich bereits in der Phase der zwar geheimen, aber gleichwohl aktiven Kriegsvorbereitung. Ein weltanschaulicher Streit in diesem Ausmaß gefährdete die ideologische Geschlossenheit der Nation und damit auch die Aussicht, aus dem bevorstehenden militärischen Konflikt als Sieger hervorzugehen. Gleichzeitig bemühte sich die Politik jetzt verstärkt darum, den Einfluss der Kirchen auf das Schulsystem zu minimieren. Alle Schüler „deutschen" Blutes sollten unabhängig von ihrem Glaubensbekenntnis in einer „Deutschen Gemeinschaftsschule" gemeinsam miteinander lernen. Im Nationalsozialistischen Lehrerbund (NSLB) bündelte sich der in der Lehrerschaft schon lange vorhandene Wunsch nach größerer Unabhängigkeit von kirchlicher Bevormundung. Viele Lehrer identifizierten sich umso leichter mit den schulpolitischen Zielen des Dritten Reiches, weil sie kirchliche Interventionen in der Schule ebenso ablehnten, wie religiöse Dogmen, die sich mit einer modernen Denk- und Lebensweise nicht vereinbaren ließen. Die nationalsozialistische Gemeinschaftsschule verstand sich keineswegs als religionslos. Sie gab sogar vor, dem sozialen Wesen des Christentums besser zu entsprechen als eine Kirche, die sich traditionell der Monarchie und ihren ständischen Hierarchievorstellungen verpflichtet fühlte.

Wie bei den Lehrern bestand für die Kirchen auch bei den Eltern die Gefahr, sie im Dritten Reich als Hebel für die Durchsetzung ihrer schulpolitischen Interessen zu verlieren. Das Insistieren auf dem elterlichen Bestimmungsrecht drohte ins Gegenteil umzuschlagen, wenn diese statt einer partikular-konfessionellen eine allgemein-christliche Schulerziehung wünschten. Genau aus diesem Grund zogen die Schulbehörden die Erziehungsberechtigten nun stärker in ihre Planungen mit ein. Tatsächlich gelang es auf diese Weise, die Zustimmung zur nationalsozialistischen Gemeinschaftsschule zu erhöhen. Aber auch auf der schulorganisatorischen Ebene wurde mit verschiedenen Maßnahmen versucht, den Einfluss der Kirchen zurückzudrängen. So erließ das Reichserziehungsministerium im Sommer 1935 mehrere Verfügungen, die eine Teilnahme an Morgengebeten, Andachten, Gottesdiensten und anderen religiösen Feiern nur noch auf freiwilliger und individueller Basis gestatteten. Schulklassen durften grundsätzlich nicht mehr an Fronleichnamsprozessionen und anderen außerschulischen Veranstaltungen der Kirchen teilnehmen. Kreuze, Kruzifixe oder Lutherbilder sollten nicht mehr in öffentlichen Schulgebäuden aufgehängt werden. Um die Attraktivität des Religionsunterrichts zu verringern, legte man ihn auf die Eckstunden und erleichterte die Abmeldung. Geistliche durften nur dann noch Religionsunterricht erteilen, wenn dafür keine regulär ausgebildetes Personal zur Verfügung stand. Lehrer hatten sich loyal zum Staat zu verhalten und seit 1937 einen Eid auf den Führer zu abzulegen. Konfessionsschulen und kirchliche Privatschulen sahen sich zunehmend durch politische Kampagnen in Frage gestellt. (Helmreich 1966, 212–230)

Aufs Ganze gesehen war der Versuch, das Erziehungswesens unter nationalsozialistischen Gesichtspunkten zu vereinheitlichen, ausgesprochen plan- und konzeptionslos. Nachgeordnete Instanzen und die verantwortlichen Mitarbeiter in den Verwaltungsbehörden hatten deswegen einen relativ großen Spielraum bei der Ausgestaltung der Verhältnisse vor Ort. Die mangelnde Geschlossenheit der evangelischen Schulpolitik machte es leicht, einzelne Maßnahmen mit Hilfe von Ministerialerlassen und Durchführungsverordnungen auf den Weg zu bringen. Wie beim Reichsschulgesetz erwies es sich als eine erfolgreiche Strategie, gesetzliche Festlegungen zu vermeiden, um stattdessen die Dinge mit Richtlinienentwürfen in der Schwebe zu halten und der Entwicklung auf dem Erlassweg die gewünschte Richtung zu geben. Im Gegensatz zur katholischen Kirche gab es auf evangelischer Seite keinen Verhandlungsführer, der in der Lage gewesen wäre, für den Protestantismus insgesamt zu sprechen (Müller-Rolli, 77).

Verglichen mit der Zeit vor 1933 ging der Prozentsatz der Konfessionsschulen im Dritten Reich deutlich zurück, allerdings nicht in dem von der nationalsozialistische Schulpolitik erhofften Maße. Hatte der Anteil der christlichen Gemeinschaftsschule 1911 nur etwa drei Prozent betragen, lag er zwei Jahrzehnte später bei fünfzehn Prozent. Von den knapp 53.000 Volksschulen im Jahr 1931 waren 55 Prozent nach dem evangelischen und 29 Prozent nach dem katholischen Glauben gegliedert. Diese reduzierten sich bis 1937 in der Summe von 84 auf 76 Prozent mit 51 Prozent evangelischen und 25 Prozent katholischen Schulen (Müller-Rölli 1999, 44). Das heißt, zwei Jahre vor Kriegsbeginn besuchten immer noch drei Viertel aller deutschen Schulkinder eine monokonfessionelle Bekenntnisschule. Auch bei den Lehrplänen änderte sich weitaus weniger als erwartet (Wehler 2008, 818).

Die wichtigste Änderung im Schulwesen des Dritten Reiches betraf wie gesagt das deutsche Judentum. Zu Angehörigen einer feindlichen Gegenrasse degradiert, hatten sie in einer deutschen Schule nichts mehr verloren und wurden sukzessiv hinausgedrängt. Der erste Hebel setzte bei den Lehrer*innen an. Danach kamen jüdische Schüler*innen an die Reihe. Gegen ihren Ausschluss aus der Schule hatten die Kirchen sowenig einzuwenden wie gegen die Nürnberger Gesetze als solche. Es stellte sich aber als Problem heraus, dass getaufte Judenkinder aus kirchlicher Sicht zwar Christen waren, aber behandelt wurden wie Juden. Kinder christlichen Glaubens eine jüdische Schule besuchen zu lassen, kam für sie auf keinen Fall in Frage. Am 1. Juli 1936 protestierte die vorläufige Kirchenleitung der DEK gegen die Zumutung, dass christliche mit jüdischen Schüler*innen zusammen am gleichen Unterricht teilnehmen sollten. In den jüdischen Schulen werde eine völlig fremde Kulturwelt und ein gänzlich anderer Glaube vermittelt: „Sie sind daher für christliche Kinder unmöglich." (Röhm/Thierfelder 1992, 210) Noch eindeutiger äußerte sich der Vorsitzende der Fuldaer Bischofskonferenz. In seinem Protestschreiben an das Reichserziehungsministerium wies Kardinal Adolf Bertram am 26. Oktober 1935 darauf hin, dass jedes christliche Kind „auf Grund der Taufe einen Rechtsanspruch auf christliche Erziehung" habe. Man dürfe christliche Schüler*innen nicht der „erzieherischen Misshandlung" aussetzen und in jüdische Sammelklassen abschieben.

Diese „Unterdrückung der Elternrechte" sei ein grober Verstoß gegen Artikel 23 des Reichskonkordats (ebd., 211 f.).

Da beide Kirchen die Rassengesetze grundsätzlich befürworteten, taten sie sich schwer damit, Einspruch gegen ihre Folgewirkungen zu erheben, wenn diese ihre eigenen Interessen tangierten. Natürlich setzten sie sich nicht für jüdische, sondern nur für getaufte jüdische Kinder ein, das heißt für „nichtarische" Kinder ihres eigenen Bekenntnisses. Wenige Tage nach der „Kristallnacht" erließ Bernhard Rust am 15. November 1938 eine Verfügung, der zufolge grundsätzlich alle nichtarischen Kindern von allen deutschen Schulen entfernt werden müssten. Es verstehe sich von selbst, „dass es für deutsche Schüler und Schülerinnen unerträglich ist, mit Juden in einem Klassenraum zu sitzen" (Röhm/Thierfelder 1995, 126). Das war das gleiche Argument, das von den Kirchen vorgebracht wurde, um ihr Zugriffsrecht auf christlich getaufte Kinder zu wahren. Man sieht an der Behandlung jüdischer Schulkinder, wie das konfessionelle Schulsystem in Deutschland durch die Rassenideologie noch verstärkt wurde.

Mit Beginn des Zweiten Weltkrieges kamen alle Versuche, die Schulen ideologisch auf den Nationalsozialismus auszurichten, zum Erliegen. Wie immer im Krieg hatten die weltanschaulichen Differenzen angesichts der Bedrohung durch einen äußeren Feind in den Hintergrund zu treten. Das Deutsche Reich war bei seiner militärischen Expansion in grundlegender Weise auf die Zustimmung der noch immer zu 95 Prozent christlichen Bevölkerung angewiesen, so dass die politische Führung den Druck auf die Kirchen zurücknahm. Dass Kinder im Religionsunterricht zu „vaterländischem, staatsbürgerlichem und sozialem Pflichtbewusstsein" erzogen wurden, wie Artikel 21 des Reichskonkordats lautete, kam jetzt besonders zum Tragen. Unter den Extrembedingungen einer militärischen Auseinandersetzung auf Leben und Tod spielt die der religiöse Glaube immer eine wichtige Rolle. Er hilft, das damit verbundene Leid besser zu ertragen und stellt einen übergeordneten Referenzrahmen zur Verfügung, der einen auch in ausweglosen Situationen nicht verzweifeln lässt. Dass in den Feindstaaten zum gleichen Gott gebetet und in analoger Weise ein Religionsunterricht abgehalten wurde, stellte weder in militärischer, noch in politischer und religiöser Hinsicht ein Problem dar.

Die Einschränkungen des kirchlichen Lebens im Dritten Reich und die Verfolgung einzelner Christen dürfen keinesfalls negiert oder heruntergespielt werden. Dennoch wäre es fatal, wenn dadurch das breite Spektrum an ideologischer Übereinstimmung und struktureller Kooperation zwischen den Kirchen und dem NS-Staat aus dem Blick geraten würde. Die Militärseelsorge ist nur ein Beispiel dafür. Mit Blick auf den Holocaust müsste sich jeder Versuch verbieten, Christen und Juden zu einer Wertegemeinschaft zusammenfassen zu wollen. Die „Entdeckung" eines gemeinsamen christlich-jüdischen Erbes mag psychologisch verständlich sein. Doch in Wirklichkeit handelt es sich dabei um die interessegeleitete Erfindung einer Tradition, die den fundamental antijüdischen Charakter des christlichen Abendlandes in Abrede stellt. Wenn im Religionsunterricht heute versucht wird, die religiöse Gemeinsamkeit zwischen Christen und Juden herauszuarbeiten, so hätte ein Religionskundeunterricht die kritische Auseinandersetzung mit der historischen Realität in den Vordergrund zu stellen. Daran zeigt sich, wie groß der Unterschied zwischen einer religiösen Interpretation geschichtlicher Ereignisse und deren religionswissenschaftliche Analyse im Einzelfall sein kann.

Bibliografie

Brechenmacher, Thomas, Hg. 2007. *Das Reichskonkordat 1933. Forschungsstand, Kontroversen, Dokumente*. Paderborn: Schöningh.
Domarus, Max. 1988. *Hitler. Reden und Proklamationen*, Bd. 1, Leonberg: Pamminger & Partner.
Fischer, Albert. 1954. *Schule und Reichskonkordat. Ein Beitrag zur Klärung und Lösung einer umstrittenen Frage*. Darmstadt: Carl Winter.
Geißler, Gert. 2011. *Schulgeschichte in Deutschland. Von den Anfängen bis in die Gegenwart*. Frankfurt a.M.: Lit.
Hamers, Antonius. 2010. *Die Rezeption des Reichskonkordates in der Bundesrepublik Deutschland*. Essen: Ludgerus-Verlag.
Helmreich, Ernst Christian. 1966. *Religionsunterricht in Deutschland. Von den Klosterschulen bis heute*. Hamburg: Furche.
Hübner, Christoph. 2014. *Die Rechtskatholiken, die Zentrumspartei und die katholische Kirche in Deutschland bis zum Reichskonkordat von 1933. Ein Beitrag zur Geschichte des Scheiterns der Weimarer Republik*. Berlin: Lit.
Junginger, Horst. 2008. *Die Verwissenschaftlichung der ‚Judenfrage' im Nationalsozialismus*. Darmstadt: Wissenschaftliche Buchgesellschaft.
Keim, Wolfgang. 1995/97. *Erziehung unter der Nazi-Diktatur*. 2 Bände. Darmstadt: Primus.
Kraft, Friedhelm. 1996. *Religionsdidaktik zwischen Kreuz und Hakenkreuz. Versuche zur Bestimmung von Aufgaben und Zielen des evangelischen Religionsunterrichts, dargestellt an den Richtlinienentwürfen zwischen 1933 und 1939*. Berlin: De Gruyter.
Kupper, Alfons. 1969. *Staatliche Akten über die Reichskonkordatsverhandlungen 1933*. Mainz: Matthias-Grünewald-Verlag.
Lachmann, Rainer und Bernd Schröder. 2010. *Geschichte des evangelischen Religionsunterrichts in Deutschland. Quellen*. Neukirchen-Vluyn: Neukirchener Verlagsgesellschaft.
Marschler, Thomas. 2004. *Kirchenrecht im Bannkreis Carl Schmitts. Hans Barion vor und nach 1945*. Bonn: Nova & vetera.
Meckel, Thomas. 2011. *Religionsunterricht im Recht. Perspektiven des katholischen Religionsrechts und des deutschen Staatskirchenrechts*. Paderborn: Schöningh.
Müller-Rolli, Sebastian. 1999. *Evangelische Schulpolitik in Deutschland 1918–1958. Dokumente und Darstellung*. Göttingen: Vandenhoeck & Ruprecht.
Pitzer, Friedemann. 1967. *Die Bekenntnisschule des Reichskonkordats. Eine rechtsgeschichtliche Studie und zugleich ein Beitrag zum Schulrecht*. Köln: Grote.
Plück, Susanne. 1984. *Das Badische Konkordat vom 12. Oktober 1932*, Mainz: Matthias Grünewald Verlag.
Röhm, Eberhard und Jörg Thierfelder. 1992. *Juden, Christen, Deutsche. Bd. 2/I: 1935–1938*, Stuttgart: Calwer Verlagsbibliothek.
Röhm, Eberhard und Jörg Thierfelder. 1995. *Juden, Christen, Deutsche. Bd. 3/II: 1938–1941*, Stuttgart: Calwer Verlagsbibliothek.

Scharnagl, Anton. 1933. „Die Schulbestimmungen des Reichskonkordats". *Schule und Erziehung. Vierteljahresschrift für die wissenschaftliche Grundlegung der katholischen Schulbewegung* 21, 193–199.

Smend, Rudolf. 2019. „Reichskonkordat und Schulgesetzgebung". In Ders. *Abhandlungen zum Kirchen und Staatskirchenrecht*, 57–68. Tübingen: Mohr Siebeck.

Stonner, Anton. 1934. *Nationale Erziehung und Religionsunterricht*. Regensburg: Pustet.

Talos, Emmerich und Florian Wenninger. 2017. *Das austrofaschistische Österreich 1933–1938*. Münster: Lit.

Verhandlungen des Reichstags, VIII. Wahlperiode 1933, Bd. 457. Stenographische Berichte, Berlin: Reichsdruckerei, 1934.

Volk, Ludwig. 1969. *Kirchliche Akten über die Reichskonkordatsverhandlungen*. Mainz: Matthias Grünewald Verlag.

Vollnhals, Clemens. 1987. „Das Reichskonkordat von 1933 als Konfliktfall im Alliierten Kontrollrat" *Vierteljahrshefte für Zeitgeschichte* 35, 677–705.

Weber, Werner. 1962. *Die deutschen Konkordate und Kirchenverträge der Gegenwart*. Göttingen: Vandenhoeck & Ruprecht.

Wehler, Hans-Ulrich. 2008. *Deutsche Gesellschaftsgeschichte*, Bd. 4. München: Beck.

Anja Kirsch
4 Deutsche Demokratische Republik

Erziehung im „Weltanschauungsstaat": nicht Religions-, sondern Staatsbürgerkunde

Religion bildete in der DDR keinen Teil des offiziellen staatlichen Curriculums. Konfessioneller Religionsunterricht wurde nicht an öffentlichen Schulen, sondern nur privat, etwa in Form der Christenlehre, erteilt, und für einen religionskundlichen Unterricht im Sinn des *teaching about*-Ansatzes gab es bis zum Ende der DDR keinen Bedarf. Großer Bedarf wurde indes für eine umfassende politische und weltanschauliche Erziehung gesehen. Diese erstreckte sich gleichermaßen auf den schulischen und außerschulischen Bereich, fand ihre systematische Implementierung im Fächerkanon der sozialistischen Schule jedoch im Unterrichtsfach Staatsbürgerkunde.

Offiziell wurde der Staatsbürgerkunde eine Schlüsselrolle in der „sozialistischen Überzeugungsbildung"[1] zugeschrieben. Hier sollten die Schüler*innen lernen, nicht nur sozialistisch zu denken und zu handeln, sondern auch zu fühlen, wie es in Paragraf 5, Abschnitt 4 des Schulgesetzes der DDR von 1965 festgeschrieben wurde: „[Die Schüler*innen werden] befähigt, den Sinn des Lebens in unserer Zeit zu begreifen, sozialistisch zu denken, zu fühlen und zu handeln." (Schulgesetz 1965). Diese Formulierung diffundierte auch in die Lehrpläne, in denen die „Erziehung zum Sozialisten" gleichermaßen „Aspekte des Denkens, Fühlens und Handelns" umfasste (Ministerrat der Deutschen Demokratischen Republik, Abteilung Ministerium für Volksbildung 1983, 5). Dementsprechend bezog die Fachdidaktik neben kognitiven Lerninhalten affektive Lernprozesse in die sozialistische Handlungs- und Verhaltensnormierung ein: „Das Schulbuch soll Verstand und Gefühl der Schüler ansprechen", lautete die Forderung (Baumann 1984). Die Lehrbücher für Staatsbürgerkunde spiegeln diese Maxime, insofern sie nicht nur als zentrales Sozialisationsinstrument zur „Herausbildung [...] der wissenschaftlichen Ideologie der Arbeiterklasse" firmierten (Baumann 1984, 10–11), sondern in der Vermittlungsstrategie auch Argumentation und emotionale Präsentation miteinander verknüpften.

Neben Textelementen galten als Medien der emotionalen Darstellung Abbildungen, Illustrationen oder Quellentexte, die Lehrtextaussagen illustrieren, vertiefen

---

[1] Die „sozialistische Überzeugungsbildung" war ein in den 1970er Jahren entwickeltes Gesamtkonzept zur Einstellungssteuerung der Schüler*innen, mit der die Frage nach größtmöglicher Wirksamkeit des Staatsbürgerkundeunterrichts auf eine systematische methodische Basis gestellt wurde (Kühn et al. 1971).

und belegen sollten. Da Quellen als an sich bedeutsam galten, erfolgte ihr Einsatz frei von quellenkritischen oder historisierenden Überlegungen:

> Charakteristisch für Quellen ist ihre Authentizität, aus der sich die Lebendigkeit und überzeugende Beweiskraft des Quellenmaterials ergibt. Schriftliche und bildhafte Quellen begünstigen und unterstützen vornehmlich im gesellschaftswissenschaftlichen Unterricht die politisch-ideologische sowie die moralische Bildung und Erziehung. (Baumann 1984, 80)

Dieses Prinzip galt auch für die Geschichtswissenschaft (Mätzing 1999, 282). Eine besondere Rolle kam literarischen Texten zu, die als Instrumente einer emotionalen Unterrichtsgestaltung schlechthin verstanden wurden (Kirsch 2016, 146–53). Sie kamen überall dort zum Einsatz, wo der Schüler*innenschaft die Wahrhaftigkeit und Wirksamkeit der sozialistischen Weltanschauung *gezeigt* und vor allem *bewiesen* werden sollte. Die Vermittlung idealtypischen Weltanschauungswissens und der emotionale Entwurf des Sozialismus als Weltanschauung gingen zusammen und formten eine hybride Textstruktur aus fiktionaler und faktualer Rede, die für das gesamte Lehrbuchkorpus der DDR einmalig war.

Die Staatsbürgerkunde war konzipiert als zentrales Instrument einer systematischen schulischen Vermittlung des Marxismus-Leninismus, der wissenschaftlichen Weltanschauung der Arbeiterklasse. Einem ganz eigenen Begriffsverständnis gemäß galt Weltanschauung dabei nicht als eine auf subjektiven Vorlieben basierende persönliche Ansicht, wie sie etwa die romantische Begriffstradition von „Weltbild" impliziert, sondern als die aus den materiellen und gesellschaftlichen Verhältnissen notwendig folgende, systematische „Gesamtauffassung von Natur, Gesellschaft und Mensch" (Schuffenhauer 1971). Damit war nicht nur der Gegensatz zwischen Wissenschaft und Weltanschauung konzeptuell aufgehoben. Vielmehr avancierte Weltanschauung zum Gattungsbegriff für die Unterscheidung von politischen Systemen. Grundsätzlich ließen sich nämlich zwei weltanschauliche Formationen unterscheiden: die „materialistische" und die „idealistisch-religiöse" (Schuffenhauer 1971, 1147 f.). Mit dieser Trennung bildete „Weltanschauung" nicht länger einen Gegenbegriff zu „Religion", sondern war als Oberkategorie konzipiert, unter die prinzipiell sowohl der Marxismus-Leninismus als auch die Religion fielen – wenngleich sie als zwei fundamental verschiedene, unversöhnliche Weltanschauungen galten, die in den Lehrbüchern normativ als echte beziehungsweise falsche Sinngebung präsentiert wurden.

Indem dieses philosophiegeschichtlich und erkenntnistheoretisch fundierte Konstrukt des Konflikts zwischen Materialismus und Idealismus einen zentralen Lerninhalt der Staatsbürgerkunde bildete, fand hier ein – freilich sehr spezifisches – punktuelles Lernen über Religion statt.

Dieses Lernen lässt sich grob auf die Formel Religion ist gleich Aberglaube eines vorwissenschaftlichen Bewusstseins reduzieren. Religion war in der philosophiegeschichtlich und erkenntnistheoretisch fundierten Konfliktgeschichte verschiedener Weltanschauungen ein definierter Platz zugewiesen. Eine Wissensvermittlung über religiöse Traditionen fand hingegen an keiner Stelle der Staatsbürgerkunde statt (Kirsch 2018a, 125–130). Das Gros der Lerninhalte bezog sich auf politische Institutionenkunde und die ökonomische, politische und gesellschaftliche Entwicklung der DDR. Deren Vermittlung erfolgte allerdings stets unter der Prämisse der weltanschaulichen Unterweisung, die bei der Schüler*innenschaft eine tiefe emotionale Bindung an den Sozialismus gewährleisten sollte. Die Erwartungen an die Staatsbürgerkunde waren hoch. Umso erstaunlicher scheint es in der historischen Rückschau, dass ihre Etablierung mitunter verhältnismäßig unprofessionell verlief, und sie mit ein bis zwei Wochenstunden einen eher geringen Teil des Stundenplans ausmachte.

Geschichte und Entwicklung des Weltanschauungsfachs Staatsbürgerkunde

Nach dem Zweiten Weltkrieg standen alle Besatzungszonen vor dem grundsätzlichen Problem, eine neue Gesellschaft mit Menschen aufzubauen, die kurz vorher noch Nationalsozialisten oder Nationalsozialistinnen gewesen waren. Zwar sollte nach Ansicht der Besatzungsmächte die politische Bildung fortan sowohl allgemeines Prinzip als auch Hauptaufgabe eines eigens dafür entwickelten Schulfaches sein. Entsprechende Traditionen und Strukturen, an die bruchlos angeschlossen werden konnte, bestanden jedoch nicht. Vielmehr mussten im Zuge alliierter Entnazifizierung und Umerziehung Staat, Gesellschaft und politische Tradition erst neu erfunden werden.

In der Sowjetisch besetzten Zone (SBZ) war die seit Juni 1945 bestehende Sowjetische Militäradministration (SMAD) federführend in der gesellschaftlichen Neuordnung, die später als antifaschistisch-demokratische Umwälzung bezeichnet wurde. Der Wiederaufbau des Schulwesens oblag seit Juli 1945 der Zentralverwaltung für Volksbildung (ZfV). Als Instrument der Neuerziehung gerieten vor allem die Schulen, weniger die Universitäten, in den Blick der sowjetischen Bildungspolitik (Furck 1998, 159–167, 202–211). Hauptziel der Maßnahmen war die Erziehung zum Sozialismus, was gleichermaßen Elemente moralischer und politischer Erneuerung umfasste und unter anderem eines umfassenden Austauschs der bisherigen Lehrer*innenschaft sowie einer Neukonzeption der Lehr- und Lernmaterialien bedurfte.

Der Mangel an geeignetem Personal wurde in der ersten Zeit durch den Einsatz von Exil-Kommunist*innen oder politisch Umgeschulten zu kompensieren versucht. Dabei handelte es sich um Personen, die in der Regel bereits über eine Berufsausbildung verfügten und zumeist direkt aus der Kriegsgefangenschaft heimkehrten oder aus den nationalsozialistischen Arbeitsdiensten kamen, in denen seit Kriegsbeginn vor allem Mädchen und Frauen aus den Parteiorganisationen Bund deutscher Mädel (BDM) sowie dem Frauenbund organisiert waren. Parallel erfolgte die Ausbildung von sogenannten Neu- beziehungsweise Laienlehrer*innen, die zumeist in nur wenige

Monate andauernden Kursen zu „Antifaschisten quasi ohne Vergangenheit und schließlich zu wichtigen Trägern antifaschistischen Gedankenguts gemacht" wurden (Zimmering 2000, 42).

Der 1. Oktober 1945 war offizieller Unterrichtsbeginn in der SBZ und in Ostberlin. Mit ihm verbanden sich umfassende Maßnahmen zur antifaschistischen Erziehung der Jugend. Inhaltliche Umsetzung fand diese Erziehung mit der Einführung des Schulfaches „Gegenwartskunde" im November 1945, als vor dem Hintergrund der Nürnberger Hauptkriegsverbrecherprozesse ein für alle Schüler*innen ab dem 12. Lebensjahr obligatorischer gesellschaftspolitischer Unterricht angeordnet wurde. Damit wurde zumindest anfangs an Schulreformpläne aus der Weimarer Republik angeknüpft (Wehler 2008, 410). Aus Mangel an Lehrplänen und Unterrichtsmaterialien durfte die wöchentlich einstündige Gegenwartskunde als Zeitungslesestunde erteilt werden und basierte somit wesentlich auf der Reflexion alltagspolitischer Ereignisse. In der Anfangszeit übernahm die Gegenwartskunde auch die Funktion des Geschichtsunterrichts (Grammes et al. 2006, 53). Einen konfessionellen Religionsunterricht gab es hingegen nicht. Zwar entwickelte sich rasch nach dem Krieg ein kirchlicher Unterricht. Die ab 1948 als „Christenlehre" bezeichnete Unterweisung war aber nie Teil des staatlichen Curriculums, sondern wurde stets ausschließlich von den Kirchen getragen. Die Schule fiel somit als „Lernort christlich-konfessioneller Bildung aus" (Hoenen 2007, 326).

Im Gegensatz zu den Westzonen, in denen sich die Kirchen zur führenden außerschulischen Erziehungsinstanz entwickelten, entstand in der SBZ ein zentralistisch organisiertes Bildungssystem ohne kirchliche Beteiligung. Das im Sommer 1946 in Kraft getretene *Gesetz zur Demokratisierung der deutschen Schule* lieferte die juristische Grundlage, auf der alle Privat- und Konfessionsschulen zugunsten einer Einheitsschule abgeschafft wurden. Mit der Definition des Religionsunterrichts als Aufgabe der Religionsgemeinschaften wurde die endgültige Trennung von Kirche und Staat vorgenommen und der Religionsunterricht privatisiert. Eine Teilnahme war nunmehr freiwillig.

Mit Gründung der DDR am 7. Oktober 1949 setzte eine neue Phase in der Entwicklung eines systematischen politisch-weltanschaulichen Unterrichts ein. Zum ordentlichen Schulfach wurde die Gegenwartskunde aber erst ab 1950, als sie mit zwei Wochenstunden im Curriculum verankert wurde, wenngleich eigene Lehrpläne immer noch nicht existierten. Stattdessen wurden die Inhalte anhand des aktuellen politischen Geschehens jeweils für vier Monate bestimmt und ausschließlich in der Zeitschrift *die neue schule* in Form von obligatorischen Themenplänen veröffentlicht. Erst 1953/54 wurde ein verbindlicher Lehrplan entwickelt, in dem der Marxismus-Leninismus zum zentralen Unterrichtsgegenstand erklärt wurde. Als für die Weiterentwicklung der Gegenwartskunde besonders problematisch erwies sich nach wie vor die Frage nach ihrer Fachidentität im Verhältnis zum bestehenden Geschichtsunterricht. In der Folgezeit umfasste der Unterricht vor allem politische Institutionenkunde sowie die ökonomische und gesellschaftliche Entwicklung der DDR (exemplarische Lehrpläne für 1955/56 bei Grammes et al. 2006, 57f.). Insgesamt verlief die Etablierung des mit hohen Erwartungen belegten Faches bis weit in die 1950er Jahre hinein verhältnismäßig unprofessionell. Weil auch die Sowjetunion Staatsbürger- beziehungsweise Gesellschaftskunde erst 1963 einführte, existierten weder sozialistische Vorbildmodelle, auf die hätte zurückgegriffen werden können, noch war der Bedarf an speziell ausgebildeten Lehrkräften mit eigener Fachmethodik gedeckt. Erstaunlicherweise fehlte zudem im seit 1949 bestehenden Deutschen Pädagogischen Zentralinstitut, an dem ansonsten jedes Unterrichtsfach repräsentiert war, ein entsprechender Fachreferent (Schmitt 1980, 22f.).

Am 1. September 1957 wurde die Gegenwartskunde eingestellt und durch das Fach „Staatsbürgerkunde" ersetzt. Mit der Terminologie sollte an die Tradition der Weimarer Republik angeknüpft werden, in der die Staatsbürgerkunde im Kontext der Einführung der allgemeinen Schulpflicht und der staatlichen Beaufsichtigung des Schulwesens bereits juristisch verankert war. In Artikel 148 der Weimarer Verfassung vom 11. August 1919 hieß es: „In allen Schulen ist sittliche Bildung, staatsbürgerliche Gesinnung, persönliche und berufliche Tüchtigkeit im Geiste des deutschen Volkstums und der Völkerversöhnung zu erstreben. [...] Staatsbürgerkunde und Arbeitsunterricht sind Lehrfächer der Schulen." (Verfassung des Deutschen Reichs vom 11. August 1919). Allerdings blieben die Inhalte der Staatsbürgerkunde weiterhin unklar und wurden in zum Teil rasch aufeinander folgenden Reformen immer wieder revidiert.[2] Problematisch blieb die Grenzziehung zwischen staatsbürgerlicher Erziehung als allgemeinem Unterrichtsprinzip und eigenständigem Unterrichtsfach. Im vorläufigen Lehrplan vom Oktober 1958 wurde erstmals der Lerninhalt „wissenschaftliche Weltanschauung" als Identitätskriterium der Staatsbürgerkunde angeführt:

> In ihm sollen die Schüler mit den wichtigsten Fragen der wissenschaftlichen Weltanschauung der Arbeiterklasse, dem dialektischen und historischen Materialismus und der politischen Ökonomie sowie dem wissenschaftlichen Sozialismus vertraut gemacht werden. Dieses Fach soll besonders dazu beitragen, daß die Schüler wichtige Gesetzmäßigkeiten der Entwicklung in Natur und Gesellschaft erkennen, tiefer in die Zusammenhänge des sozialistischen Aufbaus eindringen, um bewußt an der Lösung der gesellschaftlichen Aufgaben beim Aufbau des Sozialismus teilnehmen zu können. (Verfügungen und Mitteilungen des Ministeriums für Volksbildung Nr. 66/58, nach Grammes et al. 2006, 64)

In dieser Zeit verschärfte sich auch die Auseinandersetzung um den Religionsunterricht noch einmal durch den sogenannten Lange-Erlass. Die nach dem damaligen

---

2 Die Veränderungen vollzogen sich vor dem Hintergrund der sogenannten Revisionismusdebatte. Nach Stalins Tod im März 1953 hatte in der Sowjetunion zwar eine stille Entstalinisierung eingesetzt, die daraufhin als „Tauwetter" bezeichnete Periode spaltete allerdings die politischen Gemüter in der DDR. In der Parteisprache wurden stalinkritische Stimmen als „revisionistische Tendenzen" bezeichnet, die strikt abzulehnen seien. In Folge dieser Auseinandersetzung wurden reformpädagogische Ansätze zugunsten einer „sozialistische[n] Perspektive des Schulwesens" letztlich fallen gelassen (vgl. Baske 1998, 174).

Minister für Volksbildung Fritz Lange benannte „Anordnung zur Sicherung von Ordnung und Stetigkeit im Erziehungs- und Bildungswesen der allgemeinbildenden Schulen der Deutschen Demokratischen Republik" vom 12. Februar 1958 sah eine zweistündige Pause zwischen schulischen und außerschulischen Aktivitäten vor, womit die Teilnahme am ohnehin privaten Religionsunterricht erschwert wurde. Zudem durfte der Religionsunterricht nicht mehr beworben werden und Klassenräume wurden nicht mehr bereitgestellt (Boese 1994, 306 f.).

Mit der Umwandlung der Gegenwarts- in Staatsbürgerkunde wurden Pläne für eine tiefgreifende Schulreform laut. Bereits auf ihrer dritten Parteikonferenz von 1956 hatte die Sozialistische Einheitspartei Deutschlands (SED) eine fundamentale Veränderung des Schulwesens beschlossen. Mit dem „Gesetz über die sozialistische Entwicklung des Schulwesens in der Deutschen Demokratischen Republik" wurde am 2. Dezember 1959 die achtjährige allgemeinbildende Pflichtschule durch die zehnklassige polytechnische Oberschule (POS) ersetzt, welche die Klassen 11 und 12 als erweiterte allgemeinbildende polytechnische Oberschule (EOS) in das System der POS integrierte und sich unter anderem durch berufspraktische Anteile auszeichnete. Der Lehrplan sah „polytechnische" Fächer wie Werkunterricht oder Technisches Zeichen vor und beinhaltete Unterrichtstage in Unternehmen oder Fabriken, zweiwöchige Betriebspraktika oder gesellschaftlich nutzbringende Tätigkeiten wie Erntehilfe. Im Hochschulwesen der DDR wurde das Fach innerhalb neu gegründeter Abteilungen für Staatsbürgerkunde fest verankert. Diese waren in den bereits seit 1951 bestehenden Instituten für Marxismus-Leninismus angesiedelt und mit der Entwicklung einer Fachmethodik sowie der Ausbildung der Fachlehrer*innenschaft betraut. Abteilungen für Staatsbürgerkunde wurden etwa an den Universitäten Berlin und Jena, der Pädagogischen Hochschule Potsdam sowie der Deutschen Hochschule für Körperkultur in Leipzig gegründet. Das erste Methodikhandbuch für Staatsbürgerkundelehrer*innen erschien 1961. Parallel zu ihrer gesetzlichen Verankerung als neues Schulfach wurde mit der 1959 gegründeten Zeitschrift *Geschichtsunterricht und Staatsbürgerkunde* zudem eine Informationsplattform für die Lehrer*innenschaft angeboten. Ein eigenes Fachorgan erhielt die Staatsbürgerkunde jedoch nicht.

Neben der Diskussion um die Identität der Staatsbürgerkunde wurde weiterhin über pädagogische Leitvorstellungen gestritten, wobei die Frage, wie bei den Schüler*innen echte Begeisterung für das Fach und damit den Sozialismus zu wecken sei, zentral war (Behrmann 1999, 166–68; zur Aufarbeitung der fachdidaktischen und methodischen Debatte bis 1970 Haase 1977). In diesem Rahmen wurde auch die Forderung nach der schulischen Vermittlung einer sozialistischen Moral als zentralem Bestandteil des Marxismus-Leninismus laut. Die offizielle Aufnahme der von Walter Ulbricht erstmals 1958 verkündeten *Zehn Gebote der sozialistischen Moral und Ethik* in das Parteiprogramm der SED im Jahr 1963 stand am Beginn einer neuen Phase der

Staatsbürgerkunde: dem systematischen Aufbau ihres marxistisch-leninistischen Charakters.³

Der entsprechende Lehrplan von 1963 stand unter der Prämisse „Erziehung überzeugter Staatsbürger" (Neuner 1963). Die juristische Grundlage dafür bildete das *Gesetz über das einheitliche sozialistische Bildungssystem* vom 25. Februar 1965, in dem die Staatsbürgerkunde zum zentralen Instrument der Weltanschauungserziehung erklärt und der Marxismus-Leninismus als Lebensinhalt definiert wurde. Mit dem planmäßigen Aufbau des neuen Unterrichtsfaches ab 1963 wurden erstmals systematische Lehrbuchreihen publiziert, zuvor existierten Einzelausgaben. Das erste Lehrbuch, die Übersetzung der russischen Gesellschaftskunde (Обществоведение) für höhere Klassenstufen⁴, war allerdings nur kurzzeitig in Gebrauch, bevor ab dem 1. September 1964 DDR-eigene Lehrbücher für die Klassen 7 bis 10 eingeführt wurden. Didaktische Ergänzung fanden sich in den ab 1967 erscheinenden *Unterrichtshilfen*. Parallel dazu war die erste Generation von Fachlehrer*innen ausgebildet worden und kam nun zum Einsatz.

Ende der 1960er Jahre war die grundlegende Konzeptionsphase der Staatsbürgerkunde abgeschlossen, wenngleich im Verlauf der 1970er und 1980er Jahre immer wieder, zum Teil erhebliche, inhaltliche Veränderungen in Aufbau und Struktur der Lehrbücher vorgenommen wurden. So wurden sie Anfang der 1980er Jahre im Hinblick auf ihre didaktische Präsentation stark überarbeitet und deutlich attraktiver gestaltet. Auch die Abgrenzungsfrage zum Geschichtsunterricht stand weiterhin auf der Agenda. Ab 1968/69 wurde überdies das zunächst nur in den Klassen 9 bis 12 erteilte Fach auf die Jahrgänge 7 und 8 ausgedehnt. Hier sollte der Sozialismus besonders *erfahrbar* sein, was in den Lehrbüchern hauptsächlich durch den Einsatz fiktionaler Textanteile in Form von Erlebnisberichten aus Figurenperspektive oder literarischen Texten umgesetzt wurde.

In den 1970er Jahren wurde die Ausbildung der Fachlehrer*innenschaft weiter ausgebaut, sodass 1975 die meisten Lehrkräfte über eine abgeschlossene, fachlich bezogene Hochschulbildung verfügten. Die staatsbürgerliche Bildung ergänzten weitere schulische

---

3 Die erstmals 1958 auf dem fünften SED-Parteitag von Walter Ulbricht präsentierten zehn sozialistischen Moralgebote bezogen sich auf Verhalten, Bildung und Ausbildung sowie die Erziehung der Jugend. Sie standen in Zusammenhang mit einer ab 1957 von der SED initiierten Ethik- und Moraldebatte, in der die sozialistische Arbeitsmoral im Zentrum stand. Dies hatte handfeste wirtschaftliche Gründe: Für die Plausibilisierung der Überlegenheit des sozialistischen Systems mangelte es an entsprechenden materiellen Erfolgen, was durch die weltanschauliche Kampagne teilkompensiert werden sollte. Vorübergehend wurde eine „ideologische Kommission" des Politbüros eingerichtet, deren Leiter Kurt Hager auch an der Entwicklung einiger Staatsbürgerkundelehrbücher mitwirkte. Ihr war die SED-Arbeitsgruppe „Ideologische Erziehung der Schuljugend" unterstellt.
4 Die deutsche Übersetzung des Schulbuchs besorgte ein nicht näher definiertes Autorenkollektiv der DDR (Schachnasarow et al. 1963).

Maßnahmen zur Erziehung zur „sozialistischen Persönlichkeit", wie sie im Jugendgesetz von 1974 festgeschrieben wurde.[5] Parallel dazu betrieb die SED mit dem *Thüringer Weg* eine kirchenpolitische Integrationsstrategie, die darauf abzielte, durch Einzelgespräche und Abmachungen die dem System zugewandten Kirchenvertreter*innen von den kritisch-distanzierten zu unterscheiden und erstere demonstrativ als Beispiele für eine gelungene „Kirche im Sozialismus" zu präsentieren. Höhepunkt dieser Politik war das Spitzengespräch zwischen Erich Honecker und protestantischen Kirchenvertreter*innen im März 1978. Es fand zwei Jahre nach der für die politische Führung desaströsen, aus Protest erfolgenden Selbstverbrennung des Pfarrers Oskar Brüsewitz in Zeitz statt. Ein Religionsunterricht wurde dabei freilich nicht diskutiert. Auch wenn die SED auf der Ebene der Realpolitik immer wieder mit Vertreter*innen der Kirchen ins Gespräch kam und sich ein „christlich-marxistischer Dialog" entwickelte, hatte sich an der erkenntnistheoretischen Konsequenz der Gegenüberstellung von Materialismus und Idealismus als richtiger beziehungsweise falscher Weltanschauung nichts geändert. Dies zeigen die Didaktik und die Lehrbücher für Staatsbürgerkunde über die Jahrzehnte eindrücklich.

Anfang der 1980er Jahre beschloss das Zentralkomitee (ZK) der SED neue Richtlinien zur Verbesserung des Unterrichts, die unter anderem vorsahen, dass nur parteipolitisch integre Personen Staatsbürgerkunde unterrichten durften. In der Regel hatten sie SED-Mitglieder zu sein und waren verpflichtet, regelmäßig an fachbezogenen Schulungen teilzunehmen. Im Juni 1989 fand der letzte Pädagogische Kongress der DDR statt. Zuvor hatte die *Deutsche Lehrerzeitung* zur Einsendung von Verbesserungsvorschlägen des Unterrichts aufgerufen, und tatsächlich gingen über vierhundert Schreiben ein. Kritische Briefe mit Reformanregungen blieben jedoch unberücksichtigt und tauchten erst nach 1989 im Archiv des Ministeriums für Volksbildung auf. Etliche von ihnen waren zur weiteren politischen Überprüfung ihrer Absender mit dem Vermerk „MfS" (Ministerium für Staatssicherheit) versehen (Biskupek 2002, 21). Dementsprechend brachte der Kongress keine Neuerungen, obwohl sich das System in einer tiefen Krise befand. Nach den Sommerferien von 1989 waren Schüler*innen- und Lehrer*innenschaft durch die Flucht vieler über Ungarn deutlich dezimiert. Forderungen nach Veränderungen wurden lauter.

---

5 Die Erziehung zur „sozialistischen Persönlichkeit" wurde im ersten Abschnitt des Jugendgesetzes ausführlich definiert. Die jungen Menschen sollten „den Ideen des Sozialismus treu ergeben [sein], als Patrioten und Internationalisten denken und handeln, den Sozialismus stärken und gegen alle Feinde zuverlässig schützen" (§ 1, Abschnitt 1). Der das Idealverhalten junger Sozialist*innen definierende, umfassende Katalog von Handlungsmaximen (Abschnitt 2) wurde in die Schulbücher des Staatsbürgerkundeunterrichts übernommen (Gesetz über die Teilnahme der Jugend der Deutschen Demokratischen Republik an der Gestaltung der entwickelten sozialistischen Gesellschaft und über ihre allseitige Förderung in der Deutschen Demokratischen Republik vom 28. Januar 1974). In den 1980er Jahren verschwand der Terminus der „allseitig sozialistischen" beziehungsweise „kommunistischen Persönlichkeit" aus der Erziehungsdebatte und wurde durch den Begriff der „Individualität" ersetzt (Baske 1998, 192–95). Der umfassende Erziehungsanspruch blieb freilich bestehen.

Die rasanten politischen Entwicklungen in den folgenden Wochen hatten auch auf die Staatsbürgerkunde Auswirkungen. Der vierzigste Jahrestag der DDR am 7. Oktober 1989 wurde noch wie üblich begangen. Doch kurz drauf trat die Führungsriege der Partei am 18. Oktober geschlossen zurück. Zwei Tage später legte Margot Honecker nach fünfundzwanzig Jahren als Ministerin für Volksbildung ihr Amt nieder. Ihr Nachfolger setzte wenige Wochen später die Lehrpläne für Staatsbürgerkunde aus. Zum Winter 1989/1990 wurde der Unterricht eingestellt und das „Weltanschauungsfach" Staatsbürgerkunde verschwand (dazu ausführlich Biskupek 2002).

Religionswissenschaftliche Einordnung

Mit der Einführung der Staatsbürgerkunde als eigenständiges Unterrichtsfach und der Entwicklung entsprechender Lehrbücher professionalisierte sich der schulische Rezeptionsprozess der sozialistischen Weltanschauung, wenngleich die Entwicklung keineswegs geradlinig verlief. Zunächst sollte die Gegenwartskunde der nach dem Krieg aufkommenden Forderung nach einer umfassenden Moralerziehung Genüge leisten. Die in der frühen DDR im Rahmen des vierten Pädagogischen Kongresses von 1949 geforderten Revisionen sämtlicher Fächer sorgten für rasch aufeinanderfolgende Lehrpläne und boten wenig Stabilität. Mit dem Abschluss dieser Reformphase zum Schuljahr 1950/51 war die Hinwendung zum Marxismus-Leninismus verbunden. Trotz weiter bestehender Unklarheiten in Zielsetzung und Gestaltung des Unterrichts konsolidierte sich das Fach Staatsbürgerkunde in der Zeit zwischen 1957 und 1962. Parallel zur Vereinheitlichung des Bildungssystems im Rahmen der Polytechnisierung der Schulen begann die DDR-eigene Produktion fachspezifischer Lehr- und Unterrichtsmittel. Diese Professionalisierungsphase ging mit der Vorstellung von einer lenkbaren Erziehung zum Sozialisten beziehungsweise zur Sozialistin, der geregelten „Überzeugungsbildung", einher. Im Rahmen des Programms zur sozialistischen Allgemeinbildung erfolgten zwischen 1965 und 1971 diverse Lehrplanrevisionen. Ursprünglich als provisorisch angesehene Überarbeitungen behielten dabei Gültigkeit bis zur letzten großen Lehrplanreform von 1988.

Obwohl nur einstündig pro Woche unterrichtet, verfügte die Staatsbürgerkunde über eigene Lehrpläne, Lehrbücher und Unterrichtsmaterialien, Aus- und Weiterbildungsgänge, Einrichtungen an den Hochschulen, fachmethodische Literatur sowie ein gemeinsames Publikationsorgan mit der Geschichte. Die feste institutionelle Verankerung unterstreicht die Relevanz, die dem Fach für die weltanschauliche Erziehung zugewiesen wurde. Als Deutungsrahmen für Vergangenheit und Gegenwart wurde der Sozialismus in den Schulbuchdarstellungen zweifellos als Sinnstiftungspotenzial inszeniert. Dennoch bleibt es aus religionswissenschaftlicher Sicht problematisch, die Staatsbürgerkunde als „Ersatzfach" zu deklarieren. Zu sehr ist dem Term die negative Konnotation der – stets minderwertigen – Imitation bzw. Nachbildung eines (unausgesprochen bleibenden) vermeintlichen Originals eingeschrieben. „Ersatz" bildet keinen Vergleichs-, sondern einen Abgrenzungsbegriff, was ihn als fachsprachlichen Terminus unbrauchbar macht. Zudem stellt sich die Frage, ob die suggerierte „Vergleichs"ebene – christlicher Religionsunterricht versus sozialistische Staatsbürgerkunde – sachlich zutreffend ist. War die Staatsbürgerkunde von Grund auf als „Ersatz" für einen konfessionellen Religionsunterricht konzipiert, so wie die sozialistische Weltanschauung der „Ersatz" für Religion bzw. *das* Christentum sein sollte?

Derlei Überlegungen mögen als Einstiegsfragen in ein neues Forschungsfeld ebenso legitim sein wie es erste Versuche zur Erarbeitung von Zugängen zur wissenschaftlichen Einordnung von säkularen Phänomenen sind, welche zum Gegenstandsfeld einer sich kulturwissenschaftlich definierenden Religionswissenschaft zählen. An den dabei entstehenden theoretischen und terminologischen Problemen zeigen sich exemplarisch diejenigen Schwierigkeiten, mit der jede Erarbeitung von Vergleichsterminologien im Sinne einer Weiterentwicklung der religionswissenschaftlichen Metasprache konfrontiert ist. Eine bestimmte Religion aber als originär vorauszusetzen und Zugangsweisen dann aus deren Kategorien des religiösen Diskurses heraus zu entwickeln, bleibt aus religionswissenschaftlicher Sicht methodisch zweifelhaft. So ist beispielsweise fraglich, ob die Staatsbürgerkunde analytisch gewinnbringend als „Katechese" (Sutor 1996) untersucht werden kann oder ob die christliche Rahmung des Gegenstands nicht eher Gefahr läuft, den Blick auf die dem Sozialismus eigenen Plausibilisierungsstrategien und Mechanismen der Bedeutungserzeugung zu verstellen. Auch die Frage nach einem reinen Gegenunterricht zu Religion greift zu kurz. Zwar bildete der Gegensatz von Marxismus-Leninismus und Religion einen unverzichtbaren Bestandteil der theoretischen Konzeption der sozialistischen Weltanschauung, und insofern war mit dem Lernen über diese Weltanschauung punktuell auch ein Lernen über Religion verbunden. Die Konzeption erschöpfte sich aber keineswegs darin. Dies ist insofern nicht weiter verwunderlich, als dass der Marxismus-Leninismus als eigene, positive Größe etabliert werden sollte. Da Plausibilisierung mehr verlangt als reine Abgrenzungsrhetorik, spielte auch der Atheismus in der Weltanschauungsdidaktik und im gesellschaftlichen Diskurs der DDR eine eher marginale und mitunter ambivalente Rolle (Kirsch 2018b, 337–344).

Für die Religionswissenschaft bildet die Staatsbürgerkunde ein historisches Beispiel für einen Weltanschauungsunterricht, mit dem die Forschung zu Religionskunde und „Alternativ"fächern um die Perspektive auf Modelle der Erziehung *zur Säkularität* ergänzt wird (Kirsch 2019, 121–124). Deren Forschungspotenziale sind mit der DDR bei weitem noch nicht ausgeschöpft. Für das zwanzigste Jahrhundert bietet sich ein Vergleich mit anderen ehemals sozialistischen Ländern an, um der Frage nach transnational existierenden Gemeinsamkeiten und nationalen Unterschieden dieser spezifischen Form der säkularen Erziehung nachzugehen. Für das neunzehnte Jahrhundert wären mit den im Rahmen der modernen Nationalstaatenbildungsprozesse entstehenden Formen staatsbürgerlicher Unterweisung zudem weitere Vergleichsfälle gegeben, mit denen die Bandbreite der historischen Modelle einer Erziehung zur Säkularität sichtbar wird. Religionswissenschaftlich ist hier noch viel zu tun.

Bibliografie

Baske, Siegried. 1998. „Schulen und Hochschulen." In *Handbuch der deutschen Bildungsgeschichte Bd. 6. 1945 bis zur Gegenwart. Zweiter Teilband: Deutsche Demokratische Republik und neue Bundesländer*, hg. v. Christoph Führ und Karl-Ludwig Furck, 159–202. München: Beck.

Baumann, Manfred. 1984. *Schulbuchgestaltung in der DDR*. Autorenkollektiv unter der Leitung von Manfred Baumann, Wolfgang Eisenhuth, Eberhard Klinger et al. Berlin: Volk und Wissen.

Behrmann, Günter C. 1999. „Die Einübung ideologischer und moralischer Sprechakte durch ‚Stabü': Zur Pragmatik politischer Erziehung im Schulunterricht der DDR." In: *Die Schule als moralische Anstalt. Erziehung in der Schule: Allgemeines und der „Fall DDR"*, hg. v. Achim Leschinsky, Petra Gruner und Gerhard Kluchert, 149–182. Weinheim: Deutscher Studienverlag.

Biskupek, Sigrid. 2002. *Transformationsprozesse in der politischen Bildung: Von der Staatsbürgerkunde in der DDR zum Politikunterricht in den neuen Ländern*. Schwalbach: Wochenschau Verlag.

Boese, Thomas, Hg. 1994. *Die Entwicklung des Staatskirchenrechts in der DDR von 1945 bis 1989. Unter besonderer Berücksichtigung des Verhältnisses von Staat, Schule und Kirche*. Baden-Baden: Nomos.

Führ, Christoph und Karl-Ludwig Furck, Hg. 1998. *Handbuch der deutschen Bildungsgeschichte Band 6: 1945 bis zur Gegenwart. Zweiter Teilband: Deutsche Demokratische Republik und neue Bundesländer*. München: Beck.

Grammes, Tilman, Henning Schluss und Hans-Joachim Vogler, Hg. 2006. *Staatsbürgerkunde in der DDR: Ein Dokumentenband*. Wiesbaden: VS Verlag für Sozialwissenschaften.

Haase, Annemarie. 1977. *Staatsbürgerkunde in der DDR: Etappen der Entwicklung des Faches und Ansätze der Theoriebildung für Unterrichtsplanung und -gestaltung im Zeitraum von 1945–1970*. Diss., Köln: PH Rheinland.

Hoenen, Raimund. 2007. „Vom Ende des Zweiten Weltkriegs bis zur Wiedervereinigung: Deutsche Demokratische Republik." In *Geschichte des evangelischen Religionsunterrichts in Deutschland: Ein Studienbuch*, hg. v. Rainer Lachmann und Bernd Schröder, 299–330. Neukirchen-Vluyn: Neukirchener.

Jugendgesetz. 1974. *Gesetz über die Teilnahme der Jugend der Deutschen Demokratischen Republik an der Gestaltung der entwickelten sozialistischen Gesellschaft und über ihre allseitige Förderung in der Deutschen Demokratischen Republik vom 28. Januar 1974*.

Kirsch, Anja. 2016. *Weltanschauung als Erzählkultur: Zur Konstruktion von Religion und Sozialismus in Staatsbürgerkundeschulbüchern der DDR*. Göttingen: Vandenhoeck & Ruprecht.

Kirsch, Anja. 2019. „Religion in Secular Education: The Case of the German Democratic Republic." In *Religion and Educational Research: National Traditions and Transnational Perspectives*, hg. v. David Käbisch, 121–134. Münster/New York: Waxmann.

Kirsch, Anja. 2018a. „Weltanschauungen im Schulbuch: Religionswissenschaftliche Perspektiven auf DDR-Staatsbürgerkundelehrbücher." In *Schulbuch und religiöse Vielfalt*, hg. v. Zrinka Štimac und Riem Spielhaus, 119–136. Göttingen: V&R unipress.

Kirsch, Anja. 2018b. „‚ … und einen Teufel gibt es nicht in unserer Republik!' Aberglaube, Religion und Atheismus im Weltanschauungsdiskurs der Deutschen Demokratischen Republik." In *Verfolgter Unglaube: Atheismus und gesellschaftliche Exklusion in historischer Perspektive*, hg. v. Susan Richter, 321–347. Frankfurt: Campus.

Kühn, Horst et al. 1971. *Überzeugungsbildung im Staatsbürgerkundeunterricht: Pädagogisch-psychologische Probleme der Überzeugungsbildung im Staatsbürgerkundeunterricht der Klassen 7 und 8*. Autorenkollektiv unter der Leitung von Horst Kühn. Berlin: Volk und Wissen.

Mätzing, Heike Christina. 1999. *Geschichte im Zeichen des historischen Materialismus: Untersuchungen zu Geschichtswissenschaft und Geschichtsunterricht in der DDR*. Hannover: Hahnsche Buchhandlung.

Ministerrat der Deutschen Demokratischen Republik, Abteilung Ministerium für Volksbildung, Hg. 1983. *Lehrplan Staatsbürgerkunde: Klassen 7 bis 10*. Berlin: Volk und Wissen.

Neuner, Gerhart. 1963. „Erziehung überzeugter Staatsbürger: Zur Einführung des neuen Lehrplans für das Fach Staatsbürgerkunde." *Pädagogik: Zeitschrift für Theorie und Praxis der sozialistischen Erziehung* 18/12:1063–1075.

N. N. „Anordnung zur Sicherung von Ordnung und Stetigkeit im Erziehungs- und Bildungswesen der allgemeinbildenden Schulen der Deutschen Demokratischen Republik vom 12. Februar 1958". In: *Die Entwicklung des Staatskirchenrechts in der DDR von 1945 bis 1989. Unter besonderer Berücksichtigung des Verhältnisses von Staat, Schule und Kirche*, hg. v. Thomas Boese, 306–307. Baden-Baden: Nomos.

Schachnasarow, Georgi Ch. et al. 1963. *Gesellschaftskunde: Lehrbuch für die Abschlussklassen der Oberschulen und der Fachschulen*. Autorenkollektiv unter der Leitung von Georgi Ch. Schachnasarow. Berlin: Dietz (Übersetzung aus dem Russischen).

Schmitt, Karl. 1980. *Politische Erziehung in der DDR: Ziele, Methoden und Ergebnisse des politischen Unterrichts an den allgemeinbildenden Schulen der DDR*. Paderborn u. a.: Schöningh.

Schuffenhauer, Werner. 1971. „Weltanschauung." In *Philosophisches Wörterbuch*, Bd. 2, hg. von Manfred Buhr und Georg Klaus, 1147–1149. Leipzig: VEB.

Schulgesetz. 1965. *Gesetz über das einheitliche sozialistische Bildungssystem vom 25. Februar 1965*.

Schwier, Hans-Joachim. 1980. „Methodische Überlegungen zur emotionalen Wirksamkeit von Lehrbuchabschnitten im Biologieunterricht." *Informationen zu Schulbuchfragen* 40:96–104.

Wehler, Hans-Ulrich. 2008. *Deutsche Gesellschaftsgeschichte 1949–1990. Band 5: Bundesrepublik und DDR*. München: Beck.

Zimmering, Raina. 2000. *Mythen in der Politik der DDR: Ein Beitrag zur Erforschung politischer Mythen*. Opladen: Leske + Budrich.

Horst Junginger
5 Bundesrepublik Deutschland

Der Zweite Weltkrieg war noch nicht zu Ende, als sich vorausschauende Kirchenvertreter bereits Gedanken darüber machten, wie der kirchliche Einfluss nach dem absehbaren Zusammenbruch gestärkt werden konnte. Dabei stand die Schulpolitik erneut an oberster Stelle der kirchenpolitischen Agenda. Das Auseinanderbrechen der Anti-Hitler-Koalition und der rasch einsetzende Kalte Krieg boten günstige Bedingungen für eine Rechristianisierung der westdeutschen Gesellschaft, die sich spiegelbildlich zur Entchristianisierung im Osten des Landes vollzog. Wie die politische lässt sich auch die religiöse Entwicklung der beiden Teilstaaten nur dann wirklich verstehen, wenn man sie in ihrer negativen Bezogenheit aufeinander in den Blick nimmt. Das gilt speziell für die Schulpolitik und den Religionsunterricht. Während der gesamten Adenauer-Ära dominierte in der Bundesrepublik das Bemühen, Politik und Gesellschaft mit christlichem Geist zu durchdringen. Dies geschah so erfolgreich, dass die Aussage des evangelischen Kirchenrechtlers Axel Freiherr von Campenhausen, die westdeutschen Nachkriegsjahrzehnte seien eine „Epoche ungewöhnlicher Übereinstimmung und seltener Eintracht von Staat und Kirche" (Campenhausen 1989, 76) gewesen, fast schon einer Untertreibung gleichkommt.

Der Streit um das Grundgesetz

Der Parlamentarische Rat der drei Westzonen diskutierte bis zur Verabschiedung des Grundgesetzes am 23. Mai 1949 die legislativen Rahmenbedingungen für die Bundesrepublik Deutschland. Bei den Auseinandersetzungen zwischen SPD und FDP auf der einen und der CDU/CSU auf der anderen Seite wurde vor allem über das Erziehungswesen und die Schulfrage gestritten (Salzmann 1979), wobei sich die christlichen Parteien naturgemäß für die Belange der Kirchen einsetzten. Wenige Tage, bevor der Parlamentarische Rat erstmals zusammentrat, übte die Fuldaer Bischofskonferenz mit einem Hirtenbrief massiv Druck auf die Politik aus, um die konfessionelle Ausrichtung des staatlichen Schulsystems zu gewährleisten. In der Pattsituation zwischen Gegnern und Befürwortern des kirchlichen Schulprimats wiederholten sich die Frontlinien, die bereits den Weimarer Schulstreit gekennzeichnet hatten. Bei dem daraus hervorgegangenen „Kirchenkompromiss redivivus" (Sörgel 1985, 179–184), erhielten die Kirchen den Religionsunterricht zugestanden, mussten dafür aber Abstriche an anderer Stelle machen. Abgesehen von SPD und KPD sprachen sich auch die Lehrerverbände vehement gegen den religiösen Charakter der Schule aus (Sörgel 1985, 196).

Die allgemeine politische Entwicklung verhinderte es aber, dass sich die Kirchen mit ihren Maximalforderungen auf Dauer durchsetzen konnten, denn die die Flüchtlingsströme aus dem Osten brachten das überkommene System der monokonfessionellen Bekenntnisschulen rasch an seine Grenzen. Mitte der fünfziger Jahre gingen in den bundesdeutschen Flächenländern bereits 45 Prozent der Volksschüler*innen in eine christliche Gemeinschaftsschule (Geißler 2011, 724). Als die katholische Kirche während des Zweiten Vatikanischen Konzils (1962–1965) ihren Hoheitsanspruch über die Schulbildung fallenließ, stand der bikonfessionellen Gemeinschaftsschule als allgemeine Regelschule nichts mehr grundsätzlich im Weg. Die Zuständigkeit des Staates in allen Schulangelegenheiten ist seither so wenig strittig wie die Schulaufsicht durch die Kultusbehörden der Bundesländer. Einzige Ausnahme blieb der auf kirchliche Interessen zugeschnittene Religionsunterricht, der als „Kirche in der Schule" (Link 1995, 448, 500) zum wichtigsten Überbleibsel des früher alle Schulformen und Unterrichtsfächer dominierenden Prinzips der *educatio cristiana* wurde.

1957 hatte die christliche Schulpolitik in einem aufsehenerregenden Urteil des Bundesverfassungsgerichts zunächst jedoch eine eindrückliche Bestätigung erfahren. Weil die in Angriff genommene Neuordnung des Schulwesens in Niedersachsen gegen die Bestimmungen des Reichskonkordats verstieß, intervenierte der Apostolische Nuntius auf Veranlassung des Papstes bei Bundeskanzler Adenauer. In Hannover demonstrierten daraufhin 50.000 katholische Gläubige. Sie zogen mit Plakaten vor das Kultusministerium, die eine Verbindung zwischen dem niedersächsischen Schulgesetz und der NS-Diktatur herstellten. Wenig später klagte die Bundesregierung gegen das Land Niedersachsen. Am 26. März 1957 bestätigte das Verfassungsgericht die Rechtsgültigkeit des zwischen der Hitler-Regierung und dem Vatikan im Juli 1933 abgeschlossenen Reichskonkordats. Auf der anderen Seite wollte sich das höchste deutsche Gericht weder zur völkerrechtlichen Bindewirkung des Staatskirchenvertrags äußern, noch in die Gesetzgebungskompetenz der Bundesländer eingreifen. Es schlussfolgerte daher, dass diese trotz der Fortgeltung des Reichskonkordats nicht gezwungen wären, die in ihm enthaltenen Schulbestimmungen umzusetzen.

Die Verlegenheit der Bundesregierung, einen völkerrechtlich gültigen Vertag durch Regelungen der Bundesländer unterlaufen zu sehen, ließ sich juristisch nicht auflösen. Wegen des herrschenden Konfessionsproporzes berührte der Streit auch evangelische Interessen und war deshalb von großer religionspolitischer Bedeutung. De facto führte die Einräumung der Länderhoheit dazu, dass die 1949 im Parlamentarischen Rat beschlossene Sonderregelung für Bremen, die gleichfalls gegen das Reichskonkordat verstieß, ohne Einschränkung in Kraft blieb. Die „Bremer Klausel" besagt in Artikel 141 des Grundgesetzes, dass die Bestimmung über den schulischen Religionsunterricht in solchen Bundesländern keine Anwendung findet, in denen „am 1. Januar 1949 eine andere landesrechtliche Regelung bestand". In Bremen ist der Religionsunterreicht deswegen kein ordentliches Lehrfach im herkömmlichen Sinn. Er wird ausdrücklich nicht in Übereinstimmung mit den Grundsätzen einer

Religionsgemeinschaft erteilt, wie es das Grundgesetz in Artikel 7, Absatz 3 eigentlich verlangt. Ob die nach allgemeiner Rechtsauffassung auch in Westberlin geltende Ausnahmeregelung nach der Wiedervereinigung von den ostdeutschen Bundesländern übernommen werden sollte, führte zu heftigen Auseinandersetzungen. Bei Einführung des LER-Unterrichts in Brandenburg 1996 und im Zusammenhang des Volksbegehrens „Pro Reli" in Berlin am 26. April 2009 nahm der kirchliche Widerstand gegen die staatliche Schulpolitik fast schon kulturkämpferische Züge an.

Das Hauptproblem des Bremer „Unterrichts in biblischer Geschichte auf allgemein christlicher Grundlage" bestand von Anfang an in der Schwierigkeit, ihn inhaltlich zu bestimmen. Wem obliegt die Deutungshoheit darüber, was unter einer „allgemeinen christlichen Grundlage" zu verstehen ist? Darauf Bezug nehmend verfasste der katholische Kirchenrechtler Hans Barion für die Festschrift zum 65. Geburtstag von Gustav Mensching einen kritischen Beitrag, in dem er aus religionswissenschaftlicher Perspektive die Schwierigkeiten der Bremer Klausel erörterte. Barion unterschied dabei zwischen einem religiösen und religionskundlichen Unterrichtsansatz, um die Vermischung von beiden in der Konstruktion einer „allgemeinen Christlichkeit" für unhaltbar zu erklären (Barion 1967, 235). Hebe man auf den religiösen Charakter des Unterrichts ab, müsse das zu Lasten seiner Wissenschaftlichkeit gehen. Eine rein wissenschaftliche Ausrichtung wäre dagegen nicht mit dem Prinzip der religiösen Glaubensunterweisung vereinbar. Außerdem würde es bereits innerhalb des Protestantismus sehr verschiedene und zum Teil sogar konträre Meinungen über die richtige Interpretation der Bibel geben. Würde man noch den Katholizismus und die christlichen Sondergemeinschaften dazu nehmen, wäre der konfessionelle Dissens noch offensichtlicher. Als einzig gangbarer Ausweg aus dem Dilemma plädierte Barion für einen Religionskundeunterricht als Pflichtfach für alle Schüler*innen unabhängig von ihrem religiösen Glaubensbekenntnis (Marschler 2004, 415).

Konfessionsbindung

Blickt man von einer säkularisierungstheoretischen Perspektive auf den Bremer Religionsunterricht, zeigt sich sehr deutlich, wie gravierend die schulpolitischen Auswirkungen waren, die mit der Ausdifferenzierung der Religionsverhältnisse in Deutschland einhergingen. Dabei fällt weniger ins Gewicht, dass sich das Bremer Modell schon früh in Richtung auf einen religionskundlichen Unterricht hin entwickelte. Das stand von vornherein zu erwarten. Weitaus bemerkenswerter ist die Tatsache, dass sich der Religionsunterricht insgesamt auf die Sonderregel in Bremen zubewegte. Die Aufweichung des Konfessionsprinzips wurde nun nicht mehr als Ursache des Problems, sondern als ein möglicher Lösungsansatz angesehen, um aus der Krise des Religionsunterrichts herauszukommen. Die verschiedenen Modelle eines überkonfessionellen, dialogischen, interreligiösen oder religionstheologischen Unterrichts erschienen auch deswegen attraktiv, weil sie bei den Schüler*innen auf besonderen Zuspruch stießen. Trotzdem widerspricht die Entkonfessionalisierung des Religionsunterrichts dem geltenden Recht und ist dazu angetan, seinen Status als bekenntnisgebundenes Pflichtfach in fundamentaler Weise zu untergraben.

Vom Grundgesetz her betrachtet muss der Religionsunterricht zwingend Bekenntnisunterricht sein und der Glaubensvermittlung einer konkreten Religionsgemeinschaft dienen. Er kann von dieser Bestimmung her „niemals überkonfessionell" konzipiert und auch nicht als „bikonfessioneller Delegationsunterricht" durchgeführt werden (Konrad 2010, 450 und 453). Wie ein bekannter evangelischer Kirchenjurist formulierte „führt verfassungsrechtlich kein Weg zu einer bloßen Religionskunde" (Link 1995, 452). Den Bekenntnisgehalt des Religionsunterrichts durch eine religiös relativierende oder religionskundlich historisierende Betrachtung aufzuweichen, bedeutet deshalb nichts anderes, als ihm die Legitimität zu entziehen. Die Konstruktion einer „allgemeinen Christlichkeit" ist schon für die verschiedenen Richtungen des Christentums eine reine Wunschvorstellung, die noch unplausibler wird, wenn man sie mit Hilfe anderer Religionen zu einer „allgemeinen Religiosität" auszudehnen sucht. Ohne Verknüpfung mit einem bestimmten Bekenntnis könnten Religionslehrer*innen nicht auf einen konkreten Glaubensinhalt verpflichtet werden. Ihre Bevollmächtigung ist nur unter dieser Vorbedingung möglich. Und nur dann kann gegebenenfalls auch ein Verstoß gegen die kirchliche Lehre festgestellt und mit dem Entzug der Vokation auf evangelischer und dem der Missio canonica auf katholischer Seite geahndet werden (Lott 1998, 69). Religionslehrer*innen verlieren ihren Status als kirchliche Beamte, wenn ihre vorgesetzte Behörde ihnen einen fehlenden oder mangelhaften Religionsbezug attestiert. Die Konfessionsbindung des Religionsunterrichts aufzugeben und gleichzeitig an Privilegien festzuhalten, die daran gekoppelt sind, passt nicht zusammen und hinterlässt keinen guten Eindruck.

Würde man bei der Diskussion um den Religionsunterricht die Rechtsbestimmungen des Codex Iuris Canonici (CIC) und die Vokationsordnungen der evangelischen Kirchen stärker mit einbeziehen, träte zutage, wie weit Wunsch und Wirklichkeit hier auseinanderklaffen. Die Idee einer universalreligiösen Synthese ließe sich nur unter Preisgabe der eigenen konfessionellen Identität realisieren. Genau das soll der Bekenntnischarakter des Religionsunterrichts aber verhindern. In der Vokationsordnung der Evangelischen Landeskirche in Württemberg wird, um ein Beispiel zu geben, die Erteilung des Religionsunterrichts von einer mündlich vorzutragenden und schriftlich zu bestätigenden Erklärung abhängig gemacht, die folgenden Wortlaut hat:

> Im Aufsehen auf Jesus Christus, den alleinigen Herrn der Kirche, bin ich bereit, mein Amt als evangelischer Religionslehrer / als evangelische Religionslehrerin zu führen und mitzuhelfen, dass das Evangelium von Jesus Christus, wie es in der Heiligen Schrift gegeben und in den Bekenntnissen der Reformation bezeugt ist, aller Welt verkündigt wird. Ich will in meinem Teil dafür Sorge tragen, dass der evangelische Religionsunterricht auf dem Grund des Evangeliums geschehe und will darauf Acht haben, dass falscher Lehre, der Unordnung und dem Ärgernis in der Kirche gewehrt werde. Ich will meinen Dienst als evangelischer Religionslehrer / als

evangelische Religionslehrerin im Gehorsam gegen Jesus Christus nach der Ordnung unserer Landeskirche tun. (Vokationsordnung 2010, 2)

Ein religionskundlicher oder überkonfessioneller Religionsunterricht ist damit schlechterdings nicht vereinbar. Egal in welcher Form die Bindung an das Evangelium und die Abhängigkeit von der kirchlichen Autorität formuliert wird (Bewersdorff 2001, 2180), beides bildet in jedem Fall das unerlässliche Fundament, auf dem Kindern im Religionsunterricht der Glaube an eine religiöse Wahrheit zu vermitteln ist. Was sagt es über den Zustand der Kirche aus, wenn sie von ihrem Verkündigungsauftrag nichts mehr wissen will oder wenn sie ihn so versteckt, dass er möglichst nicht stört? Wird die religiöse Glaubensunterweisung in der Schule in einen nur noch irgendwie religiösen Moralunterricht verwandelt und bis zur Unkenntlichkeit dem Ethikunterricht angenähert, müsste sie eigentlich dagegen einschreiten, nähme sie ihre Mission Ernst. Dass sie es nicht tut, ist der sicher berechtigten Angst geschuldet, bei Schüler*innen und Lehrer*innen dadurch an Zuspruch zu verlieren. Die Misere des Religionsunterrichts lässt sich dahingehend zusammenfassen, dass er von Voraussetzungen lebt, die seine konfessionelle Prägung zwingend vorschreiben, er aber durch die gesellschaftliche Entwicklung gezwungen wird, seine Konfessionsbezüge immer weiter zurückzufahren. Das führt zu dem Dilemma, dass ein überkonfessioneller, allgemeinreligiöser oder religionskundlicher Ansatz die Grundlagen des Religionsunterrichts umso stärker untergräbt, umso erfolgreicher er ist.

Ersatzfachkonstruktionen und ihre Probleme

Der zweite für die Dauerkrise des Religionsunterrichts verantwortliche Problemkreis manifestiert sich in den so genannten Ersatzfächern, die alle Schüler*innen besuchen müssen, wenn sie ihr Recht auf Religionsfreiheit geltend machen. Warum die Inanspruchnahme eines Grundrechts zum Besuch eines „Strafunterrichts" zwingt, wirft in einem an und für sich säkularen Schulwesen nicht nur unter religionsfreiheitlichen Gesichtspunkten Fragen auf. Bislang wurde es jedenfalls versäumt, den inhaltlichen und schulorganisatorischen Nexus zwischen Original- und Ersatzunterricht ausreichend zu begründen. Weil sich die Gewichte im Laufe der Zeit stärker auf den Religionsersatzunterricht verschoben haben, werden viele Schwierigkeiten, die sich aus den Strukturproblemen des Religionsunterrichts ergeben, heute anders beurteilt als früher.

Zum Auslöser für die erste Einrichtung eines Ethikunterrichts wurden die politischen Auseinandersetzungen am Ende der 1960er Jahre. In Reaktion auf die „bleierne Zeit" der Adenauer-Ära kam es in vielen gesellschaftlichen Bereichen zu einschneidenden Veränderungen. Der soziostrukturelle Wandel betraf das Schulwesen und die Erziehungspolitik ebenso wie die Frauenemanzipation und die Auflösung traditioneller Familienstrukturen. In der Summe verlor die Institution Kirche „dramatisch an

Bindekraft" (Bräunlein 2015, 189). Der starke Anstieg bei den Abmeldezahlen vom Religionsunterricht veranlasste die evangelische und katholische Kirche zu konzeptionellen Überlegungen, wie dem entgegengesteuert werden konnte. Ihre Beschlüsse, einen Ersatzunterricht für die Nichtteilnahme am Religionsunterricht zu verlangen, wurden von der Politik aufgegriffen und in den Bundesländern sukzessive umgesetzt. Dass die Idee für das neue Schulfach von den Kirchen ausging, die damit selbstverständlich eigene Interessen verfolgten, war einer der Geburtsfehler der Ersatzfachkonstruktion, an die sich der Staat erst sekundär anschloss. Es wäre unlogisch gewesen, wenn die Vertreter der Kirche nicht versucht hätten, inhaltlich und schulpolitisch Einfluss auf den Ethikunterricht zu nehmen oder ihn zumindest mittelbar als ein von christlichen Glaubensvorstellungen abhängiges Unterrichtsfach zu behandeln (Seiferlein 2000, 205).

Wegen der unklaren Interessenlage aufseiten des Staates konnte es nicht ausbleiben, dass die Etablierung des Ethikunterrichts und weiterer Ersatzfächer mit anderem Namen plan- und strukturlos verlief (Stäblein 1991, 15 f.). Im Endergebnis kam es zu einem Flickenteppich unterschiedlicher Länderregelungen, bei denen selbst versierte Verwaltungsbeamte Mühe haben, den Überblick zu bewahren (siehe dazu die Schaubilder auf S. 26–33). Weder wusste man am Anfang, auf was der Ersatzunterricht genau abzwecke, noch gab es ausgearbeitete Lehrpläne oder ausgebildetes Personal, um ihn adäquat auszufüllen. Das strukturelle Grundproblem bestand jedoch in der bis heute nicht zureichend beantworteten Frage nach der funktionalen Äquivalenz zwischen Ersatz und Original. Was genau ersetzt der Ersatzunterricht? Oder besser gefragt: Was ersetzt er nicht? Bei der zweiten Frage sind an erster Stelle die Eigentümlichkeiten des Religionsunterrichts zu nennen, die sein religiöses Wesen ausmachen. Der Glaubens- und Bekenntnischarakter eines religiösen Unterrichts kann auf keinen Fall von einem nichtreligiösen Unterricht übernommen werden. Alle normativ-dogmatischen Bestimmungen der konfessionellen Glaubensunterweisung sind für den Ersatzunterricht tabu. So wie die religiöse Parteilichkeit im Zentrum der erstgenannten Unterrichtsform steht, so bildet die weltanschauliche Neutralität den Dreh- und Angelpunkt der zweitgenannten. Beides schließt sich als schulisches Erziehungsziel gegenseitig aus. Hier von Äquivalenz oder gleichwertigem Ersatz zu sprechen, würde die Tatsachen auf den Kopf stellen.

Das Äquivalenzproblem betrifft aber nicht nur die inhaltliche Dimension des Religionsunterrichts, sondern auch seine strukturelle Abhängigkeit vom Bestimmungsrecht der Kirchen. Daraus ergeben sich folgenreiche Konsequenzen für die Anstellung des Lehrpersonals und die Organisation der Lehrer*innenausbildung. Von Ethiklehrer*innen darf weder ein Glaubenszeugnis noch ein Verkündigungsauftrag verlangt, geschweige denn ihre Zustimmung zu bestimmten religiösen Lehren überwacht werden. Für sie ist kein außerschulisches Kontrollorgan zuständig, das nach einem eigenen Normsystem zum Unterricht bevollmächtigen oder bei Abweichung vom richtigen Glauben jemanden sanktionieren kann. Auch das Recht der Eltern, die Religionszugehörigkeit ihrer Kinder zu bestimmen, lässt sich nicht vom Religions- auf den Ersatzunterricht übertragen. Der Gegensatz zwischen Glauben und Wissen sollte zwar nicht verabsolutiert werden. Doch als Unterscheidungsmerkmal zwischen den beiden Unterrichtsformen ist er nicht grundsätzlich falsch:

> Während sich der Ethikunterricht an den ‚Möglichkeiten und Grenzen der philosophischen *Vernunft*' orientiert, hat der Religionsunterricht seine Grundlagen ‚in den geschichtlichen Überlieferungen und gegenwärtigen Ausdrucksformen des christlichen *Glaubens*'. (Edelstein u. a. 2001, 50, Kursivierung im Original)

Der Transzendenzbezug des Religionsunterrichts verweist auf eine Sphäre jenseits der wissenschaftlichen Vernunft, die mit dem Erkenntnisvermögen, das sonst den schulischen Unterricht bestimmt, nicht in Übereinstimmung steht. Deswegen ist der Religionsunterricht das einzige Schulfach, das sich wissenschaftlich nicht evaluieren lässt. Ob jemand richtig glaubt oder richtig betet, entzieht sich der sachlichen Überprüfbarkeit. Religiöses Wissen ist im Gegensatz zu einem verbreiteten Missverständnis kein Wissen im wissenschaftlichen Sinn. Die Kommunikation mit überempirischen Wesen lässt sich weder objektivieren noch benoten. Dadurch erweist sich der Ausdruck „Ersatzunterricht" bei den angeführten Beispielen als irreführend und die Annahme eines Verhältnisses der Äquivalenz als weitgehend unbegründet.

Macht es Sinn, ein Schulkind, das aufgrund einer Behinderung nicht am Sportunterricht teilnehmen kann, ersatzweise zum Erlernen eines Musikinstruments zu verpflichten? Der Vergleich hinkt zwar, weil die Inanspruchnahme der Religionsfreiheit nicht auf der Linie einer körperlichen Beeinträchtigung liegt. Er eignet sich aber gut, um auf die Willkür aufmerksam zu machen, die ein sachlich nicht begründeter Substitutionszusammenhang mit sich bringt. Ohne plausible Argumente für eine inhaltliche Verbindung zwischen Religions- und Religionsersatzunterricht reduziert sich die Schnittmenge auf den Pflichtcharakter, der unbewusst vom religiösen auf den nichtreligiösen Unterricht übertragen wird.

Die allgemeine Schulpflicht hat mit dem Religionsunterrichtszwang aber nichts zu tun. Sie ist eine Errungenschaft der modernen Bildungsentwicklung, wogegen der obligatorische Besuch des schulischen Religionsunterrichts ein vordemokratisches Überbleibsel darstellt, das ohne Reichskonkordat nicht in das Grundgesetz eingegangen wäre. Nur aufgrund des Staatskirchenvertrags zwischen einer faschistischen Regierung und dem Heiligen Stuhl kann der religiöse Zwangscharakter des Religionsunterrichts in den Ersatzfächern das Nachleben eines Wiedergängers führen. Auf die Frage, ob „eigentlich der Staat den Besuch des Ersatzfaches obligatorisch machen" dürfe, antwortete der seinerzeit für den Religionsunterricht im niedersächsischen Kultusministerium zuständige Referent richtigerweise, dass ein „Ja" im Sinne des Äquivalenzprinzips die Möglichkeit zur Abmeldung vom Ethikunterricht zur Voraussetzung haben würde (Stäblein 1991, 22). Unabhängig davon halten es viele heute nicht mehr für zeitgemäß, wenn Kinder wegen ihrer individuellen und nur privat relevanten Zugehörigkeit zu einer Religionsgemeinschaft gezwungen werden, an einer vom Staat organisierten Glaubensunterweisung teilzunehmen.

Warum wurde dem ersten Religionsersatzunterricht überhaupt der Name „Ethik" beigelegt? Wenn man Religion durch etwas anderes ersetzen will, hätte sich auch Weltanschauung, Philosophie oder Religionskunde angeboten. Die Verfassung des Freistaates Bayerns, dem ersten Bundesland in dem Ethik 1972 als Ersatzfach zugelassen wurde, gibt darüber nähere Auskunft. Sie verlangt in Artikel 137, Absatz 2, dass für nicht am Religionsunterricht Teilnehmende ein Unterricht „über die allgemein anerkannten Grundsätze der Sittlichkeit" einzurichten sei. Gleichzeitig wird aber am streng christlichen Charakter der Schule kein Zweifel gelassen und die „Ehrfurcht vor Gott" als oberstes Bildungsziel formuliert (Artikel 131, Absatz 2). Gemäß Artikel 135 müssen in Bayern alle volksschulpflichtigen Kinder „nach den Grundsätzen der christlichen Bekenntnisse unterrichtet und erzogen" werden. In einem derart von religiösen Prämissen durchdrungenen Schulsystem kann ein nichtreligiöser Ethikunterricht schwerlich auf Zustimmung rechnen. Als die äußeren Umstände seine Einrichtung erzwangen, hatte er notwendigerweise die Funktion einer schulpolitischen Gegenmaßnahme gegen den Trend zur Abmeldung vom Religionsunterricht. Ein eigenständiges Existenzrecht außerhalb des Abhängigkeitsverhältnisses vom Religionsunterricht besaß der Ethikunterricht zunächst nicht.

Wenn der Religionsunterricht das Herzstück der christlichen Wertevermittlung in der Schule bildet, bringt die aktive Teilnahmeverweigerung aus konservativer Sicht ein moralisches Defizit zum Ausdruck, das der idealerweise christlich geprägte Ethikunterricht ausgleichen soll. Ohne Unterweisung in die Glaubenslehre des Christentums fürchteten Regierung und Kirche das Abgleiten der Schüler*innen in Sittenlosigkeit und Unmoral. Von einem christlichen Obrigkeitsdenken aus ließen diejenigen, die von ihren Eltern vom Religionsunterricht abgemeldet wurden, oder die sich ab dem 19. Lebensjahr selbst vom Religionsunterricht abmeldeten, mit einer gewissen Wahrscheinlichkeit Probleme im Sozialverhalten und in der politischen Einstellung erwarten. Die Aufgabe des eigens für diesen Zweck geschaffenen Fachs bestand deshalb darin, dem durch das Fehlen christlicher Werte hervorgerufenen Manko an ethischem Bewusstsein entgegenzusteuern. Das moralische Ungenügen, das eine bewusste Abmeldung vom Religionsunterricht zu erkennen gab, sollte vom Ethikunterricht aufgefangen werden. Genau deswegen erhielt das Religionssurrogat den Namen Ethik und nicht Philosophie, Weltanschauung oder Religionskunde.

Sicherlich bedeutete die Situation in Bayern ein extremes Beispiel kirchlicher Einflussnahme auf das öffentliche Schulsystem. Noch kurz vor der Wiedervereinigung sah sich das Bayerische Staatsministerium für Unterricht und Kultus veranlasst, den christlichen Erziehungsauftrag der Schule in einem Erlass zu bekräftigen. Seiner Veröffentlichung am 6. Dezember 1988 gab sie eine verpflichtende Anlage bei, die der Vorsitzende der Freisinger Bischofskonferenz und der evangelische Landesbischof gemeinsam verfasst hatten. Die auf fünf Seiten von Friedrich Card. Wetter und Bischof Johannes Hanselmann niedergelegten „Leitsätze" seien, wie das Ministerium ausdrücklich betonte, als Konkretisierung des staatlichen Verfassungsauftrages zu verstehen und in der Schule pädagogisch umzusetzen. So in die staatliche Schulpolitik integriert, formulierten die beiden höchsten Kirchenvertreter Bayerns Maximalforderungen, die aus dem 19. Jahrhundert zu stammen schienen. Ihren Leitsätzen zufolge hatte sich der christliche Erziehungsauftrag nicht nur auf den Religionsunterricht, sondern auf grundsätzlich alle Schulfächer zu beziehen, angefangen vom „soziokulturellen Lernbereich" über die mathematisch-naturwissenschaftlichen Fächer bis hin zum Sport- und Musikunterricht. Alle Schüler und Lehrer müssten auf den christlichen Charakter der Schule verpflichtet werden. Selbst wenn sich „Lehrer bewusst nicht als Christen verstehen oder keinem christlichen Bekenntnis angehören", sei von ihnen zu erwarten, die Schüler „nach den Grundsätzen der christlichen Bekenntnisse zu unterrichten und zu erziehen" (Bekanntmachung 1988, Anlage Abschnitt IV: „Anforderungen an den Lehrer"). Unter solchen, bis heute geltenden Rahmenbedingungen ist es ausgeschlossen, dass ein nichtreligiöser Ethikunterricht seine Aufgabe erfüllen kann.

Nach der Wiedervereinigung gewann die Diskussion um das Verhältnis zwischen Religions- und Ethikunterricht eine neue Qualität. Die große Zahl an Schüler*innen, die keinem christlichen Bekenntnis angehörten, ließ sich nicht so ohne weiteres in das bestehende System des Ersatzunterrichts integrieren. Auf welcher gesetzlichen Grundlage konnte jemand gezwungen werden, am Religionsunterricht teilzunehmen – oder sich von ihm abmelden zu müssen –, der nie einer Kirche angehörte? Das bis dahin so nicht bekannte Missverhältnis zwischen Religionsfreiheit und Religionszwang machte eine Modifikation der bekenntnisbezogenen Ersatzfachkonstruktion notwendig, die sich um den Begriff der Wahlpflicht herum ausdifferenzierte. Dadurch wurde der bestehende Flickenteppich an Unterrichtsmodellen noch facettenreicher. In der aufgebrochenen Debatte um die Sekundärfolgen, die der Pflichtcharakter des Religionsunterrichts für nichtreligiöse Schüler*innen mit sich brachte, erhielt der Gedanke Auftrieb, dass man in der Vermittlung von Werten das Bindeglied zwischen Religion und Ethik zu sehen habe. Die Frage, was das Spezifikum religiöser Werte sein könnte, wurde aber nicht zum Gegenstand der wissenschaftlichen Reflexion gemacht. Nachdem sich die im weitesten Sinn christliche BRD und die im weitesten Sinn atheistische DDR zu einem Land vereinigt hatten, geriet die Selbstverständlichkeit der religiösen Wertbildung allein deswegen ins Wanken, weil ihr die Möglichkeit zur identitätsstiftenden Abgrenzung von einem negativen Gegenüber verloren gegangen war.

Viele Grundannahmen des Christentums, bei denen früher niemand auf die Idee gekommen wäre, sie in Frage zu stellen, sind dadurch unter argumentativen Druck geraten und in einer ganz neuen Weise begründungspflichtig geworden. Der seither eingetretene Autoritätsverlust der Kirchen zeigt sich besonders bei der Auflösung traditioneller Familienbeziehungen und auf dem Gebiet der Sexualität, wo die christliche Dogmatik kaum noch über Einfluss verfügt, oder sogar als schädlich wahrgenommen wird. Die negative Auswirkungen des Missbrauchsskandals sind in ihren Langzeitfolgen überhaupt noch nicht abzuschätzen. Ein wachsender Teil der Bevölkerung sieht die Kirchen jedenfalls nicht mehr als eine gesellschaftlich relevante Moralinstanz an. Was folgt daraus für den religionsbezogenen und wertevermittelnden Unterricht in der Schule? Auch hier ist eine Bedeutungsverschiebung zu beobachten, die dazu führte, dass der philosophischen Begründung und geschichtlichen Kontextualisierung von Werten ein größerer Stellenwert zuerkannt wird. So wie die religiöse Wertbildung aufgehört hat, für etwas an sich Positives gehalten zu werden, so gewann die Wertschätzung für die Autonomie der menschlichen Vernunft an Prestige. Ehrfurcht vor Gott zu haben, ist außerhalb der eigenen Religion kein moralischer Höchstwert mehr. Ganz im Gegenteil werden von einer Jenseitsinstanz abgeleitete Diesseitswerte heute oft für grundsätzlich problematisch gehalten.

Alle Religionen haben ein begründetes und leicht nachvollziehbares Interesse an der positiven Essenzialisierung ihrer Glaubensinhalte. Das ist aber nur die halbe Wahrheit und nur eine Seite der Wirklichkeit. In der Religionswissenschaft wurde dagegen nie bezweifelt, dass sich Religionen durch eine strukturelle Ambivalenz charakterisieren. Aussagen nach der Art von Sätzen wie „Die Nächstenliebe ist das Wesen des Christentums." werden von ihr als religiöses Bekenntnis und nicht als historische Tatsache begriffen. Die heiligen Schriften aller Religionen zeichnen sich durch innere Widersprüche und Mehrdeutigkeiten aus, die benötigt werden, um sich an veränderte Umweltbedingungen anpassen zu können. Der zeitgenössische Philojudaismus im Religionsunterricht ist nur ein, wenn auch schlagendes Beispiel dafür, wie sich religiöse Werte in ihr komplettes Gegenteil verkehren können. So wie im Religionsunterricht seit einigen Jahren der Nachweis geführt wird, dass Christentum und Judentum eine religiöse Wertegemeinschaft bilden, so hat ein religionskundlicher Ansatz die historische Bedingtheit derartiger Aussagen zu thematisieren. Die Orientierung der Religionskunde an der religionswissenschaftlichen Theoriebildung macht es von vornherein unmöglich, religiösen Werten ein zeitlos gültiges Wesen zu attestieren.

Wie erwähnt sind bereits innerhalb der verschiedenen Strömungen des Christentums die Glaubensunterschiede und Wertvorstellungen so groß, dass sie sich kaum auf den gleichen Nenner bringen lassen. Noch weniger ist es möglich, aus der Gesamtheit aller Religionen eine allgemeinreligiöse Wertessenz herauszudestillieren. Die Hoffnung auf ein religionsbasiertes Weltethos hat sich noch bei jedem Realisierungsversuch als Illusion erwiesen. Kommt es zum Krieg, lösen sich alle ökumenischen Bemühungen in Luft auf. Im Ersten und Zweiten Weltkrieg haben sich die konfessionellen Gegensätze als ein den Konflikt zusätzlich antreibendes Moment erwiesen. In der Gegenwart offenbart der Ukrainekrieg, dass die Gemeinsamkeit panorthodoxer Werte in Wirklichkeit ein Mythos ist. Die Annahme einer allgemeinen Ethik auf religiöser Grundlage beruht aber auch in theoretischer Hinsicht auf einem Zirkelschluss. Denn indem auf der Ebene des Glaubens von der historischen Realität abstrahiert wird, werden genau die Voraussetzungen ausgeschlossen, denen Religionen ihre Existenz verdanken. Der Gedanke einer religiösen Universalethik ist eine offensichtliche *contradictio in adiecto*. Somit erweist sich auch der Wertediskurs als ungeeignet, um einen sachlichen Zusammenhang zwischen dem konfessionsgebundenen Religionsunterricht auf der einen und dem konfessionsunabhängigen Ethikunterricht auf der anderen Seite zu begründen.

Religionskunde als Option

Der Ethikunterricht durchlief in den fünf Jahrzehnten seit seiner Einrichtung eine erstaunliche Entwicklung. Hatte er am Anfang den Charakter eines „Straffachs", um die Zahl der Abmeldungen vom Religionsunterricht niedrig zu halten, verselbständigte er sich im Laufe der Zeit zu einem ordentlichen Lehrfach, das unabhängig von seiner Ersatzfunktion besteht. Wenn man es in der Sprache des Sports ausdrücken will, kann man von einem Ersatzspieler sprechen, der sich einen Stammplatz erkämpfte. Unbeschadet der Tatsache, dass der Ethikunterricht in den sechzehn Bundesländern unter acht verschiedenen Namen auftritt, ist seine Bedeutung für den staatlichen Bildungsauftrag zwischenzeitlich unbestritten. Selbst in Bayern scheint sich die Zeit des Ethikunterrichts als schulisches „Desasterfach", wie es von der Süddeutschen Zeitung regelmäßig tituliert wird, dem Ende entgegenzuneigen (siehe dazu den Beitrag über Bayern in diesem Band).

Die schulpolitische Entwicklung der jüngeren Vergangenheit hat wenig mit Ideologie und viel mit dem sozialen Wandel und der Transformation des religiösen Feldes als solchem zu tun. Wenn der Anteil christlicher Schulkinder immer stärker abnimmt, kann das den Religionsunterricht nicht unberührt lassen. Zu sagen, dass wegen Artikel sieben des Grundgesetzes am Status quo sowieso keine Änderungen vorgenommen werden können, ist keine zukunftsweisende Perspektive und hat eher den Charakter einer Schutzbehauptung. Würde man die grundgesetzliche Absicherung des Religionsunterrichts im Sinne einer Ewigkeitsgarantie absolut setzen, müsste sie selbst dann gelten, wenn es überhaupt keine christlichen Kinder mehr in der Schule gibt. Das ist offensichtlich absurd. Es kann also nur um die Frage gehen, an welchem Punkt, d. h. bei welchem Prozentsatz der Kirchenmitgliedschaft neu über die Rolle der Religion in der Schule nachgedacht werden muss. Bei den bisherigen Lösungsansätzen gewinnt man allerdings eher den Eindruck der Flickschusterei. Wenn das ganze Haus auf unsicheren Grund steht, müssen Reparaturen notwendigerweise Stückwerk bleiben.

Mit den Überlegungen zur Religionskunde soll die Zweckhaftigkeit des Religionsunterrichts keinesfalls in Frage gestellt werden. Es ist nachvollziehbar und vernünftig, dass Religionsgemeinschaften ihre Mitglieder religiös unterweisen. Auch Atheisten sollten in der Lage sein, das zu verstehen. Doch der kirchliche Anspruch, die Glaubensunterweisung der Religionen im öffentlichen Schulwesen in Gestalt eines für alle obligatorischen Pflichtfachs stattfinden zu lassen, steht auf einem anderen Blatt. Die

Zuständigkeit des säkularen Staates erstreckt sich nicht auf die religiösen Privatinteressen seiner Bürger*innen. Er hat weder einen religiösen Erziehungsauftrag, noch steht er in der Pflicht, den Religionsunterricht als Besitzstand der Kirchen zu wahren. Dass sich diejenigen, die von dem bestehenden System profitieren, Veränderungen widersetzen, kann ihnen nicht verdacht werden. Der Religionsunterricht ist das bei weitem wichtigste Element der „gemischten Angelegenheiten" zwischen Staat und Kirche und schlägt mit einem entsprechend hohen Finanzaufkommen zu Buche. Unter Zugrundelegung von 26.000 vollzeitäquivalenten Religionslehrerstellen rechnete ein nichtkirchlicher Finanzexperte allein für Personalkosten eine Summe von 1,6 Milliarden Euro aus, die der Staat pro Jahr für die religiöse Glaubensunterweisung der beiden christlichen Hauptkonfessionen ausgibt (Frerk 2010, 148 f.). Würde man die Pensionslasten und Ausbildungskosten an den Universitäten und pädagogischen Hochschulen mit einbeziehen, läge die Gesamtsumme noch wesentlich höher.

Weil sich die Rahmenbedingungen für den Religionsunterricht in einer derart einschneidenden Weise veränderten, „dass er längst nicht mehr dem entspricht, was die Verfasserinnen und Verfasser des Grundgesetzes ursprünglich im Sinn gehabt hatten" (Kuhn-Zuber 2006, 290), ist es mit einer kosmetischen Behandlung der äußerlichen Symptome nicht getan. Die Kirchen wären gut beraten, sich dem drängenden Reformbedarf nicht zu verweigern. Der Schwund bei ihren Mitgliedszahlen hat ein solches Ausmaß angenommen, dass er sich vom bestehenden Unterrichtsmodell nicht mehr auffangen lässt. Dass allen Schüler*innen die ungeteilte Fürsorgepflicht des Staates zusteht, muss unabhängig davon gelten, ob sie einer christlichen Kirche angehören oder nicht. Sie im Unterricht entlang der Religion zu separieren, ist demokratiepolitisch unklug und wird umso anachronistischer, je weniger von ihnen noch religiös sind. Genauso wenig kann es die Aufgabe der Schule sein, die nachlassende Religionsbindung nur noch nominell religiöser Schüler*innen auszugleichen.

So wie die Philosophie für Fragen einer wissenschaftlichen Ethik zuständig ist, so ist die Religionswissenschaft Bezugsdisziplin für das Gebiet der Religion (Edelsein 2001, 109). Wie der moralphilosophische kann auch der religionskundliche Unterricht seine Aufgabe nur dann erfüllen, wenn er sich an wissenschaftlichen Kategorien orientiert und wenn er Abstand zu den normativen Prämissen hält, die das Glaubensfundament der Kirchen und Religionen bilden. Eine konfessionell-überkonfessionelle Religionskunde wäre ein logischer Widerspruch in sich und müsste übergriffig wirken, würde sie sich für alle Religionen zuständig erklären. Christoph Link hat zudem unter Verweis auf Martin Heckel den berechtigten Einwand vorgetragen, dass sich fromme Schüler*innen zur Abmeldung vom Religionsunterricht gezwungen sehen könnten, wenn sich dieser „zur Religionskunde oder immanenten Weltprogrammatik säkularisiert" (Link 1995, 480). Ein Religionskundeunterricht als Religionsunterricht „light" wird weder dem Anliegen der religiösen, noch dem der nichtreligiösen Schüler*innen gerecht.

Obwohl der Begriff Religionskunde schon länger im Raum steht, ist seine explizit religionswissenschaftliche Bestimmung neueren Datums. Hatte er in der Weimarer Republik eine eher kirchenkritische Tendenz, ließ die religiöse Durchmischung der Gesellschaft nach dem Zweiten Weltkrieg auch im politischen Mainstream den Gedanken aufkommen, dass es sinnvoll sein könnte, dem konfessionell gebundenen Religionsunterricht eine religionskundliche Alternative zur Seite zu stellen. Als erstes Bundesland begann Hessen Anfang 1950 damit, „einen religionskundlichen Unterricht als Ersatzfach zum Religionsunterricht mittels eines zunächst auf zehn Jahre befristeten Erlasses einzurichten" (Kuhn-Zuber 2006, 171). Nach Ablauf der Frist wurde der Erlass aber nicht erneuert und der Unterricht nicht fortgesetzt. Der niedersächsische Versuch zur Etablierung eines religionskundlichen Ersatzfachs im Jahr 1954 scheiterte vor allem daran, dass dieses zusätzlich zum Religionsunterricht besucht werden musste. „Später schloss die Freireligiöse Landesgemeinschaft Niedersachsen mit dem Land einen Staatsvertrag, in dem sie die Verantwortung für diesen Religionskundeunterricht übernahm." (Ebd.) Mit Ausnahme Bremens blieben die religionskundlichen Anteile im Schulunterricht – auch in den seit den siebziger Jahren geschaffenen Ersatzfächern – unbedeutend. Erst im Zusammenhang der Wiedervereinigung drängte sich der Gedanke eines Religionskundeunterrichts in den Vordergrund der schulpolitischen Überlegungen.

Dass im entkirchlichten Osten Deutschlands der Wunsch nach einer schulischen Option jenseits des konfessionellen Religionsunterrichts aufkam, ist verständlich. Viele Christ*innen in der DDR hatten grundsätzliche Vorbehalte, das westdeutsche Staat-Kirche-Modell zu übernehmen bzw. übergestülpt zu bekommen. Im Bund der Evangelischen Kirchen in der DDR (BEK) war die Furcht groß, vom Westen vereinnahmt zu werden. Am 30. Juli 1990 wandte sich der BEK deswegen an Ministerpräsident Lothar de Maizière, dass Artikel 7, Absatz 3 des Grundgesetzes „für die Länder in der DDR nicht zur Anwendung kommen" könne (Domsgen 1998, 182). Der BEK-Vorschlag vom 10. August, frei zwischen Religion und Ethik wählen zu können, sorgte kurz danach für weitere Aufregung. Mit Blick auf den unmittelbar bevorstehenden Anschluss an die Westkirche gab es während der Leipziger Synode im September 1990 kontroverse Diskussionen über den Religionsunterricht und andere heikle Themen wie den Militärseelsorgevertrag. Aber nicht nur im Protestantismus bestanden große Ängste, dass die rote Bevormundung der Staatsbürgerkunde nun zur schwarzen des Religionsunterrichts werden und der Religionslehrer jetzt einfach die Funktion des Stabü-Lehrers übernehmen würde. „Die Ablehnung eines schulischen Religionsunterrichts ging quer durch die Gesellschaft. Sie verband Christen und Nichtchristen." (Ebd., 187f.) Anfang 1991 wollte selbst eine sächsische CDU-Kultusministerin (Stefanie Rehm) den Religionskundeunterricht anstelle des Religionsunterrichts als Pflichtfach in der Schule verankert sehen. Ihrer Auffassung nach entsprach das „auch der Meinung vieler Pfarrer" (Eggers 1992, 193f.).

Einen anderen Vorstoß zur Einführung der Religionskunde als freiwilliges Schulfach unternahmen die beiden Leipziger Studenten Peer Pasternack und Thomas Meinhof noch zu DDR-Zeiten. Mit ihrem von der Zeitschrift „Pädagogik" abgedruckten Plädoyer „Religionskunde in der Schule" suchten sie der Ausgrenzung der Religion aus dem Bildungswesen der DDR durch eine religionskundlichen Wissensvermittlung entgegenzutreten. Der auch von der „Christenlehre" abgedruckte Aufruf vom 29. November 1989 schlug seinerzeit hohe Wellen (Pasternack 1990; Domsgen 1998, 152–160: „Religionskunde"). Doch die Würfel für das westdeutsche Unterrichtsmodell waren bereits gefallen. Abgesehen von den finanziellen und schulpolitischen Aspekten des konfessionellen Religionsunterrichts hofften die Kirchen auch darauf, über die religiöse Erziehung in der Schule zur Rechristianisierung einer vom Glauben abgekommenen Bevölkerung beitragen zu können. Wie sich in den darauffolgenden Jahren zeigen sollte, ging dieser Wunsch nicht in Erfüllung. Immerhin fand Religionskunde in zwei Bundesländern, Sachsen und Mecklenburg-Vorpommern, als Erziehungsziel Eingang in die Schulgesetzgebung. Tatsächlich umgesetzt wurde davon allerdings wenig (siehe dazu die beiden Länderbeiträge in diesem Band). Im Unterschied zu Westdeutschland verzichteten die Landesverfassungen aller neuen Bundesländer auf christliche Bezüge. Es sei nicht Aufgabe der Schule, zur Ehrfurcht vor Gott zu erziehen (Domsgen 1998, 251 f., 581–585).

In der wissenschaftlichen Religionspädagogik wurden die Weichen früh in Richtung Religionskunde umgestellt. Vor Ort und in der schulischen Praxis zeichnete sich deutlicher ab, dass die wachsende Entkonfessionalisierung der Gesellschaft den konfessionellen Religionsunterricht in seiner Substanz gefährdete. Je weniger Schulkinder religiös sind, desto problematischer muss ein religiöse Pflichtunterricht in der Schule zwangsläufig sein. Der evangelische Religionspädagoge Gert Otto war einer der ersten Theologen, die nach der Wiedervereinigung für eine Stärkung der Religionskunde plädierten. Er ging schon Anfang der neunziger Jahre so weit, den konfessionellen Religionsunterricht zum Auslaufmodell zu erklären: „Die Regelung des konfessionellen Religionsunterrichts nach Artikel 7 Grundgesetz hat weder für die alten noch für die neuen Bundesländer eine Zukunftsperspektive, weil sie von der Realität überholt worden ist." (Otto 1992a, 34). Zwanzig Jahre später haben sich die von kirchlicher Seite der Religionskunde entgegengebrachten Vorbehalte weitestgehend verflüchtigt. Wie das Hamburger Beispiel zeigt, scheint die Entkonfessionalisierung des Religionsunterrichts mittlerweile sogar Teil der offiziellen Kirchenpolitik geworden zu sein.

Heute geht es nicht mehr um ein grundsätzliches Ja oder Nein zum Religionskundeunterricht, sondern nur noch um die Frage, in welcher Form er dem schulischen Curriculum hinzugefügt wird. Aus den dargelegten Gründen sollte deutlich geworden sein, warum er nur im Bereich der so genannten Ersatzfächer angesiedelt sein kann. Dadurch, dass sich die religiöse Zusammensetzung der deutschen Bevölkerung seit dem Zweiten Weltkrieg stark gewandelt hat, ist auch die Diskussion über den religionsbezogenen Schulunterricht stark in Fluss geraten. Alle Beteiligten sollten sich mit ihren Argumenten in diese Debatte einbringen. Das Festhalten am Status quo kann heute keine richtungsweisende Option mehr sein. Man muss das eingefahrene Schubladendenken aufbrechen und nach Lösungen suchen, die dem Verfassungsprinzip der positiven und negativen Religionsfreiheit besser gerecht werden, als das jetzt der Fall ist. Der Rechtsgrundsatz der *clausula rebus sic stantibus* sieht die Möglichkeit zur Auflösung von Verträgen vor, wenn sich die Bedingungen für ihr Zustandekommen so verändert haben, dass sie nicht mehr sinnvoll eingehalten werden können. Bei einem Religionsunterricht ohne religiöse Schüler*innen sind die Voraussetzungen dafür in paradigmatischer Weise erfüllt.

Bisher konzentrieren sich die Versuche, einen religionskundlichen Unterricht in der Schule umzusetzen, vor allem auf seine Integration in den Religionsunterricht. Auf Dauer könnte das nur funktionieren, wenn die ihn tragenden Religionsgemeinschaften die Konfessionslosigkeit zu ihrem Konfessionsprinzip erheben. Unter den bestehenden Rechtsverhältnissen hat der konfessionelle Religionsunterricht zwingend konfessionsgebunden zu sein (Kreß 2022, 89). Die Inkonsistenz einer Religionskunde, die gleichzeitig konfessionell und überkonfessionell, d. h. nichtkonfessionell, sein will, ist deswegen unübersehbar. Von daher kommt man nicht um die Feststellung umhin, dass die Bedingungen für eine allgemeine religionskundliche Bildung in Deutschland verbesserungswürdig sind. Es besteht dringender Handlungsbedarf. Die Frage, wie der gesamte Ersatzfachbereich produktiv weiterentwickelt werden kann, sollte möglichst breit und offen diskutiert werden. Hierfür wären genaue Angaben über Art, Umfang und Teilnehmerzahlen der bestehenden Unterrichte unerlässlich. Sie der Allgemeinheit zur Verfügung zu stellen, fällt bzw. fiele in den Aufgabenbereich der Länderministerien.

Bibliografie

Barion, Hans. 1965. „Unvorgreifliches Bedenken zur Bremer Klausel (Art. 141 GG)". *Die öffentliche Verwaltung* 18, 13–17.
Barion, Hans. 1967. „Bekenntnismäßig nicht gebundener Unterricht in Biblischer Geschichte auf allgemein christlicher Grundlage. Das religionswissenschaftliche Problem des bremischen Bibelunterrichts". In *Religion und Religionen. Festschrift für Gustav Mensching*, hg. von Rudolf Thomas, 227–244. Bonn: Röhrscheid.
Bekanntmachung. 1988. „Bekanntmachung des Bayerischen Staatsministeriums für Unterricht und Kultus vom 6. Dezember 1988" (samt Anlage). www.gesetze-bayern.de/ (letzter Abruf 20. 3.2022).
Bewersdorff, Harald. 2001. „Vokation 2: Theologisch-kirchenpolitisch". *Lexikon der Religionspädagogik*, hg. von Norbert Mette und Folkert Rickers, Bd. 2, 2170–2181. Neukirchen-Vluyn: Neukirchener.
Bräunlein, Peter J. 2015. „Die langen 1960er Jahre". In *Handbuch der Religionsgeschichte im deutschsprachigen Raum. Bd. 6/1: 20. Jahrhundert – Epochen und Themen*, hg. von Volkhard Krech und Lucian Hölscher, 61–112. Paderborn: Schöningh.
Campenhausen, Axel Freiherr von. 1989. „Die Kirchen unter dem Grundgesetz 1949–1989". In *Christen und Grundgesetz*, hg. von Rudolf Morsey und Konrad Repgen 71–93. Paderborn: Schöningh.

Dienst, Karl. 1998. „Bildungspolitik und Kirchen". In *Handbuch der deutschen Bildungsgeschichte, Bd. VI: 1945 bis zur Gegenwart, erster Teilband: Bundesrepublik Deutschland*, hg. von Christoph Führ und Carl-Ludwig Furck, 54–67. München: Beck.

Dienst, Karl. 1998. „Die Rolle der evangelischen und der katholische Kirche in der Bildungspolitik zwischen 1945 und 1990". In *Handbuch der deutschen Bildungsgeschichte, Bd. VI: 1945 bis zur Gegenwart, erster Teilband: Bundesrepublik Deutschland*, hg. von Christoph Führ und Carl-Ludwig Furck, 110–127. München: Beck.

Domsgen, Michael. 1998. *Religionsunterricht in Ostdeutschland. Die Einführung des evangelischen Religionsunterrichts in Sachsen-Anhalt als religionspädagogisches Problem*. Leipzig: Evangelische Verlagsanstalt.

Domsgen, Michael, Hg., 2003. *Religions- und Ethikunterricht in der Schule mit Zukunft*. Bad Heilbrunn: Klinkhardt.

Edelstein, Wolfgang. 2001, Hg. *Lebensgestaltung – Ethik – Religionskunde. Zur Grundlegung eines neuen Schulfachs. Analysen und Empfehlungen, vorgelegt vom Wissenschaftlichen Beirat LER*. Weinheim 2001.

Eggers, Gerd. 1992. „Unterricht zu Lebensfragen. Ostdeutsche Konzepte und Entwicklungen nach der Wende". In *Religion – warum und wozu in der Schule*, hg. von Jürgen Lott, 188–199. Weinheim: Deutscher Studienverlag.

Emmelmann, Moritz und Bernd Schröder, Hg. 2018. *Religions- und Ethikunterricht zwischen Konkurrenz und Kooperation*. Göttingen: Vandenhoeck & Ruprecht, 2018.

Enders, Susanne. 2002. *Moralunterricht und Lebenskunde*. Bad Heilbrunn: Klinkhardt.

Engler, Rudolf und Eva-Maria Kenngott. 2015. *Konfessionell – interreligiös – religionskundlich. Unterrichtsmodelle in der Diskussion*. Stuttgart: Kohlhammer.

Erlinghagen, Karl. 1972. *Die Säkularisierung der deutschen Schule*. Hannover: Schroedel.

Erwin, Claudia. 2001. *Verfassungsrechtliche Anforderungen an das Schulfach Ethik, Philosophie*. Berlin: Duncker & Humblot.

Feldkamp, Michael F. 1998. *Der Parlamentarische Rat 1948–1949. Die Entstehung des Grundgesetzes*. Göttingen: Vandenhoeck & Ruprecht.

Frerk. Carsten. 2010. *Violettbuch Kirchenfinanzen. Wie der Staat die Kirchen finanziert*. Aschaffenburg: Alibri.

Geißler, Gert. 2011. *Schulgeschichte in Deutschland. Von den Anfängen bis in die Gegenwart*. Frankfurt a.M.: Lang.

Grötzinger, Karl Erich, Hg. 1999. *Religion in der schulischen Bildung und Erziehung. LER – Ethik – Werte und Normen in einer pluralistischen Gesellschaft*. Berlin: Verlag Spitz.

Keim, Wolfgang. 1969. *Schule und Religion*. Berlin: Alfred Metzner.

Kenngott, Eva und Lothar Kuld, Hg. 2012. *Religion verstehen lernen. Neuorientierung religiöser Bildung*. Berlin: Lit.

Kenngott, Eva. 2015. *Konfessionell, interreligiös, religionskundlich. Unterrichtsmodelle in der Diskussion*. Stuttgart: Kohlhammer.

Kraiker, Gerhard. 1972. *Politischer Katholizismus in der BRD. Eine ideologiekritische Analyse*. Stuttgart: Kohlhammer.

Kreß, Hartmut. 2022. *Religionsunterricht oder Ethikunterricht? Entstehung des Religionsunterrichts – Rechtsentwicklung und heutige Rechtslage – politischer Entscheidungsbedarf*. Baden-Baden: Nomos.

Kürzinger, Kathrin S. 2019. „Religionsunterricht oder Religionskunde. Zum Charakter religiöser Bildung angesichts konfessioneller, religiöser und weltanschaulicher Vielfalt". In *Religion unterrichten in Vielfalt, konfessionell – religiös – weltanschaulich. Ein Handbuch*, hg. von Saskia Eisenhardt u. a., 37–44. Göttingen: Vandenhoeck & Ruprecht.

Kuhn-Zuber, Gabriele. 2006. *Die Werteerziehung in der öffentlichen Schule. Religions- und Ethikunterricht im säkularen Staat*. Hamburg: Kovač.

Lachmann, Rainer und Bernd Schröder. 2010. *Geschichte des evangelischen Religionsunterrichts in Deutschland. Quellen*. Neukirchen-Vluyn: Neukirchener Verlagsgesellschaft.

Link, Christoph. 1995. „Religionsunterricht". In *Handbuch des Staatskirchenrechts*, Bd. 2, hg. von Joseph Listl und Dietrich Pirson, 435–509. Berlin: Duncker & Humblot.

Lott, Jürgen. 1998. *Wie hast du's mit der Religion?* Gütersloh: Gütersloher Verlagshaus.

Lott, Jürgen und Anita Schröder-Klein. 2006. „Religion unterrichten in Bremen" In *Theo-Web. Zeitschrift für Religionspädagogik* 7, H. 1, 68–79.

Marschler, Thomas. 2004. *Kirchenrecht im Bannkreis Carl Schmitts. Hans Barion vor und nach 1945*. Bonn: Nova & vetera.

Meckel, Thomas. 2011. *Religionsunterricht im Recht. Perspektiven des katholischen Kirchenrechts und des deutschen Staatskirchenrechts*. Paderborn: Schöningh.

Müller-Rolli, Sebastian. 1999. *Evangelische Schulpolitik in Deutschland 1918–1958. Dokumente und Darstellung*. Göttingen: Vandenhoeck & Ruprecht.

Otto, Gert. 1992a. „Religionskunde in der Schule. Konfessioneller Unterricht ist ein Anachronismus". *Evangelische Kommentare* 25, 31–34.

Otto, Gert. 1992b. „Allgemeiner Religionsunterricht – Religionsunterricht für alle. Sieben Thesen mit Erläuterung". In *Religion – warum und wozu in der Schule*, hg. von Jürgen Lott, 359–374. Weinheim: Deutscher Studienverlag.

Pasternack, Peer und Thomas Meinhof. 1990. „Religionskunde in der Schule". *Pädagogik* 45, 186.

Reuter, Astrid. 2014. *Religion in der verrechtlichten Gesellschaft. Rechtskonflikte und öffentliche Kontroversen um Religion als Grenzarbeiten am religiösen Feld*. Göttingen: Vandenhoeck & Ruprecht.

Salzmann, Rainer. 1979. „Die Entstehung von Art. 140 des Grundgesetzes" In *Christliches Engagement in Gesellschaft und Politik*, hg. von Lothar Koch und Josef G. Stanzel, 237–258. Frankfurt a.M.: Lang.

Schewick, Burkhard van. 1980. *Die katholische Kirche und die Entstehung der Verfassungen in Westdeutschland 1945–1950*. Mainz: Matthias Grünwald Verlag.

Schlink, Bernhard und Ralf Poscher. 2000. *Der Verfassungskompromiss zum Religionsunterricht. Art. 7 Abs. 3 und Art. 141 GG im Kampf des Parlamentarischen Rates um die ‚Lebensordnungen'*. Baden-Baden: Nomos.

Seiferlein, Alfred. 2000. *Ethikunterricht. Religionspädagogische Studien zum außerordentlichen Schulfach*. Göttingen: Vandenhoeck & Ruprecht.

Sörgel, Werner. 1985. *Konsensus und Interessen. Eine Studie zur Entstehung des Grundgesetzes für die Bundesrepublik Deutschland*. Opladen: Leske und Budrich.

Spichal, Julia. 2015. *Vorurteile gegen Juden im christlichen Religionsunterricht. Eine qualitative Inhaltsanalyse ausgewählter Lehrpläne und Schulbücher in Deutschland und Österreich*. Göttingen: Vandenhoeck & Ruprecht.

Stäblein, Friedrich. 1991. „Die rechtliche Stellung des Ersatzunterrichts". In *Herausforderung Ethikunterricht. Ethik, Werte und Normen als Ersatzfach in der Schule*, hg. von Hartmut Zinser, 15–28. Marburg: Diagonal.

Thielking, Kai Oliver. 2005. *Die Kirche als politischer Akteur. Kirchlicher Einfluss auf die Schul- und Bildungspolitik in Deutschland*. Baden-Baden: Nomos.

Vokationsordnung. 2010. *Kirchliche Verordnung über die Bevollmächtigung zur Erteilung von Religionsunterricht an den Schulen (Vokationsordnung) vom 20. November 1990 (Abl. 54 S. 589), geändert durch Kirchl. Verordnung vom 18. Oktober 2010*. https://www.kirchenrecht-ekwue.de/pdf/17849.pdf (letzter Abruf 20.3.2022).

Teil 3: **Bundesländer**

Günter Kehrer
1 Baden-Württemberg

Hard Facts auf einen Blick

Fachbezeichnung	Ethik
Einführung des Faches	1983
Schulstufen	Sekundarstufe I, Sekundarstufe II
Rechtsstatus	Ersatzpflichtfach
Rechtsgrundlage	SchG, BW 1983 § 100a
Teilnehmer*innen	alle Schüler*innen, die nicht am Religionsunterricht teilnehmen
Einheitliche Prüfungsanforderung für das Abitur (EPA)	EPA Ethik (2006)
Bezugsdisziplin/en laut curricularer Vorgaben	Nicht explizit benannt. Aus dem Lehrplan ergibt sich Philosophie.
Studienstandorte	Freiburg, Heidelberg, Karlsruhe, Konstanz, Ludwigsburg, Mannheim, Stuttgart, Tübingen, Weingarten
Beteiligung der Religionswissenschaft an Lehramtsausbildung	marginal
Besonderheit	Kein Alternativfach zum Religionsunterricht in Primarstufe für die Teilnahme am Ethikunterricht müssen Schüler*innen Glaubens- und Gewissensgründe vorbringen, die ihrer Teilnahme am Religionsunterricht entgegenstehen.
Weitere religions- und ethikbezogene Schulfächer	konfessioneller Religionsunterricht: evangelisch, katholisch (beide mit konfessionell-kooperativer Option), ferner altkatholisch, jüdisch, syrisch-orthodox, orthodox, alevitisch, islamisch

ℹ **Nachfrage der religions- und ethikbezogenen Fächer in Baden-Württemberg in Form von Schüler*innen-Belegzahlen für das Schuljahr 2019/20**

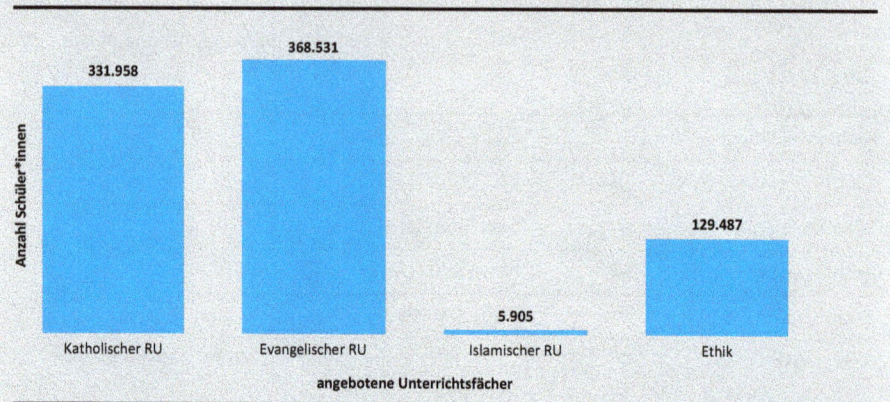

Quelle: Sekretariat der Ständigen Konferenz der Kultusminister der Länder in der Bundesrepublik Deutschland. 2021. *Auswertung Religionsunterricht Schuljahr 2019/20. Teilnehmende Schülerinnen und Schüler allgemeinbildender Schulen in öffentlicher Trägerschaft nach Schularten (aufgegliedert nach Religionsunterrichten, Ethik und weiteren Ersatzunterrichten) für den Primar- und Sekundarbereich I*. URL: https://www.kmk.org/fileadmin/Dateien/pdf/Statistik/Dokumentationen/AW_Religionsunterricht_II_2019_20.pdf.

ℹ **Verteilung der Fächer im Schulsystem**

	Religionsunterricht (Pflichtfach)	Ethik (Ersatzpflichtfach)	Philosophie (Wahlfach)
Primarstufe	+	–	–
Sekundarstufe I	+	+	–
Sekundarstufe II grundlegendes Anforderungsniveau	+	+	+
Sekundarstufe II erhöhtes Anforderungsniveau	+	+	–

Geschichte und Entwicklung des aktuellen Modells

Wie auch in den anderen Bundesländern der alten Bundesrepublik ist das Fach Ethik in Baden-Württemberg aus einer Notlage des traditionellen Religionsunterrichts entstanden. Mit Ausnahme von Bremen bestimmt Artikel 7 des Grundgesetzes, dass der Religionsunterricht in den öffentlichen Schulen ordentliches Lehrfach ist, das in Übereinstimmung mit den Grundsätzen der Religionsgemeinschaften erteilt wird. Auch in den Ländern, die im Jahr 1951 das Land Baden-Württemberg bilden sollten, gilt der Artikel 7 GG. Die Landesverfassung für Baden-Württemberg trat am 11. November 1953 in Kraft. Obwohl die CDU stärkste Kraft war, kam es in der ersten Regierung des neuen Bundeslandes zu einer Koalitionsregierung ohne Beteiligung der CDU, die nur bis 1953 Bestand hatte. Von 1953 bis 2011 stellte die CDU in wechselnden Koalitionen den Ministerpräsidenten.

Für die Schulpolitik gab und gibt die Landesverfassung den Rahmen ab. Sie formuliert in Artikel 1: „Der Mensch ist berufen, in der ihn umgebenden Gemeinschaft seine Gaben in Freiheit und in der Erfüllung des christlichen Sittengesetzes zu seinem und der anderen Wohl zu entfalten." Artikel 12 wird noch deutlicher: „Die Jugend ist in Ehrfurcht vor Gott, im Geiste der christlichen Nächstenliebe zur Brüderlichkeit aller Menschen und zur Friedensliebe, zur Volks- und Heimatliebe zu erziehen." Im zweiten Absatz dieses Artikels werden zu „verantwortlichen Trägern der Erziehung in ihren Bereichen die Eltern, der Staat, die Religionsgemeinschaften, die Gemeinden und die in ihren Bünden gegliederte Jugend" bestimmt.

Im Zusammenhang mit der Bildung einer großen Koalition aus CDU und SPD in Baden-Württemberg im Jahr 1966 kam es zu einer Vereinheitlichung des Schulwesens in den drei Landesteilen Baden, Württemberg und Hohenzollern, die in den Artikeln 15 und 16 der Landesverfassung einen Niederschlag fand. Artikel 15 lautete nun: „Die öffentlichen Volksschulen (Grund- und Hauptschulen) haben die Schulform der christlichen Gemeinschaftsschulen nach den Grundsätzen und Bestimmungen, die am 9. Dezember 1951 [das war der Tag der Volksabstimmung über die Bildung des Bundeslandes Baden-Württemberg (G. K.)] in Baden für die Simultanschule mit christlichem Charakter gegolten haben."

Das Land Baden war seit seiner territorialen Bildung im 19. Jahrhundert durch die gleichberechtigte Existenz von Katholizismus und Protestantismus geprägt. Der Artikel 16 stellte dann nochmals fest: „In christlichen Gemeinschaftsschulen werden die Kinder auf der Grundlage christlicher und abendländischer Bildungs- und Kulturwerte erzogen. Der Unterricht wird mit Ausnahme des Religionsunterrichts gemeinsam erteilt."

Noch deutlicher wurde die Schulpolitik durch das Schulgesetz vom 1. April 1965 bestimmt. Paragraf 1 des Gesetzes lautete: „[...] die Schule ist insbesondere gehalten, die Schüler in Verantwortung vor Gott, im Geiste christlicher Nächstenliebe, zur Menschlichkeit und Friedensliebe, in der Liebe zu Volk und Heimat [...] zu erziehen." In Baden-Württemberg war die christliche Prägung des Schulwesens durch diese Bestimmungen sichergestellt. Zwar war auch im Paragraf 96 des Schulgesetzes an religiöse Minderheiten gedacht, wenn für diese bei mindestens acht Schüler*innen an einer Schule Religionsunterricht einzurichten sei. Nicht zu rechnen war aber damit, dass sich in den 1970er Jahren massenweise Schüler*innen vom Religionsunterricht abmelden sollten, die sich auf die Religionsmündigkeit ab Vollendung des 14. Lebensjahres beriefen. Evangelische und katholische Synoden ergriffen daraufhin die Initiative zur Einrichtung eines Ersatzunterrichts. „Man erhoffte sich, dass die Einführung eines ‚Ersatzfaches' diesen Trend aufhalten und umkehren könnte" (Goergen 2015, 48). In Baden-Württemberg kam es jedoch erst mit einiger zeitlicher Verzögerung 1996 zu einer Neufassung des Schulgesetzes, die das neue Fach auch rechtlich etablierte. Paragraf 100a bestimmte jetzt: „Für Schüler, die nicht am Religionsunterricht teilnehmen, wird das Fach Ethik als ordentliches Unterrichtsfach eingerichtet" (siehe S. 129). Der zweite Absatz des Paragraphen legte überdies fest, dass für diesen Unterricht die Wertvorstellungen und ethische Grundsätze des Paragrafen 1 des Schulgesetzes gelten sollten.

Rahmenbedingungen

Es bedurfte weiterer Verwaltungsvorschriften, um festzulegen, wer präzise verpflichtet war, an diesem neuen Unterrichtsfach teilzunehmen, denn die allgemeine Formulierung, „Schüler, die nicht am Religionsunterricht teilnehmen", berücksichtigt nicht die zahlreichen Ausnahmen von Schüler*innen, die nicht verpflichtet sind, am Religionsunterricht teilzunehmen. Für Klarheit sollte hier eine Verwaltungsvorschrift vom 21. November 2001 sorgen:

> Das Fach Ethik ist eingerichtet in den Klassen 8–10 der Haupt- und Realschulen, sowie der Sonderschulen, in den Klassen 8–11 und den Jahrgangsstufen im neunjährigen Bildungsgang Gymnasien und an beruflichen Gymnasien; in den Klassen 7–10 und den Jahrgangsstufen im achtjährigen Bildungsgang Gymnasien. Zur Teilnahme sind Schülerinnen und Schüler verpflichtet, a) die keiner Religionsgemeinschaft angehören, b) für die Religionsunterricht als ordentliches Schulfach nicht eingerichtet ist, c) die sich vom Religionsunterricht abgemeldet haben. Für b) und c) entfällt die Unterrichtspflicht, wenn der Schüler am ordentlichen Unterrichtsfach einer Religionsgemeinschaft mit deren Zustimmung teilnimmt. (MK 2002; siehe S. 130)

Eine weitere Befreiung von der Teilnahmepflicht galt für die Angehörigen anderer Konfessionen bzw. Religionen, für die zwar kein Religionsunterricht als ordentliches Schulfach bestand, die aber eine außerschulische, unbenotete und daher nicht versetzungsrelevante religiöse Unterweisung von ihrer Religionsgemeinschaft erhielten. Es handelte sich dabei unter anderem um Muslime, Buddhisten, Juden, Baptisten und Zeugen Jehovas. Diese Verwaltungsvorschrift machte deutlich, dass die Zielgruppe des Ethikunterrichts vor allem die Abmelder*innen und die Konfessions- bzw. Religionsfreien waren, zwei Gruppen, deren Zahl seit Anfang der 1970er Jahre kontinuierlich zunahm. Eine baden-württembergische Spezialität bestand darin, dass bei der Abmeldung vom Religionsunterricht ausdrücklich die Angabe von Glaubens- und Gewissensgründen verlangt wird. Weder vom Grundgesetz noch von der Landesverfassung ist diese Bestimmung gedeckt (Erwin 2001, 206; Christianson 1997, 44).

Die präzisen Bestimmungen, wer zur Teilnahme am Ethikunterricht verpflichtet war und wer nicht, sind noch nachvollziehbar, wenn man nach dem Charakter des Faches fragt. Es gehörte nicht in einen Wahlpflichtbereich, in dem die Schüler*innen frei entscheiden können, welches Fach sie wählen wollen. Vielmehr handelte es sich dabei, obwohl nicht ausdrücklich so genannt, um ein Ersatzfach, das als Residualfach für die Schüler*innen betrachtet wurde, die nicht am Religionsunterricht teilnehmen. Der Status des Ethikunterrichts war der eines verpflichtenden Ersatzfaches (Mahnke 2004, 61).

Wie weit die vom Schulgesetz vorgeschriebene rigorose Abmeldepraxis tatsächlich noch praktiziert wird, kann nur eine empirische Befragung klären. Mein Eindruck ist, dass einige Schulen de facto Ethik und Religionsunterricht als Wahlpflichtfächer behandeln. Die weltanschauliche und pädagogische Ausrichtung des Ethikunterrichts wird in Ausführungsbestimmungen formuliert. Hierzu heißt es in den „Allgemeinen Informationen zum Fach Ethik":

> Ethikunterricht dient der Erziehung der Schüler zu verantwortungs- und wertbewusstem Verhalten. Sein Inhalt orientiert sich an den Wertvorstellungen und den allgemeinen ethischen Grundsätzen, wie sie in Verfassung und im Erziehungs- und Bildungsauftrag des § 1 des Schulgesetzes niedergelegt sind. Der Unterricht soll diese Vorstellungen und Grundsätze vermitteln sowie Zugang zu philosophischen und religionskundlichen Fragestellungen eröffnen. (AI 2019)

Die Janusköpfigkeit des Ethikfaches wird schon in diesen Formulierungen deutlich. Einmal soll es der Erziehung der Schüler*innen zu verantwortungs- und wertbewusstem Verhalten dienen. Zugleich soll der Unterricht aber auch den Zugang zu philosophischen und religionskundlichen Fragestellungen eröffnen. Goergen hat mit Hinweis auf einschlägige Fachdidaktiken auf die Lebensweltorientierung hingewiesen (Goergen, 2). Lebenshilfe im Ethikunterricht versteht sich als Hilfe bei der Selbstfindung der Lernenden. Davon unterscheidet sich eine Konzeption, die den Ethikunterricht als Moralerziehung vorsieht, deren Ziel die sittliche Erziehung ist. Die allgemeinen Informationen des Landes Baden-Württemberg bringen noch eine dritte Dimension ein, die eher eine philosophische Erörterung verschiedener moralischer Urteile impliziert.

> Vorstellungen davon, was konkret als gut und böse zu betrachten und wie in bestimmten Situationen jeweils zu handeln sei, konstituieren Moral. Dieser Begriff bezeichnet zunächst die Normen, die ein Individuum oder eine ganze Gruppe von Menschen als für sich bindend erachtet. Ethik ist die theoretische Beschäftigung mit Moral. Dabei versteht sie sich vor allem als normative Disziplin, das heißt sie sieht ihre Hauptaufgabe in der Begründung von Urteilen über die Richtigkeit von Handlungen bzw. Handlungsnormen. Ihr Gegenstand ist die kritische Sichtung und Begründung von bestehenden Moralvorstellungen und der Entwurf von normativen Lösungen für neue morali-

sche Problemstellungen. Ethik bzw. ethisch unterscheidet sich als Metaebene von Moral bzw. moralisch. Beide Ebenen sind für den Ethikunterricht konstitutiv. (AI 2019)

Legt man die Formulierungen der Verfassung und des Schulgesetzes zugrunde, so sind die Normen klar definiert: Verantwortung vor Gott, christliche Nächstenliebe, Menschlichkeit und Friedensliebe, Liebe zu Volk und Heimat. Geht man davon aus, dass diese Begriffe keine Leerformeln, sondern als Normen zu betrachten sind, treten zwangsläufig Schwierigkeiten auf, wenn von der Ethik verlangt wird, diese kritisch zu sichten. Wie soll eine Erziehung zu diesen Werten und Normen aussehen, wenn sie im Unterricht kritisch hinterfragt werden? Ganz abgesehen davon, dass Schüler*innen, die nicht am Ethikunterricht teilnehmen, weil sie statt des „Ersatzes" das Original des Religionsunterrichts erfahren, zwar vielleicht die im Schulgesetz genannten Erziehungsziele erlernen und verinnerlichen, aber nicht unbedingt die Ebene der kritischen Sichtung der Werte und Normen. So fordert die Allgemeine Information zum Fach „Katholische Religion" in Bezug auf Ethik lediglich, dass „ethische Entscheidungen unter Berücksichtigung des christlichen Menschenbildes zu treffen" seien (AI 2019).

Wenn aber kritische Sichtung und Begründung von bestehenden Moralvorstellungen für den Ethikunterricht konstitutiv sind, sollten dann nicht alle Schüler*innen in den Genuss einer solchen kritischen Sichtung kommen? Auf eine entsprechende Frage, die einen verpflichtenden Ethikunterricht für alle Schüler*innen zum Gegenstand hatte, stellte die Kultusministerin Dr. Susanne Eisenmann (CDU) am 27. November 2018 klar, dass ein solcher für sie nicht in Frage komme. Sie berief sich dabei auf die Landesverfassung, in der die Erziehung zur christlichen Nächstenliebe verankert ist. Der Eindruck, dass der Ethikunterricht im Wortsinne Ersatzunterricht sein und in Abhängigkeit vom Religionsunterricht stehen soll, lässt sich kaum vermeiden. Der Dominanz der beiden großen christlichen Konfessionen, die bei der Gründung des „Südweststaates" unverkennbar war, hat bis heute Bestand, trotz rückläufiger Zahlen bei der Kirchenmitgliedschaft.

Ausbildung der Lehrkräfte

Der Ethikunterricht wurde in Baden-Württemberg lange Zeit von fachfremden Lehrer*innen erteilt, die sich bereiterklärten, dieses Fach zu unterrichten. 1991 antwortete die Oberbehörde auf eine Landtagsanfrage der Fraktion Die Grünen, dass sie keine Notwendigkeit für eine eigene Ausbildung erkenne.

> Für die Weiterbildung im Fach Ethik haben sich besonders qualifizierte und engagierte Lehrer gemeldet, die ein großes Interesse an ethischen und philosophischen Fragestellungen haben. Diese Lehrer erhalten eine sehr umfangreiche fachliche Fortbildung, so dass sie in der Lage sind, das Fach Ethik auf sehr hohem Niveau zu unterrichten. (Seiferlein 2000, 283)

Beginnend mit dem Schuljahr 1993/94 wurden in Baden-Württemberg über 500 Ethiklehrer*innen aller betroffenen Schularten zu einer berufsbegleitenden Weiterbildung eingeladen. In jedem Oberschulamtsbezirk wurden ein bis drei regionale Gruppen mit je zwanzig Teilnehmern gebildet, die ein Programm durchzuarbeiten hatten, das Themen wie Kant, Gerechtigkeit und auch Religion umfasste. Für die Teilnahme wurde ein Deputatsnachlass von anderthalb Wochenstunden gewährt. Ein zweiter und letzter Weiterbildungsdurchgang erfolgte 1995/96.

Wie aus der Antwort der Oberbehörde von 1991 hervorging, gab es im Land bis dato eine Reihe von Fortbildungsveranstaltungen, die auf regionaler Grundlage in der Regel zweitägig stattfanden und Themen wie „Religionsbegründung und Kritik" und „Einführung in die Diskursethik" behandelten. Nach einigen Experimenten mit Einführungslehrgängen und eintägigen Regionaltagungen kam es zu einem regelrechten Kontaktstudium unter Beteiligung und Zusammenarbeit mit den Universitäten. Das erste fand im Wintersemester 1988 in Tübingen statt. Der universitäre Partner war die Religionswissenschaft. Das Kontaktstudium umfasste vier dreistündige Nachmittagsveranstaltungen und behandelte Themen wie Opfer und Toleranz. Andere Universitäten übernahmen das Modell (Knödler-Pasch 1991, 34–35). Der erklärten Absicht des Kultusministeriums, es bei dieser Fortbildungspraxis zu belassen, standen die Kritik der Ethiklehrer*innen und hernach zwei gerichtliche Urteile entgegen.

Im Frühjahr 1994 legte ein Vater (der Tübinger Professor Johannes Neumann) Widerspruch gegen die Verpflichtung seines Sohnes ein, den Unterricht im Ersatzfach Ethik zu besuchen. Das Verwaltungsgericht Freiburg entschied am 8. März 1995, die Klage zurückzuweisen. Während dieser Teil des Urteils zu erwarten war, ging das Gericht jedoch auch auf den Umstand ein, dass Ethik nicht von dafür ausgebildeten Lehrer*innen unterrichtet wurde. Obwohl Schüler*innen und Eltern keinen Anspruch auf Lehrer*innen mit einer bestimmten Ausbildung hätten, stelle die mangelnde Ausbildung der Ethiklehrer*innen doch einen Missstand dar. Die Rechtfertigung, dass der Ethikunterricht noch nicht voll entwickelt und die Gleichwertigkeit mit dem Religionsunterricht erst angestrebt sei, werde man „dem beklagten Land letztlich nur dann abnehmen können", wenn es weitere Anstrengungen zur Fortentwicklung des Ethikunterrichts unternehmen würde (Mahnke 1995, 42).

Erwartungsgemäß ging der Kläger in die Revision, die vom Bundesverwaltungsgericht aber am 17. Juni 1998 zurückgewiesen wurde. Allerdings ging das Gericht ausführlich auf den Status des Faches Ethik ein und stellte fest, dass der Gesetzgeber eine unstatthafte Einflussnahme vornähme, wenn den Schüler*innen anstelle des Religionsunterrichts ein nicht gleichwertiges Ersatzfach zur Pflicht gemacht würde. In diesem Sinne sei es nicht rechtskonform, wenn Ethik weder als Leistungskurs eingerichtet noch in der Abiturprüfung vorgesehen sei. Als logische Konsequenz ergab sich daraus, dass Ethiklehrer*innen eine wissenschaftliche Ausbildung benötigten, um die Lehr- und Prüfungsberechtigung für das Fach zu erwerben (EuK 1999, 44 f.).

Beginnend mit dem Wintersemester 2001/02 wurde deshalb an sechs Landesuniversitäten eine grundständige wissenschaftliche Ausbildung in Philosophie/Ethik angeboten, seit 2003 auch an den Pädagogischen Hochschulen. Entsprechend findet an den Staatlichen Seminaren ein fachdidaktischer Vorbereitungsdienst statt (Goergen 2019, 1). Somit ist rechtlich eine Gleichstellung von Religionsunterricht und Ethikunterricht gegeben, die aber dadurch unterlaufen wird, dass die erwähnte Verwaltungsvorschrift vom 21. November 2001 die Abmeldung vom Religionsunterricht zur Voraussetzung für die verpflichtende Teilnahme am Ethikunterricht macht.

Mit Berufung auf das Urteil des Bundesverwaltungsgerichts vom 17. Juni 1998 stellte das Regierungspräsidium Stuttgart fest, dass „nur eine völlige Gleichstellung des Faches Ethik mit Religion eine verfassungsrechtlich korrekte Ausgestaltung des § 100a des baden-württembergischen Schulgesetzes" darstellen könne (AI 2019). Dass alle Landesregierungen den Ethikunterricht de facto als Ersatzfach behandeln, ergibt sich nicht nur aus den Äußerungen der gegenwärtigen Kultusministerin. Auch der Hinweis im Urteil des Bundesverwaltungsgerichts vom 17. Juni 1998, demzufolge „der Landesgesetzgeber nicht gehindert [wäre], Ethikunterricht für alle Schülerinnen und Schüler vorzusehen und in Kauf zu nehmen, dass die am Religionsunterricht teilnehmenden Schüler im Verhältnis zu den anderen Schülern zusätzliche Schulstunden haben" (EuK 1999, 44), betonte die bevorzugte Stellung des Religionsunterrichts. Dies gilt bis heute, obwohl im Koalitionsvertrag der grünroten Landesregierung 2011 festgelegt wurde, dass „Ethik neben Religion als Alternative ab Klasse 1" eingeführt werden solle (Goergen 2019, 6). Ethik soll nicht als Ersatz für das Fach Religion gelten. Bislang ist Ethik allerdings nur ab der siebten beziehungsweise achten Klassenstufe eingerichtet; in der Grund- und Sekundarstufe findet kein Unterricht für Kinder statt, die nicht zum Religionsunterricht angemeldet sind.

Curriculare Vorgaben

Im Amtsblatt „Kultus und Unterricht" des Ministeriums für Kultur, Jugend und Sport Baden-Württemberg wurde der Bildungsplan des Gymnasiums für das Fach Ethik vom 23. März 2016 veröffentlicht (BP GY 2016). Der sechzigseitige Bildungsplan unterscheidet zwischen den Klassen 7 und 8, 9 und 10 sowie zwischen einem zweistündigen Unterricht in den Klassen 11 und 12 und einem vierstündigen Unterricht in diesen Klassenstufen. Bei den inhaltsbezogenen Komponenten dominieren philosophische Themen. So ist in den Klassenstufen 7 und 8nur eine von sieben Komponenten der Religion gewidmet: „Glauben und Ethos". Und auch bei diesem Themenbereich liegt der Schwerpunkt auf ethischen Fragen (BP GY 2016, 21). Immerhin wird der Bildungsplan für die Klassen 9 und 10 etwas deutlicher, indem er wiederum unter der Überschrift „Glauben und Ethos" (3.2.5) die „Erscheinungsformen und Bedeutung des

Religiösen" (3.2.5.2) anspricht (BP GY 2016, 30). Dabei stehen die ethischen Gehalte der sogenannten Weltreligionen – Judentum, Christentum und Islam– im Vordergrund. Offensichtlich durch Hans Küng inspiriert, spielen die „Goldene Regel" und das Prinzip des „Weltethos" eine besondere Rolle.

In den Klassen 11 und 12 werden die Themen „Moral, Religion und Kritik" behandelt, wobei dem Komplex „Religion und Religionskritik" eine eigene Rubrik gewidmet ist (BP GY 2016, 41). Es ist nicht verwunderlich, dass hierbei die „Klassiker" der deutschen Religionskritik im Vordergrund stehen: Feuerbach, Marx, Nietzsche, Freud. Englische und französische Religionskritiker fehlen, ebenso die antiken Grundlagen okzidentaler Religionskritik. Dagegen werden im vierstündigen Kursus unter 3.4.5.1 die Grundlagen der philosophischen Ethik behandelt. Allerdings kommen in der Oberstufe des Gymnasiums (Klassen 11 und 12) auch Themen zur Sprache, die eine größere Nähe zur Religionswissenschaft aufweisen. Insbesondere geht es um die Funktionen von Religion für Individuum und Gesellschaft in einer säkularisierten Welt, wobei Kategorien wie Kontingenzbewältigung und Identitätsbildung ausdrücklich genannt werden. Wiederum eher religionsphilosophischer Natur sind Themen wie „Gemeinsamkeiten, Differenzen und Konflikte zwischen einer religiösen und einer säkularen Sichtweise". Traditionell religionsphilosophischer Art ist die Diskussion zwischen Religion und Vernunft mit einem Schwerpunkt im Theodizeeproblem. Wohl moderner politischer Umstände ist die Aufnahme der Beispiele möglicher Instrumentalisierung von Religion mit Hinweis auf den sogenannten Fundamentalismus geschuldet (BP GY 2016, 52).

> Eher karg fällt die am 21. Februar 1994 im Amtsblatt des Ministeriums veröffentlichte Verordnung über die Realschulen aus, die am 1. August 1994 in Kraft trat. Hier heißt es lapidar: Der Ethikunterricht leistet einen wesentlichen Beitrag zur Religionskunde. Die Vielfalt der religiösen und weltanschaulichen Einstellungen der am Ethikunterricht teilnehmenden Schülerinnen und Schüler erfordert ein besonders behutsames Vorgehen der Lehrerinnen und Lehrer. (BP RS 1994, 32)

Im Bildungsplan für die Gemeinschaftsschule vom Jahre 2016 werden für die Schüler*innen, die nicht am Religionsunterricht teilnehmen, für die Schuljahre 7 bis 10 sieben Kontingentstunden Ethik vorgesehen (BP GS 2016). Schon in den amtlichen Bekanntmachungen vom 29. September 2011 war festgelegt worden, dass die Studierenden Kenntnisse über die Geschichte der Weltreligionen erwerben müssen. Allerdings wurden dafür nur fünf von insgesamt 53 Creditpoints veranschlagt. Als Nachweis forderte zum Beispiel die Universität Tübingen Referate, Protokolle oder eine kleinere schriftliche Arbeit. Im Hinblick auf die erforderlichen Kenntnisse über die Grundzüge der religiösen Inhalte, des religiösen Lebens und der Geschichte der Weltreligionen stand das Christentum im Vordergrund.

Im Ethikunterricht in Baden-Württemberg finden unter anderem die Schulbücher des Schöninghverlags Verwendung. Sie liegen für die Jahrgangsstufen 7 und 8 und für die Jahrgangsstufen 9 und 10 sowie für die gymnasiale Oberstufe vor (Pfeifer 2007,

2008). Die 240 Seiten (ohne Anhang) des Schulbuchs für die Jahrgangsstufen 7 und 8 sind in elf Kapitel gegliedert, von denen zwei auf das Thema Religion bezogen sind; das sind an Seitenzahlen gerechnet 46 von 240 Seiten, also immerhin 19 Prozent. Diese Kapitel haben die Überschriften „Glauben, hoffen und wissen" sowie „Judentum – Glaube und religiöses Leben". Im Kapitel „Glauben, hoffen und wissen" werden traditionelle Themen abgehandelt: Leben mit oder ohne Gott, Monotheismus und Polytheismus, Leben nach dem Tod. Berücksichtigt man, dass sich das Schulbuch an Dreizehn- bis Fünfzehnjährige wendet, kann man von dem Versuch sprechen, religiöse Themen in altersgerechter Sprache darzustellen. Dabei liegt immer ein besonderes Gewicht auf den monotheistischen Religionen (Judentum, Christentum, Islam). Andere Religionen kommen zwar im Abschnitt „Gott oder Götter" vor (Ägypten, Griechenland, Hinduismus), um dann aber direkt auf Abraham als den Vater des Monotheismus überzugehen. Der ständige Wechsel zwischen emischer und etischer Perspektive ist verwirrend. Das gilt auch für den Abschnitt über Vorstellungen des Lebens nach dem Tod. Das Schulbuch schließt mit einem Kapitel über das Judentum.

Das Schulbuch für die Jahrgangsstufen 9 und 10 kennt nur ein Kapitel zum Thema Religion. Es behandelt unter der Überschrift „Religionen" lediglich das Christentum und den Islam. Bei der Darstellung dieser beiden Religionen werden einerseits beschreibende systematische Methoden und andererseits historische Verfahren bevorzugt; wobei eigentlich religionshistorische Vorgehensweisen nur in Ansätzen berücksichtigt werden. Hervorzuheben ist, dass sich das Unterrichtsbuch in der Regel der Außenperspektive bedient. So heißt es, „nach islamischer Überzeugung ist der Koran die wörtliche und in arabischer Sprache festgehaltene Offenbarung Gottes" (Pfeifer 2008, 291). Dieser Passus hebt sich damit ab von dem im gleichen Buch abgedruckten Küngschen Text. Auch der Abschnitt „Wer war Jesus von Nazareth?" (Pfeifer 2008, 262, 263) zeichnet in groben Zügen den Stand der religionshistorischen Forschung zu Jesus nach. Der Aktualität geschuldet ist die Breite, in der moderne Fragen behandelt werden, wie beim Islam die Frauenfrage oder das Problem des Dschihad. Eine kulturwissenschaftlich konsequente Historisierung der betreffenden Religionen findet sich nicht. Vielmehr dominiert eine eher essentialistische Sichtweise, die an die früher vorherrschende Rede vom „Wesen" des Christentums und vom „Wesen" des Islams erinnert. Dass das Religionskapitel ganz im Sinne von Hans Küng mit einer Aufforderung zum Dialog und einem Lob auf sein Weltethosprojekt endet, ist dann nur konsequent. Religionspolitisch ist das zu begrüßen. Ihr religionswissenschaftlicher Gehalt ist jedoch gering zu veranschlagen.

Im Lehr- und Arbeitsbuch des Schöningh Schulbuchverlags für die gymnasiale Oberstufe mit dem Titel „Standpunkte der Ethik" steht, wie schon der Titel erwarten lässt, die philosophische Ethik in ihrer heutigen Ausprägung im Mittelpunkt. Selbst das Religionskapitel ordnet sich dem Generalthema unter: „Religion als Quelle der Moral? Religion und Ethik." Tabellarisch werden wichtige Elemente der Weltreligionen aufgelistet (Nink 2011, 336–337). Kritisch anzumerken ist hier, dass etwa bei den Daten zur Geschichte des Judentums nicht zwischen Ereignissen, die man mythischen Erzählungen zuordnen muss, und historisch belegter Geschichte unterschieden wird: Dass man von einem jüdischen Monotheismus nicht vor dem sechsten vorchristlichen Jahrhundert sprechen kann, dürfte ruhig auch in Schulbücher eingehen. Das Ethos der Weltreligionen (Nink 2011, 340–349) beschränkt sich auf Judentum, Christentum, Islam, Hinduismus, Buddhismus. Die Auswahl der hierfür benutzten kurzen Texte bedürfte einer eingehenden Begründung. Wie nicht anders zu erwarten, schließt das Thema „Weltethos" das Kapitel ab. Der Gegenstand „Religion und Staat" wird auf sieben Seiten abgehandelt, während sich die Religionsphilosophie mit Texten von Anselm von Canterbury und Blaise Pascals Wette begnügen muss (Nink 2011; 350–357, 358–359). Bei den Positionen der Religionskritik begegnen uns Voltaire, Feuerbach, Marx, Freud und Nietzsche (Nink 2011, 360–365) und als moderne Positionen der Gegenwart Richard Dawkins und Ian McEwans (Nink 2011, 360–365, 366–367). Die Schulbücher realisieren die im Bildungsplan vorgesehenen Themen.

Aktuelle Situation und Diskussionen

Nach wie vor geht auch die jetzige grün-schwarze Regierung Baden-Württembergs von der Vorrangigkeit des konfessionellen Religionsunterrichts aus. Im Ministerrat hat die Ministerin Susanne Eisenmann am 15. Mai 2018 ihr diesbezügliches Konzept vorgestellt (MK 2018). Der Ministerpräsident Winfried Kretschmann betonte dabei, „dass Schülerinnen und Schülern, die nicht am Religionsunterricht teilnehmen, eine Alternative geboten werden muss". In der heutigen Zeit sei es wichtiger denn je, über unsere Normen und Werte zu sprechen. Wie es im konfessionellen Religionsunterricht oder in einem islamischen Religionsunterricht mit dem gemeinsamen Gespräch gehalten wird, scheint allerdings keine Frage zu sein. Wenn in der Sitzung des Ministerrats die Ministerin ausführte, „dass der Ausbau des Ethikunterrichts für die Werteerziehung in den Schulen" zentral sei, und dann bemerkte, dass angesichts der wachsenden Anzahl an Schüler*innen ohne kirchliche Bindung der Ethikunterricht eine bedeutende Aufgabe übernehme, so machte sie indirekt die zurückgehende Zahl von religiös festgelegten Menschen für die Notwendigkeit einer allgemeinen Werterziehung verantwortlich.

Und in der Tat hat die gesellschaftliche Entwicklung, die man allgemein als Säkularisierung interpretiert, aus einem ungeliebten Residualfach „Ethik" ein Fach werden lassen, das an den Werkreal-/Hauptschulen zahlenmäßig den konfessionellen Religionsunterricht überholt hat. Wenn das bei diesem Schultyp auch auf die große Zahl von Schüler*innen mit Migrationshintergrund zurückzuführen ist, so darf man nicht übersehen, dass auch an den Gymnasien knapp 25 Prozent der Schüler*innen nicht am Religionsunterricht teilnehmen (MK 2018). Auch wenn das Schulgesetz dem entgegensteht, ist zu erwarten, dass in der Zukunft eine Wahlmöglichkeit zwischen

Ethikunterricht und konfessionellem Religionsunterricht angeboten wird, wie sie heute schon in vielen Schulen stillschweigend praktiziert wird. Die Ausweitung des Ethikunterrichts auch auf die Grundschulen ist zwar noch nicht beschlossen, scheint aber bereits angedacht zu sein. Susanne Eisenmann: „Auch an den Grundschulen ist es aus meiner Sicht notwendig, zukünftig Ethikunterricht anzubieten. Deshalb lassen wir schon jetzt die Bildungspläne dazu erarbeiten." (MK 2018) Damit wäre eine sichtbare Alternative gegeben zur heute noch üblichen Praxis, dass auch Kinder ohne religiöse Bindung am Religionsunterricht teilnehmen müssen.

Parallel zur Entwicklung des Schulunterrichtes in den vergangenen Jahrzehnten kam es auch zu einer Professionalisierung der Ethiklehrer*innen. In Baden-Württemberg wurde 1988 ein Ethiklehrer-Verband gegründet und 1990 erschien die erste reguläre Nummer der Zeitschrift „Ethik und Unterricht", die als fachdidaktische Zeitschrift bundesweit etabliert ist (Mahnke 2014). Die Tatsache, dass an den „weiterführenden Schulen in Baden-Württemberg mehr als 1000 Lehrerinnen und Lehrer das Fach Ethik unterrichten" (MK 2018),sowie die sichere Ausweitung des Unterrichts auf die Klassen 5 bis 7 wird sicherstellen, dass der Ethikunterricht zu einem festen Bestandteil des Schulsystems wird. So positiv dies zu werten ist, so bedauerlich bleibt es, dass die Religionskunde in diesem Fach nach wie vor peripher ist, was auch an der Marginalisierung der Religionswissenschaft im Bundesland liegt.

Religionswissenschaftliche Einordnung

Man kann als Fazit festhalten, dass das Ersatzfach „Ethik" inhaltlich eindeutig auf Moral und Ethik festgelegt ist. Auf dem Gebiet der Religion erwerben die Schüler*innen – wie zuvor schon die Lehrer*innen – nur oberflächliche Kenntnisse. Das betrifft sowohl das geschichtliche Wissen als auch den systematischen Zugriff. Die philosophischen Fachverbände haben sich intensiv in die Debatte um die Bildungspläne eingeschaltet. So unterstützte das Zentrum für Ethik in den Wissenschaften an der Universität Tübingen die Erklärung zum Studiengang Ethik der Allgemeinen Gesellschaft für Philosophie in Deutschland, der Fachverbände Philosophie und Ethik, die forderte, in den Lehrplänen die Interdisziplinarität der Ethik zu berücksichtigen. Eine Reduktion von Ethik auf praktische Philosophie wurde kritisiert (Entwurf 2000, 43, 44). Mahnungen von Religionswissenschaftler*innen, dass „QWUvb" die Ausbildung von Ethiklehrer*innen ohne Religionswissenschaft stattfinde, blieben Einzelstimmen und ungehört (Antes 1995). Eine Erklärung des Vorstandes der Deutschen Vereinigung für Religionsgeschichte vom April 1996 forderte, dass in der Ausbildung von Ethiklehrer*innen ein religionswissenschaftlicher Anteil von vierzig Prozent der Semesterwochenstunden vorzusehen sei (Kippenberg 1996). Die Realität sieht allerdings anders aus. Für Baden-Württemberg kann man höchstens von einem zehnprozentigen Anteil ausgehen. Und auch dieser entspricht nicht in ausreichendem Maß den Standards der Religionswissenschaft.

Bibliografie

[AI] Regierungspräsidium Stuttgart. 2019. *Allgemeine Informationen zum Fach Ethik*. Stuttgart.
Antes, Peter. 1995. „Ethiklehrerausbildung ohne Religionswissenschaft? Ein Plädoyer von Peter Antes." *Ethik & Unterricht* 6:43–44.
[BP GS] MK (=Ministerium für Kultus, Jugend und Sport Baden-Württemberg). 2016. *Bildungsplan 2016 für die Gemeinschaftsschule*. Stuttgart.
[BP GY] MK. 2016. *Bildungsplan des Gymnasiums für das Fach Ethik vom 23. März 2016*. Stuttgart.
[BP RS] MK. 1994. *Bildungsplan für die Realschule vom 19. Januar 1994*. Stuttgart.
Entwurf. 2000. „Auszüge aus der Stellungnahme zum Entwurf des Studiengangs Philosophie Ethik für Baden-Württemberg." *Ethik und Unterricht* 2:43–44.
Erwin, Christoph. 2001. *Verfassungsrechtliche Anforderungen an das Schulfach Ethik/Philosophie*. Schriften zum Öffentlichen Recht, Band 847. Berlin: Dunker & Humblot.
EuK. Ethik und Unterricht. 1999. „Untergesetzlicher Status des Ethikunterrichts in Baden-Württemberg. Aus der Urteilsbegründung des BVerG vom 17, Juni 1998." 1:44–45.
Goergen, Klaus. 2015. „Ethikunterricht in Baden-Württemberg." *Lehren und Lernen* 8/9:48–57.
Kippenberg, Hans. 1996. „Beteiligung der Religionswissenschaft an der Ausbildung von Ethiklehrern. Erklärung des Vorstandes der Deutschen Vereinigung für Religionsgeschichte (DVRG)." *Ethik und Unterricht* 4:44–45.
Knödler-Pasch, Margarete. 1991. „Ethik als reguläres Schulfach und die Praxis der Lehrer Fortbildung." In *Herausforderung Ethikunterricht*, hg. von Hartmut Zinser, 29–38. Marburg: Diagonal.
Mahnke, Hans Peter. 1995. „Aktenzeichen 2 K 1125/94: Joachim Neumann gegen das Land Baden-Württemberg wegen Befreiung vom Ethikunterricht." *Ethik und Unterricht* 3:40–42.
Mahnke, Hans Peter. 2004. „Reale Ethik-Didaktik im Sumpf des Alltags. Berichte über Altes und Neues aus den Bundesländern." In *Ethik macht Schule II*, hg. v. Richard Breun, 61–80. Velbert: Friedrich Verlag.
Mahnke, Hans-Peter. 2014. „Jubiläum. 25 Jahre Ethik und Unterricht." *Ethik und Unterricht* 2:52–53.
MK (= Ministerium für Kultus, Jugend und Sport). 2002. *Verwaltungsvorschrift vom 21. November 2001*. Stuttgart.
MK. 2018. *Ethikunterricht künftig ab Klasse 5*. Stuttgart.
Nink, Hermann, Hg. 2011. *Standpunkte der Ethik. Lehr- und Arbeitsbuch für die gymnasiale Oberstufe*. Paderborn: Schöningh.
Pfeifer, Volker, Hg. 2007. *Fair Play 7/8. Schülerband: Lehrwerk für den Ethikunterricht in der Sekundarstufe 1*. Paderborn: Schöningh.
Pfeifer, Volker, Hg. 2008. *Fair Play 9/10. Schülerband: Lehrwerk für den Ethikunterricht in der Sekundarstufe 1*. Paderborn: Schöningh.
Seiferlein, Alfred. 2000. *Ethikunterricht. Religionspädagogische Studien zum außerordentlichen Lehrfach*. Göttingen: Vandenhoeck & Ruprecht.

Stefan Schröder
2 Bayern

Hard Facts auf einen Blick

Fachbezeichnung	Ethik (alle Schulformen außer Gymnasium) und Philosophie/Ethik (Gymnasium)
Einführung des Faches	1972
Schulstufen	Primarstufe, Sekundarstufe I, Sekundarstufe II
Rechtsstatus	Ersatzpflichtfach
Rechtsgrundlage	Bayerische Verfassung § 137, Bayerisches Erziehungs- und Unterrichtsgesetzes § 47
Teilnehmer*innen	alle Schüler*innen, die nicht am Religionsunterricht (nach GG 7,3) oder am alternativen Ersatzfach „Islamischer Unterricht" teilnehmen
Einheitliche Prüfungsanforderung für das Abitur (EPA)	EPA Ethik (2006)
Bezugsdisziplin/en laut curricularer Vorgaben	Nicht explizit benannt, aus den Lehrplänen ergeben sich Philosophie, Religionswissenschaft und weitere Gesellschaftswissenschaften.
Studienstandorte	Augsburg, Bamberg, Erlangen-Nürnberg, München, Passau, Regensburg (jeweils Erweiterungsfach); Würzburg und Eichstätt-Ingolstadt (jeweils grundständig)
Beteiligung der Religionswissenschaft an Lehramtsausbildung	marginal (standortabhängig)
Besonderheit	Religionsmündigkeit und damit Abwahlmöglichkeit von Religionsunterricht erst ab 18 Jahren
Weitere religions- und ethikbezogene Schulfächer	Religionsunterricht: römisch-katholisch, evangelisch-lutherisch, altkatholisch, orthodox, jüdisch, alevitisch; Ersatzfach für den Ethikunterricht: Islamischer Unterricht (nicht bekenntnisgebunden)

Open Access. © 2023 bei den Autorinnen und Autoren, publiziert von De Gruyter. Dieses Werk ist lizenziert unter der Creative Commons Namensnennung - Nicht-kommerziell - Keine Bearbeitungen 4.0 International Lizenz.
https://doi.org/10.1515/9783110694536-010

Nachfrage der religions- und ethikbezogenen Fächer in Bayern in Form von Schüler*innen-Belegzahlen für das Schuljahr 2019/20

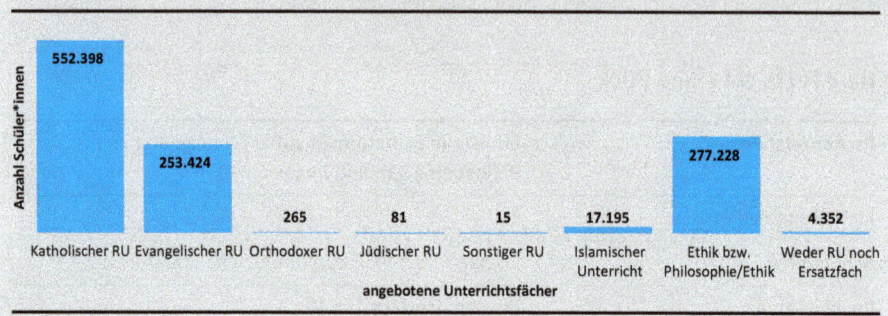

Quelle: KMK 2021. Auswertung Religionsunterricht Schuljahr 2019/20.

Verteilung der Fächer im Schulsystem

	Religionsunterricht (Pflichtfach)	Ethik (Ersatzpflichtfach)	Philosophie/ Ethik (Ersatzpflichtfach)	Islamischer Unterricht (Ersatzfach)
Primarstufe	+	+	–	+
Sekundarstufe I	+	+	+	+
Sekundarstufe II grundlegendes Anforderungsniveau	+	–	+	–
Sekundarstufe II erhöhtes Anforderungsniveau	+	–	+	–

An öffentlichen Schulen im Freistaat Bayern tritt das Schulfach Ethik bzw. Philosophie/Ethik[1] mit dem implizit religionskundlichen[2] Anspruch auf, den Schüler*innen u.a. „Kenntnisse über wichtige Wertvorstellungen in verschiedenen Kulturen sowie

---

[1] Zum Zwecke der besseren Lesbarkeit wird im Folgenden die Bezeichnung „Ethik" einheitlich für die bayerischen Fächer Ethik (alle Schulformen außer Gymnasium) und Philosophie/Ethik (Gymnasium) verwendet.

[2] In den bayerischen Ethiklehrplänen und Fachprofilen wird der Begriff „Religionskunde" nicht explizit verwendet. Das dahinterstehende Konzept im Sinne der im einleitenden Kapitel dieses Handbuches dargelegten Definition ist jedoch zumindest anteilig in den Entwürfen zum bayerischen Ethikunterricht auszumachen.

der sie prägenden Religionen" (FEbGym, 2) zu vermitteln. Der folgende Beitrag konzentriert sich deshalb auf die Entstehung, Entwicklung und gegenwärtige Situation dieses Faches.

Geschichte und Entwicklung des aktuellen Modells

Bayern ist neben Rheinland-Pfalz eines von zwei Bundesländern der Bundesrepublik Deutschland, in denen eine verfassungsrechtliche Verpflichtung zur Einrichtung eines Ersatzfaches (mit religionsbezogenen Anteilen) für den konfessionellen Religionsunterricht nach Artikel 7, Absatz 3 des Grundgesetzes der Bundesrepublik Deutschland (GG) besteht. In Artikel 137 der Bayerischen Verfassung (BV) heißt es:

> (1) Die Teilnahme am Religionsunterricht und an kirchlichen Handlungen und Feierlichkeiten bleibt der Willenserklärung der Erziehungsberechtigten, vom vollendeten 18. Lebensjahr ab der Willenserklärung der Schüler überlassen. (2) Für Schüler, die nicht am Religionsunterricht teilnehmen, ist ein Unterricht über die allgemein anerkannten Grundsätze der Sittlichkeit einzurichten.

Diese landesverfassungsrechtliche Verankerung des Faches ist eng mit der Person Wilhelm Hoegner (SPD) verbunden. Der erste Ministerpräsident Bayerns nach dem Zweiten Weltkrieg war von der US-Militärregierung im Februar 1946 mit der Vorbereitung eines Verfassungstextes beauftragt worden. Hoegner war während des Zweiten Weltkrieges in die Schweiz geflohen und hatte dort bereits an Gesetzestexten gearbeitet, die nun leicht verändert auch in den zitierten Artikel einflossen. Zuvor hatte sich der Jurist unter anderem mit Vertreter*innen beider großer Kirchen abgestimmt, um angesichts der sozialen Not nach Kriegsende keinen Kulturkampf zu riskieren. Hoegner selbst wollte den Verfassungsartikel zunächst als „Gesetz zur Befreiung der Religion vom staatlichen Zwang" betitelt wissen. Zusammen mit anderen Delegierten des Verfassungsausschusses sah er in der Einrichtung des auch als „Sittenunterricht" verhandelten Faches eine Notwendigkeit zur Erreichung der Bildungsziele der Bayerischen Verfassung[3] auch bei denjenigen Schüler*innen, die keinen Religionsunterricht besuchen (Ebert 2001, 44–53). Als erstes der obersten Bildungsziele nennt die Verfassung die Erziehung zur „Ehrfurcht vor Gott". Dies

---

3 Als oberste Bildungsziele definiert Artikel 131 der bayerischen Landesverfassung: „(1) Die Schulen sollen nicht nur Wissen und Können vermitteln, sondern auch Herz und Charakter bilden. (2) Oberste Bildungsziele sind Ehrfurcht vor Gott, Achtung vor religiöser Überzeugung und vor der Würde des Menschen, Selbstbeherrschung, Verantwortungsgefühl und Verantwortungsfreudigkeit, Hilfsbereitschaft, Aufgeschlossenheit für alles Wahre, Gute und Schöne und Verantwortungsbewusstsein für Natur und Umwelt. (3) Die Schüler sind im Geiste der Demokratie, in der Liebe zur bayerischen Heimat und zum deutschen Volk und im Sinne der Völkerversöhnung zu erziehen. (4) Die Mädchen und Buben sind außerdem in der Säuglingspflege, Kindererziehung und Hauswirtschaft besonders zu unterweisen." (Art. 131 BV)

wirft nicht nur Zweifel hinsichtlich der Unabhängigkeit des Schulfaches Ethik von religiöser, vor allem kirchlicher Positionalität auf, sondern gefährdet als explizit genannte Grundlage des Ethikunterrichtes potenziell auch die (negative) Religionsfreiheit der teilnehmenden Schüler*innen. Will sich die Religionswissenschaft an der Konzeption und/oder Lehrer*innenbildung für Ethik in Bayern beteiligen, muss sie diese Vorgabe kritisch in ihrer Bedeutung für den Unterricht hinterfragen.

Trotz der verfassungsrechtlichen Verpflichtung zur Einrichtung des Unterrichtes „über die allgemein anerkannten Grundsätze der Sittlichkeit" wurde dieser erst 1972 schrittweise an öffentlichen Schulen in Bayern eingeführt. Zuvor waren in den Jahren 1958 und 1966 zwei konkrete Versuche einer Einführung des Faches vor allem an der geringen Zahl potenzieller Teilnehmer*innen gescheitert. So gehörten 1958 noch 99 Prozent der Schüler*innen in Bayern einer der beiden Großkirchen an und auch Abmeldungen spielten kaum eine Rolle. Zudem blieb die Teilnahme am „Sittenunterricht" freiwillig, weil der Willenserklärung der Erziehungsberechtigten überlassen. Selbst jahrgangsübergreifend kam es an kaum einer bayerischen Schule zu einer für die Einrichtung des Faches laut kultusministeriellem[4] Erlass erforderlichen Gruppenstärke von fünf Schüler*innen (Pfeufer 2004, 51–55).

Im Zuge der gesellschaftlichen Umbrüche in den späten 1960er- und 1970er-Jahren veränderte sich die Situation jedoch auch in Bayern erheblich. Es kam nicht nur zu einer Vielzahl von Kirchenaustritten. Erstmals meldete auch ein signifikanter Anteil der Eltern in Bayern seine Kinder vom schulischen Religionsunterricht ab (Ebert 2001, 156).

Für die Schulen ergab sich dadurch ein organisatorisches Problem, denn gerade die minderjährigen Schüler*innen mussten betreut werden, während der Religionsunterricht stattfand. Mindestens genauso entscheidend für die Einführung des Ethikunterrichtes an bayerischen Schulen im Jahr 1972 war jedoch das Engagement der beiden etablierten Großkirchen und ihnen nahestehender Lehrer*innenverbände (Brandmüller 1987, 369; Pfeufer 2004, 60–64). Der Verband der katholischen Religionslehrer und Religionslehrerinnen an den Gymnasien in Bayern e. V. beauftragte den Staats- und Verwaltungsrechtsprofessoren Walter Leisner mit der Erstellung eines juristischen Gutachtens, das den Verbindlichkeitscharakter des Ersatzunterrichtes für alle Schüler*innen, die nicht den Religionsunterricht besuchen, klar herausstellt und in ungewöhnlicher Schärfe die diesbezüglichen Versäumnisse des bayerischen Kultusministeriums kritisiert (Leisner 1971). Der plötzliche Einsatz kirchlicher und kirchennaher Akteure für die Einrichtung eines Ersatzfaches für den konfessionellen Religions-

---

4 Bevor es 2018 Kompetenzen an das neu entstandene Bayerische Staatsministerium für Wissenschaft und Kunst abtrat, hieß das heutige für Schulangelegenheiten zuständige Bayerische Staatsministerium für Unterricht und Kultus „Bayerisches Staatsministerium für Bildung und Kultus, Wissenschaft und Kunst". Zur Vereinfachung wird in diesem Kapitel einheitlich die Kurzform „Kultusministerium" verwendet. Gemeint ist dabei jeweils das Bayerische Staatsministerium, das sich mit Schulangelegenheiten befasst(e).

unterricht war insbesondere von der Motivation geleitet, die Abmeldezahlen von diesem wieder zu reduzieren. Es bestand der Verdacht, Schüler*innen meldeten sich vor allem aus Interesse an Freistunden, nicht aus Gewissensgründen, vom Religionsunterricht ab (Brandmüller 1987, 369). Stellvertretend für die Kritiker*innen an einer so begründeten Einführung des Ethikunterrichtes nennt der Richter für Verwaltungsrecht Ludwig Renck das Ersatzfach einen „oktroyierten Ausgleich für einen Bekenntnisunterricht" und „Ersatzdienst für Religionsunterrichtsverweigerer" (Renck 1992, 521).

Nach einem Modellversuch 1972/1973 wurde ein Ersatzfach für den Religionsunterricht unter dem Namen „Ethik" im Schuljahr 1973/1974 an der gymnasialen Oberstufe in Bayern eingeführt,[5] in den Folgejahren auch in allen anderen Schulformen und Jahrgangsstufen. Die gymnasiale Oberstufe ist jedoch im politischen Fokus des Faches geblieben. Die 1978 erfolgte Revision des curricularen Lehrplans von 1972 hatte z.B. explizit keine Auswirkungen auf die Hauptschulen. Ein spezifischer Hauptschullehrplan für das Fach trat überhaupt erst 1986 in Kraft. Pfeufer, selbst Hauptschullehrer für Ethik in Bayern, kritisiert, dass nichtgymnasiale Schulformen im Allgemeinen und der Ethikunterricht an diesen im Speziellen in Bayern aus Prestigegründen bildungspolitisch vernachlässigt würden. Dies zeige sich beispielsweise an einem Mangel an Handreichungen und Schulbüchern für den Ethikunterricht an Haupt- und Realschulen (Pfeufer 2004, 64–67).

Trotz des Anspruches einer flächendeckenden Einführung des Ethikunterrichtes in Bayern existiert das Fach de facto gerade in ländlichen Regionen an einigen Schulen nach wie vor nicht. Laut einem Bericht der Kultusministerkonferenz wurde es im Schuljahr 2018/2019 an 81 Prozent der Grundschulen, 89 Prozent der Gymnasien, 82 Prozent der Realschulen und 92 Prozent der Mittel- bzw. Hauptschulen[6] erteilt (KMK 2020, 20).

Neben den beiden etablierten christlichen Großkirchen wird in Bayern auch einer Reihe kleinerer Religionsgemeinschaften das Recht zugestanden, einen Religionsunterricht als ordentliches Lehrfach an öffentlichen Schulen zu erteilen.[7] Zu diesen gehören die altkatholische Kirche (seit 1961), eine zusammengefasste Gruppe orthodoxer Kirchen (russisch-orthodox, griechisch-orthodox, serbisch-orthodox, syrisch-orthodox; schrittweise seit 1956) sowie bereits seit 1945 die israelitische Kul-

---

5 An der gymnasialen Oberstufe häuften sich die Abmeldungen vom konfessionellen Religionsunterricht besonders, weil die Schüler*innen sie hier (ab Vollendung des 18. Lebensjahres) selbst vornehmen können (Pfeufer 2004, 59).
6 Seit dem Schuljahr 2011/2012 haben bayerische Hauptschulen unter bestimmten Bedingungen (z. B. Angebot einer Ganztagsbetreuung und eines Zuges zur Mittleren Reife) die Möglichkeit, den Namen „Mittelschule" zu führen. Fachprofil und Lehrpläne existieren seitdem explizit nur noch für Mittelschulen, nicht mehr für Hauptschulen (FEbM, LEbM).
7 Dieser Religionsunterricht kleinerer Religionsgemeinschaften darf auch außerschulisch erteilt werden. Er bleibt auch in diesem Falle ordentliches Lehrfach, wird also benotet und ist versetzungsrelevant (BSUK 2009, 9–11).

tusgemeinde (BSUK 2009, 8; vgl. weiterführend auch die entsprechenden kurzen Kapitel in Corlazzoli 2009). Ein alevitischer Religionsunterricht als ordentliches Lehrfach an öffentlichen Schulen in Bayern wurde 2008 eingeführt (Grzezick 2017, 374). Wer einen dieser Unterrichte besucht, erhält eine Note im Fach Religionslehre und ist nicht zur Teilnahme am Fach Ethik verpflichtet. Schüler*innen einiger kleinerer evangelisch-freikirchlicher Gemeinschaften nehmen auf Grundlage einer Erklärung ihrer jeweiligen Religionsgemeinschaft gegenüber dem Kultusministerium an der evangelisch-lutherischen Religionslehre teil.[8]

Einen Sonderweg hat der Freistaat Bayern im Schuljahr 2021/2022 mit der Einführung des sogenannten „Islamischen Unterrichtes" eingeschlagen, der in rein staatlicher Verantwortung erteilt wird. Vorläufer war ein 2009 gestarteter Modellversuch, der ursprünglich eine Überführung in einen „künftigen bekenntnisorientierten islamischen Religionsunterricht nach Art. 7 Abs. 3 des Grundgesetzes" vorsah (Informations- und Beratungszentrum für Studiengestaltung & Career Service der Friedrich-Alexander Universität Erlangen-Nürnberg 2019, 1). Nachdem sich auch nach zehn Jahren Modellversuch aber keine Einigung des Freistaates mit potenziellen institutionellen islamischen Trägern eines konfessionellen Unterrichtes abzeichnete, entschied die Staatsregierung im März 2019, das Fach weiterhin (wie im Modellversuch) in rein staatlicher Verantwortung zu belassen. Damit erhält es den gleichen Ersatzfachstatus wie das Fach Ethik, ist nach Art. 137 BV als „Sittenunterricht" in nicht religiös bzw. konfessionell gebundener Form zu erteilen und kann nun als Wahlpflichtersatzfach in Konkurrenz zum Fach Ethik von allen Schüler*innen gewählt werden, die nicht an einem Religionsunterricht nach Art. 7, Abs. 3 GG teilnehmen. De Wall (2022, 122-125) weist darauf hin, dass ein so verstandener Islamunterricht wegen des Grundsatzes staatlicher Neutralität in Religions- und Weltanschauungsfragen auf religionskundliche Informationen (über den Islam und darüber hinaus) und eine Vermittlung der verfassungsrechtlich definierten „Grundsätze der Sittlichkeit" beschränkt bleiben muss und keine Glaubenswahrheiten als solche vermitteln darf. Unter dieser Voraussetzung sei der Unterricht zwar verfassungsrechtlich zulässig. Es lasse sich jedoch kritisch hinterfragen, warum der Gesetzgeber hier anscheinend implizit davon ausgehe, „dass für Gruppen von Schülern, die nicht am Religionsunterricht teilnehmen, aufgrund ihrer gruppenspezifischen sozialen, religiösen oder bildungsmäßigen Voraussetzungen unterschiedliche Arten der Vermittlung der ‚allgemein anerkannten Grundsätze der Sittlichkeit' (so die Bezeichnung des Ethikunterrichts, Art. 137 BV) sinnvoll sind" (de Wall 2022, 122).

---

[8] Konkret handelt es sich um den Bund Evangelisch-Freikirchlicher Gemeinden in Deutschland, die Evangelisch-Methodistische Kirche in Bayern, die Evangelisch-Reformierte Kirche in Bayern sowie den Bund Freier evangelischer Gemeinden (BSUK 2009, 9).

Rahmenbedingungen

Ethik hat in Bayern in allen Schulformen den Status eines Ersatzunterrichtes für den konfessionellen Religionsunterricht. In einem kultusministeriellen Schreiben an bayerische Schulleiter*innen aus dem Jahr 2009 erfolgt der explizite Hinweis: „Bei Elterninformationen ist der Eindruck zu vermeiden, dass Religionsunterricht und Ethik zur Wahl gestellt sind (als Wahlpflichtfächer)." (BSUK 2009, 6)

Der Religionsunterricht ist für die bekenntnisangehörigen Schüler*innen Pflichtfach. Erziehungsberechtigte haben jedoch das Recht, ihre Kinder aus Glaubens- und Gewissensgründen durch schriftliche Willenserklärung vom Religionsunterricht abzumelden. Mit Vollendung des 18. Lebensjahres steht den Schüler*innen dieses Recht selbst zu (Art. 137(2) BV). Durch die Abmeldung vom Religionsunterricht wird Ethik oder alternativ der 2021 eingeführte Islamische Unterricht für die betreffenden Schüler*innen zum Wahlpflicht- und ordentlichen Lehrfach, wird benotet und ist versetzungsrelevant (BSUK 2009, 3–7).

Der erste Absatz des Artikels 47 des Bayerischen Erziehungs- und Unterrichtsgesetzes (BayEUG 47 (1)) bestätigt in seiner Neufassung vom 5. Juli 2022 die Pflicht zur Belegung des Ethik- oder des Islamischen Unterrichtes für alle, die nicht am konfessionellen Religionsunterricht teilnehmen. Dabei handelt es sich um drei Gruppen: (1) Konfessionsfreie Schüler*innen, (2) solche, die sich vom konfessionellen Religionsunterricht abgemeldet haben bzw. von ihren Erziehungsberechtigten von diesem abgemeldet wurden, sowie (3) Schüler*innen, die einem Bekenntnis angehören, für das kein Religionsunterricht eingerichtet ist (KMK 2020, 19). In den katholischen Hochburgen Bayerns handelt es sich bei Gruppe (3) teilweise auch um protestantisch getaufte Kinder und Jugendliche (Pfeufer 2004, 116).

Der zweite Absatz des BayEUG 47 macht Angaben zur pädagogisch-didaktischen Ausrichtung des Faches Ethik: „(2) Der Ethikunterricht dient der Erziehung der Schülerinnen und Schüler zu werteinsichtigem Urteilen und Handeln. Sein Inhalt orientiert sich an den sittlichen Grundsätzen, wie sie in der Verfassung und im Grundgesetz niedergelegt sind. Im Übrigen berücksichtigt er die Pluralität der Bekenntnisse und Weltanschauungen." (BayEUG 47 (2))

Bekräftigt und konkretisiert wurde diese Ausrichtung des Ethikunterrichtes auf Moralerziehung und Wertevermittlung nochmals in den 1990er Jahren vom damaligen Kultusminister Hans Zehetmair (CSU). Dieser bezeichnet den Ethikunterricht als einen der Orte (neben dem Religionsunterricht), „an denen die Orientierungsfrage in profilierter Weise gestellt wird" (Zehetmair 1993, 34). Der Ethikunterricht müsse Orientierungshilfen erarbeiten, die einem abendländisch-europäischen Ethos verpflichtet seien, „wie es sich in der Geschichte – verschiedene Weltanschauungen übergreifend – herausgebildet hat" (Zehetmair 1993, 37) und heute in vielen Teilen der Welt als „allgemeingültig anerkannt" (Zehetmair 1993, 43) werde. Die historische Redlichkeit erfordere, die christlichen Fundamente dieses „Humanums" weder zu verdrängen noch zu verkürzen, denn „weltanschauliche Neutralität kann nicht die Eliminierung des Christlichen bedeuten" (Zehetmair 1993, 37).

Das Fach Ethik in Bayern wird in der Regel zweistündig erteilt, in Klasse 3 und 4 der Grundschule dreistündig, an Berufs(ober)schulen und Fachoberschulen zeitweise einstündig (BSUK 2019). Es kann als schriftliches oder mündliches Abiturfach belegt werden. Dabei gelten die Einheitlichen Prüfungsanforderungen in der Abiturprüfung für das Fach Ethik (KMK 2006; Staatsinstitut für Schulqualität und Bildungsforschung Bayern 2010, 2). In der Haupt- bzw. Mittelschule ist es zur Erlangung eines qualifizierten Hauptschulabschlusses wählbar (KMK 2020, 24).

Um die Mindestteilnehmer*innenzahl von fünf Schüler*innen zu erreichen, ist in der Praxis gerade in ländlichen Regionen auch schularten- oder jahrgangsübergreifender Unterricht üblich. In der Vergangenheit führte dies in Extremfällen an Grund- und Hauptschule zusammenfassenden Volksschulen dazu, dass Ethikschüler*innen aller Jahrgänge in einer Gruppe unterrichtet wurden (Pfeufer 2004, 110).

Laut Angaben der Kultusministerkonferenz ist der Anteil der Schüler*innen, die in Bayern am Ethikunterricht teilnehmen, in den vergangenen Jahren für alle Schulformen deutlich angestiegen. An Grundschulen betrug er im Schuljahr 2018/2019 22,3 Prozent gegenüber 10,7 Prozent im Schuljahr 2007/2008, an Gymnasien 20,7 Prozent gegenüber 12 Prozent. Am stärksten stieg der Anteil an Haupt- bzw. Mittelschüler*innen, die am Ethikunterricht teilnehmen: Von 16,4 Prozent im Schuljahr 2007/2008 auf 34,4 Prozent im Schuljahr 2018/2019. Insgesamt wurde das Fach Ethik 2018/2019 von insgesamt 24,5 Prozent der Schüler*innen in Bayern belegt (KMK 2020, 24). Die Teilnehmer*innenzahlen des Ethikunterrichtes waren im Schuljahr 2019/2020 außerdem 16 Mal so hoch wie die des Islamischen Unterrichtes (KMK 2021, 16–17). Ob die Überführung des Modellversuches zu einem Wahlpflichtersatzfach Islamischer Unterricht an diesen Verhältnissen langfristig etwas ändern wird, bleibt abzuwarten.

Ausbildung der Lehrkräfte

Prinzipiell darf in Bayern jede Lehrkraft mit formaler Lehrbefähigung ohne Rücksicht auf ihre fachlichen Schwerpunkte Ethik unterrichten. Eine Ausnahme bilden Religionslehrer*innen, die laut kultusministerieller Anweisung von 1972 „i. d. R. den Ethikunterricht nicht erteilen" sollen (KMK 2020, 21). Doch vor allem Grund-, Real- und Haupt- bzw. Mittelschulen unterlaufen diese Vorgabe häufig (Pfeufer 2004, 154). Schulleiter*innen wählen die Lehrkräfte aus, die das Fach unterrichten sollen. In der überwiegenden Zahl der Fälle erfolgt zuvor eine freiwillige Meldung (Ebert 2001, 195).

Ein universitäres Lehramtsstudium für das Fach Ethik gibt es in Bayern für alle Schulformen erst seit Inkrafttreten der Neunten Änderungsverordnung zur Lehramtsprüfung am 1. August 2002 (LPO I). Zuvor hatten Ethiklehrer*innen lediglich die

Möglichkeit, sich an der staatlichen Akademie für Lehrerfortbildung und Personalführung in Dillingen weiter- oder fortzubilden. Ein Nachweis über den Besuch eines einwöchigen Fortbildungskurses genügt bis heute, um das Fach an der gymnasialen Oberstufe unterrichten und die Abiturprüfung abnehmen zu dürfen. Der Erwerb eines „Dillingen-Zertifikats" nach drei einwöchigen Kursen reicht aus, um die Funktion einer Fachbetreuung Ethik[9] an Gymnasien zu übernehmen (Fuß 2013, 98–99; KMK 2020, 22).

Ein grundständiges Lehramtsstudium für das Fach Ethik existiert in Bayern erst seit dem Wintersemester 2021/2022 an der Julius-Maximilian-Universität Würzburg und an der der Katholischen Hochschule Eichstätt-Ingolstadt, wo die einzige Professur für Fachdidaktik Philosophie/Ethik in ganz Bayern angesiedelt ist (Staffen-Quandt 2021). Zuvor konnte Ethik in Würzburg und an sechs weiteren bayerischen Universitätsstandorten (Augsburg, Bamberg, Erlangen-Nürnberg, Passau, Regensburg, LMU München) lediglich als wenig attraktives Erweiterungsfach studiert werden – und auch das erst seit 2003. Lehrer*innen mussten also in zwei weiteren (Haupt-)Fächern ein Staatsexamen ablegen, um in Bayern an öffentlichen Schulen unterrichten zu dürfen. Lehrer*innen, die in einem anderen Bundesland Ethik als eines von zwei Hauptfächern studiert hatten, konnten sich bei einem Wechselwunsch nach Bayern nur als Ein-Fach-Lehrer*innen bewerben – und wurden deshalb in der überwiegenden Zahl der Fälle nicht angestellt (Fuß 2013, 99).

Als übergreifende Prüfungsordnung für Lehramtsstudiengänge in Bayern definiert die LPO I wesentliche Studien- und Prüfungsinhalte eines Lehramtsstudiums des Faches Ethik (§ 45, alle Schulformen außer Gymnasium) bzw. Philosophie/Ethik (§ 76, Gymnasium) in Bayern. Dabei unterscheidet sie jeweils zwischen „fachlichen Zulassungsvoraussetzungen" und „inhaltlichen Prüfungsanforderungen". Die „fachlichen Zulassungsvoraussetzungen" legen eine Reihe von Leistungsnachweisen fest, die während des Lehramtsstudiums erbracht werden müssen, um sich für die Prüfung zum Ersten Staatsexamen anmelden zu können. Von den mindestens zu erbringenden 56 Leistungspunkten für Ethik bzw. 81 Leistungspunkten für Philosophie/Ethik werden 8 bzw. 10 Punkte dem „Teilgebiet Religionsphilosophie und grundlegende[n] Kenntnisse[n] über die Weltreligionen, insbesondere Christentum, Judentum und Islam (Quellen, Geschichte, Kult und Ethik)" zugeschlagen. Insgesamt dominieren philosophische Themen. Da auch die Religionsphilosophie eher der Bezugsdisziplin Philosophie zuzuordnen ist, fällt der potenziell religionswissenschaftliche Anteil der Lehrer*innenausbildung somit sehr gering aus. Im Gegensatz zu früheren Versionen ist in der aktuellen LPO I ein expliziter Bezug auf Religionswissenschaft als Bezugsdisziplin auch gestrichen worden. Eine tatsächliche Beteiligung religionswissenschaftlicher Institute oder Lehrstühle an der Lehramtsausbildung für

---

[9] Eine Fachbetreuung Ethik existiert lediglich an öffentlichen Gymnasien in Bayern. Es handelt sich dabei um eine von der Schulleitung beauftragte Lehrkraft, welche sich um Angelegenheiten des Faches kümmert und die Schulleitung entsprechend berät (Fuß 2013, 97).

Ethik liegt nur in Würzburg und München vor. An anderen Universitäten wird der religionsbezogene Anteil des Studiums von der Philosophie oder gar der Theologie übernommen (vgl. etwa Universität Augsburg 2017).

Die „inhaltlichen Prüfungsanforderungen" kommen schließlich gänzlich ohne Religionsbezug aus. De facto bedeutet dies, dass Lehramtsanwärter*innen in Bayern ihr erstes Staatsexamen erhalten können, ohne über religionsbezogene Themen geprüft worden zu sein (LPO I, §45, § 76).

Für das erst im Wintersemester 2021/2022 angelaufene grundständige Lehramtsstudium Philosophie/Ethik in Bayern liegen noch keine statistischen Daten vor. Das universitäre Studienangebot für das Erweiterungsfach Ethik wurde in den ersten Jahren kaum genutzt: Das Erste Staatsexamen haben im Zeitraum 2001 bis 2007 lediglich 59 Personen abgelegt (KMK 2008, 20). Inzwischen sind die Zahlen zwar gestiegen, doch ist der Anteil an Lehrer*innen, die fachfremd Ethik unterrichten, nach wie vor sehr hoch: Nach Auskunft des bayerischen Kultusministeriums vom 12. Dezember 2014 hatten im Schuljahr 2013/14 von 11.930 im Ethikunterricht eingesetzten Lehrer*innen lediglich 353 eine Lehrbefähigung im Fach Ethik (Fraktion Bündnis 90/Die Grünen im bayerischen Landtag 2019, 2). Der geringe Anteil an universitär ausgebildeten Ethiklehrer*innen in Bayern hat auch studienorganisatorische Gründe, wie die mangelnde Koordination von Stundenplänen, die bei zwei zusätzlich zu studierenden Fächern häufig ein großes Problem darstellt. In Erlangen-Nürnberg finden Seminare und Vorlesungen deshalb mittlerweile vor allem am Freitagabend oder Samstag statt, damit es zu keinen Überschneidungen mit den Lehrveranstaltungen anderer Fächer kommt und auch bereits im Schuldienst aktive Lehrer*innen an ihnen teilnehmen können. Ähnliche Schwierigkeiten treten bei der Seminarausbildung während der zweiten Ausbildungsphase auf: Aufgrund der geringen Anzahl an Studienseminaren für Ethik in Bayern finden die Fachveranstaltungen vor allem in den Abendstunden statt, damit auch Referendar*innen aus dem Umland teilnehmen können. Teilweise müssen diese dafür regelmäßig mehrstündige Reisetätigkeiten von ihren Zweigschulen aus in Kauf nehmen. Genauso ergeht es Seminarlehrkräften bei Unterrichtsbesuchen bzw. Abnahmen von Lehrproben (Fuß 2013, 99–100).

Curriculare Vorgaben

Das Kultusministerium beauftragte Anfang der 1970er Jahre zunächst das Staatsinstitut für Schulqualität und Bildungsforschung Bayern mit der Lehrplanentwicklung für das Fach Ethik. In den Folgejahren entstand zur Weiterentwicklung curricularer Vorgaben ein bis heute bestehender Arbeitskreis aus Mitarbeiter*innen des Institutes und bis zu fünf aktiven Ethiklehrer*innen. Zur Evaluation und Weiterentwicklung der Lehrpläne werden gegenwärtig auch die an der Lehrer*innenausbildung beteiligten

Universitäten und der bayerische Landesverband des Fachverbandes Ethik e. V. hinzugezogen (KMK 2020, 21).

Der Arbeitskreis formuliert für jede Schulform ein eigenes Fachprofil für Ethik. Diese orientieren sich an einem schulartenübergreifenden Kompetenzstrukturmodell entlang der Leitbegriffe „Werte", „Normen", „Moral" und „Sinn" (vgl. etwa FEbGr, 2). Die Verwendung dieser Leitbegriffe und der Umgang mit ihnen in den Fachprofilen und Lehrplänen zeigt, dass die Zielsetzung des Ethikunterrichtes in Bayern sich nicht darauf beschränkt, verschiedene Werte und Normen kennenzulernen und zu reflektieren, sondern ebenso darin besteht, den Schüler*innen im Sinne des Verfassungsauftrages zur Einrichtung des „Sittenunterrichtes" konkrete moralische Werte zu vermitteln und Sinnorientierungsangebote zu unterbreiten. So heißt es im Fachprofil Ethik für bayerische Gymnasien:

> ‚Der Ethikunterricht dient der Erziehung der Schüler zu werteinsichtigem Urteilen und Handeln' (Art. 47 Abs. 2 BayEUG). Er unterstützt die jungen Menschen in ihrer Suche nach moralischer Orientierung in der Welt von heute, indem er ihnen Entwürfe und Theorien vorstellt, die aus einer langen Entwicklung philosophischen Denkens und wissenschaftlichen Forschens hervorgegangen sind. [...] Er orientiert sich in seiner grundlegenden Zielsetzung an den sittlichen Grundsätzen, wie sie in der Verfassung des Freistaates Bayern und im Grundgesetz für die Bundesrepublik Deutschland niedergelegt sind. [...] Insbesondere orientiert er sich bezüglich seiner inhaltlichen Rahmenbedingungen an den Aussagen der Bayerischen Verfassung in Artikel 131 und den Festlegungen des Grundrechtekatalogs im Grundgesetz. So ist die Achtung der Würde des Menschen unverzichtbare Grundlage des Ethikunterrichts. Die Erziehung zu Toleranz, Selbstkontrolle und Achtung der Überzeugungen des Andersdenkenden sowie zur Übernahme von Verantwortung sind weitere Beispiele dieser Orientierung. (FEbGym, 1)

Schulartenspezifische Unterschiede zwischen den Fachprofilen und Lehrplänen bestehen beim Abstraktionsniveau, auf dem die Schüler*innen sich mit ethischen Problemen und Antworten sowie grundlegenden Fragen menschlicher Existenz (wie nach dem Sinn des Lebens, Freiheit, Gerechtigkeit oder Glück) beschäftigen sollen. In den Grund-, Haupt- bzw. Mittel- und Förderschulen werden diese vor allem auf die Lebenswirklichkeit der Schüler*innen bezogen und vornehmlich an konkreten Alltagsbeispielen diskutiert. Bei den anderen Schulformen ist ein stufen- und jahrgangsweise erhöhtes Abstraktionsniveau gefordert, z.B. durch die allgemeine Auseinandersetzung mit ethischen Theorien oder Problemen und die Lektüre von Texten entsprechender philosophischer Autor*innen (vgl. FEbGr, FEbGym und FEbM). Ein Rückbezug auf die Lebenswirklichkeit der Schüler*innen wird jedoch auch hier angestrebt (FEbGym, 5).

In den Fachprofilen für das Schulfach Ethik in Bayern werden keine expliziten Bezugsdisziplinen des Faches genannt. Sie unterscheiden vier Gegenstands- und Lernbereiche des Faches: „Menschsein", „Zusammenleben", „Die moderne Welt" sowie „Religion und Kultur" (vgl. FEbGr, FEbGym und FEbM). Dem Thema Religion kommt somit für alle Schulformen ein eigener Gegenstands- und Teillernbereich zu.¹⁰ Ein Blick in die detaillierteren Lehrpläne bestätigt dies: Sie zeichnen sich in allen Schulformen in fast allen Jahrgangsstufen durch einen nicht unerheblichen Anteil an religionsbezogenen Themen aus.¹¹ Der oben genannten Zielsetzung einer Sinn- und Wertevermittlung entsprechend beschränkt sich die Thematisierung von Religion dabei nicht auf die religionskundliche Vermittlung von „Kenntnisse[n] über wichtige Wertvorstellungen in verschiedenen Kulturen sowie der sie prägenden Religionen." (FEbGym, 2) Die Schüler*innen sollen auch „begreifen [...], dass Kultur und Religion dem Leben Bedeutung und Sinn geben können." (FEbGr, 2) Religionen werden also als Sinnressourcen begriffen, die als solche zu achten und zu respektieren seien (FEbGr, 2).

Wiederholt wird in den Lehrplänen das Ziel formuliert, dass Schüler*innen die Weltsichten und ethischen Positionen der Religionen und Religionskritik auf das eigene Leben beziehen sollen (z. B. LEbGym Klasse 6, 1). Neben religionskundlichen Anteilen nimmt die persönliche Auseinandersetzung mit und Meinungsbildung über Religion somit einen breiten Raum ein: Die Schüler*innen sollen allem Anschein nach nicht nur etwas *über*, sondern auch *von* Religionen lernen. So zielt an bayerischen Gymnasien die Auseinandersetzung mit religiösen Festen und Feiern in Klasse 5 beispielsweise nicht nur darauf ab, dass die Schüler*innen diese und die damit verbundenen Rituale und Symbole kennenlernen und respektieren. Sie sollen sich auch „emotional in die Situation und das Erleben anderer Menschen beim Feiern von Festen" hineinversetzen und selbst eine Festlichkeit „planen, gestalten und diese als Höhepunkt im Alltag" wahrnehmen (z. B. LEbGym Klasse 5, 3). In Klasse 10 sollen die Schüler*innen aufbauend auf einer Auseinandersetzung mit Gottesbeweisen und dem Theodizee-Problem „eigene Vorstellungen zur Frage nach der Existenz und dem Wesen Gottes" (LEbGym 10, 2) entwickeln. Im Rahmen der Thematisierung von klassischen Positionen der Religionskritik (Feuerbach, Marx, Freud, Nietzsche) in Klassenstufe 10 des Gymnasiums werden auch Respekt gegenüber und eine Perspektivübernahme von *nicht*religiösen Positionen als Lernziele ausgegeben (LEbGym Klasse 10, 2).

Die Darstellung von Religion und Religionen in den Lehrplänen folgt dabei dem klassischen Weltreligionenparadigma (Masuzawa 2005, 1–20): Demnach gebe es fünf

---

10 Hinsichtlich der ersten drei Bereiche dominieren philosophische Themen bzw. thematische Rahmungen.
11 Eigene Berechnungen zu den Fachlehrplänen für das Gymnasium (Klasse 5–13) ergaben einen Gesamtanteil von etwa 20 Prozent für religionsbezogene Themen vorgesehene Unterrichtsstunden im Fach Ethik. Die entsprechenden Themenbereiche des Lernbereiches „Religion und Kultur" reichen von „Feste und Feiertage im eigenen Leben erkennen und verstehen" in Klasse 1/2 (LEbGr Klasse 1/2, 8), über „Mensch und Natur in den Religionen" in Klasse 7 (LEbM Klasse 7, 5) und „Ethik in den Weltreligionen" in Klasse 9 (LEbM Klasse 9, 2–3) an der Haupt- bzw. Mittel- und Realschule bis hin zu „Religionsphilosophie und vergleichende Religionsbetrachtung" in Klassenstufe 10 des Gymnasiums (LEbGym Klasse 10, 2). Daneben taucht Religion auch als Lerndimension im Lernbereich „Zusammenleben" bei Themenbereichen wie „Sinnsuche im Leben" (z. B. LEbM Klasse 9, 2) oder „Gewissen und Vernunft" (LEbM Klasse 10, 3) auf.

„Weltreligionen" (Judentum, Christentum, Islam, Hinduismus, Buddhismus), die als sinngebende und ethische Ressourcen und als solche als etwas Wertvolles und zu Respektierendes erscheinen. Bereits in der Grundschule sollen die Schüler*innen über in religiösen Festen dieser Religionsgemeinschaften „greifbare ethische Wertvorstellungen nach[denken] (z.B. eines Menschen gedenken, Gemeinschaftserleben, das Gute am Spenden)" (LEbGr Klasse 1/2, 8). Am Gymnasium ist in Klassenstufe 6 der Besuch einer kirchlich-karitativen Einrichtung „als Beispiel gelebter Nächstenliebe" (LEbGym Klasse 6, 1) vorgesehen. Andere religiöse Strömungen oder Traditionen werden entweder gar nicht thematisiert oder es wird – wie im Falle von sogenannten Sekten, Okkultismus und Neuen Religiösen Bewegungen – vor ihnen gewarnt. Sie werden im Lehrplan explizit als „Gefahr", „Risiko" (LEbGym Klasse 8, 1) oder gar als „verfehlte Sinnangebote" (z. B. LEbM Klasse 9, 2) beurteilt. Zwar ist auch an dieser Stelle eine Perspektivübernahme durch die Schüler*innen vorgesehen, die jedoch dem Zweck dienen soll, dass diese die „gruppendynamischen Prozesse" solcher Traditionen erkennen und sich diesen zu „widersetzen" lernen (LEbGym Klasse 8, 1).

Auffällig ist, dass in den Lehrplänen Gemeinsamkeiten der „Weltreligionen" in den Fokus des religionsbezogenen Unterrichtes gestellt werden, nicht etwa Trennendes. Religionsvergleichend werden „typische Merkmale von Religionen" (Religionsstifter, Heilige Schriften, Gebete, Rituale, Symbole, Gotteshäuser, Feste usw.) dargestellt und in ihnen eine gemeinsame „Sehnsucht nach Frieden und Erlösung" (LEbGr Klasse 3/4, 7) erkannt. Religionen werden verschiedene positive Funktionen zugeschrieben, „z. B. Identitäts- und Sinnstiftung, Bewältigung von Ängsten, Orientierung und Finden von Wertmaßstäben, Handlungsanweisungen, Gemeinschaftsgefühl" (LEbM Klasse 9, 3) und ihnen wird mit Bezug auf Hans Küng ein gemeinsames „Weltethos" unterstellt (LEbM Klasse 9, 3).

Eine implizite normative Abstufung der einzelnen sogenannten Weltreligionen in den bayerischen Ethiklehrplänen entsteht allerdings durch die Tatsache, dass Christentum und Judentum, in Schulbüchern oft zur „jüdisch-christlichen Tradition" zusammengefasst,[12] als das kulturell Eigene erscheinen, der Islam als das kulturell Fremde, zu Integrierende, in vielerlei Hinsicht Problematische. Als Beispiele für „Alltagssituationen" von Muslimen in Deutschland, mit denen sich bayerische Gymnasiast*innen in Klasse 7 beschäftigen sollen, werden im Lehrplan ausschließlich Themen genannt, über die ein *Othering* des Islam in den integrationspolitischen Debatten der Gegenwart stattfindet (Hackensberger 2008),

---

12 Das Judentum wird in diesen Fällen nicht selten darauf beschränkt, Grundlage bzw. Vorläufer des Christentums zu sein. Dies zeigt Doleschal (2014) in einer unpublizierten religionswissenschaftlichen Masterarbeit (Universität Bayreuth) auf, in der sie Schulbücher analysiert, die im bayerischen Ethikunterricht verwendet werden. Als eigene religiöse Tradition taucht das Judentum nur als Negativfolie zum Christentum auf. Dabei werden im Schulbuch *Forum Ethik* sogar christlich-antijüdische Klischees unkritisch reproduziert: „Wir wissen aus dem Neuen Testament, dass die Hohepriester maßgeblich für die Kreuzigung Jesu verantwortlich waren." (Häußler und Euringer 2011, 114)

darunter die Rolle der Frau, besonders mit Blick auf das Symbol Kopftuch, oder der Umgang mit Alkohol (LEbGym Klasse 7, 1). Auch Hinduismus und Buddhismus werden als etwas Fremdes konzipiert. Sie werden als „fernöstliche" oder „mystische" Religionen ganz explizit von den „Abrahamsreligionen" oder „Offenbarungsreligionen" Judentum, Christentum und Islam unterschieden. Anders als beim Islam erscheint diese Fremdheit aber nicht als gefährlich, sondern eher als exotisch und in ihrer mystischen Praxis, wie beispielsweise der Meditation, achtenswert (LEbGym Klasse 9, 1).

Neuere Studien zum Fach Ethik in Bayern haben Ebert (2001), Pfeufer (2004) und Doleschal (2014) vorgelegt. Während Ebert[13] und Pfeufer[14] keinen spezifisch religionskundlichen Bezugsrahmen wählen, handelt es sich bei der Arbeit von Doleschal um eine religionswissenschaftliche Analyse und Kritik von zeitgenössischen im Ethikunterricht verwendeten Schulbüchern. Die Ergebnisse der Studie bestätigen zunächst den Eindruck der obigen Lehrplananalyse, nach dem der bayerische Ethikunterricht sich zum einen allgemein an einem religionsaffirmativen, engagierten, lebensweltlich-persönlichen Ansatz zu orientieren scheint, zum anderen eine „jüdisch-christliche Tradition" als das kulturell Eigene[15] und speziell den Islam als das kulturell Fremde präsentiert.[16] In einer religionswissenschaftlichen Reflexion am Ende der Arbeit weist Doleschal darüber hinaus auf den wichtigen Aspekt hin, dass bei aller Kritik berücksichtigt werden müsse, dass weder den analysierten Lehrmitteln noch dem Ethikunterricht allgemein in Bayern religionswissenschaftliche Prämissen wie der

---

13 Ebert (2001) legt eine geistes- und schulgeschichtliche Herleitung eines „Sittenunterrichtes" an öffentlichen Bildungseinrichtungen in Deutschland vor, die in der Aufklärung einsetzt und mit der pädagogischen Reformbewegung des Philanthropismus in der zweiten Hälfte des 18. Jahrhunderts sowie den politischen Diskursen und schulrechtlichen Bestimmungen im Kontext der endgültigen Einführung eines „Sittenunterrichtes" in der Weimarer Republik zwei deutliche historische Schwerpunkte setzt, während die Beschreibung und Analyse der auf Bayern konzentrierten Situation nach 1945 kurz gehalten wird und eher oberflächlich bleibt.
14 Pfeufer (2004) präsentiert Ergebnisse einer qualitativen Inhaltsanalyse von 21 leitfadengestützten Interviews mit an bayerischen Hauptschulen im Fach Ethik eingesetzten Lehrer*innen. Ziel der Studie ist es, die Situation des Ethikunterrichtes an bayerischen Hauptschulen zu erheben. Eine Mehrheit der interviewten Lehrer*innen gibt an, das Fach zunächst v. a. aus Sachzwängen (Erfüllung des Stundendeputats, Druck durch Schulleiter*innen usw.) heraus unterrichtet zu haben, mittlerweile jedoch die Freiheiten bei der Gestaltung des Ethikunterrichtes wertzuschätzen und sich wenig an Lehrpläne oder andere inhaltliche Vorgaben zu halten. Dies hänge jedoch auch damit zusammen, dass es für die Gestaltung des Ethikunterrichtes an Hauptschulen keine ausreichenden Hilfestellungen, Lehrmaterialien oder Fortbildungen gebe, und die in aller Regel fachfremd eingesetzten Ethiklehrer*innen sich häufig allein gelassen fühlten (Pfeufer 2004, 109–110).
15 Z.B. als „prägender Faktor der Kultur des Abendlandes" (Doleschal 2014, 32) oder „Basis des deutschen Grundgesetzes" (Doleschal 2014, 21).
16 Das Kapitel zum Islam im Schulbuch *Forum Ethik* enthält mehrere stereotype Abschnitte zu einer fehlenden Gleichberechtigung der Geschlechter, Ehrenmorden, Zwangsheirat, Polygamie und Scharia (Doleschal 2014, 46).

methodologische Agnostizismus zu Grunde liegen. Die Frage, ob und inwiefern der Ethikunterricht nicht nur ein relevanter Forschungsgegenstand, sondern auch ein sinnvolles Betätigungsfeld der Religionswissenschaft sein kann, müsse somit angesichts der unterschiedlichen Ziele von Schulfach und Universitätsdisziplin weiterhin offen diskutiert werden (Doleschal 2014, 100–101).

Aktuelle Situation und Diskussionen

Seit seiner Einführung in Bayern Anfang der 1970er Jahre entzünden sich hitzige pädagogische Debatten um die wertevermittelnde Funktion des Ethikunterrichtes. Bereits 1974 wies Höffe darauf hin, dass in einer pluralen Gesellschaft kaum von einem feststehenden Wertekanon auszugehen sei. Zudem hielt er es für eine Überforderung eines Schulfaches, werteorientiertes Handeln hervorrufen zu wollen. Lernziel müsse stattdessen die Reflexion als Moment sittlicher Kompetenz sein. Denn wenn Ethikunterricht Werteerziehung leisten soll, dann bestimmten nicht vornehmlich Fragen, sondern Antworten mit normativem Charakter den Unterrichtsinhalt.

In der regionalen und überregionalen Presse ist in der jüngeren Vergangenheit vermehrt auf die unzureichende Lehrer*innenausbildung im bayerischen „Desasterfach" Ethik (Scherf 2012) trotz immer weiter steigender Schüler*innenzahlen hingewiesen worden (vgl. neben Scherf 2012 auch Lohmann 2017 und Schäfers 2017). Der Landesverband Bayern des Fachverbandes Ethik e. V. stimmt in diese Kritik ein (Fuß 2013). Die CSU-geführte bayerische Landesregierung sah jedoch zunächst keinen weiteren Handlungsbedarf, mit der Begründung, dass bereits 2003 Lehramtsstudiengänge für Ethik als Erweiterungsfach eingeführt worden waren. Als die beteiligten Universitäten gemeinsam mit dem Fachverband Ethik im Dezember 2011 zu einem „Ethikgipfel" an der Hochschule für Philosophie in München[17] luden, fehlten daher eingeladene Vertreter*innen des vom damaligen Minister Ludwig Spaenle (CSU) geführten Kultusministeriums. In einer schriftlichen Stellungnahme gegenüber dem Ethikfachverband ließ es verlauten, dass eine Zulassung des Faches Ethik als reguläres Hauptfach an Universitäten dazu führen würde, dass schon nach wenigen Prüfungsdurchgängen der Lehrer*innenbedarf für Ethik auf Jahre gedeckt wäre. Zudem erwartete das Kultusministerium durch den Modellversuch „Islamischer Unterricht" offenbar ein erhebliches Sinken der Nachfrage nach Ethik in den kommenden Jahren (Fuß 2013, 100).

Nachdem diese Vorhersage nicht eintrat und im Gegenteil die Schüler*innenzahlen im Fach Ethik weiter stark anstiegen, kündigte Spaenle Vorbereitungen an, bis 2019 an drei bis vier Universitäten grundständige Studiengänge einzuführen, was zum Winterse-

---

[17] Die Hochschule für Philosophie in München befindet sich unter kirchlicher Trägerschaft (Jesuitenorden).

mester 2021/2022 zumindest in Würzburg und Eichstätt-Ingolstadt auch umgesetzt wurde. Ergänzend dazu wolle das Ministerium dafür sorgen, dass alle in Ethik eingesetzten Lehrer*innen im Dienst die Erweiterungsprüfung ablegen. Eine Verbesserung der finanziellen und personellen Ressourcen der beteiligten Universitätsinstitute ist dafür jedoch allem Anschein nach nicht eingeplant, wie die Fraktion Bündnis 90/Die Grünen im bayerischen Landtag in einem Antrag an die Landesregierung vom 6. Juni 2019 für eine „Qualitätsoffensive für den Ethikunterricht in Bayern" kritisch feststellt (Fraktion Bündnis 90/Die Grünen im bayerischen Landtag 2019, 3). Die Fraktion bezeichnet den Ethikunterricht als wichtigen Ort, an dem „ein friedliches Miteinander, Reflexion, Wissen und Diskussionen über unterschiedliche Weltanschauungen" (Fraktion Bündnis 90/Die Grünen im bayerischen Landtag 2019, 2) gefördert würden und dem in öffentlichen Bildungseinrichtungen ein angemessener Raum gegeben werden müsse. Die Staatsregierung wird dazu aufgefordert, „Ethikunterricht nicht als Ersatzfach, sondern als gleichwertige Alternative (Wahlpflichtfach) zum Religionsunterricht in den Schulen anzubieten, sowie [...] die Umsetzung der angemessenen Ausbildung der Ethiklehrkräfte zu ermöglichen." (Fraktion Bündnis 90/Die Grünen im bayerischen Landtag 2019, 1) Konkret fordern die Grünen die flächendeckende Einrichtung entsprechender neuer, grundständiger Lehramtsstudiengänge, die Erhöhung der Kombinationsmöglichkeiten für Lehramtsstudiengänge mit dem Schulfach Ethik oder die Ermöglichung einer angemessenen und fachlich fundierten Nachqualifikation und Weiterbildung für alle Lehrkräfte, die in Bayern Ethik fachfremd unterrichten (Fraktion Bündnis 90/ Die Grünen im bayerischen Landtag 2019, 1).

Diesen Forderungen stimmen laut einem Bericht des Deutschlandfunks auch die beiden großen Kirchen in Bayern zu. Ein Sprecher der Erzdiözese München und Freising bezeichnet es demnach als „widersinnig, dass zur Unterrichtung des Faches Ethik eine Zusatzausbildung ausreicht, während unsere Religionslehrer ja völlig zu Recht ein Staatsexamen absolvieren". Ähnlich äußert sich ein Vertreter der Evangelischen Kirche in Bayern (Schäfers 2017).

Unter den freigeistigen Verbänden in Bayern ist der Umgang mit Ethik als Ersatzfach umstritten. Klassisch freidenkerische Organisationen mit säkularistischer Ausrichtung wie der Bund für Geistesfreiheit Bayern (BfG) fordern wie auch der Internationale Bund für Konfessionslose und Atheisten (IBKA) oder die Giordano Bruno Stiftung (GBS) bundesweit eine Abschaffung des konfessionellen Religionsunterrichtes als Pflichtfach und eine Stärkung des Ethikunterrichtes insgesamt (Humanistischer Pressedienst 2019). Die Bayerische Staatszeitung zitiert den ehemaligen BfG-Vorsitzenden Gerhard Rampp mit den Worten: „Langfristig muss Ethik Pflichtfach und Religion ein für die Schüler freiwilliges Fach werden." (Lohmann 2017)

Demgegenüber hält die Humanistische Vereinigung (HV) in Bayern den Ethikunterricht für

> grundsätzlich kritikwürdig. Denn eine wesentliche Funktion des Religionsunterrichts, die christlichen, alevitischen, jüdischen und zunehmend auch muslimischen Schüler*innen in Bayern

zur Verfügung gestellt wird, kann ein so konzipiertes Fach nicht erfüllen: Nämlich die Entfaltung eines eigenen weltanschaulichen Standpunktes und die weltanschauliche Identifikation sowie die Kulturation des Eigenen. Das Fach ‚Ethik' ist als Ersatzfach nicht nur in seinem gesetzlichen Status defizitär, es ist im Vergleich mit den Bildungszielen des Religionsunterrichts untauglich dafür, den Teilnehmenden eine humanistisch profilierte und weltanschaulich fundierte Bildung zukommen zu lassen. (Humanistische Vereinigung Bayern 2019)

Statt einen Ausbau des Ethikunterrichtes fordert die HV die Einrichtung eines nichtreligiös-humanistischen bekenntnisorientierten Wahlpflichtfaches Humanistische Lebenskunde an öffentlichen Schulen (Humanistische Vereinigung Bayern 2019). Die Einrichtung von Humanistische Lebenskunde, das vom Humanistischen Verband Deutschlands getragen in den Bundesländern Berlin (seit 1982) und Brandenburg (seit 2007) bereits seit mehreren Jahren unterrichtet wird (humanistisch.de 2019), wurde in Ländern, die unter den Geltungsbereich von Artikel 7, Absatz 3 GG fallen, bislang an öffentlichen Schulen nicht genehmigt. Die Humanistische Vereinigung in Bayern hat angekündigt, Klage gegen einen entsprechenden Ablehnungsbescheid der bayerischen Landesregierung vor dem Verwaltungsgericht Ansbach einzureichen (Humanistische Vereinigung Bayern 2019).

Religionswissenschaftliche Einordnung

Die Konzeption des im Fach Ethik stattfindenden Unterrichtes über Religion in Bayern muss aus religionswissenschaftlicher Sicht aus verschiedenen Gründen als problematisch bezeichnet werden. Die Beteiligung des Faches an der Lehrer*innenausbildung ist marginal und beschränkt sich auf zwei Studienstandorte. Die Erstellung und Entwicklung von Lehrplänen findet – trotz eines nicht unerheblichen curricularen Anteils an religionsbezogenen Themen (etwa 20 Prozent) – gänzlich ohne Einbezug religionswissenschaftlicher Expertise statt. Es verwundert deshalb nicht, dass in diesen unreflektiert auf Religionskonzepte wie das Weltreligionenparadigma zurückgegriffen wird, die im Fachdiskurs seit Jahren als unterkomplex, essenzialistisch und eurozentrisch kritisiert werden. Auch die grundsätzlich religionsaffirmative, jedoch normativ abstufende Darstellung der „Weltreligionen" und die Abwertung Neuer Religiöser Bewegungen muss aus einer religionswissenschaftlichen Perspektive, die eine distanzierte Differenziertheit und Sachlichkeit im Sinne eines methodologischen Agnostizismus voraussetzt, kritisch beanstandet werden. Dezidert positive Funktionen von Religion hervorhebend definieren die Fachprofile und Lehrpläne des Ethikunterrichts marginal in Bayern einen wertevermittelnden Lebensweltbezug im Sinne einer engagierten persönlichen Auseinandersetzung mit und ein Lernen *von* Religion als primäre didaktische Ziele des Ethikunterrichtes. Gerahmt wird dieses Paradigma dann auch noch durch eine explizite Orientierung an den obersten Bildungszielen der BV, deren erstgenanntes die Erziehung zu einer „Ehrfurcht vor Gott" ist. Die so konzipierten religionsbezogenen Anteile des Ethikunterrichtes in

Bayern gehen mithin weit an dem in der Einleitung definierten Verständnis von Religionskunde vorbei.

Grundsätzlich müssen hier jedoch die unterschiedlichen Zielsetzungen von Universität(sdisziplin) und Schule berücksichtigt werden. Der Erziehungsauftrag von Schule setzt eine wertevermittelnde Funktion voraus. Religionskunde kann also keine schlichte Anwendung religionswissenschaftlicher Methodologie auf Schulunterricht bedeuten. Möchte sich die Religionswissenschaft – in Bayern und anderswo – stärker an der Konzeption für einen Unterricht über Religion an öffentlichen Schulen beteiligen, muss sie – bei aller berechtigten und notwendigen Kritik an der derzeitigen Situation des religionsbezogenen Unterrichtes im Schulfach Ethik – überzeugende Antworten auf die Frage finden, wie der Transfer von der Universität an die Schule unter den gegebenen Bedingungen gelingen kann.

Die angesprochene religionswissenschaftliche Kritik ist vor dem Hintergrund der allgemeinen bildungspolitischen Vernachlässigung des Faches Ethik in Bayern seit seiner Einführung Anfang der 1970er Jahre zu betrachten und hängt mit dieser zusammen. Der jahrelange Status als Erweiterungsfach und die verspätete Einführung einer universitären Lehramtsausbildung haben dazu geführt, dass Ethik nach wie vor mehrheitlich fachfremd erteilt wird. Die Einführung einer neuen LPO I macht einerseits Hoffnung, dass sich an dieser Situation in Zukunft schrittweise etwas ändern wird. Andererseits darf bezweifelt werden, dass dies angesichts der Ankündigung des Kultusministeriums, kein zusätzliches Budget für die Einführung grundständiger Lehramtsstudiengänge für Ethik in ausgesuchten Fächerkombinationen bereitzustellen, zu einer zeitnahen Gleichbehandlung des Faches mit anderen Schulfächern führt.

Bibliografie

Akademie für Lehrerfortbildung und Personalführung Dillingen. 2019. *Lehrerfortbildung*. https://alp.dillingen.de/lehrerfortbildung/ [letzter Zugriff: 29.08.2019]

BayEUG *Bayerisches Gesetz über das Erziehungs- und Unterrichtswesen* in der Fassung der Bekanntmachung vom 31. Mai 2000 (GVBl. S. 414, 632, BayRS 2230-1-1-K), das zuletzt durch § 1 des Gesetzes v. 5. Juli 2022 (GVBl. S. 308) geändert worden ist.

Brandmüller, Anton. 1987. „Zur Genese des Ethikunterrichts in Bayern" *Zeitschrift Religionsunterricht an höheren Schulen* 30 (6):368–370.

BSUK. 2009. *Grundlagen des Religionsunterrichts und der religiösen Erziehung. Allgemeine Regelungen zu Religionsunterricht und religiöser Erziehung*. Schreiben an alle Schulen in Bayern (VI.2-5 S 4402.1/6/5). München.

BSUK. 2019. *Schulordnungen. Von der Grundschule bis zum Kolleg*. München.

Corlazzoli, Claudia M. 2009. *Religionsunterricht von kleineren Religionsgemeinschaften an öffentlichen Schulen in Deutschland*. Frankfurt a.M. u. a.: Peter Lang.

de Wall, Heinrich. 2022. „Religionsunterricht für alle, KoKoRU, Islamischer Unterricht - neue Formen religionsübergreifenden und religionsneutralen Unterrichts. Ein Kommentar aus juristischer Perspektive". In *Religionsunterricht im Plausibilisierungsstress. Interdisziplinäre*

Perspektiven auf aktuelle Entwicklungen und Herausforderungen, hg. v. Michael Domsgen und Ulrike Witten, 115–129. Bielefeld: Transcript.
Doleschal, Julia. 2014. *Religion im Ethikunterricht. Eine Analyse bayerischer Gymnasiallernmittel (Schulbücher) aus religionswissenschaftlicher Sicht*. Masterarbeit, Kulturwissenschaftliche Fakultät, Universität Bayreuth.
Ebert, Anna. 2001. *Das Schulfach Ethik. Seine geistes- und schulgeschichtlichen Wurzeln und seine Realisierung an den bayerischen Gymnasien nach 1945*. Bad Heilbrunn: Julius Klinkhardt.
[FEbGr] *Fachprofil Ethik an bayerischen Grundschulen*. Staatsinstitut für Schulqualität und Bildungsforschung Bayern (Hg.).
[FEBGym] *Fachprofil Ethik an bayerischen Gymnasien*. Staatsinstitut für Schulqualität und Bildungsforschung Bayern (Hg.).
[FEbM] *Fachprofil Ethik an bayerischen Mittelschulen*. Staatsinstitut für Schulqualität und Bildungsforschung Bayern (Hg.).
Fraktion Bündnis 90/Die Grünen im bayerischen Landtag. 2019. „Ethische Bildung und Wertevermittlung an unseren Schulen stärken – Qualitätsoffensive für den Ethikunterricht in Bayern." Antrag an die bayerische Staatsregierung, 6. Juni 2019.
Fuß, Werner. 2013. „Was muss ich tun, damit ich in Bayern Ethik unterrichten kann?" *Zeitschrift für Didaktik der Philosophie und Ethik* 35 (1):97–102.
Grzeszick, Bernd. 2017. „Islamischer Religionsunterricht an öffentlichen Schulen. Ein paradigmatischer Testfall für die Zukunftsfähigkeit des organisatorischen Staatskirchenrechts." *Zeitschrift für evangelisches Kirchenrecht* 62:362–388.
Günther, Anna. 2019. „Islamunterricht wird fortgesetzt." *Süddeutsche Zeitung*, 26. März 2019.
Hackensberger, Alfred. 2008. *Lexikon der Islam-Irrtümer. Vorurteile, Halbwahrheiten und Missverständnisse von Al-Qaida bis Zeitehe*. Frankfurt a. M.: Eichborn.
Häußler, Gertrud und Martin Euringer, Hg. 2011. *Forum Ethik. Unterrichtswerk für den Ethikunterricht am Gymnasium 6. Jahrgangsstufe*. Donauwörth: Auer Verlag.
Höffe, Otfried. 1974. „Ethikunterricht in pluralistischer Gesellschaft". *Neues Hochland* 66:370–383.
Humanistischer Pressedienst. 2019. *Ethikunterricht in Bayern. 77 Prozent der Lehrer unterrichten fachfremd*. 1. Juli 2019.
humanistisch.de. 2019. *Lebenskunde Berlin-Brandenburg*.
Humanistische Vereinigung Bayern. 2019. *Humanistischer Unterricht. Gleichberechtigte Wertebildung an bayerischen Schulen*. https://www.humanistischer-unterricht.de/. [letzter Zugriff: 30.08.2019]
Informations- und Beratungszentrum für Studiengestaltung & Career Service der Friedrich-Alexander Universität Erlangen-Nürnberg. 2019. *Islamischer Unterricht. Lehramt Erweiterung / Staatsexamen / Zertifikat*. Erlangen.
KMK (= Sekretariat der Ständigen Konferenz der Kultusminister der Länder in der Bundesrepublik Deutschland). 2006. *Einheitliche Prüfungsanforderungen in der Abiturprüfung Ethik. Beschluss der Kultusministerkonferenz vom 01.12.1989 i. d. F. vom 16.11.2006*. Bonn.
KMK. 2008. *Zur Situation des Ethikunterrichts in der Bundesrepublik Deutschland. Bericht der Kultusministerkonferenz vom 22.02.2008*. Bonn.
KMK. 2020. *Zur Situation des Unterrichts in den Fächern Ethik, Philosophie, Lebensgestaltung-Ethik-Religionskunde (L E R), Werte und Normen in der Bundesrepublik Deutschland. Bericht der Kultusministerkonferenz vom 22.02.2008 i. d. F. vom 25.06.2020*. Bonn.
KMK. 2021. *Auswertung Religionsunterricht Schuljahr 2019/2020. Teilnehmende Schülerinnen und Schüler allgemeinbildender Schulen in öffentlicher Trägerschaft nach Schularten (aufgegliedert nach Religionsunterrichten, Ethik und weiteren Ersatzunterrichten) für den Primar- und Sekundarbereich I*. Berlin.

[LEbGr] Staatsinstitut für Schulqualität und Bildungsforschung Bayern (Hg.). *Fachlehrplan Ethik an bayerischen Grundschulen.*
[LEbGym] Staatsinstitut für Schulqualität und Bildungsforschung Bayern (Hg.). *Fachlehrplan Ethik an bayerischen Gymnasien.*
[LEbM] Staatsinstitut für Schulqualität und Bildungsforschung Bayern (Hg.). *Fachlehrplan Ethik an bayerischen Mittelschulen.*
Leisner, Walter. 1971. *Stellungnahme zur Frage der Verbindlichkeit des Unterrichts über die allgemein anerkannten Grundsätze der Sittlichkeit für die nicht am Religionsunterricht teilnehmenden Schüler der bayerischen Gymnasien.* Erlangen.
Lohmann, David. 2017. „Das Kreuz mit der Ethik." *Bayerische Staatszeitung*, 7. Juli 2017.
[LPO I] *Lehramtsprüfungsordnung I vom 13. März 2008 (GVBl. S. 180, BayRS 2038-3-4-1-1-K)*, letzte Änderung 12. September 2022 (GVBl. S. 631).
Masuzawa, Tomoko. 2005. *The Invention of World Religions. Or, how European Universalism was Preserved in the Language of Pluralism.* Chicago: University of Chicago Press.
Pfeufer, Matthias. 2004. *Ein unbequemes Fach. Ethikunterricht an bayerischen Hauptschulen.* Bad Heilbrunn: Julius Klinkhardt.
Renck, Ludwig. 1992. „Verfassungsprobleme des Ethikunterrichts". *Bayerische Verwaltungsblätter* 17:519–522.
Schäfers, Burkhard. 2017. „Für besseren Ethikunterricht." *Deutschlandfunk*, 19. Mai 2017.
Scherf, Martina. 2012. „Mangelhafte Lehrerausbildung. Ethik – das bayerische Desasterfach." *Süddeutsche Zeitung*, 7. Dezember 2012.
Staatsinstitut für Schulqualität und Bildungsforschung Bayern. 2010. *Sonderkontaktbrief 2010. Abiturprüfung im achtjährigen Gymnasium.*
Staffen-Quandt, Steffen. 2021. „Neuer Ethik-Lehramts-Studiengang ‚Philosophie/Ethik' startet an den Unis Würzburg und Eichstätt." *Sonntagsblatt. 360° Evangelisch*, 23. Juni 2021.
Universität Augsburg. 2017. *Bayerisches Ethikstudium. Örtliche Studiengänge.* https://www.philso.uni-augsburg.de/studium/bayerisches-ethikstudium/Oertliche_Studiengaenge/ [letzter Zugriff: 29.08.2019]
Zehetmair, Hans. 1993. „Ethos und plurale Gesellschaft. Das abendländische Ethos als Rahmen des Ethikunterrichts." In *Ethik in der Schule. Grundlagen ethischer Bildung und Erziehung*, hg. v. Herbert Huber, Hans Zehetmair und Helmut Zöpfl, 34–43. München: Bayerischer Schulbuch-Verlag.

Astrid Reuter
3 Berlin

Hard Facts auf einen Blick

Fachbezeichnung	Ethik
Einführung des Faches	2006
Schulstufen	Sekundarstufe I (Jg. 7–10)
Rechtsstatus	Pflichtfach
Rechtsgrundlage	GG Art. 141, SchulG Berlin § 12 Abs. 6
Teilnehmer*innen	alle Schüler*innen
Einheitliche Prüfungsanforderung für das Abitur (EPA)	kein Abiturfach
Bezugsdisziplin/en laut curricularer Vorgaben	Philosophie („Referenzwissenschaft'); Psychologie; Religions-, Gesellschafts- und Naturwissenschaften („Bezugswissenschaften')
Studienstandorte	Berlin
Beteiligung der Religionswissenschaft an Lehramtsausbildung	nein
Besonderheit	Pflichtfach ohne Abmeldemöglichkeit (Ausnahmeregelung nach „Bremer Klausel")
Weitere religions- und ethikbezogene Schulfächer	Philosophie; Religion (evangelisch, katholisch, orthodox, jüdisch, buddhistisch, islamisch, alevitisch, syrisch-orthodox), Religionsunterricht der Christengemeinschaft und Humanistische Lebenskunde als zusätzliche freiwillige Unterrichtsangebote

Nachfrage der religions- und ethikbezogenen Fächer in Berlin in Form von Schüler*innen-Belegzahlen für das Schuljahr 2019/20 (ausgenommen Pflichtfach Ethik)

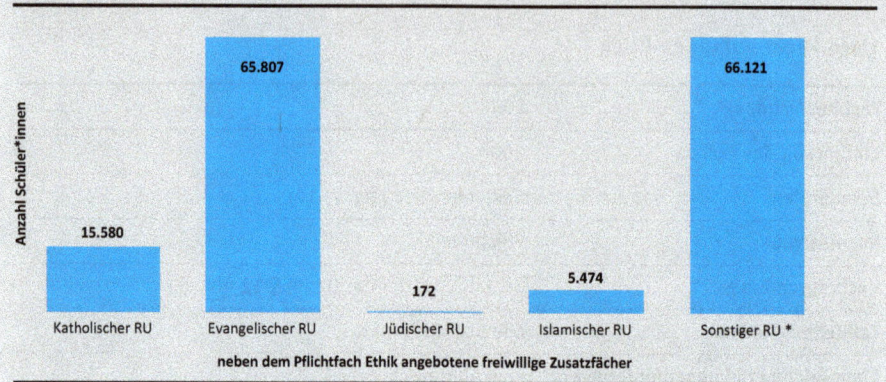

* „Summe aus den freiwilligen Fächern: Humanistische Lebenskunde, alevitischer, buddhistischer Religionsunterricht und Religionsunterricht der Christengemeinschaft sowie sonstiger Religions- und Weltanschauungsunterricht" (ebd.)
Quelle: KMK 2021. Auswertung Religionsunterricht Schuljahr 2019/20.

Verteilung der Fächer im Schulsystem

	Ethik (Pflichtfach)	Religion (Zusatzfach)	Humanistische Lebenskunde (Zusatzfach)	Philosophie (Wahlfach)
Primarstufe (Jg. 1–6)	–	+	+	–
Sekundarstufe I	+	+	+	+
Sekundarstufe II grundlegendes Anforderungsniveau	–	+	+	+
Sekundarstufe II erhöhtes Anforderungsniveau	–	–	–	+

Geschichte und Entwicklung des aktuellen Modells

Die kontroverse Entwicklung des Berliner Unterrichtsfachs *Ethik*[1], das seit 2006/2007 in den Jahrgangsstufen 7–10 als ordentliches und folglich verpflichtendes Schulfach zweistündig unterrichtet wird (vgl. SchulG B 2004, § 12 Abs. 6), steht im Kontext der Einführung des Fachs *Lebensgestaltung – Ethik – Religionskunde* (LER) in Brandenburg (vgl. Kap. Brandenburg in diesem Band).[2] Der Höhepunkt des Streits um die Einführung von LER in Brandenburg koinzidierte zeitlich mit der Initiative beider Bundesländer, das Flächenland Brandenburg mit dem in seiner Mitte gelegenen Stadtstaat Berlin zu fusionieren. Auf Berliner Seite warfen diese Pläne die Frage auf, welche Konsequenzen die Einführung des Fachs LER in Brandenburg im Fusionsfall für die Berliner Schulen haben werde. Zwar wurde die Fusion in einer Volksabstimmung im Mai 1995 mehrheitlich abgelehnt;[3] perspektivisch blieb sie aber am politischen Horizont erhalten. Und so kommentierte der Berliner Tagesspiegel noch im Dezember 2001 den Schlichtungsvorschlag des Bundesverfassungsgerichts im Brandenburger Konflikt um LER mit den Worten, die Karlsruher Richter hätten eine „Brücke" gebaut, die „klug konstruiert und tragfähig auch für den möglichen Fusionspartner Berlin" sei (Tagesspiegel, 12.12.2001). In der Tat war die im Zentrum des Brandenburger Streits um das Fach LER stehende Frage, ob und wie in der Schule Wertbindungen religiöser und nicht religiöser Provenienz zur Sprache gebracht werden können oder sollten, in Berlin bereits seit Jahrzehnten virulent.

Im Hintergrund der Berliner Debatte standen dabei stets gewisse bundeslandspezifische Besonderheiten. Bis heute weist Berlin in doppelter Weise eine Sonderstellung auf: sowohl hinsichtlich der religionskulturellen als auch hinsichtlich der religionsrechtlichen Lage. So war angesichts des – ähnlich wie in Brandenburg – auch in Berlin extrem niedrigen Grads kirchlicher Bindung die Frage nach dem Einfluss der christlichen Kirchen auf die schulische Erziehung stets ein zentraler Streitpunkt. Die Berliner Debatte hatte und hat jedoch eine andere Färbung als in Brandenburg, da die Stadt religionskulturell durch einen weiteren Faktor geprägt ist: Denn – anders als in Brandenburg – zeichnet sich das religiöse Feld in Berlin dadurch aus, dass es zugleich eine vitale und wachsende muslimische Bevölkerungsgruppe gibt. So ist Berlin in religionskultureller Hinsicht einerseits tiefgreifend entkirchlicht und zunehmend säkularisiert, andererseits religionskulturell plural und dynamisch. Ein Blick auf die Religionsstatistik gibt folgendes Bild: Im Jahr 2003 waren 59,3 Prozent, im Jahr 2016 61 Prozent der

---

1 Ich danke Annika Keute für Unterstützung bei der Quellenbeschaffung und -sichtung sowie Paula König, Hannah Conrad, Robert Suckro und Hannah Busemann für redaktionelle Unterstützung.
2 Die folgenden Ausführungen zur (von Kontroversen begleiteten) Geschichte des Fachs sind (teils wörtlich) an meinen früheren Bearbeitungen des Themas orientiert (vgl. Reuter 2010 und 2014, 232–261).
3 Die Brandenburger Bevölkerung votierte mit deutlicher Mehrheit (62,72 %) gegen die Fusion; in Berlin fand sich eine knappe Mehrheit (53,6 %) für die Fusion; vgl. Reuter 2014, 233.

Berliner*innen nicht Mitglied einer Religionsgemeinschaft; um die 30 Prozent waren Mitglieder einer der beiden christlichen Großkirchen (22,3 Prozent bzw. 21 Prozent evangelisch [Landeskirche und Freikirche]; 9,1 Prozent bzw. 9 Prozent katholisch). Jenseits des Milieus der Religionslosen und der christlich Gebundenen stellen die (überwiegend türkischstämmigen) Muslim*innen (ca. 5–6 Prozent) die größte, allerdings schwer präzise zu quantifizierende Gruppe (vgl. fowid 2016, auf der Basis von Daten des Statistischen Landesamtes Berlin 2003 sowie einer Emnid-Umfrage 2016).

Auch in religionsrechtlicher Hinsicht ist Berlin ein Sonderfall. Die Besonderheit der Berliner Rechtslage gab den Verantwortlichen von Anfang an einen deutlich größeren Gestaltungsspielraum, als er in anderen Bundesländern (einschließlich Brandenburg) zur Verfügung stand. Denn anders als in Brandenburg gilt in Berlin unstrittig die so genannte *Bremer Klausel* aus Art. 141 GG, nach der ein Bundesland, in dem am 1. Januar 1949 landesrechtliche Regelungen in Kraft waren, die von den Bestimmungen des Art. 7 Abs. 3 GG abweichen, von der Verpflichtung dispensiert ist, Religionsunterricht „in Übereinstimmung mit den Grundsätzen der Religionsgemeinschaften" als „ordentliches Lehrfach" einzuführen. Dies war in Berlin am fraglichen Stichtag durch das Schulgesetz für Groß-Berlin vom 26. Juni 1948 gegeben, in dem Religionsunterricht nicht als ordentliches Lehrfach vorgesehen ist, sondern als freiwilliges Angebot der Kirchen (bzw. anderer Religions- oder Weltanschauungsgemeinschaften) außerhalb des allgemeinen Lehrplans, allerdings in den Schulräumen (SchulG GroßB 1948, § 13).[4] Diese dem nachkriegsrechtlichen Sonderstatus von Berlin geschuldete Regelung fakultativen Religions- beziehungsweise Weltanschauungsunterrichts in alleiniger Verantwortung der Religions- beziehungsweise Weltanschauungsgemeinschaften traf jahrzehntelang auf breite gesellschaftliche Akzeptanz und blieb bis auf wenige Änderungen die Rechtsgrundlage, auf der die Kirchen bis 1990 im Westen der geteilten Stadt und seither in allen Berliner Bezirken Religionsunterricht anbieten. Nach 1990 war zunächst strittig, ob die Westberliner Regelung auch für die östlichen Stadtbezirke gelte; im Jahr 2000 hat jedoch das Bundesverwaltungsgericht die Geltung des Art. 141 GG in ganz Berlin bestätigt (vgl. BVerwG 6 C 5.99, Urteil vom 23.2.2000). Widerstand gegen die Übernahme der herkömmlichen Westberliner Regelung gab es von verschiedenen Seiten. So nahm die evangelische Landeskirche den Umbruch des Jahres 1989/1990 zum Anlass, den jahrzehntelang akzeptierten Sonderweg Berlins in Sachen Religionsunterricht in Frage zu stellen. Seit dem Amtsantritt von Wolfgang Huber als Bischof der Evangelischen Kirche in Berlin-Brandenburg (EKiBB) 1994 forderte die Landeskirche mit wachsendem Nachdruck die Einführung von Religionsunterricht als ordentliches Unterrichtsfach nach Art. 7 Abs. 3 GG auch in Berlin. Als Zugeständnis an die besondere religionskulturelle Lage Berlins wurde von der Kirchenleitung gleichwohl der Vorschlag vorgebracht,

---

4 Zum historischen Hintergrund sowie zur Rechtsentwicklung in West- und Ost-Berlin vgl.: Gräb/Thieme 2011, 29–40; Kraft 2002, 161–163.

Religionsunterricht als ordentliches Lehrfach im Rahmen eines Wahlpflichtbereichs (als „Fächergruppe" bezeichnet) gleichberechtigt neben dem Fach *Ethik* anzubieten (vgl. Kraft 2002).[5] Infrage gestellt wurde die Zukunftsfähigkeit des Berliner Modells aber auch von der Gegenseite, die zum einen auf ein insgesamt schwaches Interesse der Berliner Schüler*innen an einem religions- oder weltanschaulichen Unterricht verwies (vgl. Schieder 2008, 386–387), zum anderen beklagte, dass es in Berlin (anders als in den Bundesländern mit Religionsunterricht nach Art. 7 Abs. 3 GG, in denen seit den 1980er Jahren ethikbezogene Alternativfächer eingeführt worden waren) keine religiös beziehungsweise weltanschaulich ungebundene Unterrichtsalternative gab. Diese Leerstelle zu schließen und möglichst alle Schüler*innen mit einem ‚werteorientierenden' Unterrichtsangebot zu erreichen, erschien politisch geboten. Die diesbezüglichen Entwicklungen in Brandenburg (vgl. Kap. 3.4 in diesem Band) verstärkten auch in Berlin die Bestrebungen, schulpolitisch neue Akzente zu setzen. Vor diesem Hintergrund begann im Schuljahr 1993/1994, zur Zeit der Großen Koalition zwischen CDU und SPD,[6] an 37 Berliner Schulen ein Schulversuch zur Einführung des Fachs *Ethik/Philosophie* in der Sekundarstufe I.[7]

Die Pläne zur Einführung des neuen Unterrichtsfachs, das Werteorientierung bieten, aber bekenntnisneutral konzipiert sein sollte, wurden weiter konkretisiert, als die Große Koalition nach zehn Jahren im Juni 2001 zerbrach und mit Klaus Wowereit ein Sozialdemokrat die Regierungsgeschäfte in der Hauptstadt übernahm. Schulsenator Klaus Böger (SPD) favorisierte allerdings (gegen den Mainstream seiner Partei; vgl. FAZ, 23.11.2004; Berliner Morgenpost, 15.4.2005; auch Schieder 2008, 379–381) ein Modell, dass in Richtung des von den Kirchen ebenso wie von der Berliner CDU und FDP favorisierten Modells der „Fächergruppe" wies. Danach sollte an Berliner Schulen (wie in Brandenburg) verbindlicher Unterricht im Fach *Lebensgestaltung – Ethik – Religionskunde* eingeführt werden, allerdings sollte dieser in ein Wahlpflichtmodell eingebunden werden, um Schüler*innen, die am Religionsunterricht teilnehmen, die Möglichkeit zu eröffnen, auf Wunsch vom LER-Unterricht befreit zu werden. Der Vorteil des Modells „Fächergruppe" gegenüber dem herkömmlichen Modell des freiwilligen, allein von den Religions- und Weltanschauungsgemeinschaften verantworteten Religions- und Weltanschauungsunterrichts wurde in den erweiter-

---

5 Diese Idee eines Wahlpflichtbereichs hatte die evangelische Kirche bereits 1988 vorgetragen; erst nach dem Amtsantritt Wolfgang Hubers 1994 wurde diese Idee aber konsequent als Zukunftsmodell präsentiert und 1998 gemeinsam mit der Katholischen Kirche auch für Berlin vorgeschlagen (vgl. ebd. sowie Häusler 2007, 29). Zur Haltung der Evangelischen Kirche zur Sonderform des Religionsunterrichts in Berlin seit 1948 sowie zu ihrem Positionswandel in den neunziger Jahren vgl. auch: Schieder 2008, 284–287; Beschorner 2006, 42–44.
6 Regierender Bürgermeister war Eberhard Diepgen (CDU). Diepgen hatte dieses Amt 1984 bis 1989 (in einer Koalition aus CDU und FDP) sowie 1991 bis 2001 (in einer Großen Koalition aus CDU und SPD) inne.
7 Der Modellversuch wurde bis zur Einführung des neuen Pflichtfachs *Ethik* im Schuljahr 2006/2007 (vgl. unten) fortgeführt (vgl. Beschorner 2006).

ten Kontroll- und Eingriffsmöglichkeiten gesehen: Sollten bekenntnisneutraler und bekenntnisgebundener Unterricht im Rahmen eines Wahlpflichtbereichs zusammengeschlossen werden, so hätten staatliche Stellen die Möglichkeit, die jeweiligen Curricula auf verfassungswidrige Inhalte zu prüfen sowie auf Auswahl und Ausbildung der Lehrkräfte Einfluss zu nehmen. Das herkömmliche Berliner Modell gestattete hingegen nur eine sehr schwache Kontrolle der Rahmenlehrpläne für den Religionsunterricht (vgl. Berichte und Interviews im Tagesspiegel, 22.11.2004 a und b, 23.11.2004, 28.11.2004).

Mit seinen Vorschlägen, die sich vor allem gegen den Religionsunterricht der *Islamischen Föderation Berlin* (IFB) richteten (vgl. unten), stieß Böger jedoch auf heftigen Widerstand in seiner eigenen Partei und scheiterte am Votum des Landesparteitags der Berliner SPD im April 2005. Hier stimmte eine breite Mehrheit für die Einführung von verpflichtendem *Werteunterricht* ohne Befreiungsmöglichkeit zugunsten religiös oder weltanschaulich gebundener Unterrichtsangebote.[8] In der Beschlussfassung heißt es unter anderem:

> Eine zeitgemäße, wertebezogene Bildung erfordert gerade in der pluralen Metropole Berlin integrative Unterrichtsformen, bei denen Schülerinnen und Schüler unterschiedlicher politischer und religiöser beziehungsweise weltanschaulicher Auffassungen sich GEMEINSAM mit Fragen der Werteorientierung, mit unterschiedlichen Weltreligionen, Weltanschauungen und Lebensauffassungen beschäftigen und im Dialog lernen, eigene Vorstellungen weiterzuentwickeln, fremde Auffassungen zu respektieren und zu verstehen. Die SPD setzt sich deshalb für die Einführung des Faches LER als Pflichtfach ohne Abmeldeklausel ein. [...] Die schulische Aufgabe einer Wertevermittlung darf nicht an Weltanschauungs- und Religionsgemeinschaften delegiert werden. Ein bekenntnisgebundener Religions- oder Weltanschauungsunterricht kann ein allgemeinbildendes Schulfach nicht ersetzen. Deshalb lehnt die SPD Berlin die Einführung eines Wahlpflichtbereiches LER / Religionsunterricht ab. (SPD Berlin 2005a; Hervorhebung i.O.)

„Werteunterricht für alle!" – so lautete die auf einem doppelseitigen Flyer verbreitete Botschaft, die vom Parteitag ausging (SPD Berlin 2005b).

Die SPD konnte sich dabei der Unterstützung ihres Koalitionspartners im Berliner Abgeordnetenhaus, der PDS, sicher sein, hatte doch die PDS-Fraktion bereits im März 2005 einen Entwurf für die Einführung von *Werteunterricht* an Berliner Schulen vorgelegt, der sich an dem Brandenburger Modell orientierte, allerdings unter der Fachbezeichnung *Interkulturelle Bildung* figurierte (vgl. Berliner Zeitung, 9.3.2005). Vertreter der FDP witterten in den Plänen der SPD für einen staatlich verantworteten *Werteunterricht* hingegen „eine Art DDR light" (vgl. Abgeordnetenhaus, Plenarprotokoll 15/66, 2005, hier 5555–5556; Tagesspiegel, 15.4.2005). Der größte Widerstand gegen den *Werteunterricht* ging aber von den Kirchen aus. Der EKD-Vorsitzende und

---

8 Begleitet wurde die Entscheidungsfindung von einer öffentlichen Kontroverse, die nicht zuletzt unter dem Eindruck des sogenannten ‚Ehrenmordes' an einer jungen Deutschtürkin im Februar 2005 auf offener Berliner Straße stand; zum konkreten Fall und zur Zweifelhaftigkeit des Begriffs ‚Ehrenmord' vgl. den Beitrag von Werner Schiffauer in: SZ, 25.2.2005; zur Thematik von Ehre und Gewalt ist grundsätzlich immer noch instruktiv: ders. 1983.

Landesbischof der Evangelischen Kirche in Berlin-Brandenburg-schlesische Oberlausitz (EKBO[9]) brandmarkte die Pläne als Ausdruck eines „weltanschaulichen Herrschaftsanspruchs" (zit. nach FAZ, 19.3.2005). Der Erzbischof von Berlin Georg Kardinal Sterzinsky beklagte gar „Zustände wie in der Nazizeit und in der DDR" (zit. nach FAZ, 15.3.2005; vgl. SZ, 6.4.2005). In einem gemeinsamen öffentlichen Aufruf warnten die Evangelische Kirche, das Erzbistum Berlin und die Jüdische Gemeinde zu Berlin vereint vor der „ideologische[n] Engführung", in die ein vom Staat allein verantworteter Werteunterricht zwingend hineinführe (Notbund 2006, 25–26).

Auch bundesweit fand die Berliner Kontroverse umgehend Resonanz. Erneut befasste sich auch der Deutsche Bundestag mit dem Thema: Nur wenige Tage nachdem die Berliner SPD auf ihrem Parteitag die Weichen in Richtung „Werteunterricht für alle!" gestellt hatte, debattierten die Bundestagsabgeordneten auf Antrag der CDU/CSU-Fraktion in einer Aktuellen Stunde über das Thema „Religionspolitik des Berliner Senats und Grundgesetz" (vgl. Deutscher Bundestag, Plenarprotokoll 15/168, 13.4.2005). Bundeskanzler Gerhard Schröder, der an der Aktuellen Stunde nicht teilnehmen konnte, gab am selben Tag seine Option für einen Wahlpflichtbereich Religion/Ethik zu Protokoll (zit. nach: Das Parlament, 18.4.2005; vgl. auch FAZ, 14.4.2005; SZ, 14.4.2005). Ähnlich ließ sich auch der SPD-Vorsitzende Franz Müntefering vernehmen, der gar einen Rückfall hinter das Godesberger Programm der SPD von 1959 witterte (vgl. Tagesspiegel, 8.4.2005), in dem die Partei ihre Bereitschaft zur Zusammenarbeit mit den Kirchen und Religionsgemeinschaften erklärt und damit eine religionspolitische Wende vollzogen hatte (SPD 1959).

Die Berliner SPD ließ sich jedoch von dem Widerstand auch aus den eigenen Reihen nicht von ihren Plänen abhalten. Im März 2006 legte sie dem Abgeordnetenhaus einen Gesetzentwurf vor, mit dem die Parteitagsbeschlüsse zum „Werteunterricht für alle!" umgesetzt werden sollten. Auf die in der Debatte wiederholt vorgetragene Kritik, es sei nicht Sache des Staates, ‚Werte' anzubieten, hatte sie mit einer Umbenennung des Fachs in *Ethik* reagiert. Am Grundkonzept des neuen Fachs und seinem Verhältnis zum (weiterhin fakultativen) Religionsunterricht änderte sich aber nichts. Am 30. März 2006 beschloss das Abgeordnetenhaus von Berlin mit den Stimmen der SPD und der PDS sowie Teilen der Fraktion Bündnis 90/Die Grünen, das Berliner Schulgesetz zu ändern und in den Jahrgangsstufen 7 bis 10 verpflichtenden Ethikunterricht einzuführen. Die neue Regelung trat zum Schuljahresbeginn am 1. August 2006 in Kraft. Seither ist das

> Fach Ethik [...] in den Jahrgangsstufen 7 bis 10 der öffentlichen Schulen ordentliches Lehrfach für alle Schülerinnen und Schüler. Ziel des Ethikunterrichts ist es, die Bereitschaft und Fähigkeit der Schülerinnen und Schüler unabhängig von ihrer kulturellen, ethnischen, religiösen und weltan-

---

[9] Die Evangelische Kirche in Berlin-Brandenburg (EKiBB) hatte sich 2004 mit der Evangelischen Kirche der schlesischen Oberlausitz zur Evangelischen Kirche in Berlin-Brandenburg-schlesische Oberlausitz (EKBO) zusammengeschlossen.

schaulichen Herkunft zu fördern, sich gemeinsam mit grundlegenden kulturellen und ethischen Problemen des individuellen Lebens, des gesellschaftlichen Zusammenlebens sowie mit unterschiedlichen Wert- und Sinnangeboten konstruktiv auseinanderzusetzen. [...] Zu diesem Zweck werden Kenntnisse der Philosophie sowie weltanschaulicher und religiöser Ethik sowie über verschiedene Kulturen, Lebensweisen, die großen Weltreligionen und zu Fragen der Lebensgestaltung vermittelt. Das Fach Ethik orientiert sich an den allgemeinen ethischen Grundsätzen, wie sie im Grundgesetz, in der Verfassung von Berlin und im Bildungs- und Erziehungsauftrag der §§ 1 und 3 niedergelegt sind. Es wird weltanschaulich und religiös neutral unterrichtet. Im Ethikunterricht sollen von den Schulen einzelne Themenbereiche in Kooperation mit Trägern des Religions- und Weltanschauungsunterrichts gestaltet werden. Die Entscheidung, in welcher Form Kooperationen durchgeführt werden, obliegt der einzelnen Schule. Die Schule hat die Erziehungsberechtigten rechtzeitig und in geeigneter Weise über Ziel, Inhalt und Form des Ethikunterrichts zu informieren. (Abgeordnetenhaus, Erstes Gesetz zur Änderung des Schulgesetzes vom 30.3.2006; SchulG B 2004, § 12 Abs. 6)

Anders als in Brandenburg eröffnet das Berliner Schulgesetz keine direkte Möglichkeit zur Befreiung vom Ethikunterricht zugunsten des Religions- oder Weltanschauungsunterrichts;[10] allerdings wurde auch der bisherige Rechtsstatus des Religions- und Weltanschauungsunterrichts mit der Gesetzänderung formal nicht angetastet, sodass Religions- und Weltanschauungsgemeinschaften auch weiterhin ein entsprechendes Angebot machen können, das für die Schüler*innen freiwillig ist (vgl. SchulG B 2004, § 13).

Die Kirchen sahen offenbar wenig Chancen, erfolgreich verfassungsrechtlich gegen die Berliner Schulgesetzänderung vorzugehen; jedenfalls beschritten sie diesen Weg nicht. Anders sahen es eine evangelische Schülerin und ihre Eltern, die im April 2006 gegen den Pflichtcharakter des neuen Unterrichtsfachs Verfassungsbeschwerde in Karlsruhe einreichten. Ihr Ansinnen hatte jedoch keinen Erfolg. Die Karlsruher Richter sahen keine Anhaltspunkte für die Behauptung, dass die Konzeption des Ethikunterrichts „nicht religiös oder weltanschaulich neutral wäre" (BVerfG 1 BvR 2780/06, Beschluss vom 15.3.2007, 44; zum Verlauf des Rechtsstreits: Reuter 2014, 249–251).

Nach dem Scheitern des Versuchs, den verpflichtenden Ethikunterricht verfassungsrechtlich zu verhindern, entschieden sich die Kirchen und kirchennahe Kreise für eine neue Initiative, die unter dem Namen *Pro Reli* für sich warb: Im Frühjahr 2007 begannen sie (mit Unterstützung der jüdischen Gemeinde, der *Türkisch-Islamischen Union der Anstalt für Religion* (DİTİB), aber auch der Landes-CDU und -FDP) mit den Vorbereitungen eines Volksbegehrens beziehungsweise eines Volksentscheids über die Einführung einer „Fächergruppe", das heißt eines Wahlpflichtbereichs aus den Fächern Religion, Weltanschauung und Ethik. Obwohl den Aktivist*innen von *Pro Reli* eine beachtliche Mobilisierung gelang, scheiterte der Volksentscheid am 26. April 2009 (zum Verlauf und Ergebnis vgl. Reuter 2014, 251–261).

---

10 Vgl. aber (den auf sämtliche Fächer bezogenen) § 46 Abs. 5 des Berliner Schulgesetzes, der Unterrichtsbefreiungen im Einzelfall möglich macht; vgl. unten.

Angesichts dieses Scheiterns setzen die beiden christlichen Großkirchen die bisherige Praxis eigener freiwilliger Unterrichtsangebote fort. Diese im Schulgesetz fortbestehende Möglichkeit nutzen in Berlin auch andere religiöse und weltanschaulich gebundene Träger: So wird in Berlin nicht nur evangelischer und katholischer Religionsunterricht angeboten, sondern (an Schulen mit entsprechender Zusammensetzung der Schüler*innenschaft und entsprechendem Interesse) auch orthodoxer, jüdischer oder buddhistischer, islamischer und alevitischer Religionsunterricht erteilt. Daneben bietet (wie in Brandenburg) der Humanistische Verband Deutschlands das weltanschaulich gebundene Fach *Humanistische Lebenskunde* an, das sich ausdrücklich gegen jedweden, insbesondere aber gegen den kirchlich verantworteten sowie den islamischen Religionsunterricht richtet und – als einziges Fach in der Gruppe der freiwilligen Unterrichtsangebote im Bereich Religion und Weltanschauung – seit Mitte der 1990er Jahre stetig steigende Schüler*innenzahlen (sowohl prozentual als auch absolut) verzeichnen kann (vgl. die Erhebungen mit Stand April 2020: SenKultEu 2020; ferner fowid 2019 sowie Tabelle S. 164).[11] Besonders strittig in der Berliner Debatte ist der islamische Religionsunterricht, der von der *Islamischen Föderation Berlin* (IFB) verantwortet wird; die IFB – die aufgrund personeller Verflechtungen mit der Islamischen Gemeinschaft *Milli Görüş* (IGMG)[12] zeitweise vom Verfassungsschutz beobachtet wurde – erstritt sich das Recht auf eigenverantwortlichen Religionsunterricht vor Gericht (vgl. OVG Berlin 7 B 4.98, Urteil vom 4.11.1998; BVerwG 6 C 5.99, Urteil vom 23.2.2000).[13]

Die geographische Verteilung der Nachfrage nach dem freiwilligen Religions- und Weltanschauungsunterricht spiegelt die einstige Teilung der Stadt wider: So nehmen in den Westberliner Bezirken deutlich mehr Schüler*innen am evangelischen und katholischen Religionsunterricht teil als in den Ostberliner Bezirken; für die Teilnahme am Humanistischen Lebenskundeunterricht ergibt sich demgegenüber ein umgekehrtes Bild (vgl. die auf Angaben der Senatsverwaltung basierende bezirksbezogene Aufschlüsselung der Teilnehmerstruktur: fowid 2019; ferner Tabelle S. 164).

---

11 Eine Liste der Anbieter freiwilligen Religions- und Weltanschauungsunterrichts findet sich unter: SenKultEu o. J.

12 Zur IGMG vgl. Schiffauer 2010.

13 In dem Rechtsstreit stand v. a. die Frage zur Entscheidung, ob es sich bei der IFB um eine Religionsgemeinschaft im Sinne des Berliner Schulgesetzes handele. Dieses hat das Bundesverwaltungsgericht im Jahr 2000 unter Berücksichtigung der damals geltenden Rechtslage in Berlin bejaht (vgl. BVerwG 6 C 5.99, Urteil vom 23.2.2000). In Reaktion auf diese politisch unerwünschte Entscheidung des Bundesverwaltungsgerichts wurde am 26.1.2004 die Definition von Religionsgemeinschaften, die als Träger für fakultativen Religionsunterricht in Frage kommen, im Berliner Schulgesetz geändert und dahingehend präzisiert, dass nur solche Vereinigungen in Betracht kommen, „die die Gewähr der Rechtstreue und der Dauerhaftigkeit bieten und deren Bestrebungen und Tätigkeiten auf die umfassende Pflege eines religiösen Bekenntnisses ausgerichtet und deren Mitglieder auf dieses Bekenntnis verpflichtet und durch es verbunden sind" (vgl. SchulG B 2004, § 13 Abs. 1). Dieser neu eingefügte Passus gilt ausdrücklich nicht für Weltanschauungsgemeinschaften und folglich auch nicht für den HVD (vgl. dazu ebd., § 13 Abs. 7); er zielt daher ersichtlich auf die IFB.

Die Kosten, die den Anbietern von Religions- und Lebenskundeunterricht für ihre Unterrichtsangebote entstehen, werden seitens des Landes Berlin bis zu 90 Prozent refinanziert. Grundlage der Kostenermittlung ist dabei die Zahl der teilnehmenden Schüler*innen, wobei als Mindestgruppengröße für Grundschulen 15 und für andere Schulformen 12 Teilnehmende gilt; hierfür werden gegebenenfalls auch jahrgangsübergreifende Gruppen gebildet (vgl. SenKultEu 2019 mit allgemeinen Angaben zur Finanzierung des Religions- und Lebenskundeunterrichts sowie zu den konkreten Kosten, aufgeschlüsselt nach Unterrichtsanbietern). Die Schulen sind verpflichtet, für den Religions- und Lebenskundeunterricht wöchentlich zwei Unterrichtsstunden im Stundenplan freizuhalten und unentgeltlich Unterrichtsräume zur Verfügung zu stellen.

Rahmenbedingungen

Die besonderen religionskulturellen Bedingungen Berlins wurden bereits angesprochen: Berlin weist Strukturen einer hoch säkularisierten Gesellschaft mit einem insgesamt kleinen, aber höchst diversifizierten religiösen Feld auf, in dem sich neben einer schrumpfenden Zahl kirchlich Gebundener ein dynamischer Sektor vor allem muslimischer Akteur*innen findet (vgl. oben 1.). Auch die in der Geschichte wurzelnde besondere religionsrechtliche Konstellation in Berlin wurde bereits erörtert (vgl. ebd.). Beide sind für das Verständnis der Berliner Regelungen zum Umgang mit Religion in der Schule und die Entscheidung für einen allgemein verpflichtenden Ethikunterricht essentiell.

Unterricht im Fach *Ethik* ist seit dem Schuljahr 2006/2007 in den Jahrgangsstufen 7 bis 10 verpflichtend (vgl. SchulG B 2004, § 12 Abs. 6). Der Ethikunterricht soll wöchentlich zweistündig erteilt werden (vgl. SenBJF o. J.). Sonderregelungen zur Unterrichtsbefreiung (etwa aufgrund der Teilnahme am freiwilligen Religions- oder Weltanschauungsunterricht) sind für das Fach *Ethik*, da es sich um ein allgemein verpflichtendes Unterrichtsfach handelt, nicht vorgesehen. Im Berliner Schulgesetz gibt es jedoch eine (auf alle Fächer bezogene) Regelung, nach der Schüler*innen im Einzelfall „aus wichtigem Grund auf Antrag vom Unterricht beurlaubt oder von der Teilnahme an einzelnen Unterrichts- oder Schulveranstaltungen befreit werden [können]" (SchulG B 2004, § 46 Abs. 5). Ob und in welchem Maß diese Regelung als Rechtsgrundlage für Anträge auf Befreiung vom Ethikunterricht herangezogen wird, konnte nicht ermittelt werden.

Anders als der Ethikunterricht wird der Religions- und Weltanschauungsunterricht (abhängig vom Anbieter) nicht nur in den Jahrgangsstufen 7 bis 10, sondern auch in den Jahrgangsstufen 1 bis 6 erteilt, das heißt auch in der (in Berlin regulär sechsjährigen) Grundschule. Die Teilnahme am Religions- und Weltanschauungsunterricht, der in der Eigenverantwortung der jeweiligen Träger liegt, ist freiwillig und ergibt sich nicht aus einer etwaigen Religionszugehörigkeit selbst, sondern ist schriftlich gegenüber der Schulleitung zu erklären (vgl. ebd.). Die Entscheidungshoheit über die Teilnahme liegt bei den Erziehungsberechtigten beziehungsweise ab dem vollendeten 14. Lebensjahr bei den Schüler*innen selbst.

Ausbildung der Lehrkräfte

Die Berliner Universitäten (Humboldt-Universität und Freie Universität) bieten keinen ausschließlich dem Fach *Ethik* gewidmeten Studiengang an. Zur Vorbereitung des Lehramts im Fach *Ethik* kann jedoch an der Humboldt-Universität zu Berlin *Philosophie/Ethik* im Kombinationsbachelor und konsekutiv im Master of Education studiert werden (vgl. HU o. J., Philosophie/Ethik B.A.; HU o. J., MEd Philosophie/Ethik). Die Freie Universität Berlin bietet mit dem Ziel des Lehramts an Sekundarschulen und Gymnasien einen Master-Studiengang ‚Ethik/Philosophie' an (FU o. J., Ethik/Philosophie MEd). Lehramtsanwärter*innen, die an einer der Berliner Universitäten einen der genannten Studienabschlüsse erlangt sowie den schulischen Vorbereitungsdienst erfolgreich absolviert haben, können in Berlin sowohl im Ethik- als auch im Philosophieunterricht eingesetzt werden. Lehrkräfte, die in anderen Bundesländern das Fach *Ethik* studiert haben, müssen bei einem Wechsel in den Schuldienst des Landes Berlin eine schulpraktische Fortbildung in der Fächerkombination *Ethik/Philosophie* absolvieren, mittels derer sie eine entsprechende Lehrbefähigung für beide Fächer erlangen (vgl. Fachbrief Ethik 2016, 11).

Curriculare Vorgaben

Zuständig für die Rahmenlehrpläne des Fachs *Ethik* sowie für die gesamte Curriculumsentwicklung ist das *Landesinstitut für Schule und Medien Berlin-Brandenburg* (LISUM), das auch die Lehrmaterialien für das Fach *Ethik* herausgibt (vgl. Berliner Unterrichtsmaterialien Ethik o. J., ferner die unregelmäßig erscheinenden ‚Fachbriefe', dokumentiert von: Fachverband Ethik o. J., Fachbriefe).

Im Rahmenlehrplan für das Fach *Ethik* wird zwischen der „*Referenzwissenschaft* des Faches Ethik, der Philosophie" und den „*Bezugswissenschaften* – der Psychologie und den Religions-, Gesellschafts- und Naturwissenschaften" unterschieden (Rahmenlehrplan 2015, 18; Hervorhebungen A.R.). Die Anknüpfung an die Philosophie bietet ausweislich des Rahmenlehrplans die Möglichkeit, „das große Antwortpotenzial aus der menschlichen Geistesgeschichte konstruktiv für die Auseinandersetzung mit der jeweiligen Problemfrage" zu nutzen (ebd.); ergänzend sei, wie es vage heißt, an die „ethisch relevanten Theorien" aus den genannten anderen Disziplinen anzuschließen (ebd.). Dies wird nicht näher ausgeführt, sodass unklar bleibt, welche „ethisch relevanten Theorien" Psychologie und Religionswissenschaft, die Gesellschafts- und die Naturwissenschaften anzubieten haben. Die Vorrangstellung der Philosophie als „Referenzwissenschaft" für das Fach *Ethik* wird im Rahmenlehrplan mit einem (fachgeschichtlich zweifelhaften) Verweis auf ihre jahrtausendelange historische Bewährung begründet: „Da die Ethik seit über zweitausendfünfhundert Jahren eine philosophische Disziplin ist, stellt die Philosophie den fachlichen Referenzrahmen dar" (ebd., 4). Die Philosophie wird als „Universalwissenschaft", als „methodisch geleitete[s] Nachdenken über die Grundlagen des menschlichen Denkens, Handelns und Seins verstanden. Kennzeichnend für den philosophischen Umgang mit Problemen ist es, scheinbar Selbstverständliches infrage zu stellen und Vorurteile, die dem alltäglichen Denken und Handeln zugrunde liegen, der kritischen Prüfung zu unterziehen. Dabei berücksichtigt die Philosophie als Universalwissenschaft die Erkenntnisse aller Wissenschaften" (ebd.). Die Vorrangstellung der Philosophie als „Referenzwissenschaft" des Fachs *Ethik* (ebd., 18) war und ist unter den Verantwortlichen für die Fachkonzeption nicht unstrittig; sie wurde aber mit der Verabschiedung des Rahmenlehrplans 2015 explizit bestätigt (vgl. Fachbrief Ethik 2016, 4).

Die Rolle, die der Philosophie als „Referenzwissenschaft" zugewiesen wird, tritt deutlicher hervor, wenn man schaut, wie ihr Verhältnis zu den sogenannten „Bezugswissenschaften" des Fachs (Psychologie, Religions-, Gesellschafts- und Naturwissenschaften) konzipiert wird. Im Rahmenlehrplan heißt es dazu zunächst: „Zur Förderung dieser vernunftgeleiteten Reflexion lernen die Schülerinnen und Schüler unterschiedliche ethische Positionen, Modelle und Theorien aus der Philosophie sowie aus ethisch relevanten Teilbereichen der Psychologie, den Religions-, Gesellschafts- und Naturwissenschaften kennen" (Rahmenlehrplan 2015, 4). Die Philosophie kommt ins Spiel, wenn es um die ‚Verarbeitung' dieses im Unterricht vermittelten Wissens, aber auch der familiär vorgeprägten individuellen Wertorientierungen der Schüler*innen geht. Ihr wird im Rahmenlehrplan gleichsam die Aufgabe eines reflexiven ‚Filters' für die ethische Tauglichkeit der lebenspraktisch relevanten Erkenntnisse der sogenannten „Bezugswissenschaften" des Fachs sowie der historisch und sozial, religiös und weltanschaulich kontingenten Wertbindungen der Schüler*innen zugewiesen. Religiös wie anderweitig imprägnierte Lebensführungsmaximen und -modelle werden dabei gewissermaßen als ‚Angebote' ethischer Orientierung, unter denen die Schüler*innen philosophisch reflektiert eine vernünftige Wahl treffen können und sollen, präsentiert. So heißt es im Rahmenlehrplan, die im Unterricht angestrebte philosophisch fundierte ethische Reflexion diene dazu, „eine kritische Distanz zu eigenen und fremden Normen und Werten zu bekommen und auf Grundlage des ethischen Wissens das eigene Denken und Handeln reflektieren zu können" (Rahmenlehrplan 2015, 4). Es gehe im Ethikunterricht darum, „die ethische Reflexionskompetenz der Schülerinnen und Schüler zu fördern […], damit sie sich in ihrem Leben orientieren und selbstbestimmt und verantwortungsvoll handeln können" (ebd., 3). Auch eine Zielorientierung dieser ethischen Reflexion wird vorgegeben: Der Ethikunterricht, so sieht es der Rahmenlehrplan vor, solle Schüler*innen dazu befähigen, „Menschen in ihrer Diversität akzeptieren und deren Würde anerkennen" zu können (ebd.). Als Leitfaden solle dabei „eine an den Menschenrechten orientierte Vernunft" dienen (ebd., 4).

Als eigentlicher fachspezifischer Bildungsbeitrag des Fachs *Ethik* wird also „ethische Reflexionskompetenz" genannt (ebd., 5). Diese umfasst laut Rahmenlehrplan „die folgenden sich ergänzenden, teils überschneidenden, in gegenseitiger Wechselwirkung stehenden Kompetenzen: Wahrnehmen und deuten [...]. Perspektiven einnehmen [...]. Sich im Dialog verständigen [...]. Argumentieren und urteilen [...]" (ebd., 5–6). Dem entspricht die im Rahmenlehrplan deutlich hervorgehobene Position, dass „die Vermittlung [...] theoretischen Wissens im Ethikunterricht kein Selbstzweck" sei (ebd., 4). Religionskundliche Wissensvermittlung dürfte hier ‚mitgemeint' sein, explizit angesprochen wird sie nicht. Die Religionswissenschaft wird zwar, wie oben erläutert, als eine der „Bezugswissenschaften" des Fachs Ethik ausgewiesen (neben Psychologie, Gesellschafts- und Naturwissenschaften); in der Unterrichtskonzeption spielt sie aber eine untergeordnete Rolle. Religionskundliche Themen und Problemstellungen (in historischer ebenso wie in gegenwartsbezogener Perspektive) bleiben in der Unterrichtskonzeption marginal. Kommen sie zur Sprache, so sind sie Mittel, nie Zweck: Stets werden sie in den Dienst der genannten Zielvorgabe gestellt, „ethische Reflexionskompetenz" zu vermitteln (ebd., 5).

Im Curriculum wird dieses Programm folgendermaßen umgesetzt: Das Curriculum sieht sechs (sich teils überlappende) Themenfelder vor: (1) Wer bin ich? – Identität und Rolle, (2) Wie frei bin ich? – Freiheit und Verantwortung, (3) Was ist gerecht? – Recht und Gerechtigkeit, (4) Was ist der Mensch? – Mensch und Gemeinschaft, (5) Was soll ich tun? – Handeln und Moral, (6) Worauf kann ich vertrauen? – Wissen und Glauben (ebd., 17–31). Im Rahmenlehrplan wird deutlich gemacht, dass diese Themenfelder „nicht einzelnen Jahrgangsstufen zuzuordnen, sondern spiralförmig angelegt" sind, was bedeutet, dass sie grundsätzlich in jeder Jahrgangsstufe aufgenommen werden können, jedoch abhängig von der Lerngruppe in unterschiedlicher Tiefe und Komplexität zu behandeln sind. Verbindlich vorgegeben wird gleichwohl, bis zum Ende der 10. Jahrgangsstufe Aspekte sämtlicher Themenfelder im Unterricht zu behandeln (ebd., 18); eine Konkretion dieser Vorgabe bleibt aus. Hervorgehoben wird, dass die ethische Reflexion im Unterricht an die jeweils konkrete Lebenswirklichkeit der Schüler*innen anschließen und entsprechend einen „Lebensweltbezug" herstellen soll (ebd., 17). Auch wird der inklusive Charakter des Unterrichts ausdrücklich betont (ebd.). In didaktischer Hinsicht wird bei der Behandlung der genannten Themenfelder eine Verknüpfung von drei Perspektiven – individuell, gesellschaftlich, ideengeschichtlich – verbindlich vorgegeben (ebd., 18), erneut ohne Konkretion.

Der Ethikunterricht ist nicht – auch nicht anteilig – als Religionskunde konzipiert und enthält religionskundliche Unterrichtsanteile nur insofern, als Religionen und Weltanschauungen zum Bereich soziokultureller Diversität gehören, die zu akzeptieren zu den zentralen Unterrichtszielen gehört. Die Thematisierung von Religion und Weltanschauung steht entsprechend stets im Dienst des durchaus hehren, aber doch sehr vage bleibenden höherrangigen Unterrichtsziels der „Ausbildung einer dialogischen Gesprächskultur, in der Konsens angestrebt sowie Dissens akzeptiert und ausgehalten wird" (ebd., 4). In diesem Zusammenhang wird im Rahmenlehrplan die Möglichkeit eröffnet, „[f]ür die Auseinandersetzung mit unterschiedlichen Kulturen, Religionen und Weltanschauungen [...] Begegnungen mit Menschen anderer Generationen, Kulturen und Religionen aus der regionalen Umgebung und [...] den Besuch außerschulischer Lernorte, wie z. B. Kirchen, Moscheen, Synagogen und andere[n] religiöse[n] Stätten" zu initiieren (ebd., 4; vgl. auch ebd., 18). Dass solche „Begegnungen" mit Glaubenden sowie mit Orten, an denen religiöser Glaube verdichtet gelebt wird, eigens initiiert werden müssen, ist der mehrheitlich säkular geprägten Stadtgesellschaft geschuldet, in der Religion alltagskulturell kaum verankert ist und für die meisten keine Selbstverständlichkeit hat. Empfohlen wird im Rahmenlehrplan ausdrücklich auch, bei „der Behandlung einzelner Themen [...] die Kooperation mit anderen Fächern, insbesondere mit dem Religions- und Weltanschauungsunterricht" zu suchen (ebd., 18). Insofern wird in der Unterrichtskonzeption zwar eine Begegnung mit verschiedenen Religionskulturen angestrebt, doch soll diese der Einübung des toleranten Umgangs mit religiös oder weltanschaulich gebundener Lebensführung dienen und hat insofern allenfalls mittelbar religionskundlichen Charakter. Entsprechend finden auch die Begriffe *Religionskunde* oder *religionskundlich* im Rahmenlehrplan keinerlei Verwendung; ein fachdidaktischer Ansatz in Bezug auf Religionskunde ist nicht erkennbar.

Insofern das Fach *Ethik* keine explizit religionskundlichen Anteile hat, werden in Bezug auf die Vermittlung religionskundlichen Wissens keine spezifischen Lern- und Kompetenzziele verfolgt. Vielmehr werden Religionen ebenso wie Weltanschauungen lediglich als Aspekte soziokultureller Diversität neben anderen wahrgenommen. Für sie gelten folglich die skizzierten allgemeinen Lern- und Kompetenzziele des Ethikunterrichts.

Ein konkretes Religionsverständnis ist aus dem Rahmenlehrplan nicht ersichtlich. Der Begriff *Religion* oder *Religionen* wird in der Regel nebengeordnet in Reihungen verwendet, häufig in einer Reihung mit *Weltanschauung*, gelegentlich in einer Reihung mit anderen gesellschaftlichen Feldern wie etwa Kultur, Politik, Wissenschaft und Wirtschaft. Weder Christentum noch Judentum oder Islam werden im Rahmenlehrplan explizit genannt, lediglich an einer Stelle ist von „Islamophobie" die Rede (ebd., 27); als einzige konkrete Religion findet der Buddhismus einmal Erwähnung (ebd., 22). Verwendet werden hingegen verschiedentlich Sammelbegriffe wie *Weltreligionen* und *monotheistische Religionen*.

Insgesamt bleibt die Thematisierung von Religion(en) im Rahmenlehrplan blass – das Thema Religion ist eine Leerstelle. Konkreter thematisiert wird religiös motivierte Lebensführung am ehesten im letzten der oben genannten sechs Themenfelder unter dem Stichwort „Glauben": „Worauf kann ich vertrauen? – Wissen und Glauben" (ebd., 30–31). Hier wird Religion eingebettet in die existentiellen Grundfragen nach dem Ursprung alles Seienden, dem Sinn des Lebens und des Todes, denn, so heißt es lapidar im Rahmenlehrplan: „Seit jeher geben auch Religionen Antworten auf diese

Fragen" (ebd., 30). Mit diesen Antworten sollen sich die Schüler*innen aus den drei oben (vgl. unten) genannten didaktischen Perspektiven – individuell, gesellschaftlich, ideengeschichtlich – auseinandersetzen und sich dabei „ein Grundwissen über die großen Religionen und Weltanschauungen an[eignen] und lernen, zwischen Wissen, Glauben und Hoffen zu unterscheiden und darüber in den Dialog einzutreten" (ebd.). Ausdrücklich wird das Friedenspotential von Religionen und Weltanschauungen erwähnt, aber auch auf das Gewaltpotential hingewiesen. Als Ziel des Unterrichts wird definiert, „[g]eschlossene Weltbilder, die ihren Wahrheitsanspruch über den anderer setzen" zu erkennen und „mit einer an den Menschenrechten orientierten Vernunft" zu kritisieren (ebd.).

So marginal das Thema Religion in der Unterrichtskonzeption auch bleibt: Religiös-weltanschauliche Diversität wird durchgängig als gegeben vorausgesetzt. Insofern sie als Teil der allgemeinen sozialkulturellen Diversität moderner Gesellschaften begriffen wird, wird sie in den curricularen Vorgaben nicht explizit problematisiert, sondern auf gleicher Ebene wie diese als Herausforderung für das gesellschaftliche Leben begriffen, auf das die Schüler*innen durch den Ethikunterricht gezielt vorbereitet werden sollen.

Aktuelle Situation und Diskussionen

Die Konzeptualisierung und Einführung des Unterrichtsfachs *Ethik* verlief, wie dargestellt (vgl. oben 1.), höchst kontrovers. Der Grundsatzstreit um das Fach ist aber seit seiner gesetzlichen Einführung weitgehend zur Ruhe gekommen. Aktuelle Streitpunkte beziehen sich auf Fragen der konsequenten Umsetzung der gesetzlichen Vorgaben, etwa auf den Stellenwert, der dem Fach im schulischen Fächerkanon und im Stundenkontingent zugestanden wird, sowie auf die Ausbildung der Lehrkräfte. Der 2009 gegründete Fachverband Ethik, Landesverband Berlin hat an der Profilbildung des Fachs aktiv mitgewirkt und begleitet die weitere Fachentwicklung; unter anderem setzt er sich für eine „angemessene institutionelle Repräsentanz des Faches Ethik an den Schulen, am LISUM und im Senat", „für die Reduzierung fachfremd erteilten Ethikunterrichts" sowie „für die Stärkung von Religionskunde und -philosophie und der Bereichsethiken in der Lehramtsausbildung" ein (vgl. Fachverband Ethik o. J., Ziele).

Auch in den parteipolitischen Profilierungskämpfen spielt das Fach *Ethik* inzwischen allenfalls noch eine untergeordnete Rolle. Die religionspolitischen Auseinandersetzungen in der Hauptstadt haben sich in eine andere Arena verschoben, seit der Berliner Senat im Herbst 2017 mit den Stimmen der seit 2016 regierenden rot-rot-grünen Koalition eine Initiative der zuvor regierenden CDU umgesetzt und die Einrichtung eines islamisch-theologischen Instituts an der Humboldt-Universität zu Berlin sowie nolens volens auch eines katholisch-theologischen Instituts an der

Humboldt-Universität beschlossen hat und diese Pläne von den Universitätsgremien umgesetzt wurden (vgl. aus der breiten Debatte nur: Die Zeit, 15.11.2019).

Die evangelische und die katholische Kirche haben, wie dargestellt, engagiert versucht, die Einführung des verpflichtenden Ethikunterrichts zu verhindern und dabei – trotz Scheiterns im Ergebnis – einen beachtlichen Mobilisierungserfolg erzielt (vgl. oben 1.). Auch die jüdische Gemeinde und die muslimische *Türkisch-Islamische Union der Anstalt für Religion* (DİTİB) haben sich gegen den Ethikunterricht positioniert, während der *Humanistische Verband* (HVD) dem neuen Fach grundsätzlich positiv gegenübersteht. Seit der Einführung des neuen Fachs haben aber alle Genannten aktiven Widerstand aufgegeben und nutzen die im Berliner Schulgesetz eröffnete Möglichkeit, eigenständige Unterrichtsangebote auf freiwilliger Basis zu unterbreiten (vgl. dazu sowie zu den Schülerzahlen oben 1.).

Religionswissenschaftliche Einordnung

Das Fach *Ethik* hat, wie erläutert (vgl. oben 4.), keinerlei explizit religionskundlichen Unterrichtsanteile. Religionen werden vielmehr nur als, wenn man so will, ,Differenzmarker' neben anderen (wie Herkunft, soziale Lage, Geschlecht etc.) thematisiert, die es ausweislich des Rahmenlehrplans wahrzunehmen und zu deuten, denen gegenüber es sich zu positionieren und mit denen es sich dialogisch zu verständigen gilt, denen aber auch mit kritischer Argumentations- und Urteilsfähigkeit begegnet werden soll (Rahmenlehrplan 2015, 5–6). Ausdrücklich und wiederholt hervorgehoben wird sowohl in den gesetzlichen als auch in den curricularen Vorgaben, dass das Fach *Ethik* „bekenntnisfrei – also religiös und weltanschaulich neutral – unterrichtet" werde (ebd., 3); zugleich wird aber betont, dass der Unterricht entschieden „nicht wertneutral" sei, denn: „Unhintergehbarer Bezugspunkt sind die Menschenrechte. Dazu gehören Toleranz und Achtung anderer Überzeugungen, Verantwortung für die Erhaltung der natürlichen Lebensgrundlagen und Vermeidung gewaltsamer Konfliktlösungen. [...] Der Ethikunterricht zielt auf die Ausbildung einer dialogischen Gesprächskultur, in der Konsens angestrebt sowie Dissens akzeptiert und ausgehalten wird" (ebd.).

Wie im Zusammenhang mit der Vorstellung der curricularen Vorgaben (vgl. oben 4.) herausgearbeitet, bleibt das Thema Religion und bleiben historisch konkrete Religionskulturen in der Fachkonzeption und – soweit ersichtlich – auch in der Unterrichtssituation sehr vage. Angesichts dessen, dass das Fach keinen religionskundlichen Anspruch verfolgt, erscheint dies durchaus konsequent. Andererseits könnte es auch als Konfliktvermeidungsstrategie gedeutet werden: So wäre es plausibel, wenn die Verantwortlichen sich gezielt bemüht hätten, angesichts der in der Phase der Konzeptualisierung des Fachs schwelenden Konflikte mit den Kirchen keinerlei Anlass für weitere religionsverfassungsrechtliche Beanstandungen zu liefern und entsprechend auf potentiell konflikträchtige Konkretionen verzichteten. So kommen die Themen ‚Religion' und ‚Glauben' im Ethikunterricht als Teil der gesellschaftlichen Wirklichkeit zwar zur Sprache, doch dient ihre Thematisierung nicht der vertieften Kenntnis der Religionen selbst, die ausweislich des Rahmenlehrplans nicht einmal angestrebt wird. Religionskundliches Wissen ist folglich nicht selbst Zweck, sondern Mittel: Es steht im Dienst des höherrangigen Ziels der im Unterricht von den Schüler*innen ausweislich des Rahmenlehrplans gemeinsam zu erarbeitenden dialogischen Kultur. Ein religionskundliches Unterrichtskonzept ist (gezielt?) nicht erkennbar.

Bibliografie

Abgeordnetenhaus von Berlin. *Erstes Gesetz zur Änderung des Schulgesetzes vom 30.3.2006* (Gesetz- und Verordnungsblatt für Berlin. 62. Jg. Nr. 1311. 4/ 2006, S. 299).
    Abgeordnetenhaus von Berlin. *Plenarprotokoll 15/66*, 14.4.2005, 5546–5562.
Berliner Morgenpost. 15.4.2005. „Ich habe das Thema unterschätzt". Interview mit dem SPD-Landes- und Fraktionsvorsitzenden Michael Müller zur Debatte um den Werteunterricht".
Berliner Unterrichtsmaterialien Ethik o. J.; https://bildungsserver.berlin-brandenburg.de/ethik-mat [29.09.2021].
Berliner Zeitung. 25.9.2001. Religion als „verbindliches Fach". Böger will neue Diskussion (Marlies Emmerich).
Berliner Zeitung. 9.3.2005. Pflicht wird es in jedem Fall (Christine Richter).
Beschorner, Joachim. 2006. *Der Berliner Schulversuch Ethik/Philosophie in der Sekundar-stufe I. Möglichkeiten und Grenzen ethischer Bildung in der Schule*. Dissertation. Berlin: FU.
BVerfG Bundesverfassungsgericht. 2007. *1 BvR 2780/06, Beschluss vom 15.3.2007*.
BVerwG Bundesverwaltungsgericht. 2000. *6 C 5.99, Urteil vom 23.2.2000* (BVerwGE 110, 326).
Das Parlament. 18.4.2005.
Deutscher Bundestag. *Plenarprotokoll 15/168*, 13.4.2005, 15740–15754.
Die Zeit. 15.11.2019. „Plötzlich katholisch. Die Berliner Humboldt-Universität hat jetzt ein Institut für katholische Theologie. Dabei wollte der Senat nur etwas für den Islam tun in der Hauptstadt. Was ist da los?" (Simon Berninger).
Fachbrief Ethik Nr. 9 2016. Hg. v. Senatsverwaltung für Bildung, Jugend und Wissenschaft Berlin und Landesinstitut für Schule und Medien Berlin-Brandenburg; https://fachverband-ethik-berlin.de/downloadbereich/fachbriefe/; file:///C:/Users/areut_02/AppData/Local/Temp/Fachbrief_Ethik_09-2.pdf [20.11.2020].
Fachverband Ethik Landesverband Berlin. o. J. *Fachbriefe*; https://fachverband-ethik-berlin.de/downloadbereich/fachbriefe/ [29.09.2021].
Fachverband Ethik Landesverband Berlin. o. J. *Ziele*; https://fachverband-ethik-berlin.de/fachverband/unsere-ziele/ [29.09.2021].
fowid Forschungsgruppe Weltanschauungen in Deutschland. 2016. *Dreiviertel aller Berliner haben eine säkulare Lebensauffassung*.
fowid Forschungsgruppe Weltanschauungen in Deutschland. 2019. *Berlin: Religions- und Weltanschauungsunterricht 2018/19*.
Frankfurter Allgemeine Zeitung. 14.4.2005. „Es riecht verdammt nach DDR" (Mechthild Küpper).
Frankfurter Allgemeine Zeitung. 15.3.2005. „Sterzinsky: ‚Werteunterricht' ist verfassungswidrig."

Frankfurter Allgemeine Zeitung. 19.3.2005. „Berlin erhebt einen weltanschaulichen Herrschaftsanspruch". Der EKD-Vorsitzende Huber kritisiert den vom SPD/PDS-Senat geplanten Werteunterricht (Mechthild Küpper).

Frankfurter Allgemeine Zeitung. 23.11.2004. „Böger plant Gesetz zum Werteunterricht." (Autor/-in unbekannt?)

FU Freie Universität Berlin. o. J. Ethik/Philosophie. Master of Education (MEd). Lehramt an Integrierten Sekundarschulen und Gymnasien.

Gräb, Wilhelm und Thomas Thieme. 2011. *Religion oder Ethik? Die Auseinandersetzung um den Ethik- und den Religionsunterricht in Berlin*. Göttingen: V&R unipress.

Häusler, Ulrike 2007. „Religion unterrichten in Berlin." In: *Theo-Web. Zeitschrift für Religionspädagogik* 6, 1: 25–49.

HU Humboldt Universität zu Berlin. o. J. Master of Education (MEd) Philosophie/Ethik; https://www.philosophie.hu-berlin.de/de/studium/prufungsangelegenheiten/ordnungen/m-a-ordnungen/master [29.09.2021].

HU Humboldt Universität zu Berlin. o. J. Philosophie/Ethik. Kombinationsbachelor, Bachelor of Arts (B.A.); https://www.hu-berlin.de/de/studium/beratung/angebot/sgb/eth [20.11.2020].

Kraft, Friedhelm. 2002. „Religionsunterricht in Berlin – der öffentliche Streit um das von den Kirchen vorgeschlagene Modell der Fächergruppe". In: *Konfessionslos und religiös. Gemeindepädagogische Perspektiven*, hg.v. Götz Doyé und Hildrun Keßler. Leipzig: Evangelische Verlagsanstalt: 159–183.

LISUM Landesinstitut für Schule und Medien Berlin-Brandenburg. o. J.; https://lisum.berlin-brandenburg.de/lisum/ [11.10.2019].

Notbund für den evangelischen Religionsunterrichts e. V. (Hg.). 2006. *Zur Wahl: Ethik oder Religionsunterricht. Eine Dokumentation*. Berlin.

OVG Oberverwaltungsgericht Berlin. *7 B 4.98, Urteil vom 4. 11.1998* (NVwZ 7, 1999, 786–788).

Rahmenlehrplan Berlin-Brandenburg. 2015. *Teil C: Ethik, Jahrgangsstufen 7–10*.

Reuter, Astrid. 2010. „Lebt der freiheitliche, säkularisierte Staat von Voraussetzungen, die er selbst garantieren kann? Der Streit um den Werte- und Ethikunterricht in Deutschland und ein Blick nach Frankreich". In: *Religionskonflikte im Verfassungsstaat*, hg. v. Astrid Reuter und Hans G. Kippenberg. Göttingen: Vandenhoeck & Ruprecht: 230–258.

Reuter, Astrid. 2014. *Religion in der verrechtlichten Gesellschaft*. Göttingen: Vandenhoeck & Ruprecht.

Schieder, Rolf. 2008. „Kontroversen um das religiöse Gedächtnis in der Schule – eine Fallstudie zum Werteunterricht in Berlin". In: *Religionskontroversen in Frankreich und Deutschland*, hg. v. Matthias Koenig und Jean-Paul Willaime. Hamburg: Hamburger Edition: 371–399.

Schiffauer, Werner. 1983. *Die Gewalt der Ehre. Erklärung zu einem deutsch-türkischen Sexualkonflikt*. Frankfurt a.M.: Suhrkamp.

Schiffauer, Werner. 2010. *Nach dem Islamismus. Eine Ethnographie der Islamischen Gemeinschaft Milli Görüş*. Frankfurt a.M.: Suhrkamp.

SchulG B *Schulgesetz für das Land Berlin vom 26. Januar 2004*.

SchulG GroßB *Schulgesetz für Groß-Berlin vom 26.6.1948* (Verordnungsblatt für Groß-Berlin, Jg. 4, Nr. 27 vom 1. Juli 1948, 358–359).

SenBJF Senatsverwaltung für Bildung, Jugend und Familie. o. J. *Fächer/Rahmenlehrpläne. Ethik.*

SenKultEu Senatsverwaltung für Kultur und Europa des Landes Berlin. 2020. *Teilnehmerinnen und Teilnehmer am freiwilligen Religions- und Weltanschauungsunterricht im Land Berlin*; https://www.berlin.de/sen/kulteu/religion-und-weltanschauung/statistik-open-data/ [20.11.2020].

SenKultEu Senatsverwaltung für Kultur und Europa des Landes Berlin. 2019. *Religions- und Lebenskundeunterricht. Finanzierung*; https://www.berlin.de/sen/kulteu/religion-und-weltanschauung/religions-und-lebenskundeunterricht/artikel.21592.php [20.11.2020].
SenKultEu Senatsverwaltung für Kultur und Europa des Landes Berlin. o. J. *Religions- und Lebenskundeunterricht. Anbieter*; https://www.berlin.de/sen/kulteu/religion-und-weltanschauung/religions-und-lebenskundeunterricht/artikel.21589.php [27.11.2020].
SPD Berlin. 2005a. *Beschlussprotokoll des Landesparteitags der Berliner SPD vom 9.4.2005.*
SPD Berlin. 2005b. *Werteunterricht für alle! Für Toleranz, Gewaltfreiheit, Gleichberechtigung und Demokratie.*
SPD. 1959. *Godesberger Programm*. Grundsatzprogramm der Sozialdemokratischen Partei Deutschlands. Beschlossen vom Außerordentlichen Parteitag der Sozialdemokratischen Partei Deutschlands in Bad Godesberg vom 13. bis 15. November 1959.
Süddeutsche Zeitung. 14.4.2005. „Kanzler setzt sich für Religionsunterricht ein" (Philipp Grassmann).
Süddeutsche Zeitung. 25.2.2005. „Schlachtfeld Frau" (Werner Schiffauer).
Süddeutsche Zeitung. 6.4.2005. „Enthaltungsnoten" (Mark Siemons).
Tagesspiegel. 12.12.2001. „Werte sind recht – auch für Berlin" (Martin Gehlen).
Tagesspiegel. 8.4.2005. „SPD und PDS wollen Streit mit den Kirchen entschärfen" (Claudia Keller, Susanne Vieth-Enthus).
Tagesspiegel. 15.4.2005. „‚Kirchenfeind' SPD."
Tagesspiegel. 22.11.2004a. „‚Ja, wir haben alle versagt'. Bildungssenator Klaus Böger (SPD) über Integration, Werteunterricht und die Lehren aus den Fehlern der Vergangenheit."
Tagesspiegel. 22.11.2004b. „Böger legt Gesetzentwurf für Ethikunterricht vor" (Susanne Vieth-Entus).
Tagesspiegel. 23.11.2004. „Bögers Vorstoß zu Ethikunterricht verärgert die PDS" (Claudia Keller, Susanne Vieth-Entus).
Tagesspiegel. 28.11.2004. „Mehr als eine Glaubensfrage" (Susanne Vieth-Entus).

Astrid Reuter

4 Brandenburg

Hard Facts auf einen Blick

Fachbezeichnung	Lebensgestaltung – Ethik – Regionskunde (LER)
Einführung des Faches	1996
Schulstufen	Primarstufe (ab Klasse 5), Sekundarstufe I
Rechtsstatus	Pflichtfach; auf Antrag Abmeldung bei nachgewiesener Teilnahme am Religions- oder Weltanschauungsunterricht möglich
Rechtsgrundlage	Bbg SchulG § 11 Abs. 2–4; § 9 Abs. 3
Teilnehmer*innen	Schüler*innen nehmen entweder (a) nur am LER-Unterricht, (b) (auf Antrag) nur am Religions-/Weltanschauungsunterricht oder (c) am LER- und am Religions-/Weltanschauungsunterricht teil.
Einheitliche Prüfungsanforderung für das Abitur (EPA)	kein Abiturfach
Bezugsdisziplin/en laut curricularer Vorgaben	Philosophie, Religionswissenschaft, Psychologie, Soziologie
Studienstandorte	Potsdam
Beteiligung der Religionswissenschaft an Lehramtsausbildung	ja
Besonderheit	LER fungiert als Pflichtfach, andere Unterrichte können entweder auf Antrag ersetzend oder zusätzlich ergänzend belegt werden; eigener Studiengang LER an der Universität Potsdam mit relativ hoher Beteiligung der Religionswissenschaft
Weitere religions- und ethikbezogene Schulfächer	Philosophie; Religion (evangelisch, katholisch, beide auch mit konfessionell-kooperativer Option) und Humanistische Lebenskunde als zusätzliche freiwillige oder ersetzende Unterrichtsangebote

Nachfrage der religions- und ethikbezogenen Fächer in Brandenburg in Form von Schüler*innen-Belegzahlen für das Schuljahr 2019/20

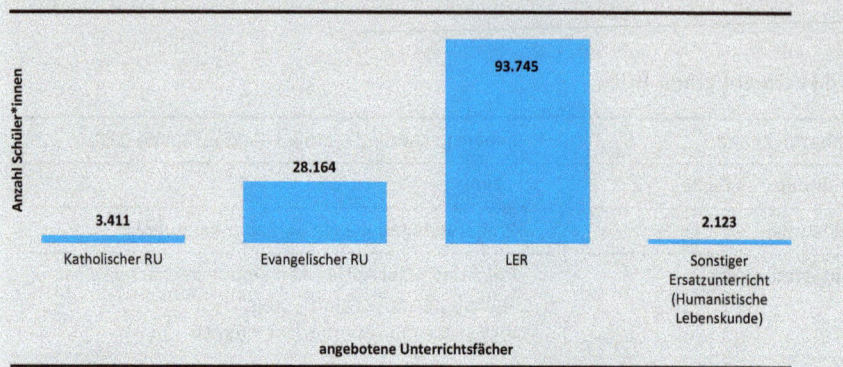

Quelle: KMK 2021. Auswertung Religionsunterricht Schuljahr 2019/20.

Verteilung der Fächer im Schulsystem

	LER (Pflichtfach)	Religion (Zusatzfach, Ersatzfach für LER)	Humanistische Lebenskunde (Zusatzfach, Ersatzfach für LER)	Philosophie (Wahlfach)
Primarstufe	+ (ab Klasse 5)	+ (ab Klasse 1)	+ (ab Klasse 1)	–
Sekundarstufe I	+	+	+	–
Sekundarstufe II grundlegendes Anforderungsniveau	–	+	+	+
Sekundarstufe II erhöhtes Anforderungsniveau	–	–	–	+

Geschichte und Entwicklung des aktuellen Modells

Das Pflichtfach *Lebensgestaltung – Ethik – Religionskunde* (kurz und im Folgenden: LER) hat seine Wurzeln in den bildungspolitischen Reforminitiativen der späten DDR[1] (vgl. Reuter 2014, 193–232[2]; Hillerich 2003, 199–220). Im kirchlichen Milieu der DDR sowie im weiteren Kreis der Bürgerbewegung wurde in den 1980er Jahren über weltanschauliche Differenzen hinweg die Idee diskutiert, ein Unterrichtsfach einzuführen, das an die lebensweltlichen Erfahrungen der Schüler*innen anschließen und eine Reflexion über persönliche Wertbindungen und entsprechende Modelle selbst verantworteter Lebensführung ermöglichen solle. „Gott und die Welt" sollten nach den Vorstellungen der Initiator*innen das Themenspektrum des neuen Faches abstecken (Birthler 1997). Im Herbst 1989 gründete sich aus diesen Initiativen heraus eine Arbeitsgruppe mit dem Ziel, ein neues Schulfach *Lebensgestaltung* zu konzipieren. Die in diesem Kreis entwickelten Ideen kamen im Laufe des Jahres 1990 auch in der Arbeitsgruppe Bildung, Erziehung und Jugend des zentralen Runden Tisches zur Sprache.

Für die Konzeption des Fachs LER war also ein spezifisch ostdeutscher Erfahrungshintergrund prägend. Dies ist unter anderem zu berücksichtigen, wenn es darum geht, die sich wandelnde Haltung einzuordnen, mit der die evangelische Kirche dem Fach im Laufe seiner Entwicklung und Etablierung begegnete. Die evangelische Kirche sah in dem neuen Fach zunächst keine Konkurrenz zum Religionsunterricht, da religiöse Unterweisung (die sogenannte *Christenlehre*) in der DDR seit den 1950er Jahren in alleiniger Verantwortung der Kirchengemeinden außerhalb der Schule stattfand. Gegenüber dem westdeutschen Modell des schulischen Religionsunterrichts nach Art. 7 Abs. 3 GG überwog in kirchlichen Kreisen der DDR Skepsis, die sich vor allem der Sorge vor staatlichen Eingriffsmöglichkeiten verdankte (vgl. Oermann und Zachhuber 2001, 26). Entsprechend sah der Bund der Evangelischen Kirchen in der DDR (BEK)[3] noch im Mai 1990 ausdrücklich keinen Bedarf für die Einführung von Religionsunterricht nach Art. 7 Abs. 3 GG. Als Begründung wurde explizit auch auf die Erosion volkskirchlicher Strukturen in der DDR verwiesen (Ministerium für Bildung, Jugend und Sport (MBJS) 1997, 8).[4] Anders als die BEK erhob die zahlenmäßig weit unbedeutendere katholische Kirche durchgängig die Forderung, flächendeckend Religionsunterricht nach dem bunderepublikanischen Modell einzurichten. Das hinderte aber den letzten

---

[1] Ich danke Annika Keute für Unterstützung bei der Quellenbeschaffung und -sichtung sowie Paula König, Hannah Conrad und Robert Suckro für redaktionelle Unterstützung.
[2] Die folgenden Ausführungen sind (teils wörtlich) an dieser früheren Rekonstruktion der (von Kontroversen begleiteten) Geschichte des Fachs orientiert.
[3] Zum Bund der Evangelischen Kirchen in der DDR (BEK) hatten sich 1969 die acht evangelischen Landeskirchen in der DDR zusammengeschlossen; 1991 wurden sie in die EKD integriert.
[4] Zur niedrigen kirchlichen Bindung in der späten DDR vgl. unten.

Bildungsminister der DDR, den engagierten Katholiken Hans Joachim Meyer,[5] nicht daran, am 2. Oktober 1990 (am Vortag des Inkrafttretens des Einigungsvertrags) eine Empfehlung für die „Einführung eines Unterrichtsfachs ‚Lebensgestaltung/Ethik' in den Schulen ostdeutscher Länder" auszusprechen (MBJS 1997, 8). Der Einigungsvertrag selbst enthält keine Regelungen zum Religionsunterricht, was (da die Einigung nach dem – dadurch aufgehobenen – Art. 23 GG als Beitritt der neuen Länder zum Geltungsbereich des Grundgesetzes erfolgte[6]) nach überwiegender Rechtsmeinung bedeutet, dass die Geltung des Art. 7 Abs. 3 GG stillschweigend unterstellt wird.

Nach den ersten Landtagswahlen nach der Einigung kam es in Brandenburg zur Bildung einer Koalition aus SPD, FDP und Bündnis 90 mit dem sozialdemokratischen Ministerpräsidenten Manfred Stolpe. Bildungsministerin wurde mit Marianne Birthler (Bündnis 90) eine der Initiator*innen der schulpolitischen Reformdebatte in der späten DDR und Stichwortgeberin in der Diskussion um ein auf persönliche Werteorientierung angelegtes neues Schulfach (vgl. Birthler 1997). Mit ihr verfolgte die Brandenburger Koalition diese Idee weiter und erklärte in ihrer Koalitionsvereinbarung vom 19. November 1990 die Absicht, „an den Schulen einen breit angelegten Unterricht in Religions- und Lebenskunde durchzuführen, die konfessionelle Unterweisung aber in Verantwortung der Kirchen zu belassen" (zit. nach: MBJS 1997, 9). Bereits Anfang 1991 legte Birthler konkrete Vorschläge zur Einrichtung eines allgemein verpflichtenden Schulfachs *Lebensgestaltung – Ethik – Religion* vor (vgl. Oermann und Zachhuber 2001, 24–25). Da aber die anfänglich kooperative evangelische Kirche ihre Position inzwischen grundlegend geändert hatte,[7] geriet der Prozess in der Folge ins Stocken. Unterdessen kam es zu wichtigen Strukturveränderungen in den betroffenen evangelischen Landeskirchen: So fusionierten 1991 die beiden Berliner Teilkirchen (West-Berlin und Ost-Berlin/Brandenburg) zur Evangelischen Kirche in Berlin-Brandenburg (EKiBB).[8] Ihr erster gemeinsamer Landesbischof wurde Martin Kruse, dem 1994 Wolfgang Huber folgte, der sich bis zu seinem Ausscheiden aus dem Amt 2009 vehement gegen die Einführung von LER engagierte (vgl. Fauth 2000, 263–271). Gleichwohl gab sich die evangelische Kirche zunächst weiter kompromissbereit – anders als die katholische Kirche, die ihrer Haltung prinzipieller Ablehnung durchgängig treu blieb (vgl. Oermann und Zachhuber 2001, 26).

---

5 Von 1997 bis 2009 Präsident des Zentralkomitees der deutschen Katholiken (ZdK).
6 Vgl. den mit dem Einigungsvertragsgesetz vom 23.9.1990 aufgehobenen Art. 23 GG: „Dieses Grundgesetz gilt zunächst im Gebiet der Länder Baden, Bayern, Bremen, Groß-Berlin, Hamburg, Hessen, Niedersachsen, Nordrhein-Westfalen, Rheinland-Pfalz, Schleswig-Holstein, Württemberg-Baden und Württemberg-Hohenzollern. In anderen Teilen Deutschlands ist es nach deren Beitritt in Kraft zu setzen."
7 Vgl. zum kircheninternen Hintergrund Fauth 2000, Kap. 2, 3, 4.
8 Seit 2004 (nach weiterer Fusion mit der Evangelischen Kirche der schlesischen Oberlausitz) zur Evangelischen Kirche in Berlin-Brandenburg-schlesische Oberlausitz (EKBO).

Die Kritik beider Kirchen richtete sich vor allem auf den Lernbereich *R* des neuen Schulfachs LER, der zunächst als Kürzel für *Religion/Religionen* stand, bevor es 1995/1996 im Zuge des Gesetzgebungsverfahrens zu einer Umbenennung in *Religionskunde* kam. Mit starken Vorbehalten begegneten die Kirchen dem Plan, am Lernbereich *R* ohne Mitspracherechte der Kirchen „authentische Vertreter" der Religionsgemeinschaften zu beteiligen (Edelstein et al. [Hg.] 2001, 26). Nach Auffassung der Kirchen lag hierin eine verfassungswidrige Einmischung des Staates in die Religionsfreiheit. Der Lernbereich *Religion*, so die kirchliche Auffassung, könne inhaltlich nur von den Religionsgemeinschaften selbst verantwortet werden. Nichtsdestotrotz erklärte sich die EKiBB bereit, sich an einem befristeten Modellversuch zur Einführung von LER zu beteiligen (vgl. dazu auch Oermann und Zachhuber 2001, 26) und konnte nach intensiven Verhandlungen mit der Landesregierung durchsetzen, den LER-Unterricht in der Erprobungsphase in eine Integrations- und eine Differenzierungsphase einzuteilen: Während in der Integrationsphase alle Schüler*innen gemeinsam bekenntnisfrei unterrichtet werden sollten, war für die Differenzierungsphase eine Wahl zwischen den Fächern Lebensgestaltung/Ethik (in staatlicher Alleinverantwortung) und evangelischem Religionsunterricht („in Übereinstimmung mit den Grundsätzen der Kirchen"[9]) vorgesehen. Die evangelische Kirche konnte überdies erreichen, neben ihrem Unterrichtsangebot in der Differenzierungsphase des LER-Unterrichts eigenverantwortlichen Religionsunterricht in den schulischen Räumen (außerhalb des Stundenplans) anzubieten. Die katholische Kirche hingegen lehnte eine Beteiligung am Modellversuch 1992 ab, da sie ihre Forderung, den Lernbereich *R* in der Differenzierungsphase nach dem Modell von Art. 7 Abs. 3 GG durchzuführen, nicht durchsetzen konnte (vgl. epd-Dokumentation 29/2001, 15–17, hier 16). Allein die Jüdische Gemeinde in Brandenburg ließ sich ohne weitere Verhandlungen auf das Kooperationsangebot ein (vgl. Edelstein u. a. [Hg.] 2001, 28; MBJS 1997, 11).

Im Schuljahr 1992/1993 startete das neue Fach LER als Modellversuch in den Klassen 7 bis 10 an 44 ausgewählten Schulen; die Versuchsphase wurde zunächst auf ein Jahr befristet, schließlich aber bis 1995 fortgesetzt (vgl. MBJS 1997, 13–14; Hillerich 2003, 203–205; Edelstein u. a. [Hg.] 2001, 28–36).[10] 1995 kündigte die EKiBB ihre Kooperation; der Unterricht wurde daraufhin ohne Differenzierungsphase ein weiteres Jahr als Schulversuch fortgeführt. Im Schuljahr 1996/1997 schließlich wurde LER als reguläres Unterrichtsfach eingerichtet.

Die gesamte Modellversuchsphase wurde von massiven Streitigkeiten sowie von politischen Umbrüchen begleitet, die das Gesprächsklima zwischen der Landesregierung und den Kirchen zunehmend belasteten. Eine Zäsur markiert der Rücktritt der Bildungsministerin Marianne Birthler im Oktober 1992, nur wenige

---

9 So die im Kabinettsbeschluss vom 2. Juni 1992 in Anlehnung an Art. 7 Abs. 3 GG gewählte Formulierung (Abdruck in: EKiBB 1995, 18–20).
10 Der Schulversuch wurde wissenschaftlich begleitet; vgl. den Abschlussbericht: Leschinsky 1996.

Monate nach Beginn des Modellversuchs.[11] Mit ihrem Nachfolger und Fraktionskollegen Roland Resch hatten die Kirchen einen deutlich weniger kompromissbereiten Verhandlungspartner (vgl. Fauth 2000, 26). Als die Fraktion Bündnis 90 im März 1994 dem Schritt Birthlers folgte und die Koalition mit der SPD aufkündigte, übernahm Angelika Peter (SPD) den Posten der Bildungsministerin, die den Teilhabevorstellungen der Kirchen wenig konziliant begegnete.[12] Der Ausstieg der EKiBB aus der Kooperation im Mai 1995 steht in diesem Zusammenhang (vgl. Die Welt, 22.5.1995); mit Abschluss der Modellphase musste deshalb die Differenzierungsphase aufgegeben werden, die sich allerdings nach allgemeiner Einschätzung auch nicht bewährt hatte (vgl. Leschinsky 1996; Edelstein u. a. (Hg.) 2001; Evangelische Kirche in Berlin-Brandenburg 1995, 47–52; dies. 1996, 54–56; MBJS 1997).

Die Debatte um das neue Schulfach war damit allerdings nicht beendet. Fortan stritten die beiden christlichen Kirchen für das Modell der sogenannten Fächergruppe – ein Wahlpflichtmodell aus Lebensgestaltung/Ethik und Religionsunterricht nach Art. 7 Abs. 3 GG (vgl. Reuter 2010) – während die Landesregierung daran arbeitete, im Schulgesetz des Landes LER als allgemein verpflichtendes Unterrichtsfach zu verankern. Einen ersten Gesetzentwurf für die Einführung des Faches *Lebensgestaltung – Ethik – Religionskunde* in den Jahrgängen 5 bis 10 legte sie im Herbst 1995 vor. Nach § 11 des Schulgesetzentwurfs sollte der LER-Unterricht „der Vermittlung von Grundlagen für eine wertorientierte Lebensgestaltung, von Wissen über die Grundsätze der philosophischen Ethik sowie über Kirchen, Religions- und Weltanschauungsgemeinschaften" dienen und in einer Haltung der „Offenheit und Toleranz" gegenüber den verschiedenen Wertbindungen und Bekenntnissen der Schülerinnen und Schüler unterrichtet werden. Das Fach, so wurde vorgesehen, sollte „bekenntnisfrei unterrichtet" werden; gleichwohl sollte denjenigen, die „regelmäßig an einem von einer Kirche oder Religionsgemeinschaft angebotenen Religionsunterricht teilnehmen", die Möglichkeit eröffnet werden, „auf Wunsch" vom LER-Unterricht befreit zu werden. Religionsunterricht – auf freiwilliger Basis – zu erteilen, wurde den Religionsgemeinschaften und Kirchen in § 9 des Gesetzentwurfs zugestanden.[13] Die Kirchen gaben sich damit allerdings nicht zufrieden, sondern bestanden auf einer Wahlmöglichkeit zwischen zwei gleichberechtigten (ordentlichen) Fächern (Modell Fächergruppe). Aber auch vonseiten der SPD-Landtagsfraktion kam Widerspruch; diese widersetzte sich der Befreiungsklausel, die nach Auffassung vieler auf eine Aushöhlung der Kernidee des neuen Fachs hinauslief.

---

11 Der Rücktritt stand in Zusammenhang mit dem Verdacht gegen den Ministerpräsidenten Manfred Stolpe (SPD), für die DDR-Staatssicherheit gearbeitet zu haben.
12 Vgl. zu den Entwicklungen in der Zeit des Modellversuchs Fauth 2000, 24–34; zur Presseresonanz: Pädagogisches Landesinstitut Brandenburg 1997, hier insbesondere das Presseecho in der ersten Jahreshälfte 1995.
13 Alle Zitate dieses Absatzes in: Landtag Brandenburg, Drucksache 2/1675, 25.10.1995, § 11 (LER) und § 9 (Status des Religionsunterrichts).

Im Frühjahr 1996 legte die Landesregierung deshalb einen neuen Entwurf der LER betreffenden Passagen des Schulgesetzes vor, der schließlich mehrheitlich Zustimmung finden sollte. Die Änderungen bezogen sich nicht nur auf die inhaltliche Bestimmung und Zieldefinition des Fachs LER, sondern auch auf die Voraussetzungen für die Möglichkeiten einer Unterrichtsbefreiung. So wurde zwar weiterhin eine Befreiungsoption vorgesehen, doch wurde diese an deutlich engere Bedingungen geknüpft und von der Teilnahme am Religionsunterricht entkoppelt. In § 11 des neuen Schulgesetzes wurde festgelegt: „Das Fach Lebensgestaltung-Ethik-Religionskunde soll Schülerinnen und Schüler in besonderem Maße darin unterstützen, ihr Leben selbstbestimmt und verantwortlich zu gestalten und ihnen helfen, sich in einer demokratischen und pluralistischen Gesellschaft mit ihren vielfältigen Wertvorstellungen und Sinnangeboten zunehmend eigenständig und urteilsfähig zu orientieren" (BbgSchulG 1996, § 11 Abs. 2). Es diene der „Vermittlung von Grundlagen für eine wertorientierte Lebensgestaltung, von Wissen über Traditionen philosophischer Ethik und Grundsätzen ethischer Urteilsbildung sowie über Religionen und Weltanschauungen" (ebd.) und werde „bekenntnisfrei, religiös und weltanschaulich neutral unterrichtet" (ebd., § 11 Abs. 3). Darüber hinaus bestimmt das Schulgesetz, dass die Eltern „über Ziele, Inhalte und Formen des Unterrichts [...] rechtzeitig und umfassend" zu informieren seien und „[g]egenüber der religiösen oder weltanschaulichen Gebundenheit von Schülerinnen und Schülern [...] Offenheit und Toleranz zu wahren" sei (ebd.). Die Befreiungsklausel wurde im neuen Gesetzentwurf aus dem Zusammenhang des § 11 herausgenommen und in den neuen § 141 des Schulgesetzes ausgelagert, demzufolge die Schüler*innen auf Antrag vom LER-Unterricht befreit werden können, „wenn ein wichtiger Grund dies rechtfertigt" (vgl. BbgSchulG 1996, § 141).[14] Die Regelungen zum freiwilligen Religionsunterricht wurden aus dem ersten Gesetzentwurf unverändert übernommen (vgl. ebd., § 9). Mit der Verabschiedung des Gesetzes wurde der Forderung der Kirchen nach Einführung eines Wahlpflichtmodelles entschieden eine Absage erteilt: Konfessionell gebundener Religionsunterricht sollte den Unterricht im allgemeinbildenden Fach LER nicht ersetzen können.

Der Brandenburger Streit hatte Grundsatzcharakter und wurde – noch vor Verabschiedung des Gesetzentwurfs – Gegenstand einer höchst ungewöhnlichen Debatte im Deutschen Bundestag, der sich nie zuvor mit dem Gesetzgebungsverfahren eines Bundeslandes beschäftigt hatte (vgl. Deutscher Bundestag, Plenarprotokoll 13/96, 15.3.1996; Reuter 2014, 214–217). Nach Verabschiedung des Gesetzes setzte die Bundestagsfraktion der CDU/CSU ihre in der Debatte vorgetragene Drohung um, ein Normenkontrollverfahren vor dem Bundesverfassungsgericht anzustrengen und unterstützte damit eine entsprechende Verfassungsbeschwerde der Kirchen,

---

14 Dieses Recht sollte, so wurde im Anschluss festgesetzt, mit Vollendung des 14. Lebensjahres von den Schüler*innen selbst wahrgenommen werden (vgl. ebd.). In § 141 wurde zudem ein Befristungsvermerk eingefügt, nach dem die LER betreffenden Regelungen nach Ablauf von fünf Jahren überprüft werden sollten.

die Anfang Juli 1996 beim Bundesverfassungsgericht einging und von einer Beschwerde seitens einiger evangelischer sowie katholischer Eltern und Schüler*innen flankiert wurde (vgl. Reuter 2014, 222). Kern des verfassungsrechtlichen Streits war die Frage, ob sich Brandenburg auf § 141 GG (sogenannte *Bremer Klausel*) berufen könne oder verpflichtet sei, Religionsunterricht nach Art. 7 Abs. 3 GG anzubieten.

Während des fünf Jahre währenden Verfassungsstreits schritt die Etablierung von LER voran. Allerdings änderten sich in dieser Zeit die politischen Bedingungen: Nach den Landtagswahlen 1999 kam es zu einer Großen Koalition aus SPD und CDU; zwar konnte die SPD weiter den Ministerpräsidenten stellen, musste sich aber auf Kompromisse mit einem Koalitionspartner einlassen, der die Verfassungsmäßigkeit von LER stets bestritten und im Wahlkampf angekündigt hatte, das Anliegen der Kirchen zu unterstützen, ein Wahlpflichtmodell zwischen *Lebensgestaltung/Ethik* und *Religionsunterricht* nach Art. 7 Abs. 3 GG durchzusetzen. In der Koalitionsvereinbarung wurde deshalb festgelegt, am Status quo von LER bis zur Entscheidung des Bundesverfassungsgerichts nichts zu ändern (vgl. Reuter 2014, 224; Hillerich 2003, 208).

Im Juni 2001 kam es in Karlsruhe zu einer mündlichen Verhandlung mit den Konfliktparteien (vgl. Reuter 2014, 224–228; epd-Dokumentation 52/2001). Einige Wochen später schlugen die Karlsruher Richter*innen den Streitparteien vor, einen Schlichtungsversuch zu unternehmen (vgl. ebd., 228–229); nachdem sich alle Konfliktbeteiligten auf dieses Verfahren eingelassen hatten, präsentierte der Erste Senat des Bundesverfassungsgerichts im Dezember 2001 einen Schlichtungsvorschlag. Dieser sieht in § 1 vor: „Die Regelungen über das Fach Lebensgestaltung – Ethik – Religionskunde in § 11 Abs. 2 bis 4 des Brandenburgischen Schulgesetzes bleiben unberührt. Außer dem Unterricht in diesem Fach kann Religionsunterricht gemäß § 9 Abs. 2 dieses Gesetzes in allen Schulformen und Schulstufen erteilt werden" (BVerfG 1 BvF 1/96, Beschluss vom 11.12.2001). Der Maximalforderung der Kirchen – die Einführung einer gleichberechtigten Fächergruppe aus *Lebensgestaltung/ Ethik* und *Religion* – war damit eine Absage erteilt. Allerdings enthält § 2 des Schlichtungsvorschlags ein Bündel an Regelungen, mit denen die Rahmenbedingungen für einen freiwilligen Religionsunterricht verbessert werden sollten.[15] Darüber hinaus schlagen die Karlsruher Richter in § 2 ihres Schlichtungsmodells aber auch vor, die Befreiungsmöglichkeit vom LER-Unterricht erneut (ähnlich wie im ersten Gesetzentwurf aus dem Jahr 1995) an die Teilnahme am Religionsunterricht zu koppeln und damit gegenüber der später verabschiedeten Gesetzeslage deutlich zu erleichtern:

> Schülerinnen und Schüler, deren Eltern gegenüber der Schule erklären, dass ihr Kind wertorientierten Unterricht zu den Gegenstandsbereichen des Faches Lebensgestaltung – Ethik – Religions-

---

15 Bspw. Integration des Religionsunterrichts in die reguläre Unterrichtszeit; Benotungsoption; Mitwirkung der Lehrkräfte an den schulischen Gremien sowie im Fall von Lehrkräften im Dienst des Landes Brandenburg Anrechnung des Religionsunterrichts auf das allgemeine Stundendeputat; Absicherung der finanziellen Zuschüsse für den Religionsunterricht durch gesetzliche Regelungen.

kunde allein in Form des Religionsunterrichts erhalten soll, und den Besuch eines solchen Unterrichts nachweisen, sind von der Verpflichtung zur Teilnahme am Unterricht in dem Fach Lebensgestaltung – Ethik – Religionskunde befreit. Bei Schülerinnen und Schülern, die das 14. Lebensjahr vollendet haben, tritt die eigene Erklärung an die Stelle der Erklärung der Eltern. (ebd.)

Alle Konfliktparteien stimmten dem Schlichtungsvorschlag zu. Auf dessen Basis erarbeitete die Landesregierung einen neuen Schulgesetzesentwurf, den der Landtag schließlich am 26. Juni 2002 verabschiedete (vgl. Landtag Brandenburg, Drucksache 3/4498 vom 24.6.2002; Plenarprotokoll 3/58 vom 26.6.2002, 3874–3879). Die Karlsruher Schlichtungsvorschläge zum Religionsunterricht wurden fast wörtlich in § 9 des Gesetzes eingefügt (vgl. BbgSchulG 2002, § 9 Abs. 2–7). Die Regelungen zum Unterricht im Fach LER in § 11, für die im Karlsruher Schlichtungsvorschlag kein Änderungsbedarf gesehen wurde, blieben weitgehend in der zuvor geltenden Form erhalten, wurden allerdings um die von den Bundesverfassungsrichter*innen vorgeschlagenen Regelungen zur Befreiung vom Unterricht im Fach LER ergänzt (vgl. ebd., § 11 Abs. 2–4).[16] Das neue Schulgesetz trat zum Schuljahr 2002/2003 in Kraft. Seit dem Schuljahr 2008/2009 wird das seit 1996 zunächst schrittweise eingeführte Fach LER in den Jahrgangsstufen 5 bis 10 an brandenburgischen Schulen flächendeckend angeboten.

Rahmenbedingungen

Zu den spezifischen religionskulturellen und sozialen Bedingungen, die zur Konzeptualisierung des Unterrichtsfachs LER geführt haben, gehören neben den Erfahrungen mit dem schulischen System der DDR (vgl. oben 1.) die äußerst schwache Bindung der Bevölkerung an Kirchen und andere Religionsgemeinschaften und die entsprechend hohe Zahl Konfessionsloser. So gehörten in der (ehemaligen) DDR 1990/1991 nach mittleren Schätzungen nur 24 Prozent der Bevölkerung der evangelischen und gerade einmal 4,6 Prozent der katholischen Kirche sowie weitere 2,2 Prozent anderen christlichen Kirchen an, während 69,3 Prozent konfessionslos waren (vgl. Pollack 1994, 272). In Brandenburg lag die Zugehörigkeit zur katholischen Kirche in der späten DDR mit 3,4 Prozent sogar noch unter dem Durchschnitt in Ostdeutschland insgesamt (vgl. MBJS 1997, 11[17]). Jüngere quantitative Erhebungen bestätigen den fortschreitenden Trend der Erosion religiöser Bindungen in den ostdeutschen Bundesländern; für das Jahr 2011 weisen sie in Brandenburg einen Anteil von nur noch 3 Prozent Katholik*innen und 17 Prozent Protestant*innen gegenüber 80 Prozent Konfessionslosen aus (vgl. Statista 2016).[18] Dieser Lage zum

---

16 Anm. d. Verf.: Damit wurde § 141 der Gesetzesfassung vom 12.4.1996 ersatzlos gestrichen.
17 Das MBJS beruft sich auf Angaben des Bistums Berlin von 1993.
18 Die Zugehörigkeit zum Islam wird hier für Brandenburg nicht beziffert.

Trotz stieß die Etablierung des Fachs LER in Brandenburg stärker als in anderen Bundesländern auf erheblichen Widerstand der zuständigen evangelischen Landeskirche, die sich im Entwicklungsprozess des Fachs zunehmend gegen dessen religionskundliche Anteile profilierte, sodass die Facheinführung bundesweit zu einer ideologisch aufgeladenen religionspolitischen Kontroverse führte (vgl. oben 1.).

Das brandenburgische Schulgesetz trägt diesem Umstand insoweit Rechnung, als es neben dem allgemein verpflichtenden Fach LER religiös beziehungsweise weltanschaulich gebundenen Unterricht auf freiwilliger Basis und in alleiniger Verantwortung der Kirchen sowie anderer Religions- und Weltanschauungsgemeinschaften vorsieht (vgl. BbgSchulG 2002; RWUV 2013 sowie oben 1.). Von dieser Möglichkeit machten zunächst nur die evangelische Kirche und (seit 2007/2008) der Humanistische Verband Deutschlands (HVD) Gebrauch (vgl. MBJS, RU-HLkU o. J.), letzterer mit dem Angebot des Weltanschauungsfachs *Lebenskunde* (verschieden von der bekenntnisneutralen *Lebensgestaltung*). Gleichberechtigt mit dem bekenntnisgebundenen Religionsunterricht ist die humanistische *Lebenskunde* erst seit einem 2005 zugunsten des HVD entschiedenen Rechtsstreits vor dem Verfassungsgericht des Landes Brandenburg (vgl. VerfGBbg 287/03, Urteil vom 15.12.2005).[19] Beide Unterrichtsträger unterrichten auch in den Jahrgangsstufen 1 bis 4. Religionsunterrichtsangebote seitens der evangelischen Kirche gibt es auch in der gymnasialen Oberstufe, aufgrund fehlenden Schüler*inneninteresses allerdings nicht flächendeckend (vgl. MBJS 2018). Die katholische Kirche sieht wegen der geringen Nachfrage von der Möglichkeit eines eigenständigen Unterrichtsangebots gänzlich ab. 2017 einigten sich jedoch die für Brandenburg und Berlin zuständigen katholischen Bischöfe darauf, den evangelischen und katholischen Religionsunterricht für die Jahrgangsstufen 1 bis 6 zu einem „konfessionell-kooperativen Religionsunterricht" weiterzuentwickeln, bei dem gleichwohl die konfessionelle Ausrichtung dezidiert erhalten bleiben soll (vgl. Erzbistum Berlin/EKBO 2017);[20] umgesetzt wurde diese Entscheidung bisher jedoch nicht (vgl. fowid 2019). Die Unterrichtsangebote der Kirchen sowie des HVD werden aus Landesmitteln finanziell sowie außerdem schulorganisatorisch unterstützt (vgl. MBJS – HVBBbg 2007/2016; MBJS – EKBO et al. 2006/2016; EKBO 2018, 9).

---

19 Der Anspruch stützte sich auf § 9 des Brandenburgischen Schulgesetzes sowie auf den Gleichheitsgrundsatz nach Art. 3 Abs. 3 GG, das Grundrecht auf Religions- und Weltanschauungsfreiheit nach Art. 4 Abs. 1 und 2 GG, die Gleichstellung von Religions- und Weltanschauungsgemeinschaften in Art. 137 Abs. 7 WRV i.V.m. Art. 140 GG (vgl. Anhang) sowie auf Art. 36 Abs. 5 der Verfassung des Landes Brandenburg vom 20.8.1992, nach dem „Vereinigungen zur gemeinschaftlichen Pflege einer Weltanschauung" den Religionsgemeinschaften gleichgestellt werden.
20 Diese Kooperationsvereinbarung erstreckt sich auch auf das Land Berlin (vgl. dazu Kap. 3.03 in diesem Band). Vgl. auch: katholisch.de, 6.10.2017; Märkische Allgemeine, 8.10.2017. Zu kooperativen Modellen von Religionsunterricht und ihrem Verhältnis zur Religionskunde und zum ethikbezogenen Unterricht vgl. aus evangelisch-theologischer Perspektive Scheliha 2019.

Diese Freiräume, die das Schulgesetz für selbst verantwortete freiwillige Unterrichtsangebote der Religions- und Weltanschauungsgemeinschaften vorsieht, dürfen jedoch nicht darüber hinwegtäuschen, dass dem Fach LER als einem nach § 11 des brandenburgischen Schulgesetzes ordentlichen und also für alle verpflichtenden Unterrichtsfach ein besonderer Status zukommt. Dies haben die Verantwortlichen in Brandenburg stets betont. LER, so heißt es aus dem Landesministerium, sei „ein Unterrichtsfach mit einem eigenen, unverwechselbaren Profil und kein Ersatz für den Religion- oder Weltanschauungsunterricht der Evangelischen Kirche und Katholischen Kirche sowie den humanistischen Lebenskundeunterricht des Humanistischen Verbandes" (MBJS, LER o. J.). Der Besuch eines kirchlich verantworteten Religionsunterrichts oder des weltanschaulichen Lebenskundeunterrichts in Verantwortung des Humanistischen Verbandes ist zwar möglich (und schulorganisatorisch möglich zu machen), aber nur zusätzlich zur Teilnahme am LER-Unterricht. Diese Gesetzeslage reflektiert einen nach jahrzehntelangen gesellschaftlichen und rechtlichen Konflikten mühsam ausgehandelten Kompromiss.

Seinem Charakter als Pflichtfach entsprechend ist eine Anmeldung zur Teilnahme am Unterricht im Fach LER nicht erforderlich. Anmeldepflicht besteht hingegen bei Wunsch auf Teilnahme am freiwilligen Religions- oder Lebenskundeunterricht. Bis zum vollendeten 14. Lebensjahr liegt dies in Verantwortung der Eltern, anschließend in Verantwortung der Schüler*innen. Schüler*innen, die ausschließlich Religions-oder Lebenskundeunterricht wünschen, haben die Möglichkeit, sich auf Antrag von der Teilnahmeverpflichtung am LER-Unterricht begründet entbinden zu lassen (vgl. oben 1.). Hierzu genügt eine fristgerechte schriftliche Erklärung der Eltern (beziehungsweise der religionsmündigen Schüler*innen) gegenüber der Schule, einschließlich des Nachweises über den Besuch des Religions- oder Lebenskundeunterrichts (vgl. MBJS, RU-HLkU o. J.). Die Abmeldequoten vom LER-Unterricht und deren Entwicklung konnten nicht zuverlässig ermittelt werden; nach Angaben der Märkischen Oderzeitung war zwischen 2007 und 2012 ein Anstieg der Abmeldequote von 15,7 Prozent auf 24,1 Prozent zu konstatieren (vgl. Moz.de, 5.11.2015). Diese Daten korrelieren mit den Angaben der Evangelischen Kirche in Berlin-Brandenburg-schlesische Oberlausitz, deren Statistik zufolge die Teilnahmequote im selben Zeitraum von 13,12 Prozent auf 16,66 Prozent gestiegen, seither allerdings leicht rückläufig ist (zum Vergleich 2018: 15,94 Prozent) (vgl. EKBO 2019). Der Humanistische Verband, der sein Unterrichtsangebot ausdrücklich nicht als Konkurrenzangebot zum Pflichtfach LER, sondern zum Religionsunterricht versteht, gibt für Anfang 2019 2239 Teilnehmer*innen an dem von ihm an 34 Schulen des Landes angebotenen Lebenskundeunterricht an.[21] Über die Zahl der Schüler*innen, die sowohl LER-Unterricht als auch Religions- oder Lebenskundeunterricht besuchen, konnten keine Informationen ermittelt werden.

---

21 Die Entwicklung der Schüler*innenzahlen konnte für Brandenburg nicht rekonstruiert werden.

Ausbildung der Lehrkräfte

Mit der konzeptuellen Entwicklung des Fachs sowie der Qualifikation der Lehrkräfte war zunächst das Pädagogische Landesinstitut Brandenburg (PLIB; heute LISUM: Landesinstitut für Schule und Medien Berlin-Brandenburg) betraut (vgl. Fauth 2000, 123–222; Leschinski 1996, 113–127; Edelstein u. a. [Hg.] 2001, 39).

Neben der berufsbegleitenden Fortbildung wurden seit dem Wintersemester 1999/2000 an der Universität Potsdam Lehrkräfte für das Fach LER in einem interdisziplinär angelegten Aufbaustudiengang weitergebildet, der im Wintersemester 2003/2004 in einen grundständigen Studiengang LER überführt wurde (vgl. UP, LER. Geschichte des Faches o. J.). Fachvertreter*innen beklagen, dass die Realität anders aussehe (vgl. etwa Potsdamer Neueste Nachrichten, 14.2.2014); der Fachverband LER startete 2016 eine Petition; darin wird (mit Bezug auf Daten bis zum Jahr 2013) kritisiert, dass mehr als 50 Prozent der LER-Lehrkräfte fachfremd seien – und dies, obwohl es ausreichend Absolvent*innen gebe (vgl. openPetition 2016). Einen anderen Befund legt das Protokoll einer Sitzung des Bildungsausschusses des brandenburgischen Landtags von Ende 2016 nahe. Hier wird auf die Schuldatenerhebung 2014/2015 verwiesen, aus der hervorgehe, „dass an den weiterführenden Schulen das Fach LER überwiegend von entsprechend ausgebildeten Lehrkräften unterrichtet werde. An den Gymnasien liege dieser Wert bei 67 Prozent in diesem Jahrgang, allerdings mit zum Teil beträchtlichen Differenzen zwischen den Regionalstellen. An den Grundschulen werde das Fach LER im Landesdurchschnitt zu über 60 Prozent von Lehrkräften mit einem Ausbildungsabschluss für LER unterrichtet" (vgl. MBJS, P-ABJS 6/11, 2015, 20).

Nach einer Übergangszeit, in der bereits in anderen Fächern tätige Lehrkräfte für den Unterricht in LER fortgebildet wurden, startete im akademischen Jahr 2003/2004 an der Universität Potsdam ein grundständiger Studiengang LER, der jährlich mindestens 50 Studienplätze vergibt. Am dortigen *Institut für Lebensgestaltung – Ethik – Religionskunde* kann LER mit dem Ziel Lehramt der Sekundarstufe I (in Kombination mit einem Zweitfach) und der Primarstufe (in Kombination mit zwei weiteren Fächern aus dem Primarstufenbereich, darunter entweder Deutsch oder Mathematik) an allgemeinbildenden Schulen sowie für das Lehramt an Gymnasien (ebenfalls mit einem Zweitfach) studiert werden (vgl. UP, LER. Überblick und Ordnungen o. J.). Das Studium ruht auf fünf Säulen: Neben der Fachdidaktik LER, die ausweislich der Angaben der Universität Potsdam „im engen Bezug zur allgemeinen Didaktik, der Erziehungswissenschaft, der Entwicklungs- und Lernpsychologie sowie der Sozialisations- und Bildungsforschung" (vgl. UP, LER. Fachdidaktik o. J.) unterrichtet wird, sind Philosophie, Religionswissenschaft, Psychologie und Soziologie die Bezugswissenschaften des Fachs (vgl. ebd.). Im Bereich der Religionswissenschaft – die in der Ausbildung der Lehrkräfte in interdisziplinären Bezügen zu den anderen genannten Fächern steht – soll im LER-Studium erlernt werden, „sowohl die Eigenlogik als auch den kritischen Blick auf Religionen zu erfassen, um der Pluralität von Wirklichkeiten und Wahrheiten gerecht zu werden" (UP, LER. Religionswissenschaft o. J.); dazu sollen nicht nur Kenntnisse der Grundlagen und der Geschichte insbesondere des Judentums, Christentums und Islams vermittelt, sondern auch die gesellschaftliche Rolle von Religion thematisiert und insbesondere auch ethische Fragen behandelt werden.

Das LER-Studium ist konsekutiv (Bachelor, Master) aufgebaut und umfasst sowohl im Bachelor- als auch im Masterstudium schulpraktische Anteile. Das sogenannte Fachdidaktische Tagespraktikum in der Bachelor-Phase, bei dem die Studierenden in Kleingruppen im LER-Unterricht hospitieren und auch selbst eine Unterrichtserfahrung (im Umfang von zwei Schulstunden) machen, soll die Studierenden befähigen, die fachdidaktische Theorie mit der schulischen Praxis zu vermitteln. Im Masterstudium haben die Studierenden dann ein viermonatiges Blockpraktikum in der Schule zu absolvieren, das unter anderem auch einen Unterrichtsbesuch durch Lehrkräfte der Universität Potsdam vorsieht.

Curriculare Vorgaben

Wie sämtliche Rahmenlehrpläne in Brandenburg, so wird auch der Rahmenlehrplan für das Fach LER vom Landesinstitut für Schule und Medien Berlin-Brandenburg (LISUM) erarbeitet und vom zuständigen Ministerium für Bildung, Jugend und Sport des Landes Brandenburg herausgegeben.[22] Die Lehrkräfte für die Fachdidaktik LER der Universität Potsdam begleiten die Erarbeitung des Rahmenlehrplans und der Lehrwerke.

In der Fachkonzeption werden den drei Lernbereichen des Fachs jeweils eigene „Bezugsdisziplinen" beziehungsweise „Bezugswissenschaften" (Rahmenlehrplan 2015, 20, 21) zugeordnet: Die Bezugswissenschaften für den Lernbereich L (*Lebensgestaltung*) sind Psychologie und Soziologie, für den Lernbereich E (*Ethik*) ist es die Philosophie und für den Lernbereich R (*Religionskunde*) die Religionswissenschaft. Die drei Fachdimensionen sind ausweislich des Rahmenlehrplans „eigenständige inhaltliche Bereiche" und als solche nicht wechselseitig austauschbar; zugleich aber werden sie präsentiert als drei eigenständige „Perspektiven" auf die jeweiligen Lebensverhältnisse der Schüler*innen (ebd., 3).

Hinsichtlich der Bestimmung und Abgrenzung der drei Lernbereiche (die also zugleich Inhaltsbereiche und Perspektiven sein sollen) bleibt die Fachkonzeption weitgehend allgemein: So geht es dem Rahmenlehrplan zufolge im Bereich L darum, „Fragestellungen und Probleme der Lebenswelt im Spannungsfeld zwischen einem gelingenden Leben und der Möglichkeit eines Scheiterns zu betrachten. Der Inhaltsbereich knüpft an anthropologische, soziale und psychologische Theorien, Wissens-

---

[22] Sämtliche Rahmenlehrpläne sind online einzusehen (vgl. LISUM o. J.).

bestände und Methoden an" (ebd.). Der Bereich E solle Möglichkeiten eröffnen, „Fragestellungen und Probleme des Handelns aus moralischer Sicht zu untersuchen. [...] Der Inhaltsbereich knüpft in erster Linie an ethische, philosophische und moralpsychologische Theorien, Wissensbestände und Methoden an" (ebd.). Der Lernbereich R schließlich biete Raum, um, wie es vage heißt, „Fragen nach dem Religiösen im Spannungsfeld zwischen Aufgeschlossenheit, Gleichgültigkeit oder Ablehnung gegenüber Religionen zu betrachten. Der Inhaltsbereich knüpft an religionswissenschaftliche, religionsphilosophische, religiös-ethische, weltanschauliche, sinnstiftende Theorien und gelebte Religion an" (ebd., 4).

Die Zielorientierung für das Fach wird einerseits sämtliche Lernbereiche übergreifend formuliert, ergänzend aber für die verschiedenen Lernbereiche spezifiziert. So wird im Rahmenlehrplan für das Fach LER in den Jahrgangsstufen 5 bis 10 als vorrangiges übergreifendes Unterrichtsziel die Vermittlung der Kompetenz zur „Auseinandersetzung mit Wert- und Sinnfragen" angegeben (Rahmenlehrplan 2015, 3). In den Ausführungen zum Lernbereich R wird festgestellt, der Unterricht diene dem Erwerb „religionskundliche[n] Grundwissen[s]" und der Befähigung der Schüler*innen, „religiöse Bezüge herzustellen, die für das Verstehen der eigenen sowie für sie fremder Kulturen bedeutsam sind" (ebd., 4). Die Vermittlung religionskundlicher Kenntnisse ist damit erkennbar nicht als Selbstzweck konzipiert, sondern wird ausdrücklich in den Dienst der Auseinandersetzung mit allgemeinen Fragen der Lebensorientierung der Schüler*innen gestellt. Religionskundliche Inhalte, so steht es im Rahmenlehrplan, sollen (wie auch die Inhalte der Lernbereiche L und E) stets mit Blick darauf erschlossen werden, in welcher Weise sie mit „jugendrelevante[n] Schlüsselprobleme[n] und lebensrelevante[n] Grundsatzfragen" der Schüler*innen unmittelbar verknüpft sind. Im Fokus des Fachs insgesamt – und folglich auch seiner religionskundlichen Anteile – stehen demnach durchgängig die „Lebenswelten der Schülerinnen und Schüler" (ebd., 3).

In den curricularen Vorgaben wird die Dreidimensionalität des Fachs LER hervorgehoben. Lebensgestaltung, Ethik und Religionskunde sind einerseits „drei eigenständige inhaltliche Bereiche, die nicht gegenseitig austauschbar sind", zugleich aber „drei Perspektiven für jeweilige Erschließungsweisen der Inhalte im Unterricht" (Rahmenlehrplan 2015, 3 und vgl. ebd., 20). Das Curriculum sieht insgesamt sechs Themenfelder vor, die grundsätzlich auf allen Lernstufen und – abhängig vom Lernstand sowie den Interessen und soziokulturellen Lebenswelten der Schüler*innen – in unterschiedlicher Abfolge sowie unterschiedlich intensiv bearbeitet werden können (vgl., auch zum Folgenden: ebd., 17–28): (1) Wer bin ich? – Identität, (2) Miteinander leben – soziale Beziehungen, (3) Menschsein – existenzielle Erfahrung, (4) Den Menschen und die Welt denken – Menschen- und Weltbilder, (5) Die Welt gestalten – der Mensch zwischen Natur und Kultur, (6) Die Welt von morgen – Zukunftsentwürfe. Jeder dieser Themenbereiche, die sich in der Behandlung auch überschneiden können, soll aus der Perspektive der drei Dimensionen L, E und R erschlossen werden. Ausdrücklich sollen „in jedem Themenfeld die großen Weltreligionen Judentum, Christentum, Islam, Hinduismus und Buddhismus angemessen und differenziert zur

Sprache kommen" (ebd., 17) – eine nähere Spezifikation bleibt gleichwohl aus. Im Rahmenlehrplan wird deutlich, dass die zu vermittelnden religionskundlichen Kenntnisse nicht in erster Linie der Wissenserweiterung dienen sollen, sondern dem Ziel untergeordnet sind, „die kulturellen und religiösen Hintergründe" der eigenen Lebenswelten „problemorientiert" wahrnehmen, beschreiben und deuten zu können (ebd., 13; vgl. auch ebd., 5–6).

Der Lernbereich Religionskunde wird im Rahmenlehrplan einerseits als eine Perspektive auf die oben genannten Themenfelder, zugleich aber auch als „eigenständige[r] inhaltliche[r] Bereich[]" vorgestellt (ebd., 3). „Im L-E-R- Unterricht", so heißt es im Rahmenlehrplan zum Lernbereich R ohne weitere inhaltliche Erläuterung, „erwerben die Schülerinnen und Schüler religionskundliches Grundwissen und werden befähigt, religiöse Bezüge herzustellen, die für das Verstehen der eigenen sowie für sie fremder Kulturen bedeutsam sind. Sie lernen, Religiosität als Feld grundlegender Erfahrungen und Vorstellungen einzubeziehen" (ebd., 4; vgl. auch oben). In fachdidaktischer Hinsicht wird ausgeführt, es gehe um die Vermittlung „religionskundige[r] Partizipationskompetenz", worunter die Befähigung verstanden wird, „auf der Basis reflexiver Selbstvergewisserung zu religiösen Fragen und Problemen mit Angehörigen von Religionen und Weltanschauungen zu kommunizieren und in interreligiösen und transkulturellen Situationen Handlungsmöglichkeiten zu erkennen, zu prüfen und auszuführen" (ebd.). Unter den unterrichtsleitenden Prinzipien wird darüber hinaus die Ermöglichung von ‚Authentizitätserfahrungen' genannt, dies mit dem Ziel, den Schüler*innen die Relativität verschiedener Weltbilder und lebensweltlicher Standpunkte (auch ihrer eigenen) deutlich zu machen: „Die Schülerinnen und Schüler, die Lehrkräfte und anderweitig am Unterricht beteiligte Personen sollen ihre persönlichen Überzeugungen und Werthaltungen nicht verbergen, sondern klar zum Ausdruck bringen. Lehrkräfte und eingeladene Personen sollten die Relativität ihrer Positionen deutlich machen und klarstellen, dass es zur gleichen Frage andere Positionen geben kann. Eigene Meinungen gehören zum jeweiligen Menschen und sind Ausdruck seiner Glaubwürdigkeit und Einmaligkeit. Unter der Wahrung strikter Freiwilligkeit haben sie einen wichtigen Platz im L-E-R-Unterricht. Authentizität verstanden als originale Begegnung fordert auf zur Eindrücklichkeit und unmittelbaren Konfrontation mit Orten, an denen Erfahrungen möglich sind, die für das Lernen im L-E-R-Unterricht notwendig und förderlich sind. Dazu gehören Erkundungsgänge an religiöse Orte ebenso wie der Besuch sozialer und kommunaler Einrichtungen und die Begegnung mit Repräsentanten verschiedener Einrichtungen" (ebd., 19).

Das Konzept von Religion, das den curricularen Vorgaben zugrunde liegt, wird nicht konkretisiert. Gleichwohl vermag ein Blick auf das semantische Feld, in das der Begriff ‚Religion' im Rahmenlehrplan eingeordnet wird, Aufschluss zu geben über das den curricularen Vorgaben zugrundeliegende Religionsverständnis. So steht der Religionsbegriff überwiegend im Kontext anderer Konzepte wie Ethik und Moral, Weltanschauung und Weltdeutung, Sinnstiftung und Wertsetzung sowie Umgang mit

Grenzerfahrungen. Darüber hinaus fächern die Erläuterungen zu den sechs Themenfeldern, die im LER-Unterricht erschlossen werden sollen (vgl. oben), verschiedene Bereiche auf, die dem Religiösen zugeordnet werden: So werden „Religion, Glaube, Weltanschauung als Orientierungsrahmen auf dem Lebensweg" (Rahmenlehrplan 2015, 22) vorgestellt, Religion erscheint als Antrieb für die individuelle Lebensführung in Lebensbereichen wie „Partnerschaft, Liebe und Sexualität" (ebd., 23), ebenso werden Feste, Rituale und Symbole, auch Gebete, Speise- und Kleidungsvorschriften sowie die Lektüre und Auslegung heiliger Schriften als Aspekte des gelebten Glaubens und religiöser Kommunikation genannt (vgl. ebd., 23, 25) und Religion als Quelle der individuellen wie kollektiven emotionalen Erfahrung dargestellt (ebd., 24). Im Unterricht sollen überdies der Zusammenhang zwischen Gottes-, Welt- und Menschenbildern in den Religionen, Säkularisierungsprozesse, „Religionskritik, Atheismus und religiöse Indifferenz" thematisiert werden (ebd., 26). Fast durchgängig synonym zum Begriff ‚Religion(en)' wird der Begriff ‚Weltanschauung(en)' verwendet; gelegentlich erscheint der Religionsbegriff in einer Reihung mit dem Begriff ‚Glauben' (vgl. ebd., passim).

Durchgängig thematisiert wird im Rahmenlehrplan religiös-weltanschauliche Diversität. Ausdrücklich soll der LER-Unterricht zur „Akzeptanz von Vielfalt (Diversity)" (ebd., 17) befähigen, die als „Bereicherung" und als „Chance" präsentiert wird (ebd., 23). Die Wahrnehmung der „Verschiedenheit kultureller und religiöser Ausdrucksweisen" (ebd., 24) gehört zu den expliziten Unterrichtszielen; „Multikulturalität, Inter- und Transkulturalität" (ebd.) sind wiederkehrende Aspekte der verschiedenen Themenfelder. Eine wertende Hierarchisierung verschiedener religiöser Traditionen oder Weltanschauungen ist nicht erkennbar.

Aktuelle Situation und Diskussionen

Die in der Entstehungsphase des Fachs höchst kontroverse öffentliche Debatte um LER (vgl. oben 1.) ist weitgehend zur Ruhe gekommen. Eine Grundsatzdebatte um den LER-Unterricht wird nicht oder kaum mehr (öffentlich) geführt.[23] Kritisch debattiert wird hingegen in der medialen Öffentlichkeit wie auch im Parlament die konkrete Ausgestaltung des Unterrichts. Insbesondere der Einsatz fachfremder Lehrkräfte wird regelmäßig beanstandet (vgl. oben 3.).

Auch in den parteipolitischen Auseinandersetzungen im Land Brandenburg spielen inzwischen weder das Fach LER noch der Religionsunterricht oder andere religionsbezogene Fächer eine besondere Rolle. Im Vorfeld der Landtagswahl 2019 haben nur

---

23 Davon ausgenommen sind wiederkehrende Debatten um die Grundsatzfrage, wie Religion Gegenstand schulischer Bildung sein kann und sollte, vielfach angestoßen durch Entwicklungsprozesse in anderen Bundesländern; vgl. etwa: Heinig 2018; Schipperges 2018.

Die Grünen und die CDU in ihren Wahlprogrammen in dieser Frage überhaupt Stellung bezogen. Ausdrückliche Unterstützung findet das Fach LER im Wahlprogramm der Grünen; allerdings erklären die brandenburgischen Grünen darin zugleich ihre Loyalität zur bestehenden gesetzlichen Regelung des zusätzlichen freiwilligen Angebots von Religionsunterricht seitens der Kirchen beziehungsweise von Weltanschauungsunterricht seitens des Humanistischen Verbandes (vgl. Bündnis 90 Die Grünen LVBbg 2019, 102). Die brandenburgische CDU hingegen, die stets entschieden gegen die Einführung von LER und für konfessionsgebundenen Religionsunterricht votiert hatte, spricht sich in ihrem Wahlprogramm 2019 dafür aus, „sowohl die politische Bildung als auch den Religionsunterricht zu stärken". Ohne näher auf die fachliche Ausgestaltung einzugehen, kündigt sie, sich dafür einzusetzen, „dass aktuelle politische Themen vermehrt fächerübergreifend im Unterricht diskutiert werden und die Schüler dadurch lernen, sich auch bei kontroversen Themen ein eigenständiges und differenziertes Urteil zu bilden" (CDU Bbg 2019, 10). Weder die SPD oder Die Linke in Brandenburg, die sich stets dezidiert für LER eingesetzt haben, noch die Landesverbände der FDP und der AfD thematisieren das Fach LER oder auch den Religionsunterricht in ihren Wahlprogrammen 2019.[24]

Die evangelische Kirche und die katholische Kirche lehnen das Fach weiterhin grundsätzlich ab; eine Haltung der muslimischen und jüdischen Gemeinschaften konnte nicht ermittelt werden. Der Humanistische Verband (HVD) begrüßt das Fach und hat wiederholt erklärt, ein eigenes freiwilliges Unterrichtsangebot neben LER (*Humanistische Lebenskunde*) nur deshalb zu unterbreiten, um diesen (aufgrund des Widerstands der Kirchen) gesetzlich eröffneten Freiraum nicht den Kirchen allein zu überlassen (vgl. oben 1.).

Für das Fach LER hat sich bereits 1995 ein eigener Fachverband formiert. Dieser versteht sich als „unabhängige Vertretung für die Belange der Fachlehrerschaft und des Faches LER" (vgl. Fachverband LER o. J.) und setzt sich ausweislich seiner Satzung folgende Ziele und Aufgaben: „Vertretung der Belange des Faches und seiner Fachlehrerschaft gegenüber zuständigen Behörden und in der Öffentlichkeit", „Förderung der Fachkompetenz für LER, u. a. durch Hinweise auf Fachtagungen, Fortbildungen, Fachliteratur", „Beiträge zu Diskussionen um die Stellung des Faches in der Bildungspolitik des Landes", „Einsatz für die Steigerung der Qualität und Akzeptanz des LER-Unterrichts und seiner Fachlehrerschaft", „Engagement für den Erhalt der Qualität von LER und der Fachlehrerschaft in Gymnasien durch die Einführung von LER in der Sek. II (Wahlbereich)" (ebd.).

---

24 Zur parteipolitischen Positionierung in der Phase der Einführung von LER vgl. aber die Analyse bei Liebl 2014, 155–186.

Religionswissenschaftliche Einordnung

Religionskunde im Rahmen des Fachs LER ist, wie dargelegt, ausweislich des Rahmenlehrplans einer von drei einander nebengeordneten, gleichberechtigten Lernbereichen. Wie die beiden anderen Lernbereiche (*Lebensgestaltung* und *Ethik*), so ist auch die *Religionskunde* zugleich als eigenständiger „Inhaltsbereich" und als „Perspektive" konzipiert (vgl. oben 4.). Die Bezeichnung *Religionskunde* findet durchgängig in sämtlichen ministeriellen, curricularen und sonstigen Darstellungen des Lernbereichs *R* im Rahmen des Fachs LER Verwendung. Nicht nur für die *Religionskunde*, sondern für alle drei Fachdimensionen gilt der Grundsatz, dass diese in religiös-weltanschaulich ebenso wie sozial heterogenen Lerngruppen „bekenntnisfrei, religiös und weltanschaulich neutral" (Rahmenlehrplan 2015, 6) unterrichtet werden sollen. Dieser Neutralitätsgrundsatz wird allerdings ausdrücklich dahingehend spezifiziert, dass er „nicht Standpunktlosigkeit und Wertneutralität" (ebd., 7) bedeute. Was diese Absage an die Wertneutralität meint, wird im Rahmenlehrplan folgendermaßen erläutert:

> Die Lehrerinnen und Lehrer machen sich ihre eigene Haltung zu den thematisierten Fragen und Problemen bewusst und reflektieren diese verantwortungsvoll. Sie verdeutlichen ihren eigenen Standpunkt und machen ihn transparent, indem die Position der Lehrerin/des Lehrers als eine von verschiedenen möglichen Stellungnahmen dargestellt wird. [...] Den Orientierungsrahmen des Faches stellen die Menschenrechte dar. Sollten die darin verankerten Werte im konkreten Unterricht verbal in Frage gestellt oder durch Handlungen verletzt werden, so sind die Lehrerinnen und Lehrer zu schützendem Eingreifen verpflichtet. (ebd., 6)

Diesen Ausführungen entspricht der bereits oben (vgl. 4.) angesprochene Befund, dass die religionskundlichen Unterrichtsanteile dem höherrangigen Unterrichtsziel untergeordnet sind, die Schüler*innen in einer religionskulturell beziehungsweise weltanschaulich ebenso wie sozial zunehmend komplexen Umgebung in ihren Selbstfindungsprozessen zu unterstützen und zu orientieren. Religionskundliche Wissensvermittlung ist also im Rahmen des LER-Unterrichts selbst nicht Ziel, sondern Mittel. Darüber kann auch der Befund nicht hinwegtäuschen, dass die Unterrichtskonzeption ein durchaus ernstes Bemühen erkennen lässt, die, wie es heißt, „Eigenlogik" des Religiösen (UP, LER. Religionswissenschaft o. J.) und entsprechend die religiös motivierten Lebensentwürfe Glaubender im Unterricht zu vermitteln. Denn durch die religionswissenschaftlich fundierte Auseinandersetzung mit verschiedenen religiösen Weltbildern und Lebensführungsmodellen soll den Schüler*innen letztlich vor allem Orientierungskompetenz im Umgang mit dem eigenen Leben sowie mit den gesellschaftlichen Herausforderungen vermittelt werden. Insofern scheint der fachliche Anspruch gleicher Gewichtung und gleichrangiger wechselseitiger Durchdringung der drei Lernbereiche (*Lebensgestaltung, Ethik, Religionskunde*) – der bereits in der Ausbildung der Lehrkräfte ansetzt, die in ihrem Studium ebenso religionswissenschaftliche wie philosophische, psychologische und soziologische Studienanteile zu absolvieren haben – nur bedingt eingelöst: Der Lernbereich *R* wird zu erheblichen

Teilen in den Dienst der Lernbereiche E (ethisch verantwortbarer Umgang mit gesellschaftlichen Herausforderungen) sowie L (persönliche Lebensgestaltung) gestellt. Vor diesem Hintergrund erscheint eine klare Abgrenzung zu Modellen von Ethik- und Werteunterricht beziehungsweise Werte und Normen kaum gegeben – und eben auch letztlich nicht intendiert. Der grundrechtlich garantierten (positiven wie negativen) Religionsfreiheit der Schüler*innen wird in der Fachkonzeption gleichwohl Rechnung getragen, insofern, wie oben zitiert, die „Menschenrechte" als ethischer „Orientierungsrahmen" des Fachs dienen sollen.

Bibliografie

BbgSchulG 1996. *Gesetz über die Schulen im Land Brandenburg* vom 12. April 1996.
BbgSchulG 2002. *Gesetz über die Schulen im Land Brandenburg* in der Fassung der Bekanntmachung vom 2.8.2002, zuletzt geändert durch Artikel 4 des Gesetzes vom 18.12.2018.
BbgVerf 1992. *Verfassung des Landes Brandenburg* vom 20.8.1992.
Birthler, Marianne. 1997. „Gott und die Welt." *PädForum* 6: 578–584.
Bündnis 90 Die Grünen, Landesverband Brandenburg. 2019. *Grünes Wahlprogramm. Landtagswahl 2019*.
BVerfG Bundesverfassungsgericht. 2001. *1 BvF 1/96, Beschluss vom 11.12.2001*.
CDU Brandenburg. 2019. *Wahlprogramm 2019*.
Deutscher Bundestag, *Plenarprotokoll 13/96*, 15.3.1996, 8539–8566.
Die Welt, 22.05.1995. „Drei Fragen an Reinhard Stawinski".
Edelstein, Wolfgang et al. Hg. 2001. *Lebensgestaltung – Ethik – Religionskunde. Zur Grundlegung eines neuen Schulfachs. Analysen und Empfehlungen*. Weinheim: Beltz.
EKBO (=Evangelische Kirche Berlin-Brandenburg-schlesische Oberlausitz). 2018. *Informationen zum Evangelischen und Katholischen Religionsunterricht in Brandenburg. Teil 1. Evangelischer Religionsunterricht*, 3. Aufl.
EKBO. 2019. *Statistik des Evangelischen Religionsunterrichts in der EKBO* Schuljahr 2018/2019.
EKiBB (=Evangelische Kirche in Berlin-Brandenburg). 1995. *Religionsunterricht und LER im Land Brandenburg. Dokumentation* (13.11.1995).
EKiBB. 1996. Positionen zum Fach ‚Lebensgestaltung-Ethik-Religion'. In: *Christenlehre, Praxis, Religionsunterricht*. 49, 1, 54–60.
epd-Dokumentation 29/2001, 9.7.2001. *Lebensgestaltung-Ethik-Religionskunde (LER): Karlsruhe berät über Klagen gegen Brandenburgs Schulgesetz*.
epd-Dokumentation 52/2001, 17.12.2001. *Der LER-Vergleichsvorschlag des Bundesverfassungsgerichts*.
Erzbistum Berlin; EKBO. 2017. *Schulcurriculum für den konfessionell-kooperativen Religionsunterricht an öffentlichen Schulen in den Klassenstufen 1–6*.
Fachverband LER e. V. Brandenburg o. J.
Fauth, Dieter. 2000. *Religion als Bildungsgut. Religionspädagogik im bildungspolitischen Diskurs um das Schulfach Lebensgestaltung–Ethik–Religionskunde (LER) und den Religionsunterricht im Bundesland Brandenburg*. Würzburg: Religion & Kultur Verlag.
fowid Forschungsgruppe Weltanschauungen in Deutschland. 2019. *Berlin: Religions- und Weltanschauungsunterricht 2018/19*.

Heinig, Hans Michael. 2018. *Die Lehre vom Himmel* (Zeit-online. 28.02.2018).
Hillerich, Irma. 2003. „Bildungspolitik und Religion: Die Diskussion um das Schulfach LER in Brandenburg". In: *Religion – Staat – Politik. Zur Rolle der Religion in der nationalen und internationalen Politik*, hg. v. Manfred Brocker et al., 199–220. Wiesbaden: Westdeutscher Verlag.
katholisch.de, 6.10.2017: *Erzbistum Berlin und evangelische Landeskirche unterzeichnen Vereinbarung. Berliner Kirchen kooperieren beim Fach Religion.*
Landtag Brandenburg, *Drucksache 2/1675*, 25.10.1995.
Landtag Brandenburg, *Drucksache 3/4498*, 24.6.2002.
Landtag Brandenburg, *Plenarprotokoll 3/58*, 26.6.2002, 3874–3879.
Leschinsky, Achim. 1996. *Vorleben oder Nachdenken? Bericht der wissenschaftlichen Begleitung über den Modellversuch zum Lernbereich „Lebensgestaltung-Ethik-Religion"*. Frankfurt a.M.: Diesterweg.
Liebl, Anna Elisabet. 2014. *Parteien und Religionspolitik im Kooperationsmodell der Bundesrepublik Deutschland*. München, Herbert Utz.
LISUM Landesinstitut für Schule und Medien Berlin-Brandenburg. o. J.
Märkische Allgemeine, 8.10.2017. „Kirchen legen gemeinsamen Lehrplan vor".
MBJS (=Ministerium für Bildung, Jugend und Sportdes Landes Brandenburg). 1997. *Abschlußbericht zum Modellversuch „Lebensgestaltung-Ethik-Religion"*. 2. ergänzte Aufl. Potsdam.
MBJS. o. J. *LER (Lebensgestaltung – Ethik – Religionskunde)*. Potsdam. MBJS. 2015. *P-ABJS 6/11 (Protokoll der Sitzung des Ausschusses für Bildung, Jugend und Sport des Landtags Brandenburg vom 5.11.2015)*.
MBJS. o. J. *RU-HLkU (Religionsunterricht – Humanistischer Lebenskundeunterricht)*. Potsdam.MBJS. 2018. *Informationen zum Evangelischen und Katholischen Religionsunterricht in Brandenburg*. Potsdam.
MBJS, EKBO et al. 2006/2016. *Vereinbarung über die Durchführung des Religionsunterrichts im Land Brandenburg gemäß § 9 Abs. 7 des Brandenburgischen Schulgesetzes zwischen dem Ministerium für Bildung, Jugend und Sport des Landes Brandenburg und der Evangelischen Kirche Berlin-Brandenburg-schlesische Oberlausitz, dem Erzbistum Berlin, dem Bistum Görlitz sowie dem Bistum Magdeburg vom 3. Juni 2006, geändert durch Vereinbarung vom 12.12.2016.*
MBJS, HVBBbg. 2007/2016. *Vereinbarung über die Durchführung des Humanistischen Lebenskundeunterrichts im Land Brandenburg gemäß § 9 Abs. 8 des Brandenburgischen Schulgesetzes vom 9.10.2007,geändert durch Vereinbarung vom 12.12.2016.*
Moz.de (=Märkische Oderzeitung), 2015. *LER-Unterricht löst sich von innen her auf.* 5.11.2015.
Oermann, Nils Ole und Johannes Zachhuber. 2001. *Einigkeit und Recht und Werte. Der Verfassungsstreit um das Schulfach LER in der öffentlichen und wissenschaftlichen Diskussion*. Münster: LIT.
openPetition. 2016. *Keine fachfremden LehrerInnen im LER-Unterricht!*.
Pädagogisches Landesinstitut Brandenburg. 1997. *L-E-R im Spiegel der Presse. Eine Auswahl von Meldungen, Artikeln und Leserbriefen der Jahre 1995 und 1996*.
PNN (=Potsdamer Neueste Nachrichten), 14.2.2014. „LER-Unterricht. ,Es fehlt an qualifizierten LER-Lehrern'. Johann Ev. Hafner und Peter Kriesel über zehn Jahre LER-Studium an der Uni Potsdam und die steigende Zahl der LER-Abmeldungen an Brandenburgs Schulen."
Pollack, Detlef. 1994. „Von der Volkskirche zur Minderheitskirche. Zur Entwicklung von Religiosität und Kirchlichkeit in der DDR". In: *Sozialgeschichte der DDR*, hg. v. Hartmut Kaelble, Jürgen Kocka und Hartmut Zwahr, 271–294. Stuttgart, Klett-Cotta.

Rahmenlehrplan 2015. *Rahmenlehrplan Berlin-Brandenburg, Teil C: Lebensgestaltung – Ethik – Religionskunde, Jahrgangsstufen 5 – 10.*
Reuter, Astrid. 2010. „Lebt der freiheitliche, säkularisierte Staat von Voraussetzungen, die er selbst garantieren kann? Der Streit um den Werte- und Ethikunterricht in Deutschland und ein Blick nach Frankreich." In: *Religionskonflikte im Verfassungsstaat*, hg. v. Astrid Reuter und Hans Kippenberg, 230–258. Göttingen: Vandenhoeck & Ruprecht.
Reuter, Astrid. 2014. *Religion in der verrechtlichten Gesellschaft.* Göttingen: Vandenhoeck & Ruprecht.
[RWUV 2013] *Verordnung über Religionsunterricht und Weltanschauungsunterricht an Schulen* vom 29.4.2013.
Scheliha, Arnulf von. 2019. „Religionsunterricht 4.0. Theologische Überlegungen zu kooperativen Modellen im Rahmen des geltenden Religionsrechtes". In: *ZevKR* 64, 374–393.
Schipperges, Ines. 2018. *Religionen verbinden statt trennen* (Zeit-online. 24.05.2018).
Statista. 2016. *Religionszugehörigkeit der Deutschen nach Bundesländern.*
UP Universität Potsdam, *LER. Fachdidaktik* o. J.; https://www.uni-potsdam.de/de/ler/fachbereiche/fachdidaktik.html [12.11.2020].
UP Universität Potsdam, *LER. Geschichte des Faches* o. J.; https://www.uni-potsdam.de/de/ler/das-institut/geschichte-des-faches.html [2.10.2019].
UP Universität Potsdam, *LER. Religionswissenschaft* o. J.; https://www.uni-potsdam.de/de/ler/fachbereiche/religionswissenschaft.html [12.11.2020].
UP Universität Potsdam, *LER. Überblick und Ordnungen* o. J.; https://www.uni-potsdam.de/de/ler/studium/ueberblick-und-ordnungen.html [12.11.2020].
VGBbg Verfassungsgericht Brandenburg. 2005. *287/03, Urteil vom 15.12.2005.*

Ina Peter, Jana Peter, Maret Peter
5 Bremen

Hard Facts auf einen Blick

Fachbezeichnung	Philosophie
Einführung des Faches	1995
Schulstufen	Sekundarstufe I, Sekundarstufe II
Rechtsstatus	Wahlpflicht- oder Wahlfach
Rechtsgrundlage	GG Art. 141, BremSchulG § 7 Abs. 2
Teilnehmer*innen	Schüler*innen, die sich vom Fach Religion abmelden, bzw. die das Fach Philosophie wählen
Einheitliche Prüfungsanforderung für das Abitur (EPA)	
Bezugsdisziplin/en laut curricularer Vorgaben	nicht explizit benannt
Studienstandorte	–
Beteiligung der Religionswissenschaft an Lehramtsausbildung	nein
Besonderheit	kein Alternativfach zum Religionsunterricht in den Klassen 1 bis 4; keine klare rechtliche Verankerung und schulische Präsenz des Faches Philosophie als Alternativfach zum Fach Religion (eher als zusätzliches Wahl-/ Profilangebot erteilt); Religionswissenschaft verantwortet die universitäre Lehramtsausbildung für das Fach Religion (nach Bremer Klausel); keine universitäre Lehramtsausbildung für das Fach Philosophie in Bremen
Weitere religions- und ethikbezogene Schulfächer	staatlich verantwortetes Fach Religion (laut Landesverfassung Art. 32: „bekenntnismäßig nicht gebundene[r] Unterricht in Biblischer Geschichte auf allgemein christlicher Grundlage")

Open Access. © 2023 bei den Autorinnen und Autoren, publiziert von De Gruyter. Dieses Werk ist lizenziert unter der Creative Commons Namensnennung - Nicht-kommerziell - Keine Bearbeitungen 4.0 International Lizenz.
https://doi.org/10.1515/9783110694536-013

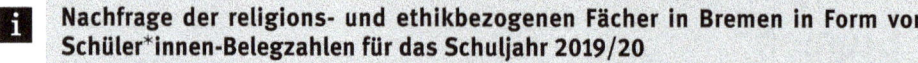

Nachfrage der religions- und ethikbezogenen Fächer in Bremen in Form von Schüler*innen-Belegzahlen für das Schuljahr 2019/20

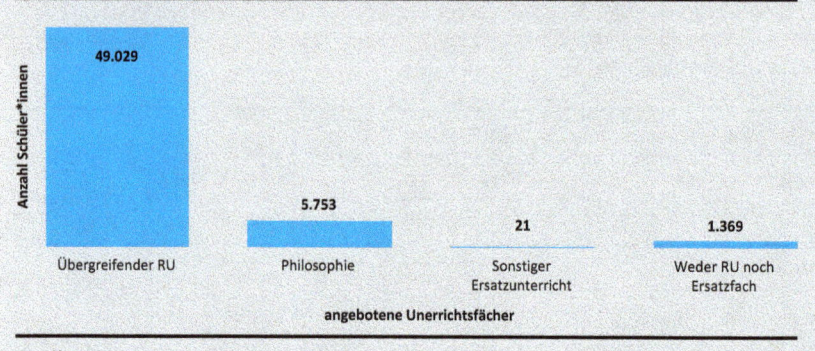

Quelle: KMK 2021. Auswertung Religionsunterricht Schuljahr 2019/20.

Verteilung der Fächer im Schulsystem

	Religion (Pflichtfach in Klasse 1–4; danach Wahlpflicht-/Wahlfach)	Philosophie (Wahlpflicht-/Wahlfach)
Primarstufe	+	–
Sekundarstufe I	+	+
Sekundarstufe II grundlegendes Anforderungsniveau	+	+
Sekundarstufe II erhöhtes Anforderungsniveau	+	+

Geschichte und Entwicklung des aktuellen Modells

Im Zuge der Etablierung der Alternativ- respektive Ersatzfächer für den konfessionellen Religionsunterricht im Bundesgebiet setzten 1989 in der Bremer Bürger*innenschaft Planungen bezüglich eines – anfänglich als Ethik titulierten – Alternativfaches für den Biblischen Geschichtsunterricht (BGU) ein. Vordem wurde der Bremer BGU, dessen Anfänge bis ins 18. Jahrhundert reichen, ohne Unterrichtsalternative erteilt: Bereits 1799 begründeten Johann Ludwig Ewald und Johann Caspar Häfeli eine private Bürgerschule für Bürger*innen der lutherischen und reformierten Konfession, in welcher vermittels des gemeinsamen protestantischen Faches Bibelgeschichte die langwährenden innerprotestantischen Bekenntnisstreitigkeiten überwunden werden sollten (Spieß 1992, 82, 99; 2014a, 74, 83; Lott 2004, 482; Lott und Schröder-Klein 2006, 69). Ebendiese Unionisierungsbemühung galt fernerhin als Vorbild für das protestantische Fach Biblische Geschichte der staatlichen Armen-Freischulen (Spieß 1996, 11; 2014b, 75; Poscher 2006, 11)[1]. Insofern die von den Lehrkräften angeratenen Verbesserungen im betreffenden Fach in einem Lehrplan mit ausschließlich biblischen Stoffen unberücksichtigt blieben und der Schulinspektor Johann August Köppe unzählige Unterrichtshospitationen durchführte, wuchs die Erbitterung der bremischen Lehrer*innenschaft. Ebenjene kulminierte im Schulstreit, in welchem mit der 1905 verfassten Denkschrift *Religionsunterricht oder nicht?* die Abschaffung des Religionsunterrichtes gefordert wurde; 1919 wurde der BGU abgeschafft (Spieß 1996, 12; 2014a, 76; Poscher 2006, 12). Anno 1920 insistierte der Reichsminister des Innern auf die Wiedereinführung des Religionsunterrichtes und das Berliner Reichsgericht stellte fest, dass der Fortfall des BGU unvereinbar mit der – inzwischen formulierten – Weimarer Reichsverfassung sei. Ungeklärt blieb jedoch, ob ein monokonfessioneller Unterricht oder der traditionell bremische BGU einzurichten war. 1921 wurde der staatlich verantwortete BGU wieder eingeführt. Im Zuge resoluter Verhandlungen während der Erarbeitung der *Landesverfassung der Freien Hansestadt Bremen* (BLV) schlug der damalige Senator Theodor Spitta die in Art. 32 Abs. 1 BLV von 1947 firmierte Kompromissformel vor, mit welcher der altbremische protestantische zu einem ökumenischen, allgemein christlichen Unterricht für innerprotestantische sowie katholische Schüler*innen ausgeweitet wurde (Spieß 1992, 87, 91; Lott 2004, 483–484; Lott und Schröder-Klein 2006, 69–70; Poscher 2006, 41; Kenngott 2015, 90). Bei den Bonner Beratungen 1948 über das neue Grundgesetz (GG) plädierte Senator Adolf Ehlers für den Erhalt des BGU; diese Initiative bewog Theodor Heuss zu der in der *Bremer Klausel* (Art. 141 GG) legitimierten Ausnahmeregelung von Art. 7 Abs. 3 Satz 1 GG (Spieß 1992, 87; Bayer-Wied 2011, 158). Trotz der gesetzlichen Legitimationsversuche blieben didaktische und konzeptionelle Entscheidungen aus (Spieß 1996, 13). 1964 bemühten Eltern, zwei katholische Kirchengemeinden sowie die beschwerdeführende Bremische Evangelische Kirche (BEK) den bremischen Staatsgerichtshof (StGH), um nachzuweisen, dass Art. 32 BLV einen evangelischen Gesinnungsunterricht vorsehe (Spieß 1992, 90–91; 2014a, 79; Lott 2004, 485; Lott und Schröder-Klein 2006, 70). Letzterer wies jene konfessionelle Verfassungsinterpretation zurück (Staatsgerichtshof der Freien Hansestadt Bremen 1965, 1). Angesichts der seit den 1970er Jahren stattfindenden allgemeinen Revision der deutschen Lehrpläne erarbeiteten staatlicherseits gegründete Arbeitskreise aus

---

1 Die 1853/1854 eingerichteten staatlichen Armen-Freischulen erteilten unentgeltlichen Pflichtunterricht für die 6- bis 14-Jährigen der ärmeren Volksschichten (Drechsel 1988, 160).

Lehrkräften – mit Unterstützung der 1970 von der BEK eingerichteten Religionspädagogischen Arbeitsstelle (RPM) – neue Lehrpläne für die Primar- und Sekundarstufe I. In den 1980er Jahren folgten zwei Dekaden, in denen einerseits die Erlassung neuer Lehrpläne und Rahmenrichtlinien sowie die Lehrer*innenfortbildungen eine Fortsetzung fanden; andererseits wurde der BGU in den Jahrgängen fünf bis sieben auf eine Wochenstunde gekürzt und in den Jahrgängen acht bis zehn vollständig abgeschafft (Spieß 1992, 93, 96–97; 1996, 15; 2014a, 80–82; Lott und Schröder-Klein 2006, 70–71). Gleichermaßen ergab sich aus der unzureichend geregelten Dispensierungsmöglichkeit „oft eine nicht zufrieden stellende Randstundensituation für das Fach" (Spieß 2014a, 83), welche die vom BGU abgemeldeten Schüler*innen frühzeitig vom Unterricht in die Freizeit entließ.

Ebenjenen vom BGU dispensierten Schüler*innen sollte nun eine Alternative geboten werden. Indes anfänglich in den Stundentafeln der Sekundarstufe I für den siebten und zehnten Jahrgang zunächst Ethik als Alternativfach zum BGU bestimmt wurde, gab es 1993 erstmals Lehrpläne für Philosophie/ Ethik (Treml 1994, 22). Ab 1995 wurde jedoch Philosophie als Schulfach erteilt und qua Stundentafelerlass von 1998 als geeignetes Alternativfach statuiert. Letztgenanntes wurde aufgrund der – unter schulpraktischem Gesichtspunkt favorisierten – Unmöglichkeit, sich von dem Philosophieunterricht abzumelden, oftmals alleinig erteilt und eliminierte bisweilen den BGU. Folglich konnte sich Philosophie nicht in einem harmonischen Miteinander mit dem bremischen BGU etablieren. Mit der 2002 erlassenen Stundentafel der Sekundarstufe I wurde Philosophie überdies für die Stufen fünf und sechs als Alternativfach festgeschrieben (Der Senator für Bildung und Wissenschaft 2002b, 1; Spieß 2014a, 83).

Ferner wurde 2003 an einem Schulzentrum das Wahlfach Islamkunde eingeführt, das von einer deutschsprachigen Muslima mit türkisch-arabischer Migrationsgeschichte in Kollaboration mit der Fachgruppe BGU/ Philosophie erteilt wurde. Wiewohl sich das Fach Islamkunde an alle Schüler*innen richtete, meldeten sich mit Ausnahme einer Person ausschließlich muslimische Schüler*innen an (Besir 2004, o. S.). Folglich zielte das Unterrichtsangebot – konfligierend zur passiven Partizipation eines kundlichen Konzeptes – darauf ab, „die Kenntnisse der muslimischen Kinder über *ihre* Religion zu verbessern" und „sich in deutscher Sprache mit anderen über *ihre* Religion auszutauschen" (Karakaşoğlu 2009, 300 [Hervorhebung IP, JP, MP]). Eine Ausweitung des Schulversuches auf andere Schulen Bremens blieb aus (Link 2006, 110, 126; Lott und Schröder-Klein 2006, 72; Karakaşoğlu 2009, 300; Spieß 2014a, 84).

Zum Anlass eines rechtsförmig ausgetragenen Dissenses um Inhalt und Bedeutung des Art. 32 Abs. 1 BLV wurde 2004 die erste muslimische Lehramtsanwärterin, die nach Abschluss des Masterstudiums Religionswissenschaft und Religionspädagogik an der Universität Bremen den Vorbereitungsdienst im BGU aufnehmen wollte. Die christlichen Kirchen in Bremen plädierten unter Bezugnahme auf das Gutachten Martin Rothgangels auf die christliche Positionalität der Lehrenden (Rothgangel o. J., 60). Demgegenüber votierte Ralf Poscher, dessen Gutachten von der Universität Bremen beauftragt wurde, „für eine religionskundliche Auffassung des Bremer Unterrichts" (Spieß 2014ba, 86). Zusätzliche Brisanz erhielt die Debatte, da die muslimische Lehramtsanwärterin nicht auf das Tragen ihres Kopftuches verzichten wollte: Die Richter des Bundesverwaltungsgerichts Bremen (VG) ließen in dem Beschluss von 2005 „erkennen, dass sie einer bekenntnisneutralen, religionskundlichen Auslegung den Vorzug gaben" (Spieß 2014a, 85). Hingegen hob Bremens Oberverwaltungsgericht (OVG) genanntes Urteil im selbigen Jahr auf, da der inzwischen ergänzte § 59b Abs. 4 des *Bremischen Schulgesetzes* (BremSchulG) den Lehrkräften eine Neutralitätsverpflichtung vorschreibt.

Die Grünen setzten erste Impulse zu einer Neuaufstellung des Faches BGU, indem sie ab 2008 eine Öffnung des BGU für alle Kinder sämtlicher Glaubensrichtungen und Weltanschauungen favorisierten und ebenjene 2009 in der Koalitionsvereinbarung mit der SPD festschrieben (Spieß 2014a, 86; Kenngott 2015, 93). Überdies forderte der Fachverband der Religionslehrkräfte im Land Bremen e. V. 2013 eine Umbenennung des Faches und riet die Lehrplanüberarbeitung an (Fleischer-Bickmann 2014, 1). Seit 2014 gilt für das nun als Religion bezeichnete Fach der neue Bildungsplan (SBW 2014a, 4; Kenngott 2015, 87). In Jahrgang elf bis dreizehn der Gymnasialen Oberstufe findet weiterhin die seit den 1950er Jahren gebräuchliche Bezeichnung Religionskunde Anwendung (Tangermann 2005, 192–193).

Die Spezifität des bremischen Lernbereiches Religion/ Philosophie liegt in der jeweiligen konzeptionellen Verunklarung: Wennschon in der Historie einzig festgestellt wurde, was der BGU nicht ist, und die Erteilung desselbigen nach minimalen Orientierungsvorgaben zum *Laissez faire* führte (Kenngott 2015, 100), manifestieren sich in dessen Fachprofil auch gegenwärtig sowohl im engeren Sinne religionskundliche als auch (inter-)religiöse Elemente.

Auch der bremische Philosophieunterricht ist – wie zu zeigen sein wird – durch das Fehlen einer eindeutigen Konzeptionierung als Alternativfach bestimmt. Überdies wird das Fach Philosophie empirisch kaum als Unterrichtsalternative zum Bremer Religionsunterricht erteilt: Im Jahr 2015 offerierten 18 von insgesamt 53 befragten Schulen der Sekundarstufe I in den Stadtgemeinden Bremen und Bremerhaven das Fach Philosophie, wobei dieses einzig in fünf Schulen als Alternativfach zu Religion im Sinne eines Wahlpflichtfaches angeboten wurde; weitere Schulen boten es – so die Einschätzung der Senatorin für Bildung und Wissenschaft – „als zusätzliches Wahl- oder Profilangebot an" (Nelson 2016, o. S.).

Rahmenbedingungen

§ 7 Abs. 2 des BremSchulG sieht für Schüler*innen der Sekundarstufe I an staatlichen Schulen Bremens, die sich vom Fach Religion abmelden, die obligatorische Teilnahme an einem „Unterricht in einem von der Senatorin für Kinder und Bildung bestimmten geeigneten Alternativfach" (Freie Hansestadt Bremen 2005, o. S.) vor; demzufolge ist Philosophie im BremSchulG nicht ausdrücklich als Alternativfach verankert.

Zu Beginn der ersten Klasse der Primarstufe wie der fünften Jahrgangsstufe sollen die Erziehungsberechtigten vermittels eines Elternbriefes über die Dispensierungsmöglichkeit vom Religionsunterricht informiert werden. Ebenjene Abmeldeoption besteht, obwohl es sich um ein staatlich verantwortetes, vermeintlich bekenntnisungebundenes Fach handelt. In dem Elternbrief verlautbart die Senatorin für Kinder und Bildung ihren „Rat und Wunsch", dass „Eltern und Erziehungsberechtigte die Möglichkeit wahr[nehmen sollten], sich mit ihren Kindern und den Lehrkräften über dieses Fach [d.i. Religion] auszutauschen" (SKB 2019a, 2). In diesem Sinne agitiert die Senatorin für Kinder und Bildung eher für das Nachsinnen über eine Teilnahme an dem Bremer Religionsunterricht.

Ist demungeachtet der Besuch des Alternativangebotes Philosophie gewünscht, bedarf es einer formlosen Abmeldung vom Bremer Religionsunterricht (ohne Angabe von Gewissensgründen) bei der betreffenden Schule; eine gesonderte Anmeldung für den Philosophieunterricht ist nicht notwendig (KMK 2008, 32).

Demgegenüber ist für den Bremer Religionsunterricht Art. 4 Abs. 1 und 2 GG zentral, der „[d]ie Freiheit des Glaubens, [...] Gewissens[,] [...] religiösen und weltanschaulichen Bekenntnisses" sowie die freie Religionsausübung als Grundrecht vorsieht. Ferner macht die Freie Hansestadt Bremen von Art. 141 GG Gebrauch; sie verzichtet damit statthaft auf die in Art. 7 Abs. 3 Satz 1 GG festgeschriebene Norm, den „Religionsunterricht in Übereinstimmung mit den Grundsätzen der Religionsgemeinschaften" zu erteilen. Der Bremer Religionsunterricht gilt folglich dergestalt als hanseatisches Unikum, insofern er im Bundesgebiet eine Ausnahme von dem dominierenden separativen Modell des konfessionellen Religionsunterrichtes darstellt. Gemäß Art. 32 Abs. 1 BLV sind „[d]ie allgemeinbildenden öffentlichen Schulen [...] Gemeinschaftsschulen mit bekenntnismäßig nicht gebundenem Unterricht in Biblischer Geschichte auf allgemein christlicher Grundlage" (Bremische Bürgerschaft 2016, 27). Der Unterricht wird laut Abs. 2 „nur von Lehrern erteilt, die sich dazu bereit erklärt haben" und die Erziehungsberechtigten entscheiden „[ü]ber die Teilnahme der Kinder" (Bremische Bürgerschaft 2016, 28). Mit Vollendung des vierzehnten Lebensjahres können die Schüler*innen selbst über ihre Teilnahme entscheiden (Der Senator für Bildung und Wissenschaft 2002a, 37). Hinzukommend gilt Art. 26 Abs. 1 sowie Art. 33 BLV, nach welchen „[i]n allen Schulen [...] der Grundsatz der Duldsamkeit [herrscht]" und die Lehrer*innen „in jedem Fach auf die religiösen und weltanschaulichen Empfindungen aller Schüler Rücksicht zu nehmen" haben (Bremische Bürgerschaft 2016, 28). Fernerhin sind die Zielsetzungen und Aufgaben des Faches Religion aus dem BremSchulG ableitbar: § 4 BremSchulG sieht vor, ein „gegenseitiges Verständnis und ein friedliches Zusammenleben in der Begegnung und in der wechselseitigen Achtung der sozialen, kulturellen und religiösen Vielfalt zu fördern und zu praktizieren" (SKB 2018a, 7–8). Zudem schreibt § 5 des BremSchulG das Entgegenwirken „religiöser, weltanschaulicher [...] Intoleranz" (SKB 2018a, 8) und die Erziehung der Schüler*innen „zur Achtung der

Werte anderer Kulturen sowie der verschiedenen Religionen" (SKB 2018a, 9) als verpflichtendes Bildungs- sowie Erziehungsziel fest.

Gemäß der Kontingentstundentafel werden in der bremischen Primarstufe insgesamt fünf Stunden Religion erteilt. An diesem Religionsunterricht nahmen im Schuljahr 2019/2020 21003 Primarschüler*innen teil (KMK 2021, 14). Da Philosophie in der Primarstufe nicht als Alternativfach angeboten wird, resultiert eine Dispensierung vom Religionsunterricht nicht in der Teilnahme an solch einer Unterrichtsalternative; stattdessen nehmen die Grundschüler*innen in dem Fall am Unterricht der Parallelklasse teil. Im betreffenden Schuljahr nahmen 383 Primarschüler*innen weder am Religionsunterricht noch am Parallelunterricht teil (Nelson 2016, o. S.; KMK 2021, 20; SBW 2017, 2; Nelson und Kurz 2017, 10).[2]

Die Stundentafel für die Sekundarstufe I der Oberschule sieht im Lernbereich Philosophie/ Religion (und einst: Islamkunde) für die Jahrgangsstufen fünf bis zehn eine Mindeststundensumme von sechs Stunden vor; in der Kontingentstundentafel des Gymnasiums beläuft sich die Mindestsumme im selbigen Lernbereich für die Jahrgangsstufen fünf bis neun auf fünf Stunden (SBW 2013, 14, 22; Nelson 2016, o. S.). Die Aufteilung dieser Kontingente auf die Jahrgangsstufen obliegt der jeweiligen Einzelschule. Ferner enthält die Kontingentstundentafel ein zusätzliches Stundenkontingent für den Wahlunterricht und die Profilbildung. Wenn mindestens Philosophie und Religion im Tandem in einer Jahrgangsstufe angeboten werden, gelten diese als Wahlpflichtfächer; wenn nur eines der Fächer in der Jahrgangsstufe angeboten wird, ist das betreffende Fach Philosophie oder Religion – gemäß den Bestimmungen *zum Umgang mit den Stundentafeln der allgemeinen Schularten der Sekundarstufe I* – als Wahlfach auszuweisen (Der Senator für Bildung und Wissenschaft 2006, o. S.). Die Erteilung des Faches Philosophie ist in letzterem Fall nicht an das bremische Fach Religion geknüpft; vielmehr kann Philosophie erteilt werden, auch wenn kein Religionsunterricht angeboten wird (Rolf 2010, 2; Rösch [2009] 2011, 24–25).

In der Einführungsphase der Sekundarstufe II der Gymnasialen Oberstufe können die Wahlpflichtfächer Philosophie oder Religionskunde mit vier Unterrichtsstunden belegt werden.[3] In der Qualifikationsphase der Gymnasialen Oberstufe ist Philosophie keine verpflichtende Alternative im Sinne eines Ersatzpflichtfachs, sondern ein Wahlpflichtfach (Göllner 2002, 77; SBW 2009, 4). Gemäß § 10 der Verordnung über die Gymnasiale Oberstufe ist im Rahmen der Zweier-Sequenz der Qualifikationsphase Philosophie oder Religion in „zwei aufeinander folgenden Halbjahren" (SBW 2009, 10) obligatorisch zu belegen (Bremische Bürgerschaft 2009, 1; Nelson 2016, o. S.). Abermals wird die inferiore Stellung des Philosophieunterrichtes an der Verteilung

---

[2] Obgleich in der Grundschule eine Teilnahme dispensierter Schüler*innen am Parallelunterricht vorgesehen ist, findet dies nur in Einzelfällen statt (Vgl. KMK 2016, 20).
[3] Persönliche E-Mail-Kommunikation vom 09.08.2019 mit Julia Le Dem im Auftrag von Lars Nelson (SKB. Referat 21 – Gestalterische Aufgaben der allgemeinbildenden Schulen und der Lehrerbildung).

der Grund- und Leistungskurse auf die Fächer Philosophie und Religion offenkundig: Im Schuljahr 2018/2019 wurde kein Leistungskurs in Philosophie in der Gymnasialen Oberstufe Bremens an der Sekundarstufe II öffentlicher Schulen erteilt; 1579 Schüler*innen besuchten jedoch den Grundkurs Philosophie. Dementgegen wurde Religionskunde in der Qualifikationsphase der Gymnasialen Oberstufe Bremens in vier Leistungskursen mit insgesamt 66 Schüler*innen erteilt. Der Grundkurs Religionskunde wurde in der Einführungsphase sowie der Qualifikationsphase überdies von 1344 Schüler*innen besucht. Weitere 43 Schüler*innen besuchten in der ersten Qualifikationsphase die zwei – sich unter der überholten Fachtitulierung firmierenden – Grundkurse Biblische Geschichte (SKB 2018a, 1–2). Im Schuljahr 2019/20 nahmen insgesamt 49029 Schüler*innen am bremischen Religionsunterricht und 5753 Schüler*innen am Philosophieunterricht teil (KMK 2021, 14, 18; Tab. 2).

Ausbildung der Lehrkräfte

Obgleich Philosophie im Land Bremen als Alternativfach angedacht ist, wird Philosophie derzeit an der bremischen Universität nicht für das Berufsziel Lehramt an öffentlichen Schulen angeboten (Universität Bremen 2019, o. S.). Da weder die Kultusministerkonferenz (KMK) noch das Land Bremen auf den allgemeinen Lehrer*innenmangel hinweisen,[4] wird eine Erhöhung der Kohorte der Lehramtsstudierenden insgesamt, die sich auf rund 15 Prozent der gesamten Studierenden beläuft, nicht angestrebt. Insbesondere die Einrichtung des Lehramtsstudienganges Philosophie sei – aus Sicht des Studiendekanats – nicht erforderlich, insofern die Bremer Behörden den Philosophie-Lehramtsstudiengang bei der Universität Bremen bislang nicht anfragten.[5] Entsprechend wird für das Alternativfachfach Philosophie – im Gegensatz zum bundeslandspezifischen Religionsunterricht – in Bremen kein Lehramtsstudium angeboten. Lehrkräfte, die das Fach nicht fachfremd unterrichten, haben ihre erste Phase der Lehramtsausbildung also in anderen Bundesländern absolviert und dort auch oft ihre Facultas erworben. Gemäß der Absprache, bestimmte Angebote nicht zu doppeln,[6] kann das Studienfach Philosophie/ Werte und Normen im Zwei-Fächer-Bachelor mitunter an der Carl von Ossietzky Universität Oldenburg studiert werden: Hier kann im M.Ed. das Studienfach Philosophie für das Berufsziel des Lehramts an der gymnasialen Schulform sowie Werte und Normen für die Schulformen Haupt- und Realschule, Gymnasium, Sonderpädagogik und Wirtschaftspädagogik studiert werden (Carl von Ossietzky Universität Oldenburg 2019, o. S.). Im

---

4 Persönliche E-Mail-Kommunikation vom 07.08.2019 mit Prof. Dr. Thomas Hoffmeister (Konrektor für Lehre und Studium der Uni Bremen).
5 Hoffmeister, Thomas. Persönliche E-Mail-Kommunikation vom 07.08.2019.
6 Hoffmeister, Thomas. Persönliche E-Mail-Kommunikation vom 07.08.2019.

Referendariat, welches das Bremer Landesinstitut für Schule (LIS) verantwortet und organisiert, kann Philosophie für das Lehramt an Gymnasien/Oberschulen (Lehramtstyp 4) oder für das Lehramt für Inklusive Pädagogik/Sonderpädagogik (Lehramtstyp 6) belegt werden (SKB 2018b, o. S.). Zur regulären Lehramtsqualifikation für die Erteilung des Faches Philosophie zählt das qua abgeschlossenem Philosophie-Studium erworbene erste Staatsexamen sowie die mit dem Vorbereitungsdienst erstandene Fakultas (KMK 2008, 31).

Hingegen können Lehramtsstudierende seit 1977 an dem Institut für Religionswissenschaft und Religionspädagogik[7] der Universität Bremen das gleichnamige zulassungsfreie Studienfach schularten- sowie schulstufenübergreifend studieren (Spieß 2014a, 81; Universität Bremen 2015a, o. S.; 2018, 4). Der religionskundliche Bachelor- und Masterstudiengang sieht mitunter eine Einführung in die Entstehung und aktuellen Ansätze der Religionswissenschaft, eine Einführung in die textlichen Grundlagen des Christentums, Judentums, Islam und/oder Hinduismus sowie einen kritisch-komparativen Vergleich religiöser Traditionen vor (Universität Bremen 2015b, 6, 9, 13). Der Konrektor für Lehre und Studium der Universität Bremen begründet den „spezifischen Ausbildungsbedarf"[8] in der Hansestadt Bremen mit dem bundeslandspezifischen überkonfessionellen Religionsunterricht. Anschließend an die universitäre Ausbildung in der Religionswissenschaft und Religionspädagogik kann das Referendariat am Bremer LIS absolviert werden, um im selbigen Bundesland Religionslehrer*in zu werden (Universität Bremen 2015a, o. S.). Die Privilegierung der universitären Lehramtsausbildung für das Fach Religion schreibt sich in denjenigen Lehramtsoptionen fort, für welche der Vorbereitungsdienst qualifiziert: Religion kann für das Lehramt an Grundschulen (Lehramtstyp 1) als Wahlfach, für das Lehramt an Gymnasien/Oberschulen (Lehramtstyp 4) sowie für das Lehramt an berufsbildenden Schulen (Lehramtstyp 5) als Unterrichtsfach aufgenommen werden. Außerdem kann Religion auf Lehramt für Inklusive Pädagogik/Sonderpädagogik (Lehramtstyp 6) absolviert werden (SKB 2018b, o. S.).

In einer kursorischen Synopse der *Verordnungen über die Festlegung der Zulassungszahlen zum Vorbereitungsdienst für das Lehramt an öffentlichen Schulen im Lande Bremen* wird offenkundig, dass für das Fach Religion zahlenmäßig stets mehr Ausbildungsplätze für die Lehramtsschwerpunkte vorgesehen sind als für das Fach Philosophie (SBWG 2011, o. S.; SKB 2015, o. S.; 2018c, o. S.; 2019b, o. S). Während die Lehrer*innen der Sekundarstufe I zur Erteilung des Alternativfaches Philosophie verpflichtet werden können, wird das Bremer Fach Religion von Lehrkräften unterrichtet, welche sich dazu bereit erklärt haben (Lott und Schröder-Klein 2006, 72; Bayer-Wied 2011, 161).

---

[7] Diese Verknüpfung von Religionswissenschaft und Religionspädagogik, die nicht wie in anderen Bundesländern einer konfessionellen Theologie verpflichtet ist, ist in Deutschland einzigartig (Vgl. Lott und Schröder-Klein 2006, 71). Eine Ausbildung in Theologie gibt es an der Universität Bremen nicht.
[8] Hoffmeister, Thomas. Persönliche E-Mail-Kommunikation vom 07.08.2019.

Die Religionszugehörigkeit der Lehrkräfte – insbesondere die Angehörigkeit zu einer christlichen Konfession – ist in Bremen keine Voraussetzung für die Erteilung des Unterrichts in Religion (Bayer-Wied 2011, 73; Spieß 2014a, 86). Neben Lehrenden, die ihre erste Ausbildungsphase an der Universität Bremen absolviert haben, stellt das Land Bremen auch solche ein, die den M.Ed. in anderen Bundesländern oder gar eine kirchliche Lehrerlaubnis für den konfessionellen evangelischen oder katholischen Religionsunterricht erlangten (Lott und Schröder-Klein 2006, 71). Damit kann man festhalten, dass auf der Ebene der Ausbildung der Lehrkräfte keine klare Abgrenzung zum (christlich-)konfessionellen Religionsunterricht vorgenommen wird. Zudem wurden im BGU vereinzelt qua Berufsausbildung und Auftrag bekenntnisgebundene Pastor*innen – stellvertretend für später ausgebildete Religionslehrer*innen – eingesetzt (Lott und Schröder-Klein 2006, 73). Umgekehrt können die Studienabsolvent*innen des Studiengangs Religionswissenschaft/Religionspädagogik der Bremer Universität das Referendariat in Hamburg anschließen. Evangelische Absolvent*innen des Vorbereitungsdienstes in Bremen können das dortige Fach Religionsunterricht für alle unterrichten.[9] Weiterhin kann das Referendariat für Werte und Normen in Niedersachsen und unter Umständen der Unterricht in dem Fächerkomplex Ethik/Religionskunde anderer Bundesländer aufgenommen werden. Keinen Lehramtsabschluss erhalten Studierende der Universität Bremen für konfessionellen Religionsunterricht.

Curriculare Vorgaben

Die Curriculumsentwicklung für das Fach Philosophie (SBW 2009, 2; SKB 2017a, 2; 2017b, 2) sowie das Fach Religion (SBW 2014a, 2) obliegt der Abteilung Qualitätssicherung und Innovationsförderung des LIS.

Legitimiert wurde der Philosophieunterricht in der Werkstattfassung respektive der Lehrplanentwurf Philosophie/Ethik für die Sekundarstufe I (siebte und zehnte Jahrgangsstufe) von Februar 1993 mit der Verpflichtung, „sich mit Wert- und Sinnfragen, d. h. mit Fragen, die normative Aspekte des eigenen sowie des gesellschaftlichen Lebens umfassen, auseinanderzusetzen" (Göllner 2002, 75). Weiterhin argumentierte ebendiese Werkstattfassung für die Notwendigkeit des Philosophie/Ethik-Unterrichtes, insofern die christliche Religion für die Welt- und Sinnorientierung der Menschen ihre Geltung eingebüßt (Göllner 2002, 78) oder zumindest „ihre für alle verbindliche Verpflichtung verloren habe[.]" (Göllner 2002, 76). In der aktuellen Fassung bleibt eine derartige Legitimation des Philosophieunterrichtes in den curricularen Vorgaben aus. Ebenso ist das Fach Philosophie in den Bildungsplänen der Oberschule und des Gymnasiums nicht explizit als Alternativfach deklariert, sodass

---

9 Diesbezügliche Regelungen sind derzeit im Begriff, sich zu verändern (Universität Bremen o. J., o. S.).

qua Bildungsplan keine Differenzierung des Philosophieunterrichtes als Alternativangebot zum Bremer Religionsunterricht und einem vom Religionsunterricht unabhängigen Philosophieunterricht erfolgt.

Die Philosophie ist in einen multidisziplinären wissenschaftlichen Kontext eingebunden, da sie Annahmen der Natur- und Geisteswissenschaften berührt (SBW 2009, 5; SKB 2017a, 10; 2017b, 10).

Im Zentrum des Bremer Philosophieunterrichtes steht – wie es Kant ehedem formulierte – die „Tätigkeit des Philosophierens im Unterricht" beziehungsweise die selbsttätige, „eigene[.] Denktätigkeit" und nicht das Lehren von Philosophie. Der Philosophieunterricht zielt auf die selbstreflexive „Betrachtung der eigenen Denktätigkeit" ab, um zu einer „Selbstklärung und Selbsterkenntnis" und letztlich zu einer „stabilen Identitätsentwicklung" beizutragen. Ebenjene selbstreflexive Betrachtung des eigenen Denkens erfolgt unter Rekurs auf „exemplarische[.] philosophische[.] Positionen aus Geschichte und Gegenwart", welche „als Klärungsangebote rekonstruiert und hinsichtlich ihrer Geltung dekonstruiert" werden. Gegenüber dieser Problemorientierung wird die Kanonorientierung negiert, sodass „nicht ein reproduzierbarer Wissensinhalt" und mitnichten die akkumulative Vermittlung der philosophischen Positionen oder gar der geistesgeschichtlichen Genese angestrebt wird (SKB 2017a, 5–6; 2017b, 5–6).

Der Philosophie-Bildungsplan der Oberschule, der Sekundarstufe I sowie der Qualifikationsphase des Gymnasiums orientiert sich an den vier kantischen Fragen: In dem erkenntnistheoretischen Themenbereich „Was kann ich wissen?" fragen die Lernenden als „*erkennende Subjekt[e]*" „nach den Möglichkeiten und Grenzen des menschlichen Erkenntnisvermögens und [...] untersuch[en] den Zusammenhang zwischen dem Wahrnehmungsprozess des Subjekts und den Objekten der Erkenntnis". Ziel ist es, „die Welt in ihrer Vielfältigkeit zu verstehen". In dem ethischen Themenbereich „Was soll ich tun?" fragen die Schüler*innen als „*moralische Subjekt[e]*" „nach der Legitimität des eigenen Handelns". Ziel ist, dass die Schüler*innen „Verantwortung für sich und Anvertrautes [...] tragen". In dem rechts- und staatsphilosophischen Themenbereich „Was darf ich hoffen?" fragen die Schüler*innen als ein „*sich in die Zukunft hinein entwerfende[s] Subjekt*" sowie als Mitglieder der „*staatlich verfassten Gemeinschaft*" „nach dem Verhältnis von idealer Gerechtigkeit und real existierenden Rechtsnormen". Es wird weiterhin darauf abgezielt, „die Qualität von Gemeinschaft konstituierenden Regeln und Gesetzen kritisch zu beurteilen". In dem Themenbereich „Was ist der Mensch?" wird „nach der allen gleichermaßen unterstellten Vernunftbegabung und Würde [gefragt], d. h. nach dem Gemeinsamen in der Natur resp. dem Wesen des Menschen". Hierbei sollen die Schüler*innen „sich und andere als gleichwertige Personen [...] verstehen" (SKB 2017a, 5; 2017b, 5; SBW 2009, 6–7 [Hervorhebungen im Original]).

Da Religion(en) beziehungsweise religionsbezogene Themen nicht Inhalt des Bremer Philosophieunterrichts ist/sind, bleibt eine religionskundliche Formulierung der Lern- und Kompetenzziele aus. Laut Bildungsplan der Oberschule sowie des Gymnasiums ist einzig die Thematisierung von „Schöpfungsmythen" (SKB 2017a, 8, 12, 22;

2017b, 8, 12, 22; ähnlich auch: 2017a, 13; 2017b, 13) sowie „Gebote[n]" (SKB 2017a, 23; 2017b, 23) als möglicher religionsbezogener Zugang zum Inhalt „[u]nterschiedliche Regelsysteme" (SKB 2017a, 23; 2017b, 23) vorgesehen. Schüler*innen, die nach der Abmeldung vom Religionsunterricht am Alternativfach Philosophie teilnehmen, bleiben jeglicher Bildung in beziehungsweise über Religion(en) fern.

Der Terminus Religionskunde respektive religionskundlich findet in den derzeit gültigen Bildungsplänen des Faches Philosophie der Oberschule, des Gymnasiums sowie der Qualifikationsphase der gymnasialen Oberstufe keine Verwendung.

Im Rahmen der curricularen Neuaufstellung des Faches Religion tauschte sich die Senatorin für Bildung und Wissenschaft 2013 mit Vertreter*innen der BEK, der Katholischen Kirche, der Jüdischen Gemeinde und der Dachverbände der islamischen Religionsgemeinschaften (Schura, die Türkisch-Islamische Union der Anstalt für Religion e. V. (DITIB), der Verband der Islamischen Kulturzentren e. V. (VIKZ)) über die Inhalte des Bildungsplanes aus. Hinzu kamen je eine Vertretung der Universität sowie des LIS und der Fachverband der Religionslehrkräfte (Fleischer-Bickmann 2014, 4, 8, 35–36; Spieß 2014b, o. S.). Letztlich erarbeiteten Expert*innen des LIS sowie der RPM Ende 2013 einen ersten Bildungsplanentwurf für das neue Fach Religion; ebenjener orientierte sich wesentlich an dem Hamburger Bildungsplan, welcher „in Verantwortung der Evangelischen Kirche erstellt worden [ist]" (Fleischer-Bickmann 2014, 4). Somit orientierten sich die curricularen Vorgaben für den staatlich verantworteten Religionsunterricht in Bremen an einem (multi-)religiösen Unterricht, der sich in kirchlicher Trägerschaft befindet. Überdies bedurfte die curriculare Neuaufstellung der Zustimmung der Religionsgemeinschaften; entsprechend wurden weitere Entwürfe des Bremer Lehrplanes durch Anregungen der Religionsgemeinschaften und des Fachverbandes der Lehrkräfte modifiziert (Fleischer-Bickmann 2014, 4–5). Obschon die islamischen Religionsgemeinschaften die Neukonzeptionierung des BGU zunächst befürworteten, sahen sie „wesentliche Belange der Muslime" (Schura Bremen o. J.) letztlich nicht berücksichtigt: Die Schura, die DITIB und der VIKZ ließen in einer Stellungnahme zum neugestalteten Fach Religion mitteilen, dass sie dieses nicht mittragen würden und den Eltern muslimischer Kinder nicht empfehlen könnten, an dem neuen Fach Religion teilzunehmen, da das neugestaltete Fach Religion weiterhin – entsprechend der in der BLV festgeschriebenen Formulierung – auf allgemein christlicher Grundlage erteilt werden solle (Fleischer-Bickmann 2014, 7; Lüdecke 2014a, o. S; 2014b, o. S.). Stattdessen plädieren sie für einen islamischen Religionsunterricht nach Art. 7 Abs. 3 GG (Fleischer-Bickmann 2014, 7). Nichtsdestotrotz erklärten die Verbände ausdrücklich ihre Bereitschaft, die Weiterentwicklung des Faches Religion vermittels des Fachbeirates der Religionsgemeinschaften kritisch zu begleiten (Schura Bremen o. J., o. S.).

Der Ausgangspunkt sowie die gesellschaftliche Voraussetzung des Faches Religion ist – so der Bildungsplan – die religiöse Heterogenität der Gesellschaft. Folglich sei das Fach Religion eine Reaktion auf die kumulative Säkularisierung sowie religiös-weltanschauliche Pluralisierung (SBW 2914a, 5–6).

Die im Zuge der curricularen Neuaufstellung erfolgte Aufgabe der Fachbezeichnung Biblischer Geschichtsunterricht zugunsten des Terminus Religion wird im Bildungsplan nicht legitimiert (Spieß 2014b, o. S.). Ab Jahrgang zehn findet die diskussionswürdige Bezeichnung ‚Religionskunde' Verwendung (Lott und Schröder-Klein 2006, 68, 70). Bezugswissenschaften des Bremer Schulfaches Religion sind – gemäß Bildungsplan in folgender Reihenfolge – die „Theologie,[10] [...] Religionspädagogik, aber auch [die] Religionswissenschaft sowie benachbarte[.] Geistes- und Sozialwissenschaften" (SBW 2014a, 8).

Der fachspezifische Bildungsbeitrag des Religionsunterrichtes wird mit der Anerkennung der in der sozialen Lebenswelt vorfindlichen vielfältigen Religionen begründet. Ein somit eher lebensweltlich-individualisierendes, religiöses Ziel der Religionsvermittlung besteht darin, dass die Schüler*innen „verschiedene religiöse Bekenntnisse [...] in ihrem *Gehalt* verstehen und in ihrem möglichen Lebens*gewinn* nachzuvollziehen" lernen. Fernerhin besteht ein Ziel des Religionsunterrichtes darin, „miteinander nach Orientierungen im Fühlen und Denken, im *Glauben* und Handeln zu suchen". Der Religionsunterricht soll den Schutz oder gar die Förderung der *religiösen Identität* – ganz gleich welcher Couleur – respektive die „Bildung *in* religiösen Fragen" leisten, welches einem *Learning religion*-Ansatz folgt. Wiewohl das Fach Religion erklärtermaßen nicht „zu einem bestimmten Bekenntnis oder zu einer bestimmten Religion" hinführen soll und daher keine normativ vorgegebene Perspektivenübernahme anzielt, spricht der Bildungsplan „der Bibel sowie den Aussagen des christlichen Glaubens" in der westeuropäischen Kultur eine prominente Bedeutung als kulturelle Größe zu (SBW 2014a, 5–7 [Hervorhebungen IP, JP, MP]).

In dem Fach Religion sind die Themenbereiche „Gott und Mensch in den Religionen", „Ethik und Religion", „Glaube und Religionsgemeinschaften" und „Glaubensfreiheit und Religionskritik" vorgesehen. Einerseits steht in dem lebensweltlichen Zuschnitt des Bremer Religionsunterrichtes die individuell gültige Positionalität zur Religion im Zentrum, welches im religionskundlichen Modell, das auf Grundlagen der Religionswissenschaft basiert, konzeptuell ausgeschlossen ist: Beispielsweise sollen die lernenden Subjekte *eigene* „*Vorstellungen* von Gott" artikulieren. In ähnlicher Weise avanciert im ersten Halbjahr der Qualifikationsphase die „[r]*eligiöse Sozialisation* und [das] *religiöse*[.] *Selbstverständnis*" der Schüler*innen zum inhaltlichen Schwerpunkt. In dem Themenbereich „Glaube und Religionsgemeinschaften" werden religiöse Feste und „heilige[.]/ religiöse[.] Räume", welche die Kinder der Klasse kennen, thematisiert. Überdies sollen die Schüler*innen benennen, was „*wir*" von den religiösen Figuren (Jesus, Abraham, Moses, Mohammed) lernen können und ob „die Propheten *uns* heute noch etwas zu sagen" haben. Entsprechend der Curriculumsinhalte zielen

---

10 Ebenjener Hinweis auf die theologische Bezugsdisziplin konfligiert mit der universitären Lehramtsausbildung in Religionswissenschaft und Religionspädagogik, in welcher – mit Ausnahme des Studienschwerpunktes Religionsgeschichte – keine Theologie gelehrt wird.

die Kompetenzanforderungen des Faches Religion eine individuell-lebensweltliche[11] Positionalität an, nach welcher die Schüler*innen ihre „*eigene[n] Positionen* in religiösen und weltanschaulichen Fragen [...] argumentativ vertreten" und „*religiöse und weltanschauliche Haltungen, Empfindungen* und *Gedanken* [...] ausdrücken" sollen. Die Schüler*innen der Primarschule sollen „an Beispielen darstellen, was *ihnen* an *ihrer* Religion [...] wichtig ist" und am Ende der sechsten sowie achten Klasse „begründen, warum *ihnen* bestimmte Elemente [...] *ihres* Glaubens und/oder *ihrer* Weltanschauung wichtig sind". Am Ende der Sekundarstufe I sollen sie die „Relevanz [religiöser Texte] für das *eigene Leben* prüfen" und „*ihre eigene Haltung* in religiös-existenziellen Fragen (beispielsweise Sinnfrage, Gerechtigkeit, Endlichkeit) und zu theologischen Themen (beispielsweise Jenseitsvorstellungen, Wahrheitsfrage) begründen". Andererseits werden die Schüler*innen dazu veranlasst, eine postulierte anthropologisch-universale Rahmung der religiös denotierten Figur vorzunehmen. Indem auf „religiöse Feste [...] [rekurriert wird, welche] *Menschen* durch das Jahr" begleiten, wird der Inhalt „Kennzeichen der Weltreligionen" religiös, lebensweltlich-universalisierend gerahmt. Die Schüler*innen sollen die lebensweltlich-universalisierende Kompetenz erwerben, „religiöse Sprachformen [...] als Ausdruck *menschlicher Grunderfahrungen*" zu begreifen sowie am Ende der Sekundarstufe I zu „erläutern, wie religiöse Vorstellungen die Werte und die Lebensführung der *Menschen* beeinflussen können". Eine eher religionskundliche Färbung erhält der Unterricht aufgrund der geschichtskundlich-kontextuellen Orientierung des Curriculums: So werden die gesellschaftlichen Kontexte *zur Zeit* der religiös denotierten Figuren beleuchtet, die *Entstehung* der „Heilige[n] Schriften" historisch betrachtet und „Stationen der *Religionsgeschichte/ Kirchengeschichte*" zum Inhalt. Fernerhin sieht der Bildungsplan auch sozialkundlich-kontextuelle Rahmungen vor, indem die Schüler*innen „Gottesvorstellungen [...] [des] *(schulischen) Umfeld[es]*" benennen sowie die „religiösen, kulturellen und sozialen Lebensweisen [...] in [ihrer] Stadt, in [ihrem] Stadtteil, in [ihrer] Nachbarschaft" untersuchen. Einem systematisch-vergleichenden Religionsvermittlungstypus entsprechend, kann der Frage nachgegangen werden, wie die Gläubigen (christlichen, muslimischen, jüdischen und alevitischen Glaubens) ihre jeweiligen religiösen Feste feiern. Zudem werden Unterschiede in der „religiöse[n] Praxis" zu einem möglichen Lerngegenstand des Inhalts „*Heilige Räume*". In dem Inhaltsfeld „Kennzeichen der *Weltreligionen*" wird Gemeinsames und Trennendes zwischen den Religionen herausgearbeitet. Obendrein werden Endlichkeitsvorstellungen unterschiedlicher Religionen verglichen. In der Qualifikationsphase wird ein systematischer Vergleich der sogenannten Weltreligionen sowie ein Vergleich „religiöse[r], weltanschauliche[r] und philosophische[r] Ethik-Konzeptionen" angestrebt. Mit zunehmend höherer Klassenstufe mehren sich religionskundliche Tendenzen in den lehrplanmäßigen Kompetenzanforderungen: Die Lernenden sollen religionsgeschichtliche

---

11 Bezüglich der Rahmungen vgl. Frank 2014.

Kenntnisse sowie Wissen über die „Funktionen von Religionen" erwerben. Auch sollen „Ausprägungen von Religion" in der Alltagskultur wahrgenommen und vergleichende Kompetenzen in den oben genannten Inhalten erlangt werden (SBW 2014a, 10–20, 28–35 [Hervorhebungen IP, JP, MP]).

Entgegen der vornehmlich religiösen und teils religionskundlichen Elemente des Curriculums handelt es sich bei den didaktischen Ansätzen um solche, die primär einem religiösen Unterricht zu eigen sind: Als didaktisches Grundprinzip ist die für einen religiösen Religionsunterricht wesentliche „Lebensweltorientierung" ausgewiesen, sodass die Schüler*innen dazu veranlasst werden, ihre individuell-„lebensweltlichen Erfahrungen" und somit „ihre eigene Perspektive" in die betreffende religiöse Figur zu induzieren.[12] Sofern „[o]riginale Bekundungen, Erkundungen vor Ort, Gespräche mit Mitgliedern der Religionsgemeinschaften" vorgesehen sind sowie die Berücksichtigung „authentische[r] Medien, Materialien und Texte" disponiert ist, zielen sie die Förderung einer *„theologisch* angemessene[n] Auseinandersetzung" an. Fortgesetzt wird die religiöse Rahmung – analog der benachbarten hamburgischen Variante des Religionsunterrichtes für alle – mit dem didaktischen Prinzip des *„(inter-) religiösen* Dialog[es]", bei welchem „Menschen verschiedener Religionen" „über religiöse Deutungen von Grunderfahrungen und Grundbedingungen des Lebens" sprechen (SBW 2014a, 4, 6–9 [Hervorhebungen IP, JP, MP]).

Religion wird im Bremer Religionsunterricht als eine sinn- und orientierungsstiftende Ressource gesehen; gemäß des religiösen Verständnisses geht besagter Unterricht „von der Voraussetzung aus, dass in religiösen Traditionen und lebendigen Glaubensüberzeugungen Möglichkeiten der *Selbst- und Weltdeutung* sowie *Aufforderungen zu verantwortlichem Handeln* angelegt sind, die die *Identitätsbildung* und die *Handlungsfähigkeit* des Menschen zu *fördern* vermögen". Folglich geht der im Bildungsplan vorfindliche Religionsbegriff von einem persönlichen Angesprochensein durch religiöse Figuren aus. In den höheren Jahrgangsstufen gerät Religion vermehrt als kulturelle Tatsache und Produkt einzelner Menschen(-gruppen) in ihrer Kontextualität in den Blick und erhält dadurch eine religionskundliche Rahmung. Obwohl die Pluralität der Religionen betont wird, rekurriert der Bildungsplan auf das Weltreligionen-Paradigma[13] und qualifiziert das Christentum, das Judentum

---

12 Das allgemeine didaktische Prinzip der Lebensweltorientierung beziehungsweise des Lebensweltbezugs ist nicht mit der lebensweltlichen Rahmungsart bei Frank zu verwechseln.
13 Das Weltreligionen-Paradigma ist aus religionswissenschaftlicher Perspektive zu problematisieren, insofern es nicht-christliche Religion(en) implizit nach einem protestantisch christlichen Modell konstruiert. Weiterhin ist diese Taxonomie in Machtdynamiken verwickelt: Die Religionen, die zu den großen Weltreligionen gezählt werden, haben im Gegensatz zu religiösen Minderheiten mehr Macht und Anhänger*innen und Möglichkeiten der gesellschaftlichen Einflussnahme. Die innerhalb des Paradigmas gängige Fokussierung auf religiöse Texte priorisiert Religionsdarstellungen von Eliten, statt lokale und weniger schriftbasierte Religionsgemeinschaften. Dem Weltreligionen-Paradigma ist zudem ein geschlechterspezifisches Ungleichgewicht inhärent, insofern es ein Produkt männlicher Wissenschaftler ist. Zudem fördert die Taxonomie ein *sui-generis*-Modell von

sowie den Islam als „monotheistische[.] Weltreligionen". Zu diesen Weltreligionen können „[w]eitere Religionen [...] hinzutreten". Die zuvor angeführte Taxonomie priorisiert eine textbezogene Religionsdarstellung der „überlieferte[n] Religion" anhand von „religiösen Textbeispielen", „religiösen Geschichten" beziehungsweise „[h]eilige[n] Schriften". Als zweite Ausdrucksform von Religion bestimmt der Bildungsplan „die der jeweiligen Religion eigenen Feste, symbolischen Handlungen und Riten". Gemäß dem Bildungsplan drückt sich Religion drittens in einem „der jeweiligen Religion eigene[n] Ethos" aus. Thematisiert werden die ethischen Weisungen der Religionen wie beispielsweise die christlichen Zehn Gebote, die Goldene Regel sowie die Bergpredigt, welche von den Schüler*innen auf die eigene Lebenssituation bezogen werden sollen (SBW 2014a, 5–7, 10, 14, 31 [Hervorhebungen IP, JP, MP]).

Das Schulfach Religion adressiert alle Schüler*innen ungeachtet ihrer religiösen und weltanschaulichen Überzeugungen. Zugleich können auch Schüler*innen, „die keinen ausgeprägt religiösen Hintergrund haben bzw. sich in Differenz oder Widerspruch zu jeglicher Form von Religion verstehen", an dem integrativen Religionsunterricht teilnehmen. Die Teilnahmemöglichkeit nichtreligiöser Schüler*innen widerspricht der mehrfach formulierten Annahme, Religion sei eine anthropologische Grundkonstante; die Erreichung der Lern- und Kompetenzziele ist für nichtreligiöse Schüler*innen damit letztlich unmöglich. Die „Vielfalt der Religionen und Kulturen [wird] grundsätzlich als Reichtum und Chance wahrgenommen". Entsprechend der dialogischen Orientierung des Religionsunterrichtes wird die religiöse Vielfalt an die lebensweltlichen Erfahrungen der Schüler*innen rückgebunden, denn „die Traditionen der Religionen [sollen] in einen wechselseitigen Erschließungszusammenhang mit den lebensweltlichen Erfahrungen der Schülerinnen und Schüler gebracht werden". Hierbei sollen „Kontroversen und Konflikte nicht ausgeblendet" und die „Pluralität von Positionen [...] geachtet" werden. Gemäß der eher religionskundlichen Elemente wird die Vielfalt religiöser Traditionen in der Qualifikationsphase zunehmend selbst – wenngleich stets in der Weltreligionen-Taxonomie verbleibend – zum Ausgangspunkt der Betrachtung von Religion (SBW 2014a, 6–8).

Der Begriff Religionskunde beziehungsweise religionskundlich findet im Bildungsplan des Bremer Faches Religion keine Verwendung (SBW 2014a, o. S.). Diesbezüglich gilt es anzumerken, dass die in dem hamburgischen Rahmenplan des Faches Religion vorfindliche Negierung „der Perspektive einer neutralen Religionskunde" (Behörde für Schule und Berufsbildung 2011, 18) in dem – nahezu wortgetreu übernommenen – Bremer Bildungsplan ausgespart wurde. Dass es sich bei dem Bremer Religionsunterricht nicht um eine neutrale Religionskunde handelt (Rothgangel o. J.,

---

Religion, bei dem den sogenannten Weltreligionen ein homogenes Wesen zugesprochen wird, das sich unabhängig von menschlichen Handlungen ausdrückt. Dadurch werden die „Weltreligionen" selbst als Handelnde begriffen (Vgl. Cotter und Robertson 2016, 7–10).

7–9, 12), wird ersichtlich an der klaren Präferenz für das „allgemeine Christentum", das als Kultur- respektive Bildungsfaktor und nicht als Wahrheitsanspruch begriffen wird (Lott 2013, 15) sowie an der Dispensierungsmöglichkeit für Lehrer*innen und Schüler*innen.

Aktuelle Situation und Diskussionen

Öffentliche Diskurse werden gegenwärtig weder über die universitäre Lehramtsausbildung für Philosophie und Religion noch über die genannten Fachunterrichte geführt. Nichtsdestotrotz dauern interne Diskussionen um die Fächer auf verschiedenen Ebenen an.

Dem Landesverband Philosophie Bremen, welcher eine Teilorganisation des bundesdeutschen Fachverbandes Philosophie e. V. darstellt (Witzleben 2000, o. S.), kommt mitunter „die Weiterentwicklung der philosophischen Ansätze des Ethikunterrichts der Sekundarstufe I" (Fachverband Philosophie 2019, o. S.) sowie „die didaktische und curriculare Weiterentwicklung des Faches in Zusammenarbeit mit den Universitäten, den Bildungsministerien und den Einrichtungen der Lehrerbildung" (Fachverband Philosophie 2019, o. S.) zu. Mit der Einrichtung des Faches Religion im Jahr 2014 hegte der Landesverband zunächst die Befürchtung, mit potenziellen Kürzungen der Fortbildungen im Fach Philosophie, „um sie für Fortbildungen im Fach Religion zu nutzen" (Lund 2016, 19), könnte „das Fach Philosophie durch die politische Hintertür abgeschafft werden" (Peters 2015, 22). Eine derartige Schwächung des Faches konnte mittels nicht näher beschriebener Interventionen seitens des Landes- und Bundesverbandes Philosophie aufgehalten werden (Lund 2016, 19).

Das Fach Religion erfährt eine Begleitung durch den Beirat der Religionsgemeinschaften, der sich aus Vertreter*innen derjenigen Religionsgemeinschaften rekrutiert, mit welchen der Staat einen Staatsvertrag geschlossen hat: der Evangelischen und Katholischen Kirche, der islamischen Verbände (Schura, DITIB, VIKZ) und der jüdischen Gemeinde; somit haben religiöse Akteur*innen trotz des vermeintlich bekenntnisungebundenen Unterrichtes und der nichtreligiösen Trägerschaft ein erhebliches Mitspracherecht. Überdies ist seit 2016 auch das Institut für Religionswissenschaft und Religionspädagogik der Universität Bremen im Beirat vertreten. Neben der Beteiligung an der Neuaufstellung des Curriculums soll der Beirat grundsätzliche Fragen zum Bremer Religionsunterricht erörtern und beratend tätig werden. Zudem soll der Beirat an der Evaluation des Faches beteiligt werden und kann Empfehlungen an die Senatorin für Bildung und Wissenschaft richten (Fleischer-Bickmann 2014, 35; Spieß 2014b, o. S.).

Religionswissenschaftliche Einordnung

Abschließend sind Entsprechungen sowie Diskrepanzen zwischen der vorfindlichen Situation der Fächer Philosophie und Religion einerseits und dem religionswissenschaftlich basierten Religionskundebegriff andererseits offenzulegen. Konträr zu den Ethik-Fächern anderer Bundesländer, welche explizit als Alternativfächer konzipiert sind, bleibt dies bei dem Bremer Philosophieunterricht aus. Insofern die Aufnahme des Philosophiestudiums für das Berufsziel Lehramt an der Universität Bremen nicht möglich ist, studieren Lehramtsanwärter*innen das Fach Philosophie in einem anderen Bundesland. Die curricularen Vorgaben sowie das BremSchulG weisen Philosophie terminologisch nicht explizit als Alternativfach aus und unterscheiden in ihrer Konzeption nicht zwischen dem Philosophieunterricht als Alternative zum Bremer Religionsunterricht und dem Philosophieunterricht als zusätzlichem Wahl- oder Profilfach. Überdies wird das Alternativfach Philosophie empirisch nicht flächendeckend angeboten. Nebst der konzeptionellen Unklarheit weist der Bremer Philosophieunterricht keine religionskundlichen Anteile auf.

In den Fachbeschreibungen des Faches Religion dominiert der Religionskundebegriff: So mache die Namensänderung des Faches BGU in Religion gemäß Lars Nelson und Sabine Kurz „deutlich, dass es sich um ein *religionskundliches* Unterrichtsangebot für *alle* Schülerinnen und Schüler hand[le], ungeachtet ihrer jeweiligen religiösen und weltanschaulichen Überzeugungen" (Nelson und Kurz 2017, 1 [Hervorhebungen im Original]). Ebenjene Charakterisierung wird in Zweifel gezogen, insofern die Senatorin für Kinder und Bildung den Religionsunterricht in dem *Katalog der Prüfungsfächer der Zweiten Staatsprüfung für das Lehramt an öffentlichen Schulen* zugleich als „konfessionsübergreifendes [...] Fach" (SKB 2018b, o. S.) bezeichnet. Dass die religiöse Innenperspektive im Bremer Religionsunterricht nicht hintangestellt wird, werde – gemäß der Senatorin für Bildung und Wissenschaft – in der Freiwilligkeitsklausel evident; ebenjene werde notwendig, da „der Unterricht kein rein religionskundlicher Unterricht [sei], sondern in hohem Maße von der reflektierten Authentizität der Lehrkräfte getragen" (SBW 2014b, 2) sei. Ähnlich formulierte auch der StGH, dass der BGU „die persönliche Überzeugung des Lehrers und des Erziehungsberechtigten schulpflichtiger Kinder berühren kann" (Staatsgerichtshof der Freien Hansestadt Bremen 1965, 16). Weiterhin folge der Bremer Unterricht „den Prinzipien eines dialogisch [...] angelegten Unterricht[es]" (Bremische Bürgerschaft 2018, 11).

Wiewohl das hansestädtische Fach Religion als religionskundlich und (inter-)religiös dialogisch gefasst wird, ist ebenjene postulierte Konvergenz in Frage zu stellen: Unzweifelhaft kommt die universitäre Ausbildung mit der Religionswissenschaft als Studienfach sowie das vom LIS verantwortete Referendariat einer eher religionskundlichen Auslegung des Faches nach. Überdies entspricht die Tatsache, dass der integrative Bremer Religionsunterricht eine heterogene Schüler*innengruppe adressiert, dem Religionskundeunterricht. Dass sich das Fach in der gymnasialen Oberstufe unter dem – in dem religions- und ethikbezogenen Fächerkanon des Bundesgebietes nahezu einzigartigen – Terminus Religionskunde firmiert, erhärtet im Verbund mit den sich mehrenden informativen Unterrichtsfragmenten die eher religionskundliche Tendenz.

Obschon der Bremer Religionsunterricht mitunter eher religionskundliche Elemente enthält, steht dessen generelle (inter-)religiöse Ausrichtung der religionswissenschaftlich basierten Religionskunde entgegen: Einerseits besteht – gemäß einem religionskundlichen Fachprofil – die Möglichkeit, Werte und Normen (in Niedersachsen) und weitere Fächer im Fächerkomplex Ethik und Religionskunde zu erteilen. Andererseits können evangelische Absolvent*innen des Bremer Vorbereitungsdienstes das hamburgische Fach Religionsunterricht für alle erteilen. Gleichermaßen avancieren sowohl die Religionswissenschaft als auch die Theologie zur Bezugswissenschaft des betreffenden Faches, wenngleich die Theologie nicht in der universitären Ausbildung verankert ist. Dass der Staat respektive die Senatorin für Bildung und Wissenschaft faktisch die Inhalte des Faches Religion ohne Mitwirkung der Kirchen verantwortet, lässt zunächst eine religionskundliche Ausrichtung vermuten. In der Praxis erstellen jedoch mitunter religiöse Akteur*innen des Beirates der Religionsgemeinschaften die Rahmenpläne, sodass sich dieses Vorgehen nur unwesentlich von der Konzeption konfessioneller Lehrpläne unterscheidet.

Aufgrund der Etablierung des seit 1995 eingeführten Alternativfaches Philosophie und der seit Beginn des Religionsunterrichts bestehenden Befreiungsklauseln für Lehrer*innen sowie Schüler*innen ist der bremische Religionsunterricht in der Nähe eines religiösen Unterrichtes zu verorten, denn eine solche Freistellung der Unterrichtsteilnahme wäre für eine neutrale Religionskunde – wie Rothgangel betonte – „von vornherein nicht notwendig" (Rothgangel o. J., 12; ähnlich auch: Rothangel o. J., 9). Art. 32 Abs. 2 BLV ist demnach erst notwendig, da „der Unterricht kein rein religionskundlicher Unterricht [sei], sondern in hohem Maße von der reflektierten Authentizität der Lehrkräfte getragen" (SBW 2014b, 2) sei. Schüler*innen, die nach der Abmeldung vom Religionsunterricht am Alternativfach Philosophie teilnehmen, bleiben jeglicher Bildung in/über Religion(en) fern. Dass seit 2002 als „Übergangsmaßnahme" (Lott und Schröder-Klein 2006, 73) evangelische Pastor*innen eingesetzt wurden und Lehrer*innen das bremische Fach Religion erteilen dürfen, die in anderen Bundesländern für evangelischen oder katholischen Religionsunterricht ausgebildet wurden, widerspricht klar dem Konzept der Religionskunde beziehungsweise lässt keine religionskundliche Vermittlung der Unterrichtsinhalte vermuten. Insbesondere die (inter-)religiöse Rahmung des Gegenstands Religion widerspricht dem religionskundlichen Fachprofil: Der Bildungsplan zielt eine individuell-lebensweltliche oder anthropologische Perspektiveninduktion[14] an und letztlich die Inklusion der lernenden Subjekte in ein Religionssystem, indem die Schüler*innen Religion als einen positiven Lebensgewinn und insbesondere in den unteren Klassenstufen als sinn- und orientierungsstiftende Ressource anerkennen sollen. Der unterrichtliche Umgang mit der re-

---

14 Vgl. Frank 2014.

ligiös-weltanschaulichen Diversität soll im Horizont der (a)religiös-lebensweltlichen Erfahrungen der Schüler*innen erschlossen werden; erst in der Qualifikationsphase wird die religiöse Vielfalt selbst thematisiert. Zudem sieht der Bildungsplan überwiegend religiös-didaktische Prinzipien vor, nach denen die Schüler*innen ihre lebensweltlich orientierten Perspektiven in religiös denotierte Figuren induzieren, sich „*theologisch* angemessen[.]" (SBW 2014a, 8 [Hervorhebung IP, JP, MP]) mit authentischen Sekundärquellen auseinandersetzen und am (inter-)religiösen Dialog aktiv partizipieren sollen. Fortgeführt wird diese religiöse Ausrichtung des Faches, indem laut Curriculum eine formative Bildung der religiösen Identität angestrebt wird. Der konzeptionellen Unklarheit des Philosophieunterrichtes als Alternativfach gleichkommend, vermögen es die teils religionskundlichen Färbungen des hanseatischen Faches Religion nicht, über die (inter-)religiösen Anteile hinwegzutäuschen.

Bibliografie

Bayer-Wied, Daniela. 2011. *Ökumenisch ja – aber bitte getrennt? Konfessionelle Kooperation in der Grundschule*. Frankfurt am Main [u. a.], Peter Lang.

Behörde für Schule und Berufsbildung. 2011. *Bildungsplan Stadtteilschule. Jahrgangsstufen 5–11. Religion*. URL: https://www.hamburg.de/contentblob/2372656/ 167c590f8f51cfa53a238a25f19dce1b/data/religion-sts.pdf;jsessionid=59DC39A90D50B F252EB26F1ADDD40309.liveWorker2 [Stand: 12.06.2019].

Besir, Sibel. 2004. *Bericht: Islamkunde am Schulzentrum an der Koblenzer Straße*.

Bremische Bürgerschaft. 2009. *Mitteilung des Senats vom 02. Juni 2009. Unterricht in Biblischer Geschichte an Schulen im Lande Bremen*.

Bremische Bürgerschaft. 2016. *Landesverfassung der Freien Hansestadt Bremen. Verfassung für die Stadt Bremerhaven*.

Bremische Bürgerschaft. 2018. *Kleine Anfrage der Fraktion der FDP vom 2. Mai 2018. Antisemitismus an Schulen*.

BremSchulG, *Bremisches Schulgesetz in der Fassung der Bekanntmachung vom 28. Juni 2005*. Freie Hansestadt Bremen.

Carl von Ossietzky Universität Oldenburg. 2019. *Mit Bachelor und Master ins Lehramt*. URL: https://uol.de/studium/lehramt/ [Stand: 20.08.2019].

Cotter, Christopher R. und David G. Robertson. 2016. "Introduction. The World Religions Paradigm in contemporary Religious Studies." In *After World Religions. Reconstructing Religious Studies*, hg. v. Christopher R. Cotter und David G. Robertson, 1–20. London [u. a.]: Routledge.

Der Senator für Bildung und Wissenschaft. 2002a. „Biblische Geschichte/ Religionskunde an den öffentlichen Schulen in Bremen. Informationen für Eltern." *Die Brücke. Fremder Raum Kirche? Zeitschrift für Schule und Religionsunterricht im Land Bremen* 7: 36–37.

Drechsel, Wiltrud Ulrike. 1988. Die Alphabetisierung in der Klippschule Über das niedere Schulwesen in Bremen 1800 – 1850. *Zeitschrift für Pädagogik* 23: 159–168.

Fachverband Philosophie. 2019. *Der Verband der Philosophie-Lehrer/innen in Deutschland*. URL: https://www.fv-philosophie-nrw.de/ [Stand: 07.08.2019].

Fleischer-Bickmann, Wolff. 2014. *Vorlage Nr. L 112/18 für die Sitzung der Deputation für Bildung (staatlich) am 26. 06.2014.Weiterentwicklung des Religionsunterrichts in Bremen*.

Frank, Katharina. 2014. *Die Konstruktion von religiösem und säkularem Wissen im schulischen Religionsunterricht.*
Freie Hansestadt Bremen. 2005. Bremisches Schulgesetz (BremSchulG) in der Fassung der Bekanntmachung vom 28. Juni 2005.
Göllner, Manfred. 2002. *Die Bildungs- und Lehraufgaben des Ethikunterrichts in Europa im Vergleich.* Münster [u. a.]: LIT.
Hoffmeister, Thomas. Persönliche E-Mail-Kommunikation vom 07.08.2019.
Karakaşoğlu, Yasemin. 2009. „Islam als Störfaktor in der Schule. Anmerkungen zum pädagogischen Umgang mit orthodoxen Positionen und Alltagskonflikten." In *Islamfeindlichkeit. Wenn die Grenzen der Kritik verschwimmen,* hg. v. Thorsten Gerald Schneiders, 289–304. Wiesbaden: Verlag für Sozialwissenschaften.
Kenngott, Eva-Maria. 2015. „Staatlich verordnete Toleranz versus bürgerschaftliches Laissez-faire. Staatlicher Religionsunterricht in Deutschland." In *Konfessionell – interreligiös – religionskundlich. Unterrichtsmodelle in der Diskussion,* hg. v. Eva-Maria Kenngott, Rudolf Englert und Thorsten Knauth, 87–103. Stuttgart: Kohlhammer.
KMK Sekretariat der Ständigen Konferenz der Kultusminister der Länder in der Bundesrepublik Deutschland. 2008. *Zur Situation des Ethikunterrichts in der Bundesrepublik Deutschland. Bericht der Kultusministerkonferenz vom 22.02.2008.*
KMK Sekretariat der Ständigen Konferenz der Kultusminister der Länder in der Bundesrepublik Deutschland. 2016. *Auswertung Religionsunterricht Schuljahr 2015/16.*
KMK Sekretariat der Ständigen Konferenz der Kultusminister der Länder in der Bundesrepublik Deutschland. 2021. *Auswertung Religionsunterricht Schuljahr 2019/20.*
Link, Christoph. 2006. „,Biblischer Geschichtsunterricht' – muslimische Lehrkräfte – Islamunterricht in Bremen. Aktuelle Anmerkungen zu einem alten Problem." In *Planung – Steuerung – Kontrolle. Festschrift für Richard Bartlsperger zum 70. Geburtstag,* hg. v. Max-Emanuel Geis und Dieter Umbach, 109–131. Berlin: Duncker & Humblot.
Lott, Jürgen. 2004. „Religionsunterricht in Bremen. Sonderfall oder Lehrbeispiel?" In *Religion im kulturellen Diskurs. Festschrift für Hans. G. Kippenberg zu seinem 65. Geburtstag,* hg. v. Brigitte Luchesi und Kocku von Stuckrad, 479–492. Berlin [u. a.]: De Gruyter.
Lott, Jürgen und Anita Schröder-Klein. 2006. „Religion unterrichten in Bremen." *Theo-Web. Zeitschrift für Religionspädagogik* 7: 68–79.
Lott, Jürgen. 2013. „Religionspädagogik im Kontext von Veränderungen in Gesellschaft, Kultur und Religion. Biographisch vermittelte Anmerkungen und Schlussfolgerungen." In: *Religionspädagogik zwischen religionswissenschaftlichen Ansprüchen und pädagogischen Erwartungen,* hg. v. Institut für Religionswissenschaft und Religionspädagogik, 1–21. Bremen: Universität Bremen.
Lund, Felix. 2016. „Protokoll der Vorstandssitzung vom 11./ 12.09. 2015." *Mitteilungen des Fachverbandes Philosophie e. V.* 56: 17–24.
Lüdecke, Mathias. 2014a. *Eigener Religionsunterricht. Verbände kritisieren Lehrplan für neues Fach.* URL: https://www.weser-kurier.de/bremen/bremen-wirtschaft_artikel,-Eigener-Religionsunterricht-_arid,881439.html [Stand: 07.10.2019].
Lüdecke, Mathias. 2014b. *Fach Religion ohne Muslime. Verbände lehnen Lehrplan ab und wollen Verfassungsänderung.* URL: https://www.weser-kurier.de/bremen_artikel,-Fach-Religion-ohne-Muslime-_arid,872291.html [Stand: 07.10.2019].
Nelson, Lars. 2016. *Bericht Nr. L 518/19 für die Sitzung der Deputation für Kinder und Bildung am 22. 06.2016 unter Verschiedenes. Bericht: Ergebnisse der ersten Erhebung zur Umsetzung des Fachs Religion.*

Nelson, Lars und Kurz, Sabine. 2017. *Bericht Nr. L 537/19 für die Sitzung der Deputation für Kinder und Bildung am 21.06.2017 unter Verschiedenes. Bericht. Ergebisse der zweiten Erhebung zur Umsetzung des Fachs Religion.*

Peters, Jörg. 2015. *Mitteilungen des Fachverbandes Philosophie. Neues und Bewährtes.* URL: http://fv-philosophie-nrw.de/wp-content/uploads/2017/10/Mitt-51-2015_Scr.pdf [Stand: 04.03.2019].

Poscher, Ralf. 2006. *Gutachten zur Rechtsnatur des Unterrichts in Biblischer Geschichte auf allgemein christlicher Grundlage nach Art. 32 Brem. Verf. und den bekenntnismäßigen Anforderungen an seine Lehrkräfte.*

Rolf, Bernd. 2010. *Zur Situation des Philosophieunterrichts in Deutschland.*

Rösch, Anita. [2009] 2011. *Kompetenzorientierung im Philosophie- und Ethikunterricht. Entwicklung eines Kompetenzmodells für die Fächergruppe Philosophie, Praktische Philosophie, Ethik, Werte und Normen, LER.* Wien [u. a.]: LIT.

Rothgangel, Martin. o. J. *Religionspädagogisches Gutachten zur Erteilung des 'Unterrichts in Biblischer Geschichte auf allgemein christlicher Grundlage' durch Mitglieder nichtchristlicher Religionsgemeinschaften.*

SBW Der Senator für Bildung und Wissenschaft. 2002b. *Vorlage Nr. L 122 für die Sitzung der Deputation für Bildung am 07.03.2002. Leistungsbeurteilung der Fächer Biblische Geschichte und Philosophie.* URL: https://bildung.bremen.de/sixcms/media.php/13/l122.pdf [Stand: 10.06.2019].

SBW Der Senator für Bildung und Wissenschaft. 2006. *Bestimmungen zum Umgang mit den Stundentafeln der allgemeinen Schularten der Sekundarstufe I (Ausführungsbestimmungen).* URL: https://712.joomla.schule.bremen.de/gesetze/html/331_04.htm#331_04 [Stand: 30.07.2019].

SBW Die Senatorin für Bildung und Wissenschaft. 2009. *Philosophie. Bildungsplan für die Gymnasiale Oberstufe. Qualifikationsphase.* URL: https://www.lis.bremen.de/sixcms/media.php/13/PHI_GyQ_2009.pdf [Stand: 29.07.2019].

SBW Die Senatorin für Bildung und Wissenschaft. 2013. *Verordnungen über die Sekundarstufen I der Oberschule und des Gymnasiums.* URL: https://www.bildung.bremen.de/sixcms/media.php/13/Info_185-2013_a.pdf [Stand: 12.06.2018].

SBW Die Senatorin für Bildung und Wissenschaft. 2014a. *Religion. Bildungsplan. Grundschule – Oberschule – Gymnasium. Jahrgangsstufen 1–13.* URL: https://www.lis.bremen.de/sixcms/media.php/13/2015_BP_Religion_Druck.pdf [Stand: 17.09.2018].

SBW Die Senatorin für Bildung und Wissenschaft. 2014b. *Vorlage Nr. L 112/18 für die Sitzung der Deputation für Bildung (staatlich) am 26. 06.2014. Weiterentwicklung des Religionsunterrichts in Bremen.* URL: https://www.bildung.bremen.de/sixcms/media.php/13/L112_18%20Bericht%20Religionsunterricht%20BF.pdf [Stand: 12.12.2018].

SBW Die Senatorin für Bildung und Wissenschaft. 2017. *Elternbrief zum Fach Religion.* URL: https://www.bildung.bremen.de/sixcms/media.php/13/info_84-2017_a.pdf [Stand: 09.10.2018].

SBWG Die Senatorin für Bildung, Wissenschaft und Gesundheit. 2011. *Vorlage L 12/18 für die Sitzung der staatlichen Deputation für Bildung am 13.10.2011. Zulassung zum Vorbereitungsdienst für das Lehramt an öffentlichen Schulen im Lande Bremen. Hier: Verordnung über die Festlegung der Zulassungszahlen zum 01. Februar 2012.* URL: https://www.bildung.bremen.de/sixcms/media.php/13/L12_18_00_KapVO%20_01%2002%202012_mit%20Anlage.pdf [Stand: 16.09.2019].

Schura Bremen. Islamische Religionsgemeinschaft Bremen e. V. o. J. *Pressemitteilung. Weiterentwicklung der Biblischen Geschichte (BGU) zu einem Religionsunterricht für alle.* URL: http://www.schurabremen.de/index.php/component/content/article/18-startseitenbeitrag

/122-pressemitteilung-weiterentwicklung-der-biblischen-geschichte-bgu-zu-einem-religionsunterricht-fuer-alle [Stand: 07.10.2019].

SKB Die Senatorin für Kinder und Bildung. 2015. *Verordnung über die Festlegung der Zulassungszahlen zum Vorbereitungsdienst für die Lehrämter an öffentlichen Schulen im Lande Bremen*. URL: https://www.transparenz.bremen.de/sixcms/detail.php?gsid=bremen2014_tp.c.68544.de&asl=bremen203_tpgesetz.c.55340.de&template=20_gp_ifg_meta_detail_d [Stand: 16.09.2019].

SKB Die Senatorin für Kinder und Bildung. 2017a. *Philosophie. Bildungsplan. Gymnasium. Jahrgangsstufen 5–9*. URL: https://www.lis.bremen.de/sixcms/media.php/13/2017_BP_philosophie_Gy.pdf [Stand: 29.07.2019].

SKB Die Senatorin für Kinder und Bildung. 2017b. *Philosophie. Bildungsplan. Oberschule. Jahrgangsstufen 5–10*. URL: https://www.lis.bremen.de/sixcms/media.php/13/2017_BP_philosophie_Osch.pdf [Stand: 29.07.2019].

SKB Die Senatorin für Kinder und Bildung. 2018a. *Auswertung der Leistungs- und Grundkurse der Gymnasialen Oberstufe für öffentliche und private allgemeinbildende Schulen im Bundesland Bremen. Schuljahr 2018/2019*. URL: https://www.bildung.bremen.de/sixcms/media.php/13/GyO_Kursstatistik18_19.pdf [Stand: 10.09.2019].

SKB Die Senatorin für Kinder und Bildung. 2018b. *Katalog der Prüfungsfächer der Zweiten Staatsprüfung für das Lehramt an öffentlichen Schulen (Fächerkatalog)*. URL: https://www.transparenz.bremen.de/sixcms/detail.php?gsid=bremen2014_tp.c.112337.de&asl=bremen203_tpgesetz.c.55340.de&template=20_gp_ifg_meta_detail_d [Stand: 17.06.2019].

SKB Die Senatorin für Kinder und Bildung. 2018c. *Verordnung über die Festlegung der Zulassungszahlen zum Vorbereitungsdienst für die Lehrämter an öffentlichen Schulen im Lande Bremen*. URL: https://www.transparenz.bremen.de/sixcms/detail.php?gsid=bremen2014_tp.c.111571.de&template=20_gp_ifg_meta_detail_d#_XY_d180064e3089 [Stand: 16.09.2019].

SKB Die Senatorin für Kinder und Bildung. 2019a. *Elternbrief zum Fach Religion*. URL: https://www.bildung.bremen.de/sixcms/media.php/13/info_111-2019_A.pdf [Stand: 20.08.2019].

SKB Die Senatorin für Kinder und Bildung. 2019b. *Verordnung über die Festlegung der Zulassungszahlen zum Vorbereitungsdienst für die Lehrämter an öffentlichen Schulen im Lande Bremen*. URL: https://www.transparenz.bremen.de/sixcms/detail.php?gsid=bremen2014_tp.c.126735.de&asl=bremen203_tpgesetz.c.55340.de&template=20_gp_ifg_meta_detail_d [Stand: 16.09.2019].

Spieß, Manfred. 1992. „Religionsunterricht oder nicht? Der Biblische Geschichtsunterricht im Land Bremen." In *Religion – warum und wozu in der Schule?*, hg. v. Jürgen Lott, 81–102. Weinheim: Deutscher Studien Verlag.

Spieß, Manfred. 1996. „Was ist der bremische Religionsunterricht? Der ‚Biblische Geschichtsunterricht' zwischen Gestern und Morgen." *Die Brücke. Schule im Wandel. Was ist der Bremische Religionsunterricht? Praxis – Berichte. Zeitschrift für Schule und Religionsunterricht im Land Bremen*: 11–15.

Spieß, Manfred. 2014a. „Biblische Geschichte auf allgemein-christlicher Grundlage in Bremen." In *Religionsunterricht – wohin. Modelle seiner Organisation und didaktischen Struktur*, hg. v. Bernd Schröder, 73–87. Neukirchen-Vluyn: Neukirchener Theologie.

Spieß, Manfred. 2014b. *Das neue Fach ‚Religion'*. URL: https://www.gew-hb.de/aktuelles/detailseite/neuigkeiten/das-neue-fach-religion/ [Stand: 25.09.2018].

StGH Staatsgerichtshof der Freien Hansestadt Bremen. 1965. *Entscheidung vom 23. Oktober 1965. St 2, 4/1964; 1/1965*.

Tangermann, Christoph. 2005. „Die Bremer Klausel (Art. 141 GG) angesichts neuer Fragestellungen. Zugleich ein Beitrag zur Zukunft des Religionsunterrichts in der multireligiösen Gesellschaft." *Zeitschrift für evangelisches Kirchenrecht* 50: 184–206.
Treml, Alfred K. 1994. „Ethik als Unterrichtsfach in den verschiedenen Bundesländern. Eine Zwischenbilanz." In *Ethik macht Schule! Moralische Kommunikation in Schule und Unterricht*, hg. v. Alfred K. Treml, Richard Breun und Hans-Peter Mahnke, 18–29. Frankfurt am Main: Moritz Diesterweg.
Universität Bremen. 2015a. *Hinweise zum Lehramtsstudium. Institut für Religionswissenschaft und Religionspädagogik*. URL: http://www.religion.uni-bremen.de/de/studium/hinweise-zum-lehramtsstudium.html [Stand: 19.09.2018].
Universität Bremen. 2015b. *Modulhandbuch*. URL: http://www.religion.uni-bremen.de/fileadmin/redak_reli/pdf/studium/Studienverlaufsplaene/Modulhandbuch.pdf [Stand: 05.12.2018].
Universität Bremen. 2018. *Religionswissenschaft/ Religionspädagogik. Bachelor*. URL: https://www.dbs.uni-bremen.de/fileadmin/user_upload/dokumente/infobroschuere/Religionswissenschaft_BA_web.pdf [Stand: 19.09.2018].
Universität Bremen. 2019. *Studiengangssuche*. URL: https://www.dbs.uni-bremen.de/studienangebot/studiengangsuche/ [Stand: 11.07.2019].
Universität Bremen. o. J. *Hinweise zum Lehramtsstudium. „Religion" auf Lehramt an der Universität Bremen*. URL: https://www.uni-bremen.de/religionswissenschaft/studieninteressierte/hinweise-zum-lehramtsstudium [Stand: 13.12.2020].
Witzleben, Frank. 2000. *Satzung des Fachverbandes Philosophie e. V.* URL: http://www.fv-philosophie-rlp.de/satzung.htm [Stand: 03.07.2019].

Giovanni Maltese
6 Hamburg

Hard Facts auf einen Blick

Fachbezeichnung	Philosophie
Einführung des Faches	1977
Schulstufen	Sekundarstufe I (ab Klasse 7), Sekundarstufe II
Rechtsstatus	Wahlpflichtfach ab Klasse 7
Rechtsgrundlage	§ 7 Abs. 4 HmbSG
Teilnehmer*innen	Schüler*innen ab Klasse 7, die Philosophie als Wahlpflichtfach wählen (die andere Option ist Religion)
Einheitliche Prüfungsanforderung für das Abitur (EPA)	EPA Philosophie (2006)
Bezugsdisziplin/en laut curricularer Vorgaben	Philosophie
Studienstandorte	Hamburg
Beteiligung der Religionswissenschaft an Lehramtsausbildung	nein
Besonderheit	kein Alternativfach zum Religionsunterricht in den Klassen 1 bis 6; Kontext: „Hamburger Modell" eines von mehreren Religionsgemeinschaften gemeinsam verantworteten kooperativen „Religionsunterrichts für alle"
Weitere religions- und ethikbezogene Schulfächer	„Religionsunterricht für alle", daneben vereinzelt katholischer und jüdischer Religionsunterricht

ℹ️ **Nachfrage der religions- und ethikbezogenen Fächer in Hamburg in Form von Schüler*innen-Belegzahlen für das Schuljahr 2019/20**

Anzahl Schüler*innen

> Für Hamburg werden von der KMK keine Daten erhoben.

angebotene Unterrichtsfächer

ℹ️ **Verteilung der Fächer im Schulsystem**

	Religionsunterricht (Pflichtfach in Klasse 1–6, danach Wahlpflichtfach)	Philosophie (Wahlpflichtfach)
Primarstufe	+	–
Sekundarstufe I	+	+ (ab Klasse 7)
Sekundarstufe II grundlegendes Anforderungsniveau	+	+
Sekundarstufe II erhöhtes Anforderungsniveau	+	+

Das Thema Religion im Schulunterricht sorgt seit geraumer Zeit für heftige Debatten[1] (Alberts 2007; Frank 2010; Jackson 2005; James u. a. 2015; Knauth, Leutner-Ramme, und Weiße 2000; Ucar, Blasberg-Kuhnke, und Scheliha 2010). Unumstritten ist, dass der verfassungsrechtlich verankerte Religionsunterricht (Art. 7 Abs. 3 GG) auf sozialen Verhältnissen basiert, die mit der gegenwärtigen Pluralität von Religionsgemeinschaften und Weltanschauungen in Deutschland nicht ohne Weiteres deckungsgleich sind (Kumlehn 2015, 41; Wißmann 2019). Völlig unklar ist jedoch, welche Konsequenzen daraus zu ziehen sind, zumal dies weitreichende Folgen für konkrete Religionsgemeinschaften hat, die bis in die Hochschulpolitik reichen – etwa mit Blick auf die Ausbildung von Lehrkräften oder die Einrichtung von Professuren. Bis unlängst war

---

[1] Besonderen Dank schulde ich Jana Coenen für hilfreiche Recherchen und für ihre kritischen Kommentare zu früheren Entwürfen dieses Beitrags und Andrea Ehlers für das Lektorat.

die Konzeptualisierung von didaktischen und inhaltlichen Aspekten, welche die curriculare Beschäftigung mit Religion in der Schule betreffen, Angelegenheit der Religionspädagogik, die wiederum eng mit der Universitätstheologie kooperierte. In jüngerer Zeit melden sich jedoch auch Religionswissenschaftler*innen zu Wort, die sich in der Frage nach der Vermittlung von Kompetenzen und Wissen zum Thema Religion/en stark von der Theologie abgrenzen (Alberts 2012; Frank 2013, 66, 92). Derartige Interventionen basieren auf der konzeptionellen Unterscheidung zwischen „religiösem Unterricht (z. B. konfessionellem Religionsunterricht) und nichtreligiösem Unterricht über Religion/en", der als „Religionskunde" bezeichnet wird (Alberts 2012, 297; Frank 2013, 78). Entscheidend sei dabei, dass die bildungstheoretische Legitimation dafür, Religion als Unterrichtsgegenstand zu behandeln, ausschließlich auf der empirisch beobachtbaren gesellschaftlichen Relevanz von Religion beruht. Ein auf diese Weise konzipierter Unterricht sei besser in der Lage, der gegenwärtigen religiösen und weltanschaulichen Pluralität gerecht zu werden. Vor allem ermögliche er es, die negative Religionsfreiheit bei der Behandlung von Religion zu gewährleisten (Frank 2013, 98).[2] Der Hamburger Kontext stellt einen interessanten Ort dar, um die Potenziale und Problemfelder zu reflektieren, die mit einer Konzeption von „Religionskunde" zu erörtern sind, und diese in den Kontext komplexer Hegemoniekämpfe einzuordnen – sprich in den Kontext des Ringens um die Deutungshoheit darüber, was Religion ist und welchen Ort Religion in der Gesellschaft hat beziehungsweise haben sollte; wie beziehungsweise ob Religion Gegenstand der schulischen Bildungspläne sein sollte und wer am besten geeignet ist, einen diesbezüglichen Schulunterricht zu verantworten.

Laut offiziellen Statistiken aus dem Jahr 2011 bezeichnen sich 52 Prozent der Hamburger*innen entweder als konfessionslos oder als einer anderen Religion als dem Christentum und Islam angehörig (Statista Research Department 2011). Dem Säkularen Forum Hamburg zufolge belief sich der Anteil der „Konfessionslosen" im Jahr 2020 auf knapp 60 Prozent der Hamburger Bevölkerung (Säkulares Forum Hamburg e. V. 2020, 4). Vor diesem Hintergrund wirkt es zunächst erstaunlich, dass die

---

[2] Die Relevanz von Religion sei über „Religionsgemeinschaften, Religiositäten und vor allem über Religion als öffentliches Thema" gegeben und nicht über eine Religion/en innewohnende Wahrheit, Güte oder handlungsorientierende Dimension (Frank 2013, 95). Demnach sei die Kenntnis „religiöser Symbolsysteme" nur insofern wichtig, „als sie mit den im Unterricht thematisierten religiösen Gemeinschaften, Individuen und öffentlichen Religionsbildern zu tun haben" (Frank 2013, 96). Dies impliziere eine dezidierte Abkehr von Unterrichtskonzepten, in denen „Weltreligionen" postuliert werden, deren Wesensmerkmale im Unterricht vermittelt werden könnten, um dann im Sinne einer interkulturell-dialogischen Reflektion Gemeinsamkeiten und Differenzen zur eigenen Religion zu entdecken (Frank 2013, 85). Anders gesagt, es stünden nun „religiöse Gemeinschaften, die Religiosität von Individuen sowie Religion als Thema in Medien, Politik, Medizin und Kunst im Zentrum; über religiöse Symbolsysteme wird nur insofern gelernt, als sie etwas mit diesen Aspekten und den Austauschprozessen zu tun haben", was allerdings nur in einer „säkularen Sprache" bzw. auf „säkulare Weise" vermittelt werden könne (Frank 2013, 95–97, siehe dazu auch das Kapitel „Religionskunde" von Wanda Alberts in diesem Handbuch).

Abmeldequote vom Religionsunterricht etwa 0,1 Prozent beträgt (Bauer 2019, 1; KMK 2020). Sowohl die Schulbehörde als auch die Evangelisch-Lutherische Kirche in Norddeutschland (abgekürzt Nordkirche) und weite Teile der Regierungspolitik betrachten die niedrige Abmeldequote als Beleg für die hohe Akzeptanz und Plausibilität des deutschlandweit einzigartigen Hamburger Religionsunterrichtsmodells, das als „Religionsunterricht für alle" (kurz RUfa) bezeichnet wird. Kritische Stimmen hingegen, allen voran das erwähnte Säkulare Forum, begründen die niedrige Abmeldequote damit, dass die Mehrheit der Erziehungsberechtigten und Schüler*innen nur unzureichend darüber informiert sei, dass die Teilnahme am Religionsunterricht nach dem Grundgesetz freiwillig ist. Die Etablierung des Alternativfachs Philosophie, so das Forum, „scheint in Hamburg nicht gewollt" (Säkulares Forum Hamburg e. V. 2020, 18). Daher fordert das Forum nebst einer konsequenten Etablierung des Wahlpflichtfachs Philosophie auch dessen Einführung ab der ersten Klasse: „Auch wenn die Säkularen keiner Religion folgen, wollen sie über jene informiert sein. Religionskundliche Informationen sind dafür in einem Unterrichtsfach in der Schule ausreichend" (Säkulares Forum Hamburg e. V. 2020, 18, 10). Die Frage, ob und wie das gegenwärtige Fach Philosophie Religion/en überhaupt thematisiert und welche Konzeptualisierung von Religion hierbei zu Grunde gelegt wird, bleibt dabei unbeachtet. Ein sorgfältiger Blick auf die Geschichte des Wahlpflichtfachs Philosophie in Hamburg sowie auf die Rahmenbedingungen, auf die Ausbildung der Lehrkräfte und auf die curricularen Vorgaben legt den Schluss nahe, dass das Fach Philosophie eine intensive Auseinandersetzung mit „Religion/en" nahezu peinlich vermeidet. Ich argumentiere, dass dies erstens mit der hegemonialen Stellung der Evangelisch-Lutherischen Kirche im Hamburger Religionsdiskurs verbunden ist; zweitens mit der Agenda diverser politischer Parteien, bislang wenig beachtete Wähler*innenschichten als „religiöse" Gruppen zu mobilisieren (vor allem alevitische und muslimische); drittens, aber auch mit der Identitätspolitik der universitären Religionswissenschaft.

Geschichte und Entwicklung des aktuellen Modells

Die gegenwärtige Ausrichtung des vergleichsweise jungen Wahlpflichtfachs Philosophie in Hamburg ist eng mit der Geschichte des Religionsunterrichts in der Freien und Hansestadt verbunden, wobei diese im Kontext demografischer und politischer Entwicklungen zu betrachten ist. Nach 1945 verzichtete die Katholische Kirche in Hamburg auf ihr qua Verfassung garantiertes Recht, eigenen Religionsunterricht zu erteilen, und konzentrierte sich auf den Ausbau ihrer Privatschulen. Im Hintergrund stand ihr Status als sozioreligiöse Minderheit in der protestantisch geprägten Hansestadt. Damit oblag die Verantwortung für den Religionsunterricht an öffentlichen Schulen in Hamburg der Evangelisch-Lutherischen Kirche (damals Teil der Landeskirche Hannover).³ Dies hatte zur Folge, dass katholische Schüler*innen, die keine Privatschule besuchten, am evangelischen Religionsunterricht teilnahmen. 1964 wurde die bis heute bestehende Gemischte Kommission gegründet, in der die Schulbehörde und die Evangelisch-Lutherische Kirche paritätisch vertreten waren und die fortan die Bildungspläne verabschiedete. Mit der Arbeitsmigration der 1970er Jahre kamen Schüler*innen hinzu, die keinen christlichen Hintergrund besaßen. Die Möglichkeit, sich vom Religionsunterricht abzumelden, wurde von den neu Zugezogenen praktisch nie wahrgenommen. Im Hintergrund dürften hier sowohl die Schwierigkeit liegen, sich über entsprechende Optionen zu informieren, als auch der große Vertrauensvorschuss, den Migrierte dem Schulsystem der neuen Heimat entgegenbrachten. Von schulischer Seite führte dies zu einer Anpassung der Unterrichtspraxis an sehr heterogene Zusammensetzung der Schüler*innen, die im evangelischen Religionsunterricht unterrichtet wurden. Dies zog in den folgenden Dekaden eine stetige Erweiterung der Lehrpläne für den Religionsunterricht nach sich (Kuhlmann 2017, 32; Doedens und Weiße 2007, 54, 57–60; Weisse 2017, 55).

Zeitgleich zum Anstieg neuzugezogener Schüler*innen im evangelischen Religionsunterricht in den 1970er Jahren, machte sich allerdings auch eine zunehmende Zahl von Kirchenaustritten bemerkbar. Um auf die zunehmenden Abmeldungen aus dem Religionsunterricht zu reagieren, führte Hamburg 1977, dem Beispiel anderer Bundesländer folgend, das Wahlpflichtfach Ethik/Philosophie ein (Treml 1994, 19; Erwin 2001, 58; Czermak 2017; Meyer 1997, 18): Ethik wurde in der Sekundarstufe I an Haupt-, Real-, Gesamtschulen und Gymnasien in den Klassen neun und zehn unterrichtet; Philosophie in der Sekundarstufe II (Mahnke 2004, 61). Im Schuljahr 2006/2007 wurde das Fach „Ethik" dann ebenfalls in „Philosophie" (KMK 2020, 37) umbenannt.

Ethik/Philosophie war von Anfang an ein Fach, das keine starke Interessenvertretung besaß. Im Gegensatz zu anderen Bundesländern wurde im Hamburgischen Schulgesetz von 1977 (§ 4) nur festgehalten, *dass* „Schüler, die nicht am Religionsunterricht teilnehmen, [...] einen anderen Unterricht besuchen [müssen], wenn er angeboten wird" (Seiferlein 2000, 105). Nicht rechtlich festgelegt wurde die Frage, *welcher* Unterricht dies ist. Einige Schulen boten daher auch „Politik II" als Alternative zum Religionsunterricht an (Meyer 1997, 40). Erst durch die Reform des Schulgesetzes von 1997 wurde festgelegt, dass eine „Wahlpflicht-Alternative zum Religionsunterricht in den Bereichen Ethik und Philosophie" anzubieten ist. Im Endeffekt verhinderte dies, dass sich Ethik/Philosophie als einheitliches Wahlpflichtfach etablieren konnte. Erste Lehrpläne für das Fach traten erst eine Dekade später, im Schuljahr 1985/1986 in Kraft (Treml 1994, 22). Darin wurde als

---

3 Neuerdings dürfte allerdings auch ein konfessionell getrennter katholischer Religionsunterricht zunehmen. Im Hintergrund stehen die Weiterentwicklungspläne des RUfa zu einem Religionsunterricht in gemeinsamer Verantwortung, an dem sich die katholische Kirche nicht beteiligt (KKD 2018).

Kernmerkmal des Unterrichts die ethische Urteilsbildung und Reflexion festgeschrieben und ein dezidierter Unterschied zur Vermittlung sittlicher Normen markiert, die dem Religions- und Moralunterricht zugeschrieben wurden – obgleich Ethik/Philosophie neben der ethischen Urteilsbildung auch Werte zur Achtung der Menschenwürde vermitteln sollte: Frieden, Freiheit, Gerechtigkeit, Solidarität und Toleranz (BSB 1986, 5; Treml 1994, 27).

Parallel zum Inkrafttreten der Lehrpläne für das Fach Ethik/Philosophie begannen die ersten Überlegungen, den von der Evangelisch-Lutherischen Kirche verantworteten Religionsunterricht konzeptionell an die Heterogenität der Schüler*innen, die daran teilnahmen, anzupassen. Dabei lag das Augenmerk weniger auf Schüler*innen, die aus sogenannten religionsfernen beziehungsweise konfessionslosen Kontexten kamen. Vielmehr bestand das Hauptanliegen darin, die ungleich höhere Anzahl an Schüler*innen, die primär aus muslimischen (und alevitischen) Familien kamen, im Status quo – sprich im von der Evangelisch-Lutherischen Kirche verantworteten Religionsunterricht – zu akkommodieren. So standen religionsdidaktische und theologische Reflexionen zum interreligiösen Dialog im Fokus besagter konzeptioneller Überarbeitungen (Doedens und Weiße 2007; Kuhlmann 2017, 32; Vieregge und Weiße 2012).

1995 entstand unter der Ägide der evangelischen Religionspädagogen Folkert Doedens und Wolfram Weiße der Gesprächskreis Interreligiöser Religionsunterricht. Dieser bestand aus Mitgliedern mit evangelischem, jüdischem, buddhistischem, muslimischem, alevitischem und Bahá'í Hintergrund, welche die Lehrkräfte bei der Behandlung nichtchristlicher Religionen beraten sollten, obgleich sie keine offiziellen Delegierten ihrer Gemeinden waren (Bauer 2019; Doedens und Weiße 2007, 50–54, 58). Fünfzehn Jahre später sollte aus dem Gesprächskreis Interreligiöser Religionsunterricht die Idee einer Akademie der Weltreligionen an der Universität Hamburg hervorgehen, an der bis unlängst die Professuren für Islamische Theologie, für Alevitische Theologie, eine Buddhismus-Gastprofessur und Jüdische Dialogstudien angesiedelt waren (AWR 2019). In diesem Kreis entstand der Ansatz eines „dialogischen Religionsunterricht[s]", der bald als „Religionsunterricht für alle" bekannt und von der Evangelisch-Lutherischen Kirche, die sich weiterhin mit einem beachtlichen Mitgliederschwund konfrontiert sah, tatkräftig unterstützt wurde (Weisse 2017, 54–55). Als Forderungen nach einem getrennten islamischen Religionsunterricht zunahmen, fand dieser Unterrichtsansatz auch durch die SPD-geführte Regierung der Freien und Hansestadt Hamburg Unterstützung. So verwies die Schulsenatorin Rosemarie Raab (SPD) auf den „integrativen" Ansatz des gemeinsamen Religionsunterrichts, der ihr besser geeignet schien, die Gefahr einer „kulturellen Zersplitterung" abzuwehren (Doedens und Weiße 2007, 60). In den Mittelpunkt breiterer öffentlicher Debatten geriet der RUfa allerdings erst, als das Bündnis 90/Die Grünen das Thema für sich entdeckte. Die offen-affirmative Thematisierung von Religion bot Bündnis 90/Die Grünen die Möglichkeit, ihr Profil innerhalb des ansonsten religionskritischen bis religionsindifferenten linken Parteienspektrums zu schärfen.

1997 organisierte die schulpolitische Sprecherin des Hamburger Bündnis 90/Die Grünen eine Veranstaltung, die unter dem Motto „RU gemeinsam oder getrennt?" stand und eine hohe mediale Wirkung erzielte. Ein wichtiger Aspekt war dabei die scharfe Distanzierung der Beteiligten, allen voran des Gesprächskreises Interreligiöser Religionsunterricht, von einem Unterricht, wie er kurz zuvor im SPD-geführten Brandenburg mit dem Unterrichtsfach „Lebensgestaltung-Ethik-Religionskunde" schrittweise eingeführt worden war und als „neutrale Religionskunde" bezeichnet wurde (Doedens und Weiße 2007, 60–62). Bald darauf entdeckte auch die CDU, die tendenziell eher einen „allgemein-christliche[n] RU favorisiert", das Potential des Themas RUfa (Doedens und Weiße 2007, 62). Die Verbindung von Religion und Bildungspolitik bot angesichts des zunehmenden Sichtbarwerdens von Gruppen, die sich dezidiert als islamisch bezeichneten, die Gelegenheit, neue Wähler*innenkreise zu mobilisieren. Nachdem 2001 ein von der CDU und der FDP geführtes Bündnis die rot-grüne Regierung ablöste, wurde eine Befragung in Auftrag gegeben, die ergab, dass 85 Prozent den bestehenden „RU für alle" guthießen, während nur neun Prozent der Befragten eine „neutrale Religionskunde" bevorzugten (Doedens und Weiße 2007, 60). 2006 leitete der amtierende CDU-Bürgermeister Ole von Beust die Erarbeitung von Staatsverträgen mit islamischen Verbänden ein, die bald darauf von der Hamburgischen Bürgerschaft (das Landesparlament der Freien und Hansestadt Hamburg), bestehend aus CDU, SPD und Bündnis 90/Die Grünen, mit überwiegender Mehrheit mitgetragen wurden (Dreß 2018, 460). Dieser Trend setzte sich nach den Bürgerschaftswahlen von 2008 fort, als das Bündnis 90/Die Grünen als Bedingung für ein Regierungsbündnis mit der CDU die Gründung einer „Akademie der Weltreligionen an der Universität [...] mit einem eigenen Lehrstuhl für islamische Theologie" im Koalitionsvertrag festschreiben (Bündnis 90/Die Grünen HH und CDU HH 2008, 19). 2012 wurden schließlich – unter einer SPD-Regierung – die Staatsverträge mit dem Rat der islamischen Gemeinschaften in Hamburg e. V. (SCHURA), der Türkisch-Islamischen Union der Anstalt für Religion e. V. (DITIB) und dem Verband der Islamischen Kulturzentren (VIKZ) sowie mit der Jüdischen Gemeinde KdöR und der Alevitischen Gemeinde Deutschland e. V. unterzeichnet. Die übrigen Parteien stimmten den Staatsverträgen zu, einschließlich der Partei Die Linke, die ihre laizistische Orientierung dem Ziel der egalitären Behandlung der Religionen unterordnete (Dreß 2018, 469–70). Gegen die Staatsverträge stimmte lediglich die FDP-Fraktion, welche argumentierte, dass die bisherigen Vereinbarungen ausreichten und dass Regelungen zum „Kopftuch" und zum „Religionsunterricht" in den Staatsverträgen ungenau seien (Dreß 2018, 462–63, 467–70). Kurz zuvor war die Arbeitsgruppe zur Weiterentwicklung des Religionsunterrichts für alle eingerichtet worden, in der sowohl die Schulbehörde als auch die genannten Religionsgemeinschaften vertreten waren (Kuhlmann 2017, 33). Es wurde eine fünfjährige Testphase (2013–2018) vereinbart, in der ein „multireligiöses" Team von Lehrenden die Grundsätze für einen gemeinsam verantworteten Religionsunterricht entwickeln sollte (Kuhlmann 2017, 33). 2015 wurden an der Akademie der Weltreligionen der Universität Hamburg zwei neue universitäre Studiengänge für islamische und alevitische Lehrkräfte eingerichtet und ein Pilotprojekt gestartet, das den „Religionsunterricht für alle in gemeinsamer Verantwortung" (kurz RUfa 2.0) erproben sollte und die gegenwärtige Debatte zum Religionsunterricht und zum Wahlpflichtfach Philosophie maßgeblich bestimmt (Haese 2013, 21; Kuhlmann 2017, 33).

An der Etablierung des RUfa 2.0 wirken neben der Nordkirche die Jüdische Gemeinde KdöR (seit 2014), die islamischen Religionsgemeinschaften DITIB, SCHURA und VIKZ und die Alevitische Gemeinde Deutschland e.V mit (Behr 2020; BSB 2019; ifbq 2018, 11). Seit dem Beschluss, dass ab dem Schuljahr 2022 nur noch Religionslehrer*innen mit Lehrerlaubnis der jeweiligen religiösen Organisation unterrichten dürfen sollen (Vokation), um die Bekenntnisorientierung sicherzustellen, hat sich auch die Katholische Kirche[4] dem RUfa genähert (ifbq 2018, 214; Säkulares Forum Hamburg e. V. 2020, 3; Behr 2020, 352).[5] Legitimiert wurde und wird dies mit dem Hinweis auf die traditionsreiche hanseatische Toleranz der Stadt und auf die

---

[4] Ab dem Schuljahr 2022 sollen nur noch Lehrkräfte mit Lehrerlaubnis der jeweiligen religiösen Organisation (Vokation bzw. ein entsprechendes Äquivalent) Religionsunterricht erteilen dürfen (ifbq 2018, 214; Säkulares Forum Hamburg e. V. 2020, 3). Dies haben die Landessynode und die Erste Kirchenleitung der Nordkirche beschlossen, um die Bekenntnisorientierung der Religionslehrer*innen sicherzustellen (PTI o. J.). Geistliche und Mitarbeiter*innen der Religionsgemeinschaften, die über keine Lehrerlaubnis verfügen, dürfen dann keinen Religionsunterricht mehr an öffentlichen Schulen erteilen (BSB 2019). Aktuell unterrichten ca. 2000–3000 fachfremde Lehrer*innen Religion an Hamburger Schulen, viele haben sich aufgrund des neuen Beschlusses schon taufen lassen (Kutter 2020). Auf Grund dieser Änderung hat sich auch die Katholische Kirche dem RUfa genähert; das Erzbistum Hamburg hat im August 2019 zusammen mit der Schulbehörde und der Nordkirche ein dreijähriges Modellprojekt gestartet, um einen Weg zu einem gemeinsamen Religionsunterricht zu finden (BSB 2019; Evangelisch-Lutherische Kirche in Norddeutschland 2019). Durch die inhaltliche Weiterentwicklung und Bekenntnisorientierung sei das Modell für sie nun, im Sinne von Grundgesetz Art. 7 Abs. 3 und den kirchlichen Vorgaben, anschlussfähig geworden (BSB 2019). Das Erzbistum nahm daher auch schon an der Eröffnungskonferenz des RUfa 2.0 am 29. November 2019 teil (Behr 2020, 352). Durch die Einführung der Pflicht, von einer anerkannten Religionsgemeinschaft beauftragt zu sein, könnten katholisch ausgebildete Lehrer*innen ab dem 1. August 2022 ansonsten auch gar nicht mehr in Hamburg an öffentlichen Schulen unterrichten (VHRR o. J., 4).

[5] Religionsgemeinschaften, die sich als buddhistisch, Hindu oder die Bahá'í bezeichnen und seit 1984 im Gesprächskreis Interreligiöser Religionsunterricht in Hamburg mitwirkten, sind nicht mehr Teil des Projekts RUfa 2.0 (Junge 2019; Klein 2019). Im Jahr 2017 gründete die buddhistische Gemeinschaft, angelehnt an die islamischen Dachverbände, den Dachverband Buddhistische Religionsgemeinschaft Hamburg e. V., der seit dem 12. September 2017 beim Finanzamt Hamburg-Nord als Verein zur Förderung der Religion steuerbegünstigt ist (BRH o. J.). Die hinduistischen Gemeinschaften sind unter dem Dachverband Zentralrat der hinduistischen Gemeinschaft in Hamburg organisiert und streben ebenfalls einen Staatsvertrag mit der Stadt Hamburg an. Bisher sind jedoch keine derartigen Verträge zustande gekommen; die Dachverbände wurden nicht offiziell als Religionsgemeinschaft anerkannt. Die Begründungen, welche die Regierung diesbezüglich anführt, legen nahe, dass es hierfür schlicht an politischem Willen fehlt, zumal das Wähler*innenstimmenpotential, das besagte Vereinigungen darstellen, als verhältnismäßig gering betrachtet wird. Die schwache Interessenvertretung, die diese Gruppierungen in Regierungskreisen haben, legt den Schluss nahe, dass

damit verbundene interreligiöse Offenheit der Nordkirche und der Evangelisch-Lutherischen Kirche Hamburg im Besonderen sowie auf die demografischen Entwicklungen der Stadt (Kramer 2017, 3–4; Nordkirche o. J.; vgl. Weiße 2008, 2010, 38): Waren in den 1950er Jahren 90 Prozent der Bevölkerung Hamburgs evangelisch-lutherisch, zählte die Evangelisch-Lutherische Kirche gegen Ende der 2010er Jahren nur noch 30 Prozent der Gesamtbevölkerung, die Katholische Kirche zehn Prozent, während acht Prozent islamischen Gemeinschaften angehören und 52 Prozent sich überwiegend als konfessionslos oder einer anderen Religionsgemeinschaft zugehörig bezeichnen (Weisse 2017, 55).

Durch die dezidierte Unterstützung des RUfa und RUfa 2.0 gelang es der Evangelisch-Lutherischen Kirche, eine mögliche Hinwendung der nichtchristlichen, religionsnahen Schüler*innen mit Migrationshintergrund zum Alternativfach zu verhindern – was für die Evangelische Kirche und Religionspädagogik angesichts ihres stetigen Mitgliederschwunds einem erheblichen Verlust an Relevanz und Einfluss gleichgekommen wäre (EKD 2020, 7; Meyer 1997, 40–41).[6]

Zugleich gelang es den genannten politischen Parteien – allen voran dem Bündnis 90/Die Grünen –, innerhalb der muslimischen und alevitischen Bevölkerungsteile neue Wähler*innenschichten zu mobilisieren und sich im Kontext eines Diskurses, der dem Islam eine inhärente Neigung zu Fundamentalismus zuschreibt, als Bewahrerinnen des sozialen Friedens anzubieten und zu inszenieren. In Anbetracht dieser Entwicklungen ist es wenig verwunderlich, dass das Wahlpflichtfach Ethik/Philosophie in den Hamburger Bildungsdebatten und in der allgemeinen Öffentlichkeit kaum präsent war und ist. Anders als beim Religionsunterricht der Fall, gab es von Anfang an keine organisierte Interessengruppe, die es sich zum Anliegen machte, das Fach zu etablieren und dessen Stellenwert zu stärken. So fand Ethik/Philosophie auch bei den politischen Parteien kaum Beachtung. Eine Revision der Bildungspläne fand erst zum Schuljahr 2006/2007, knapp zwanzig Jahre nach der Einführung der ersten Lehrpläne, statt. Zum selben Schuljahr wurde die Umbenennung des Fachs Ethik beschlossen: Fortan hieß das Wahlpflichtfach auch in der Sekundarstufe I „Philosophie" (KMK 2020, 37).

Gegenwärtig führt das Fach auch im Schulbetrieb eine gewisse Schattenexistenz. Ein Blick auf die Schulpraxis „on the ground" – etwa anhand von Curricula einzelner Schulen sowie Gesprächen mit Lehrkräften, die im Vorfeld dieses Beitrags geführt wurden – zeigt, dass Philosophie in etlichen Schulen gar nicht zum standardmäßigen Lehrangebot gehört. Neuerdings scheinen zwar das Säkulare Forum Hamburg und der Fachverband Philosophie das Fach auf die Tagesordnung breiterer Öffentlichkeitsdebatten zu setzen. Ihr Erfolg wird aber nicht unwesentlich davon ab-

---

Staatsverträge mit der Buddhistischen Religionsgemeinschaft Hamburg e.V und dem Zentralrat der hinduistischen Gemeinschaft in naher Zukunft unwahrscheinlich sind (Junge 2019; Klein 2019).

6 So waren im Jahr 2018 24,9 % der Hamburger*innen Protestant*innen, ein Jahr später waren es nur noch 24,4 % (EKD 2020, 7).

hängen, ob ihnen ein geeintes Auftreten und die Artikulation gemeinsamer Interessen gelingt. Mit Blick auf das Säkulare Forum dürfte der Erfolgsgrad mit der Frage zusammenhängen, welchen Ort das Thema Religion/en im gegenwärtigen Philosophieunterricht einnimmt und wie sich dies zu neueren Debatten zur Konzeptualisierung von Religion verhält, die in der Wissenschaftscommunity geführt werden. Denn im Unterschied zum Fachverband geht es dem Forum primär um den Ort der sogenannten „Konfessionsfreien" im schulischen Unterricht und weniger um Philosophie im engeren Sinne (Säkulares Forum Hamburg e. V. 2020, 12)

Rahmenbedingungen

Wie bereits angedeutet, sind die gesetzlichen Vorgaben zum Religionsunterricht und zum Wahlpflichtfach in Hamburg sehr offen formuliert.[7] Alfred Seiferlein stellt diesbezüglich fest:

> Während Niedersachsen einen Sonderweg mit genauen Vorschriften im Schulgesetz einschlägt, geht der Stadtstaat Hamburg einen vollkommen anderen Weg. Das Schulgesetz vom 17.10.1977 regelt im § 4, der sich mit der konfessionellen Unterweisung befasst lediglich: ‚Schüler, die nicht am Religionsunterricht teilnehmen, müssen einen anderen Unterricht besuchen, wenn er angeboten wird'. [...] Welche Fächer anstelle des konfessionellen Unterrichts gewählt werden können, ist im Schulgesetz nicht festgelegt. (Seiferlein 2000, 105)

Eine derartige rechtliche Offenheit ist nicht unüblich für den Stadtstaat, der, mit Reinhard Schmoeckel gesprochen, auf eine lange „Tradition" zurückblickt, „mit möglichst wenigen Gesetzen und Rechtsvorschriften auszukommen" (zitiert nach Seiferlein 2000, 105). Bereits die Verfassung vom 6. Juni 1952 konzentrierte sich fast nur auf die Klärung organisatorischer Fragen, ohne Grundrechte oder Ähnliches zu reglementieren (Seiferlein 2000, 105).

Erst durch die Reform des Schulgesetzes von 1997 wurde festgelegt, dass eine „Wahlpflicht-Alternative zum Religionsunterricht in den Bereichen Ethik und Philosophie" anzubieten ist (§ 7 Abs. 4 HmbSG idF v. 16. April 1997, HmbGVBl I, 97). Diese Formulierung findet sich unverändert und ohne zusätzliche Spezifizierungen auch im aktuellen Schulgesetz: „Soweit in der Stundentafel vorgesehen, wird den Schülerinnen und Schülern eine Wahlpflichtalternative zum Religionsunterricht in den Bereichen Ethik und Philosophie angeboten" (§ 7 Abs. 4 HmbSG).

---

[7] Dies dürfte auch der Grund dafür sein, weshalb der Hamburger Philosophieunterricht in der Fachliteratur meist kaum mehr als eine Randnotiz ist. So gibt die Fachzeitschrift Ethik und Unterricht in einem Sonderheft „Ethik macht Schule II" eine Übersicht zur Situation des Fachs Philosophie (bzw. dessen Pendants) in Deutschland. Während die meisten Bundesländer zwei Seiten füllen, manche auch drei oder vier Seiten, reicht für die Situation in Hamburg eine halbe Seite (Mahnke 2004, 69). In den Übersichten anderer Fachbücher bleibt Hamburg gänzlich unerwähnt.

Wahlpflichtalternative bedeutet, dass Schüler*innen ab der siebten Klasse selbst zwischen Religion und Philosophie wählen dürfen (s. Tab. 1 und 3), ungeachtet dessen, ob sie zuvor den Religionsunterricht besuchten oder nicht. Anders formuliert, ab der siebten Klasse bedarf es keiner ausdrücklichen Abmeldung vom Religionsunterricht, auch nicht für bekenntnisangehörige Schüler*innen (Czermak 2017; Erwin 2001, 30); alle haben volles Wahlrecht. In den Klassen 1–6 bedarf es hingegen einer Abmeldung vom Religionsunterricht, die bis zur Vollendung des 14. Lebensjahres von den Sorgeberechtigten vorzunehmen ist (§ 7 Abs. 3 HmbSG). Während das Fach Religion in den Jahrgangsstufen 1–6 ordentliches Unterrichtsfach ist (BSB 2018b, 36, 44), stellt das Fach Philosophie an Grundschulen lediglich eine Option dar, die auf Eigeninitiative der Schule angeboten werden kann. Dies ist etwa an der Grund- und Stadtteilschule Eppendorf der Fall, die ab der dritten und vierten Klasse einmal die Woche einen Unterricht anbietet, in dem Schüler*innen an Kompetenzen herangeführt werden, die es ihnen ermöglichen sollen, „über schwierige Dinge zu grübeln sowie Unlösbares philosophisch zu durchdringen" (Schönleben 2014). Die Curricula verschiedener Hamburger Schulen zeigen, dass es allerdings auch möglich ist, in einzelnen Jahrgängen der Sekundarstufe auf den Philosophieunterricht zu verzichten beziehungsweise diesen durch Stundenaufstockung in anderen Jahrgängen zu kompensieren, wie dies etwa in Klassenstufe 8 des Gymnasium Hochrad der Fall ist (Gymnasium Hochrad 2018; vgl. FSPL 2020; Fachschaft Philosophie Gymnasium Othmarschen o. J.).

Für die Sekundarstufe I sind für das Fach Philosophie sechs Wochenstunden vorgesehen (BSB 2011a, 23, 2011b, 28). In der gymnasialen Oberstufe hängt die Anzahl der Wochenstunden von der individuellen Schwerpunktsetzung der Profilbereiche ab, welche die Schüler*innen wählen können. Wird Philosophie als profilgebendes Fach gewählt, sind mindestens vier Wochenstunden vorgesehen (BSB 2009, 5). Das Fach Philosophie kann auch als Abiturprüfungsfach auf grundlegendem oder erhöhtem Niveau gewählt werden mit einer schriftlichen, mündlichen oder Präsentationsprüfung zur Leistungsbeurteilung. Ferner haben Schüler*innen laut Kultusministerkonferenz „die Möglichkeit, je nach Angebot der Schule eine besondere Lernleistung zu einem Themenschwerpunkt" zu erbringen, die „das mündliche Prüfungsfach ersetz[t] oder im ersten Block in die Gesamtqualifikation eingerechnet w[ird]" (KMK 2020, 18). Die Noten sind in allen Klassenstufen versetzungsrelevant (KMK 2020, 38–39).

Wie bereits angedeutet, liegt die Abmeldequote vom Religionsunterricht in Hamburg bei etwa 0,1 Prozent (Bauer 2019, 1; KMK 2019, 5). Daten über die Teilnahme am Philosophie- und Religionsunterricht ab der siebten Klasse werden in Hamburg allerdings nicht regelmäßig erfasst (KMK 2019, 9–10, 26). Die zuletzt überlieferten Zahlen stammen aus dem Jahr 1989, wonach in der Sekundarstufe I an Gymnasien etwa 30 Prozent der Schüler*innen Religionsunterricht wählten, während es in den reformierten Oberstufen hingegen etwa 50 Prozent waren. Auf der Grundlage dieser Zahlen vermutete Martin Meyer, dass im Bundesvergleich ein sehr hoher Anteil der Hamburger Schüler*innen das Wahlpflichtfach wählte (Meyer 1997, 40–41). Eine Sichtung diverser Curricula einzelner Schulen sowie Gespräche mit Lehrkräften, die im Vorfeld dieses Beitrags geführt wurden, deuten allerdings darauf hin, dass das Interesse an Philosophie in den letzten Dekaden zurückgegangen ist.

Ausbildung der Lehrkräfte

Während bei der Einführung des Schulfachs Ethik/Philosophie eine Fortbildung ausreichte, um das Fach zu unterrichten, etablierte sich spätestens in der Mitte der 1990er Jahre die Norm, dass die Lehrkräfte für das Fach in der Regel ausgebildete Philosophie- oder Sozialwissenschaftslehrer*innen, die im Rahmen des Referendariats eine Ethiksonderausbildung absolviert hatten, sein mussten. Allerdings gab es nach wie vor auch für „[f]achfremde Lehrer" die Möglichkeit, das Fach zu unterrichten, sofern sie in Fortbildungen für den Ethikunterricht geschult worden waren (Meyer 1997, 40). Gegenwärtig ist ein Lehramtsstudium im Fach Philosophie Voraussetzung, um Philosophieunterricht an Schulen zu erteilen (KMK 2020, 38). In Sonderfällen obliegt die Entscheidung darüber, ob dafür auch Lehrkräfte mit Fortbildungsqualifikationen (hilfsweise) eingestellt werden, allerdings den jeweiligen Schulleitungen (KMK 2020, 38). Das Landesinstitut für Lehrerbildung und Schulentwicklung Hamburg, namentlich der Arbeitsbereich Philosophie, bietet regelmäßig fachspezifische Weiterbildungen an, in denen vorwiegend allgemeine Themen behandelt werden, die als Abiturprüfungsstoff vorgesehen sind (LILS 2016, 158–61, 199–201) – ein Angebot, das es in dieser Form vonseiten des Arbeitsbereichs Religion nicht gibt (dort zielen Fortbildungen auf spezifische Themen wie beispielsweise Didaktik). Dies lässt vermuten, dass besagte Sonderfälle keine Seltenheit sind, sondern mit der strukturellen Schwäche des Fachs (und der Schwäche der Lobby, die sich für dieses Fach stark macht) gegenüber dem Religionsunterricht, der Evangelisch-Lutherischen Kirche und der erstarkenden Lobbyarbeit der Religionsgemeinschaften, mit denen die Hansestadt Staatsverträge unterhält, verbunden sind.

Die reguläre Ausbildung der Lehrkräfte erfolgt anhand des grundständigen Studiums „Lehramt [Philosophie] für Sekundarstufe I und II (Stadtteilschulen und Gymnasien)" an der Universität Hamburg, das mit der ersten Staatsprüfung abgeschlossen wird (UHH/ZLH 2020). Daran schließt ein Vorbereitungsdienst an, der mit der zweiten Staatsprüfung abgeschlossen wird (KMK 2020, 38). Der universitäre Teil der Ausbildung besteht aus einem Bachelor- und Masterstudium. Zur Erlangung des Bachelor of Education mit Philosophie als Unterrichtsfach sind 41 Leistungspunkte im Bereich Erziehungswissenschaft und jeweils 60 Leistungspunkte in den beiden Hauptfächern zu erwerben. Hinzu kommt zum einen ein freier Studienanteil mit neun Leistungspunkten sowie ein Abschlussmodul, das zehn Leistungspunkte vorsieht und im ersten Unterrichtsfach zu belegen ist (UHH/ZLH 2020). Der Bachelorstudiengang besteht im Wesentlichen aus Einführungs-, Aufbau- und Vertiefungsmodulen, die den drei Disziplinen „Logik und Argumentationstheorie",

„Theoretische Philosophie" sowie „Praktische Philosophie (Ethik)" zugeordnet sind (UHH/Präsidium 2020, 4). Das „Einführungsmodul Logik und Argumentationstheorie" greift speziell Themen aus dem Hamburger Bildungsplan (s. u.) auf, anhand derer die theoretischen und praktischen Anforderungen erlernt werden: Den Studierenden sollen „Kompetenzen im Umgang mit philosophischer Terminologie, in Argumentieren, Begründen, Explikation und textimmanenter Interpretation sowie in Verfahren der Visualisierung vermittelt werden" (UHH/Präsidium 2020, 6).

Lehrveranstaltungen, die generell das Thema Religion behandeln, sind im Modulhandbuch, das auch die Ziele und Inhalte des Studiengangs festlegt, nicht vorgeschrieben. Selbst das Modul „Theoretische Philosophie", in dem unter anderem die Teildisziplin Metaphysik eingegliedert ist, sieht keine explizite Behandlung von Religion/en vor (UHH/Präsidium 2020, 22). Nur im Rahmen des freien Studienanteils können die angehenden Philosophielehrer*innen geisteswissenschaftliche Lehrveranstaltungen belegen, die sich dezidiert mit Religion/en befassen und primär vom Fachbereich Jüdische Philosophie oder im Rahmen der Studiengänge Alevitische Theologie, Evangelische Theologie, Islamische Theologie und Religionswissenschaft sowie von der Buddhismus-Gastprofessur angeboten werden. Da für diesen Teil allerdings maximal neun Leistungspunkte erworben werden können und Prüfungsleistungen, die im Rahmen des freien Studienanteils erbracht wurden, nicht in die Berechnung der Fachnote eingehen (UHH/Präsidium 2020, 5), ist eine fundierte Beschäftigung mit Religion/en während des Bachelorstudiums praktisch beinahe ausgeschlossen.

Dies gilt auch für den Masterstudiengang. Hier steht die Vertiefung der durch den Bachelor erworbenen inhaltlichen Kenntnisse und wissenschaftlichen Fähigkeiten im Mittelpunkt (UHH/Präsidium 2011, 160–64). Einen freien Studienanteil sieht das Masterstudium nicht vor (UHH/ZLH 2020). Zudem betonen die fachspezifischen Bestimmungen, dass „Studien- oder Prüfungsleistungen, die nicht an der Fakultät für Geisteswissenschaften der Universität Hamburg in Studiengängen der Lehreinheit Philosophie erbracht wurden, [...] höchstens im Umfang der Hälfte der vorgesehenen Studien- oder Prüfungsleistungen angerechnet" werden (UHH/Präsidium 2011, 159). Der Aufbau des Masterstudiengangs rät somit eher davon ab, Lehrveranstaltungen zu wählen, die über den Tellerrand des Philosophiestudiums hinausführen.

Zusammenfassend kann mit Blick auf den Gegenstand dieses Handbuchs festgehalten werden, dass die Ausbildung zur Lehrkraft im als alternativ zum Religionsunterricht vorgesehenen Wahlpflichtfach Philosophie das Thema Religion/en unbeachtet lässt. Die Definitionshoheit über die schulische Behandlung von Religion/en wird somit stillschweigend den Religionsgemeinschaften übertragen, mit denen Hamburg Staatsverträge unterhält, insbesondere der Evangelisch-Lutherischen Kirche, die aufgrund ihrer Erfahrung in der Bereitstellung und Ausbildung von Religionslehrer*innen die Rolle einer *prima inter pares* einnimmt.

Einen der seltenen Orte, an denen sich Philosophielehr*innen von Amts wegen mit dem Thema Religion/en im schulischen Kontext befassen können, bieten lediglich Materialen zu speziellen Themen, die das Landesinstitut für Lehrerbildung bereitstellt – etwa zur „Wertebildung [...] für neu zugewanderte" Schüler*innen (LILS 2016), was beinahe schon einem orientalistischen Stereotyp gleichkommt. In diesen Materialien werden verschiedene Methoden vorgestellt, die darauf zielen, diesen Schüler*innen Grundrechte zu vermitteln, darunter das Thema Recht auf Glaubensfreiheit. Nebst Lerneinheiten zu den „religiösen Feiertage[n]: Judentum, Christentum und Islam" und der „Besuch religiöser Orte im Stadtteil" (LILS 2016, 199–201) wird auch der Topos negative Religionsfreiheit traktiert:

> Zu dem Recht auf freie Religionswahl und Religionsausübung gehört auch, sich von Religion distanzieren zu können. Die nichtreligiösen Schülerinnen und Schüler dürfen nicht außen vor gelassen werden, sondern müssen bei allen Aufgaben mit eingebunden werden, z. B. über alternative Fragestellungen. Gleichzeitig müssen auch nichtreligiöse Kinder und Jugendliche sich über Religion austauschen lernen, in Grundzügen informiert sein und das Recht auf Glaubens- und Bekenntnisfreiheit kennen und achten. (LILS 2016, 159)

Konkrete Vorschläge darüber, wie dies erfolgen kann, machen die Materialien allerdings nicht. Das Fach Philosophie wird in diesem Kontext nicht erwähnt.

Curriculare Vorgaben

Die Bildungspläne für Philosophie werden in Hamburg von einer Redaktion, bestehend aus Schulpraktiker*innen und der Behörde für Schule und Berufsbildung, erstellt. Der Fachverband Philosophie wirkt nach eigener Aussage auch bei der Erstellung mit (Fachverband Philosophie Hamburg o. J.-e). Anschließend findet eine Begutachtung durch ein Anhörungsverfahren statt. Die letzte Revision erfolgte für die gymnasiale Oberstufe im Jahr 2009, für die Sekundarstufe I an Gymnasien und für die Stadtteilschulen jeweils im Jahr 2011 (KMK 2020, 37–38). Der Erwartungshorizont der curricularen Vorgaben orientiert sich in den höheren Jahrgängen an den Abituraufgaben, die den „Einheitlichen Prüfungsanforderungen in der Abiturprüfung" (EPA) folgen (BSB 2009, 4, vgl. 2018a, 10).

Das Hauptanliegen des Unterrichts in den Fächern Ethik, Philosophie, Lebensgestaltung-Ethik-Religionskunde, Werte und Normen besteht laut Kultusministerkonferenz darin, ein „kritisches Verständnis für die in der Gesellschaft wirksamen Wertvorstellungen und Normen sowie de[n] Zugang zu philosophischen, weltanschaulichen und religiösen Fragestellungen" zu eröffnen (KMK 2020, 7). Dabei gehe es nicht um ein geschlossenes Weltbild, sondern um Fähigkeiten zur ethischen Orientierung in der Welt und zum Dialog mit den „Überzeugungen und Traditionen" der Gesellschaft (KMK 2020, 7). Diese Auffassung nimmt auch im Wortlaut sämtlicher Hamburger Bildungspläne einen prominenten Ort ein. Analog zu den drei für alle Schulen grundlegenden Kernkompetenzen „Wahrnehmen und Deuten", „Argumentieren und Urteilen" sowie „Darstellen" geht der Philosophieunterricht nach einem Dreischritt vor: „Problemerfassung", „Problembearbeitung", „Problemverortung" (BSB 2011a, 11, 2011b, 12, 2009, 11–16). Im Vordergrund stehen hierbei grundsätzliche Fragen und Probleme, die den Alltag der Schüler*innen berühren und die dazu befähigen sollen, die erworbenen (Reflexions-)Fähigkeiten auch selbstständig auf andere Probleme anzuwenden. Das übergeordnete Ziel ist die Förderung der „Reflexions- und daraus resultierend der Orientierungsfähigkeit in der Welt", die mit „Autonomie und Verantwortlichkeit" einhergehen (BSB 2011a, 11, 2011b, 12). Eng damit verbunden ist die Erweiterung des Ausdrucksvermögens und der Diskursfähigkeit (BSB 2011a, 11, 2011b, 12, 2009, 10).

Maßgeblich für das Erreichen dieses Ziels sei der Erwerb von Kenntnissen der „klassischen Philosophie" (BSB 2011a, 11, vgl. 2011b, 12). Demnach orientiert sich der Unterricht an „philosophische[n] Arbeitsbereichen", die mit den folgenden fünf Reflexionsdimensionen korrespondieren: „Sprache und Erkenntnis", „Ethik und Politik", „Metaphysik", „Anthropologie und Kultur" sowie „Ästhetik" (BSB 2011a, 16, 2011b, 17, 2009, 12). Den Ausgangspunkt der einzelnen Unterrichtseinheiten, die „verbindliche Inhalte" traktieren sollen, bilden „Phänomene und Probleme", die aus der „eigenen Lebens- und Erlebenswelt" der Schüler*innen" entstammen (BSB 2011a, 15, 2011b, 15, 2009, 11). *Materialiter* sollen zum Erlernen des Philosophierens Texte aus der „europäische[n] Philosophie sowie [... aus der] Philosophie der westlichen Welt in ihrer Tradition von der Antike bis heute" verwendet werden, die typische Fragen der Philosophie behandeln (vgl. BSB 2011a, 11, 2011b, 12). Bei Konkretionen der Lebenswelt soll abstrahiert und Abstraktionen konkretisiert werden; dafür soll das „traditionelle Angebot der Philosophie-, Geistes- und Wissenschaftsgeschichte mit einbezogen[,...] kritisch untersucht" und „alternativen Denkansätzen gegenübergestellt" werden (BSB 2011a, 15, 2011b, 16, 2009, 11). Bei Fragekomplexen, die darüber hinausgehen, etwa bei „interkulturellen Fragestellungen", können Deutungsmuster anderer Traditionen miteinbezogen werden (BSB 2011a, 11, 2011b, 12).

Christian Rolle ordnet den Philosophieunterricht in Hamburg dem „Nachdenklichkeits-Modell" zu (zitiert nach Tiedemann 2011, 215). Im Unterschied zu manch anderen Bundesländern (etwa Hessen) soll es dabei nicht nur um eine theoretische Begründung, sondern um dezidierte Handlungsperspektiven und -möglichkeiten gehen (Mahnke 2004, 80). Bei der Behandlung moralphilosophischer Themenbereiche bilden Schüler*innen und Lehrer*innen eine Untersuchungsgemeinschaft, wobei letztere die Schüler*innen darin unterstützen, sich selbstständig „Wahrnehmungs-, Reflexions-, Empathie- und Urteilsfähigkeit" anzueignen (Tiedemann 2011, 215).

Damit ist Hamburg eines der Bundesländer, die recht früh einen dezidierten Fokus auf ethische *Reflexion* statt auf Moral*erziehung* setzten (Meyer 1997, 69).[8]

Neben der Philosophie hat das Fach keine spezielle Bezugswissenschaft (BSB 2011a, 16, 2011b, 17). Während der „Rahmenplan Philosophie. Bildungsplan achtstufiges Gymnasium Sekundarstufe I" von 2004 noch explizit „Hinweise für fächerverbindenden und fächerübergreifenden Unterricht" enthält und, je nach Lehrinhalt, ausdrücklich die Kooperation mit Fächern wie beispielsweise Deutsch oder Religion (BBS 2004, 17), enthalten die aktuellen Bildungspläne nur einen sehr pauschalen Hinweis zu den Vorteilen eines fächerverbindenden und fächerübergreifenden Unterrichts.

Das Thema Religion/en nimmt in den Bildungsplänen des Hamburger Philosophieunterrichts eine bestenfalls randläufige Rolle ein. In den Bildungsplänen für die Sekundarstufe I (sowohl Stadtteilschule als auch Gymnasium) wird Religion lediglich im Arbeitsbereich „Metaphysik" explizit aufgegriffen, namentlich unter dem Thema „Hoffnungen und deren Rechtfertigung" sowie mit Blick auf „Glaubens- und Wissensgehalte": „Im Philosophie-Unterricht untersuchen die Schülerinnen und Schüler eigene und fremde Hoffnungen. Sie prüfen unterschiedliche Lebensperspektiven und Lebensziele auf ihre Glaubens- und Wissensgehalte" (BSB 2011a, 22, vgl. 2011b, 28).

Dabei fällt allerdings auf, dass der Philosophieunterricht – gemäß seiner Europalastigkeit, die darin besteht, dass zum Erlernen des Philosophierens Texte aus der europäischen Philosophie sowie aus der Philosophie der „westlichen Welt" verwendet werden sollen, und nicht anders als die Religionspädagogik (vgl. Roose 2021) – einen eher unterreflektierten, essentialistischen Religionsbegriff zu Grunde legt. Religion wird implizit über einen Transzendenzbezug und als Innerlichkeit definiert, Religion und Glaube werden grundsätzlich synonymisch verwendet; neuere religionswissenschaftliche Debatten zur Konzeptualisierung von Religion werden nicht rezipiert (BSB 2011a, 23, 2011b, 28, 2009, 13). So schlagen die Bildungspläne für die Sekundarstufe I folgende „Philosophische Fragen" vor: „Ist es vernünftig, etwas zu glauben, das man nicht wissen kann? Gibt es religiöses Wissen? Welche Rolle spielt der Glaube bei der Sinnsuche des Menschen? Was ist Religion? Warum gibt es überhaupt unterschiedliche Religionen? Warum sind religiöse Gruppen und Sekten weltweit verbreitet?" (BSB 2011a, 22, vgl. 2011b, 28).

Aus den genannten fünf Arbeitsbereichen sind in der Sekundarstufe I bei sechs vorgeschriebenen Wochenstunden drei Fragen pro Bereich zu bearbeiten (BSB 2011a, 23, 2011b, 28). Lehrende können im Bereich Metaphysik daher auch Fragen über Identität, Glück, Konsum oder Tod auswählen und Religion gänzlich außen vor lassen. Ein Blick auf die Schulpraxis „on the ground" lässt vermuten, dass dies keine Selten-

---

[8] Laut Meyer sei diese Schwerpunktsetzung ein Merkmal sozialdemokratisch geführter Länder, während konservativ geprägte Länder den Fokus auf Moral*erziehung* legten (Meyer 1997, 69).

heit ist. So zeigen die Webauftritte einiger Schulen, dass deren Curricula zum Philosophieunterricht gänzlich ohne die Schlagworte „Religion/en" und beziehungsweise oder „Glaube" auskommen können (vgl. z. B. Fachschaft Philosophie Gymnasium Othmarschen o. J.; Kräft o. J.). Jenseits des Arbeitsbereichs „Metaphysik" bietet nur der Arbeitsbereich „Anthropologie und Kultur", wenn auch nicht explizit, die Möglichkeit, Religion/en zu traktieren. Dies ist etwa im Zusammenhang mit den vorgeschlagenen (optionalen) philosophischen Fragen „Was bedeutet es mir, dass ich ein Mensch bin?" und „Woher kommen wir, wohin gehen wir?" der Fall (BSB 2011a, 21, 2011b, 26).

Ähnlich verhält es sich auch mit den Bildungsplänen für die Sekundarstufe II, wie ein Blick in den „Bildungsplan gymnasiale Oberstufe" zeigt, der auch für die entsprechenden Jahrgänge der Stadtteilschule Anwendung findet. Hier erfolgt eine explizite Erwähnung von Religion nur im Rahmen des optionalen Inhaltskomplexes „Religion und Kunst", der dem Arbeitsbereich „Metaphysik" zugeordnet ist (BSB 2009, 16). Darüber hinaus bieten auch hier lediglich die optionalen Inhaltskomplexe „Leib und Seele" (Arbeitsbereich „Anthropologie und Kultur") sowie „Wissenschaft – Mythos – Pseudowissenschaft" (Arbeitsbereich „Sprache und Erkenntnis") die implizite Möglichkeit Religion/en zu thematisieren (BSB 2009, 16).

Eine kritische Reflexion der Kategorie „Religion" ist überhaupt nicht vorgesehen. Vielmehr wird Religion – wie selbstverständlich – mit Glauben äquivalent gesetzt und es wird nach Orientierungsmöglichkeiten gefragt, die Religion/Glaube bietet. Dies gilt auch für die Mehrheit der Hilfsmaterialien, die der Bildungsserver der Stadt Hamburg Unterrichtsmaterialien und der Fachverband Philosophie empfehlen. Der Bildungsserver empfiehlt das Thema „Glaube und Wissen", das wie im Bildungsplan auch hier unter „Metaphysik" firmiert, zum einen anhand von „Gottesbeweisen" zu traktieren, genauer gesagt anhand eines Wikipedia-Eintrags und eines Artikels, der von der privat betriebenen (und seit 2016 nicht mehr aktiven) Homepage *philolex.de* downloadbar ist (HBS o. J.). Zum anderen empfiehlt der Bildungsserver den Inhaltskomplex „Glauben und Wissen" anhand des Vortrags „Warum ich kein Christ bin" von Bertrand Russel zu behandeln (HBS o. J.). Letzterer ist mit der Homepage des Bundes für Geistesfreiheit München verlinkt – eine Organisation, die sich als Anwältin der „Rechte und Interessen der Konfessionslosen" versteht und unter anderem dafür plädiert, „,Christi Himmelfahrt' als Feiertag [zu] streichen" und „stattdessen ,Tag der Befreiung' am 8. Mai [zu] feiern" (Bund für Geistesfreiheit bfg-München o. J.).

Das Material, das der Fachverband Philosophie mit Blick auf die Thematisierung von Religion/en im Philosophieunterricht anbietet, folgt hingegen vor allem einem religionskritischen Duktus, wie die Überschriften „Religionskritik", „Okkultismus" und „Toleranz – Kruzifix, Kopftuch, Karikaturen – wie tolerant müssen wir sein?" zeigen (Fachverband Philosophie Hamburg o. J.-d, o. J.-b, o. J.-a).

Aus religionswissenschaftlicher Perspektive, so lässt sich zusammenfassend festhalten, scheint eine Konzeption des Philosophieunterrichts, wie sie aus den Bildungsplänen und den empfohlenen Materialien hervorgeht, nur schwer geeignet, Schüler*innen einen differenzierten Blick und eine kritische Reflexion über das zu eröffnen, was im gesellschaftlichen Diskurs und Lebensalltag der Schüler*innen als Religion verhandelt wird. Vielmehr reifiziert sie die Auffassung, dass der „christliche Glaube" der Prototyp für Religion sei und zeichnet ein Bild, in dem der sogenannte Westen mit ‚Vernunft' und der vermeintliche Rest mit einem ‚vormodernen Weltbild' gleichgesetzt werden. Zugrunde liegen hier Vorannahmen, die im religionswissenschaftlichen Fachdiskurs unter dem weit gefassten Schlagwort Eurozentrismus diskutiert werden (vgl. Maltese 2021) und die an keiner Stelle hinterfragt werden. Dies gilt auch mit Blick auf die „Beispielaufgaben für die schriftliche Abiturprüfung", die einen Vergleich zwischen „christlichen" und „naturalistischen" Deutungen vorschlagen (BSB 2012, 13).

Aktuelle Situation und Diskussionen

Im Zentrum der aktuellen Debatten zum Philosophieunterricht steht vor allem das Säkulare Forum Hamburg, eine Vereinigung verschiedener konfessionsfreier Organisationen und Einzelpersonen, zu der auch die Giordano-Bruno-Stiftung gehört. Das Forum widerspricht dem Narrativ, das die Evangelisch-Lutherische Kirche, die Schulbehörde und die Regierungspolitik propagieren, nämlich dass der RUfa ein Unterricht für „alle" und damit ein Vorzeigeprojekt Hamburgs sei. In einer zwanzigseitigen Broschüre, die sich dezidiert RUfa-kritisch mit den „Probleme[n] des Hamburger Religionsunterrichts" befasst, beklagt das Forum einen strukturellen Ausschluss konfessionsloser Kinder aus dem Unterrichtsgeschehen (Säkulares Forum Hamburg e. V. 2020, 16–19). Dabei greift es unter anderem auf einen von der Schulbehörde in Auftrag und herausgegebenen Evaluationsbericht zurück, der vom Institut für Bildungsmonitoring und Qualitätsentwicklung durchgeführt wurde und Unterrichtseinheiten „durch vier religionsdidaktische Experten aus je einer Religion bzw. Konfession (evangelisch, katholisch, muslimisch, alevitisch)" begutachten ließ (ifbq 2018, 210). Der Evaluationsbericht moniert, dass einige Unterrichtseinheiten (oder aber Teile davon) so konzipiert seien, dass Schüler*innen ohne Religionszugehörigkeit an diesen nicht teilnehmen könnten, etwa wenn sich Schüler*innen in „gleichreligiösen Gruppen [aus]tauschen" sollten (ifbq 2018, 173). Unterrichtseinheiten, die den Schwerpunkt auf „learning in religion" setzen, wie etwa die Unterrichtseinheiten „Prägende Personen" (ifbq 2018, 174) und „Gott und Du" (ifbq 2018, 212) seien besonders problematisch. Unterrichtseinheiten, die „das Singen eines aus der islamischen Tradition stammenden Liedes" oder das, wenn auch freiwillige, Nachsprechen des Glaubensbekenntnisses vorsehen, bezeichnet der Evaluationsbericht sogar als „übergriffig" (Säkulares Forum Hamburg e. V. 2020, 6 vgl. 19, 169, 230–31; ifbq 2018, 169). Für das

Säkulare Forum kommt ein derartiger Unterricht einer „Missionierung" konfessionsfreier Schüler*innen gleich (Säkulares Forum Hamburg e. V. 2020, 3–7).

Vor diesem Hintergrund – und angesichts der stärkeren Bekenntnisorientierung des RUfa 2.0, die sich aus rechtlichen Neuerungen ergibt – bewertet das Säkulare Forum die sogenannte Weiterentwicklung zum RUfa 2.0 insgesamt als Rückschritt (Säkulares Forum Hamburg e. V. 2020, 3–5). Damit werde der RUfa 2.0 seinem Anspruch, „für alle" zu sein, noch weniger gerecht, als dies bereits bei dem Vorläufermodell der Fall gewesen sei.

Im Gegensatz zur Evangelisch-Lutherischen Kirche, der Schulbehörde und der Regierungspolitik führt das Forum die niedrige Abmeldequote von 0,1 Prozent darauf zurück, dass Schüler*innen häufig gar nicht wissen, dass die Teilnahme am Religionsunterricht nach dem Grundgesetz freiwillig ist. Ebenso sei den wenigsten bekannt, dass Schüler*innen aus dem Religionsunterricht, der in den Jahrgängen 1–6 erteilt wird, abgemeldet werden können, und dass ab der siebten Klasse die Einrichtung eines Philosophieunterrichts eingefordert werden kann (Säkulares Forum Hamburg e. V. 2020, 12). Ferner kritisiert das Forum, dass das Narrativ, der Hamburger Religionsunterricht sei „für alle", die Lesart nahelegt, dass die Einrichtung eines alternativen Wahlpflichtfachs in Anbetracht diverser Sparmaßnahmen und Lehrkräftemangel entbehrlich sei (vgl. Nipkow 1998, 400). Zugleich würden jene, die von der Abmeldemöglichkeit wissen, diese selten wahrnehmen, um – angesichts des Mainstreams, der den Religionsunterricht besucht – eine Stigmatisierung zu vermeiden. Andere Erziehungsberechtigte zögen es wiederum vor, in Anbetracht des Mangels an einer didaktisch fundierten, organisierten Alternative in den Jahrgängen 1–6, ihre Kinder im Religionsunterricht mit den übrigen Klassenkamerad*innen zu wissen. Dies sei letztendlich besser als eine Freistunde, in der die Abgemeldeten in einer wenig organisierten Beaufsichtigung untergebracht sind oder sich sogar selbst beschäftigen müssen. Das Säkulare Forum fordert daher zum einen, die Schulbehörde und Schulleitungen zu verpflichten, über die im Grundgesetz verankerte Freiwilligkeit der Teilnahme am Religionsunterricht zu informieren (was womöglich zur Folge hätte, dass diverse Schulen einen Philosophieunterricht einrichten müssten). Zum anderen fordert es ein Wahlpflichtfach, das ab der ersten Klasse als Alternative zum Religionsunterricht angeboten wird (Säkulares Forum Hamburg e. V. 2020, 16–19).

Letzteres ist auch ein Anliegen des Fachverbands Philosophie. Dieser moniert: „In Zeiten gesellschaftlicher Bedrohung durch Fakenews und fehlende Streitkultur setzt die Hamburger Schulbehörde weiterhin auf Religionsunterricht ab der ersten Klasse statt auf eine frühst mögliche Schulung der Urteilskraft und Argumentationskompetenz" (Fachverband Philosophie Hamburg 2020). Auf seiner Website gibt der Fachverband an, dass ein Philosophieunterricht ab der ersten Klasse in Planung sei, der sich an die Bundesländer Schleswig-Holstein oder Niedersachsen anlehnt. In offiziellen Quellen finden sich hierzu jedoch keine Angaben (Fachverband Philosophie Hamburg o. J.-c). In einer Stellungnahme zum Philosophie- und Religionsunterricht, die der Bildungsausschuss des Schleswig-Holsteiner Landtags von der

Behörde für Schule und Berufsbildung Hamburg erbat, wurde der Philosophieunterricht nicht thematisiert. Die Rückmeldung der Hamburger Behörde ging nur auf die Frage ein, inwiefern Hamburg ein Vorbild für interreligiösen Unterricht werden könne (Bauer 2019, 1).

Jenseits des Schulbetriebs versuchen verschiedene Vereine in Hamburg auf das Fehlen einer „frühst möglichen Schulung der Urteilskraft und Argumentationskompetenz" zu reagieren. Dazu gehören Projekte wie Gedankenflieger – Philosophieren mit Kindern, das vom Jungen Literaturhaus Hamburg verantwortet wird sowie das von der Bundeszentrale für politische Bildung geförderte Projekt Gedankenflüge (Literaturhaus e. V. Hamburg o. J.) und der Verein Philosophieren mit Kindern Hamburg e. V. (Philosophieren mit Kindern Hamburg e. V. o. J.).

Aufseiten der politischen Parteien scheint die Einführung eines Philosophieunterrichts ab der ersten Klasse ein bestenfalls sekundäres Anliegen zu sein. Dies zeigt ein Blick in die Wahlprogramme jener Parteien, die 2015–2020 an der Regierung beteiligt waren oder aber seit 2020 in der Bürgerschaft vertreten sind, namentlich SPD, CDU, Bündnis 90/Die Grünen, FDP, Die Linke, AfD. Im Jahr 2020 nahm das Thema Religions-/Philosophieunterricht einzig beim Bündnis 90/Die Grünen eine prägnante Rolle im Wahlkampf ein. Von der Forderung nach einem Philosophieunterricht für alle Klassenstufen als gleichwertige Alternative zum Religionsunterricht ist im Koalitionsvertrag (2020–2025) zwischen SPD und Bündnis 90/Die Grünen nicht mehr viel übrig. Hier wird nur noch festgehalten, „dass Kinder und Jugendliche aller Glaubensrichtungen und auch solche, die dezidiert keiner Religion angehören, ansprechende und alle berücksichtigende identitätsstiftende Bildungsangebote bekommen und miteinander ins Gespräch kommen" sollen (Senatskanzlei Hamburg 2020; vgl. Bündnis 90/Die Grünen 2019, 95). Selbst Die Linke ging 2020 in ihrem Wahlprogramm zur Hamburger Bürgerschaftswahl weder auf den Religions- noch auf den Philosophieunterricht ausführlich ein (Die LINKE 2019) – obwohl sie im Wahlprogramm für das Jahr 2015 noch forderte, den Religionsunterricht gänzlich durch ein Fach zu ersetzen, das „verschiedene Kulturen und Weltanschauungen sowie Begründungen von Moralvorstellungen" lehrt (Die LINKE 2015, 70).

Die Schattenexistenz, welche die Einführung eines Philosophieunterrichts im öffentlichen Diskurs einnimmt, dürfte darauf zurückzuführen sein, dass der Religionsunterricht im Hamburger Medien- und Politikdiskurs deutlich präsenter ist als der Philosophieunterricht. Die konsequente Einführung eines grundständigen Alternativfachs zum Religionsunterricht, so scheint es, könnte die geringe Abmeldequote des RUfa und somit das Narrativ dieses Hamburger Vorzeigeprojekts unterwandern, das – mit Ausnahme der AfD – alle Parteien auf die eine oder andere Weise zu kooptieren versuchen, um sich als innovative Führungsgrößen darzustellen.

Religionswissenschaftliche Einordnung

Die Ausführungen zu den Rahmenplänen des Philosophieunterrichts machen deutlich, dass eine Auseinandersetzung mit dem, was im gesellschaftlichen Diskurs unter Religion/en verhandelt wird, nahezu peinlich vermieden wird. Angesichts der Brisanz und Aktualität, die das Schlagwort „Religion" in medialen und politischen Debatten besitzt, wird der Philosophieunterricht damit kaum dem Anspruch gerecht, ein „kritisches Verständnis für die in der Gesellschaft wirksamen Wertvorstellungen und Normen sowie de[n] Zugang zu philosophischen, weltanschaulichen und religiösen Fragestellungen" zu eröffnen (KMK 2020, 7). Fundierte Kompetenzen, die es Schüler*innen ermöglichen, sich kritisch und reflektiert mit dem vielschichtigen und komplexen Diskurs um „Religion" auseinanderzusetzen, werden im Philosophieunterricht nicht erworben.

Die wenigen Stellen in den Bildungsplänen, die eine Thematisierung von Religion/en zulassen, zeigen, dass der Philosophieunterricht konzeptionell in den Säkularisierungs- und Kirchenaustrittsdebatten der 1970er und 1980er Jahre stecken bleibt, ohne postkoloniale Perspektiven – geschweige denn globale Verflechtungen (vgl. Maltese 2021; Maltese und Strube 2021) – in den Blick zu nehmen. Am deutlichsten wird dies in den obigen Erläuterungen zum optionalen Inhaltskomplex „Glauben und Wissen", der im Bildungsplan unter dem Arbeitsbereich „Metaphysik" firmiert und – folgte man den Unterrichtsmaterialien, die vom Hamburger Bildungsserver sowie vom Fachverband Philosophie bereitgestellt werden – primär anhand der Themen „Gottesbeweise" und „Religionskritik" behandelt wird. Um in der problematischen – weil auf einer essentialistischen Konzeptualisierung von Religion basierenden – Typologie „learning about religion", „learning from religion" und „learning religion" (ifbq 2018, 12, 144) zu sprechen, scheint der Philosophieunterricht somit streckenweise ein ‚learning against religion' zu betreiben: Religion wird hier als Negativfolie für Philosophie verwendet. Damit trägt der Philosophieunterricht dazu bei, den traditionellen Anspruch der Evangelisch-Lutherischen Kirche, in puncto Religion im schulischen Bildungssystem die Hauptkompetenz zu haben, festzuschreiben. Dies gilt ungeachtet der neueren Entwicklungen, die mit dem RUfa 2.0 zusammenhängen. Zwar wird die Evangelisch-Lutherische Kirche ihre Definitionshoheit zum schulischen Religionsunterricht formal gesehen mit anderen Religionsgemeinschaften teilen müssen. Dank ihrer Erfahrung im Bereich der Religionspädagogik und -didaktik sowie dank ihrer Erfahrung im Umgang mit Regierungspolitik und Bildungsbehörden wird sie aber dennoch als *prima inter pares* auftreten können (was angesichts ihres Mitgliederschwunds eine beachtliche Vormachtstellung bedeutet). Vor diesem Hintergrund ist es nicht verwunderlich, dass die Evangelisch-Lutherische Kirche (und mit ihr die Religionspädagogik) gerne auf die problematische Typologie eines „learning religion" zurückgreift, um die Wichtigkeit eines „learning from" und eines „learning in religion" zu betonen, und ihren Einfluss in der Bildungspolitik zu sichern (ifbq 2018, 12). Diese Interessenpolitik bleibt dadurch verschleiert, dass sich die Kirche auf das Grundgesetz (Art. 7 Abs. 3 GG) beruft, wonach der „Religionsunterricht in Übereinstimmung mit den Grundsätzen der Religionsgemeinschaften erteilt" zu werden hat – ohne das Religionsverständnis, das diesen Rechtstexten zu Grunde liegt, zu hinterfragen. Folgerichtig geht dieser Diskurs mit einer vehementen Abgrenzung von „Religionskunde" einher, die als „zweitbeste Methode der Toleranzerziehung" (Haese 2013, 17) und des Erwerbs kritisch-konstruktiver Urteilsfähigkeit bezeichnet wird (Bauer 2019; Vieregge und Weiße 2012, 59; Wißmann 2019; Härle 2019).

Für die politischen Parteien erweist sich dieser Diskurs als nützlich, da er es ihnen ermöglicht, „religiöse" Wähler*innenschichten zu mobilisieren (vor allem alevitische und muslimische) und in enger Kooperation mit der Evangelisch-Lutherischen Kirche und der Religionspädagogik das Narrativ der hanseatischen Toleranz und des Vorzeigeobjektes RUfa und RUfa 2.0 zu etablieren – auch wenn dies auf Kosten von Gruppierungen wie dem Dachverband Buddhistische Religionsgemeinschaft Hamburg e. V. und dem Zentralrat der hinduistischen Gemeinschaft in Hamburg geschieht (vgl. Klein 2019).

Allerdings hat auch die Identitätspolitik der deutschsprachigen universitären Religionswissenschaft ihren Anteil an der Stabilisierung eines Diskurses, der es begünstigt, dass die qua Staatsverträge privilegierten Kirchen und religiösen Gemeinschaften ihre – an sich legitimen – Interessen erfolgreich verfolgen und eine Definitionshoheit in puncto Religion im Schulunterricht beanspruchen. Angesichts der Ressourcenkämpfe, die mit hochschul- und lehrstuhlpolitischen Entwicklungen in Deutschland einhergehen, konzentrieren sich weite Teile der universitären Religionswissenschaft hierzulande darauf, sich anhand einer polemischen Abgrenzung von der Universitätstheologie und von der an theologischen Fakultäten angesiedelten Religionswissenschaft zu profilieren. Es stellt sich die Frage, ob es nicht zielführender wäre, theoretische Ansätze zu erarbeiten, welche die gesellschaftliche Relevanz des Fachs sichtbar machen und einen Eurozentrismus- und hegemoniekritischen Beitrag in Debatten und Prozesse einzubringen, wie jene, die um die Frage nach Religion im schulischen Unterricht geführt werden.

Bibliografie

Alberts, Wanda. 2007. *Integrative Religious Education in Europe: A Study-of-Religions Approach*. Berlin: De Gruyter.
Alberts, Wanda. 2012. „Religionswissenschaft und Religionsunterricht". In *Religionswissenschaft*, hrsg. Michael Stausberg. Berlin, Boston: De Gruyter, 297–310.
AWR, Akademie der Weltreligionen UHH. 2019. „Akademie der Weltreligionen". *Unser Profil*. https://www.awr.uni-hamburg.de/ueber-awr.html (1. Juli 2019).
Bauer, Jochen. 2019. „Religionsunterricht in Hamburg [Schleswig-Holsteinischer Landtag, Umdruck 19/1735]".

BBS, Behörde für Bildung und Sport. 2004. „Rahmenplan Philosophie. Bildungsplan achtstufiges Gymnasium Sekundarstufe I".

Behr, Hamida. 2020. „Anerkennung religiöser Vielfalt in der Schule. Genese und gegenwärtige Entwicklung des ‚Hamburger Wegs' des Religionsunterrichts". In *Religion in der Schule: pädagogische Praxis zwischen Diskriminierung und Anerkennung*, hrsg. Joachim Willems. Bielefeld: transcript, 345–66.

BRH, Buddhistische Religionsgemeinschaft Hamburg e. V. „Über uns". *Buddhistische Religionsgemeinschaft Hamburg e. V.* https://brghamburg.de/ueber-uns/ (19. Dezember 2020).

BSB, Behörde für Schule und Berufsbildung. Freie und Hansestadt Hamburg. 1986. „Lehrplan für die Sekundarstufe I (Klassen 9 und 10). Haupt- und Realschule, Gymnasium, Gesamtschule: Ethik".

BSB, Behörde für Schule und Berufsbildung. Freie und Hansestadt Hamburg. 2009. „Bildungsplan gymnasiale Oberstufe: Philosophie".

BSB, Behörde für Schule und Berufsbildung. Freie und Hansestadt Hamburg. 2011a. „Bildungsplan Gymnasium Sekundarstufe I: Philosophie".

BSB, Behörde für Schule und Berufsbildung. Freie und Hansestadt Hamburg. 2011b. „Bildungsplan Stadtteilschule Jahrgangsstufen 5–11: Philosophie".

BSB, Behörde für Schule und Berufsbildung. Freie und Hansestadt Hamburg. 2012. „Schriftliche Abiturprüfung Abitur: Hinweise und Beispiele zu den zentralen schriftlichen Prüfungsaufgaben".

BSB, Behörde für Schule und Berufsbildung. Freie und Hansestadt Hamburg. 2018a. „Anlage 21 zur Richtlinie für die Aufgabenstellung und Bewertung der Leistungen in der Abiturprüfung Philosophie".

BSB, Behörde für Schule und Berufsbildung. Freie und Hansestadt Hamburg. hrsg. 2018b. „Ausbildungs- und Prüfungsordnung".

BSB, Behörde für Schule und Berufsbildung. Freie und Hansestadt Hamburg. 2019. „Ein Religionsunterricht für alle Kinder. Bundesweites Vorreiterprojekt wird weiterentwickelt – Kirchen und Religionsgemeinschaften ziehen an einem Strang".

Bund für Geistesfreiheit bfg-München. „Das Grundsatzprogramm des BfG München".

Bündnis 90/Die Grünen. 2019. „Hamburg hat eine Wahl. Grünes Zukunftsprogramm für unsere Stadt". https://www.gruene-hamburg.de/wp-content/uploads/2019/11/Zukunftsprogramm_GRUENE_2020.pdf (23. Dezember 2020).

Bündnis 90/Die Grünen HH und CDU HH. 2008. „Vertrag über die Zusammenarbeit in der 19. Wahlperiode der Hamburgischen Bürgerschaft zwischen der Christlich Demokratischen Union, Landesverband Hamburg und Bündnis 90/Die Grünen, Landesverband Hamburg, GAL". Hamburg. https://www.fluechtlingsrat-hamburg.de/content/koalitionsvertrag_April2008.pdf (19. Juli 2019).

Czermak, Gerhard. 2017. „Ethikunterricht".

Die LINKE. 2015. „Wahlprogramm zur Bürgerschaftswahl am 15. Februar 2015. Für eine Politikwende – Hamburg für die Menschen und nicht für den Profit".

Die LINKE. 2019. „Wahlprogramm". *Die LINKE. Landesverband Hamburg*.

Doedens, Folkert, und Wolfram Weiße. 2007. „Religion unterrichten in Hamburg". *Theo-Web. Zeitschrift für Religionspädagogik* 6(1): 50–67.

Dreß, Malte. 2018. *Die politischen Parteien in der deutschen Islamdebatte: Konfliktlinien, Entwicklungen und Empfehlungen*. Wiesbaden: Springer VS.

EKD, Evangelische Kirche in Deutschland. 2020. „Kirchenmitgliederzahlen Stand 31.12.2019".

Erwin, Claudia. 2001. *Verfassungsrechtliche Anforderungen an das Schulfach Ethik/Philosophie*. Berlin: Duncker & Humblot.

Evangelisch-Lutherische Kirche in Norddeutschland. 2019. „Lehrer aller Religionen geben in Hamburg jetzt Religionsunterricht".
Fachschaft Philosophie Gymnasium Othmarschen. „Philosophie". *Gymnasium Othmarschen*. https://www.gym-othmarschen.de/f%C3%A4cher/philosophie/ (9. Dezember 2020).
Fachverband Philosophie Hamburg. 2020. „In Zeiten gesellschaftlicher Bedrohung durch Fakenews und fehlende Streitkultur setzt die Hamburger Schulbehörde weiterhin auf Religionsunterricht". *Twitter*. https://twitter.com/PhiloHamburg (13. Februar 2021).
Fachverband Philosophie Hamburg. o. J.-a. „Audio". https://www.philosophie-hamburg.de/?page_id=247#.YJZ7jy-21N0 (7. Dezember 2020).
Fachverband Philosophie Hamburg. o. J.-b. „Aufgaben". https://www.philosophie-hamburg.de/?page_id=404#.YJZ2tC-21N1 (7. Dezember 2020).
Fachverband Philosophie Hamburg. o. J.-c. „Philo ab 1. Klasse. Philosophieren mit Kindern – Was ist das? Von Kindern denken lernen". https://www.philosophie-hamburg.de/?page_id=128 (6. Dezember 2020).
Fachverband Philosophie Hamburg. o. J.-d. „Reader". https://www.philosophie-hamburg.de/?page_id=241#.YJZ7bS-21N0 (7. Dezember 2020).
Fachverband Philosophie Hamburg. o. J.-e. „Ziele". https://www.philosophie-hamburg.de/?page_id=118 (7. Dezember 2020).
Frank, Katharina. 2010. *Schulischer Religionsunterricht: Eine religionswissenschaftlich-soziologische Untersuchung*. Stuttgart: Kohlhammer.
Frank, Katharina. 2013. „Wie implementiert man einen religionskundlichen Unterricht? Analysen und Entwicklungen". In *Religionspädagogik zwischen religionswissenschaftlichen Ansprüchen und pädagogischen Erwartungen*, Veröffentlichungen des Instituts für Religionswissenschaft und Religionspädagogik, hrsg. Institut für Religionswissenschaft und Religionspädagogik. Bremen: Universität Bremen, 61–104.
FSPL, Fachschaft Philosophie an der Lessing-Stadtteilschule. 2020. „Philosophie". *Lessing Stadtteilschule*. https://lessing-stadtteilschule.hamburg.de/faecher-und-projekte/faecher-von-a-z/philosophie/ (9. Dezember 2020).
Gymnasium Hochrad. 2018. „Fachcurriculum Philosophie des Gymnasiums Hochrad". https://www.gymnasium-hochrad.de/wp-content/uploads/2014/08/Fachcurriculum-Philosophie-14-5-2018.pdf (9. Dezember 2020).
Haese, Bernd-Michael. 2013. „Zum Stand des Religionsunterrichts für alle in Hamburg". *Zeitschrift für Pädagogik und Theologie* 65(1): 15–24.
Härle, Wilfried. 2019. *Religionsunterricht unter pluralistischen Bedingungen: Eine kritische Sichtung des Hamburger Modells*. Evangelische Verlagsanstalt.
HBS, Hamburger Bildungsserver. „Gesellschaftswissenschaften – Philosophie – Themen – Metaphysik". https://bildungsserver.hamburg.de/metaphysik/ (9. Dezember 2020).
Ifbq: Institut für Bildungsmonitoring und Qualitätsentwicklung. 2018. „Evaluation Gesamtbericht. Weiterentwicklung des Religionsunterrichts für alle". https://www.hamburg.de/contentblob/11228470/a9828c1f5defe932d0c85401ef5c39a4/data/gesamtbericht-religionsunterricht-fuer-alle.pdf (19. Dezember 2020).
Jackson, Robert. 2005. „Rethinking Religious Education and Plurality: Issues in Public Religious Education". *Religion & Education* 32(1): 1–10.
James, Jennifer H. u. a. 2015. *Religion in the Classroom: Dilemmas for Democratic Education*. London: Routledge.
Junge, Volker. 2019. „Staatliche Anerkennung lässt weiter auf sich warten". *Buddhismus Aktuell* 3.
KKD, Katholische Kirche in Deutschland. 2018. „Katholische Religionslehrer in Hamburg bangen um Job". Katholisch.de. 19. Juli 2018. https://www.katholisch.de/aktuelles/aktuelle-artikel/katholische-religionslehrer-in-hamburg-bangen-um-job (21.07.2019).

Klein, Mechthild. 2019. „Religionspolitik in Hamburg. Buddhisten brauchen Geduld". *deutschlandfunk.de*.

KMK, Sekretariat der Ständigen Konferenz der Kultusminister der Länder in der Bundesrepublik Deutschland. 2019. „Auswertung Religionsunterricht Schuljahr 2017/18. Teilnehmende Schülerinnen und Schüler allgemeinbildender Schulen in öffentlicher Trägerschaft nach Schularten (aufgegliedert nach Religionsunterrichten, Ethik und weiteren Ersatzunterrichten) für den Primar- und Sekundarbereich I".

KMK, Sekretariat der Ständigen Konferenz der Kultusminister der Länder in der Bundesrepublik Deutschland. 2020. „Zur Situation des Unterrichts in den Fächern Ethik, Philosophie, Lebensgestaltung-Ethik-Religionskunde (L E R), Werte und Normen in der Bundesrepublik Deutschland. Bericht der Kultusministerkonferenz vom 22.02.2008 i. d. F. vom 25.06.2020".

Knauth, Thorsten, Sibylla Leutner-Ramme, und Wolfram Weiße. 2000. *Religionsunterricht aus Schülerperspektive*. Münster: Waxmann.

Kräft, Hans Christof. „Gesellschaftswissenschaften.Philosophie". Gymnasium Hummelsbüttel. https://www.gymnasium-hummelsbuettel.de/unterricht/unterrichtsf%C3%A4cher/gesellschaftswissenschaften/ (9. Dezember 2020).

Kramer, Helmut. 2017. „Weiterentwicklung des ‚Dialogischen Religionsunterrichtes für alle' in Hamburg aus der Sicht des ‚Säkularen Forums Hamburg': Vortrag auf der Expertenkonferenz 11./12. Mai 2017 an der Universität Hamburg". *Säkulares Forum Hamburg*. http://www.sf-hh.org/home/berichte/Endwicklung_De2017.pdf (20. Juli 2019).

Kuhlmann, Birgit. 2017. „Der Hamburger Weg des Religionsunterrichts für Alle – Aktuelle Perspektiven". *rpi-Impulse* 17(3): 2.

Kumlehn, Martina. 2015. „Religionsunterricht im Plural Erwägungen zum Verhältnis von religiöser Bildung und Allgemeinbildung im Kontext der unterschiedlichen Modelle des Religionsunterrichts in der Nordkirche". *Evangelische Theologie* 75(1): 41–51.

Kutter, Kaija. 2020. „Glauben oder nicht glauben". *taz.de*.

LILS, Landesinstitut für Lehrerbildung und Schulentwicklung, hrsg. 2016. *Miteinander leben – Grundrechte vertreten – Gesellschaft gestalten. Material für die Wertebildung in Vorbereitungsmaßnahmen für neu zugewanderte Kinder und Jugendliche*. Hamburg: a&c Druck und Verlag.

Literaturhaus e. V. Hamburg. „Gedankenflieger: Philosophieren mit Kindern".

Mahnke, Hans-Peter. 2004. „Reale Ethik-Didaktik im Sumpf des Alltags. Berichte und Informationen über Altes und Neues aus den Bundesländern". In *Ethik macht Schule II*, edition ethik kontrovers, hrsg. Richard Breun und Hans-Peter Mahnke. Seelze: Friedrich, 61–80.

Maltese, Giovanni. 2021. „Islam Is Not a „Religion" – Global Religious History and Early Twentieth-Century Debates in British Malaya". *Method & Theory in the Study of Religion* 33(3): [forthcoming].

Maltese, Giovanni, und Julian Strube. 2021. „Global Religious History". *Method & Theory in the Study of Religion* 33 (3):[forthcoming].

Meyer, Martin F. 1997. *Ethikunterricht in Deutschland: die Bundesländer im Vergleich*. Koblenz: Univ. Koblenz-Landau, Selbstverl. d. Verf.

Nipkow, Karl Ernst. 1998. „Klare Identitäten. Ethik- und Religionsunterricht sollen gleichberechtigt sein". *Evangelische Kommentare: Monatsschrift zum Zeitgeschehen in Kirche und Gesellschaft* 31: 400–402.

Nordkirche, Evangelisch-Lutherische Kirche in Norddeutschland. o. J. „Weiterentwicklung des RU für alle". *Pädagogisch Theologisches Institut der Nordkirche*.

Philosophieren mit Kindern Hamburg e. V. o. J. „Forschendes Lernen an Hamburger Schulen". https://www.philosophieren-mit-kindern-hamburg.de/philosophieren-forschen/ (23. Dezember 2020).

PTI, Pädagogisch-Theologisches Institut der Nordkirche. „Vokation in der Nordkirche". https://pti.nordkirche.de/aktuelles/vokation-in-der-nordkirche.html (8. Dezember 2020).
Roose, Milena. 2021. „Was ist Religion? Religionsverständnisse bei Hamburger Schüler*innen". Masterarbeit (unveröffentl.). Universität Hamburg.
Säkulares Forum Hamburg e. V. 2020. „Hamburger Religionsunterricht in der Krise – Probleme des Hamburger Religionsunterrichts für konfessionsfreie Kinder in den Klassen 1 bis 6".
Schönleben, Silke. 2014. „Schmetterlinge: Philosophieren in der Grundschule".
Seiferlein, Alfred. 2000. *Ethikunterricht: religionspädagogische Studien zum außerordentlichen Schulfach*. Göttingen: Vandenhoeck & Ruprecht.
Senatskanzlei Hamburg. 2020. „Koalitionsvertrag über die Zusammenarbeit in der 22. Legislaturperiode der Hamburgischen Bürgerschaft zwischen der SPD, Landesorganisation Hamburg und Bündnis 90/Die Grünen, Landesverband Hamburg".
Statista Research Department. 2011. „Religionszugehörigkeit nach Bundesländern in Deutschland". Statista.
Tiedemann, Markus. 2011. Philosophiedidaktik und empirische Bildungsforschung. Möglichkeiten und Grenzen. hrsg. Ekkehard Martens und Volker Steenblock. Berlin: LIT Verlag.
Treml, Alfred K. 1994. „Ethik als Unterrichtsfach in den verschiedenen Bundesländern: Eine Zwischenbilanz". In *Ethik macht Schule!: Moralische Kommunikation in Schule und Unterricht*, edition ethik kontrovers, hrsg. Alfred K. Treml. Frankfurt a. M.: Disterweg, 18–29.
Ucar, Bülent, Martina Blasberg-Kuhnke, und Arnulf von Scheliha, hrsg. 2010. *Religionen in der Schule und die Bedeutung des Islamischen Religionsunterrichts*. Vandenhoeck & Ruprecht.
UHH/Präsidium, Universität Hamburg. 2011. „Fachspezifische Bestimmungen für Philosophie als Fach eines Studiengangs mit dem Abschluss Master of Education (M. Ed.) mit dem Unterrichtsfach Philosophie an Gymnasien der Fakultät für Geisteswissenschaften. Vom 7. Juli 2010". *Amtl. Anz.* 8(28.01.2011): 158–64.
UHH/Präsidium, Universität Hamburg, hrsg. 2020. „Fachspezifische Bestimmungen für den Bachelor-Teilstudiengang ‚Philosophie' innerhalb der Lehramtsstudiengänge der Universität Hamburg vom 26. Februar 2020". *Amtl. Bek.* (11.08.2020): 1–27.
UHH/ZLH, Zentrum für Lehrerbildung Hamburg. 2020. „Lehramtsstudiengänge für Zulassungen ab Wintersemester 2020/21".
VHRR, Vereinigung der Hamburger Religionslehrerinnen und -lehrer. „Informationen zur Erteilung religionsgemeinschaftlicher Beauftragungen (Vokation, Missio, Idschaza, Rizalik, Ischur)".
Vieregge, Dörthe, und Wolfram Weiße. 2012. „Antwort auf religiöse Vielfalt: Islamischer Religionsunterricht oder Religionsunterricht für alle?" *Zeitschrift für Pädagogik und Theologie* 64(1): 55–66.
Weiße, Wolfram, hrsg. 2008. *Dialogischer Religionsunterricht in Hamburg: Positionen, Analysen und Perspektiven im Kontext Europas*. Münster: Waxmann.
Weiße, Wolfram. 2010. „Interreligiösität im öffentlichen und akademischen Diskurs: Dialogansätze im Bildungsbereich und die Ziele einer Akademie der Weltreligionen an der Universität Hamburg". In *Irritation und Vermittlung: Theater in einer interkulturellen und multireligiösen Gesellschaft*, hrsg. Wolfgang Sting u. a. Münster: LIT, 31–46.
Weisse, Wolfram. 2017. „Dialogical Religious Education in the Life Trajectories of Political and Religious Stakeholders in Hamburg". *Religion & Education Religion & Education* 44(1): 54–70.
Wißmann, Hinnerk. 2019. *Religionsunterricht für alle? Zum Beitrag des Religionsverfassungsrechts für die pluralistische Gesellschaft*. Tübingen: Mohr Siebeck.

Verena Maske
7 Hessen

Hard Facts auf einen Blick

Fachbezeichnung	Ethik
Einführung des Faches	1978 bzw. 1983
Schulstufen	Primarstufe, Sekundarstufe I, Sekundarstufe II
Rechtsstatus	Ersatzpflichtfach
Rechtsgrundlage	§ 8 HSchG, Verordnung über den Ethikunterricht vom 1. August 2016 (ABl. 09/16 S. 428)
Teilnehmer*innen	alle Schüler*innen, die nicht am Religionsunterricht (nach GG 7,3) teilnehmen
Einheitliche Prüfungsanforderung für das Abitur (EPA)	EPA Ethik (2006)
Bezugsdisziplin/en laut curricularer Vorgaben	Philosophie, Religionswissenschaft
Studienstandorte	Darmstadt, Gießen, Marburg
Beteiligung der Religionswissenschaft an Lehramtsausbildung	marginal
Besonderheit	11 Bekenntnisunterrichte (mit teilweise sehr wenig Belegungen)
Weitere religions- und ethikbezogene Schulfächer	Alevitische Religion, Altkatholischer Religionsunterricht, Evangelische Religion, Freireligiöse Religion (Humanistische Gemeinschaft Hessen), Islamunterricht (Schulversuch in staatlicher Verantwortung, entspricht Islamkunde), Islamische Religion (Ahmadiyya Muslim Jamaat und DITIB Hessen), Jüdische Religion, Katholische Religion, Mennonitische Religion, Orthodoxer Religionsunterricht, Syrisch-orthodoxer Religionsunterricht, Unitarische Religion, Philosophie

ə Open Access. © 2023 bei den Autorinnen und Autoren, publiziert von De Gruyter. Dieses Werk ist lizenziert unter der Creative Commons Namensnennung - Nicht-kommerziell - Keine Bearbeitungen 4.0 International Lizenz.
https://doi.org/10.1515/9783110694536-015

i **Nachfrage der religions- und ethikbezogenen Fächer in Hessen in Form von Schüler*innen-Belegzahlen für das Schuljahr 2019/20**

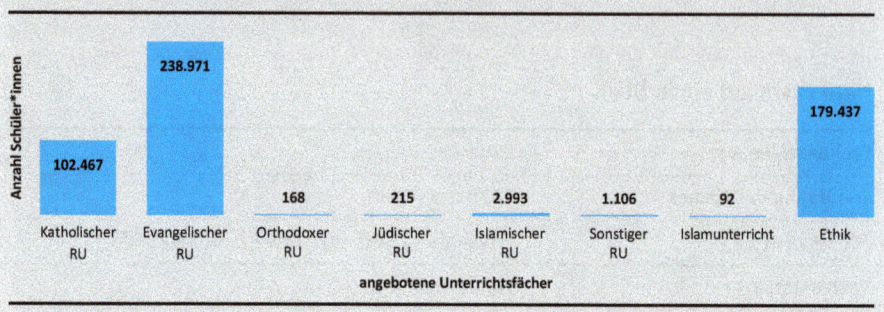

Fach	Anzahl Schüler*innen
Katholischer RU	102.467
Evangelischer RU	238.971
Orthodoxer RU	168
Jüdischer RU	215
Islamischer RU	2.993
Sonstiger RU	1.106
Islamunterricht	92
Ethik	179.437

Quelle: KMK 2021. Auswertung Religionsunterricht Schuljahr 2019/20.

i **Verteilung der Fächer im Schulsystem**

	Religionsunterricht (Pflichtfach)	Islamunterricht (Ersatzfach für Ethik)	Ethik (Ersatzpflichtfach)	Philosophie (Wahlfach)
Primarstufe	+	+	+	–
Sekundarstufe I	+	+ (bis Klasse 9)	+	–
Sekundarstufe II grundlegendes Anforderungsniveau	+	–	+	+
Sekundarstufe II erhöhtes Anforderungsniveau	+	–	+	–

Geschichte und Entwicklung des aktuellen Modells

Hessen gehört nicht zuletzt aufgrund seiner zentralen Lage zu den wirtschaftsstärksten und am dichtesten besiedelten Regionen Deutschlands. Entsprechend hoch ist der Anteil der Bevölkerung mit Migrationshintergrund, 25,5 Prozent (Zensus 2011) bedeuten nach Baden-Württemberg den zweithöchsten Anteil eines deutschen Flächenbundeslands. Gemäß dem Religionsmonitor der Bertelsmann Stiftung weist Hessen mit einem wachsenden Anteil von 10,3 Prozent nach Nordrhein-Westfalen, Baden-

Württemberg und Bayern den viertgrößten Anteil an Muslim*innen im Bundesländervergleich auf (Bertelsmann Stiftung 2016, 2).

Angesichts der kaum vorhandenen Daten zur Religionszugehörigkeit in Deutschland kann die vom hessischen Ministerium für Soziales und Integration herausgegebene Studie „Wie hast Du's mit der Religion? Eine Umfrage zu Religiosität, religionsbezogener Toleranz und der Rolle der Religion in Hessen" aus dem Jahr 2017 als Ausdruck einer Religionspolitik des Bundeslandes verstanden werden, die auf eine staatliche Kooperation mit unterschiedlichen Religionsgemeinschaften setzt und zugleich die Stärke der christlichen Denominationen betont. Ergebnis der auf einer repräsentativen telefonischen Befragung basierenden Studie ist, dass 36 Prozent der hessischen Bevölkerung evangelisch, 32 Prozent konfessionslos und 24 Prozent katholisch sind. Entgegen der öffentlichen Berichterstattung, so betont die Studie, gehören mehr als die Hälfte der Menschen mit Migrationshintergrund dem Christentum an: 27 Prozent sind katholisch, 25 Prozent evangelisch. Außerdem sei auch unter ihnen der Anteil der Konfessionslosen mit 25 Prozent relativ groß und wachsend. Anderen Religionen, also kleineren christlichen Gemeinschaften, dem Islam, Judentum, Buddhismus, Hinduismus und sonstigen Religionsgemeinschaften, gehören laut Studienergebnissen 22 Prozent der hessischen Bevölkerung an (HSMI 2017).

Hessen reagiert auf diese religiöse Vielfalt mit der Förderung des separativen, bekenntnisgebundenen Religionsunterrichts für verschiedene religiöse Gemeinschaften und ist mit seiner Betonung des Rechts auf (positive) Religionsfreiheit im bundesdeutschen Vergleich einen besonderen Weg gegangen: Es ist das erste Bundesland, das im Schuljahr 2013/2014 den bekenntnisorientierten islamischen Religionsunterricht auf Grundlage des Artikels 7 Absatz 3 des Grundgesetzes sukzessive eingeführt und entsprechende Staatsverträge mit den Religionsgemeinschaften *DİTİB Landesverband Hessen e.V.* und *Ahmadiyya Muslim Jamaat in der Bundesrepublik Deutschland e.V.* geschlossen hat (HK BIR). Beide Formate des islamischen Religionsunterrichts werden seitdem auf der Grundlage eigenständiger, staatlicher Kerncurricula von fachlich qualifizierten staatlichen Lehrkräften in deutscher Sprache erteilt (KMK 2016).

In Hessen wurde darüber hinaus für zahlreiche weitere Religionsgemeinschaften ein konfessioneller Religionsunterricht an Schulen eingerichtet, etwa für die alevitische, humanistische[1] und jüdische Gemeinde sowie zahlreiche kleinere christliche Gemeinschaften; es werden verschiedene Denominationen berücksichtigt, auch wenn dies in Gänze eine sehr geringe Schüler*innenzahlen betrifft (HK RU). Ethik gilt neben diesen vielfältigen bekenntnisorientierten Formen des Religionsunterrichts bis heute als Pflichtersatzfach[2] für das *ordentliche Lehrfach* Religion.

---

[1] Die Freireligiöse Landesgemeinschaft Hessen hat 2009 einen Lehrplan für freireligiöse Religion veröffentlicht (HK FR).
[2] In Hessen ist die Bezeichnung „Pflichtersatzfach" üblich. Das entspricht dem Status „Ersatzpflichtfach", wie er in anderen Bundesländern bezeichnet wird. Im Text wurde zu Ersatzpflichtfach vereinheitlicht.

Im Jahr 1978 wurde in einer Grundsatzentscheidung unter der sozialliberalen Koalition des SPD-Ministerpräsidenten Albert Osswald das Schulfach Ethik als Ersatzfach für den konfessionellen Religionsunterricht eingeführt. Hessen folgte mit dieser Entscheidung Bayern, Baden-Württemberg und Hamburg, die bereits 1972, 1976 beziehungsweise 1977 die Einführung eines Ersatzfaches für den bekenntnisorientierten Religionsunterricht beschlossen hatten.

Die Einführung des Faches ist vor allem auf das Betreiben der evangelischen und katholischen Amtskirchen zurückzuführen, die damit auf zunehmende Abmeldezahlen vom bekenntnisgebundenen Religionsunterricht seit den 1970er Jahren reagierten. Im Beschluss der Gemeinsamen Synode der Bistümer vom 22. November 1974 heißt es:

> Katholischer Religionsunterricht ist eine Form verwirklichter Glaubens- und Gewissensfreiheit. Konfessioneller Religionsunterricht ist aber auch das einzige Fach, von dem sich der Lernende (in der Mehrzahl der Bundesländer ersatzlos) abmelden kann. Die Synode begrüßt deshalb die Einführung eines Unterrichtsfaches, das alle Schüler besuchen, die am Religionsunterricht nicht teilnehmen, unter der Voraussetzung, dass in diesem Fach Sinn- und Wertfragen gestellt und sachgerecht beantwortet werden können. Durch ein solches Fach werden Unzuträglichkeiten gemildert, die sich aus der Sonderstellung eines Faches mit Abmeldemöglichkeit ergeben. Die Einführung eines solchen Faches trägt wesentlich dazu bei, dass die Entscheidung für oder gegen die Teilnahme am Religionsunterricht Gewissensentscheidung ist und Kollektivdruck vermindert. (Bertsch 1976, 151–152)

Ein Jahr später folgte die evangelische Kirche dieser Forderung mit dem Beschluss des Ausschusses Bildung und Erziehung der Synode der evangelischen Kirche in Hessen und Nassau (EKHN) vom 22./23. August 1975.[3] Die beiden Amtskirchen sind bis heute nicht nur in Fragen des jeweiligen Religionsunterrichts, sondern auch hinsichtlich des Ethikunterrichts Ansprechpartner des hessischen Kultusministeriums.[4] Die konfessionsübergreifende kirchliche Zusammenarbeit zur Stärkung eines konfessionellen bekenntnisorientierten Religionsunterrichts und zur Einflussnahme auf den Ethikunterricht zeigt sich beispielsweise in der Gestaltung einer von den Kirchen betriebenen Website, die über rechtliche Rege-

---

[3] Vgl. dazu EKHN, Archivbestand 255, zu den Kirchensynoden: Antrag des Ausschusses für Bildung und Erziehung vom 7. November 1975 zur Verbesserung der Situation des Religionsunterrichtes (Drs. 61/75, Nr. 3574) und Dokumentation der synodalen Arbeitstagung „Religionsunterricht in der Krise" (Nr. 2982–2983).

[4] 1984 reichte der Synodale Dr. W. R. Schmidt in der Kirchensynode der EKHN einen Antrag zur Einführung eines Faches „Ethik" in den Schulen ein (EKHN, Bestand 175, Drs. 71/84, Nr. 505). Darüber hinaus sind in dem im Zentralarchiv verwahrten Bestand 175, Kirchenverwaltung der EKHN, Schulreferat, sechs Akten mit Diskussionen über den Ersatz des Religionsunterrichts durch Ethikunterricht vorhanden, 1970–1984 (Nr. 176–177, Nr. 1005 und Nr. 2220–2222). Auch bei der Teilnahme der EKHN an Gesprächen mit Vertretern des Hessischen Kultusministeriums über Fragen des Religionsunterrichts von 1980–1982 spielte diese Thematik eine Rolle (Nr. 2338).

lungen hinsichtlich des Religions- und Ethikunterrichts informiert und bei offen gebliebenen Fragen ausschließlich kirchliche Ansprechpartner*innen benennt (Kommissariat o. J.).

Die Einführung des Ethikunterrichts wurde im Jahr 1983 an den ersten hessischen Schulen umgesetzt. Die erste Verordnung über die Einführung des Ethikunterrichts vom 28. Februar 1983 sah mit Wirkung zum 1. August 1983 dessen Einrichtung an fünfzehn allgemeinbildenden und vierzehn berufsbildenden Schulen in verschiedenen hessischen Regionen vor. Voraussetzungen für die Einführung des Ethikunterrichts waren nach § 2 der Verordnung, dass zugleich auch bekenntnisorientierter Religionsunterricht angeboten wird und genug Schüler*innen sich zu einer Lerngruppe für das einzuführende Schulfach zusammenfinden. Die konkrete Entscheidung darüber, in welchen Klassen, Schuljahrgängen und Schulzweigen Ethikunterricht angeboten wird, verblieb bei der Schulleitung unter Anhörung der Gesamtkonferenz und des Elternbeirats. Die Eignung der Lehrkraft erforderte nach § 3 eine allgemeine Lehrbefähigung und die Feststellung der Eignung durch die zuständige Schulaufsichtsbehörde, ohne dass Näheres über die Kriterien erläutert wurde. Während § 4 eine verpflichtende Teilnahme am Ethikunterricht für alle Schüler*innen festlegte, die nicht am Religionsunterricht teilnehmen, konnten nach § 5 auf Antrag bei der zuständigen Schulaufsichtsbehörde Schüler*innen von der Teilnahme am Ethikunterricht freigestellt werden, wenn sie „nachweislich regelmäßig und in einem dem Ethikunterricht vergleichbaren Umfang an entsprechenden Unterrichtsveranstaltungen einer Kirche, Religions- oder Weltanschauungsgemeinschaft teilnehmen." Bis auf weiteres, so hieß es in § 6, sind „ausländische muslimische Schüler von der Teilnahme am Ethikunterricht befreit."[5]

Die Verordnung aus dem Jahr 2009 adressierte die Qualifizierung von Ethiklehrkräften. Mit ihr wurden im Rahmen einer berufsbegleitenden und internetgestützten Qualifizierungsmaßnahme des Amts für Lehrerbildung Weiterbildungskurse (Grundkurs Ethik I und Aufbaukurs Ethik II) über insgesamt zwei Jahre mit anschließender Prüfung ausgeschrieben, die eine offizielle Erweiterung des Fächerspektrums um das Fach Ethik ermöglichten.

In der Verordnung über den Ethikunterricht des Hessischen Schulgesetzes vom 1. August 2016 sind die aktuell gültigen gesetzlichen Rahmenbedingungen des Schulfaches in Hessen geregelt. Mit ihr wurden die Bestimmungen zugunsten des Faches Ethik aktualisiert: Die Ausnahmen zur Teilnahme bei Schüler*innen mit muslimischem Hintergrund wurden zurückgenommen und die Unterrichtsbefähigung stärker fachlich reglementiert, wobei nach wie vor auch fachfremde Lehrkräfte eingesetzt werden können. Außerdem sieht die Verordnung eine flächendeckende Einführung des Faches Ethik an Grundschulen bis zum Schuljahr 2021/2022 vor, zumal der Einführungsgrad an Grundschulen im Vergleich zu weiterführenden Schulen besonders

---

5 Eine Debatte über diese Verordnung scheint es nicht gegeben zu haben.

gering ist (HK 2016).[6] Parallel dazu wurde ein zwei Schulhalbjahre umfassender Weiterbildungskurs für das Fach Ethik an der Grundschule mit anschließender Abschlussprüfung für bereits eingestellte Lehrkräfte eingerichtet.

Rahmenbedingungen

Gemäß § 2 des Hessischen Schulgesetzes von 1997 beruht der schulische Bildungsauftrag explizit auf der humanistischen und christlichen Tradition. In diesem allgemeinen Rahmen kommt dem Religionsunterricht eine besondere Rolle zu.

Das Hessische Schulgesetz weist Religionsunterricht in § 8 als ordentliches und versetzungsrelevantes Unterrichtsfach aus, an dem Schüler*innen grundsätzlich auf der Basis ihres Bekenntnisses, das heißt ihrer auf Herkunft basierenden formalen Religionszugehörigkeit, teilnehmen sollen. Bei der Aufnahme in die Schule wird festgestellt, ob die Schüler*innen einem Bekenntnis angehören, für das in Hessen ein bekenntnisorientierter Religionsunterricht eingerichtet ist (Kommissariat 2016a). Für diesen Grundsatz werden Ausnahmen formuliert, wobei eine Abmeldung von konfessionell-bekenntnisorientiert ausgerichteten Fächern als letzte Möglichkeit aufgezählt wird. Im Erlass zum Religionsunterricht vom 15. April 2020 heißt es:

> Schülerinnen und Schüler nehmen in der Regel an dem Religionsunterricht des Bekenntnisses teil, dem sie angehören. Davon abweichend kann eine Schülerin oder ein Schüler an einem Religionsunterricht teilnehmen, der nicht dem eigenen Bekenntnis entspricht, wenn dies von der Größe der Lerngruppe her vertretbar ist (vgl. bereits Abschnitt V Nr. 1 Satz 1) und eine schriftliche Erklärung der Eltern (§ 100 HSchG) oder der religionsmündigen Schülerin oder des religionsmündigen Schülers sowie die Zustimmung der Kirche oder Religionsgemeinschaft vorliegt, deren Bekenntnis der aufnehmende Religionsunterricht folgt. Ist die religionsmündige Schülerin oder der religionsmündige Schüler noch nicht volljährig, so teilt die Schule die Erklärung nach Satz 2 den Eltern schriftlich mit. (HK 2020, Abs. VI)

Dabei sei es eine in Hessen nicht schriftlich fixierte, aber „übliche Praxis", dass die Religionslehrkraft vor Ort stellvertretend für die Religionsgemeinschaft die Entscheidung über die Teilnahme auf der Basis ihrer vocatio/missio treffen kann (Kommissariat 2016b). Angesichts seiner strukturellen Dominanz kann davon ausgegangen werden, dass diese Regelung in erster Linie den christlichen Religionsunterricht stärkt. Insgesamt kommt mit diesen gesetzlichen Rahmenbedingungen eine affirmative Religionspolitik zum Ausdruck.

Die Regelungen für den Religionsunterricht gründen außerdem auf Artikel 57 Absatz 1 der Hessischen Landesverfassung, gemäß dem ein „Lehrer im Religionsunterricht unbeschadet des staatlichen Aufsichtsrechts an die Lehren und die Ordnungen seiner

---

6 Formal wurde das Fach auch an Grundschulen bereits mit der ersten Grundsatzentscheidung eingeführt. Für Zahlen zum Einführungsgrad vgl. KMK 2008, 36.

Kirche oder Religionsgemeinschaft gebunden" ist. Somit ist die Einflussmöglichkeit der Religionsgemeinschaften in besonderer Weise gesetzlich geschützt. Die Bedeutung des Religionsunterrichts wird außerdem durch weitere Verordnungen gesichert, die beispielsweise regeln, dass Religionsunterricht im Stundenplan mit der gleichen Relevanz zu berücksichtigen ist wie andere Unterrichtsfächer und weder in die Eckstunden gelegt noch übermäßig von Ausfall betroffen sein darf. Er kann bereits bei acht Schüler*innen, gegebenenfalls auch jahrgangs-, schul- und schulformübergreifend eingerichtet werden und, falls diese Zahl nicht zustande kommt, auch auf Kosten der Kirchen und Religionsgemeinschaften in dafür von der Schule unentgeltlich zur Verfügung gestellten Räumen durchgeführt werden. Zudem ist die Einrichtung eines konfessionsübergreifenden christlichen Religionsunterrichts auf Schulebene möglich, falls der reguläre konfessionsgebundene Unterricht auszufallen droht. (HK 2020, Abschnitt VII)

Grundsätzlich ist auch eine Abmeldung vom Religionsunterricht möglich (HessSchulG §8). Allerdings ist Ethik lediglich ein Ersatzfach, da es nur dann verpflichtend besucht werden kann, wenn zuvor die Abmeldung vom Religionsunterricht erfolgt ist. Die Verordnung betont besonders, dass die Abmeldung nur in Form einer Einzelabmeldung durch die Eltern oder die religionsmündige Schüler*in mit entsprechender in Kenntnis Setzung der Eltern möglich ist. Zudem soll zwar die Abmeldung am Ende eines Schulhalbjahres erfolgen, eine Wiederanmeldung zum Religionsunterricht ist jedoch jederzeit zulässig (Kommissariat 2015). Ein letzter, den Ersatzcharakter des Ethikunterrichts betonender Umstand ist seine Bindung an die Durchführung des Religionsunterrichts: Wenn also der Religionsunterricht mangels Nachfrage entfallen müsste, kann auch kein Ethikunterricht stattfinden. Schulgesetzlich wird somit eine mögliche Konkurrenz zwischen Religions- und Ethikunterricht zugunsten des Religionsunterrichts ausgehebelt (Treml 1994, 3).[7] Der Status eines Ersatzpflichtfaches bringt es in Hessen auch mit sich, dass Ethik im Abitur nicht als Leistungs-, sondern lediglich als Grundkurs gewählt werden kann.

Ausbildung der Lehrkräfte

Die Regelungen zur Unterrichtsbefähigung von Religions- und Ethikunterricht weichen deutlich voneinander ab: Die Lehrerlaubnis für den Religionsunterricht ist klar reglementiert, sowohl hinsichtlich der staatlichen Vorgaben als auch hinsichtlich der Voraussetzungen, die die jeweiligen Religionsgemeinschaften einfordern und damit weitreichende Befugnisse in der Ausbildung und Auswahl der Lehrkräfte

---

[7] Dieser Ersatzstatus spiegelt sich in der nachgeklappten Information zu diesem Unterrichtsfach auf der Website des Kultusministeriums, das Ethik nicht als gleichberechtigte Option neben den bekenntnisgebundenen Formaten des Religionsunterrichtes darstellt (vgl. HK RU).

erhalten. Ethik wiederum dürfen prinzipiell alle Lehrkräfte erteilen, welche die jeweilige Schulleitung für geeignet erachtet.

Die seit 1. August 2016 gültige Verordnung zum Ethikunterricht legt in § 4 folgende Kriterien zur Unterrichtsbefähigung im Fach Ethik fest:
(1) Ethik kann unterrichten, wer
    1. die Unterrichtsbefähigung für das Fach Ethik besitzt,
    2. die Unterrichtsbefähigung für das Fach Philosophie besitzt und Studienanteile im Bereich der Ethik, der Religionsphilosophie und der Sozialwissenschaften nachweisen kann oder
    3. eine Unterrichtserlaubnis für das Fach Ethik nach § 62 Abs. 1 des Hessischen-Lehrerbildungsgesetzes vom 28. September 2011 (GVBl. I S. 590), zuletzt geändert durch Gesetz vom 24. März 2015 (GVBl. S. 118), besitzt.
(2) Die Schulleiterin oder der Schulleiter kann Lehrkräften aufgrund ihrer Eignung bis zum Erwerb der Unterrichtsbefähigung nach Abs. 1 Nr. 1 eine vorläufige Unterrichtserlaubnis erteilen, wenn an der betreffenden Schule Ethikunterricht erteilt werden muss. (HK 2016)

Im Grunde ist mit dieser Formulierung jede fachwissenschaftliche Qualifikationsanforderung ausgehebelt. Auch Religionslehrkräfte können explizit für den Ethikunterricht eingesetzt werden (HK 2016), wobei der Gesetzgeber von keinem Konflikt hinsichtlich des Neutralitätsgebotes beziehungsweise des religiösen Standpunkts der Lehrkräfte ausgeht. Folgerichtig ist der Anteil der Lehrkräfte, die Ethik fachfremd unterrichten, außerordentlich hoch: Nach einer Erhebung des Jahres 2008 sind nur 9,3 Prozent der für das Fach Ethik eingesetzten Lehrkräfte tatsächlich dafür qualifiziert (KMK 2008, 38).

Drei hessische Universitäten bieten Studienmöglichkeiten für das Fach Ethik an, wobei diese jeweils auf das Lehramt an spezifischen Schulformen begrenzt sind, während Lehramtsstudiengänge für evangelische und katholische Theologie an allen hessischen Universitäten angeboten werden. Regulär studieren kann man Ethik in Marburg für das gymnasiale Lehramt, in Gießen für das Lehramt an Grund-, Haupt- und Real- sowie Sonderschulen und in Darmstadt für das Lehramt an beruflichen Schulen, an Gymnasien und als Ergänzungsstudiengang. Allein in Marburg ist eine Beteiligung der Religionswissenschaft im Rahmen des Ethikstudiums vorgesehen, allerdings ausschließlich im Wahlpflichtbereich, sodass eine Auseinandersetzung mit religionskundlichen Frageperspektiven und Erkenntnissen vom jeweiligen Interesse der Studierenden sowie davon abhängt, welche Lehrveranstaltungen für das Exportmodul freigegeben sind. Eine systematische Einführung in die Religionswissenschaft kann so nicht geleistet werden.[8]

---

8 In der Kurzbeschreibung heißt es: „Die Studierenden erhalten einen systematischen Überblick über die verschiedenen ethischen Positionen der Tradition, wobei ein besonderes Gewicht auf die Kantische Philosophie sowie auf die Philosophie der Aufklärung gelegt wird. Darüber hinaus findet

Gemäß den Verordnungen zur Erweiterung des Weiterbildungsangebots aus den Jahren 2009 und 2016 wurden folgende inhaltliche Schwerpunkte gesetzt: Neben der Auseinandersetzung mit Hauptpositionen der praktischen Ethik und gesellschaftswissenschaftlichen Untersuchungen zu Moralvorstellungen und Normen, den Menschenrechten und Straftheorien sah der Kurs im Jahr 2009 eine Beschäftigung mit der Ethik des Judentums, Christentums und Islams sowie der nichtmonotheistischen „Weltreligionen" vor (HK 2009). In den Fortbildungsangeboten werden Ethik und Religion als gemeinsame Fächergruppe behandelt (HK 2019). Entsprechend heißt es in der Antwort auf die Kleine Anfrage der Abgeordneten Cárdenas (Linke):

> Das Angebot für das Fach Ethik im Zeitraum von 2010 bis 2015 weist viele inhaltliche Berührungspunkte und Überschneidungen mit anderen Fächern aus. Deshalb wurden viele dieser Fortbildungen von den Anbietern nicht explizit und ausschließlich dem Fach Ethik zugeordnet, sondern zugleich auch insbesondere den Fächern Evangelische Religion und Katholische Religion sowie Politik und Wirtschaft, Geschichte und Gesellschaftslehre. Der inhaltliche Schwerpunkt des Fortbildungsangebots liegt dabei auf dem Themenkomplex ‚Religion'. (Drs. 19/3042, 2016)

Es kann vermutet werden, dass das relativ große Fortbildungsangebot im Bereich Religion auf eine entsprechende Leerstelle in der Lehrerbildung für das Fach Ethik verweist.

Curricula

In den aktuellen curricularen Vorgaben des Faches Ethik zeigt sich eine interreligiöse Rahmung (KMK 2008, 36). Grundsätzliches Lernziel des Ethikunterrichts ist die ethische Urteilsbildung beziehungsweise die ethische Kompetenz, die nicht ein Einüben von Moral, sondern die „Erkenntnis der Voraussetzungen, Bedingungen und Folgen moralischen (und unmoralischen) Verhaltens und Handelns anstrebt." Im Mittelpunkt des schülerzentrierten, multidisziplinär ausgerichteten Unterrichts sollen deshalb Fragen, nicht Antworten stehen. So soll eine Auseinandersetzung mit existentiellen Fragen der Weltdeutung und Sinnfindung angeregt werden. Die Schüler*innen sollen lernen, sich zu orientieren und Handlungskompetenz, Wahrnehmungsfähigkeit, Empathie und interkulturelle Fähigkeiten zu entwickeln sowie ethisch argumentieren und urteilen zu können. Dies soll sich in verantwortungsbewusstem Handeln in „unserem demokratischen und pluralistischen Gemeinwesen" realisieren (Baumann, Pöpperl und Zimbrich 1986, 18). Dem Fach Ethik wird also ein spezifischer Bildungsbeitrag zugesprochen.

---

eine Einführung in der Ethik verwandte Wissenschaften, wie die Soziologie, Politikwissenschaft, Religionswissenschaft und Theologie, statt." (vgl. Uni Marburg LG; vgl. Uni Marburg IS) .

Das Kerncurriculum des Faches Ethik in der Primarstufe sieht es vor, sich handlungsorientiert anhand der Leitperspektiven *Individuum, Gesellschaft und (vergleichende) Ideengeschichte* mit verschiedenen Themen auseinanderzusetzen: „*Ich und die Anderen*", „*Ich in der Gemeinschaft*", „*Ich und meine Zeit*", „*Natur und Umwelt*" sowie „*Kultur und Religion*". Im zuletzt genannten Themenfeld soll eine Auseinandersetzung mit der kulturellen und religiösen Vielfalt im eigenen Lebensumfeld angeregt werden. Diese wird allerdings explizit mit einer dialogischen Haltung und der Forderung, „nach ethischen Maßstäben zu urteilen und zu handeln" (HK 2011, 15) verbunden.

Das Kerncurriculum der Sekundarstufe I soll Lernende dazu ermutigen, „komplexe moralisch relevante Fragestellungen in unserer Gesellschaft als Teil ihrer Lebenswelt zu begreifen, sich ein Urteil zu bilden und Handlungs- und Einflussmöglichkeiten geltend zu machen." Und weiter:

> Im Fach Ethik wird den Lernenden das Verständnis für Wertvorstellungen und ethische Grundsätze vermittelt und ein Zugang zu ethischen, philosophischen und religionskundlichen Fragen eröffnet. Die Erklärung der Menschenrechte, das Grundgesetz der Bundesrepublik Deutschland und die Hessische Verfassung, d. h. die zivile Ordnung unseres Zusammenlebens, stellen dafür – im Sinne eines Minimalkonsenses – Rahmen und Maßstab dar. Der Ethikunterricht achtet die Pluralität der Bekenntnisse und der Weltanschauungen. Er thematisiert die Normgebundenheit menschlichen Handelns im Kontext der Geschichte, der religiösen und kulturellen Traditionen, der Sozialisation und der persönlichen Erfahrungen des Individuums. (KC HS, 11; vgl. ferner KC RS und KC GY)

Religionswissenschaft wird dabei als eine Bezugsdisziplin benannt, jedoch nicht mit aktuellen Fachpositionen einbezogen. Themenfelder sind hier:
- Selbst und Welt;
- Gewissen und Verantwortung;
- Recht und Gerechtigkeit;
- Mensch, Natur, Technik;
- Freiheit und Würde;
- Religionen, Weltbilder und Kulturen;
- Wahrheit und Wirklichkeit.

Das Kerncurriculum der gymnasialen Oberstufe sieht *Glücksvorstellungen, Ethik und Religion, Anthropologie und Bereichsethiken, Grundpositionen der Ethik, Recht und Gerechtigkeit* und abschließend *Mensch, Natur und Technik* als zu behandelnde Themen vor. Bei der inhaltlichen Ausgestaltung soll im Sinne des vernetzten Lernens auf Erkenntnisse verschiedener Wissenschaften zurückgegriffen werden, die jedoch nicht explizit benannt werden. Der einzige im engeren Sinne religionswissenschaftlich anschlussfähige Bereich Ethik und Religion weist *Menschen- und Weltbilder in den Religionen, Glaube und Vernunft* sowie *Religionskritik* als verbindliche Themen aus und schlägt darüber hinaus *Religion, Gesellschaft und Vernunft* sowie *Fundamentalismus* als weitere Unterrichtsinhalte vor. Im Bereich *Religion, Gesellschaft und Vernunft* soll das Verhältnis von Religion und Staat eingehender untersucht werden, aber auch eine Beschäftigung mit „Religionsersatz" und so genannten „Sekten" erfolgen. Insbesondere das Kerncurriculum für die gymnasiale Oberstufe legt einen abendländisch-philosophischen Religionsbegriff zugrunde, der mit einem aktuellen religionswissenschaftlichen Religionsbegriff (Stausberg 2012) nicht vereinbar ist.

Die erneute Betonung von Moral und Ethik machen die Leitperspektive einer moralischen und staatsbürgerlichen Erziehung deutlich, die auf individueller, gesellschaftlicher und ideengeschichtlicher Ebene reflektiert werden soll und sich in einem christlich-humanistischen Rahmen verortet (KC GO, 25–26).

Neuere Entwicklungen und Diskussion

Politische Debatten um den Ethikunterricht in Hessen wurden bislang nur am Rande sichtbar. Gegenwärtig (Stand 2020) jedoch bemüht sich insbesondere die *AG Säkulare Organisationen in Hessen* darum, das Thema auf die politische Agenda zu setzen und säkulare Interessen stärker in politische Entscheidungsprozesse einzubringen. Bildungspolitische Forderungen zum Fach Ethik werden auch vom *Fachverband Ethik* (Fachverband Ethik 2016, 36–37) sowie vom *Verband Philosophie in Hessen* (Fachverband Philosophie in Hessen o. J.) formuliert, die in erster Linie eine philosophische Beteiligung am Fach stärken wollen; sozial- und kulturwissenschaftliche Perspektiven fehlen hier allerdings.

Die *AG Säkulare Organisationen in Hessen* ist parteiübergreifend und bundesweit vernetzt und will sich auch weiterhin für die Einführung und den Ausbau eines religionskundlich aufgestellten und integrativen Unterrichtsfaches einsetzen. Im Rahmen der Landtagswahlen 2018 kritisierte sie die weiterhin starken Einflüsse von Lobbyisten und Kirchen im schulischen Bildungssegment. Grundsätzlich moniert die AG die langsame und inadäquate Einführung des Ethikunterrichts, weil dafür ihres Erachtens notwendige Ressourcen nicht zur Verfügung gestellt wurden und werden. Die CDU weist das Anliegen der AG mit dem Argument zurück, dass das Fach Ethik fest im Hessischen Schulgesetz verankert sei und keine Benachteiligung erfahre. Eine Privilegierung sei nicht vorgesehen. Die FDP betont die Notwendigkeit einer rechtlichen Gleichstellung aller Religionsgemeinschaften und auch die Möglichkeit eines alternativen Angebots. Sie rekurriert dabei insbesondere auf das Recht der positiven und negativen Religionsfreiheit, ohne jedoch konkrete Maßnahmen zu diskutieren oder auf benannte Missstände einzugehen. Die SPD fordert ebenso ein gleichberechtigtes Miteinander der Religionen; sie will damit gemeinsame Werte stärken und einen gegenseitigen Austausch anregen. Ethik sei in diesem Zusammenhang ein dem bekenntnisorientierten Religionsunterricht gleichwertiges Fach, das mit qualifizierten Lehrkräften flächendeckend ausgebaut und aufgewertet werden soll. Dafür sollen neue Lehrkräfte ausgebildet werden. Außerdem soll eine Broschüre über die mögliche Wahl zwischen Ethik und Religion informieren. Zugleich setzt sich die SPD auch für einen Ausbau des islamischen Religionsunterrichts ein. Die AfD hält christlichen Religions- und Ethikunterricht für legitime Unterrichtsfächer an weiterführenden Schulen Hessens, lehnt aber den bekenntnisorientierten Islamunterricht mit Verweis auf die Säkularität des Landes ab. In den Grundschulen soll ausschließlich ein christlicher Religionsunterricht angeboten werden. Die Linken und die Partei der Freien Humanisten folgen der Forderung eines integrativen religionskundlichen Unterrichts und fordern zugleich die Abschaffung des bekenntnisorientierten Religionsunterrichts. Im Sinne einer Übergangsregelung setzen sie sich zunächst für die Gleichstellung des Ethikunterrichts mit dem bekenntnisgebundenen Religionsunterricht ein. Die Grünen halten es für überlegenswert, Ethik als Leistungsfach der gymnasialen Oberstufe zu ermöglichen, lehnen aber eine verpflichtende Einführung des Faches Ethik für alle neben dem bekenntnisorientierten Unterricht mit dem Argument einer Überfrachtung des Stundenplanes ab. (AG Säkulare Organisationen 2018)

Publikere Debatten wurden seit Anfang 2019 zum Islamunterricht in Hessen geführt, da die Verlässlichkeit von *DİTİB* als Kooperationspartner angesichts seiner Nähe zum türkischen Staat und Zweifeln an seiner Verfassungstreue infrage gestellt wurde. Deshalb wurde geprüft, ob *DİTİB Hessen* die verfassungsrechtlichen Voraussetzungen für die Kooperationspartnerschaft erfüllt und falls nicht, ob dann ein staatlich verantworteter islamischer Religionsunterricht realisiert werden soll. (FAZ 2019; Siefert 2019) Auf der Grundlage wissenschaftlicher Gutachten wurde schließlich festgestellt, dass die beiden Islamverbände die Voraussetzungen nach Artikel 7 Absatz 3 des Grundgesetzes erfüllen und somit als Kooperationspartner für die Einrichtung von bekenntnisorientiertem Religionsunterricht zur Verfügung stehen (Welt 2019).

Religionswissenschaftliche Einordnung

Mit dem Schulfach Ethik als Ersatzpflichtfach zum bekenntnisorientierten Religionsunterricht ist nicht ein religionskundlicher Unterricht im Sinne eines *learning about religion* (Grimmitt 1987) etabliert und gefördert worden. Vielmehr zeigt sich, dass mit dem bis heute bestehenden Status als Ersatzpflichtfach in erster Linie eine religionsaffirmative Bildungspolitik betrieben wird, welche die verschiedenen Formen des bekenntnisgebundenen Religionsunterrichts im Sinne eines *learning religion* privilegiert, was sich beispielsweise im Ersatzfachstatus und den Anmelde- und Abmeldemodalitäten des Ethikunterrichts zeigt. Verschiedene Sonderregelungen zum bekenntnisorientierten Religionsunterricht und entsprechende schulorganisatorische Vorgaben stärken den Einfluss der Religionsgemeinschaften und sichern ihre Dominanz, die sich auch auf die Gestaltung des Lehrplanes erstreckt. Auch die unzureichende Qualifizierung des Lehrpersonals für das Schulfach Ethik kann als strukturelle Benachteiligung des Faches angesehen werden, muss man doch davon ausgehen, dass die Fachkompetenz der Lehrkräfte einen starken Einfluss auf die Wahlentscheidung und die Wertschätzung eines Faches hat (Fachverband Ethik 2016, 11). Außerdem kann vermutet werden, dass insbesondere Religionslehrkräfte nicht im Sinne religionskundlicher fachdidaktischer Prinzipien unterrichten, sondern bestenfalls Modelle des interreligiösen Dialogs mit mehr oder weniger deutlicher christlicher Dominanz vermitteln und daher ein Modell des *learning religion* oder des *learning from religion* umsetzen.

Seine schulgesetzliche und schulorganisatorische Benachteiligung spiegelt sich im Einführungsgrad: Obwohl er in Hessen bereits 1983 von Klasse 1–12/13 schulrechtlich eingeführt wurde, besuchten 2006 nur 9,5 Prozent der hessischen Schüler*innen an öffentlichen Schulen den Ethikunterricht. Er wurde an 576 von 1881 öffentlichen Schulen angeboten, was einem Einführungsgrad von 30,6 Prozent entspricht. An Grundschulen war der Einführungsgrad mit 4,9 Prozent deutlich geringer. (KMK 2008, 36) Generell ist festzustellen, dass sich der von den Kirchen erwünschte Effekt einstellte, dass die Abmeldungen vom bekenntnisabhängigen Religionsunterricht mit der Einführung erheblich abnahmen (Treml 1994, 2).

Die Einführung des Schulfaches Ethik als bekenntnisunabhängiges Fach kann somit als Reaktion auf die Abmeldezahlen von christlich-konfessionellen Unterrichtsformaten betrachtet werden, die zum Ziel hatte, diesen Trend so weit als möglich einzudämmen.

Die hessischen Schulgesetze und Vorgaben zum Religions- und Ethikunterricht machen deutlich, dass das Grundrecht auf Religionsfreiheit in erster Linie im Sinne positiver Religionsfreiheit ausgelegt und umgesetzt wird. Dies zeigt sich in einer Pluralisierung der bekenntnisgebundenen Formate des Religionsunterrichts, die als Versuch verstanden werden können, der heterogenen religiösen Gegenwartskultur im Land Hessen gerecht zu werden und die Sonderrechte der Amtskirchen trotz dieser Vervielfältigung weiterhin zu sichern. Negative Religionsfreiheit wird dabei nicht als Option berücksichtigt. Sie wird in der gymnasialen Oberstufe zusammen mit dem Thema Fundamentalismus behandelt und als deviante Form von Religiosität beziehungsweise Weltanschauung gerahmt (KC GY, 26). De facto widerspricht das den Prinzipien der Pluralität, Kontroversität und Neutralität schulischen Unterrichtens. Es verletzt zugleich das Grundrecht auf negative Religionsfreiheit, wenn Weltanschauungen jenseits von Religion explizit nicht als Optionen thematisiert, sondern entgegen der bekenntnisunabhängigen Konzeption des Ethikunterrichts als religiös motivierte Vorstellungen angesprochen werden.

Die bildungstheoretische Begründung des Ethikunterrichts zeigt, dass gemäß dem Verständnis der politischen Entscheidungsträger*innen die Abmeldungen vom bekenntnisorientierten Religionsunterricht kompensiert werden müssen, damit auch den vom Religionsunterricht abgemeldeten Schüler*innen ein „Verständnis für Wertvorstellungen und ethische Grundsätze sowie der Zugang zu ethischen, philosophischen und religionskundlichen Fragen vermittelt" wird. Dieses staatsbürgerliche Interesse an einer sittlichen Erziehung zu Ethik und Moral konstatiert bereits

Treml in seiner historischen Untersuchung zum Ethikunterricht (Treml 1994, 3). Mit der Einführung des Ethikunterrichts ist demnach das ordnungspolitische Interesse verbunden, die weltanschauliche Heterogenität der Schülerschaft durch Vermittlung gemeinsamer Werte zu bündeln. Dabei scheint man auch in dem bekenntnisunabhängigen Fach Ethik in erster Linie auf die Vermittlung religiöser Werte zu setzen: Entscheiden sich Schüler*innen also gegen ein „learning religion", so soll dies im Ethikunterricht durch ein „learning from religion" kompensiert werden. Damit verbunden ist eine politisch gerahmte Unterscheidung von guter und schlechter beziehungsweise missbrauchter Religion, wie sie im Curriculum beispielsweise in der Rede von „Sekten" und „Fundamentalismus" offensichtlich wird.

Sichern sich Religionsgemeinschaften mit ihrer Beteiligung am Religionsunterricht an staatlichen Schulen ihren Einfluss und entsprechende Tradierungsmöglichkeiten, so geht es dem Staat um eine politische Domestizierung von Religion, indem er Einfluss darauf nimmt, was als „gute" und was als „missbrauchte" Religionen verstanden und wie diese im Sinne kultureller, nationaler Identitätsbildung integrativ eingebunden werden können. Die Debatten um die Trägerschaft des Islamunterrichts an hessischen Schulen lassen sich in diesem Zusammenhang als Diskurse über die Frage lesen, welcher Islam zu Deutschland gehören und entsprechend privilegiert werden soll.

Das Kultusministerium betont den orientierenden Charakter des Religions- und Ethikunterrichts auf der Basis religiöser und moralischer Vorstellungen:

> Schülerinnen und Schüler brauchen in einer immer komplizierteren Welt Hilfen zur Orientierung in ethischen, moralischen und religiösen Fragen. Solche Hilfen zu geben, ist Aufgabe des Unterrichts in allen Fächern, Lernbereichen und Aufgabengebieten. Einen besonderen Beitrag leisten dabei der Religionsunterricht und der Ethikunterricht. (HK RU)

Die vergleichende Darstellung der Religionen anhand des Weltreligionenparadigmas folgt einer implizit theologischen und eurozentrischen Perspektive, die Religionen eine Gemeinsamkeit der Werte und des Transzendenzbezugs unterstellt. Die Idee einer religiösen Universalie verweist auf einen religionsphänomenologischen Religionsbegriff, der allen Religionen einen gemeinsamen Kern unterstellt und somit von impliziten Glaubensprämissen ausgeht. Ein solches Religionsverständnis ist massiv kritisiert worden und kann als überholt gelten. Aktuelle religionswissenschaftliche Fachdidaktiken kritisieren diesen Ansatz und entwerfen stattdessen ein diskursives Religionsverständnis. Ein religionskundlicher Unterricht geht eben nicht von Inhalten und Kompetenzen aus, die von den Lehren verschiedener Religionen vertreten und angeleitet werden und im Konzept der „Weltreligionen" zu finden sind. Er setzt vielmehr bei Themen an, die alle Schüler*innen unabhängig von ihrer religiösen und weltanschaulichen Sozialisation betreffen – es geht um die empirisch feststellbare plurale Rezeption von Religionen sowie ihre Selbst- und Fremddarstellungen in einem forschenden Zugang, der Bezüge zur Lebenswelt der Schüler*innen herstellt. Urteilsfähigkeit soll durch Differenzierung, analytische Fähigkeiten, kritische Distanz und Einordnung ermöglicht werden, sodass der Ausgangspunkt die empirische Diversität und Ambivalenz von Religionen ist. (Frank 2016, 22–30; Jensen und Kjeldsen 2013) Mit Blick auf die curricularen Vorgaben muss demnach festgestellt werden, dass religionskundliche Anteile im Schulfach Ethik in Hessen in allen Schulformen verschwindend gering und zugleich nicht fachaktuell sind (Frank 2016; Alberts 2007; Kenngott 2017).

Die Forderung eines religionskundlichen und integrativen Unterrichtskonzeptes rührt an bestehenden Privilegien der Kirchen und Religionsgemeinschaften. Die Aufhebung der Diskriminierung des Ethikunterrichts erfordert eine Aufhebung der Privilegierung des Religionsunterrichts. Der Einbezug der Religionswissenschaft als Bezugsdisziplin eines Schulfaches rüttelt an dem historisch gewachsenen Machtgefüge staatlicher und kirchlich-religiöser Institutionen, an der von ihnen ausgehandelten Kompromisslösung eines Machterhalts der Kirchen und Religionsgemeinschaften im Umfeld weitgehend säkularisierter Bildungsinstitutionen sowie an deren Funktion, nationale Identitäten zu prägen und kulturelle Integration zu leisten.[9] Die Aushandlungen zwischen religiösen und säkularen Kräften werden insbesondere im Bereich der Bildungspolitik erneut zunehmen – es bleibt abzuwarten, ob und inwieweit eine bildungstheoretisch sinnvolle religionswissenschaftliche Einbindung im Sinne einer religionskundlichen Fachdidaktik in Hessen und darüber hinaus erfolgen wird.

Bibliografie

AG Säkulare Organisationen Hessen. 2018. *Wahlprüfsteine an die Parteien zur Landtagswahl am 28.10.2018 in Hessen. Die Antworten der Parteien.*
Alberts, Wanda. 2007. *Integrative Religious Education in Europe. A Study-of-Religions Approach.* Berlin, New York: de Gruyter.
Alberts, Wanda. 2012. „Religionswissenschaft und Religionsunterricht." In *Religionswissenschaft*, hg.v. Michael Stausberg, 299–312. Berlin/Boston: Walter de Gruyter.
Baumann, Reiner, Manfred Pöpperl und Fritz Zimbrich. 1986. „Die didaktische Konzeption des Ethik-Unterrichts in Hessen und ihre Kritiker." In *Ethik-Unterricht. Einführung eines neuen Faches.* hg. v. Hessischen Institut für Bildungsplanung und Schulentwicklung, 12–30. Frankfurt am Main: Diesterweg.
Bertelsmann Stiftung. 2016. *Religionsmonitor: Einwanderungsland Deutschland.* Gütersloh.
Bertsch, Ludwig, Hg. 1976. *Gemeinsame Synode der Bistümer in der Bundesrepublik Deutschland. Beschlüsse der Vollversammlung. Offizielle Gesamtausgabe I.* Freiburg/Basel/Wien: Herder.
Blankertz, Herwig. 1982. *Die Geschichte der Pädagogik. Von der Aufklärung bis zur Gegenwart.* Wetzlar: Büchse der Pandora.

---

[9] Religionsunterricht ist historisch betrachtet eines der ältesten Fächer und spielte lange eine zentrale und gesonderte Rolle im Curriculum. Erst nach langen Kämpfen setzte sich eine zunehmend säkulare Schule und Bildung durch (vgl. Fraund 1980; Treml 1994, 1; Blankertz 1982).

Drucksache [Drs.] 19/3042 – Ethikunterricht in Hessen: Ausbildung der Lehrkräfte und Status als Pflichtersatzfach Teil 1, KlAnfr. Fr. Cárdenas/DIE LINKE. Hessischer Landtag 15.01.2016.
EKHN (=Archiv der Evangelischen Kirche Hessen und Nassau) *Kirchensynoden.* Bestand 255.
EKHN *Kirchenverwaltung der EKHN, Schulreferat.* Bestand 175.
Fachverband Ethik. 2016. *Denkschrift zum Ethikunterricht – Zwischen Diskriminierung und Erfolg.* Ohne Ort.
Fachverband Philosophie in Hessen. O. J. *Über Uns.* Obertshausen. URL: http://philosophie-hessen.de/Ueber-uns (Zugriff am 20.12.2021).
FAZ. 2019. „Hat der islamische Religionsunterricht eine Zukunft?". *Frankfurter Allgemeine Zeitung.* 07.02.2019.
Frank, Katharina. 2016. „Skizze eines religionswissenschaftlichen Kompetenzmodells für die Religionskunde." *Zeitschrift für Religionskunde* 3:19–33.
Fraund, Hans Martin. 1980. *Die Geschichte des Religionsunterrichts zwischen 1848 und 1933 am Beispiel ausgewählter Krisen- und Knotenpunkte und die Frage nach Freiheit, Konfessionalität und Wissenschaftlichkeit.* Dissertation. Mainz.
Grimmitt, Michael. 1987. *Religious education and human development.* Great Wakering: McCrimmons.
HK (=Hessisches Kultusministerium). 1983. *Erste Verordnung über die Einführung des Ethik-Unterrichts (EthikUV HE) vom 28. Februar 1983.* Wiesbaden.
HK. 2009. *Erlass vom 16. März 2009.* Wiesbaden.
HK. 2011. *Ethik. Bildungsstandards und Inhaltsfelder. Das neue Kerncurriculum für Hessen. Primarstufe.* 21.03.2011. Wiesbaden.
HK. 2016. *Verordnung über den Ethikunterricht vom 1. August 2016.* Wiesbaden.
HK. 2019. *Lernen im Dialog. Eine Fortbildungsreihe für Lehrer/innen-Teams der Fächergruppe Religion und Ethik.* 2019/20. Ohne Ort.
HK. 2020. *Erlass des Hessischen Kultusministeriums über den Religionsunterricht an öffentlichen Schulen vom 15. April 2020.* Wiesbaden.
[HK BIR], HK. O. J. *Bekenntnisorientierter islamischer Religionsunterricht.* Wiesbaden.
[HK FR] HK. 2009. *Rahmenplan Grundschule: Freireligiöse Religion.* Wiesbaden.
[HK RU]. HK. O. J. *Religionsunterricht.* Wiesbaden.
HSMI (=Hessisches Ministerium für Soziales und Integration). 2017. *Wie hast Du's mit der Religion? II Eine Umfrage zu Religiosität, religionsbezogener Toleranz und der Rolle der Religion in Hessen 2017.* Wiesbaden.
Jensen, Tim und Karna Kjeldsen. 2013. „RE in Denmark – Political and Professional Discourses and Debates, Past and Present." *Temenos* 49(2):185–223.
[KC HS]. HK. O. J. *Kerncurriculum Ethik. Bildungsstandards und Inhaltsfelder. Sekundarstufe I – Hauptschule.* Wiesbaden.
[KC GO]. HK. 2016. *Kerncurriculum Ethik. Gymnasiale Oberstufe.* Wiesbaden.
[KC GY]. HK. O. J. *Kerncurriculum Ethik. Sekundarstufe I – Gymnasium.* Wiesbaden.
[KC RS]. HK.O. J. *Kerncurriculum Ethik. Sekundarstufe I – Realschule.* Wiesbaden.
Kenngott, Eva-Maria. 2017. „Religionskunde." *Das wissenschaftlich-religionspädagogischen Lexikon im Internet (WiReLex).* Projekt der Deutschen Bibelgesellschaft.
KMK (=Sekretariat der ständigen Konferenz der Kultusminister der Länder in der Bundesrepublik Deutschland). 2008. *Zur Situation des Ethikunterrichts in der Bundesrepublik Deutschland. Bericht der Kultusministerkonferenz vom 22.02.2008.*
KMK. 2016. *Auswertung Religionsunterricht Schuljahr 2015/16.* 20.12.2016. Berlin.
Kommissariat der Katholischen Bischöfe im Lande Hessen und der Evangelischen Kirche in Hessen und Nassau [Kommissariat]. 2015. „Abmeldung vom Religionsunterricht." 25.11.2015. Wiesbaden.

Kommissariat. 2016a. *Anmeldung für den Religionsunterricht*. 23.02.2016. Wiesbaden.
Kommissariat. 2016b. *Aufnahme konfessionsloser oder konfessionsfremder Schüler/innen in den Religionsunterricht*. 23.02.2016. Wiesbaden.
Kommissariat. O. J. *Konfessioneller Religionsunterricht in Hessen*. Wiesbaden.
Siefert, Volker. 2019. „Kultusministerium geht weiter auf Distanz zu *DİTİB*." *hessenschau.de*. 07.06.2019.
Stausberg, Michael. 2012. „Religion: Begriff, Definitionen, Theorien." In: *Religionswissenschaft*, hg. v. Michael Stausberg, 33–48. Berlin/Boston: Walter de Gruyter.
Treml, Alfred K. 1994. „Ethik als Unterrichtsfach in verschiedenen Bundesländern. Eine Zwischenbilanz." In: *Ethik und Unterricht* 5/Sonderheft 1:18–29.
[Uni Marburg LG]. Universität Marburg. O. J. *Lehramt an Gymnasien – Ethik (Erste Staatsprüfung und Erweiterungsprüfung)*. Marburg.
[Uni Marburg IS]. Universität Marburg. O. J. *Lehramt Ethik – Im Studium*. Marburg.
Welt. 2019. „Islamischer Religionsunterricht: Alternative zu *DİTİB*." *Die Welt*. 07.08.2019.

Sophie Faulstich
8 Mecklenburg-Vorpommern

Hard Facts auf einen Blick

Fachbezeichnung	Philosophieren mit Kindern (Primar, Sek I), Philosophie (Sek II)
Einführung des Faches	1991
Schulstufen	Primarstufe, Sekundarstufe I, Sekundarstufe II
Rechtsstatus	Ersatzpflichtfach
Rechtsgrundlage	§ 8 SchulG M-V
Teilnehmer*innen	alle Schüler*innen, die nicht am Religionsunterricht (nach GG 7,3) teilnehmen
Einheitliche Prüfungsanforderung für das Abitur (EPA)	EPA Philosophie (2006)
Bezugsdisziplin/en laut curricularer Vorgaben	Philosophie
Studienstandorte	Greifswald, Rostock
Beteiligung der Religionswissenschaft an Lehramtsausbildung	nein
Besonderheit	Fokussierung auf philosophischen (nicht ethischen) Unterricht ab Klasse 1; verglichen mit der demografischen Situation sehr geringe Belegung des Faches Philosophieren mit Kindern (aufgrund von Lehrkräftemangel)
Weitere religions- und ethikbezogene Schulfächer	Religionsunterricht (evangelisch, katholisch)

ℹ Nachfrage der religions- und ethikbezogenen Fächer in Mecklenburg-Vorpommern in Form von Schüler*innen-Belegzahlen für das Schuljahr 2019/20

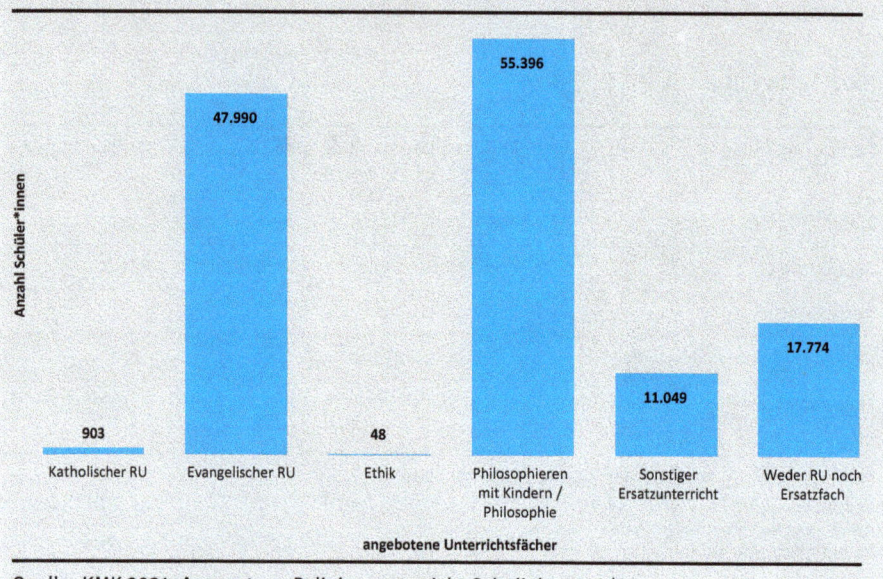

Quelle: KMK 2021. Auswertung Religionsunterricht Schuljahr 2019/20.

ℹ Verteilung der Fächer im Schulsystem

	Religionsunterricht (Pflichtfach)	Philosophieren mit Kindern (Ersatzpflichtfach)	Philosophie (Ersatzpflichtfach)
Primarstufe	+	+	−
Sekundarstufe I	+	+	−
Sekundarstufe II grundlegendes Anforderungsniveau	+	−	+
Sekundarstufe II erhöhtes Anforderungsniveau	−	−	−

In Mecklenburg-Vorpommern ist das Fach Philosophieren mit Kindern (Primar- und Sekundarstufe I, im Folgenden PhmK) beziehungsweise Philosophie (Sekundarstufe II) als Ersatzfach zum konfessionellen Religionsunterricht für alle allgemeinbildenden

Schultypen und -stufen vorgesehen. Mecklenburg-Vorpommern ist damit das einzige Bundesland, in dem die durchgängige Belegung von Philosophie von der Einschulung bis zum Schulabschluss theoretisch möglich ist (Rolf 2010, 2; Kumlehn 2020, 229). In der Praxis ist dies jedoch unter anderem aufgrund der Abhängigkeit vom parallelen Angebot des Religionsunterrichts und eines Mangels an Lehrkräften kaum möglich. Gegenüber der Bevölkerungsstruktur des Landes zeigen die Belegungszahlen von Religionsunterricht und Philosophie eine Schieflage: Evangelische Religion hat einen doppelt so hohen Anteil wie die Kirchenmitgliedschaften im Land erwarten lassen. PhmK/Philosophie wird hingegen nur von knapp 40 Prozent der Schüler*innen besucht, obwohl fast 80 Prozent der Landesbevölkerung konfessionslos sind. Damit ist die Teilnahmequote am nichtkonfessionellen Ersatzfach in Mecklenburg-Vorpommern die niedrigste unter den ostdeutschen Bundesländern (vgl. Hoenen 2019, 10). Religionskundliche Inhalte und Lernziele spielen im Fach nur eine sehr marginale Rolle. Inwiefern PhmK/Philosophie und das gegenwärtige Fächermodell in Mecklenburg-Vorpommern Potenzial für eine Stärkung religionskundlicher Bildung besitzen, wird am Ende dieses Beitrags diskutiert.

Geschichte und Entwicklung des aktuellen Modells

Das aktuelle Modell mit konfessionellem Religionsunterricht als Pflicht- und PhmK/Philosophie als Ersatzfach entstand nach der deutschen Wiedervereinigung. Wie auch in den anderen ostdeutschen Ländern musste zunächst die Umsetzung von Artikel 7 GG beziehungsweise der sogenannten Bremer Klausel geklärt werden (Hoenen 2019, 4–5), da es in der DDR seit Jahrzehnten keinen Religionsunterricht mehr gegeben hatte. Ein Schulfach Philosophie, an das man hätte anknüpfen können, hatte es ebenfalls nicht gegeben.[1] Zudem waren nach der Abschaffung des Religionsunterrichts während der SED-Herrschaft außerschulische kirchliche Bildungsstrukturen in der Gemeindearbeit entstanden. Aus dem so entstandenen Parallelsystem kirchlicher Bildung resultierte ein hohes Selbstbewusstsein insbesondere evangelischer Gemeindepädagogik (Hoenen 2019, 5; Kumlehn 2020, 220). Daher wurde die Frage nach einer Wiedereinführung schulischen Religionsunterrichts gemäß Art 7 GG auch innerkirchlich kontrovers diskutiert.[2] Überhaupt klärte man die Religionsunterrichtsfrage und die Ersatzfachregelung in Mecklenburg-Vorpommern im Vergleich zu den anderen neuen Bundesländern recht spät (KMK 2020 [2008]; Schwerin 2000, 172).

---

[1] Stattdessen hatte die Abgrenzung neuer Fachentwürfe vom marxistisch-leninistisch ausgerichteten Staatsbürgerkundeunterricht anfangs besondere Bedeutung. Für einen personellen Bruch sorgte man durch den expliziten Ausschluss ehemaliger ‚StaBü'-Lehrkräfte von den Weiterbildungskursen zu den neu geschaffenen Fächern Religion und Philosophie (Landtag M-V 1993, 6–7).
[2] Detaillierter dazu Schwerin 1990; 2000.

In der Frühphase ist zudem zwischen rechtlicher Regelung und Unterrichtspraxis zu unterscheiden: Die gesetzliche Grundlage für das bis heute gültige Modell von konfessionellem Religionsunterricht als Pflicht- und PhmK/Philosophie als Ersatzfach schuf der Landtag Mecklenburg-Vorpommerns erst mit dem Schulgesetz vom Mai 1996.[3] Der Wortlaut von damals findet sich auch in der heute gültigen Fassung des Schulgesetzes unter § 8:

(1) Der Religionsunterricht ist an den öffentlichen Schulen ordentliches Unterrichtsfach. Er wird in Übereinstimmung mit den Grundsätzen der betreffenden Kirchen oder Religionsgemeinschaften erteilt.
(2) Die Erziehungsberechtigten, nach Vollendung des 14. Lebensjahres die Schülerinnen und Schüler, entscheiden über die Teilnahme am Religionsunterricht. Für Schülerinnen und Schüler, die vom Religionsunterricht abgemeldet worden sind oder sich abgemeldet haben, wird im Primar- und Sekundarbereich I Unterricht in Philosophieren mit Kindern, im Sekundarbereich II Unterricht in Philosophie erteilt.
(3) Die Unterrichtsfächer evangelische Religion, katholische Religion und Philosophieren mit Kindern oder Philosophie können zeitweilig auch als Fächergruppe angeboten werden. Innerhalb dieser Fächergruppe sollen die einzelnen Fächer unter Wahrung ihrer Eigenständigkeit und ihrer Besonderheiten und der Rechte der Schülerinnen, Schüler und Erziehungsberechtigten in kooperativer Form unterrichtet werden. (§ 8 SchulG M-V)

Das bis 1996 als Übergangsregelung gültige Erste Schulreformgesetz (SRG) vom April 1991 hatte unter § 15 „Religionskunde und Religionsunterricht" noch eine andere Regelung vorgesehen:

(1) Die Vermittlung von religionskundlichen Kenntnissen im kulturellen Zusammenhang – Religionskunde – ist an den allgemeinbildenden öffentlichen Schulen Gegenstand fächerübergreifenden Unterrichts.
(2) Unterricht im Fach Religion wird in Übereinstimmung mit den Religionsgemeinschaften angeboten, sobald nach Feststellung der Schulaufsichtsbehörde die personellen und inhaltlichen Voraussetzungen gegeben sind. Die Teilnahme am Religionsunterricht ist auf der Grundlage des Artikel 7 Abs. 2 des Grundgesetzes freiwillig. Die Entscheidung über die Teilnahme treffen die Eltern oder, nach Vollendung des 14. Lebensjahres, der Schüler. (§ 15 SRG)

Die Bestimmungen des SRG bezeugen rückblickend einen Paradigmenwechsel in der Debatte: Einerseits verweist Absatz 1 auf den in der Frühphase der Debatte verbreiteten und von den ostdeutschen Kirchenleitungen unterstützten Ansatz einer fächerübergreifenden Einbindung des Themas Religion an den Schulen unter dem Schlagwort Religionskunde (Schwerin 1990, 364–365).[4] Erkennbar wird andererseits in Absatz 2

---

3 Für eine Übersicht zum parlamentarischen Ablauf zum ersten Schulgesetz von 1996 siehe Landtag M-V 2012b.
4 Religionskunde bezeichnet in diesen Entwürfen ein theologisches Konzept und verweist nicht auf einen säkularen Unterricht (säkular i. S. einer weltanschaulich neutralen Metaperspektive [„Sä-

die Bemühung um Anknüpfung an die grundgesetzliche Bestimmung zum konfessionellen Religionsunterricht, die schließlich im Schulgesetz konsolidiert und um die Ersatzfachlösung sowie die Fachgruppenoption erweitert wurde. Wurden in der Frühphase (circa 1989–1991) vornehmlich alternative Entwürfe zum bundesdeutschen Standardmodell diskutiert (Religionskunde als fächerübergreifende Lerndimension, Ethik als Pflichtfach für alle, Religion als Wahlfach), setzte sich in der rechtlichen Konsolidierung (1991–1996) zunehmend das Modell in Anlehnung an Art 7 GG durch.[5] Letzteres wurde innerkirchlich vor allem von westdeutschen Kirchenvertreter*innen als Königsweg angesehen, während sich die ostdeutschen Vertreter*innen mit ihren spezifischen Erfahrungen und gemeindepädagogischen Entwürfen offenbar nicht durchsetzen konnten (Schwerin 1990, 366). Auf Seiten der politischen Parteien standen sich als Kontrahentinnen in den entscheidenden ersten beiden Legislaturperioden des Landtages (1990–1998) vor allem die regierende CDU (pro RU) und die oppositionelle PDS (pro Pflichtfach Ethik, contra RU) gegenüber. Fachliche Akteur*innen gab es universitär seitens der Philosophieinstitute Rostock und Greifswald, deren Entwürfe und Bemühungen von Fachvertreter*innen insbesondere aus Hamburg begleitet wurden (Pfeiffer 2013, 652). Sie konnten die alleinige Verantwortung ihres Faches für die Ausbildung der Ersatzfachlehrkräfte und Erstellung der Curricula für PhmK/Philosophie sichern.

Die Unterrichtspraxis des Fachs PhmK/Philosophie setzte bereits einige Jahre vor seiner rechtlichen Konsolidierung 1996 ein, wobei Erprobung und Einführung des Fachs in den verschiedenen Stufen versetzt begannen: Eine Belegung des Fachs Philosophie in der gymnasialen Oberstufe war punktuell erstmals im Schuljahr 1991/1992 möglich (Landtag M-V 1994, 2). Anderthalb Jahre später kündigte Kultusministerin Schnoor an, das neue Fach Philosophie ab dem Schuljahr 1993/1994 modellhaft parallel zum Religionsunterricht einzuführen (Landtag M-V 1993, 1). Im gleichen Schuljahr begann die Erprobung von PhmK an einzelnen Schulen in den Jahrgängen 5 und 6. Zudem wurden Bundesmittel für einen Modellversuch an allen weiterführenden Schularten der Sekundarstufe I beantragt (Landtag M-V 1994, 1–3). Ab dem Schuljahr 1995/1996 war PhmK/Philosophie an allen Schulen vorgesehen, an denen auch Religion erteilt wurde (Landtag M-V 1997, 1). Die formale Einführung von PhmK an Grundschulen erfolgte schließlich 1998 (Pfeiffer 2013, 652). Die unterrichtliche Einführung des Fachs begann somit mit der Neustrukturierung

---

kularität 1" nach Schröder 2020]). Der Ansatz wird mit dem gesellschaftlichen Bildungsauftrag der Kirchen begründet und beruht auf einem essentialisierenden Verständnis von Religion als *conditio humana* (Schwerin 1990).
5 Als letzter Versuch, ein alternatives Modell in Mecklenburg-Vorpommern zu etablieren, kann der Schulgesetzentwurf der PDS-Landtagsfraktion von 1993 gelten, der Ethik/Philosophie als Pflichtfach für alle Schüler*innen vorsah. Dieser scheiterte am Widerstand aller anderen Fraktionen und wurde nach der ersten Lesung zurückgezogen (Landtag M-V 2012a). Eine Beanspruchung der sog. Bremer Klausel (§ 141 GG) wie in Brandenburg erfolgte in Mecklenburg-Vorpommern nicht. Zu einer jüngeren Änderungsinitiative seitens des Humanistischen Verbands M-V siehe Abschnitt 5.

des Schulwesens 1991 und endete 1998 zwei Jahre nach Inkrafttreten der gesetzlichen Grundlage.

Die im Schulgesetz verankerte Option, die Fächer Religion und PhmK/Philosophie als Fächergruppe anzubieten, verweist auf die disparaten Positionen in den frühen Jahren der Debatte: Mit der Bestimmung zur Fächergruppenoption wird einerseits eine Möglichkeit gemeinsamen, fächerübergreifenden Lernens aller Schüler*innen eingeräumt. Andererseits wird durch die Zusätze, dies könne nur „zeitweilig" und „unter Wahrung ihrer [der Fächer, Anm. SF] Eigenständigkeit und ihrer Besonderheiten und der Rechte der Schülerinnen, Schüler und Erziehungsberechtigen" (§ 8 (3) SchulG M-V) geschehen, eine dauerhafte gemeinsame Erteilung oder die Entwicklung zu einem Einheitsfach ausgeschlossen. Ein besonderer Fokus der bildungspolitischen und vor allem der didaktischen Debatten lag in den Folgejahren auf möglichen Umsetzungen der Fächergruppenoption.[6] Trotz einzelner bis um die Jahrtausendwende entstehender fachdidaktischer Entwürfe hierzu (Schwerin 2000, 174–182; Brunotte 2000, 82) ist diese in der schulischen Praxis bislang kaum umgesetzt worden.

Rahmenbedingungen

Philosophieren mit Kindern ist in allen Jahrgängen der Primar- sowie der Sekundarstufe I an allen Schulformen mit jeweils einer Wochenstunde vorgesehen. Gleiches gilt auch für die ihm übergeordneten Pflichtfächer evangelische und katholische Religion (§§ 3–9 KontStTVO M-V).[7] In der gymnasialen Oberstufe kann das Fach Philosophie im Grund- (zweistündig) oder Leistungskurs (fünfstündig) belegt werden. Es besteht eine durchgängige Belegungspflicht für Philosophie oder Religion, eine ‚Abwahl' beider Fächer ist nicht möglich (§§ 10–12 APVO M-V; Fachverband Philosophie 2009, 46).[8] An berufsbildenden Schulen ist die Stellung des Faches wie auch des Religionsunterrichts prekärer als an den allgemeinbildenden Schulfor-

---

[6] Gut dokumentiert ist eine gemeinsame Fachtagung für Lehrkräfte der Religions- und Philosophie-Fächer im März 1998 in Rostock-Warnemünde mit rund 200 Teilnehmer*innen (Hastedt 1998, 5; Tagungsbeiträge dokumentiert im gleichen Band). Ziel der vom Rostocker Institut für Philosophie organisierten Tagung war der Auf- und Ausbau der „nachbarschaftlichen Beziehungen" von Religion und PhmK/Philosophie als „Sinn- und Orientierungsfächer" (ebd.). Dem Anliegen eines distanzierten religionskundlichen bzw. rein philosophiegeschichtlichen Unterrichts erteilte man explizit eine Absage (a.a.O., 6).
[7] Andere konfessionelle Religionsfächer (jüdisch, islamisch etc.) gibt es bislang in Mecklenburg-Vorpommern nicht.
[8] Im Abitur konnte Philosophie bis 2021 als schriftliches oder mündliches Prüfungsfach gewählt werden; in Zukunft ist die schriftliche Wahlmöglichkeit an das Zustandekommen eines entsprechenden Leistungskurses gebunden (KMK 2020, 48).

men. Beide Fächer werden im Schulgesetz hier nämlich nicht explizit als zu gewährleistende Fächer genannt (§ 5(2) SchulG M-V). Sie können als sogenannte berufsübergreifende Fächer an beruflichen Schulen prinzipiell angeboten werden, haben in der Praxis aufgrund struktureller Probleme jedoch nur geringe Angebots- und Belegungsquoten (Biewald 2013, 230–231).

In allen Schulformen besitzt das Fach PhmK/Philosophie den Status eines Ersatzfachs zum konfessionellen Religionsunterricht (§ 8(2) SchulG M-V; MBWK M-V 1997, Ziffer 1). Die Teilnahme an PhmK/Philosophie ist nur durch Abmeldung vom Religionsunterricht möglich und steht prinzipiell allen Schüler*innen unabhängig von ihrer religiösen beziehungsweise weltanschaulichen Zugehörigkeit offen. Die Abmeldung von Religion muss zu Beginn eines jeden Schuljahres (erneut) erfolgen und kann von den Eltern beziehungsweise nach Vollendung des 14. Lebensjahrs durch die Schüler*innen formlos schriftlich vorgenommen werden. Eine automatische Zuordnung konfessionsloser oder andersreligiöser Schüler*innen zum Ersatzunterricht ist nicht vorgesehen.[9] In einem Runderlass des Ministeriums für Bildung, Wissenschaft und Kultur wird den Schulleitungen ausdrücklich davon abgeraten, Abmeldungen vom Religionsunterricht im Rahmen von Elternversammlungen zuzulassen, und untersagt, schuleigene Formulare zum Beispiel zum Ankreuzen des gewünschten Fachs auszugeben (Landtag M-V 2008, 2). Die Abmeldung vom RU und der Zugang zum Ersatzfach PhmK/Philosophie sind damit von Kenntnisstand und Eigenantrieb der Eltern beziehungsweise jugendlichen Schüler*innen abhängig; die Regularien erschweren weitergehende Debatten und das Bild einer gleichwertigen Wahloptionen wird vermieden.[10] Trotzdem wird vereinzelt fälschlicherweise behauptet, dass die Fächer Religion und PhmK/Philosophie gleichberechtigt nebeneinanderstünden (Brunotte 2000, 74; Hoenen 2019, 11).

Bei Abmeldung vom Religionsunterricht ist die Teilnahme am Ersatzfach PhmK/Philosophie verpflichtend. Kann eine Schule keinen Ersatzfachunterricht anbieten, kann sie Ersatzunterricht in einem anderen Fach erteilen.[11] Diese Möglichkeit wird auch in nicht unerheblichem Maß genutzt, wie die folgende Übersicht der 2019 zu-

---

9 Welchem Religionsunterricht die Schüler*innen bei Nicht-Abmeldung zugeordnet werden, ist nicht geregelt. Vermutlich ist es mehrheitlich evangelische Religion, da katholische Religion nur an wenigen Schulen angeboten wird. Ein Bewusstsein für die Problematik des Zuordnungsverfahrens zeigt sich in der vorhandenen Literatur nicht.
10 Letzteres wird auch seitens des Religionslehrerverbandes M-V nachdrücklich hervorgehoben, der diese Regelung auch bei den Schulleitungen bewusst machen will und zu diesem Zweck eine eigene Vorlage zur Unterrichtswahl anbietet (Religionslehrerverband M-V o. J.; Religionslehrerverband M-V 2020).
11 Zur Frage, welche Fächer hier zulässig sind, gibt es verschiedene Angaben: Fächer „im musisch-ästhetischen Bereich [...] aber bspw. auch Geschichte" (Schulz 2009, 193) oder sogar alle „Fächer aus dem sprachlich-literarisch-künstlerischem, gesellschaftswissenschaftlichem und dem mathematisch-naturwissenschaftlichem Aufgabenfeld sowie Förderunterricht und Sport." (KMK 2019, 28). Im Ersatzunterricht dürfen auch „ethische Fragestellungen im Fokus stehen", allerdings

letzt veröffentlichten Teilnahmequoten der Fach- und Ersatzunterrichte in der Primar- und Sekundarstufe I zeigt (s. Tab. 1):[12]

Tab. 1: Teilnahmezahlen im Schuljahr 2017/18 (Datengrundlage: KMK 2019, 9–29).

	kath. RU	ev. RU	PhmK	Ersatzunt.	nicht teiln.
absolut	828	42.490	46.295	10.963	16.379
Anteil (gerundet)	0,71%	36,32%	39,57%	9,37%	14,00%

Die belegungsstärksten Fächer des Bereichs sind evangelische Religion und PhmK, deren Teilnahmequoten in den letzten Jahren jeweils zwischen 30 und 40 Prozent betrugen.[13] Allerdings zeigt sich im Vergleich zur Bevölkerungsstruktur eine deutliche Schieflage: Die Besuchsquote im Fach evangelische Religion ist doppelt so hoch, wie der Anteil von 18 Prozent evangelischer Kirchenmitglieder im Land vermuten lässt (Zensus 2011, 42).[14] Für die große Mehrheit ohne Kirchenmitgliedschaft (79 Prozent) unterschied der letzte Zensus nicht zwischen Konfessionsfreien und Menschen anderer religiöser und weltanschaulichen Zugehörigkeiten. Da jedoch außer evangelischem und katholischem RU kein weiterer Religions- oder Weltanschauungsunterricht angeboten wird (Kumlehn 2020, 229), wäre eine deutlich häufigere Wahl des Ersatzfachs zu erwarten. Mögliche Erklärungen für dieses umgekehrte Fächerverhältnis sind der nachgeordnete Status des Fachs PhmK/Philosophie, der Eigeninitiative voraussetzende Abmeldeprozess vom RU, der seit Jahren herrschende Lehrkräftemangel sowie die dezidierte Ausrichtung und Bewerbung des evangelischen Religionsunterrichts als ‚Fach für alle', mit dem man kirchlicherseits auch konfessionsfreie Eltern und Kinder dezidiert ansprechen will. Ein solches Image wird von Religionspädagogik, Religions-

---

sei er auch dann nicht als „eigenständiges Fach Ethik [...] in staatlicher Verantwortung [...] zu kategorisieren" (MBWK M-V 1997, zit. n. KMK 2020, 45).
12 Für die gymnasiale Oberstufe sind keine aktuellen Belegungszahlen veröffentlicht.
13 Zur Entwicklung der Belegungszahlen seit 1999 (Schulz 2009, 139; KMK 2016, 2019) zeigt sich folgendes Bild: Der katholische RU hat einen sehr kleinen Anteil, der von anfänglich 1,2 auf zuletzt 0,7 Prozent sank. Der Anteil des evangelischen RU stieg von zunächst rund 23 Prozent an und schwankt seit ca. 2003/2004 zwischen 30 bis knapp 40 Prozent. Der Anteil von PhmK stieg seit seiner Einführung deutlich an (von 17 auf fast 40 Prozent). Der Anteil des Ersatzunterrichts durch andere Fächer ist sinkend (von 17 auf 9,4 Prozent), aber nicht zu vernachlässigen. Der Anteil der Schüler*innen ohne Teilnahme an Religion, PhmK oder Ersatzunterricht scheint sich in den letzten Jahren bei ca. 10 bis 15 Prozent stabilisiert zu haben.
14 Nur 3,4 Prozent der Bevölkerung sind Mitglied der römisch-katholischen Kirche. Die Teilnahmequote am katholischen Religionsunterricht, der nur an einigen Schulen erteilt wird, ist noch niedriger (s. oben; Zensus 2011, 42).

lehrerverband und schulpolitischen Stellen der Nordkirche gefördert (Hoenen 2019, 8; Kumlehn 2020, 215, 228–229).[15]

Nach Angaben der Kultusministerkonferenz wird an 35 Prozent der öffentlichen Schulen Mecklenburg-Vorpommerns gar kein Unterricht in PhmK/Philosophie angeboten (KMK 2020, 45). Es ist außerdem der Anteil der Schüler*innen zu beachten, die an keinerlei Unterricht in diesem Bereich teilnehmen (weder Religion, noch PhmK, noch Ersatzunterricht). Fasst man die Anteile von Ersatzunterricht und Nichtteilnahme zusammen, muss konstatiert werden, dass fast ein Viertel der Schüler*innen keinen Unterricht in den schulgesetzlich vorgesehenen ordentlichen Fächern Religion oder PhmK erhält. Noch gravierender ist die Situation an den beruflichen Schulen, an denen Religion und Philosophie „nachrangig" eingeführt wurden (Biewald 2013, 230). Für alle Schulformen muss eine Diskrepanz zwischen der rechtlichen Absicherung des Fachs und seiner in der Praxis nicht überall bestehenden unterrichtlichen Verwirklichung konstatiert werden (Fachverband Philosophie 2009, 46).

Jahrgangsübergreifender Unterricht ist sowohl in PhmK/Philosophie als auch in den Religionsunterrichten sowie dem Ersatzunterricht möglich und wird auch punktuell eingesetzt (Landtag M-V 2008, 6–7). Schulübergreifender Unterricht ist ebenfalls in beiden Fächern möglich und insbesondere für das Zustandekommen von katholischem Religionsunterricht sowie von Oberstufenkursen vielerorts notwendig (Schulz 2009, 199; Kumlehn 2020, 227). Die Fächergruppenoption eines vorübergehend kooperativen Unterrichts (§ 8 (3) SchulG) findet dagegen nur selten im Rahmen „punktuelle[r], projektbezogene[r] Zusammenarbeit" Anwendung (Kumlehn 2020, 227). Erfolgreich sind dagegen die als projektbezogenes Angebot für alle Schüler*innen seit 1999 veranstalteten „Tage ethischer Orientierung" (TEO).[16] Diese werden allein von der evangelischen Nordkirche gestaltet. Eine Beteiligung von Philosophielehrkräften, -fachverbänden oder Weltanschauungsgemeinschaften gibt es nicht (Kumlehn 2020, 230).

Ausbildung der Lehrkräfte

PhmK/Philosophie soll in Mecklenburg-Vorpommern ausschließlich von dazu ausgebildeten Lehrkräften erteilt werden, eine fachfremde Erteilung ist nicht vor-

---

15 Inwiefern diese Praxis im Konflikt mit der negativen Religionsfreiheit nichtkonfessioneller Schüler*innen und ihrer Eltern steht, wurde in der Vergangenheit aus der Opposition heraus sowie vom Humanistischen Verband M-V problematisiert.
16 In altersspezifischen, teils thematischen TEO-Modulen (z. B. Datenschutz, Flucht, Klima) werden in der Nordkirche jährlich ca. 5000 Schüler*innen und ihre Eltern erreicht. Dabei werden religiöse Anteile dezidiert eingebunden: „Beziehungsorientiert werden [...] Alltagssituationen ethisch reflektiert, um Lebenshilfe und Orientierung anzubieten. Dabei kommen Bezüge zur christlichen Tradition zum Tragen und zunehmend nachgefragte spirituelle Angebote werden fakultativ unterbreitet" (Kumlehn 2020, 230).

gesehen.[17] Die Qualifikation von Lehrkräften für PhmK/Philosophie geschieht auf zwei Wegen: als grundständige Ausbildung im Lehramtsstudium oder durch berufsbegleitende Weiterbildung in einem sogenannten Beifachstudium (KMK 2020, 46–47). Eine dritte Zugangsmöglichkeit zum Lehramt besteht für Seiteneinsteiger*innen über ein Qualifikationsverfahren, das vom Institut für Qualitätsentwicklung verantwortet wird.

Die universitäre Lehramtsausbildung für das Fach ist an den Standorten Rostock und Greifswald für alle nicht-sonderpädagogischen Schularten und Stufen möglich (KMK 2020, 46–47). An der Universität Rostock kann Philosophie zum einen auf Staatsexamen studiert werden: Für das Lehramt an Grundschulen (9 Semester), an Regionalschulen[18] (9 Semester) sowie an Gymnasien (10 Semester) ist Philosophie als eines von zwei Wahlfächern belegbar. Daneben besteht die Option zur Belegung im Erweiterungsfach (drittes Fach) für Regionalschulen oder Gymnasien sowie als Beifach.[19] Außerdem kann Philosophie nach Bachelor-Master-System für berufliche Schulen als Zweitfach neben dem berufsbezogenen Erstfach belegt werden (Universität Rostock 2021a). Die fachwissenschaftliche und fachdidaktische Ausbildung wird vom Institut für Philosophie verantwortet. Die an der Universität in kleinem Rahmen vertretene Religionswissenschaft ist nicht beteiligt.[20] Sie wirkt hingegen am Lehramtsstudium zum Fach evangelische Religion mit. Während die studiengangsspezifischen Prüfungs- und Studienordnungen (SPSO) für Philosophie das Thema Religion als Studieninhalt nicht erwähnen, sehen sie für evangelische Religion Pflichtmodule mit religionswissenschaftlichen Anteilen vor.[21]

---

17 Gleiches gilt auch für den RU (Kumlehn 2020, 228). Ebenso wenig ist eine Erteilung von PhmK/Philosophie durch Religionslehrkräfte vorgesehen. Zur schulischen Realität gibt die vorhandene Literatur keine Auskunft. Die Erteilung von Ersatzunterricht und Berichte über das nicht flächendeckende Angebot der Fächer (Fachverband Philosophie 2009, 46; Rolf 2010, 2–3, 9–10; Kumlehn 2020, 228) weisen jedoch auf die Umsetzung dieser Vorgabe hin. Eine Erteilung des Unterrichts durch Seiteneinsteiger*innen mit fachwissenschaftlichem Hintergrund ohne entsprechende Lehrbefähigung ist allerdings möglich (MBWK M-V 2020, 1–4).
18 Regionale Schulen (Klasse 5–10) integrieren Haupt- und Realschulen (Bildungsserver o. J.).
19 Im Erweiterungsfachstudium wird man in gleichem Umfang und gleicher Gewichtung im dritten Fach ausgebildet und erhält die entsprechende Lehrbefähigung. Das Beifachstudium hingegen umfasst weniger Leistungen und befähigt nur zur Lehre in der Sekundarstufe I. Ein Beifachstudium ist während des regulären Lehramtsstudiums oder zur berufsbegleitenden Nachqualifikation möglich.
20 An der theologischen Fakultät der Universität Rostock bilden „Religionswissenschaft und Interkulturelle Theologie" eines von sieben Fachgebieten. Gemäß Fakultätshomepage werden darunter „zwei unterschiedliche, in Theologischen Fakultäten jedoch eng aufeinander bezogene Disziplinen" verstanden. Eigenständige Studiengänge in Religionswissenschaft werden nicht angeboten (Theologische Fakultät der Universität Rostock 2021).
21 Die in der Modulbeschreibung formulierten Lern- und Qualifikationsziele offenbaren jedoch eine gewisse Verquickung von Religionswissenschaft und Systematischer Theologie und ein weites Begriffsverständnis „religionswissenschaftliche[r] Disziplinen" im Plural (Universität Rostock 2021b).

Die fachliche Lehramtsausbildung für PhmK/Philosophie umfasst Pflicht- und Wahlpflichtmodule in den Bereichen Theoretische und Praktische Philosophie, Philosophiegeschichte sowie Fachdidaktik (entsprechend auch Rolf 2010, 3). Eine Wissens- und Kompetenzbildung zu religionsbezogenen Themen oder im Bereich Religionskunde ist nicht vorgesehen. In Spannung zu dieser Nichtthematisierung von Religion und Religionskunde steht das in der Modulbeschreibung zur „Schulpraktische[n] Übung" der Primarbereich genannte Lern- und Qualifikationsziel „sozialwissenschaftliches, kulturreflexives und religionskundliches Kontextwissen bei der Gestaltung von Bildungsprozessen in ethnisch und religions-/weltanschaulich [sic] heterogen geprägten Lerngruppen" (Universität Rostock 2021b, 9). Wie die angestrebten Kompetenzen im Rahmen der zwei vorgesehenen SWS (genannt werden noch 14 weitere Punkte) und ohne religionswissenschaftliche Beteiligung entwickelt werden sollen, bleibt unklar. Bei der Lehramtsausbildung an der Universität Greifswald, wo das Fach Philosophie für Gymnasien, Regionalschulen und Grundschulen sowie als Erweiterungs- oder Beifach studiert werden kann (KMK 2020, 47), ist ebenfalls keine Thematisierung religionskundlicher Inhalte und Kompetenzen vorgesehen (Prüfungs- und Studienordnungen siehe Universität Greifswald 2016b). Auch hier ist die Philosophie die einzige vorgesehene Fachbezugswissenschaft, ein religionswissenschaftlicher Fachbereich besteht in Greifswald zudem nicht dauerhaft (Stand 2021). Allerdings wird eine Behandlung religionsphilosophischer Fragen in einem Pflichtmodul für das Lehramtsstudium für Gymnasien sowie Regionalschulen unter mehreren optionalen Inhalten möglich (Universität Greifswald 2016b, 11–12). Da bis zur Umstellung auf modularisierte Studiengänge 2012 der Besuch von Lehrveranstaltungen in den Bereichen Religionsphilosophie, Theologie oder „Religionswissenschaften [sic]" in kleinem Umfang verpflichtend war (Universität Greifswald 2016a), muss eine rückläufige Beachtung des Themas Religion in der Greifswalder Philosophielehramtsausbildung konstatiert werden. Ähnliches gilt für Rostock: Vor etwa 20 Jahren gab Brunotte den Anteil religionswissenschaftlicher beziehungsweise religionsphilosophischer Inhalte am dortigen Lehramtsstudium Philosophie noch mit 10 Prozent an (Brunotte 2000, 82).

Aktuelle Zahlen zu Studierenden und Absolvent*innen der genannten Lehramtsstudiengänge werden von den Universitäten leider nicht veröffentlicht.[22] Im Hinblick auf die Entwicklung der Lehramtsbildung stellt Pfeiffer jedoch fest: „Die Qualifizierung [...] erfolgte anfangs vor allem berufsbegleitend [...]. Aktuell werden

---

[22] Ältere Angaben zu den Studierendenzahlen finden sich zum einen für das Jahr 1999: insgesamt ca. 190 Lehramtsanwärter*innen und sich für das Fach PhmK/Philosophie nachqualifizierende Lehrkräfte an beiden Hochschulstandorten (Fröhlich 1999, 48). Zum anderen nennt Brunotte (2000, 82) für 2000 ca. 100 Lehramtsstudierende an der Universität Rostock. Beide Angaben sind lediglich Schätzwerte. Auch zu den tätigen PhmK-/Philosophielehrer*innen (mit Lehrbefähigung) finden sich lediglich ältere Zahlen: 167 im Schuljahr 1999/2000 und 329 in 2003/2004 (Schulz 2009, 188).

fast ausschließlich Lehrpersonen im grundständigen Studium ausgebildet" (Pfeiffer 2013, 652).

Für die berufsbegleitende Weiterbildung von PhmK-/Philosophielehrkräften ist in Mecklenburg-Vorpommern das Institut für Qualitätsentwicklung zuständig, das dem Ministerium für Bildung, Wissenschaft und Kultur zugeordnet ist (Regierungsportal M-V o. J.).[23] Das Institut ist insbesondere für die Betreuung des Referendariats,[24] Mitwirkung bei der Entwicklung von Rahmenplänen und die Organisation der zentralen Abschlussprüfungen zuständig und beherbergt das Lehrerprüfungsamt (Regierungsportal M-V o. J.). Weiterhin bietet der Landesverband des Fachverbands Philosophie Fortbildungsangebote für Philosophielehrer*an, beispielsweise den jährlichen „PhilosophielehrerInnentag" (Fachverband Philosophie 2020, 30).

Zudem besteht über das Institut für Qualitätsentwicklung die Möglichkeit, als Seiteneinsteiger*in mit einem fachlich korrespondierenden Hochschulabschluss im Lehramt tätig zu werden (MBWK M-V 2020, 1). Solche Kandidat*innen werden zunächst für ein Jahr befristet als Lehrkräfte angestellt und an einer öffentlichen Schule eingesetzt. Parallel ist die sogenannte „Grundlegende Pädagogische Qualifizierung" am Institut für Qualitätsentwicklung zu absolvieren. Mit einem erfolgreichen Abschluss kann eine entfristete Anstellung im Schuldienst folgen, inklusive Zugang zur dreijährigen berufsbegleitenden „Modularisierten Qualifizierungsreihe" (240 Stunden). Deren erfolgreicher Abschluss bildet zusammen mit einem unbefristeten Arbeitsverhältnis als Lehrkraft im Land, der pädagogischen Eignung sowie eines Mindestbeschäftigungszeitraums die Voraussetzung für eine Erteilung der Lehrbefähigung (MBWK M-V 2020, 1–5).

Neben im Land ausgebildeten Lehrer*innen können an weiterführenden Schulen auch Lehrkräfte aus anderen Bundesländern PhmK/Philosophie unterrichten. Voraussetzung ist eine abgeschlossene Ausbildung mit 1. und 2. Staatsexamen in den Fächern Philosophie, Werte und Normen, LER oder Ethik. Zum Unterrichten von PhmK an Grundschulen ist dagegen eine entsprechende Qualifikation im Land erforderlich (KMK 2020, 46).

---

23 Das Fortbildungsangebot bietet allerdings wenige Kurse, die dem Fach Philosophie zugeordnet werden können (MBWK M-V o.J.; Stand 2021).
24 Die Dauer des Referendariats beträgt in Mecklenburg-Vorpommern 18 Monate bzw. 24 Monate zur „Doppelqualifikation". Letztere befähigt angehende Regionalschullehrkräfte auch zum Unterrichten an Grundschulen sowie angehende Gymnasiallehrkräfte auch zum Lehramt an Grundschulen und Regionalschulen (Kumlehn 2020, 234). Solche Regelungen zur Flexibilisierung und größeren Einsetzbarkeit der Lehrkräfte werden wie der erleichterte Zugang zur Verbeamtung gegen den seit Jahren akuten Lehrkräftemangel eingesetzt (siehe auch MBWK M-V 2015).

Curriculare Vorgaben

Alleinige Bezugswissenschaft des Fachs PhmK/Philosophie ist die Philosophie. Eine Beteiligung anderer Fächer ist bei der Lehramtsausbildung nicht mehr und in der Entwicklung der Curricula nicht vorgesehen. Die aktuellen Vorgaben (sogenannte Rahmenpläne, im Folgenden RP) wurden vom Institut für Philosophie der Universität Rostock in Zusammenarbeit mit dem Institut für Qualitätsentwicklung erstellt (KMK 2020, 46). Zudem war nach eigener Angabe der Landesverband des Fachverbands Philosophie beteiligt (Fachverband Philosophie 2020, 30).[25] Der RP für PhmK an Grundschulen (Klasse 1–4) erschien 2004 und blieb bislang unverändert. Gleiches gilt für den RP zur schulartenübergreifenden Orientierungsstufe (Klasse 5 und 6) von 2001 sowie den RP Sekundarstufe I (Klasse 7–10) von 2002, der bis heute den Zusatz „Erprobungsfassung" trägt.[26] Nur der RP für die gymnasiale Oberstufe (Klasse 11 und 12), zuvor von 2006, erhielt 2019 im Zuge der Oberstufenreform eine umfassende Überarbeitung (KMK 2020, 46; Pfeiffer 2013, 652–663; siehe unten).[27]

Die Legitimation des Faches PhmK/Philosophie stützt sich vor allem auf die ihm zugeschriebene Funktion „Kinder und Jugendliche bei ihrer Suche nach Orientierung und Sinn zu begleiten und ihnen Denk- und Verstehensangebote in existentiellen Fragen zu unterbreiten" (Pfeiffer 2013, 652). Diese Zielrichtung wird oft als Gemeinsamkeit mit dem rechtlich übergeordneten Religionsunterricht genannt, wenn es um Potenziale zur Kooperation beider Fächer geht (Pfeiffer 2013, 652; Hastedt 1998, 5; Schwerin 2000, 178–181). Dieses übergeordnete Fachverständnis verweist nicht auf einen religionskundlichen Unterricht: In PhmK/Philosophie liegt die Relevanz der Beschäftigung mit Religion nicht auf gesellschaftlicher Ebene, sondern auf persönlich-wertebildender Ebene.[28]

Der Bildungsbeitrag des Faches wird für die Stufen mit unterschiedlichen Schwerpunkten benannt: In der Grundschule soll es den Schüler*innen eine „Orien-

---

25 Die ersten Rahmenpläne wurden in Zusammenarbeit mit dem Institut für Philosophie der Universität Hamburg erstellt (Pfeiffer 2013, 652; KMK 2020, 46). Ihre Prägung hinterließen auch die zur Zeit der Fachkonzeption und -einführung in den frühen 1990er Jahren laufenden Debatten um die grundsätzliche Ausrichtung schulischer Bildung. Wie auch in anderen Fächern nahm man zunehmend die „Fragen und Denkwege" der Schüler*innen in den Blick, das Bildungsverständnis wandelte sich von einem behavioristischen zu einem konstruktivistischen (Pfeiffer 2013, 652).
26 Die Benennung der Rahmenpläne ist insofern irreführend, als die Klassen 5 und 6 („Orientierungsstufe") ebenfalls Teil der Sek I in Mecklenburg-Vorpommern sind.
27 Daneben gibt es eigene Rahmenpläne für die Vorstufe des Fachgymnasiums (2007), die Klasse 12 der Fachoberschule (2009) und für die Berufsschule (2008). Aufgrund der marginalen Stellung von Philosophie an berufsbildenden Schulen konzentrieren sich die folgenden Ausführungen auf die obengenannten Rahmenpläne.
28 In einigen Rahmenplänen wird eine hybride Stellung des Fachs zu weltanschaulicher Neutralität angedeutet. Es sei „gleich weit entfernt von wertneutraler Beliebigkeit wie von weltanschaulicher Indoktrination" (RP O, 12; RP Sek I, 14).

tierungshilfe zum Weltverständnis" sein, indem es sie zum „Weiterfragen" anregt (RP GS, 13).²⁹ In der Orientierungsstufe sollen unter anderem „Nachdenklichkeit", Reflexion und Kontroversität geübt werden (RP O, 11–12). In der Sekundarstufe I wird Philosophie als „prinzipielle Reflexion" charakterisiert, die implizit konstruktivistisch erscheint (RP Sek I, 13).³⁰ Angepasst an die Entwicklungsphasen der Schüler*innen werden nach Einschätzung Pfeiffers in allen Stufen ähnliche Inhalte mit wachsender Komplexität behandelt (Pfeiffer 2013, 668). Das Fach sei stärker auf die Anregung spezifischer Haltungen und Denkweisen der Schüler*innen ausgerichtet, als auf feste Inhalte (Pfeiffer 2013, 668). Diese Ausrichtung ist beispielsweise im Fachverständnis für die gymnasiale Oberstufe formuliert: „Ausgehend von konkreten Problemen fragt die Philosophie nach den Grundbedingungen und Prinzipien des Denkens, Wissens und Erkennens, Handelns und guten Lebens, Hoffens und Menschseins. Bezogen auf diese Reflexionsbereiche kann beim Philosophieren nahezu alles thematisiert werden" (RP Sek II, 4).

Inhaltlich-thematische Vorgaben machen die Rahmenpläne unter den Bezeichnungen „Unterrichtsinhalte" (RP Sek II) beziehungsweise „Reflexionsbereiche" (andere RP). Die für jede Klassenstufe vorgegebenen Themengebiete orientieren sich in den älteren Rahmenplänen an den sogenannten vier kantischen Fragen (Was kann ich wissen? Was darf ich hoffen? Was ist der Mensch? Was soll ich tun?), die jeweils abzudecken sind (Pfeiffer 2013, 657). Damit liegt der inhaltliche Fokus des Fachs auf philosophischen Fragestellungen und Erkenntnismethoden. Das Thema Religion findet in den Rahmenplänen nur selten Erwähnung, wobei seine Behandlung in höheren Klassen zunimmt. In der Grundschule und der Orientierungsstufe vorgesehenen Inhalten werden lediglich Themenvorschläge zur fächerübergreifenden Projektarbeit mit dem Fach Religion gemacht.³¹ Es zeigt sich die Vorstellung, dass es zu diesen Themen sowohl religiöse als auch philosophische beziehungsweise säkulare Vorstellungen gibt, die behandelt werden sollen. Dass dies fachkooperativ erfolgen soll, suggeriert eine Arbeitsteilung zwischen RU und PhmK; Religion ist als Unterrichtsgegenstand primär in ersterem zu finden und in letzterem nur als Vergleichsfolie von Interesse.³²

---

29 Im Folgenden werden die Rahmenpläne über diese Abkürzungen zitiert: RP GS (Grundschule), RP O (Orientierungsstufe), RP Sek I (Klasse 7–10), RP Sek II (gymnasiale Oberstufe).
30 „Das Instrumentarium philosophischen Nachdenkens ermöglicht in besonderer Weise, die Fragwürdigkeit der Welt, jeder Festlegung im Miteinander und die Unsicherheit einer Ich-Definition zu erkennen. Es zeigt andererseits, wie jedes Argumentieren und Handeln von Festlegungen und Beschränkungen abhängig ist, wie Sprache und Bilder der „Welt" uns prägen" (RP Sek I, 13).
31 Dies sind: „Zeit", „Typisch männlich, typisch weiblich" (RP GS 24–25), „Ursprungsvorstellungen", „Prophetie", „verantwortungsvoller Umgang mit der Natur", „Tod als Beruf" und „Leistung & Gerechtigkeit" (RP O, 18, 29).
32 Inwiefern auf diese Art und unter Nichtthematisierung konkreter religionsgeschichtlicher Gegenstände das Bildungsziel, die Schüler*innen u. a. „zum interkulturellen Lernen, zur Auseinandersetzung mit Grundgedanken der großen Weltreligionen sowie mit Traditionen und Werten

Im RP zur Sek I wird Religion auch über die fächerübergreifende Projektarbeit hinaus kontinuierlich aufgegriffen. Eine Beschäftigung mit religiösen Perspektiven und Gegenständen ist anhand der Themen „Angst", „Lebensgestaltung zwischen Realismus und Utopie", „Deutungen menschlicher Lebensbegriffe, Gottesbegriffe" und „Tod und Unsterblichkeit" sowie in kleinerem Umfang bei den Themen „Recht" und „Traditionen" (hier beispielsweise „Islam: Schleier") vorgesehen (RP Sek I, passim). Dabei werden auch erstmals religionsgeschichtliche Traditionen und Gruppen benannt.[33] Es fällt auch der Begriff „Weltreligionen", dem „Christentum, Islam, Hinduismus, Buddhismus" zugeordnet werden (RP Sek I, 39).[34] Beim Thema „Deutungen menschlicher Lebensbegriffe, Gottesbegriffe" ist ein Block „Okkultismus und Satanismus" vorgesehen, wobei unter anderem dualistische Gottesdarstellungen, Magie und Esoterik behandelt werden sollen (RP Sek I, 32). Über eine bloße Nennung solcher Konzepte und Traditionen geht der Rahmenplan jedoch nicht hinaus, weshalb die Behandlung dieser Gegenstände im Unterricht stark von Lehrkraft und verwendeten Lehrmitteln abhängen dürfte. Der Umstand, dass in der Lehramtsausbildung keine fachlichen oder inhaltlichen Grundlagen zu religionsbezogenen Unterrichtsgegenständen gelegt werden, verstärkt diese Problematik.

Im RP für die gymnasiale Oberstufe ist ein ganzer Themenblock mit Religionsbezug vorgesehen: „Religion und Mythos" im Umfang von acht Unterrichtsstunden im Grund- und 19 im Leistungskurs (24–25).[35] Es sind drei Inhalte im Grund- sowie zwei weitere für den Leistungskurs vorgesehen, zu denen Hinweise und Anregungen gegeben werden: „Mythos und Glaube und Sinnsuche im menschlichen Leben", „Mensch und Religion"[36] und „Bedeutung von Religion", zusätzlich im Leistungskurs „Religi-

---

anderer Kulturen im Sinne einer Verständigung über die Welt" zu befähigen erreicht werden soll (RP GS, 3), ist unklar.

33 Bemerkenswerterweise werden als Beispiele für „gelebte Utopien" nur Gruppen/Strukturen mit religiösen Bezügen genannt „z. B. Mönchsorden, Amish, Hutterer, Kíbbuzim usw.", interessant ist auch der Fokus auf christliche und hier erstmals auch jüdische Phänomene (RP Sek I, 31). Der neue RP Oberstufe sieht ebenfalls das Thema Utopien vor und schlägt eine andere Zusammenstellung vor, die auch säkulare Entwürfe einschließt „Hippie-Bewegung, Hutterer, Amische, Kommunismus, Religionen" (RP Sek II, 23). Auch diese Zuordnung bleibt erklärungsbedürftig.

34 Im Rahmenplan für die gymnasiale Oberstufe wird eine abweichende Zuordnung von Traditionen als „Weltreligionen" vorgenommen (RP Sek II, 24).

35 Punktuell thematisieren auch andere Unterrichtsinhalte religionsbezogene Gegenstände, z. B. im Bereich „Sein und Dasein" zur Unsterblichkeit der Seele und zu Hildegard von Bingen. Und bei der „kritische[n] Auseinandersetzung mit Menschenrechten und dem Grundgesetz" im Bereich „Freiheit und Verantwortung" sollen neben Sigmund Freud, Rosa Luxemburg u. a. auch „religiöse Ansätze" behandelt werden (RP Sek II, 28, 33).

36 Vorgeschlagen wird dazu „Darstellung und Vergleich der Eckpfeiler der drei monotheistischen Weltreligionen – im Kontrast zu polytheistischen Religionen (wie Hinduismus) und Glaubensgemeinschaften ohne Götter (wie Buddhismus) oder mythologischen Weltinterpretationen" (RP Sek II, 24–25).

onskritik" sowie „kritische Auseinandersetzung mit den Formen und Wirkungsmechanismen des Mythos und der Dialektik der Aufklärung" (RP Sek II, 24–25). Das heißt, dass hier eine dezidierte Beschäftigung mit religionstheoretischen Konzepten und Begriffen vorgesehen ist. Auf welchen Begriffsverständnissen und Theorien diese basieren soll, ist jedoch unklar. Zudem schlägt der RP eine große Bandbreite von Gegenständen vor, deren Zusammenstellung erklärungsbedürftig bleibt, während zudem unreflektierte Zusammenstellungen religiöser und (pop-)kultureller Quellen gemacht werden.[37] Religionsbezogene Inhalte machen dennoch nur einen kleinen Anteil im Gesamtcurriculum aus. Dabei werden ältere, überholte Systematiken anhand von Begriffen wie Weltreligionen, Polytheismus oder Naturreligionen (RP Sek II, 33) erkennbar, ohne dass eine Reflexion dieser Ordnungssysteme vorgesehen wäre. Eine Anknüpfung an den fachwissenschaftlichen Stand der Religionswissenschaft (oder anderer kultur- und sozialwissenschaftlicher Disziplinen) fehlt.

Im Unterricht sind zwar vereinzelte Gegenstände zu behandeln, die auch für Religionskunde von Interesse sind, doch angesichts der disparaten Situation in der Lehramtsausbildung und dem Fehlen einer reflexiven Metaperspektive sowie von wissenschaftlicher Aktualität in den Curricula ist fraglich, wie Lehrende diese im Unterricht angemessen behandeln sollen. Der dennoch behauptete Bezug auf Religionskunde bleibt rein nominell. Dies verdeutlichen zum Beispiel die abschlussbezogenen Standards im Bereich „Religion und Mythos" beim untergeordneten Inhalt „Mensch und Religion". Demnach sollen die Schüler*innen zur „Auseinandersetzung mit religionskundlichen Grundbegriffen wie Monotheismus, Polytheismus, Deismus, Agnostizismus, Fideismus" in der Lage sein (RP Sek II, 24). Religionskunde wird hier im Sinne konzeptionell-vergleichender Unterscheidung verwendet, die jedoch rein auf Typen von Glaubensvorstellungen zur Gottesfrage beschränkt bleibt und auf überholten phänomenologischen Ansätzen beruht. Eine verengende normative Setzung ethischer Vorstellungen – etwa auf die sogenannte „Goldene Regel" – ist in den curricularen Vorgaben nicht feststellbar und trotz des formulierten sinnstiftenden Bildungsbeitrags des Faches wird eine persönliche Positionierung der Schüler*innen wenig forciert. Für eine konsequent religionskundliche Behandlung der in den höheren Stufen zumindest phasenweise vorgesehenen religionsbezogenen Themen fehlt es jedoch sowohl an einer klaren entsprechenden fachdidaktischen Rahmung als auch an einer angemessenen fachwissenschaftlichen Perspektive. Es zeigen sich also Diskrepanzen zwischen Rahmenplänen und Lehramtsausbildung, die in keiner Weise hinreichend auf die ab der 7. Klasse in

---

[37] So soll die „kritische Reflexion der Bedeutung der Religion für das menschliche (Zusammen-)Leben" z. B. geschehen durch „kritische Auseinandersetzung mit historischen, literarischen, künstlerischen oder cineastischen Ausdrucksformen von Religion und Mythologie", wie „Ringparabel, Werke Barlachs, Bibel, Edda, Star Wars, Star Trek, Game of Thrones" (RP Sek II, 25).

steigendem Maße vorgesehene Beschäftigung mit einer breiten Zusammenstellung von religionsgeschichtlichen Gegenständen und religionssystematischen Begriffen vorbereitet.[38]

Aktuelle Situation und Diskussionen

Öffentliche und politische Auseinandersetzungen um das Fach PhmK/Philosophie beziehungsweise die Regelung des Religions- und Werteunterrichtsbereichs fielen vor allem in die Vor- und Anfangszeit der getroffenen Regelung mit evangelischer und katholischer Religion als konfessionellen Pflichtfächern[39] und PhmK/Philosophie als bekenntnisungebundenem Ersatzfach. Einzig in den Jahren 2007–2008 gab es eine größere Diskussion um die Fächerregelung, die zivilgesellschaftlich ausgelöst wurde. Konkrete Initiativen zur Änderung des bestehenden Modells gab es in den letzten Jahren keine, punktuell gab es im Landtag kritische Beiträge aus den Fraktionen SPD und Die Linke. Die außer 1998–2006 stets regierungsbeteiligte CDU tritt als klare Befürworterin des christlich-konfessionellem Religionsunterricht als Pflichtfach auf und wehrte Änderungsinitiativen entschieden ab (CDU Fraktion M-V 2008; CDU M-V 2019, 17; Huber 2008). Eine Umgestaltung des Fächerbereichs ist derzeit nicht in Sicht. Im Zentrum schulpolitischer Debatten stand in den letzten zehn Jahren vor allem das Thema Inklusion (Kumlehn 2020, 224–225).

Zivilgesellschaftliche Impulse für eine Änderung des aktuellen Fächermodells gehen seit 2006 vom Landesverband des Humanistischen Verbands aus. Allerdings erreichten die Aktivitäten ihren Höhepunkt bereits in den frühen Jahren (circa 2006–2008). So diskutierte der Landesverband Möglichkeiten für das Fach Humanistische Lebenskunde im Land (hpd 2007), kritisierte die Nichtbeteiligung säkularer und humanistischer Akteure an den „Tagen ethischer Orientierung" (TEO) und deren missionarische Ausrichtungen (hpd 2008a). Zudem war der Landesverband Teil der bundesweiten „Initiative LER 2011" und forderte eine Umwandlung des Ersatzfachs PhmK/Philosophie in ein Pflichtfach LER für alle Schüler*innen in Anlehnung an das Brandenburger Modell. Konfessionelle Fächer wie der RU (und das gegebenenfalls einzuführende Fach Humanistische Lebenskunde) sollten freiwillige

---

[38] Über die Umsetzung der Lehrpläne in der schulischen Praxis lassen sich keine gesicherten Aussagen machen. Eine nähere Analyse verwendeter Lehrmittel könnte hierzu ein erster Schritt sein. Allerdings liegt seit 2020 die Auswahl der verwendeten Schulbücher gemäß § 11 der aktuellen Fassung des Schulgesetzes bei den Schulen selbst. Einen Katalog zugelassener Lehrwerke zum PhmK/Philosophieunterricht gibt es nicht mehr.
[39] Seitens der Kirchen gibt es in den letzten Jahren zunehmend Aktivitäten zur ökumenischen Zusammenarbeit und Konzeption für einen Konfessionell-kooperativen Religionsunterricht (KoKoRU), für den es bereits Verhandlungen von evangelischer Nordkirche und den Erzbistümern Hamburg und Berlin gab (Kumlehn 2020, 226).

Wahlfächer werden (HVD M-V 2008).⁴⁰ Doch dieser Vorstoß scheiterte und im Folgejahr wurde in der Neufassung des Schulgesetzes die bestehende Regelung erneut festgeschrieben. Seither beschränken sich die bildungspolitischen Initiativen des Landesverbandes auf kleiner gefasste Kritiken, beispielsweise am staatlich organisierten jährlichen Bibelwettbewerb (HVD M-V 2010; 2019).

Als relevanter didaktischer Fachverband ist der Landesverband des bundesweit tätigen Fachverbands Philosophie zu nennen. Dieser wirkte am neuen Rahmenplan für die gymnasiale Oberstufe (2019) mit und tritt als Organisator von jährlichen Tagungen und Fortbildungen auf. Außerdem veranstaltet er Essay- und Videowettbewerbe für PhmK-/Philosophie-Schüler*innen (Fachverband Philosophie 2020, 29–30). Diverse bundesweite bildungspolitische Statements gibt es außerdem von der Deutschen Gesellschaft für Philosophie, dem Fachverband Philosophie sowie dem Forum für Didaktik der Philosophie und Ethik.⁴¹ Diese plädieren immer wieder für eine Stärkung des Faches sowie der Lehramtsausbildung und forderten 2010 mit der „Münsteraner Erklärung" eine deutschlandweite Gleichstellung von Philosophie und Ethik als Pflichtfächer oder als Wahlpflichtfächer zu Religion (DGPhil et al. 2010, 3). Allerdings wird die Anbindung an den Religionsunterricht durch den Ersatzfachstatus von manchen auch als Vorteil zur Absicherung des Fachs und seiner Erteilung gesehen (Rolf 2010, 2–3). Schulz nimmt sogar eine „Allianz" von Lehrkräften beider Fächer beziehungsweise ihrer Verbände in Mecklenburg-Vorpommern an, in der man sich nicht als Konkurrenten sähe. Diese Einigkeit münde in gemeinsamen Fortbildungsveranstaltungen und stärke zudem „das bildungspolitische Gewicht ihrer Stimme gegenüber dem Ministerium" (Schulz 2009, 190, 199).

Religionswissenschaftliche Einordnung

Das Fach PhmK/Philosophie wird in den Rahmenplänen als „Orientierungshilfe" für die Schüler*innen (RP GS, 13) beziehungsweise Angebot zur „Entwicklung und Förderung kritischer Denktätigkeit" (RP Sek II, 4) konzipiert. Seitens didaktischer und politischer Akteur*innen wird vor allem die wertebildende, orientierende und sinnstiftende Funktion des Fachs wie auch des Religionsunterrichts unterstrichen, woraufhin Bezeichnungen wie „Schwesterfach" (Landtag M-V 2008, 1), „Wertefächer" (Hoenen

---

40 Dieser Vorschlag löste im Herbst 2008 eine Kontroverse aus, in der die Landes-CDU den Verband öffentlich angriff. Dieser bemühte sich um Klarstellung und stellte wiederum seinerseits die Verfassungsmäßigkeit der Pflichtfachregelung zum Religionsunterricht infrage (Huber 2008, hpd 2008b, Stopperarm 2008b). Im November 2008 kam es zur Anhörung im Bildungsausschuss des Landtags, bei der der HVD-Landesverband einen Vorschlag zur Novellierung des Schulgesetzes machte. Danach sollte zunächst PhmK/Philosophie zum Pflichtfach für alle und später zu einem Fach LER umgewandelt werden (Stopperarm 2008a).
41 Eine Übersicht gibt das Forum für Didaktik der Philosophie und Ethik auf seiner Internetseite.

2019, 11) oder „Sinn- und Orientierungsfächer" (Hastedt 1998, 5) verweisen. Zugleich wird betont, dass keine Indoktrination einer bestimmten weltanschaulichen Perspektive erfolgen solle und keine Festlegungen „die über einen allgemeinen Wertekonsens hinausgehen" gemacht würden (RP GS, 13). Die curricularen Vorgaben sehen dazu punktuell auch eine Beschäftigung mit religionsbezogenen Inhalten vor. Allerdings mangelt es an einer angemessenen religionskundlicher Fundierung und Rahmung dieser, sodass die religionswissenschaftliche Einordnung des Fachs kritisch ausfällt:

Das Fach PhmK/Philosophie in Mecklenburg-Vorpommern ist kein religionskundliches Fach im Sinne religionswissenschaftlicher Ansprüche. Fünf Aspekte lassen sich als Belege für diese Feststellung anführen: Erstens ist der Anteil religionskundlich relevanter Inhalte in den Rahmenplänen marginal. Zweitens werden diese nicht konsequent religionskundlich gerahmt und die vage bleibenden Vorgaben lassen den Umgang mit Religion unreflektiert erscheinen. Stattdessen wird drittens in den Rahmenplänen auf veraltete, essentialisierende Systematiken und Begriffe zu Religion(en) zurückgegriffen und es wird keinerlei Anschluss an den aktuellen Stand der Religionswissenschaft erkennbar. Viertens verweist die normative Vorgabe eines übergeordneten Sinnstiftungsauftrags des Fachs eher auf ein Lernen *von* als ein Lernen *über* Religion. Fünftens blockiert die Nichtbeteiligung der Religionswissenschaft an Lehramtsausbildung und Lehrplanentwicklung religionskundliche Potenziale.[42]

Dieser Problemlage wäre mittelfristig innerhalb der bestehenden rechtlichen Rahmenbedingungen durch Verbesserungen in der Lehramtsausbildung sowie an den Rahmenplänen beizukommen. Langfristig wäre darüber hinaus eine Abkehr vom segregativen Fächermodell mit übergeordnetem RU und untergeordnetem PhmK/Philosophieunterricht hin zu einem integrativen Ansatz mit konsequent religionskundlicher Perspektive wünschenswert. Diese Debatte wird auf Landes- wie auf Bundesebene in den nächsten Jahren geführt werden müssen. Um den Stand religionskundlichen Unterrichts in Mecklenburg-Vorpommern zu verbessern, braucht es in beiden Fällen eine Stärkung beziehungsweise Neuerrichtung religionswissenschaftlicher Standorte im Land (und deren institutionelle Unabhängigkeit von konfessionell-theologischen Strukturen, die nicht zur Lehramtsausbildung für ein säkulares Fach geeignet sind).[43] Diese Standorte müssten ihren Beitrag leisten, religionskundlichen Unterricht von der Lehramtsausbildung an fachwissenschaftlich und fachdidaktisch zu fundieren, und sich in die berufsbegleitende Weiterbildung und bei der Lehrplan- und der Lehrmittel-

---

[42] Der als Pflichtfach übergeordnete Religionsunterricht sieht zwar in Lehrausbildung und Curriculum in stärkerem Maße religionskundlich relevante, teils religionswissenschaftlich informierte Inhalte vor, kann aber aufgrund seiner konfessionellen Rahmung, seines nicht säkularen Religionsbegriffs und der normativ-wertebildenden Ausrichtung ebenfalls nicht als religionskundlicher Unterricht bezeichnet werden.

[43] Religionskunde ist säkular im Sinne einer weltanschaulich-neutralen Metaperspektive auf den Unterrichtsgegenstand Religion (zu Heuristik und Bewertung dreier Dimensionen von Säkularität im Kontext Schule siehe Schröder 2020).

entwicklung einbringen. Viele der beschriebenen Probleme lassen sich auch in anderen Bundesländern feststellen, doch der Fall Mecklenburg-Vorpommern verdeutlicht in besonderer Weise, dass Unterricht ohne oder mit nur schwacher religionswissenschaftlicher Fundierung keinen religionskundlichen Gehalt entwickeln kann und von einem Mangel an theoretischer und begrifflicher Reflexion zum Thema Religion geprägt bleibt. Zur Verbesserung dieser Situation braucht es einen regen länderübergreifenden Austausch von Ansätzen und Erfahrungen im Bereich Religionskundedidaktik und in der Religionswissenschaft insgesamt.

Bibliografie

Biewald, Roland. 2013. „Ein Fach für alle (Fälle): Berufsschulreligionsunterricht (BRU) in den ostdeutschen Bundesländern." *Zeitschrift für Pädagogik und Theologie* 65 (3): 229–39.

Bildungsserver Mecklenburg-Vorpommern. o. J. „Regionale Schule." Zugriff am 19. März 2021. https://www.bildung-mv.de/schueler/schule-und-unterricht/schularten/regionale-schule/.

Brunotte, Ulrike. 2000. „Religionswissenschaft im Studiengang bzw. Schulfach Ethik / Philosophie – eine produktive Allianz? Dokumentation und Perspektiven." In *Hochschullehre und Religion: Perspektiven verschiedener Fachdisziplinen*, hg. v. Dieter Fauth und Ulrich Bubenheimer, 71–94. Würzburg: Religion und Kultur.

CDU-Fraktion im Landtag M-V (CDU Fraktion M-V). 2008. *Pressemitteilung: Marc Reinhardt: Religionsunterricht als ordentliches Unterrichtsfach bewährt – LINKE versucht, antichristliche Polemik der SED wiederzubeleben.* 2. September 2008.

CDU Landesverband Mecklenburg-Vorpommern (CDU M-V). 2019. *Grundsatzprogramm der CDU Mecklenburg-Vorpommern.* Binz 2019.

Deutsche Gesellschaft für Philosophie e.V (DGPhil)., Fachverband Philosophie e. V., Forum für Didaktik der Philosophie und Ethik und Fachverband Ethik e. V. 2010. „Münsteraner Erklärung 2010." *Newsletter der Deutschen Gesellschaft für Philosophie* (9): 3–4.

Fachverband Philosophie e. V. 2009. „Umfrage zur Ausbildung der Lehrer/innen für Philosophie in den einzelnen Bundesländern." *Mitteilungen des Fachverbandes Philosophie* (49): 45–49.

Fachverband Philosophie e. V. 2020. „Bericht aus dem Landesverband Mecklenburg-Vorpommern." *Mitteilungen des Fachverbandes Philosophie* (60): 29–30.

Fröhlich, Michael. 1999. „Stand der Philosophielehrerausbildung in Mecklenburg-Vorpommern." *Rostocker Philosophische Manuskripte (Neue Folge)* (7): 45–49.

Hastedt, Heiner (Hg.). 1998. *„Philosophie und Religion: Zukunft einer Fächergruppe".* Unter Mitarbeit von W. Franzen. *Rostocker philosophische Manuskripte* (Neue Folge) (5). Rostock: Philosophische Manuskripte.

Hoenen, Raimund. 2019. „Transformationen religiöser Bildung in Ostdeutschland – ein Rückblick auf Religionspädagogik und Katechetik nach 1989." *Zeitschrift für Pädagogik und Theologie* 71 (1): 3–15.

Huber, Judith. 2008. „Verleumderische Vorwürfe." *Humanistischer Pressedienst*, 13. November 2008.

hpd (= Humanistischer Pressedienst). 2007. „Lebenskunde in Mecklenburg-Vorpommern?", 8. November 2007.

hpd. 2008a. „Der Staat als Missionsgehilfe." 14. Februar 2008.

hpd. 2008b. „Prof. Dr. Renate Bieritz-Harder fassungslos." 11. November 2008.

HVD Humanisten M-V e. V. (HVD M-V). 2008. „Initiative „LER 2011" für Mecklenburg-Vorpommern." *Humanistischer Pressedienst*, 23. Juli 2008.
HVD Humanisten M-V e. V. 2010. „Schieflastige Bildungspolitik in MV." *Humanistischer Pressedienst*, 19. Januar 2010.
HVD Humanisten M-V e. V. 2019. „Humanistische Kritik an staatlichem Bibelwettbewerb." *Humanistischer Pressedienst*, 2. Mai 2019.
KMK (= Sekretariat der Ständigen Konferenz der Kultusminister der Länder in der Bundesrepublik Deutschland). 2016. *Auswertung Religionsunterricht Schuljahr 2015/16: Teilnehmende Schülerinnen und Schüler allgemeinbildender Schulen in öffentlicher Trägerschaft nach Schularten (aufgegliedert nach Religionsunterrichten, Ethik und weiteren Ersatzunterrichten) für den Primar- und Sekundarbereich I.*
KMK. 2019. *Auswertung Religionsunterricht Schuljahr 2017/18: Teilnehmende Schülerinnen und Schüler allgemeinbildender Schulen in öffentlicher Trägerschaft nach Schularten (aufgegliedert nach Religionsunterrichten, Ethik und weiteren Ersatzunterrichten) für den Primar- und Sekundarbereich I.*
KMK. 2020 [2008]. *Zur Situation des Unterrichts in den Fächern Ethik, Philosophie, Lebensgestaltung-Ethik-Religionskunde (L E R), Werte und Normen in der Bundesrepublik Deutschland: Bericht der Kultusministerkonferenz vom 22. 02.2008 i. d. F. vom 25. 06.2020.*
[KontStTVO M-V]. MBWK M-V. 2009. *Verordnung über die Kontingentstundentafeln an den allgemein bildenden Schulen.* 27. April 2009.
Kumlehn, Martina. 2020. „Religion unterrichten in Mecklenburg-Vorpommern." In *Religionsunterricht in den Ländern der Bundesrepublik Deutschland: Neue empirische Daten – Kontexte – aktuelle Entwicklungen*, hg. v. Martin Rothgangel und Bernd Schröder, 215–38. Leipzig: Evangelische Verlagsanstalt.
LT M-V (= Landtag Mecklenburg-Vorpommern). 1993. „ANTWORT der Landesregierung auf die Kleine Anfrage des Abgeordneten Stolt, Fraktion der SPD (Drucksache 1/3508): Religions- und Philosophieunterricht." Drucksache 1/3583.
LT M-V. 1994. „ANTWORT der Landesregierung auf die Kleine Anfrage der Abgeordneten Frau Beyer, Fraktion der SPD (Drucksache 1/4767): Modellprojekt Philosophie-Unterricht." Drucksache 1/4808.
LT M-V. 1996. „GESETZENTWURF der Landesregierung: Entwurf eines Schulgesetzes für das Land Mecklenburg-Vorpommern." Drucksache 2/1185.
LT M-V. 1997. „ANTWORT der Landesregierung auf die Kleine Anfrage des Abgeordneten Andreas Bluhm, Fraktion der PDS: Ersatzstunden für Religionsunterricht." Drucksache 2/2578.
LT M-V. 2008. „KLEINE ANFRAGE des Abgeordneten Andreas Bluhm, Fraktion DIE LINKE Religionsunterricht und Philosophieunterricht und ANTWORT der Landesregierung." Drucksache 5/1738.
LT M-V. 2012a. „Parlamentarischer Ablauf: Schulgesetz des Landes Mecklenburg-Vorpommern: Gesetzentwurf der PDS (Vorgang 1/Dr2686)."
LT M-V. 2012b. „Parlamentarischer Ablauf: Entwurf eines Schulgesetzes für das Land Mecklenburg-Vorpommern (Vorgang 2/Dr1185)."
MBWK M-V (=Ministerium für Bildung, Wissenschaft und Kultur Mecklenburg-Vorpommern). 1997. Runderlass *„Evangelischer und Katholischer Religionsunterricht in Mecklenburg- Vorpommern ab Schuljahr 1997/98" (Runderlass Religionsunterricht).* 22. April 1997. Schwerin.
MBWK M-V. 2015. *Personalbedarfsentwicklung 2016 – 2030: An öffentlichen allgemein bildenden und beruflichen Schulen.* Schwerin.
MBWK M-V. 2020. *Informationsblatt für Lehrkräfte im Seiteneinstieg an allgemein bildenden Schulen des Landes Mecklenburg-Vorpommern.* Schwerin.

MBWK M-V. o.J. *Fortbildung für Lehrerinnen und Lehrer.* https://www.bildung-mv.de/lehrer/. [letzter Zugriff: 12.11.2022]
[APVO M-V] MBWK M-V. 2019. *Oberstufen- und Abiturprüfungsverordnung.* Schwerin. 19. Februar 2019.
Pfeiffer, Silke. 2013. „Das Unterrichtsfach Philosophieren mit Kindern in Mecklenburg-Vorpommern." *Pädagogische Rundschau* (6): 651–668.
[RP BS] MBWK M-V. 2008. *Rahmenplan Philosophie an der Berufsschule.* Schwerin.
[RP FGY] MBWK M-V. 2007. *Rahmenplan für die Vorstufe des Fachgymnasiums Philosophie.* Schwerin.
[RP GS] MBWK M-V. 2004. *Rahmenplan Grundschule Philosophieren mit Kindern.* Schwerin.
[RP GY] MBWK M-V. 2019. *Rahmenplan für die Qualifikationsphase der gymnasialen Oberstufe Philosophie.* Schwerin.
[RP O] MBWK M-V. 2001. *Rahmenplan Philosophieren mit Kindern Jahrgangsstufen 5 und 6 (schulartenunabhängige Orientierungsstufe).* Schwerin.
[RP Sek I] MBWK M-V. 2002. *Rahmenplan Philosophieren mit Kindern Jahrgangsstufen 7-10 (Regionale Schule, Verbundene Haupt- und Realschule, Hauptschule, Realschule, Gymnasium, Integrierte Gesamtschule).* Schwerin.
[RP Sek II] MBWK M-V. 2009. *Rahmenplan Philosophie für die Jahrgangsstufe 12 der Fachoberschule.* Schwerin.
Regierungsportal M-V. o. J. *Institut für Qualitätsentwicklung.* Schwerin.
Religionslehrerverband M-V e. V. (o. J.) *Was wir wollen.* Zugriff am 23. Mai 2021. https://www.ru-tut-gut.de/was-wir-wollen/.
Religionslehrerverband M-V e. V. (2020) *Informationsblatt zum Religionsunterricht bzw. zum Unterricht im Fach „Philosophieren mit Kindern".* Zugriff am 23. Mai 2021. https://www.ru-tut-gut.de/wp-content/uploads/2020/02/Informationsblatt-zum-Religionsunterricht-bzw.pdf
Rolf, Bernd. 2010. „Zur Situation des Philosophieunterrichts in Deutschland." *Newsletter der Deutschen Gesellschaft für Philosophie* (8): 1–3, 8–10.
Schröder, Stefan. 2020. „Umstrittene Säkularität: Säkularer Religionsunterricht an öffentlichen Schulen." *Zeitschrift für Religionswissenschaft* 28 (2): 314–35.
Schulgesetz für das Land Mecklenburg-Vorpommern (SchulG M-V). Landtag Mecklenburg-Vorpommern. 10. September 2010.
Schulz, Petra. 2009. „Religion unterrichten in Mecklenburg-Vorpommern." In *Evangelischer Religionsunterricht in den Ländern der Bundesrepublik Deutschland: Empirische Daten – Kontexte – Entwicklungen,* hg. v. Martin Rothgangel und Bernd Schröder, 185–210. Leipzig: Evangelische Verlagsanstalt.
Schwerin, Eckart. 1990. „Christenlehre – Religionsunterricht – Religionskunde: Dokumentation eines Gesprächs-, Meinungsbildungs- und Entscheidungsprozesses." *Die Christenlehre* 43 (12): 362–68.
Schwerin, Eckart. 2000. „Religionsunterricht in Mecklenburg-Vorpommern." In *Religiöse Bildung und religionskundliches Lernen in ostdeutschen Schulen: Dokumente konfessioneller Kooperation,* hg. v. Matthias Hahn, Christoph Hartmann, Detlev Kahl und Johannes Plaga, 165–88. Religionspädagogische Kontexte und Konzepte 7. Münster: Lit.
Stopperarm, Jochen. 2008a. „Vorschlag: Philosophie als Pflichtfach." *Humanistischer Pressedienst,* 13. November 2008. Zugriff am 16. Februar 2021. https://hpd.de/node/5743.
Stopperarm, Jochen. 2008b. „Zur aktuellen Debatte um Religionsunterricht." *Humanistischer Pressedienst,* 25. Juli 2008. Zugriff am 16. Februar 2021. https://hpd.de/node/5101.
Theologische Fakultät der Universität Rostock. 2021. *Religionswissenschaft und Interkulturelle Theologie.* Zugriff am 19. März 2021. https://www.theologie.uni-rostock.de/fachgebiete/religionswissenschaft-und-interkulturelle-theologie/.

Universität Greifswald. 2016a. *Studienordnungen & Prüfungsanforderungen der Lehramtsfächer bis SoSe 2012*. Zugriff am 22. Februar 2021. https://www.uni-greifswald.de/studium/waehrend-des-studiums/rund-um-die-pruefungen/pruefungs-und-studienordnungen/lehramtsstudiengaenge/studienordnungen-bis-sose-2012/.

Universität Greifswald. 2016b. *Studienordnungen & Prüfungsanforderungen der modularisierten Lehramtsfächer ab WiSe 2012/2013*. Zugriff am 22. Februar 2021. https://www.uni-greifswald.de/studium/waehrend-des-studiums/rund-um-die-pruefungen/pruefungs-und-studienordnungen/lehramtsstudiengaenge/studien-und-pruefungsordnungen-ab-wise-20122013/.

Universität Rostock. 2021a. „Studienangebot Lehramtsstudiengänge und Unterrichtsfächer." Zugriff am 22. Februar 2021. https://www.uni-rostock.de/studium/studienangebot/alle-studiengaenge-und-abschluesse/lehramt/.

Universität Rostock. 2021b. *Ordnungen: Rahmenprüfungsordnung, Studiengangsspezifische Prüfungs- und Studienordnungen, Praktikumsordnung*. Zugriff am 22. Februar 2021. https://www.zpa.uni-rostock.de/ordnungen/.

[Zensus] Statistische Ämter des Bundes und der Länder. 2014. *Zensus 2011: Bevölkerung nach Geschlecht, Alter, Staatsangehörigkeit, Familienstand und Religionszugehörigkeit*. Wiesbaden.

Christina Wöstemeyer
9 Niedersachsen

Hard Facts auf einen Blick

Fachbezeichnung	Werte und Normen
Einführung des Faches	1993 bzw. 2002
Schulstufen	Sekundarstufe I, Sekundarstufe II, Primarstufe für 2026 geplant
Rechtsstatus	Ersatzpflichtfach (zusätzlich Wahlfach in Sekundarstufe II)
Rechtsgrundlage	NSchG § 128, NSchG § 190, RdErl. d. MK v. 10.5.2011 – 33-82105 – VORIS 22410 -
Teilnehmer*innen	alle Schüler*innen, die nicht am Religionsunterricht (nach GG 7,3) teilnehmen
Einheitliche Prüfungsanforderung für das Abitur (EPA)	EPA Ethik (2006)
Bezugsdisziplin/en laut curricularer Vorgaben	geeignete Gesellschaftswissenschaften, Philosophie, Religionswissenschaft
Studienstandorte	Göttingen, Hannover, Oldenburg
Beteiligung der Religionswissenschaft an Lehramtsausbildung	ja
Besonderheit	vergleichsweise hohe Beteiligung der Religionswissenschaft an der Lehramtsausbildung; besondere Rolle des bekenntnisorientierten Humanistischen Verbands Deutschland/Niedersachsen bei der Entstehung und Gestaltung des Fachs
Weitere religions- und ethikbezogene Schulfächer	Alevitische Religion, Evangelische Religion (kann konfessionell-kooperativ erteilt werden), Islamische Religion, Jüdische Religion, Katholische Religion (kann konfessionell-kooperativ erteilt werden), Orthodoxer Religionsunterricht, Syrisch-orthodoxer Religionsunterricht, Philosophie

Open Access. © 2023 bei den Autorinnen und Autoren, publiziert von De Gruyter. Dieses Werk ist lizenziert unter der Creative Commons Namensnennung - Nicht-kommerziell - Keine Bearbeitungen 4.0 International Lizenz.
https://doi.org/10.1515/9783110694536-017

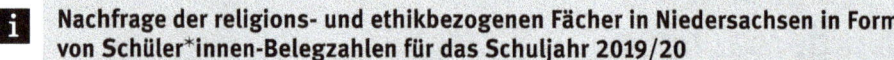

Nachfrage der religions- und ethikbezogenen Fächer in Niedersachsen in Form von Schüler*innen-Belegzahlen für das Schuljahr 2019/20

Quelle: KMK 2021. Auswertung Religionsunterricht Schuljahr 2019/20.

Verteilung der Fächer im Schulsystem

	Religionsunterricht (Pflichtfach)	Werte und Normen (Ersatzpflichtfach, zusätzlich Wahlfach in Sek II)	Philosophie (Ersatzfach für Werte und Normen, zusätzlich Wahlfach)
Primarstufe	+	[+]*	–
Sekundarstufe I	+	+	–
Sekundarstufe II grundlegendes Anforderungsniveau	+	+	+
Sekundarstufe II erhöhtes Anforderungsniveau	+	–	+

*seit Schuljahr 2017/18 Erprobungsphase, voraussichtlich ab 2026 ordentliches Schulfach

Geschichte und Entwicklung des aktuellen Modells

Die Entstehungsgeschichte des heutigen Fachs Werte und Normen, das in dieser Form ausschließlich in Niedersachsen existiert, ist letztlich ein Aushandlungsprozess zwischen verschiedenen politischen, weltanschaulichen und wissenschaftlichen Akteur*innen um das Verhältnis von Religion und Schule sowie über die Frage, mit welcher Perspektive und Absicht der Gegenstand Religion im schulischen Unterricht behandelt werden soll. Die Vielzahl und Vielfalt an Akteur*innen ist hier vergleichsweise hoch, da Werte und Normen ein Fach ist, das sich aus mehreren Bezugsdisziplinen speist und für das es keine eigene Fachdidaktik gibt, wie es etwa für Fächer wie Deutsch oder Mathematik der Fall ist. Für dieses Handbuch ist insbesondere die Tatsache interessant, dass die Religionswissenschaft – im Gegensatz zur Mehrzahl der anderen Bundesländer – als explizite Bezugsdisziplin des Fachs Werte und Normen zum einen in großem Umfang an der Lehramtsausbildung beteiligt ist, und zum anderen am Standort Hannover einen Forschungsschwerpunkt zum Themenkomplex Religion und Bildung allgemein und Werte und Normen im Speziellen vorweisen kann. Ein weiteres Spezifikum bei der Entstehung und Gestaltung des Fachs stellt die Rolle des bekenntnisorientierten Humanistischen Verbands Deutschland/Niedersachsen (kurz: HVN; ehemals: Freireligiöse Landesgemeinschaft Niedersachsen)[1] dar, der keinen eigenen Bekenntnisunterricht anbietet – wie etwa in Form des Fachs Humanistische Lebenskunde in Berlin –, sondern im staatlich getragenen Werte und Normen-Unterricht das humanistische Pendant zum konfessionellen Religionsunterricht sieht:

> Dem Humanistischen Verband Niedersachsen kommt auf Grundlage eines Staatsvertrages mit dem Land Niedersachsen das inhaltliche Mitwirkungsrecht am Fach Werte und Normen zu – es verhält sich hier analog zum Mitwirkungsrecht der Kirchen am jeweiligen Religionsunterricht. Dieses Mitwirkungsrecht wurde durch den ehemaligen Kultusminister Bernd Busemann bekräftigt und zuletzt unter Kultusministerin Frauke Heiligenstadt noch einmal erneuert, beispielsweise indem Vertreter des Humanistischen Verbandes Niedersachsen in die Kommissionen zur Entwicklung des Kerncurriculums Werte und Normen entsandt wurden. (HVN 2017)

Genau genommen wurde im besagten Staatsvertrag jedoch nur der damalige religionskundliche Unterricht zugesichert; inwiefern die Vereinbarung für das heutige Fach Werte und Normen gilt, ist unklar. Entgegen der zitierten Aussage wurde im Zuge der Verabschiedung des neuen Schulgesetzes 1974 gegenüber dem Kultusausschuss des Niedersächsischen Landtags seitens der Freireligiösen Landesgemeinschaft bekräftigt, dass es sich beim religionskundlichen Unterricht um ein staatliches Fach handle, mit dem die Landesgemeinschaft ansonsten nichts zu tun habe (vgl. Stäblein, 1997, 292). Ein Mitwirkungsrecht wurde damals also nicht beansprucht. Von der Möglichkeit, einen selbstverantworteten Bekenntnisunterricht einzurichten, wie ihn das Grundgesetz ermöglicht, machte die Freireligiöse Landesgemeinschaft keinen Gebrauch.

Der grundgesetzlich verankerte Religionsunterricht nach Artikel 7 Absatz 3 wird in Niedersachsen traditioneller Weise als konfessioneller Religionsunterricht in evangelischer Verantwortung angeboten und vom Großteil der Schüler*innen besucht, da die Bevölkerung überwiegend protestantisch geprägt ist, wenngleich die Religionszugehörigkeit im Zuge demographischer Wandel stark abgenommen hat. Vor allem seit

---

[1] Zur Rolle des HVN bei der Konzeption des Fachs Werte und Normen s. Schröder, Stefan. 2020. „Umstrittene Säkularität. Säkularer Religionsunterricht an öffentlichen Schulen." *Zeitschrift für Religionswissenschaft* 28/2: 314–335.

den 1960er Jahren kam es zu großen Abmeldewellen vom Religionsunterricht. Bereits mit Einrichtung beziehungsweise Beibehaltung des konfessionellen Unterrichts im Grundgesetz kam die Frage nach einem äquivalenten wertevermittelnden Unterrichtsangebot für Schüler*innen auf, die nicht am Religionsunterricht teilnahmen. In Niedersachsen gab es schon früh das Bestreben nach einem religionskundlichen Unterricht, das durch das vermehrte Abwählen des Religionsunterrichts noch bestärkt wurde. 1954 erreichten die SPD und die Freireligiöse Landesgemeinschaft Niedersachsen (heute HVN) die Verankerung eines eigenen Fachs namens *religionskundlicher Unterricht* im Niedersächsischen Schulgesetz ab der fünften Klasse aufwärts durch geeignete Lehrkräfte. Voraussetzung war eine Gruppenmindestgröße von 12 Schüler*innen. Diese wurde jedoch selten erreicht, zumal die Alternative in einer Freistunde bestand und kaum Lehrkräfte für das Fach zur Verfügung standen. Dem konnte zunächst auch der 1956 gegründete *Verein zur Förderung religionskundlichen Unterrichts e. V.*, der im Umfeld der Freireligiösen Landesgemeinschaft Niedersachsen entstand und damit den Vorläufer des heutigen *Fachverbands Werte und Normen – Ethische und humanistische Bildung in Niedersachsen e. V.* darstellt, nicht entgegenwirken. Damit den Schulen keine Betreuungsprobleme entstanden, wurde der Religionsunterricht (und damit auch der alternative *religionskundliche Unterricht*) in den Randstundenbereich gelegt. Dadurch wurde das Abwahlverhalten der Schüler*innen noch verstärkt, was die Kirchen dazu bewog, sich für ein verpflichtendes Alternativfachangebot einzusetzen, das nicht bekenntnisgebunden sein sollte. Damit sollte der Besuch des konfessionellen Religionsunterrichts wieder attraktiver werden. Als ein solches Alternativfach hätte sich der bereits bestehende *religionskundliche Unterricht* angeboten, dessen Erhalt 1970 im Rahmen eines Staatsvertrags zwischen dem Land Niedersachsen und der Freireligiösen Landesgemeinschaft Niedersachsen[2] zugesichert wurde und für den 1973 in Hannover ein eigener Lehrstuhl für Religionswissenschaft und Didaktik des religionskundlichen Unterrichts mit der Professur von Peter Antes eingerichtet wurde, sodass die Lehramtsausbildung, die durch die Bezugsdisziplin Religionswissenschaft angeboten wurde, sichergestellt war. Auch von politischer

---

2 Darin heißt es:
„§ 2 Das Land wird darauf bedacht bleiben, dass der in § 5 Abs. 6 des niedersächsischen Schulgesetzes an den öffentlichen Schulen vorgesehene religionskundliche Unterricht neben dem Religionsunterricht im Sinne der christlichen Bekenntnisse gleichberechtigt erteilt wird. Es wird insbesondere dafür sorgen, dass die betroffenen Erziehungsberechtigten auf die in Betracht kommenden Unterrichtsveranstaltungen regelmäßig hingewiesen werden.
§ 3 Das Land wird im Hochschulbereich die wissenschaftliche Vorbildung für den religionskundlichen Unterricht ermöglichen. Der an der Pädagogischen Hochschule Niedersachsen, Abteilung Hannover, erteilte Lehrauftrag für Religionswissenschaft und Didaktik des religionskundlichen Unterrichts soll erhalten bleiben."
Die Trägerschaft des Unterrichts wird dabei nicht explizit genannt, so dass es sich um einen staatlich verantworteten Unterricht handelt und nicht etwa um einen von der Freireligiösen Landesgemeinschaft Niedersachsen getragenen Unterricht.

Seite wurde in einem Regierungsentwurf für ein geändertes niedersächsisches Schulgesetz diese Variante in Form eines verpflichtenden Religionskundeunterrichts zunächst favorisiert und seitens des Kultusministers damit begründet, dass es nicht zu verantworten sei, „dass Schüler die Schule verlassen, ohne sich mit den für unsere Kultur grundlegenden religiösen und weltanschaulichen Werten, Ideen und Institutionen auseinandergesetzt zu haben. Wenn sie die konfessionell gebundene Unterrichtung aus Gewissensgründen ablehnen, dann müssen ihnen andere, äquivalente Möglichkeiten eröffnet werden" (Stäblein, 1997, 293). Die Kirchen schätzten den inhaltlichen Mitgestaltungswillen der Freireligiösen Landesgemeinschaft allerdings als sehr ausgeprägt ein und sahen dadurch die Neutralität des Faches gefährdet. In den Augen der Kirche handelte es sich beim *religionskundlichen Unterricht* also um einen humanistischen Bekenntnisunterricht, der als (staatlich geförderte) Konkurrenz zum eigenen konfessionellen Unterricht gesehen wurde. So wurde letztlich auf Bestreben der Kirchen zusätzlich zum konfessionellen und zum *religionskundlichen Unterricht*, die beide als ordentliche Schulfächer eingestuft waren, eine dritte Option, nämlich *philosophischer Unterricht* (oft bereits als *Werte und Normen-Unterricht* bezeichnet), als bekenntnisneutrale verpflichtende Alternative eingeführt, die 1974 unter SPD-Regierung Eingang ins Niedersächsische Schulgesetz (NSchG) fand. Die dort festgelegte Drei-Fächer-Regelung bestand knapp 20 Jahre lang, obwohl in der Schulpraxis nur wenige Schüler*innen den *religionskundlichen Unterricht* wählten und deshalb immer wieder die Idee im Raum stand, den *religionskundlichen* und den *philosophischen Werte und Normen-Unterricht* zu einem ordentlichen Lehrfach zusammenzulegen und damit aufzuwerten (vgl. Freireligiöse Landesgemeinschaft Niedersachsen und Gesellschaft zur Förderung religionskundlichen Unterrichts e. V. 1983, 12). Die Kirchen, hier vor allem die römisch-katholische Kirche, sprachen sich dagegen aus (vgl. Katholisches Büro Niedersachsen 1983). Trotzdem wurden 1980 unter Mitarbeit von Peter Antes die anschließend noch über 20 Jahre gültigen Rahmenrichtlinien[3] für ein solches Fach *Werte und Normen* verfasst, in denen neben der Praktischen Philosophie und geeigneten Gesellschaftswissenschaften die Religionswissenschaft als dezidierte gleichberechtigte Bezugsdisziplin festgelegt wurde, sodass es bundesweit eines der wenigen Schulfächer war und ist, an deren Konzeption die Religionswissenschaft offiziell mitbeteiligt ist. Dadurch wurde die Auflösung von *Werte und Normen* in Philosophieunterricht verhindert. 1993 kam es schließlich doch zur Zusammenlegung des *religionskundlichen* und des *philosophischen Werte und Normen-Unterrichts* zum Ersatzfach „Werte und Normen", das im damaligen § 128 NSchG geregelt wurde. Dort hieß es: „Wer nicht am Religionsunterricht teilnimmt, ist stattdessen zur Teilnahme am Unterricht Werte und Normen verpflichtet, wenn die Schule diesen eingerichtet hat. Dies gilt nicht für diejenigen, für die Religionsunterricht ihrer Religionsgemeinschaft

---

[3] Die letzte Überarbeitung der Rahmenrichtlinien fand 2004 statt, bevor sie zugunsten von Kerncurricula ihre Gültigkeit verloren.

nicht eingerichtet werden kann". Als Ersatzfach richtete sich Werte und Normen also zum einen an vom konfessionellen Religionsunterricht abgemeldete Schüler*innen, die überwiegend christlich sozialisiert waren und zum anderen an konfessionslose und/oder humanistische Schüler*innen, die zuvor zur Teilnahme am Religionsunterricht verpflichtet waren.[4] Schüler*innen, die vorher keinen Religionsunterricht besucht hatten und keiner Religion angehörten oder deren Religionsgemeinschaft keinen Unterricht anbot, mussten auch den Werte und Normen-Unterricht nicht besuchen. 2002 wurde Werte und Normen – kurz nach den terroristischen Anschlägen am 11. September 2001 – zum obligatorischen Ersatzpflichtfach für alle Schüler*innen, die nicht am Religionsunterricht teilnahmen. Eine zuvor erfolgte Teilnahme an einem konfessionellen Religionsunterricht war ab *dato* also keine Voraussetzung mehr für die Teilnahme am Werte und Normen-Unterricht. Damit erweiterte sich die Adressat*innengruppe, zu der nun neben Abwähler*innen des Religionsunterrichts auch nichtreligiöse Schüler*innen sowie solche, die einer nicht-christlichen Religion angehörten, zählten, für die kein eigener Unterricht in ihrem Bekenntnis angeboten wurde. So waren zum Beispiel muslimische Schüler*innen, die vorher nicht zur Teilnahme am Religionsunterricht verpflichtet waren, dementsprechend auch nicht an der Teilnahme eines Ersatzfachs verpflichtet gewesen, sondern hatten eine Freistunde oder nahmen am Parallelunterricht teil, was sich später mit der Einführung des islamischen Religionsunterrichts änderte.[5] Ob dies als schulische Präventionsmaßnahme gegen religiös motivierte Radikalisierung interpretiert werden kann, lässt sich nur vermuten. Nach einer zehnjährigen Modellversuchsphase fand im Schuljahr 2013/2014 die sukzessive Einführung islamischen

---

4 Bereits 1994 – ein Jahr nach der Einführung des Ersatzfachs Werte und Normen – klagte die Familie Haupt, für deren Sohn Felix die Teilnahme am Werte und Normen-Unterricht obligatorisch war, gegen die damalige Regelung, dass nur Schüler*innen zur Teilnahme am Werte und Normen-Unterricht verpflichtet waren, die zuvor am Religionsunterricht teilgenommen und sich aktiv von diesem abgemeldet hatten. Die Mitschüler*innen von Felix Haupt, für die kein Unterricht in deren Bekenntnis angeboten wurde, hatten hingegen eine Freistunde. Dadurch habe sich der konfessionslose Schüler diskriminiert gefühlt. Sein Vater sah deshalb im damaligen § 128 NSchG einen Verstoß gegen das Grundrecht auf (positive und negative) Religionsfreiheit (GG Art. 4 Absatz 1) und eine Ungleichbehandlung von Konfessionslosen (GG Art. 3 Absatz 3).

Die Klage, die es in letzter Instanz bis zum Bundesverfassungsgericht (BVerfG) schaffte, da das Verwaltungsgericht Hannover daran zweifelte, ob die schulrechtliche Regelung in Niedersachsen (§ 128 Absatz 1 Satz 1 NSchG) mit dem Grundgesetz (Art. 3 Absatz 3 und Art. 4) vereinbar ist und diese Frage deshalb dem Bundesverfassungsgericht zur Entscheidung vorlegte, wurde am 17.2.1999 vom BVerfG als unzulässig erklärt, da die Vorlage des Verwaltungsgerichts Hannover nicht hinreichend begründet worden sei (vgl. Neue Zeitschrift für Verwaltungsrecht 1999, 756). Da Felix Haupt mittlerweile das Abitur absolviert und die Schule verlassen hatte, kam es zu keiner abschließenden Entscheidung in der Sache seitens des Verwaltungsgerichts Hannover und der Fall wurde ad acta gelegt. (Für die Auskünfte bedanke ich mich herzlich bei Johann-Albrecht Haupt.)

5 Muslimische Schüler*innen, die zuvor am evangelischen Religionsunterricht teilgenommen hatten, waren bei dessen Abwahl allerdings ebenso zur Teilnahme am Ersatzfach Werte und Normen verpflichtet.

Religionsunterrichts an niedersächsischen Grundschulen ab der ersten Klasse und im Folgeschuljahr ab der fünften Klasse der Sekundarstufe I statt. Damit einhergehend war eine entsprechende Veränderung der Schüler*innenzahlen zu verzeichnen, die am Werte und Normen-Unterricht teilnahmen. Viele muslimische Schüler*innen entscheiden sich seitdem für den Besuch des islamischen Bekenntnisunterrichts. Dementsprechend sind die Schüler*innen, die am Werte und Normen-Unterricht teilnehmen, seitdem überwiegend nicht religiös. Allerdings dürfte die Verteilung der Bekenntnisse im konfessionellen Religionsunterricht ähnlich sein, da aufgrund der statistischen Daten zur Religionszugehörigkeit in Niedersachsen[6] angenommen werden kann, dass auch im konfessionellen Bekenntnisunterricht viele Schüler*innen sitzen, die nicht religiös sozialisiert und gebunden sind.[7] Hinzu kommt neben verschiedenen Facetten von Bekenntnisungebundenheit, die im Klassenraum vorzufinden sind, außerdem die Vielfalt an Religiositäts- und Weltanschauungsstilen auch innerhalb eines Bekenntnisses beziehungsweise in Form von Bezugnahmen auf mehrere unterschiedliche religiöse und philosophische Traditionen und Elemente. Religiös-weltanschauliche Diversität ist also sowohl im Religions- als auch im Werte und Normen-Unterricht anzutreffen, und zwar nicht nur auf Seiten der Schüler*innenschaft, sondern auch bei den Lehrkräften. Die bisherige bildungs- und religionspolitische Antwort auf religiöse Diversität besteht im Angebot eines separativen Unterrichtsmodells. In Niedersachsen werden gegenwärtig folgende bekenntnisgebundene Unterrichtsfächer im Sinne von GG 7,3 angeboten: Evangelische Religion und Katholische Religion, die beide als konfessionell-kooperativer Unterricht angeboten werden können. Hinzu kommen Islamische Religion sowie Jüdische Religion. Die genannten Fächer werden in allen Schulstufen angeboten. Im ministeriellen Runderlass zum Religionsunterricht und dem Werte und Normen-Unterricht sind außerdem die rechtlichen Rahmenbedingungen für orthodoxen bzw. griechisch-orthodoxen Religionsunterricht festgelegt (NMK 2011), der – ebenso wie syrisch-orthodoxer Religionsunterricht – in vereinzelten

---

6 Die jährlich erscheinende Statistikbroschüre „Die niedersächsischen allgemeinbildenden Schulen in Zahlen" des Kultusministeriums führt neben den Belegzahlen der religions- und ethikbezogenen Fächer differenziert nach Schulformen auch die Religionszugehörigkeit der Schüler*innen auf.
7 Darauf verweist auch die Kultusministerkonferenz in ihrer Auswertung zum Religionsunterricht (vgl. KMK 2016, 6). Zum Wahlverhalten vgl. unveröffentlichte Masterarbeit von Jara Schröder, die zeigt, dass bei der Belegung der entscheidende Faktor nicht die Religionszugehörigkeit sei. Schüler*innen wählen die Fächer Religion oder Werte und Normen stattdessen vorwiegend abhängig davon, ob ihnen die jeweilige Lehrkraft sympathisch ist oder nicht. Hinzukommt, dass an vielen Schulen wenig oder auch gar nicht über die Möglichkeit zur Teilnahme am Werte und Normen-Unterricht informiert wird. Darüber hinaus gibt es Schulen, die sich bereits bei der Schulanmeldung des Kindes versichern lassen, dass dieses am konfessionellen bzw. konfessionell-kooperativen Religionsunterricht teilnimmt und nicht von dessen Abwahlmöglichkeit Gebrauch gemacht wird. Czelinski-Uesbeck verweist auf die problematische Wahrnehmung des Fachs und seiner religionskundlichen Anteile bei Schüler*innen, was mit dem Status als Alternativfach zum konfessionellen Religionsunterricht einhergehe (vgl. Czelinski-Uesbeck 2011, 37).

Grundschulen eingerichtet ist. Darüber hinaus wird in der Primar- und in der Sekundarstufe I an einigen Schulen Alevitische Religion gelehrt. Laut evangelischer und katholischer Kirche sind „die rechtlichen Voraussetzungen dafür geschaffen, in der Schule neben evangelischem und katholischem Religionsunterricht auch orthodoxen, jüdischen, alevitischen und islamischen Religionsunterricht einzurichten" (Katholisches Büro Niedersachsen und Konföderation evangelischer Kirchen in Niedersachsen 2019, 24). Weder orthodoxer, noch syrisch-orthodoxer, jüdischer oder alevitischer Religionsunterricht werden jedoch in den Schulstatistiken aufgeführt, die Daten zu den tatsächlich angebotenen Unterrichtsfächern zur Verfügung stellen (vgl. KMK 2021).[8] Als Alternative zu den aufgeführten Religionsunterrichten gibt es das Ersatzpflichtfach Werte und Normen, das in der Oberstufe wahlweise durch das Fach Philosophie ersetzt werden kann. Außerdem können Philosophie und Werte und Normen in der Sekundarstufe II als Wahlfächer innerhalb eines Wahlpflichtbereichs belegt werden.

Rahmenbedingungen

Das Schulfach Werte und Normen[9] ist in verschiedene rechtliche und curriculare Vorgaben eingebunden. Das Niedersächsische Schulgesetz (NSchG) widmet dem Fach einen eigenen Paragraphen (§ 128), in dem es zunächst organisatorisch als alternatives Ersatzpflichtfach zum konfessionellen Religionsunterricht definiert und anschließend inhaltlich bestimmt wird:

(1) Wer nicht am Religionsunterricht teilnimmt, ist statt dessen [sic!] zur Teilnahme am Unterricht Werte und Normen verpflichtet, wenn die Schule diesen Unterricht eingerichtet hat. Für diejenigen, für die Religionsunterricht ihrer Religionsgemeinschaft als ordentliches Lehrfach eingeführt ist, entsteht die Verpflichtung nach Satz 1 erst nach Ablauf eines Schuljahres, in dem Religionsunterricht nicht erteilt worden ist. Die Schule hat den Unterricht Werte und Normen als ordentliches Lehrfach vom 5. Schuljahrgang an einzurichten, wenn mindestens zwölf Schülerinnen oder Schüler zur Teilnahme verpflichtet sind. In der gymnasialen Oberstufe, im Beruflichen Gymnasium, im Abendgymnasium und im Kolleg kann die Verpflichtung zur Teilnahme am Unterricht Werte und Normen auch durch die Teilnahme am Unterricht im Fach Philosophie erfüllt werden, wenn die Schule diesen Unterricht eingerichtet hat.

---

[8] Dies wird laut Niedersächsischem Kultusministerium zum einen mit der geringen Auslastung begründet, zum anderen jedoch auch mit Sicherheitsvorkehrungen, die für Schüler*innen und Lehrkräfte getroffen werden, da sie sonst ausfindig gemacht und Ziel rechtsextremer und/oder antisemitischer Anfeindungen werden könnten.

[9] Dieser Artikel bezieht sich in erster Linie auf das Fach Werte und Normen in den allgemeinbildenden öffentlichen Schulen mit Ausnahme von berufsbildenden Schulen sowie Kollegs und Abendschulen.

(2) Im Fach Werte und Normen sind religionskundliche Kenntnisse, das Verständnis für die in der Gesellschaft wirksamen Wertvorstellungen und Normen und der Zugang zu philosophischen, weltanschaulichen und religiösen Fragen zu vermitteln.

Durch den Status als Ersatzpflichtfach ist die Einrichtung des Unterrichts Werte und Normen stets abhängig vom Religionsunterricht und kein gleichberechtigtes Fach, wie es etwa bei Wahlpflichtfächern der Fall wäre. Der Religionsunterricht ist hier die Regel, der Werte und Normen-Unterricht die Ausnahme, die vom Religionsunterrichtsangebot abhängig ist. Werte und Normen kann also nur unterrichtet werden, wenn Religionsunterricht tatsächlich angeboten, aber nicht angenommen wird. Hinzu kommt, dass Schüler*innen, die keiner Religionsgemeinschaft angehören oder die sich von einem bestimmten konfessionellen Religionsunterricht abgemeldet haben, an einem (anderen konfessionellen) Religionsunterricht teilnehmen können, statt zur Teilnahme am Werte und Normen-Unterricht verpflichtet zu werden (vgl. NMK 2011, Abs. 4.3).

Ungeachtet des Ersatzpflichtfachstatus erscheint Werte und Normen in der Sekundarstufe II zudem als Wahlfach, wenn es in Relation zum Fach Philosophie gesetzt wird, das in Niedersachsen ausschließlich in der Oberstufe eingerichtet werden kann. Hier sind die Schüler*innen bei Abwahl des Religionsunterrichts zunächst zur Teilnahme am Fach Werte und Normen verpflichtet, können aber ersatzweise auch Philosophie wählen, sofern das Fach an der Schule angeboten wird.

Die im Schulgesetz formulierten Regelungen bezüglich des Werte und Normen-Unterrichts werden im *Runderlass des Niedersächsischen Kultusministeriums* noch weiter ausgeführt. Dort wird auch festgelegt, dass sowohl der Religionsunterricht als auch der Werte und Normen-Unterricht klassen-, jahrgangs- sowie schulübergreifend organisiert werden dürfen, um die Mindestgruppengröße von zwölf Schüler*innen (beziehungsweise acht Schüler*innen in der Oberstufe) zu erreichen (vgl. NMK 2011, Abs. 1.4, 2.2, 3.2). Einer gesonderten Anmeldung zum Werte und Normen-Unterricht bedarf es nicht.

Im bereits erwähnten Schulgesetz wird neben der Definition des Fachs Werte und Normen außerdem der allgemeine schulische Bildungsauftrag formuliert, in dem ein bestimmter Wertekanon festgelegt ist, innerhalb dessen der Unterricht und die Erziehung der Schüler*innen im öffentlichen Schulwesen stattfinden soll:

> Die Schule soll im Anschluss an die vorschulische Erziehung die Persönlichkeit der Schülerinnen und Schüler auf der Grundlage des Christentums, des europäischen Humanismus und der Ideen der liberalen, demokratischen und sozialen Freiheitsbewegungen weiterentwickeln. Erziehung und Unterricht müssen dem Grundgesetz für die Bundesrepublik Deutschland und der Niedersächsischen Verfassung entsprechen; die Schule hat die Wertvorstellungen zu vermitteln, die diesen Verfassungen zugrunde liegen. (NSchG § 2)

Dies gilt für sämtliche niedersächsische Schulfächer, wird allerdings im Kerncurriculum für das Fach Werte und Normen, das neben den rechtlichen Vorgaben das wichtigste Leitdokument für den Unterricht darstellt, im ersten Absatz prominent mit dem Hinweis zitiert, dass ebenjenes Fach in besonderer Weise einen Beitrag zu dem oben genannten Bildungsziel leiste (vgl. exemplarisch KC Sek II 2018, 5). Das stellt sich im Falle des Werte und Normen-Unterrichts insofern als problematisch dar, als dass es hier zu Widersprüchen mit anderen Passagen der curricularen Vorgaben kommt, wenn es um die Gleichbehandlung beziehungsweise Nicht-Priorisierung von Religionen im Unterricht geht. Hinzu kommt die Diskrepanz zu religionswissenschaftlich-fachdidaktischen Ansprüchen, obgleich die Religionswissenschaft neben der Philosophie sowie geeigneten Gesellschaftswissenschaften als Bezugsdisziplinen für das Fach benannt wird (KC Sek I 2017, 8). Der Bildungsbeitrag bezogen auf den religionskundlichen Anteil des Fachs wird im Curriculum folgendermaßen beschrieben:

> Die unterschiedlichen Wahrheitsansprüche religiöser und weltanschaulicher Art lernen die Schülerinnen und Schüler im Unterricht zwar kennen, doch eine spezifische Präferenz für eine dieser Positionen ist ausdrücklich nicht intendiert. Der Unterricht im Fach Werte und Normen leitet zur Reflexion über die verschiedenen Orientierungen in der Absicht an, diese bezüglich ihrer Plausibilität, ihrer sozialen Zumutbarkeit sowie ihres Sinnpotenzials zu unterscheiden. Er vermittelt den Schülerinnen und Schülern die Einsicht, dass es konkurrierende Wahrheits- und Weltauffassungen gibt. Diese erfordern einerseits eine Standortbestimmung und andererseits eine Haltung, die von Empathie und Toleranz geprägt ist. Der Unterricht im Fach Werte und Normen fördert dadurch die Bereitschaft zu reflektiertem und verantwortungsbewusstem Handeln sich selbst und anderen gegenüber. (KC Sek I 2017, 6)

Hier zeigt sich, dass die Auseinandersetzung mit Religionen und Weltanschauungen in erster Linie der Orientierungsstiftung dienen soll und – im Gegensatz zur postulierten religiös-weltanschaulichen Neutralität des Fachs (vgl. KC Sek II 2018, 6) – durchaus eine eigene Standortbestimmung intendiert ist, die Voraussetzung für die Entwicklung reflektierter Handlungskompetenz in der Lebenswelt der Schüler*innen sei. Der religionswissenschaftliche Bezug wird dabei wie folgt begründet:

> Der Unterricht im Fach Werte und Normen soll religionskundliche Kenntnisse und den Zugang zu weltanschaulichen und religiösen Fragen vermitteln (vgl. § 128 NSchG). Die Schülerinnen und Schüler sind also mit Weltanschauungen und Religionen und deren Wirkungsgeschichten wie Orientierungsmöglichkeiten bekannt zu machen. Der kulturelle Erfahrungsraum von Schülerinnen und Schülern, weltanschauliche sowie auch religiöse Daseinsentwürfe sind in den Unterricht einzubeziehen. Die christlich-abendländischen Traditionen spielen hierbei insofern eine größere Rolle, als sie seit Jahrhunderten die Wertvorstellungen, Normen und ethischen Grundsätze der hier lebenden Menschen mitgeprägt haben und nach wie vor mitprägen. Diese Aufgaben verlangen den Rückgriff auf Begriffe und Forschungsergebnisse der Religionswissenschaft. (KC Sek I 2017, 8)

Die rechtlichen und schulcurricularen Vorgaben für das Fach Werte und Normen stehen teilweise in eklatantem Widerspruch zu einem religionswissenschaftlichen Verständnis von religionskundlichem Unterricht, sowohl hinsichtlich des rechtlichen Status als separativem Ersatzpflichtfach als auch bezogen auf die formulierten Lern- und Kompetenzziele und den damit einhergehenden Religions- und Religionswissenschaftsverständnissen, wie im vierten Abschnitt des Beitrags noch verdeutlicht wird.

Folgender Tabelle (Tab. 1) können die in Niedersachsen für die verschiedenen Schulstufen eingerichteten Fächer entnommen werden. Deren Verteilung im Schulsystem soll nachstehend erläutert werden.

Tab. 1: Verteilung religions- und ethikbezogener Fächer im niedersächsischen Schulsystem.

	Primarstufe	Sekundarstufe I	Sekundarstufe II
Evangelische Religion (Option KoKoRU)	+	+	+
Katholische Religion (Option KoKoRU)	+	+	+
Islamische Religion	+	+	+
Jüdische Religion	+	+	+
Alevitische Religion	+	+	–
Orthodoxer Religionsunterricht	+	–	–
Syrisch-Orthodoxer Religionsunterricht	+	–	–
Werte und Normen	+	+	+
Philosophie	–	–	+

In der Primarstufe wird bislang ausschließlich Religionsunterricht mit zwei Wochenstunden angeboten, ohne dass es ein ordentliches Alternativfach dazu gäbe. Schüler*innen können aus verschiedenen Gründen von der Teilnahme am Religionsunterricht befreit werden: Entweder sie gehören keiner Religionsgemeinschaft an, es wird kein Religionsunterricht in ihrem Bekenntnis angeboten oder ihre Eltern haben sie vom Religionsunterricht abgemeldet. In diesen Fällen wurden die Kinder bisher in Parallelklassen betreut oder hatten eine betreute Freistunde.[10] Das soll sich 2026 ändern, wenn Werte und Normen als ordentliches Schulfach an Grundschulen eingeführt wird. Sowohl die amtierende Regierung als auch die Opposition sowie die großen Amtskirchen und der Fachverband Werte und Normen befürworten die Einführung des neuen Grundschulfachs ausdrücklich. Bereits 2013 hieß es in der Antwort der Landesregierung auf eine Kleine Anfrage seitens der FDP: „Eine mögliche Einführung des Faches Werte und Normen in der Grundschule wird zurzeit auf Arbeitsebene mit den betroffenen Religionsgemeinschaften aber auch mit den Weltanschauungsgemeinschaften erörtert." (Niedersächsischer Landtag 2013, 2).[11] Im Schuljahr

---

[10] Das betraf im Schuljahr 2019/2020 mehr als 25.000 Kinder an niedersächsischen Grundschulen (vgl. KMK 2021, 20)
[11] Warum zuerst „betroffene" Religions- und Weltanschauungsgemeinschaften bei der Diskussion um die Einführung eines neuen Schulfachs Werte und Normen an Grundschulen seitens des Kultusministeriums einbezogen werden statt sich um eine wissenschaftliche Konzeption des bekenntnisungebundenen Faches zu bemühen, ist unklar. Womöglich spielt hier die Tatsache hinein, dass das Fach Werte

2017/18 fand an 10 Schulen die erste Phase eines Erprobungsversuchs zur Einführung des Fachs Werte und Normen an Grundschulen statt. Dabei unterrichteten Hauptschullehrkräfte mit Werte und Normen-Facultas an den Testgrundschulen und entwickelten erste curriculare Ideen und Unterrichtsmaterialien. Diese Phase fand ohne jegliche fachwissenschaftliche und fachdidaktische Begleitung seitens der universitären Bezugsdisziplinen statt. Eine Evaluation der ersten Phase durch das Niedersächsische Landesinstitut für Qualitätsentwicklung (NLQ), bei der unter anderem Schüler*innen befragt wurden, ob ihnen das Fach gefällt, ergab positive Ergebnisse, so dass die Erprobung in einer zweiten Phase auf 40 Schulen ausgeweitet wurde. Seit dem Schuljahr 2018/19 werden fachfremde Grundschullehrkräfte in einer siebenteiligen Fortbildungsreihe für das Fach geschult, wovon ein Modul dezidiert religionskundlichen Themen gewidmet ist. Während dieser Fortbildung „erwerben [die teilnehmenden Lehrkräfte] fachwissenschaftliche, fachdidaktische und fachpraktische Kompetenzen im Fach Werte und Normen für die Schulform Grundschule und arbeiten an der Erprobung und Entwicklung eines KC sowie geeigneter Materialien für die Grundschule mit" (NLQ 2020). Die letztliche Formulierung der Beschlussfassung des Kerncurriculums für Grundschulen soll jedoch mithilfe fachwissenschaftlicher und -didaktischer Expertise, unter anderem durch Beteiligung von Religionswissenschaftler*innen, stattfinden. So wurde beispielsweise dem Institut für Religionswissenschaft der Leibniz Universität Hannover in einem Gespräch mit Vertreter*innen des Kultusministeriums die Mitwirkung an zukünftigen Werte und Normen-Kerncurricula zugesichert (vgl. NMK 2018a, 2). Bisher kam es allerdings zu keinen diesbezüglichen Anfragen von ministerieller Seite.

Die Sekundarstufe I führt aktuell evangelischen, katholischen und seit dem Schuljahr 2014/15 islamischen Religionsunterricht[12] als ordentliches Lehrfach im Angebot, wobei sich auf den Grundgesetzartikel 7,3 berufen wird. Von der Möglichkeit, alevitischen, jüdischen, orthodoxen oder syrisch-orthodoxen Religionsunterricht jenseits der Primarstufe anzubieten, wird derzeit kaum Gebrauch gemacht. Bereits seit 1998 besteht in Niedersachsen die Option, Evangelische und Katholische Religion (unter Beibehaltung der je konfessionellen Prägung) als konfessionell-kooperativen Religionsunterricht anzubieten, um damit auf sinkende Teilnehmendenzahlen zu reagieren. Als Ersatzpflichtfach zum Fach Religion wird in der Sekundarstufe I Werte und Normen-Unterricht für Schüler*innen angeboten, die sich vom Bekenntnisunter-

---

und Normen in den Zuständigkeitsbereich des Referats 36 „Kirchen und Religionsgemeinschaften, Schulen in freier Trägerschaft, Rechts- und Verwaltungsangelegenheiten" des niedersächsischen Kultusministeriums fällt, in dem auch die verschiedenen Religionsunterrichte betreut werden.

12 Das Fach Islamische Religion wurde ab dem Schuljahr 2013/14 in den Grundschulen und ab 2014/15 im Sekundarbereich I eingeführt, wobei es sich um ein sukzessives Modell handelt, bei dem der Unterricht aufsteigend ab der ersten und fünften Klasse implementiert wird. Im Sekundarbereich II startete die sukzessive Einführung des islamischen Religionsunterrichts im Schuljahr 2021/22. Das Fach soll sowohl auf grundlegendem als auch auf erhöhtem Anforderungsniveau unterrichtet werden.

richt abgemeldet haben.[13] Alle genannten Fächer sind mit zwei Wochenstunden in der Stundentafel angesetzt. Philosophie als alternatives Wahlfach gibt es weder in der Sekundarstufe I noch im Primarbereich.

In der Sekundarstufe II ist neben Werte und Normen allerdings auch Philosophie als Ersatzfach wählbar. Für dieses Fach gibt es in Niedersachsen kein Kerncurriculum, stattdessen kommen weiterhin die Rahmenrichtlinien aus dem Jahr 1985 und die Einheitlichen Prüfungsanforderungen (EPA) für Abiturprüfungen im Fach Philosophie zum Tragen. Im Gegensatz zu Werte und Normen erhält Philosophie eine bevorzugte Behandlung was die Abiturfachwahl angeht. In der Oberstufe kann Werte und Normen zwar als Abiturfach angeboten werden (vgl. NSchG § 190), gegenwärtig jedoch nur auf grundlegendem Niveau, obwohl die Fächer Religion[14] und Philosophie auch auf erhöhtem Anforderungsniveau angeboten werden dürfen (vgl. NMK 2020b, 34). Diesen Umstand kritisiert der Fachverband Werte und Normen in einer Stellungnahme zur geplanten Oberstufenverordnung von 2016 und fordert eine Gleichbehandlung und Aufwertung des Fachs Werte und Normen, indem es ebenfalls auf erhöhtem Niveau angeboten werden soll (vgl. Fachverband Werte und Normen 2016). Ein Jahr zuvor wurde bereits in einer Kleinen Anfrage von FDP-Abgeordneten zur Situation des Werte und Normen-Unterrichts auf die Ungleichbehandlung der Fächer aufmerksam gemacht (vgl. Niedersächsischer Landtag 2015).[15]

Die aufgeführten Fächer erfahren in den verschiedenen Schulstufen unterschiedlichen Zulauf seitens der Schüler*innen (Tab. 2). Der Anteil von Schüler*innen, die Religionsunterricht in Niedersachsen besuchen, überwiegt mit knapp einer halben Million deutlich den Anteil derer, die am Werte und Normen- oder Philosophieunterricht teilnehmen. Vergleicht man die Belegzahlen mit denen früherer Schuljahre, so lässt sich jedoch feststellen, dass der Anteil an Schüler*innen, die den Werte und Normen-Unterricht und den Philosophieunterricht besuchen, stetig steigt, wohingegen die Zahl der teilnehmenden Schüler*innen am evangelischen und katholischen Religionsunterricht durchgängig gesunken ist. Die Teilnahme am islamischen Religionsunterricht ist relativ konstant. Diese Zahlen korrelieren mit der Zubeziehungsweise Abnahme der ermittelten Religionszugehörigkeit der Schüler*innen

---

13 Bis zur Vollendung des 14. Lebensjahres entscheiden die Erziehungsberechtigten über die Teilnahme am Religionsunterricht. Ab dann verfügen die Schüler*innen selbst über die so genannte Religionsmündigkeit, die sie im Rahmen der negativen Religionsfreiheit zur Abwahl des Religionsunterrichts befähigt.
14 Der islamische Religionsunterricht wurde erst zum Schuljahr 2021/2022 in der Sekundarstufe II eingeführt. Zum jetzigen Zeitpunkt finden entsprechend noch keine Abiturprüfungen statt. Zukünftig soll das Fach sowohl auf grundlegendem als auch auf erhöhtem Anforderungsniveau angeboten werden (vgl. Mailkontakt mit Frau Abdel-Rahman, Landeskoordinatorin des Netzwerks der Lehrkräfte für das Fach Islamische Religion).
15 Darin finden sich auch ausführlichere Angaben zur Einführung von Werte und Normen als Abiturprüffach und den zugehörigen Belegungszahlen.

(NMK 2020a, 40–41). Die folgende Übersicht (Tab. 2) gibt Aufschluss über die Belegzahlen im Schuljahr 2019/2020.

Tab. 2: Belegzahlen Niedersachsen.[16]

	Evangelische Religion	Konfessionell-kooperativer Religionsunterricht	Werte und Normen	Katholische Religion	Islamische Religion	Philosophie	keine Teilnahme
Primarstufe	132.151	90.692	829*	22.283	2.426	–	25.353
Sekundarstufe I	144.468	110.942	137.320	29.787	802	–	6.911
Sekundarstufe II	19.698	381	23.751	4.158	–	3.028	1.839
Schüler*innen insgesamt	296.317	202.015	161.900	56.228	3.228	3.028	34.103

Bei den 829 Grundschüler*innen handelt es sich um solche, die den Unterricht im Zuge der zweiten Erprobungsphase zur Einführung des Fachs Werte und Normen besuchen.

Ausbildung der Lehrkräfte

Neben ausgebildeten Werte und Normen-Lehrkräften darf grundsätzlich jede Lehrkraft Werte und Normen unterrichten, die die Facultas für eines der folgenden Fächer besitzt: (Allgemeine) Ethik, Ethikunterricht, Lebensgestaltung-Ethik-Religionskunde, (Praktische) Philosophie oder Philosophieren mit Kindern (KMK 2013, 6–7). Seit diesem Beschluss der Kultusministerkonferenz können Absolvent*innen besagter verwandter Fächer, die ihre Lehramtsausbildung unter Umständen auch in anderen Bundesländern abgelegt haben, Werte und Normen in Niedersachsen unterrichten. Der religionskundliche Anteil in den genannten Fächern und die religionswissenschaftlichen Anteile in der Lehramtsausbildung variieren bei den Fächern jedoch erheblich, sodass einem Großteil dieser Lehrkräfte die religionswissenschaftliche und religionskundlich-didaktische Expertise fehlen dürfte. Für die Abnahme von Abiturprüfungen bedarf es zweier grundständig ausgebildeter Lehrkräfte mit Facultas für das Fach Werte und Normen beziehungsweise für eines der oben genannten Fächer, was an vielen Schulen dazu führt, dass keine Abiturprüfung im Fach Werte und Normen abgenommen werden kann.

---

[16] Die Angaben stammen aus KMK 2021 und erhalten keine Daten zum alevitischen, jüdischen, orthodoxen und syrisch-orthodoxen Unterricht.

Darüber hinaus dürfen laut ministeriellem Erlass sämtliche Lehrkräfte zur Erteilung des Fachs eingesetzt werden, die dafür „geeignet" sind (NMK 2011, Abs. 7.1). Eignungskriterien werden allerdings an keiner Stelle ausgeführt. Auch Religionslehrkräfte, die dementsprechend über eine religiöse Lehrerlaubnis verfügen und theologisch ausgebildet sind, können als geeignete Lehrkraft eingestuft und zur Erteilung des Werte und Normen-Unterrichts eingesetzt werden. Sie dürfen nur nicht Religion und Werte und Normen im selben Jahrgang unterrichten; solange sie die beiden Fächer in einem Schuljahr jedoch in unterschiedlichen Jahrgängen erteilen, ist die Konstellation erlaubt (NMK 2011, Absatz 7.2). Weiterhin muss der Bedarf an Lehrkräften für den Religionsunterricht abgedeckt und damit dessen Unterrichtserteilung sichergestellt sein, bevor eine Religionslehrkraft im Werte und Normen-Unterricht eingesetzt wird (NMK 2011, Absatz 7.2). Hier wird eine Priorisierung des Religionsunterrichts gegenüber dem Werte und Normen-Unterricht deutlich. Aus religionswissenschaftlicher Perspektive bleibt zudem kritisch zu hinterfragen, inwiefern Religionslehrkräfte dazu in der Lage sind, das religiöse Religions(unterrichts)verständnis, das normalerweise in ihrem Unterricht leitend ist, zugunsten eines religionskundlichen Zugangs im Werte und Normen-Unterricht aufzugeben. Aktuelle statistische Daten darüber, wie viele Lehrkräfte Werte und Normen mit Facultas, wie viele fachfremd unterrichten und wie viele davon Religionslehrkraft oder Philosophielehrkraft sind, konnten nicht gefunden werden.[17]

Die Facultas für das Fach Werte und Normen erhält man durch das erfolgreiche Absolvieren eines entsprechenden universitären Lehramtsstudiums und des anschließenden Referendariats beziehungsweise Schulvorbereitungsdienstes an einem Studienseminar. Die erste Phase der Lehramtsausbildung kann an drei niedersächsischen Universitäten (Göttingen, Hannover und Oldenburg) absolviert werden. Als Bezugsdisziplinen für das Fach fungieren Philosophie, Religionswissenschaft und geeignete Gesellschaftswissenschaften.

An der Leibniz Universität Hannover (LUH) werden verschiedene Studiengänge angeboten, die für die Tätigkeit als gymnasiale Lehrkraft der Sekundarstufe I und II im Schulfach Werte und Normen qualifizieren. Damit kann nach erfolgreich abgeschlossenem Referendariat der Schuldienst an Gymnasien und Integrierten Gesamt-

---

[17] Einzelne Hinweise zur damaligen Situation der Lehrkräfte finden sich in: Niedersächsischer Landtag 2015. Hinzu kommt die Tradition, dass Werte und Normen vorrangig von Philosophielehrkräften erteilt wurde und wird. Dass grundständig ausgebildete Lehrkräfte erst nach und nach auf den Arbeitsmarkt kamen – da die Werte und Normen-Studiengänge noch recht jung sind (Hannover 1998, Göttingen 2003, Oldenburg 2004) –, veranlasste das NMK dazu, Philosophielehrkräften ab dem Schuljahr 2008/2009 eine grundsätzliche Lehrerlaubnis für das Fach Werte und Normen auszusprechen (vgl. Czelinski-Uesbeck 2011, 37, 38). In dieser Lesart wirkt das Fach Werte und Normen in der Sekundarstufe I wie eine Vorstufe des Philosophie-Unterrichts, der in der Sekundarstufe II erteilt wird. Allerdings gilt die Regelung zur Lehrerlaubnis mittlerweile in beide Richtungen: Philosophie-Lehrkräfte wie auch Werte und Normen-Lehrkräfte verfügen über die Facultas in beiden Fächern und sind entsprechend lehr- und prüfungsberechtigt (vgl. KMK 2013).

schulen aufgenommen werden. Der Bachelorstudiengang *Religionswissenschaft/ Werte und Normen* ist am Institut für Religionswissenschaft der LUH angesiedelt und kann entweder mit fachwissenschaftlichem Schwerpunkt oder mit dem Ziel Lehramt Gymnasium studiert werden. Hier tritt die Religionswissenschaft also als Hauptbezugsdisziplin auf. Im Master of Education wird Werte und Normen dann mit Schwerpunkt in der Philosophie am Institut für Philosophie studiert. Der Anteil der Soziologie als weiterer Bezugsdisziplin ist mit maximal zwei Lehrveranstaltungen im gesamten Studium eher gering. Das Fach kann generell als Erst- oder Zweitfach studiert werden. Außerdem ist es möglich, im Rahmen eines Zertifikatsprogramms die Facultas für Werte und Normen als drittes Fach zu erlangen.

Das Bachelor- und anschließende Master of Education-Studium im Fach *Werte und Normen* an der Georg-August-Universität Göttingen setzt sich neben den bildungswissenschaftlichen Anteilen aus Lehrveranstaltungen der Pflichtanteilsfächer Philosophie und Religionswissenschaft sowie einem Wahlpflichtbereich (Soziologie, Politikwissenschaft, Ethnologie oder Geschichte der Philosophie) zusammen. Das grundsätzlich fachwissenschaftlich ausgerichtete Bachelorstudium legt einen Schwerpunkt auf das Anteilsfach Philosophie. Im Masterstudium werden ein fachwissenschaftliches Modul in der Philosophie und wahlweise eines in der Religionswissenschaft oder der Soziologie absolviert. Hinzu kommen fachdidaktische und schulpraktische Module, die hauptsächlich vor einem philosophiedidaktischen Hintergrund konzipiert wurden. Ein Drittfachstudium ist am Standort Göttingen nur für das Fach Philosophie und nicht für Werte und Normen möglich. Es wird ausschließlich für das gymnasiale Lehramt ausgebildet.

In Oldenburg hingegen kann an den Bachelorstudiengang *Philosophie/Werte und Normen* ein Master of Education-Studium im Fach Werte und Normen für Lehramt an Gymnasien, Haupt- und Realschulen, Berufsbildenden Schulen sowie an Förderschulen angeschlossen werden. Der Studienschwerpunkt liegt dort auf philosophischen Inhalten und philosophiedidaktischer Kompetenzvermittlung. Der Anteil religionswissenschaftlicher Studieninhalte ist mit dem Pflichtmodul *Geschichte und Theorie der Religion*, welches drei Lehrveranstaltungen beinhaltet, marginal – ebenso wie die Beteiligung weiterer gesellschaftswissenschaftlicher Bezugsdisziplinen. Hinzu kommt, dass es in Oldenburg – im Gegensatz zu Hannover und Göttingen – keine institutionelle Verankerung der Religionswissenschaft an der Universität gibt, sondern die religionswissenschaftlichen Lehrveranstaltungen des Werte und Normen-Studiums über eine religionswissenschaftlich besetzte Mitarbeiter*innenstelle abgedeckt werden, die dem Institut für Philosophie zugeordnet ist. 2026 soll das Fach Werte und Normen als ordentliches Lehrfach an Grundschulen in Niedersachsen eingeführt werden. Die Lehramtsausbildung für die Primarstufe wird ebenfalls am Standort Oldenburg angesiedelt.

Die fachwissenschaftlichen und fachdidaktischen Inhalte des Lehramtsstudiums orientieren sich an den jeweiligen Studien- und Prüfungsordnungen der Studiengänge sowie den dazugehörigen Modulkatalogen. Außerdem kommt die *Masterver-*

ordnung des Landes Niedersachsen zum Tragen, in der unter anderem allgemein verbindliche fachwissenschaftliche und fachdidaktische Kompetenzanforderungen für die universitäre Lehramtsausbildung auf Masterebene aufgeführt sind.

Von den genannten Standorten nimmt Hannover insofern eine Sonderstellung ein, als dass dort mit dem Institut für Religionswissenschaft (IRW) neben der Beteiligung an der Lehramtsausbildung für das Fach Werte und Normen ein eigener Forschungsschwerpunkt zu Religionswissenschaft in öffentlichen (Schul-)Bildungskontexten besteht.[18] Dazu wurden mit dem *DVRW-Arbeitskreis Religionswissenschaft und Schule (AK RELSCHU)* und der *EASR Working Group on Religion in Public Education* zwei Arbeitskreise initiiert, die (inter)nationale Vernetzung und Austausch fördern. Darüber hinaus ist das Projekt *Strukturelle und inhaltliche Verbesserung der Lehrerausbildung für das Fach ‚Werte und Normen' an Gymnasien*, das im Rahmen der Förderlinie „Qualität Plus – Programm für gute Lehre in Niedersachsen" des Niedersächsischen Ministeriums für Wissenschaft und Kultur bewilligt wurde, am IRW angesiedelt. Dabei besteht eine Kooperation mit dem Institut für Philosophie. Im Zuge der Verbesserung der Lehramtsausbildung soll unter anderem in Form einer eigenen Werte und Normen-Website[19] sowie eines Lernportals mit Literatur- und Materialsammlung eine bessere Informationsvermittlung, Lerninfrastruktur und Vernetzung geschaffen werden. Außerdem findet im Rahmen der „Qualitätsoffensive Lehrerbildung" der Leibniz School of Education in Hannover eine religionswissenschaftliche Beteiligung an der allgemeinen Lehramtsausbildung statt (vgl. Projekt „Leibniz-Prinzip"). Dies wird damit begründet, dass religionskundliche Wissens- und Kompetenzvermittlung im Rahmen von diversitätssensiblem Unterricht als fächerübergreifende Querschnittskompetenz für Lehrkräfte als wichtig erachtet wird.

Die zweite Phase der Ausbildung für das Lehramt an Gymnasien findet derzeit an neun niedersächsischen Studienseminaren statt. Dass die Werte und Normen-Studiengänge in Niedersachsen unterschiedlich aufgebaut sind und verschiedene fachliche Schwerpunkte aufweisen, stellt für die Studienseminare eine Herausforderung dar. Hier kommen Werte und Normen-Absolvent*innen aus ganz Niedersachsen zusammen, teils erweitert um Absolvent*innen verwandter Lehramtsstudiengänge aus dem gesamten Bundesgebiet. Der Heterogenität hinsichtlich der Vorkenntnisse und Fachverständnisse auf Seiten der Referendar*innen steht eine Homogenität auf Seiten der Ausbilder*innen gegenüber. Es handelt sich bei ihnen fast ausschließlich um ausgebildete Philosophielehrkräfte, denen die religionswissenschaftliche Expertise fehlt.

---

[18] Ausführlicher zu Hannover als religionswissenschaftlichem Standort für Forschung rund um religionswissenschaftliche Fachdidaktik und für Lehramtsausbildung im Fach Werte und Normen s. Alberts und Wöstemeyer [in Bearbeitung].
[19] Die Webseite wird unter der Domain www.werte-und-normen.de zu finden sein.

Curriculare Vorgaben

Seit 2011 ist das Fach Werte und Normen als schriftliches Abiturprüfungsfach auf grundlegendem Anforderungsniveau und als mündliches Abiturprüfungsfach zugelassen. Für die schriftliche Prüfung gibt es seit 2013 einheitliche Aufgabenstellungen, die vor dem Hintergrund der seitens der Kultusministerkonferenz für den „Fächerkomplex Ethik/Religionskunde" (KMK 2020, 4) formulierten *Einheitlichen Prüfungsanforderungen (EPA) Ethik* konzipiert wurden (vgl. NMK 2010). Die Religionswissenschaft wird in den EPA Ethik in der aktuellen Fassung von 2006 neben Philosophie mit Schwerpunkt Praktische Philosophie und Gesellschaftswissenschaften als dezidierte Bezugswissenschaft benannt. Die EPA Ethik sind maßgebend für die Werte und Normen-Curricula, die konsekutiv für die verschiedenen Schulstufen des Fachs entwickelt werden. Die Kerncurricula (KC) werden von einer KC-Kommission erstellt, die durch das Kultusministerium beziehungsweise die Niedersächsische Landesschulbehörde besetzt wird. Für die Erstellung der Kerncurricula werden „Personen aus dem schulischen Umfeld rekrutiert, die sich in besonderer Weise fachlich hervorgetan haben, entweder durch ihr Amt oder durch besondere fachliche Leistungen" (NMK o. J., 1), die nicht näher spezifiziert werden. Außerdem dürfen nach § 171 NSchG bis zu zwei beratende Mitglieder je Kommission durch den Landesschulbeirat benannt werden, auf deren Auswahl das Kultusministerium keinen Einfluss hat. Zusätzlich können auch wissenschaftliche Beratungen eingeholt werden.

Für die Konzeption der jüngsten Werte und Normen-Kerncurricula für die Sekundarstufe II (ab 01.08.2018) und die Sekundarstufe I der verschiedenen Schulformen (ab 01.08.2017 und 01.08.2018)[20] war zuletzt die wie folgt zusammengesetzte Kommission zuständig: Der damalige niedersächsische Fachberater für Werte und Normen und Philosophie war als langjähriges Mitglied der KC-Kommissionen bereits an der Erstellung der früheren Rahmenrichtlinien mitbeteiligt. Er ist seit vielen Jahren Vorsitzender des Landesverbands Philosophie Niedersachsen, der als Äquivalent zum Werte und Normen-Fachverband besteht. Sein heutiger Nachfolger als Fachberater für Werte und Normen in Niedersachsen[21] wirkte ebenso an den neuen Kerncurricula mit. Neben drei weiteren Kommissionsmitgliedern, die ebenfalls bereits an der Erstellung vorangegangener Kerncurricula mitgearbeitet haben, kamen zwei neu einberufene Kommissionsmitglieder hinzu, die gleichzeitig Vorstandsmitglieder des

---

[20] Im Folgenden wird sich auf das Kerncurriculum für die gymnasiale Oberstufe (kurz: KC Sek II) und das Kerncurriculum für die gymnasiale Sekundarstufe I (kurz: KC Sek I) bezogen. Letzteres ist nahezu deckungsgleich mit den curricularen Vorgaben für IGS, Oberschulen u. a., was die formulierten Lern- und Kompetenzziele anbelangt. Das gymnasiale und das Gesamtschul-Kerncurriculum wurden lediglich um einige wenige Passagen gekürzt.

[21] Bis 2019 gab es einen gemeinsamen Fachberater für die Fächer Werte und Normen und Philosophie. Neuerdings wurde hier eine Differenzierung vorgenommen, so dass es nun eine eigene Fachberaterstelle für Werte und Normen gibt.

Fachverbands „Werte und Normen – ethische und humanistische Bildung in Niedersachsen" und aktive Mitglieder des HVN sind. Externe wissenschaftliche Beratung wurde nicht eingeholt. Die Kommission besteht damit überwiegend aus Philosophie- und nicht aus Werte und Normen-Lehrkräften, die dementsprechend kein (anteiliges) religionswissenschaftliches Studium absolviert haben. Diese Philosophiedominanz und fehlende religionswissenschaftliche Expertise schlägt sich entsprechend auch in der inhaltlichen Schwerpunktsetzung und Ausgestaltung dieser – und vorangegangener – Kerncurricula nieder. Ungeachtet der Tatsache, dass Religionswissenschaft, Philosophie und geeignete Gesellschaftswissenschaften als gleichberechtigte Bezugsdisziplinen in den Curricula aufgeführt sind, lässt sich eine klare Einseitigkeit bei der Auswahl der Themen und angestrebten Lern- und Kompetenzziele feststellen. Der Großteil der Lehrpläne ist philosophischen Themen und Kompetenzen gewidmet, wohingegen religionsbezogene beziehungsweise religionswissenschaftliche Anteile marginal sind.

Unter anderem diesen Umstand kritisierte auch das Institut für Religionswissenschaft (IRW) der Leibniz Universität Hannover im Rahmen des öffentlichen Anhörverfahrens des vorläufigen Kerncurriculums für die Sekundarstufe II.[22] Laut Kultusministerium habe es neben den kritischen Anmerkungen des IRW überwiegend positive Rückmeldung von vier anderen niedersächsischen Hochschulen zum neuen beziehungsweise überarbeiteten Oberstufen-Kerncurriculum gegeben, darunter auch die Evangelische Theologie der Technischen Universität Braunschweig. Allerdings ist an keinem dieser universitären Standorte die Religionswissenschaft als Bezugsdisziplin vertreten oder hat Stellung dazu genommen, sodass dort keine fachwissenschaftlichen Anmerkungen zu den religionswissenschaftlichen Anteilen des Kerncurriculums gemacht werden konnten beziehungsweise gemacht wurden. Die grundlegende Kritik am Oberstufenlehrplan seitens des IRW wurde in der Druckfassung des Kerncurriculums nicht berücksichtigt. Daraufhin folgte eine Beschwerde der DVRW-Vorsitzenden beim Niedersächsischen Kultusministerium[23]:

---

[22] Im Anschluss an das Anhörverfahren erfolgt eine Prüfung und Einarbeitung oder begründete Ablehnung der Eingaben. Es folgen Anmerkungen durch politische Vertreter*innen des Landtags und letzte Korrekturen, bevor die Kerncurricula per ministeriellem Erlass in Kraft treten.
[23] Aus Perspektive der Bezugsdisziplin Religionswissenschaft ist es problematisch, dass neben dem Referat 33 des Kultusministeriums insbesondere das Referat 36 „Kirchen und Religionsgemeinschaften, Schulen in freier Trägerschaft, Rechts- und Verwaltungsangelegenheiten" für das säkulare Fach Werte und Normen zuständig ist, da es auf diese Weise demselben Referat zugeordnet ist, das sich um Angelegenheiten des Religionsunterrichts und Belange der Religionsgemeinschaften kümmert. Während der Zeit, in der die Überarbeitung der KC und die Gespräche darüber mit der DVRW-Vorsitzenden und dem Institut für Religionswissenschaft der LUH stattfanden, hatte die überwiegende Mehrheit der beteiligten Mitarbeiter*innen des Kultusministeriums einen theologischen Ausbildungshintergrund bzw. war als Religionslehrkraft tätig. Keine der zuständigen Personen verfügte über Expertise im Fach Religionswissenschaft, obwohl dieses als eine der Bezugsdisziplinen des Werte und Normen-Unterrichts fungiert.

> Nach einem ersten Durchblick durch das veränderte Curriculum stelle ich als Dachverbandsvorsitzende leider sehr schnell fest, dass hier an einer veralteten Darstellung religionswissenschaftlicher Inhalte festgehalten wird. Koloniale Begrifflichkeiten, Gegenüberstellung von standardisierten, nicht-individualisierten und kontextualisierten Inhalten wie auch eines „Wir" und „die Anderen" sowie die Engführung von Religion als Orientierungssystem seien hier nur als Beispiele genannt. Religionskundliche Inhalte und Zugänge zu weltanschaulichen und religiösen Fragen werden in diesem Curriculum nicht auf der Basis der Bezugsdisziplin Religionswissenschaft didaktisiert, obwohl explizit auf die Religionswissenschaft als Bezugsdisziplin verwiesen wird. (DVRW 2017, 2)

Die in der kritischen Stellungnahme angedeuteten problematischen Befunde der Analyse des Kerncurriculums sollen im Folgenden ausführlicher dargestellt und anhand von Beispielen verdeutlicht werden.

Wie bereits im zweiten Kapitel ausgeführt, stellen folgende Dokumente den Rechts- und Werterahmen dar, in den hinein die curricularen Vorgaben von den beteiligten Akteuren konzipiert wurden. Das Fach Werte und Normen basiert auf Wertvorstellungen der Allgemeinen Erklärung der Menschenrechte und des Grundgesetzes. Weiterhin kommen die Präambel und der Artikel 3 (Diskriminierungsverbot) der Niedersächsischen Landesverfassung zum Tragen, ebenso wie das Niedersächsische Schulgesetz mit § 128 (Werte und Normen) sowie § 2 mit dem Bildungsauftrag auf Grundlage des Christentums, des europäischen Humanismus und der Ideen der liberalen, demokratischen und sozialen Freiheitsbewegungen. Dem allgemeinen schulischen Bildungsauftrag werde im Fach Werte und Normen in besonderem Maße Rechnung getragen, heißt es im fachspezifischen Bildungsauftrag der curricularen Vorgaben, wo das Fach Werte und Normen legitimiert wird, indem es moralischen Unsicherheiten und Orientierungsproblemen von Jugendlichen hinsichtlich Werten und Normen begegnen will (KC Sek II 2018, 5; KC Sek I 2017, 5). Dazu bezieht sich das Fach auf „Problemstellungen und Fragen nicht nur der Religions- und Gesellschaftswissenschaften, sondern auch der Philosophie und hier insbesondere auf Fragen der Moralphilosophie bzw. Ethik. Immanuel Kants elementare Frage ‚Was soll ich tun?' stellt gewissermaßen ein Leitmotiv des Unterrichtsfaches Werte und Normen dar" (KC Sek II 2018, 5; KC Sek I 2017, 5). Kants Leitfrage dient in Kombination mit den Inhaltskompetenzen „Auseinandersetzung mit Wirklichkeit und Wahrheitsansprüchen", „Entwicklung ethischer Urteilsfähigkeit" und „Werteorientierung" als Grundgerüst des Unterrichts. Vor diesem Hintergrund werden verschiedene Themen, unter anderem solche mit Religionsbezug, behandelt. Hier wird deutlich, dass das Fach nicht als religionskundliches Fach gedacht ist, sondern ganz grundsätzlich von einem Fachverständnis ausgeht, das mit dem des Ethikunterrichts vergleichbar ist, dessen Bezugsdisziplin in erster Linie die Praktische Philosophie ist und das zu den sogenannten Werte vermittelnden Fächern gezählt werden kann.

„Ethische Fragestellungen erfordern interdisziplinäres Arbeiten. So sind die Bezugswissenschaften des Faches Ethik neben der Philosophie mit Schwerpunkt praktische Philosophie die Religionswissenschaft und die Gesellschaftswissenschaften. Darüber hinaus werden für bestimmte Fragen Naturwissenschaften hinzugezogen" (KMK 2006, 6). In diesem Zitat aus den EPA Ethik zeigt sich ein bestimmtes Religionswissenschaftsverständnis, bei dem die Disziplin mit ethischen Fragestellungen in Verbindung gebracht wird, obwohl diese *per se* keine religionswissenschaftlichen Anliegen sind. Auf diese Weise wird die Religionswissenschaft in den Dienst der Orientierungs- und Sinnstiftung gestellt, was jedoch grundsätzlich zum theologisch-religionspädagogischen Repertoire gehört. Es finden sich mehrere Stellen in den curricularen Vorgaben, an denen Religion/en und Weltanschauungen in erster Linie diese Orientierung ermöglichende Funktion zugeschrieben wird, beispielsweise bei der Beschreibung des Inhaltsschwerpunkts „Religion und Weltanschauung" der EPA Ethik: „Die Beschäftigung mit Erscheinungsformen, Herkunft und Funktion von Religionen und Weltanschauungen sowie die Thematisierung des Phänomens der Religiosität führt zu existentiellen Fragen des Menschenseins. Dazu gehören z. B. die Frage nach dem Sinn des eigenen Lebens sowie die nach der Möglichkeit eines überindividuellen Sinnes" (KMK 2006, 9).

In der Sekundarstufe I werden die religionsbezogenen Themen überwiegend im eigens dafür vorgesehenen Kompetenzbereich „Fragen nach Orientierungsmöglichkeiten" angesiedelt, der in der früheren Fassung des Kerncurriculums noch „Fragen nach Religionen und Weltanschauungen" hieß und in dem die

> Schülerinnen und Schüler [...] mit ausgewählten Beispielen von Weltanschauungen und Religionen sowie deren Wirkungsgeschichten und Orientierungsmöglichkeiten bekannt zu machen [sind]. Der kulturelle Erfahrungsraum von Schülerinnen und Schülern, weltanschauliche sowie auch religiöse Daseinsentwürfe sind in den Unterricht einzubeziehen. Die christlich-abendländischen Traditionen spielen hierbei insofern eine größere Rolle, als sie seit Jahrhunderten die Wertvorstellungen, Normen und ethischen Grundsätze der hier lebenden Menschen mitgeprägt haben und nach wie vor mitprägen. (KC Sek I 2017, 11).

Hier fällt die Betonung der „christlich-abendländischen Tradition" und der damit verbundenen Werte auf, die als kulturelles Erbe festgeschrieben werden, wodurch legitimiert wird, dass sie in besonderem Maße im Unterricht behandelt werden müssen. Bereits auf den ersten Seiten des Lehrplans wird im Kontrast dazu jedoch ausgeführt, dass das Fach unter Wahrung der Religionsfreiheit religiös und weltanschaulich neutral unterrichtet und keine Präferenz für bestimmte religiöse oder weltanschauliche Positionen eingenommen werden soll:

> Zur Wahrung der Freiheit des Glaubens, des Gewissens und des religiösen und weltanschaulichen Bekenntnisses verlangt der Unterricht im Fach Werte und Normen die weltanschauliche und religiöse Neutralität des Faches. Der gesetzliche Auftrag weist dem Fach zwar vergleichbare Fragestellungen, Probleme und Sachverhalte zu, wie sie auch im Fach Religion behandelt werden, doch ist die Behandlung hier ausdrücklich nicht an die Grundsätze einer Religions- oder Weltanschauungsgemeinschaft gebunden. Verbindliche Antworten können daher nur auf der Grundlage der verfassungsmäßigen und dem Bildungsauftrag entsprechenden, nicht aber weltanschaulicher und religiöser Prämissen gegeben werden.

> Die unterschiedlichen Wahrheitsansprüche religiöser und weltanschaulicher Art lernen die Schülerinnen und Schüler im Unterricht zwar kennen, doch eine spezifische Präferenz für eine dieser Positionen ist ausdrücklich nicht intendiert. Der Unterricht im Fach Werte und Normen leitet zur Reflexion über die verschiedenen Orientierungen in der Absicht an, diese bezüglich ihrer Plausibilität, ihrer sozialen Zumutbarkeit sowie ihres Sinnpotenzials zu unterscheiden. Er vermittelt den Schülerinnen und Schülern die Einsicht, dass es konkurrierende Wahrheits- und Weltauffassungen gibt. Diese erfordern einerseits eine Standortbestimmung und andererseits eine Haltung, die von Empathie und Toleranz geprägt ist. Der Unterricht im Fach Werte und Normen fördert dadurch die Bereitschaft zu reflektiertem und verantwortungsbewusstem Handeln sich selbst und anderen gegenüber. (KC Sek I 2017, 6)

An anderer Stelle wird die Auseinandersetzung mit „lebensförderliche[n] und lebensfeindliche[n] Formen von Religion" (KC Sek I 2017, 23) angeregt. Indem Religionen und Weltanschauungen hinsichtlich „ihrer Plausibilität, ihrer sozialen Zumutbarkeit sowie ihres Sinnpotentials" bewertet werden, Religionen in „lebensförderlich" und „lebensfeindlich" eingeteilt werden und die Schüler*innen damit zu einer eigenen „Standortbestimmung" angeregt werden sollen, findet allerdings sehr wohl eine Positionierung statt. Wird an dieser Stelle die Religionswissenschaft als zuständige Bezugsdisziplin verstanden, entsteht ein Dilemma, da sie hier – entgegen ihres Selbstverständnisses – zur Wertevermittlung eingesetzt wird, was einer Instrumentalisierung gleichkommt. Im Oberstufen-Kerncurriculum finden sich dazu ähnliche Formulierungen wie für die Sekundarstufe I:

> [Es] werden neben den so genannten ‚Weltreligionen' auch Naturreligionen, neureligiöse Bewegungen, aber auch grundlegende Positionen der Religionskritik auf ihre Angebote und Grenzen hin betrachtet. Religionen und Weltanschauungen haben eine emanzipatorisch-kritische Funktion in ihrer Art und Weise der Weltzuwendung und Weltabkehr – aber ihre Sinnansprüche und Orientierungsangebote müssen kritisch durchdacht werden, z. B. im Hinblick auf ethische Vorschriften und rituelle Praktiken. (KC Sek II 2018, 22)

Geht es um die Behandlung der Diversität von Religionen und Weltanschauungen, wird neben der Prüfung ihrer „Plausibilität, ihrer sozialen Zumutbarkeit sowie ihres Sinnpotenzials" entweder zum interreligiösen Dialog angeregt (KC Sek II 2018, 22) und damit einem religionspädagogischen Bildungsziel nachgekommen oder es wird ein Ansatz verfolgt, bei dem „Vorurteile und Klischees bezogen auf Aussehen, Geschlechterrollen, Lebensalter, Religionszugehörigkeit, soziale und ethnische Herkunft" benannt, in ihrer medialen Darstellung untersucht und hinsichtlich Ursachen und Folgen befragt werden (KC Sek I 2017, 22), was einer religionswissenschaftlichen Herangehensweise entspricht.

Der im obigen Zitat verwendete Begriff „Weltreligionen" kommt mehrfach im Kerncurriculum zum Einsatz, beispielsweise wenn angeregt wird, dass Schüler*innen „zentrale Elemente der Weltreligionen (z. B. einen interreligiösen Kalender gestalten)" (NMK 2018b, 20) vergleichen sollen. In diesem Zusammenhang ist meistens ein monolithisches Religionsverständnis leitend, bei dem Religionen als statische Einheiten gedacht werden. „Schülerinnen und Schüler vergleichen Grundzüge der Weltreligionen: Christentum, Judentum, Islam, Buddhismus, Hinduismus, Konfuzianismus,

Shintoismus (z. B. hinsichtlich Tod und Sterben, Verhältnis zu Natur und Tieren, Geschlechterrollen)" (KC Sek I 2017, 33).

Dass das Weltreligionenparadigma und die damit einhergehenden Kategorisierungsmechanismen und Religionsverständnisse innerhalb der Religionswissenschaft scharf kritisiert werden (vgl. Cotter und Robertson 2016), scheint keinen Einfluss auf die Konzeption der religionsbezogenen Anteile der Lehrpläne zu haben. Die Lehrpläne bilden somit nicht den gegenwärtigen Stand fachwissenschaftlicher Erkenntnisse und Diskurse ab, wie sich nicht nur am Beispiel der Verwendung des Begriffs Weltreligionen zeigt. Ein innerhalb der Religionswissenschaft überholtes Religionsverständnis, das mit Bezügen zu den Werken von Rudolph Otto und Mircea Eliade aus der religionsphänomenologischen Tradition der religionswissenschaftlichen Fachgeschichte in der ersten Hälfte des 20. Jahrhunderts stammt, tritt an diversen Stellen im Kerncurriculum zu Tage.[24] So ist beispielsweise von „Ausdrucksformen des Religiösen, v. a. am Beispiel des Heiligen" (KC Sek II 2018, 23) und von „Hierophanien" die Rede:

> Obwohl Religionen und Weltanschauungen im Innenverhältnis verschiedene Strömungen aufweisen und auch einem historischen Wandel unterworfen sind, werden einige ihrer konstitutiven Prinzipien – auch in vergleichender Perspektive – reflektiert. Dazu gehören beispielsweise die Grundunterscheidung zwischen dem Heiligen und dem Profanen, die Arten der Manifestation des Heiligen (Hierophanien) und das Verhältnis der Glaubenden zu diesen, aber auch religiöse und kultische Riten bzw. Vorschriften. Dabei werden neben den so genannten „Weltreligionen" auch Naturreligionen, neureligiöse Bewegungen, aber auch grundlegende Positionen der Religionskritik auf ihre Angebote und Grenzen hin betrachtet. [...] Da der Themenkreis einen bedeutsamen Beitrag zum interreligiösen und interkulturellen Verstehen leisten kann, sind in den einzelnen Modulen vor allem Bezüge zu den leitenden, didaktischen Prinzipien „Auseinandersetzung mit Wirklichkeit und Wahrheitsansprüchen" sowie „Werteorientierung" des Faches herzustellen. (KC Sek II 2018, 22)

Neben den Rückgriffen auf phänomenologische Konzepte von Religion lässt sich in den Lehrplänen an mehreren Stellen ein christliches beziehungsweise monotheistisches Bild von Religion ausmachen. Religiöse Traditionen und Weltanschauungen sollen mittels implizit christlich-westlicher Kriterien verglichen werden, wodurch *Othering*prozesse angeregt werden.

> Schülerinnen und Schüler erläutern grundlegende Aspekte religiöser und weltanschaulicher Menschen- und Weltbilder: Mensch als Ebenbild Gottes, Mensch als Teil der Schöpfung,

---

[24] Im Antwortschreiben des niedersächsischen Kultusministers an die DVRW-Vorsitzende, die diesen Umstand ebenso kritisiert, heißt es dazu:
„Sie wünschen eine Aktualisierung von – in Ihren Augen – veralteten Darstellungen religionspädagogischer Inhalte. Hierbei ist jedoch zu bedenken, dass ein Kerncurriculum, bei aller notwendigen fachwissenschaftlichen Korrektheit, nicht die universitären Forschungsstände abbildet, sondern einen grundlegenden Rahmen für den Schulunterricht darstellt. Neue Tendenzen aus der Wissenschaft können nur sehr eingeschränkt aufgegriffen werden." (Niedersächsischer Kultusminister 2018, 2)

Mensch als Produkt der Evolution, humanistisches Menschenbild, Mensch als Bedürfnis- und Triebwesen; Welt als Schöpfung, Weltbilder in Mythen. (KC Sek I 2017, 28)

Schülerinnen und Schüler vergleichen wesentliche Aspekte religiöser Praxis im Lebensalltag: Gotteshäuser, heilige Orte, Feste und Feiern, Zeiten und Symbole, Rituale, Bräuche, Thora, Bibel, Koran, Fünf Säulen des Islam, Dekalog, zentrale religiöse Figuren (Propheten, Religionsstifter, Engel, Dämonen, Heilige etc.). (KC Sek I 2017, 23)

Formulierungen wie „Informationen über *andere* Religionen und Kulturen" (KC Sek I 2017, 22 [Hervorhebung d. Vf.]), ohne dass zuvor eine bestimmte Religion genannt worden wäre, auf die sich hier explizit bezogen wird, unterstreichen den Aspekt des *Othering*.

Beim Rahmenthema „Gesellschaftliche Aspekte von Religionen und Weltanschauungen" wird vorgeschlagen, sich mit „Gemeinschaftsbildende[n] Handlungen und Institutionen, z. B. Gottesdienste, Feste, Kirchen" und mit der „Wechselwirkung mit Gesellschaft und Politik, z. B. Sozialethiken, Wertediskussion, Verhältnis zum Staat (z. B. Staatsverträge), Kirche von unten, Scharia" zu beschäftigen (KC Sek II 2018, 24). Unter dem Oberthema „Ethnologische Aspekte von Religionen und Weltanschauungen" wird die Auseinandersetzung mit der „Evolution von Religionen aus ‚primitiven' Kulturen (z. B. Lubbock, Frazer)" sowie mit „Kategorien des Religiösen (z. B. Naturreligion, Animismus, Hochgötter, Schamenentum [sic!], religiöse Schriften, Monotheismus/Polytheismus, Ethik und Moral)" angeregt (KC Sek II 2018, 24). Durch die Verwendung von religiöser Subjektsprache („Kirche von unten"), kolonialer teils abwertender Fremdbezeichnungen (z. B. „Hochgötter", „Schamanentum") und von Begriffen wie „Kirche", „Gottesdienst" oder „Heilige", die vornehmlich christlich konnotiert sind wird eine bestimmte religiöse Norm suggeriert, die auf der Unterscheidung eines „Wir" versus „die Anderen" basiert. Ähnliche grenzziehende Kategorien und Narrative finden sich auch in den Unterrichtsmaterialien wieder, die auf dem Niedersächsischen Bildungsserver empfohlen werden, wenn es um das Thema Religion geht. Dort wird ohne weitere Didaktisierungshinweise auf religiöse und populärwissenschaftliche Quellen mit Titeln wie etwa „Jesus Christus" oder „Abtreibung" auf kathpedia.com und „Buddhismus" auf planet-wissen.de verlinkt (vgl. NLQ 2021), deren Inhalte mit religionswissenschaftlichen Religionsverständnissen nicht kompatibel sind.

Laut der gesetzlich definierten Inhalte sollen im Fach Werte und Normen „religionskundliche Kenntnisse, das Verständnis für die in der Gesellschaft wirksamen Wertvorstellungen und Normen und der Zugang zu philosophischen, weltanschaulichen und religiösen Fragen" (NSchG § 128 (2)) vermittelt werden. Diese Formulierung lässt zunächst eine umfangreiche Behandlung religionsbezogener Themen und eine religionswissenschaftlich basierte religionskundliche Perspektive erwarten, die in den curricularen Vorgaben und im Unterricht Werte und Normen leitend ist. Entgegen dieser Implikation der Gesetzestexte fällt der Anteil dezidiert religionsbezogener Inhalte mit einem von insgesamt fünf beziehungsweise sechs Inhaltsbereichen der jeweiligen Kerncurricula für die Sekundarstufen I und II jedoch marginal aus, sodass das Fach überwiegend philosophische Inhalte, Fragestellungen und Lern- und Kompetenzziele aufweist. Hinzu kommt, dass die religionsbezogenen Themen vornehmlich vor dem Hintergrund philosophischer Fragestellungen beziehungsweise unter ethischen Gesichtspunkten behandelt werden. Dass eine religionskundliche Perspektive, die gegenwärtigen religionswissenschaftlichen Fach(didaktik)diskursen Rechnung trägt, größtenteils vermisst wird, konnte in den oben aufgeführten Beispielen deutlich gemacht werden.

Die Analyse der curricularen Vorgaben zeigt – wie teils schon im zweiten Kapitel erwähnt –, dass es Diskrepanzen zwischen den rechtlichen Rahmenbedingungen und den in den Lehrplänen formulierten Inhalten und Bildungszielen gibt. Auch innerhalb der Kerncurricula finden sich Passagen, die sich widersprechen, beispielsweise wenn es um die Frage nach einer Positionierung gegenüber (bestimmten) Religionen und Weltanschauungen geht. Hinzu kommt der eklatante Widerspruch zwischen den idealtypischen religionswissenschaftlich-fachdidaktischen Konzepten von religionskundlichem Unterricht auf theoretischer Ebene einerseits und der curricularen Konzeption und schulpraktischen Umsetzung[25] des Schulfachs Werte und Normen andererseits.

Aktuelle Situation und Diskussionen

Gegenwärtig werden auf verschiedenen Ebenen Diskussionen um die inhaltliche und strukturelle Gestaltung des Schulfachs und des Studiengangs Werte und Normen geführt, wie etwa bei fachdidaktisch ausgerichteten Panels der letzten DVRW-Tagungen oder interdisziplinären Workshops des Hannoveraner Projekts zur Verbesserung der Lehramtsausbildung im Fach Werte und Normen. In den vorangegangenen Kapiteln wurden bereits einige zentrale Auseinandersetzungen genannt, die über das Fach Werte und Normen stattgefunden haben. Dazu zählen neben dem gerichtlichen Streit der Familie Haupt zum Rechtsstatus des Fachs in den 1990er Jahren (vgl. Geschichte und Entstehung des Fachs zu Anfang dieses Beitrags) die Verhandlungen der DVRW und des IRW mit dem Niedersächsischen Kultusministerium bezüglich der Konzeption der Kerncurricula sowie die Debatten um die Einführung des Fachs in der Primarstufe. Hinzu kommen seitens des Fachverbands Werte und Normen – ethische und humanistische Bildung in Niedersachsen e. V. verschiedene Stellungnahmen und Anfragen an das Kultusministerium, beispielsweise hinsichtlich des Abiturfachstatus.

---

25 Dies bezieht sich auch auf die Konzeption von Schulbüchern, die in Niedersachsen zwar keinem Zulassungsverfahren mehr unterliegen, aber auf den Curricula basieren und mit dem Schulgesetz vereinbar sein müssen. Die Konzeptualisierung von Religion/en und Weltanschauung im Kerncurriculum wirkt sich entsprechend auf die Darstellungen in Bildungsmaterialien und damit maßgeblich auf die Unterrichtsgestaltung aus.

An dieser Stelle sei auf die zwischenzeitliche Vielfalt an Fachverbänden für das Fach Werte und Normen aufmerksam gemacht, die als ein Zeugnis der kontroversen Diskussionen und der Interessenunterschiede im Zusammenhang mit dem Fach verstanden werden kann. Zeitweise gab es drei Verbände, die sich für die Vertretung des Fachs zuständig fühlten. Da ist zunächst der Fachverband Werte und Normen in Niedersachsen e. V., der mit dem Werte und Normen-Unterricht vor allem die Vermittlung religionskundlicher Kenntnisse sowie interreligiösen Dialog fördern wollte (vgl. Hasselmann 2015, 14) und 21 Jahre lang das Fach vertrat, bis er am 29. Oktober 2016 mit folgender Begründung aufgelöst wurde: „Das niedersächsische Fach Werte und Normen ist zu einem Spielball der verschiedenen Interessen verkommen. Es scheint politisch gewollt zu sein. Davon distanzieren wir uns und sehen keine Möglichkeit mehr für eine zukunftsfähige, konstruktive Arbeit" (Hasselmann 2016). Daneben existiert von philosophischer Seite bis heute der Landesverband Philosophie Niedersachsen, dessen Vorsitz der ehemalige niedersächsische Fachberater für Werte und Normen sowie Philosophie innehat, der gleichzeitig langjähriges KC-Kommissionsmitglied war. Hinzu kommt der humanistisch geprägte am 25.02.2016 gegründete Fachverband Werte und Normen – ethische und humanistische Bildung in Niedersachsen e. V., der aus dem ehemaligen Arbeitskreis „Lebenskunde/Werte und Normen" des HVN hervorgegangen ist und heute als anerkannter Ansprechpartner des Kultusministeriums fungiert, wenn es um die Interessensvertretung des Fachs geht.

Religionswissenschaftliche Einordnung

Um die Leitfrage des Handbuchs zu beantworten, ob und inwiefern es sich beim Fach Werte und Normen um religionskundlichen Unterricht handelt oder nicht, lohnt sich ein zusammenfassender Blick auf die vorgestellten Befunde der Untersuchung. Für die religionswissenschaftliche Einordnung wird in Anlehnung an das Einleitungskapitel des Handbuchs eine Unterscheidung zwischen organisatorischer und inhaltlicher Ebene vorgenommen.

Im Verlauf der historischen Entwicklung des Fachs Werte und Normen wurde die Bezeichnung „religionskundlicher Unterricht" aufgrund des hohen Engagements und der Mitgestaltung seitens der Humanist*innen des HVN (damals noch: Freireligiöse Landesgemeinschaft Niedersachsen) gewissermaßen als Synonym für humanistischen, eher religionskritischen[26] Bekenntnisunterricht verstanden – einerseits von den Kirchen, aber auch von politischen Vertreter*innen. Dadurch wurde das konkurrierende Verhältnis zum Religionsunterricht noch verstärkt. Dies führte letztlich dazu, dass Philosophieunterricht als (weitere) Alternative zum konfessionellen Religionsun-

---

26 Vgl. Schröders Verständnis von Säkularitätsvariante 3 (Schröder: 2020, 331–332).

terricht eingeführt wurde. Religionskunde wurde (und wird auch heute noch) in bildungspolitischen und religiösen Diskursen um das Fach Werte und Normen häufiger mit humanistischer Bildung in Verbindung gebracht, weniger mit der dahinterstehenden Bezugsdisziplin Religionswissenschaft. Als „neutrales" bekenntnisunabhängiges Alternativfach, wenn es um die Behandlung von *Religion* (und nichtreligiöse ethische Erziehung) in der Schule ging, wurde also nicht etwa Religionskunde, sondern stattdessen das Fach Philosophie angesehen und im schulischen Fächerkanon installiert. Dies mag eine Erklärung dafür sein, warum der Religionswissenschaft bislang auf bildungspolitischer Ebene wenig inhaltliche Verantwortung und Möglichkeit zur Mitgestaltung schulischer Bildung über „Religion" beziehungsweise des Fachs Werte und Normen eingeräumt wurde. Stattdessen fungiert der eng mit dem bekenntnisgebundenen HVN verbundene Fachverband Werte und Normen – ethische und humanistische Bildung in Niedersachsen e. V. als Ansprechpartner für das Niedersächsische Kultusministerium, obgleich die religiös-weltanschauliche Ungebundenheit des Fachs (vgl. KC Sek II 2018, 6) in den curricularen Vorgaben festgeschrieben wurde, die das Ministerium selbst herausgegeben hat. Dass ein säkulares in staatlicher Trägerschaft liegendes Fach, das sich unter anderem mit Religion/en und Weltanschauungen beschäftigt, durch eine Bekenntnisgemeinschaft mitgestaltet wird, widerspricht einem religionswissenschaftlichen Verständnis von religionskundlichen Unterrichtsformaten.

Die Tatsache, dass die Religionswissenschaft als Bezugsdisziplin benannt wird und dass Werte und Normen als bekenntnisungebundenes Fach in staatlicher Trägerschaft liegt – und nicht etwa durch eine Bekenntnisgemeinschaft wie den HVN verantwortet wird –, könnte zunächst dazu verleiten, das Fach auf organisatorischer Ebene als religionskundlich einzuordnen. Dem steht jedoch entgegen, dass in Niedersachsen ein separatives Modell herrscht, wenn es um religionsbezogenen Unterricht geht und Werte und Normen als vom Religionsunterricht abhängiges Ersatzpflichtfach nicht für alle Schüler*innen des Klassenverbands verpflichtend ist. Die Zusammensetzung der Schüler*innenschaft im Werte und Normen-Unterricht, die überwiegend nicht religiös gebunden ist, ist insbesondere vor dem Hintergrund der unterrichtlichen Bildungs-, Lern- und Kompetenzziele interessant, die vornehmlich für religiös, im Besonderen christlich imaginierte Schüler*innen formuliert sind und einen christlich-westlichen Wertekanon zum Ausgangspunkt nehmen. Hier kollidieren inhaltliche und organisatorische Aspekte des Fachs. Auf organisatorischer Ebene lässt sich entsprechend festhalten, dass es sich um keinen integrativen Religionskundeunterricht handelt.

Die religionswissenschaftliche Einordnung des Fachs auf inhaltlicher Ebene stellt sich etwas komplexer dar. Die Untersuchung der curricularen Vorgaben ergab, dass das Fach überwiegend philosophisch ausgerichtet ist, was sich sowohl auf den Umfang philosophischer Themen als auch auf die didaktischen Leitfragen des Unterrichts bezieht, die in Anlehnung an Kants Ethik klar der Philosophie entstammen und auch auf religiöse Unterrichtsgegenstände angewendet werden sollen. Auf diese Weise wird die Behandlung von Religion, Religionen und Weltanschauungen in den

Dienst der Wertevermittlung gestellt und der Werte und Normen-Unterricht als Werte und Orientierung vermittelndes Fach konzipiert. Damit steht es im Kontrast zur akademischen Disziplin Religionswissenschaft, die dies nicht als ihre Aufgabe beziehungsweise ihr Tätigkeitsfeld sieht (vgl. DVRW 2019). Indem der Unterrichtsgegenstand *Religion* in erster Linie als Orientierungsmöglichkeit mit sinnstiftender Funktion konzeptualisiert wird, auf phänomenologische Religionsverständnisse zurückgegriffen wird und monolithische Religionskonzepte im Rahmen des Weltreligionenparadigmas reproduziert werden, kann nicht von einem religionskundlichen Unterricht die Rede sein, der die „Befähigung zur Einordnung von, zum Umgang mit und zur Beteiligung an gesellschaftlichen Diskursen über Religion" (Einleitungskapitel von Wanda Alberts in diesem Handbuch, S. 12) fördert sowie

> the developing of the pupils' analytical and critical thinking competencies and knowledge. This includes the ability to analyse, discuss, and explain religious and non-religious discourses on religion(s) and examine religious diversity in relation to social and historical developments, power, politics, social conflicts, and other factors (Alberts, 2008, 2010; Andreassen, 2016; Berglund, 2013; Frank, 2014; Frank & Bochinger, 2008; Jensen, 2011) (Kjeldsen 2019, 18).

Dem gesetzlichen Anspruch, dass religionskundliche Kenntnisse im Fach vermittelt werden sollen (vgl. NSchG § 128), wird es also überwiegend nicht gerecht, wenngleich es durchaus auch Stellen in den curricularen Vorgaben gibt, die als religionskundlich kompatibel erachtet werden können. Bezüglich der Rahmung des Gegenstands *Religion* lässt sich in den curricularen Vorgaben die Verwendung von exkludierenden objektsprachlich-religiösen Begriffen und Perspektiven feststellen, wodurch eine Dichotomie zwischen einem implizit christlichen „Wir" versus einem abwertenden „die anderen" entsteht. Außerdem wird stellenweise interreligiöse Dialogfähigkeit zum Lernziel erklärt, was eindeutig religionspädagogischen Bildungszielen zuzuordnen ist. Damit werden implizit religiöse Bildungsziele verfolgt, was eine Gefährdung der Wahrung der Religionsfreiheit der Schüler*innen zur Folge hat. Religionskundliche Anteile finden sich allenfalls in der Lehramtsausbildung und an vereinzelten Stellen des Curriculums.

Abschließend ist also festzuhalten, dass eine teils gravierende Diskrepanz zwischen religionswissenschaftlicher Fachwissenschaft/-didaktik einerseits und der Konzeption des Fachs Werte und Normen beziehungsweise seiner vermeintlich religionskundlichen Anteile andererseits besteht. Dies liegt am Rückgriff auf veraltete religionswissenschaftliche Konzepte und an der fehlenden religionswissenschaftlichen Expertise bei der Konzeption des Fachs. Stattdessen prägen Philosoph*innen, Theolog*innen und Humanist*innen die Fachkonzeption und die bildungspolitischen Diskurse um den Werte und Normen-Unterricht. Geht man davon aus, dass es sich bei religionskundlichem Unterricht um nicht religiös normierten Unterricht handelt, kann Werte und Normen-Unterricht unter den oben aufgezeigten Bedingungen nicht dazu gezählt werden.

Bibliografie

Alberts, Wanda und Christina Wöstemeyer. [in Bearbeitung]. „Lehramtsausbildung ‚Werte und Normen' an der Leibniz Universität Hannover (Deutschland)." *Zeitschrift für Religionskunde.*
Antes, Peter. 2010. „Das Schulfach ‚Werte und Normen'. Ein Beispiel für gesellschaftliche Veränderungen." In *Postsäkular? – Religion im Zusammenhang gesellschaftlicher Transformationsprozesse*, hg. v. Friedrich Johannsen, 127–136. Stuttgart: Kohlhammer.
Cotter, Christopher R. und David Robertson. 2016. *After World Religions. Reconstructing Religious Studies*. New York: Routledge.
Czelinski-Uesbeck, Michael. 2011. „Das Fach ‚Werte und Normen' in Niedersachsen." In *Werte in Religion und Ethik. Modelle des interdisziplinären Werteunterrichts in Deutschland*, Österreich und der Schweiz, hg. v. Marie-Louise Raters, 35–45. Dresden: Thelem.
DVRW Deutsche Vereinigung für Religionswissenschaft. 2017. *Stellungnahme der DVRW-Vorsitzenden Gritt Klinkhammer zum Kerncurriculum Werte und Normen vom 21. Dezember 2017.* [unveröffentl.]
DVRW Deutsche Vereinigung für Religionswissenschaft. 2019. *Das Fach ‚Religionswissenschaft'. Deutsche Vereinigung für Religionswissenschaft.* URL: https://www.dvrw.uni-hannover.de/de/religionswissenschaft/ [letzter Zugriff: 04.05.2021]
Fachverband Werte und Normen – Ethische und humanistische Bildung in Niedersachsen e. V. 2016. *Stellungnahme zur geplanten Oberstufenverordnung am Gymnasium.* 07.03.2016
Freireligiöse Landesgemeinschaft Niedersachsen und Gesellschaft zur Förderung religionskundlichen Unterrichts e. V. 1983. *Petition an den Niedersächsischen Landtag zum Niedersächsischen Schulgesetz § 104.* 4. September 1983.
Hasselmann, Christel. 2015. „20 Jahre Fachverband Werte und Normen." *W + N Kulturpolitische Nachrichten des Fachverbandes ‚Werte und Normen' in Niedersachsen e. V.* 1: 12–17.
Hasselmann, Christel. 2016. *Mitteilung Auflösung Fachverband.* E-Mail vom 7.12.2016.
HVN Humanistischer Verband Deutschland/Niedersachsen. 2017. *Stellungnahme HAZ und NDR.* 19.10.2017
Katholisches Büro Niedersachsen. 1983. *Vorlage für den Kultusausschuß des Niedersächsischen Landtags zum Nebeneinander von Religionsunterricht, religionskundlichem Unterricht und Unterricht Werte und Normen (§ 104 Abs. 1 bis 3 NSchG).* Hannover.
Katholisches Büro Niedersachsen und Konföderation evangelischer Kirchen in Niedersachsen. 2019. *Religionsunterricht in Niedersachsen.* Hannover.
KC Sek I 2017, Niedersächsisches Kultusministerium. 2017. *Werte und Normen: Kerncurriculum für das Gymnasium, Schuljahrgänge 5–10.* Hannover: Land Niedersachsen.
KC Sek II 2018, Niedersächsisches Kultusministerium. 2018. *Werte und Normen: Kerncurriculum für das Gymnasium – gymnasiale Oberstufe, die Gesamtschule – gymnasiale Oberstufe, das Berufliche Gymnasium, das Kolleg.* Hannover: Land Niedersachsen.
Kjeldsen, Karna. 2019. „A study-of-religion(s)-based religion education: skills, knowledge, and aims." *CEPS Journal* 9: 11–29.
KMK, Sekretariat der Ständigen Konferenz der Kultusminister der Länder in der Bundesrepublik Deutschland. 2006. *Einheitliche Prüfungsanforderungen in der Abiturprüfung* Ethik *(Beschluss der Kultusministerkonferenz vom 01.12.1989 i. d. F. vom 16.11.2006)*
KMK, Sekretariat der Ständigen Konferenz der Kultusminister der Länder in der Bundesrepublik Deutschland. 2013. *Regelungen und Verfahren zur Erhöhung der Mobilität und Qualität von Lehrkräften. Ländergemeinsame Umsetzungsrichtlinien für die Anpassung von Regelungen und Verfahren bei der Einstellung in Vorbereitungs- und Schuldienst sowie für die Anerkennung von Studien- und Prüfungsleistungen in Studiengängen der Lehramtsausbildung. (Beschluss vom 07.03.2013 i. d. F. vom 27. 12.2013)*

KMK, Sekretariat der Ständigen Konferenz der Kultusminister der Länder in der Bundesrepublik Deutschland. 2016. *Auswertung Religionsunterricht Schuljahr 2015/16. Teilnehmende Schülerinnen und Schüler allgemeinbildender Schulen in öffentlicher Trägerschaft nach Schularten (aufgegliedert nach Religionsunterrichten, Ethik und weiteren Ersatzunterrichten) für den Primar- und Sekundarbereich I*. Berlin.
KMK, Sekretariat der Ständigen Konferenz der Kultusminister der Länder in der Bundesrepublik Deutschland. 2020. *Sachstand in der Lehrerbildung. Stand 07.10.2020*.
KMK, Sekretariat der Ständigen Konferenz der Kultusminister der Länder in der Bundesrepublik Deutschland. 2021. *Auswertung Religionsunterricht Schuljahr 2019/20. Teilnehmende Schülerinnen und Schüler allgemeinbildender Schulen in öffentlicher Trägerschaft nach Schularten (aufgegliedert nach Religionsunterrichten, Ethik und weiteren Ersatzunterrichten) für den Primar- und Sekundarbereich I*. Berlin.
LSE Leibniz School of Education. o. J. *Projekt „Leibniz-Prinzip" der Leibniz Universität Hannover*. URL: https://www.lehrerbildung.uni-hannover.de/de/lse/projekte/qualitaetsoffensive-lehrerbildung/projekt-leibniz-prinzip/ (letzter Zugriff: 27.04.2021)
Mailkontakt mit Frau Abdel-Rahman, Landeskoordinatorin des Netzwerks der Lehrkräfte für das Fach Islamische Religion. (01.11.2012)
Neue Zeitschrift für Verwaltungsrecht (NVwZ). 1999. *BVerfG, 17.2.1999-1 BvL 26–97: Freistellung vom Unterrichtsfach „Werte und Normen" (Ethik-Unterricht)*, 7: 756.
Niedersächsische Landesregierung. 2015. *Verordnung über Masterabschlüsse für Lehrämter in Niedersachsen (Nds. MasterVO-Lehr) i. d. F. vom 2. Dezember 2015*.
Niedersächsischer Kultusminister. 2018. *Antwortschreiben an die DVRW-Vorsitzende Gritt Klinkhammer vom 10. Januar 2018*. [unveröffentl.]
Niedersächsischer Landtag. 2013. *Drucksache 17/1064. Religionsunterricht an niedersächsischen Grundschulen*.
Niedersächsischer Landtag. 2015. *Drucksache 17/4427. Situation des Faches Werte und Normen an niedersächsischen Schulen*.
NLQ Niedersächsisches Landesinstitut für schulische Qualitätsentwicklung. 2020. *2. Staffel „Werte und Normen in der Grundschule", Modul VI, Veranstaltungsangebote für den schulischen Bildungsbereich in Niedersachsen. 31.01.2020*.
NLQ Niedersächsisches Landesinstitut für schulische Qualitätsentwicklung. 2021. *Fragen nach Religionen und Weltanschauungen*. https://www.nibis.de/fragen-nach-religionen-und-weltanschauungen_7277 (letzter Zugriff: 27.04.2021)
NMK Niedersächsisches Kultusministerium. 2010. *Erlass Werte und Normen als Abiturprüfungsfach*.
NMK Niedersächsisches Kultusministerium. 2011. *Regelungen für den Religionsunterricht und den Unterricht Werte und Normen. RdErl. d. MK v. 10.5.2011 – 33-82105 (SVBl. S. 226) – VORIS 22410*.
NMK Niedersächsisches Kultusministerium 2018a. *Unveröffentlichtes Gesprächsprotokoll vom 20. Juni 2018: „Gespräch am 5. 6.2018 mit der Vorsitzenden der Deutschen Vereinigung für Religionswissenschaft (DVRW e. V.), zwei Vertreterinnen der Leibniz Universität Hannover und MK"*. Hannover.
NMK Niedersächsisches Kultusministerium. 2018b. *Curriculare Vorgaben. für die Grundschule Schuljahrgänge 1 – 4. Werte und Normen. Vorläufige Arbeitsfassung*. Hannover: Land Niedersachsen.
NMK Niedersächsisches Kultusministerium. 2020a. *Die niedersächsischen allgemeinbildenden Schulen in Zahlen. Schuljahr 2019/2020*.
NMK Niedersächsisches Kultusministerium. 2020b. *Oberstufenverordnung i. d. F. vom 16.03.2020*.
NMK Niedersächsisches Kultusministerium. o. J. *Lehrplanentwicklung – Verfahren*.

NSchG Niedersächsisches Kultusministerium. [1998] 2018. *Niedersächsisches Schulgesetz*.

Schröder, Jara. 2016. „Wahrnehmung des Faches Werte und Normen aus Schülerperspektive." Unveröffentlichte Masterarbeit. Leibniz Universität Hannover.

Schröder, Stefan. 2020. „Umstrittene Säkularität. Säkularer Religionsunterricht an öffentlichen Schulen." *Zeitschrift für Religionswissenschaft* 28/2: 314–335.

Stäblein, Friedrich. 1997. „Die Entwicklung des Fachs Werte und Normen in Niedersachsen." *Schulverwaltungsblatt* 11: 291–296.

Ulf Plessentin, Anna Raneck-Kuhlmann
10 Nordrhein-Westfalen

Hard Facts auf einen Blick

Fachbezeichnungen	Praktische Philosophie Philosophie
Einführung des Faches	Praktische Philosophie: 1997 bzw. 2003, Einführung in der Grundschule für 2023 geplant Philosophie: 1972
Schulstufen	Primarstufe, Sekundarstufe I, Sekundarstufe II
Rechtsstatus	Ersatzpflichtfach, Wahlfach
Rechtsgrundlage	SchulG § 2, SchulG § 32, BASS 12–05 NR. 1, 7.2
Teilnehmer*innen	alle Schüler*innen, die nicht am Religionsunterricht (nach GG 7,3) teilnehmen
Einheitliche Prüfungsanforderung für das Abitur (EPA)	EPA Philosophie (2006)
Bezugsdisziplin/en laut curricularer Vorgaben	Philosophie (Leitwissenschaft), Religionswissenschaft, Psychologie und Soziologie (Bezugswissenschaften)
Studienstandorte	Bielefeld, Bochum, Bonn, Dortmund, Duisburg-Essen, Münster, Paderborn, Siegen, Wuppertal
Beteiligung der Religionswissenschaft an Lehramtsausbildung	marginal (standortabhängig)
Besonderheit	breites Fächerspektrum religions- und ethikbezogenen Unterrichts
Weitere religions- und ethikbezogene Schulfächer	Alevitische Religion, Evangelische Religion (optional konfessionell-kooperativ), Islamische Religion, Jüdische Religion, Katholische Religion (optional konfessionell-kooperativ), Orthodoxer Religionsunterricht nach byzantinischem Ritus, Syrisch-orthodoxer Religionsunterricht, Mennonitischer Religionsunterricht, Schulversuch Islamkunde ist ausgelaufen, Philosophie

Open Access. © 2023 bei den Autorinnen und Autoren, publiziert von De Gruyter. Dieses Werk ist lizenziert unter der Creative Commons Namensnennung - Nicht-kommerziell - Keine Bearbeitungen 4.0 International Lizenz.
https://doi.org/10.1515/9783110694536-018

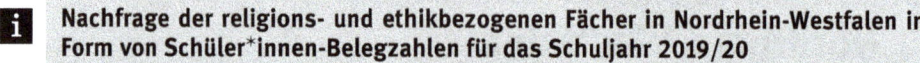

Nachfrage der religions- und ethikbezogenen Fächer in Nordrhein-Westfalen in Form von Schüler*innen-Belegzahlen für das Schuljahr 2019/20

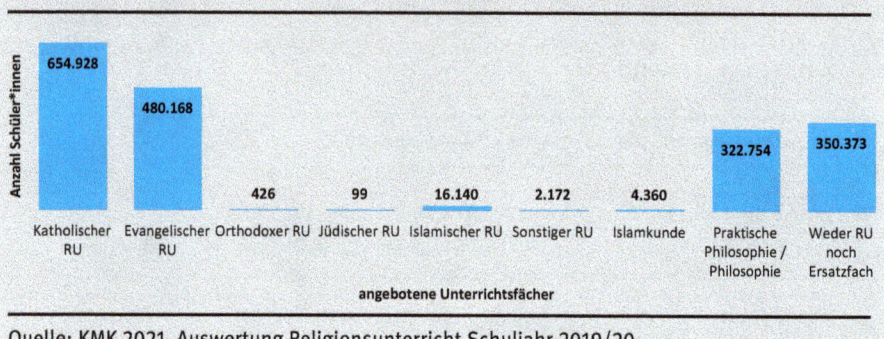

Quelle: KMK 2021. Auswertung Religionsunterricht Schuljahr 2019/20.

Verteilung der Fächer im Schulsystem

	Religionsunterricht (Pflichtfach)	Praktische Philosophie (Ersatzpflichtfach)	Philosophie (Ersatzpflicht- und Wahlfach)
Primarstufe	+	(+)*	–
Sekundarstufe I	+	+	–
Sekundarstufe II grundlegendes Anforderungsniveau	+	–	+
Sekundarstufe II erhöhtes Anforderungsniveau	+	–	+

*Der Kernlehrplan wurde 2021 veröffentlicht, aber das Fach wird voraussichtlich ab Schuljahr 2023/2024 unterrichtet.

Im bevölkerungsreichsten Bundesland Nordrhein-Westfalen wird das Schulfach *Praktische Philosophie* beziehungsweise *Philosophie* angeboten. Alle Schüler*innen, die nicht an den verschiedenen bekenntnisgebundenen Religionsunterrichten teilnehmen, müssen stattdessen verpflichtend Praktische Philosophie – beziehungsweise in der gymnasialen Oberstufe Philosophie – belegen. Ab dem Schuljahr 2023/2024 soll zudem auch an Grundschulen Praktische Philosophie angeboten werden (MSB 2021b). Da der Philosophie-Unterricht in der Sekundarstufe II kein reines Alternativfach zum Religionsunterricht darstellt und das Fach Praktische Philosophie an Grundschulen erst neu eingeführt wird, liegt der Schwerpunkt im Folgenden auf dem Fach Praktische Philosophie für die Sekundarstufe I.

Geschichte und Entwicklung des aktuellen Modells

Die ersten öffentlichen Überlegungen, ein Schulfach wie Praktische Philosophie in Nordrhein-Westfalen einzuführen, gab es Anfang der 1980er Jahre. Ausschlaggebende Faktoren für solche Überlegungen dürften die Veränderungen der religiösen Bindung der Schüler*innen gewesen sein. In der Literatur wird in diesem Zusammenhang immer wieder auf die schwindenden Kirchenbindungen hingewiesen, die sich in den ansteigenden Kirchenaustrittszahlen widerspiegeln. Auf der anderen Seite führte die Etablierung von bisher in Nordrhein-Westfalen nicht vorkommenden Religionsgemeinschaften zu einer migrantisch bedingten Pluralisierung der Gesellschaft. Diese Entwicklungen hatten unmittelbaren Einfluss auf das bestehende System, kam es doch zu einer steigenden Abmeldequote vom evangelisch beziehungsweise römisch-katholisch geführten Religionsunterricht. Wie auch in anderen Bundesländern waren die Schulämter mit der Herausforderung konfrontiert, dass gerade minderjährige Schulkinder, die nicht mehr am Religionsunterricht teilnahmen, parallel zu diesem betreut werden mussten. Zuvor hatten bereits die Kirchen die Einrichtung eines Ethikunterrichts gefordert, um der Abmeldewelle vom konfessionellen Religionsunterricht entgegenzuwirken, die seit 1968 zunahm. Durch die Einführung des Faches wollten die Kirchen verhindern, dass sich Schülerinnen und Schüler nicht mehr aufgrund eines kollektiven Drucks vom Religionsunterricht abmeldeten; die Abmeldung sollte wieder mehr zur Gewissensentscheidung werden (vgl. SDKB 1989, 302). Trotz der offiziellen Stellung der Kirchen in Deutschland waren aber die Kirchen in Nordrhein-Westfalen dennoch lange gegen ein solches Ersatzfach für den Religionsunterricht: man fürchtete einerseits einen Konkurrenzkampf zwischen Religionsunterricht und Alternativ- beziehungsweise Ersatzfach, andererseits war man der festen Überzeugung, dass es keinen gleichwertigen „Ersatz" für den konfessionellen Religionsunterricht gebe (SDKB 1991, 249).

In den 1980er Jahren gab es erste, Anfang der 1990er Jahre dann vermehrt Stimmen, die für die Schaffung eines nicht-konfessionellen Alternativfaches für die Werteerziehung in Nordrhein-Westfalen plädierten. Die voranschreitenden Entwicklungen in anderen Bundesländern (gerade in Bayern, aber auch in Brandenburg mit der bundesweit beachteten Diskussion um den LER-Unterricht) gaben für die nordrhein-westfälische Politik wichtige Impulse, das Thema auf die Tagesordnung zu setzen. Es wurde aktiv nach Modellen für das einzurichtende Schulfach gesucht. Diese Suche wurde mehr und mehr flankiert von unterstützenden Plädoyers, kamen sie nun von organisierten humanistischen beziehungsweise atheistischen Verbänden oder von Seiten der beiden Amtskirchen – allerdings mit je eigenen Vorstellungen für die Ausprägungen eines solchen wertevermittelnden Schulfaches (vgl. u. a. EKD 1994).

In der vierten SPD-geführten Landesregierung unter Johannes Rau wurde 1994 beschlossen, ein Alternativangebot zum Religionsunterricht zu entwickeln (MSWF 2002, 9). Nach der Wahl 1995 nahm die nunmehr rot-grüne Landesregierung die Erprobung eines nichtkonfessionellen Faches zur Werteerziehung als Ziel in den Koalitionsvertrag auf. Ein Jahr später forderte der Landtag Nordrhein-Westfalens die Landesregierung auf, das Fach Praktische Philosophie in einem Schulversuch in der Sekundarstufe I und an berufsbildenden Schulen einzuführen. Der Schulversuch solle dabei wissenschaftlich betreut und seine Auswertung für die Entscheidung zur endgültigen Einführung dem Landtag vorgelegt werden (LT-DS. 12/1068 v. 5. 6. 1996).

Mit dem Beginn des Schuljahres 1997 wurde an ausgewählten Schulen in den Klassenstufen 9 und 10 das Fach Praktische Philosophie erprobt. Diese beiden Klassenstufen wurden deshalb gewählt, weil hier die meisten Abmeldungen vom Religionsunterricht zu verzeichnen waren. Dem Beginn der vierjährigen Erprobungsphase ging die Konzeption eines Kerncurriculums voraus, an dem sowohl Beamt*innen des Düsseldorfer Schulministeriums, Vertreter*innen des Universitätsfaches Philosophie, aber auch der Amtskirchen und muslimischer Gemeinschaften beteiligt waren (MSWF 2002, 11). Der Schulversuch war breit angelegt: Während im ersten Jahr ab August 1997 regional über das Land verteilt 139 Schulen teilnahmen – darunter 16 Hauptschulen, 17 Realschulen, 28 Gesamtschulen, 39 Gymnasien, 11 Sonderschulen und 28 Berufskollegs – erprobten im darauffolgenden Schuljahr schon 246 Schulen das Modell (MSWF 2002, 13). Aufgrund des Umstandes, dass in der Testphase noch nicht auf speziell ausgebildete Lehrer*innen zurückgegriffen werden konnte – der Landtagsbeschluss untersagte ausdrücklich die „Ausweitung des Stellenplans" (LT-DS. 12/1068 v. 5.6.1996) –, wurde das neue Fach von Lehrkräften unterrichtet, die schon im Dienst waren. Sie erhielten berufsbegleitend, „abhängig von der Vorqualifizierung – zwischen ½ bis zu 2 Jahre" dauernde Fortbildungen und Zertifikatskurse (KMK 2008, 51). Erst in der zweiten Hälfte des Schulversuchs, zu Beginn der 2000er Jahre, wurden grundständige Lehramtsstudiengänge an verschiedenen Hochschulen eingeführt. Durch einen Runderlass des Ministeriums für Schule, Jugend und Kinder vom 20. Juni 2003 wurde Praktische Philosophie als ordentliches Unterrichtsfach in der Sekundarstufe I eingerichtet (BASS 12–05, Nr. 1). Es wurde als Fach allerdings nur an jenen Schulen eingeführt, an denen die Nachfrage dies erforderte und die personellen Voraussetzungen gegeben waren. Seit dem Schuljahr 2007/2008 kann das Fach in allen Klassenstufen der Sekundarstufe I eingerichtet werden, sofern eine Nachfrage besteht und die personellen Ressourcen dafür vorhanden sind (KMK 2008, 51).

Zentral mit der inhaltlichen Konzeption des Schulfaches verbunden ist der Name Dieter Birnbacher. Als Professor für Philosophie an der Heinrich-Heine-Universität Düsseldorf mit dem Schwerpunkt Ethik war er in der Konzeptionsphase ab 1996 an der Entwicklung des Kerncurriculums beteiligt. Die Hauptentwicklungsarbeit oblag der Arbeitsgruppe Kernlehrplan, unter der Leitung von Ulrich Blasczyk und später Peter Dobbelstein, der *Qualitäts- und UnterstützungsAgentur – Landesinstitut für Schule (kurz: QUA-LiS)*.[1] Zusammen mit dem Philosophiedidaktiker Ekkehard Martens und

---

1 QUA-LiS ist die zentrale Einrichtung für pädagogische Dienstleistungen in NRW. Ihre Aufgaben liegen u. a. in der Beratung des Ministeriums für Schule und Bildung und in der Kernlernplanentwicklung.

dem Erziehungswissenschaftler Peter Nenninger begleitete Birnbacher nachfolgend die Schulerprobungsphase von 1997 bis 2001 und evaluierte diese wissenschaftlich. In verschiedenen Quellen wird darauf hingewiesen, dass er sich immer wieder für einen starken religionskundlichen Fokus des Faches einsetzte (vgl. u. a. IBKA 2003.).

Drei Argumente werden in der Literatur, die von den Protagonisten während des Schulversuchs beziehungsweise retrospektiv veröffentlicht wurden, regelmäßig angegeben, um die Notwendigkeit religionsbezogener Bildungsinhalte in diesem als weltanschaulich neutral definierten Schulfach zu begründen: Zum ersten wird angeführt, dass die Schüler*innen eine Kritikfähigkeit gegen das „Verführungspotential durch esoterische und andere umstrittene religiöse oder quasi-religiöse Glaubenssysteme" entwickeln sollen (Birnbacher 2002, 57). Diese Position taucht bis Anfang der 2000er Jahre auf und lässt einen Bezug zu der damalig kontrovers geführten öffentlichen Diskussion um verschiedene kleinere Religionsgemeinschaften, die sogenannte Sektendebatte, erkennen (vgl. u. a. BT-DS 13/10950). Zum zweiten attestiert Birnbacher, dass die religionskundliche Bildung in der Bevölkerung insgesamt auf einem niedrigen Niveau sei. Zum dritten sei das Wissen über die religiösen Glaubenssysteme auch notwendig, um in einer religiös und weltanschaulich vielfältiger werdenden Gesellschaft zusammenzuleben (Birnbacher 2002, 57).

Interessanterweise wurde gerade mit Bezug auf die religiöse und weltanschauliche Vielfalt auch eine Parallelentwicklung forciert: Etwa zehn Jahre nach der Etablierung des bekenntnisunabhängigen Faches Praktische Philosophie an den Schulen Nordrhein-Westfalens wurden mehrere neue konfessionelle Religionsunterrichtsfächer für alle Klassenstufen eingeführt, beziehungsweise deren Einführung diskutiert. Einige befinden sich bis heute in der Erprobungsphase oder werden nur regional begrenzt angeboten. Neben dem römisch-katholischen und evangelischen Religionsunterricht können Schüler*innen nunmehr auch jüdischen, orthodoxen (nach byzantinischem Ritus), syrisch-orthodoxen, islamischen, alevitischen und mennonitischen Religionsunterricht belegen (MSB 2021a). Diese bekenntnisgebundenen Religionsunterrichte werden von Seiten der Religionsgemeinschaften angeboten, wobei es unterschiedliche Vereinbarungen zwischen diesen und der Landesregierung gibt. So folgte der 2012 eingeführte islamische Religionsunterricht erst einem Beiratsmodell, in dem verschiedene Islamverbände vertreten waren. Dieses Modell wurde vom Landtag im Sommer 2019 zugunsten eines Modells verändert, in dem eine Kommission die Lehrinhalte festlegt. Im Gegensatz zum Beiratsmodell können nun auch Mitglieder von „islamischen Organisationen […], die keine Religionsgemeinschaften im Sinne von Artikel 7 Absatz 3 des Grundgesetzes und Artikel 14 und 19 der Landesverfassung sind", in die Kommission berufen werden (LT-DS 17/6606, Art. 1, Abs. 2).

Rahmenbedingungen

Der Status des Unterrichtsfaches Praktische Philosophie ist im Schulgesetz des Landes Nordrhein-Westfalen wie folgt geregelt: „Schülerinnen und Schüler, die nicht am Religionsunterricht teilnehmen, nehmen am Fach Praktische Philosophie teil, soweit dieses Fach in der Ausbildungsordnung vorgesehen und an der Schule eingerichtet ist. In der gymnasialen Oberstufe besteht die Verpflichtung, nach einer Befreiung vom Religionsunterricht das Fach Philosophie zu belegen" (NRW Schulgesetz § 32).

Der Religionsunterricht wird in der Verfassung des Landes Nordrhein-Westfalen in Artikel 14, Absatz 1 als „ordentliches Lehrfach" an allen Schulen, mit Ausnahme der bekenntnisfreien Weltanschauungsschulen (Verf NRW Art. 12, Abs. 3 und Art. 14, Abs. 1), definiert. Nur durch eine schriftliche Erklärung von Seiten der Eltern – oder ab Erreichen der Religionsmündigkeit durch die Schüler*innen selbst – erfolgt die Befreiung von der Teilnahme am Religionsunterricht (BASS 12–05 Nr. 1, 7.2). Die formlose Abmeldung vom Religionsunterricht jedweden Bekenntnisses verpflichtet Schüler*innen zur Teilnahme am Unterricht in Praktischer Philosophie beziehungsweise Philosophie. Daher handelt es sich bei dem Fach Praktische Philosophie nicht um ein, wie angedacht, Alternativfach, sondern um ein Ersatzpflichtfach: Es kann nicht frei zwischen konfessionellem Religionsunterricht und Alternativfach gewählt werden. Der Belegung der Alternative geht immer die Befreiung vom Religionsunterricht voraus. Das Fach Praktische Philosophie wird in der Sekundarstufe I einschließlich des Berufskollegs, das Fach Philosophie in der gymnasialen Oberstufe der Sekundarstufe II einschließlich des Weiterbildungskollegs angeboten.

Das Fach Philosophie besuchten im Schuljahr 2019/2020 in der gymnasialen Oberstufe 95.659 Schüler*innen an 848 Schulen (MSB 2020a, 120), zehn Jahre zuvor waren es noch 66.759 Schüler*innen an 780 Schulen (MSB 2010, 68). Anders als die Fächer Praktische Philosophie und das neu einzuführende Fach Primarstufenfach wird Philosophie nicht nur als Alternativfach zum konfessionellen Religionsunterricht angeboten, sondern als ein geisteswissenschaftliches Fach, das neben Erdkunde, Erziehungswissenschaft, Geschichte, Politik, Psychologie, Recht und Sozialwissenschaft zusätzlich zum konfessionellen Religionsunterricht im Grund- sowie Leistungskurs belegt werden kann (vgl. § 7 APO-GOSt). Damit handelt es sich beim Fach Philosophie einerseits um ein Wahlpflichtfach, das in der Sekundarstufe frei gewählt werden kann, beispielsweise auch parallel zum konfessionellen Religionsunterricht. Andererseits handelt es sich dabei zugleich auch um ein Ersatzpflichtfach, da die Teilnahme an diesem nach der Befreiung vom konfessionellen Religionsunterricht verpflichtend ist.

Seit Einführung des Faches Praktische Philosophie nahm auch die Anzahl der teilnehmenden Schüler*innen und der anbietenden Schulen kontinuierlich zu. Waren es im Schuljahr 2009/2010 noch 112.849 Schüler*innen an 1.228 Schulen (MSB 2010, 67), sind es heute bereits 247.801 Schüler*innen an insgesamt 1.559

Schulen² (MSB 2020a, 81). Die steigende Anzahl der teilnehmenden Schüler*innen an den Fächern Praktische Philosophie und Philosophie lässt sich einerseits durch die zunehmende Anzahl konfessionsfreier Schüler*innen und einer zunehmend religiös pluraler werdenden Schüler*innenschaft begründen, andererseits mit einer wachsenden Anzahl von christlichen Schüler*innen, die sich vom Religionsunterricht abmelden, wie die Zahlen belegen: Im Schuljahr 2019/2020 hatten sich zum Beispiel 13.775 Schüler*innen vom römisch-katholischen und 12.354 Schüler*innen vom evangelischen Religionsunterricht insgesamt abgemeldet (MSB 2020a, 25). Im Vergleich zum römisch-katholischen und evangelischen Religionsunterricht ist die Zahl der Schüler*innen, die am Fach Praktische Philosophie teilnehmen, und die Anzahl der Schulen, die dieses Fach anbieten, noch gering (MSB 2020a, 80–81). Zumal nicht allen Schüler*innen, die nicht am Religionsunterricht teilnehmen, aus organisatorischen Gründen eine Teilnahme am Fach Philosophie möglich ist. So gibt es – vom Fachverband Philosophie Nordrhein-Westfalen herausgearbeitet und mehrfach kritisiert – immer auch regionale Lücken im Angebot des Faches. Diese Situation lässt sich vor allem an Berufskollegs und in der Sekundarstufe I an Haupt- und Realschulen finden (Blesenkemper 2017).

Je nach Ressourcen und Nachfrage entscheiden die Schulen vor Ort, ob sie das Fach Praktische Philosophie in der Sekundarstufe I als Ersatz(pflicht)fach beziehungsweise Philosophie in der gymnasialen Sekundarstufe II als Wahlpflichtfach sowie Ersatz(pflicht)fach einrichten. Während das Fach an staatlichen Schulen eingerichtet wird, sind keine Fälle von religiösen Bekenntnisschulen in Nordrhein-Westfalen bekannt, in denen diese Alternative zum Religionsunterricht angeboten wird. Eine Besonderheit in NRW sind die Bekenntnisschulen. Die Ausbildung der Schüler*innen erfolgt an diesen nach den Grundsätzen des jeweiligen Bekenntnisses, dazu können auch Weltanschauungen zählen. Aufgrund dieser Regelung ist es den Schulen auch möglich, den Religionsunterricht des entsprechenden Bekenntnisses als verpflichtend für alle Schüler*innen, unabhängig von Religionszugehörigkeit, einzuführen (Schulgesetz NRW § 26).

---

2 Im Vergleich dazu liegen für die konfessionellen Religionsunterrichte folgende Zahlen für das Schuljahr 2019/2020 vor (in Klammern angegeben ist die jeweilige Anzahl der Schulen, die das entsprechende Fach anbieten): Evangelische Religionslehre 606.791 Schüler*innen (3.863), Römisch-Katholische Religionslehre 800.043 Schüler*innen (4.285), evangelisch-katholisch kooperativer Unterricht 76.010 Schüler*innen (623), Jüdische Religionslehre 562 Schüler*innen (7), Islamische Religionslehre 21.554 Schüler*innen (236), Orthodoxe Religionslehre 2.127 Schüler*innen (69) und Alevitische Religionslehre 148 Schüler*innen (9) (MSB 2020a, 80 f.).

Ausbildung der Lehrkräfte

Bedingt durch die Erprobung des Schulfaches Praktische Philosophie ab 1997 erfolgte die Ausbildung der Lehrkräfte in zwei Phasen: In der ersten Phase Ende der 1990er Jahre wurden vorhandene fachfremde Lehrkräfte in Zertifikationskursen und Fortbildungsangeboten parallel zu ihrem Schuldienst für das Unterrichten des Faches Praktische Philosophie befähigt. In der zweiten Phase fand dann der Aufbau grundständiger Lehramtsstudiengänge parallel zum Schulversuch statt. Anfang der 2000er Jahre konnten sich Studierende in die ersten Lehramtsstudiengänge Praktische Philosophie an den Hochschulen des Landes einschreiben. So vermeldete die Universität Paderborn im Februar 2000, dass ein Studienprogramm für das Lehramt Praktische Philosophie „gemeinsam von Lehrenden des Faches Philosophie in Kooperation mit Lehrenden der Fächer Erziehungswissenschaft, Evangelische und Katholische Theologie und Psychologie sowie in Zusammenarbeit mit dem Paderborner Lehrerausbildungszentrum (PLAZ), dem Staatlichen Prüfungsamt für Erste Staatsprüfungen und der Bezirksregierung Detmold entwickelt" (Szolnoki 2000) wurde.

2020 wurde das Fach Praktische Philosophie beziehungsweise Philosophie an zehn nordrhein-westfälischen Hochschulen als Lehramt für unterschiedliche Schultypen angeboten (siehe Tabelle 1).

Tab. 1: Lehramtsstudium für (Praktische) Philosophie in Nordrhein-Westfalen.

Hochschule	Abschlüsse	Schultypen
Universität Bielefeld	B.A. und M.Ed.	Gymnasium, Gesamtschule
	B.A. und M.Ed.	Haupt-, Real-, Sekundar- und Gesamtschule
Ruhr-Universität Bochum	B.A. und M.Ed.	Gymnasium, Gesamtschule
Rheinische Friedrich-Wilhelms-Universität Bonn	B.A. und M.Ed.	Gymnasium, Gesamtschule
Technische Universität Dortmund	B.A. und M.Ed.	Gymnasium, Gesamtschule
	B.A. und M.Ed.	Haupt-, Real-, Sekundar- und Gesamtschule
Universität Duisburg-Essen	B.A. und M.Ed.	Gymnasium, Gesamtschule
	B.A. und M.Ed.	Haupt-, Real-, Sekundar- und Gesamtschule
Universität Köln	B.A. und M.Ed.	Gymnasium, Gesamtschule
	B.A. und M.Ed.	Haupt-, Real-, Sekundar- und Gesamtschule

Tab. 1 (fortgesetzt)

Hochschule	Abschlüsse	Schultypen
Westfälische Wilhelms-Universität Münster	B.A. und M.Ed.	Gymnasium, Gesamtschule
	B.A. und M.Ed.	Haupt-, Real-, Sekundar- und Gesamtschule
Universität Paderborn	B.A. und M.Ed.	Gymnasium, Gesamtschule
	B.A. und M.Ed.	Haupt-, Real-, Sekundar- und Gesamtschule
Universität Siegen	B.A. und M.Ed.	Gymnasium, Gesamtschule
	B.A. und M.Ed.	Haupt-, Real-, Sekundar- und Gesamtschule
Bergische Universität Wuppertal	M.Ed.	Gymnasium, Gesamtschule
	M.Ed.	Haupt-, Real-, Sekundar- und Gesamtschule

Im Schuljahr 2018/2019 konnte das Schulfach Philosophie von 2.525 Lehrer*innen unterrichtet werden und das Schulfach Praktische Philosophie von 1.309. Für beide Schulfächer haben jedoch nur insgesamt 1.214 Lehrkräfte eine Lehrbefugnis, sodass sie größtenteils fachfremd unterrichten (MSB 2019, 59).

In der Konzeptions- und Evaluierungsphase um die Jahrtausendwende gab es von den beteiligten philosophischen Fachvertreter*innen wiederholt die Forderung, dass Religionslehrer*innen keine Praktische Philosophie unterrichten sollten, wie es dann auch in der ersten Phase während der Schulerprobung umgesetzt wurde.

Lehrkräfte mit der Fakultas in evangelischer oder katholischer Religion waren auf Wunsch des Ministeriums am Schulversuch nicht beteiligt. Diese Beschränkung gilt für die Lehrkräfte, die an den Studienkursen der Universitäten teilnehmen, in Zukunft nicht mehr. Die wissenschaftliche Begleitung empfiehlt, die Einbeziehung von Religionslehrkräften vor allem im Hinblick auf Schülerinnen und Schüler außerchristlicher Konfessionen mit Zurückhaltung zu handhaben und durch ein kontinuierliches Monitoring auf seine Akzeptanz zu überprüfen. Die integrative Funktion des Unterrichts, die insbesondere in den Ballungsgebieten mit starkem Ausländeranteil Schüler unterschiedlicher Konfession und unterschiedlicher weltanschaulicher Orientierungen zusammenführt, sollte nicht leichtfertig gefährdet werden. (Birnbacher, Martens und Nenninger 2002, 121)

Diese Forderung mag Anfang der 2000er Jahre unter dem Eindruck fehlender Lehrkräfte für dieses neue Schulfach gestanden haben. Sie kann aber auch als eine fachpolitisch konnotierte Antwort auf Überlegungen der beiden Amtskirchen und der mit ihnen verbundenen theologischen Fakultäten gelesen werden. Nichtsdestotrotz wurde der Forderung nicht entsprochen. Heute ist es prinzipiell möglich, sowohl Religion beziehungsweise Theologie *und* Philosophie als Fächerkombination für ein Lehramtsstudium zu wählen und die beiden Fächer anschließend als Lehrkraft im Schuldienst zu unterrichten.[3] Allerdings dürften derartige Fälle in Nordrhein-Westfalen nicht besonders häufig sein. Der Grund dafür liegt in dem Umstand, dass beide Fächer zeitgleich unterrichtet werden, da Praktische Philosophie als Alternative zum Religionsunterricht gilt.

Die fehlende Umsetzung der frühen Forderung weist darüber hinaus auf eine Tendenz in der Lehramtsausbildung hin, die sich auch andernorts zeigt: Es gibt teilweise gravierende inhaltliche Verschränkungen zwischen dem Lehramt Praktische Philosophie und den verschiedenen Lehramtsausbildungen für den Religionsunterricht – gerade beim Thema Religion. Zwar wird Religionswissenschaft neben der Philosophie ausdrücklich als eine Bezugswissenschaft in den Vorgaben des Landes zum Lehramt Praktische Philosophie herausgestellt (MSJK 2004, 8) – in der praktischen Umsetzung wird die geforderte Vermittlung religionskundlichen Wissens aber nur am Standort Münster von der Religionswissenschaft geleistet.[4] Weder die Religionswissenschaft an der Ruhr-Universität Bochum noch die auf eine lange Historie zurückblickende Bonner Religionswissenschaft sind an der regulären Ausbildung von zukünftigen Lehrkräften im Fach Praktische Philosophie beteiligt. An der Universität Bielefeld wird das vorhandene religionswissenschaftliche Lehrdeputat allein für die Ausbildung von evangelischen Religionslehrer*innen in Anspruch genommen (Stand März 2021).

Allerdings gibt es sowohl am Standort Bochum als auch am Standort Bielefeld erste Überlegungen, zukünftig religionswissenschaftliche Lehrveranstaltungen als Module ins Lehramtsstudium Praktische Philosophie zu integrieren. Die Notwendigkeit einer stärkeren Einbindung vorhandener religionswissenschaftlicher Angebote in die universitäre Lehramtsausbildung lässt sich auch an der Nachfrage religionswissenschaftlicher Bildungsangebote erkennen: So nehmen insbesondere Lehrkräfte für Praktische Philosophie mit ihren Klassen die von der Ruhr-Universität Bochum angebotenen unterrichtsbegleitenden Kurse im religionswissenschaftlichen Schülerlabor zum Thema religiöse Vielfalt in Anspruch, beziehungsweise besuchen thematisch ähnliche religionswissenschaftliche Weiterbildungsangebote der Universität.

---

3 Dies ging aus einem Gespräch mit dem Vorsitzenden des Philosophielehrerverbandes NRW hervor. Die beschriebene Fächerkombination zeigt daher nur den Möglichkeitshorizont auf, wird aber statistisch nicht erfasst.
4 Hierzu ist zu ergänzen, dass Münsteraner Prüfungsordnungen jüngeren Datums, wie z. B. jene vom 7.9.2018, nicht mehr auf das Fach Religionswissenschaft verweisen, sondern Religionsphilosophie anführen. Ältere Prüfungsordnungen für das Lehramt, wie jene von 2003, die unmittelbar nach Einrichtung des Faches Praktische Philosophie an den Schulen galten, schreiben noch vor, Kurse der Religionswissenschaft für ein Modul zu besuchen. Vgl. auch https://www.uni-muenster.de/PhilSem/studienberatung/auslaufend/lpo2003/gyge/index.html.

Diese offenkundige Diskrepanz, die sich zwischen den ursprünglichen konzeptionellen Erwägungen zu den religionsbezogenen Unterrichtsinhalten sowie den dazu korrespondierenden landesrechtlichen Vorgaben und der praktischen Umsetzung im Lehramtsstudium ergibt, lässt sich unter anderem strukturell begründen: Nur an drei von zehn Hochschulen, die das Lehramt Praktische Philosophie anbieten, gibt es eine institutionalisierte Religionswissenschaft in Form von Lehrstühlen, Instituten beziehungsweise fakultätsunabhängigen zentralen wissenschaftlichen Einrichtungen. An der Ruhr-Universität Bochum fand zudem der Aufbau der Religionswissenschaft erst ab 2005 und somit nach der Einführung des Lehramtes Praktische Philosophie statt. Diese strukturellen Rahmenbedingungen erlauben es bisher nicht, flächendeckend im Land Nordrhein-Westfalen religionswissenschaftliche Lehrangebote ins Lehramtsstudium Praktische Philosophie zu integrieren, es sei denn, es werden dazu personelle Ressourcen an all jenen Standorten aufgebaut, die über keine institutionalisierte Religionswissenschaft verfügen.

Es besteht allerdings auch innerhalb des Faches Philosophie eine starke Tendenz dazu, alle über die Philosophie hinausgehenden erforderlichen Inhalte für die universitäre Lehramtsausbildung im Fach Praktische Philosophie aus eigener Hand anzubieten. Die an und für sich zuständigen Referenzfächer Soziologie, Religionswissenschaft und Psychologie werden dagegen nicht hinzugezogen. Diese Zentrierung der Lehramtsstudiengänge auf die Disziplin Philosophie führt an einigen Standorten dazu, dass Lehrstühle für Religionsphilosophie, die philosophischen Instituten zugeordnet sind, die relevanten religionsbezogenen Studieninhalte stellen. Dies ist etwa an den Universitäten in Bielefeld, Duisburg-Essen und Köln der Fall. Abgesehen von der Engführung ist jedoch an einigen Standorten auch eine Öffnung erkennbar – allerdings in Richtung christlicher Theologien und nicht zur Religionswissenschaft: Eine stichprobenartige Recherche verschiedener Vorlesungsverzeichnisse der Universitäten und Fachhochschulen, die das Lehramtsstudium Praktische Philosophie anbieten, zeigte, dass beispielsweise Studierende an der Universität Paderborn und der Bergischen Universität Wuppertal theologische Seminare besuchen, um religionsbezogene Inhalte zu erlernen. Dabei findet die Integration von theologischen Kursen in das Philosophie-Lehramtsstudium an einigen Hochschulen schon seit der Einführung des Studienganges in den frühen 2000er Jahren statt, etwa an der Universität Paderborn. Inwieweit diese offenkundigen Überschneidungen von Studieninhalten für das Lehramt Religionsunterricht mit denen des Lehramtsstudiums Praktische Philosophie noch dem Ziel eines religions- und weltanschauungsneutralen Werteunterrichts entsprechen, kann an dieser Stelle nicht diskutiert werden. Festzuhalten bleibt, dass die universitäre Religionswissenschaft in Nordrhein-Westfalen trotz ihrer Zuständigkeit als Bezugswissenschaft für das Lehramtsstudium in Praktischer Philosophie allenfalls eine marginale Rolle in der Ausbildung von Lehrer*innen des Faches spielt. Darauf, wie die Religionswissenschaft und die Religionskunde in den Kernlehrplänen verankert ist, soll im Folgenden eingegangen werden.

Curriculare Vorgaben

Die Alternativ- beziehungsweise Ersatz(pflicht)fächer für den konfessionellen Religionsunterricht in Nordrhein-Westfalen wurden nicht nur zu unterschiedlichen Zeitpunkten eingeführt. Sie wurden zudem unabhängig voneinander und nicht als ein zusammengehöriges Fach entwickelt, in denen, wie beispielsweise in Geschichte, Lehrinhalte über die Klassenstufen aufeinander aufbauen. So wird in der Grundschule bzw. Primarstufe ab dem Schuljahr 2023 Praktische Philosophie, in der Sekundarstufe I, sowie am Berufskolleg Praktische Philosophie und in der Sekundarstufe II Philosophie unterrichtet. Für die Entwicklung der entsprechenden Kernlehrpläne ist die Lehrplankommission für die Fächergruppe Ethik/Philosophie des Ministeriums für Schule und Bildung (QUA-LiS), der im Übrigen dieselben Personen angehören wie der Lehrplankommission für den Religionsunterricht, zuständig. Da sich die fachliche Gestaltung vor allem hinsichtlich der Inhalte, Kompetenzen und Bezugswissenschaften unterscheidet, sollen die verschiedenen Kernlehrpläne im Folgenden einzeln analysiert werden.

Das Fach Philosophie in der Sekundarstufe II

Das Fach Philosophie ist, im Gegensatz zum Fach Praktische Philosophie, nicht als reines Ersatzfach zum Religionsunterricht, sondern als eigenständiges geisteswissenschaftliches Fach konzipiert. Daher liegen die Ziele und die Aufgaben des Faches nicht in der Vermittlung von Werten und religionskundlichem Wissen, sondern in der Befähigung zur „philosophischen Problemreflexion", das heißt in der Fähigkeit, selbstständig zu philosophieren und individuelle und gesellschaftliche Entscheidungen zu treffen. Dabei liegt das Augenmerk auf dem „Verstehen der Wirklichkeit als ganzer in ihren vielfältigen Dimensionen", der Erfahrung der „Möglichkeiten und Grenzen des menschlichen Erkenntnisvermögens" sowie der Kenntnis ethischer Grundlagen des menschlichen Handelns (MSB 2014, 11–12). Als wesentliche Bezugswissenschaft des Schulfaches wird die akademische Philosophie genannt, aber auch andere geisteswissenschaftliche Fächer. Abgesehen davon ist das Fach über die Geisteswissenschaften hinausgehend interdisziplinär gedacht: „Aufgrund seines universellen Frage- und Denkhorizontes überschreitet es jedoch die Grenzen eines einzelnen Aufgabenfeldes und steht zugleich in einer inhaltlichen und methodischen Beziehung zu den Fächern des sprachlich-literarisch-künstlerischen und des mathematisch-naturwissenschaftlich-technischen Aufgabenfeldes sowie zum Fach Religionslehre." (MSB 2014, 12).

Der Bezug zur konfessionellen Religionslehre ergibt sich aber nur im Kontext des Themenfeldes „Erkenntnis und ihre Grenzen", in Zuge dessen sich die Schüler*innen inhaltlich mit der „Eigenart philosophischen Fragens und Denkens", „Metaphysischen Problemen als Herausforderung für die Vernunfterkenntnis" und den „Prinzipien und [der] Reichweite menschlicher Erkenntnis" befassen. Im Zusammenhang mit metaphysischen Fragen soll dabei unter anderem die Frage nach der Existenz Gottes – die Formulierung ist hier im Original auch auf den „einen", sprich monotheistischen, Gott ausgerichtet und nicht allgemein gehalten – berücksichtigt und Religion als erkenntnistheoretischer Ansatz, unter anderem hinsichtlich der Bedeutung für den Menschen, erörtert werden (MSB 2014, 23–24). Religion wird hier einerseits aus einer monotheistischen Perspektive betrachtet, zugleich aber auch religionsphilosophisch, was der überwiegend philosophischen Ausrichtung des Faches entspricht. Der religionsbezogene Anteil im Fach ist allerdings gering, denn im Wesentlichen liegt der Schwerpunkt in der Auseinandersetzung mit philosophischen Texten, Ideen, Prinzipien und Disziplinen (MSB 2014).

Das Fach Praktische Philosophie in der Sekundarstufe I

Im Gegensatz dazu ist das Fach Praktische Philosophie für die Sekundarstufe I von Anfang an interdisziplinärer angelegt und weist mehr Bezüge zum Thema Religion auf als das Oberstufenfach. So heißt es im aktuellen Kernlehrplan: „In der Auseinandersetzung mit der Thematik der sieben Fragenkreise erwerben Schülerinnen und Schüler Kenntnisse in der Leitwissenschaft Philosophie und den Bezugswissenschaften Religionswissenschaft, Psychologie und Soziologie. Dabei werden religionswissenschaftliche Grundkenntnisse über die großen Religionen erworben unter besonderer Berücksichtigung ihrer Wertekategorien und des daraus resultierenden Menschenbildes" (MSB 2008, 12).

Das Ziel des Faches, einen Fokus auf die Vermittlung von religionsbezogenen Inhalten zu legen, wird in der Erprobungsfassung des Kernlehrplans für Praktische Philosophie von 1997 besonders deutlich. So heißt es: „Der Unterricht im Fach Praktische Philosophie hat daher die Aufgabe, den Schülerinnen und Schülern wichtige weltanschauliche und religiöse Entwicklungen sowie ideengeschichtliche Zusammenhänge nahe zu bringen. Dabei haben die Schülerinnen und Schüler die Möglichkeit, die religiösen und weltanschaulichen Vorstellungen, die unsere eigene und fremde Kulturen geprägt haben, aus ihren Ursprüngen und Traditionen heraus zu verstehen" (MSW 1997, 9).

Inwiefern diese frühen Ziele noch für den aktuellen Lehrplan gelten, soll im Folgenden genauer analysiert werden.

Die Konzeption des Faches als Alternativ- beziehungsweise Ersatzfach für den konfessionellen Religionsunterricht wurde hinsichtlich der Kompetenz- und Lernziele an ebendiesem ausgerichtet. Es handelt sich um ein Pendant – jedoch ohne die Bindung an ein Bekenntnis: „Das Fach Praktische Philosophie ist auf die zusammenhängende Behandlung von Sinn- und Wertefragen gerichtet. Während dies im Religionsunterricht auf der Grundlage eines bestimmten Bekenntnisses geschieht, übernimmt Praktische Philosophie diese Aufgabe auf der Grundlage einer argumentativ-diskursiven Reflexion im Sinne einer sittlich-moralischen Orientierung ohne eine exklusive Bindung an eine bestimmte Religion oder Weltanschauung" (MSB 2008, 9).

Die zentralen Ziele des Faches sind daher – neben der Entwicklung von Kompetenzen, die zur differenzierten Wahrnehmung der Welt und der systematischen Auseinandersetzung mit Sinn- und Wertefragen beitragen sollen, – eben solche Fähigkeiten, die zu einem selbstbestimmten, verantwortungsbewussten und toleranten Leben in einer demokratischen und pluralen Gesellschaft und zur Identitätsentwicklung beitragen sollen. Dies schließt Empathiefähigkeit, Selbstbewusstsein, Reflexions- und Urteilsfähigkeit, inter- und intrakulturelle Toleranz sowie kognitive, emotionale und soziale Orientierung mit ein. Die fachliche Ausgestaltung orientiert sich dabei bewusst an den Bildungs- und Erziehungszielen der Schule, wie sie im Schulgesetz in NRW verankert sind (MSB 2008, 9, vgl. dazu auch Schulgesetz NRW § 2 Abs. 6).

Diese Kompetenzen werden über sechs beziehungsweise fünf Schuljahre[5] verteilt durch die Thematisierung der folgenden sieben Fragenkreise (und ihrer Unterthemen) vermittelt:

1. Die Frage nach dem Selbst,
2. Die Frage nach dem Anderen,
3. Die Frage nach dem guten Handeln,
4. Die Frage nach Recht, Staat und Wirtschaft,
5. Die Frage nach Natur, Kultur und Technik,
6. Die Frage nach Wahrheit, Wirklichkeit und Medien und
7. Die Frage nach Ursprung, Zukunft und Sinn (MSB 2008, 12).

Die Themen sollen dabei aus drei Perspektiven betrachtet werden: aus der personalen Perspektive (Alltagserfahrungen, existentielle Grunderfahrungen, Lebenssituationen), der gesellschaftlichen Perspektive (Wertvorstellungen und -konflikte) und der Ideen-Perspektive (Ideengeschichte, vor allem Philosophie und große Religionen) (MSB 2008, 11–12). Demnach sollen laut den vorgegebenen Perspektiven in jedem Fragenkreis „religionskundliche" Themen besprochen werden. Inwiefern dies aber im Unterricht realisiert wird, kann nicht ermittelt werden. Einige Unterthemen, wie „Geschlechtlichkeit und Pubertät" (MSB 2008, 23) oder „Schön und hässlich" (MSB 2008, 21), bieten keine genauen Angaben zur Ausgestaltung – letztendlich verbleibt die inhaltliche Umsetzung bei den Lehrkräften. Die Thematisierung von Religion ist jedoch im Kernlehrplan nur im Fragenkreis 7 fest vorgesehen. Er beinhaltet die folgenden Themen: „Vom Anfang der Welt", „Leben und Feste in unterschiedlichen Religionen", „Glück und Sinn des Lebens", „Ethische Grundsätze in Religionen", „Sterben und Tod, Menschen- und

---

5 In NRW wurde 2005 das G8-Abitur, d. h. Abitur nach zwölf Jahren eingeführt. Seit dem Schuljahr 2019/2020 ist zudem das G9-Abitur wieder möglich. Im Rahmen des G8-Abiturs wurden die Lehrinhalte im Falle des Fachs Praktische Philosophie für die Jahrgangsstufen 7–8 und 9–10 für die Jahrgangsstufen 7–9 zusammengelegt.

Gottesbild in Religionen". Allerdings ist laut Kernlehrplan im gesamten Verlauf der Sekundarstufe I vorgesehen, dass mindestens ein religionsbezogenes Themenfeld thematisiert werden muss. Welches dies ist oder wie viele religionsbezogene Themenfelder berücksichtigt werden, liegt in der Entscheidung der Schulen und Lehrkräfte (MSB 2008, 20–21).

Im Gegensatz dazu wird für die verschiedenen Fragenkreise in den fächerspezifischen Vorgaben für das Lehramtsstudium Praktische Philosophie in fast allen Fragenkreisen die Religionswissenschaft als Bezugswissenschaft angegeben (MSJK 2004, 8), sodass zunächst eine religionskundliche Perspektive im Zusammenhang mit den religionsbezogenen Unterrichtsthemen angenommen werden kann.

Auch im Curriculum von 1997 sind weitaus mehr religionsbezogene Unterrichtsthemen identifizierbar: Die „religionskundliche Perspektive" wurde in der übergeordneten „ideengeschichtlichen Perspektive" verortet[6] und jeder Fragenkreis enthielt „religionskundliche" Themen. So wurde in Fragenkreis 1 zum Beispiel die Stellung der Frau in den Religionen berücksichtigt, in Fragenkreis 2 die Idee religiöser Gemeinschaften und der religiöse Synkretismus. Ebenso waren religiöse Ge- und Verbotskataloge sowie die sogenannte Goldene Regel (Fragenkreis 3), die „Zwei- Reiche-Lehre" Martin Luthers sowie der islamische Gottesstaat (Fragenkreis 4), die Entzauberung der Natur (Max Weber) und das christliche und „indianische" Naturverständnis (Fragenkreis 5) sowie Vorurteile und ihre Überwindung in den Religionen (Fragenkreis 6) vorgesehen (MSW 1997, 42–48).

Auch der Fragenkreis 7 war ausdifferenzierter und wies mehr religionswissenschaftliche Bezüge auf. So war unter anderem neben Wissen zu verschiedenen Konzepten in unterschiedlichen religiösen Traditionen auch die Auseinandersetzung mit Säkularisierungstheorien, Religiosität sowie „Sekten" und „Okkultismus" vorgesehen (MSW 1997, 49–50). Allerdings wurde der religionskundliche Anteil im Lehrplan in der Version von 2008 im Vergleich zur Erprobungsfassung von 1997 of-

---

6 Vgl. dazu auch: „„Mit der [...] *ideengeschichtlichen* Perspektive schließlich werden die eigenen Fragen und Überlegungen in einen kultur- und epochenübergreifenden Horizont gestellt. Diese Perspektive lässt sich wiederum in drei Teilperspektiven unterteilen: Die Schüler erkennen, dass ihre eigenen Wert- und Sinnvorstellungen nicht mit ihnen geboren sind, sondern ihre eigene weit zurückreichende Geschichte haben und seit langem Gegenstand des Nachdenkens von Philosophen, Theologen und Sozialwissenschaftlern sind (*historische Perspektive*). Zugleich haben sie Gelegenheit, die Gemeinsamkeiten in den Werthaltungen und weltanschaulichen Überzeugungen zwischen abendländischen und fremden Kulturen (*interkulturelle* Perspektive) und der Wirkmächtigkeit von Religionen für Welt- und Lebensdeutungen kennen zu lernen (*religionskundliche* Perspektive). Dabei sollte sich die religionskundliche Wissensvermittlung auf möglichst *alle* Aspekte der Religion erstrecken, nicht, wie es oft geschieht, nur auf die jeweilige Religion kennzeichnenden Dogmen und die religiöse Moral, sondern auch auf das religiöse Leben (Riten, Feiertage, Symbole) und auf die für die jeweilige Religion spezifischen Einstellungen und Gefühlshaltungen, also den Bereich des religiösen Bewusstseins und seiner verschiedenen Manifestationen." (Birnbacher 2002, 42, Hervorhebungen im Original).

fenbar reduziert. Dabei hatte Birnbacher nach der erfolgreichen Beendigung der Probephase darauf hingewiesen, dass der Religionskundeanteil zwingend ausgebaut werden müsse, da die religionskundliche Bildung in der Bevölkerung auf einem niedrigen Niveau sei (IBKA NRW 2003). Das Curriculum von 1997 weist zwar einen vergleichsweise hohen Anteil an religionsbezogenen Themen auf, diese werden aber nicht im Sinne des religionskundlichen Zugangs behandelt, wie ihn das vorliegende Handbuch eingangs beschreibt. Stattdessen werden das oberflächliche Kennenlernen einzelner Religionen in Form von religionshistorischem Faktenwissen sowie die Beschäftigung mit Wert- und Sinnfragen fokussiert. Aus heutiger religionswissenschaftlicher Perspektive handelt es sich hierbei um ein überholtes fachdidaktisches Konzept, das religiöse Stereotypenbildung fördert.

Hinsichtlich religionsbezogener Kompetenzen nennt der aktuelle Lehrplan für Praktische Philosophie zwei Sachkompetenzen: Zum einem sollen die Schüler*innen „wichtige anthropologische, ethische und metaphysische Leitvorstellungen von Weltreligionen kennen und vergleichen" und zum anderen „die Bedeutung von Kulturen und Religionen für das interkulturelle Zusammenleben beurteilen" können (MSB 2008, 15). Dies umfasst im Detail Wissen über religiöse Rituale, Unterscheidungsmerkmale verschiedener Religionen, die Einordnung von Religion als Phänomen von Kultur und Wissen über Menschen- und Weltbilder in verschiedenen Religionen (MSB 2008, 19–25). Des Weiteren soll auch die personale und soziale Kompetenz hinsichtlich Religion ausgebaut werden, wie beispielsweise der Umgang mit unterschiedlichen Kulturen und Wertvorstellungen, das Zusammenleben in einer interkulturellen Gesellschaft, die Entwicklung von Empathiefähigkeit sowie die Entwicklung von persönlichen Orientierungen für die eigene Lebensführung (MSB 2008, 19–25). Da Religion im Lehrplan explizit als Teil von Kultur verstanden wird, kann das Thema Religion bei der Vermittlung von Kompetenzen, die sich auf Kultur beziehen, berücksichtigt werden. Inwiefern Religion in weiteren Themenbereichen des Faches thematisiert wird beziehungsweise werden kann, ist offen und vage – und abhängig von den Lehrkräften.

Diese Unbestimmtheit setzt sich gerade bei der Frage fort, welche religiösen Traditionen thematisiert werden sollen. Es ist in den meisten Fällen nur die Rede von „Religionen". Die Auswahl wird den Schulbuchautor*innen und Fachgruppen beziehungsweise Lehrkräften an den Schulen überlassen. Inwiefern und wie im Unterricht mit religiöser Diversität umgegangen wird oder sogar bestimmte Religionen auf- beziehungsweise abgewertet werden, bedarf einer ausführlichen Analyse von Schulbüchern,[7] der schulinternen Curricula sowie der realen Unterrichtsgestaltung selbst. Der Lehrplan gibt lediglich an einer Stelle einen groben Hinweis auf die zu themati-

---

7 Eine stichprobenartige Analyse weist darauf hin, dass die Lehrwerke sich vor allem auf Christentum, Islam und Judentum fokussieren und teils Hinduismus und Daoismus ergänzen. Buddhismus wird in einem der Lehrwerke hingegen als Philosophie angesehen.

sierenden Religionen, wenn im Kontext von allgemeinen Kompetenzen die Rede von „Weltreligionen" ist (MSB 2008, 15). Der vage und normative Begriff „Weltreligion" wird im Lehrplan nicht definiert oder problematisiert – wie es in weiten Teilen der Religionswissenschaft seit einigen Jahren *usus* ist. Dabei wird sich, unter anderem aufgrund seiner christlichen Prägung und der (Re-)Produktion von hegemonialen Machtverhältnissen, vom sogenannten Weltreligionenparadigma abgegrenzt (vgl. u. a. Cotter und Robertson 2016; Masuzawa 2005). Das führt zu der denkbaren Situation, dass das Unterrichtsthema *Menschen- und Gottesbild in den Religionen* ausschließlich monotheistisch behandelt wird, und Religionen ohne Gottheiten, oder solche mit mehreren, ausgeschlossen werden. Die Erprobungsfassung war im Vergleich dazu teils konkreter, was die Auswahl an zu behandelnden Religionen betrifft: Hier wurden explizit in einigen Themenbereichen Religionen benannt. Ein Fokus lag auf den sogenannten „abrahamitischen Religionen", besonders dem Christentum. Zudem kam es zu abwertenden Formulierungen im Zusammenhang mit Okkultismus, Esoterik und „Sekten", indem diese als „pseudo und quasi-religiöse Angebote" bezeichnet wurden (MSW 1997, Anhang, 4).

Das Fach Praktische Philosophie in der Primarstufe

Ähnlich wie die Praktische Philosophie ist auch das neue gleichnamige Fach für die Primarstufe konzipiert, das im Schuljahr 2023 an Grundschulen eingeführt werden soll. Für die Entwicklung des Lernplans war wiederum die Arbeitsgruppe Kernplan der QUA-LiS NRW zuständig. Die Fachverbände sowie die Arbeitsgruppe Grundschulphilosophie des Fachverbands Philosophie e. V. Nordrhein-Westfalen, die unter der Leitung von Klaus Draken und mit Beratung von Klaus Blesenkemper bereits 2012 beziehungsweise mit Ergänzungen 2016 einen ersten Lehrplanentwurf vorgelegt hatten, wurden nicht beteiligt (Fachverband Philosophie e. V. NRW 2016).

Im aktuellen Lehrplanentwurf ist es vorgesehen, dass das Primarstufenfach, wie auch das Fach Praktische Philosophie in der Sekundarstufe I, vor allem Sinn- und Wertefragen thematisiert. Diese sind aus dem konfessionellen Religionsunterricht übernommen, sollen jedoch ohne die konfessionelle Bindung erfolgen. Zudem soll das Fach vor allem mit zu den im Schulgesetz festgelegten Bildungs- und Erziehungszielen (SchulG NRW § 2 Abs. 6) beitragen. Allerdings lag bis Ende März 2021 noch keine endgültige Fassung des Lehrplans vor. Dabei werden insbesondere die Bildung in Bezug auf die Menschenrechte, Werteerziehung, politische Bildung und Demokratieerziehung, Medienbildung und Bildung für die digitale Welt, Verbraucherbildung und Nachhaltigkeitserziehung, geschlechtersensible Bildung sowie (inter-)kulturelle Bildung genannt. Die Schüler*innen sollen dabei vor allem die Fähigkeit des Philosophierens, also „die eigenständige gedankliche Auseinandersetzung mit philosophischen Fragen", erlernen (MSB 2020b, 4–6).

Die inhaltlichen Schwerpunkte teilen sich in die folgenden fünf Bereiche[8]:

1. Das Ich (Selbstwahrnehmung, Persönlichkeitsentwicklung, Verortung des Selbst)
2. Das Du (Beziehungskonzepte, Verstehen anderer und sozialer Emotionen)
3. Das Wir und das Miteinander (Werte und Normen der Gesellschaft, Zusammenleben in Vielfalt)
4. Verantwortetes Leben – Umwelt und Technik (Leben mit der Natur und in gestalteter Welt, Auswirkungen der Digitalisierung auf das Selbst)
5. Sichtweisen auf die Welt (unterschiedliche Lebenswege, Grenzsituationen des Lebens, zentrale Fragen und Vorstellungen von Religionen und Kulturen) (MSB 2021b)

Wie im Fall der Praktischen Philosophie ist eine Einbindung von Religion überall möglich. Doch nur der fünfte Themenbereich ist offiziell und explizit für die Thematisierung von Religion vorgesehen. In diesem Kontext werden einerseits Schöpfungsmythen, etwa im Vergleich zur Evolutionstheorie, sowie allgemein Weltanschauungen thematisiert. Die Bezeichnung „Weltanschauung" bezieht sich dabei vor allem auf religiöse Weltanschauungen; allerdings sollen auch "Fragen nach (religiösem) Glauben und Nicht-Glauben" erörtert werden. Die vorgesehenen Kompetenzen umfassen die Thematisierung von erstens Ritualen und die Auseinandersetzung mit diesen, zweitens zentralen Merkmalen von Religionen, Festen, Gottesbildern sowie drittens ethischen Regeln des Zusammenlebens (MSB 2021b). Dabei sind die Kompetenzen rezeptiv angelegt: es ist die Rede von Benennen, Erzählen, Ordnen, Vergleichen, Erörtern und Erläutern. Nach den Taxonomiestufen Blooms (1976) handelt es sich hierbei um die zwei niedrigsten Kompetenzstufen: Wissen (K1) und Verständnis (K2). Eine Anwendung des Wissens, die über die Wiedergabe und Verknüpfung von Wissen hinausgeht, ist nicht vorgesehen. Ein Philosophieren über Religion(en) beziehungsweise die Auseinandersetzung mit Sinn- und Wertefragen, wie eigentlich angedacht, findet somit nicht angeleitet im Unterricht statt.

Welche Religionen im Zuge des fünften Lernbereichs besprochen werden sollen, wird im Lehrplan, wie auch im Fall von Praktische Philosophie, nicht eindeutig definiert. Wenn Beispiele genannt werden, handelt es sich stets um Christentum, Islam und Judentum, sodass das Augenmerk der Lehrkräfte durch die Vorgaben auf diese drei Religionen gelenkt wird. Auch weisen Begriffe wie „Heilige Schrift(en)" und „Gotteshaus/Gebetsstätte" im Kontext von zentralen Merkmalen von Religion oder die Frage nach Gott als gemeinsame Fragestellung von Religionen, wie sie bereits in einer Vorgängerversion zum aktuellen Lehrplan (MSB 2020b, 16–17) thematisiert wurden, auf ein christlich beziehungsweise monotheistisch geprägtes Religionsverständnis hin. Auffällig ist zudem, dass im Gegensatz zum Schulfach Praktische Philosophie, Religion und Kultur voneinander abgegrenzt und sogar gegenübergestellt werden, und somit nicht mehr verschränkt erscheinen. Im Curriculum für Praktische Philosophie wird Religion als Teil von Kultur gedacht. So wird zum Beispiel explizit betont, dass die

---

[8] In Klammern sind die Inhalte des jeweiligen Bereichs zusammengefasst.

Schüler*innen die Sachkompetenz erwerben sollen, Unterscheidungsmerkmale der verschiedenen Weltreligionen als kulturelle Phänomene erkennen zu können (MSB 2008, 22). Zudem wird religiöse Vielfalt immer als Aspekt von Interkulturalität beschrieben (MSB 2008, 25, 31). Im Gegensatz dazu werden Kultur und Religion im Kernlehrplan für das Fach Praktische Philosophie in der Primarstufe als zwei getrennt stehende Aspekte von Gesellschaften mit eigenen Ausdrucksformen und Festen gegenübergestellt. So sollen die Schüler*innen beispielsweise die „Ausdrucksformen (u. a. Feste) unterschiedlicher Religionen und Kulturen" beschreiben können (MSB 2021b).

Aktuelle Situation und Diskussionen

In den letzten Jahrzehnten kam es immer wieder zu öffentlichen Diskussionen hinsichtlich des Fachs Praktische Philosophie und dem Fächeräquivalent an der Grundschule in Nordrhein-Westfalen. Die Wichtigsten sollen hier in Kürze zusammengefasst werden:

Bereits vor der Erprobung des Faches Praktische Philosophie im Schuljahr 1997/1998 initiierten Die Grünen im März 1997 eine Anhörung im Düsseldorfer Landtag, bei der vor allem Vertreter*innen der betroffenen Schüler*innen ihre Gedanken und Ideen für das neue Fach darlegen sollten. Dabei sollten die teilnehmenden Vertreter*innen und Parteien sich vor allem hinsichtlich eines möglichen Modells für das Fach positionieren (IBKA 1997a).[9] Sowohl die Humanistische Union als auch der Landesverband des Internationalen Bundes der Konfessionslosen und Atheisten (kurz: IBKA) übten Kritik an dem geplanten Fach und forderten die Einführung eines bekenntnisneutralen und integrativen Faches für alle Schüler*innen. Die folgenden Hauptkritikpunkte lassen sich identifizieren: Zum einem wurde die fehlende Einbindung der atheistischen, agnostischen beziehungsweise religionskritischen Verbände bei der Entwicklung des neuen Schulfaches kritisiert. Zugleich wurde die fehlende religionswissenschaftliche Ausrichtung des Lehrplans bemängelt. Zum anderen übten die Verbände scharfe Kritik an An- und Abmeldemodalitäten für Schüler*innen. In diesen Punkten erkennen die Verbände eine fortgesetzte Privilegierung des Religionsunterrichts – vor allem durch die Bezeichnung des Praktischen-Philosophie-Unterrichts als Ersatzfach – sowie eine Monopolisierung der Amtskirchen auf die Werteerziehung, was sie ebenfalls beanstanden (Humanistische Union 1997; IBKA 1997b). Auch die Landesarbeitsgemeinschaft Säkulare Grüne forderte im Anschluss der Anhörung die

---

9 Vorgeschlagen wurden vier Modelle: Modell A: Nur konfessioneller Religionsunterricht, kein Ersatzfach bei Abmeldung. Modell B: Konfessioneller Religionsunterricht und Ersatzfach bei Abmeldung (so wurde Praktische Philosophie geplant). Modell C: Konfessioneller Religionsunterricht als Wahlfach und integratives, bekenntnisfreies Fach als Pflichtfach. Modell D: Integratives Fach, in dem die Weltanschauungsgemeinschaften für einzelne Stunden zuständig sind (IBKA 1997a).

Abschaffung der Fächer Praktische Philosophie und Philosophie als Ersatzfach, da diese Fächer unter anderem konfessionsfreie Schüler*innen zur Beschäftigung mit Religion zwingen würden. Stattdessen plädierten sie für die Einführung eines integrativen, neutralen Pflichtfaches nach dem Vorbild des brandenburgischen Fachs L-E-R. Diesen Beschluss bestätigten die LAG zuletzt im März 2018 (Säkulare Grüne 2018).

Seither versuchte zudem der Humanistische Verband NRW 2007 vor dem Verwaltungsgericht in Düsseldorf und 2014 vor dem Oberverwaltungsgericht Münster das Fach „Humanistische Lebenskunde" einzuklagen. Die Klage wurde 2014 auf Anraten des Gerichtes, das auf geringe Erfolgsaussichten hinwies, zurückgezogen (Pro Ethik NRW 2017). Das Schulministerium, damals unter der Leitung der Grünen-Politikerin Silvia Löhrmann, begrüßte diese Entscheidung mit dem Verweis, dass das Alternativfach Praktische Philosophie bereits angeboten würde (Landesregierung NRW 2014). Außerdem stellte der Stadtverband Köln der Gewerkschaft Erziehung und Wissenschaft NRW (GEW) zum Gewerkschaftstag 2016 den Antrag, dass der Landesverband der Gewerkschaft beschließe, Praktische Philosophie als Pflichtfach einzuführen, da dieses Fach, im Verhältnis zum konfessionellen Unterricht, das gemeinsame Lernen mehr fördere (GEW Köln 2016).

In den letzten Jahren wurde insbesondere die Einführung eines Alternativfaches für den Religionsunterricht an der Grundschule diskutiert. Obwohl seit 2012 ein entsprechender Entwurf seitens der Arbeitsgruppe Grundschulphilosophie des Fachverbands Philosophie e. V. Nordrhein-Westfalen vorliegt, und CDU und FDP die geplante Einführung 2017 in ihren Koalitionsvertrag (CDU und FDP NRW 2017) aufnahmen, erfolgten keine weiteren Schritte. Im Gegenteil: Am 5. September 2017 stellten die Grünen den Antrag „Philosophie verleiht Flügel". In diesem forderten sie die Einführung eines philosophischen Ersatzfaches für den Religionsunterricht an Grundschulen, der auch mit dem konfessionellen Religionsunterricht kooperiere. Dabei verwiesen sie auf die wachsende Pluralisierung der Gesellschaft, den Bildungs- und Erziehungsauftrag der Schule sowie der Veröffentlichung der deutschen UNESCO-Kommission zu „Philosophieren mit Kindern weltweit und in Deutschland" (LT-DS 17/533 v. 05.09.2017). Diesen Antrag lehnten CDU und FDP im Schulausschuss im Februar 2018 ab (Pro Ethik NRW 2018). Parallel dazu erklärten der Humanistische Verband NRW (2018) und auch die Amtskirchen ihre Unterstützung für die Einführung eines Ethik- bzw. Philosophieunterrichtes an Grundschulen in NRW, allerdings nur, wenn auf eine Kooperation des Faches mit dem konfessionellen Religionsunterricht verzichtet würde (katholisch.de 2017).

Im Juli 2019 beantragten die Grünen dann erneut – im Zuge ihres Antrags „Zukunftsplan Grundschule" – die Einführung eines Ethikunterrichts an Grundschulen in NRW. Im Fokus des Antrags lag allgemein die Qualitätssteigerung an Grundschulen, vor allem hinsichtlich einer pluraler werdenden Gesellschaft (LT-DS 17/6739 v. 02.07.2019). Am 15. Januar 2020 wurde im Landtagsausschuss für Schule und Bildung über den Gesamtantrag verhandelt, allerdings kaum über die Einführung eines Schulfaches für die Grundschulen. Die geladenen Vertreter*innen der GEW und des Verbands für Bildung und Erziehung (VBE) sowie eine Schulleiterin betonten, dass die Einführung aufgrund des Lehrkraftmangels an Grundschulen keine Priorität habe (LT-APr 17/875 v. 01.2020, 43–44). Trotz dieser Bedenken nahmen CDU und FDP die Implementierung des Ethik- bzw. Philosophieunterrichtes im Primarstufenbereich in ihre Planungen auf: „Zu einem der schulpolitischen Ziele der Landesregierung gehört das Vorhaben, in unseren Grundschulen als Wahlmöglichkeit ein eigenes Fach mit dem Arbeitstitel ‚Ethik' zu ermöglichen, wenn Kinder nicht am Religionsunterricht teilnehmen" (MSB 2020c).

Weitere Informationen, beispielsweise bezüglich des Zeitpunkts der Einführung, der Planung eines möglichen Schulversuches oder der inhaltlichen Ausgestaltung, wurden seitens der Regierungskoalition nicht formuliert. Im Dezember 2020 wurde dann im Zuge der Überarbeitung der Kernlehrpläne für die Grundschule die Einführung des Faches Ethik zum Schuljahr 2021/2022 angekündigt. Bis zum 28. Januar 2021 konnten die Verbände Stellung zum Lehrplanentwurf nehmen (MSB 2020d).

In einem Votum des Elternvereins NRW e. V. wurde angemerkt, dass die wertneutrale Perspektive zu Gunsten des Christentums aufgegeben werden solle, da das Grundgesetz und die Menschenrechte ohne christliche Perspektive nicht verständlich seien (Elternverein NRW e. V. 2021). Das Säkulare NetzWerk NRW kritisierte hingegen, dass der Fokus auf Religion im fünften Themenbereich zu stark sei und säkulare und humanistische Positionen gleichwertig thematisiert werden müssten. Außerdem sollte die Entstehung der Welt primär aus einer naturwissenschaftlichen Perspektive betrachtet werden (Säkulares NetzWerk NRW 2021). Auch der Humanistische Verband NRW beanstandet die fehlende Einbindung von säkularen und humanistischen Perspektiven im Themenbereich 5. Zudem kritisiert er die im Lehrplanentwurf eingenommene Perspektive auf Religion als religiös, was sich in Ex-negativo-Formulierungen wie „nicht-religiöse Rituale" und „Nicht-Glauben" ausdrücke (HVD NRW 2021).

Religionswissenschaftliche Einordnung

Beim Fach Praktische Philosophie handelt es sich um keine gleichwertige Alternative zum Religionsunterricht, gerade weil letzterem ein besonderer verfassungsrechtlicher Status zugebilligt wird und Schüler*innen sich aktiv vom Religionsunterricht abmelden (lassen) müssen und nicht etwaig zwischen verschiedenen Optionen gleichberechtigt wählen können. Aus den Verordnungen beziehungsweise Verwaltungsvorschriften des zuständigen Landesministeriums geht hervor, dass die „Einrichtung von Praktischer Philosophie an einer Schule nicht dazu führen [darf], dass kein konfessioneller Religionsunterricht angeboten wird" (RdErl. d. MSW v. 28.06.2019, *VVzAPO-S I*).

Es ist zudem fraglich, ob den Fächern Praktische Philosophie, Philosophie und auch dem neu einzuführenden Fach an Grundschulen ein religionskundliches Verständnis im Sinne der diesem Sammelband zu Grunde gelegten Definition zugeordnet werden kann. In der Vergangenheit wurde in den Kernlehrplänen und seitens Birnbacher immer wieder betont, dass es sich um ein Fach mit religionskundlichen Anteilen handle. Die Analyse hat aber gezeigt, dass es sich nicht um ein religionskundliches, sondern um ein philosophisches Fach mit religionsbezogenen Anteilen handelt, dass auf die Thematisierung von Wert- und Sinnfragen sowie einem oberflächlichen Kennenlernen verschiedener Religionen abzielt. Dieses Ergebnis wird von Schirp untermauert: „Wie der Religionsunterricht, so soll auch das Fach Praktische Philosophie zu systematischen und zur zusammenhängenden Behandlung von Sinn- und Wertfragen beitragen. Während dies im Religionsunterricht auf der Grundlage des religiösen Bekenntnisses geschieht, so soll das Fach Praktische Philosophie als Äquivalent zum Religionsunterricht Vergleichbares in der Werteerziehung leisten, aber eben in religions- und weltanschauungsneutraler Form" (Schirp 2002, 24).

Auch wenn die Fächer Praktische Philosophie in der Sekundar- und Primarstufe mit religionskundlichen Anteilen gedacht sind, zeigt die Analyse der Kernlehrpläne, dass es sich bei den hier diskutierten Schulfächern nicht um religionskundlichen Unterricht im Sinne der Religionswissenschaft handelt. Die folgende Aufzählung legt genauer dar, warum die Schulfächer religionsbezogene Anteile besitzen, aber keine religionskundlichen. Dazu werden wichtige Aspekte der Definition der Religionskunde aus Sicht der heutigen Religionswissenschaft und dieses Handbuches den Ergebnissen der in diesem Kapitel durchgeführten Analyse gegenübergestellt:

1. Ein religionskundlicher Unterricht, im Sinne der Religionswissenschaft, sollte sich an alle Schüler*innen richten und für alle verpflichtend sein, wobei eine Abmeldemöglichkeit nicht ausgeschlossen ist (Kenngott 2017, 1). Ein solcher Unterricht wäre integrativ. Im Falle der Schulfächer Praktische Philosophie in der Primar- und Sekundarstufe handelt es sich aber eindeutig um separative Unterrichtsformate. Nur diejenigen Schüler*innen nehmen am Unterricht teil, die sich vom Religionsunterricht abgemeldet haben beziehungsweise für die kein gesonderter konfessioneller Religionsunterricht angeboten wird (Alberts 2012, 303). Somit findet der Unterricht nach Zugehörigkeit und Nicht-Zugehörigkeit zu einer Religion getrennt und nicht im Klassenverband statt. Praktische Philosophie ist dabei zwar verpflichtend, aber eben nur für die Schüler*innen, die nicht am konfessionellen Religionsunterricht teilnehmen. Es handelt sich also in der Praxis nicht um ein Wahlpflicht-, sondern um ein Ersatzpflichtfach.

2. Ein weiteres wichtiges Kennzeichen für einen religionskundlichen Religionsunterricht ist die Bekenntnisneutralität. Dies bedeutet einerseits, dass der Unterricht nicht aus einer religiösen Perspektive erfolgt, andererseits, dass er allen Religionen gegenüber neutral ist und diese gleichberechtigt thematisiert (Kenngott 2017). Die Quellen-

lage zeigt, dass das Schulfach Praktische Philosophie in Primar- und Sekundarstufe zwar von der Grundidee her bekenntnisungebunden und wertneutral angedacht sind, dies aber in der Realität nur bedingt der Fall ist: Die Analyse der Kernlehrpläne, der Evaluationen der Erprobungsphase und der Unterrichtsmaterialien lässt erkennen, dass die eingenommene Perspektive nicht selten als implizit religiös zu charakterisieren ist, etwa wenn sich mit der Frage nach Gott (im Singular!) beschäftigt wird. Zwar lassen beide Kernlehrpläne weitestgehend offen, welche Religionen thematisiert werden sollen, jedoch wird an manchen Stellen auf sogenannte „Weltreligionen" oder Christentum, Judentum und Islam verwiesen. Die Wertneutralität wird außerdem negiert, wenn zur Auf- oder Abwertung von bestimmten Religionen angeregt wird, etwa wenn zwischen guten und schlechten religiösen Weltanschauungen – zu den letzteren wurden die sogenannten Sekten gezählt – unterschieden wird. Ähnlich verhält es sich bei dem expliziten Verweis auf die "'Goldene Regel' als gemeinsamem Prinzip unterschiedlicher Religionen und Weltanschauungen", so wie es explizit in den Lehrplan der Primarstufe aufgenommen wurde (MSB 2021b).

3. Weiterhin gilt: Ein religionskundlicher Unterricht bezieht unterschiedliche Bekenntnisse mit ein (Kenngott 2017, 1). Dies mag zwar auf die Zusammensetzung der Schüler*innenschaft zutreffen, allerdings wird in den Curricula eher die pauschale Behandlung von sogenannten Weltreligionen – zudem aus einer vornehmlich christlichen Perspektive – angeregt, als beispielsweise auf Dynamiken religiöser Gegenwartskultur einzugehen.

4. Darüber hinaus werden als akademische Bezugswissenschaften eines religionskundlichen Unterrichts die Disziplin Religionswissenschaft beziehungsweise andere Kulturwissenschaften mit Religionsbezug (Frank 2013, 79) angegeben. In der Theorie (Konzeption der Lehrpläne, Vorgaben für das Lehramtsstudium) wird auch im Falle von Praktischer Philosophie in NRW die Religionswissenschaft als Bezugsdisziplin genannt, doch in die konkrete Gestaltung der Kernlehrpläne sowie in die Ausbildung von Lehrkräften wird die Religionswissenschaft marginal bis gar nicht einbezogen. Stattdessen kommt es mehrfach vor, dass christliche Theologie(n) für die religionsbezogenen Unterrichtsanteile als zuständig erachtet werden.

5. Ein religionskundlicher Unterricht sollte zudem nicht nur kognitive Kompetenzen, sondern eine Reihe von Kompetenzen, wie Kontextualisierungs-, Forschungs-, Theorie-, Kommunikations- und Urteilskompetenz (Frank 2013, 90; Frank 2016, 27–30) fördern. Im Falle des Grundschulfaches Praktische Philosophie zeigt sich in den Lehrplänen für die zukünftige Realisierung, dass allein kognitive Kompetenzen mit Bezug auf Religion zum Tragen kommen. Ähnliches gilt für das Fach Praktische Philosophie der Sekundarstufen.

6. Der letzte Punkt betrifft die inhaltliche Gestaltung: Ein religionskundlicher Unterricht sollte Themen wie den Religionsbegriff in verschiedenen Kulturen und Zeiten, empirisches Wissen über Religion und die Thematisierung von Religion im Kontext

von Medien, Politik, Film und im öffentlichen Raum sowie systematisches Vergleichen von Religionen zum Gegenstand haben (Frank 2013, 93–94). Außerdem sollten solche Themen, die „alle Schüler*innen, unabhängig von deren religiöser und weltanschaulicher Sozialisation, betreffen" (Frank 2016, 22) im Unterricht erörtert werden. Dies wären beispielsweise Speisen, Feste, Reisen, Bauten und weitere visuelle Darstellungen von Religion im öffentlichen Raum, Kleidung, Musik, Politik oder Gesetze (Frank 2016, 22). Die Kernlehrpläne zeigen, dass dies im Fach Praktische Philosophie ansatzweise umgesetzt wird, sich aber auf wenige Themen beschränkt, wie etwa der Fokus auf ethische Regeln, religiöse Feste und die Frage nach Gott und Tod zeigen. Die inhaltliche Gestaltung des Faches zielt eher auf ein Kennenlernen verschiedener Religionen in Bezug auf ihre Kernaspekte sowie die Behandlung von Wert- und Sinnfragen ab.

Einzig, dass der Staat für die inhaltliche Gestaltung dieser Fächer verantwortlich ist, lässt zunächst eine religionskundliche Konzeption der religionsbezogenen Anteile vermuten (Kenngott 2017, 1). Allerdings lassen sich aufgrund der vagen Formulierungen in den Kernlehrplänen keine zulässigen Aussagen über die tatsächliche didaktische Gestaltung und unterrichtliche Umsetzung vor Ort machen.

Bei dem Schulfach Philosophie in der Sekundarstufe II ist die Einordnung eindeutiger: Es handelt es sich nicht um einen religionskundlichen Unterricht. Auf Religion/en wird nur vereinzelt Bezug genommen wird, wobei eine religionswissenschaftliche Perspektive dabei nicht zum Tragen kommt und stattdessen die Philosophie als Leitperspektive fungiert, sodass allenfalls religionsphilosophische Theorien im Mittelpunkt der Erörterungen stehen. Religion erscheint hier viel eher als eine Lerndimension unter vielen (Alberts 2012, 303).

Abschließend lässt sich konstatieren, dass ein religionswissenschaftlich basiertes religionskundliches, integratives Schulfach in Nordrhein-Westfalen bis heute nicht existiert. Die angebotenen Fächer besitzen zwar religionsbezogene Anteile, diese sind allerdings nicht auf der Grundlage religionswissenschaftlicher Fachdidaktik konzipiert. Die Religionswissenschaft wird zwar als wichtige Bezugswissenschaft für das Kerncurriculum und die fächerspezifischen Vorgaben für das Studium der Praktischen Philosophie angegeben, in der Umsetzung der Studiengänge und der Konzeption der Unterrichtsinhalte fehlt es jedoch in den allermeisten Fällen an einem Einbezug der Religionswissenschaft und ihrer Perspektive.

Bibliografie

Alberts, Wanda. 2012. „Religionsunterricht und Religionswissenschaft" In *Religionswissenschaft*, hg. v. Michael Stausberg, 299–312. Berlin: De Gruyter.
Birnbacher, Dieter. 2010. „Socratic Elements in ‚Practical Philosophy', a New Subject on North-Rhine-Westphalia." In *The Challenge of Dialogue. Socratic Dialogue and Other Forms of*

Dialogue in Different Political Systems and Cultures, hg. v. Jens Peter Brune, Horst Gronke, Dieter Krohn, 205–213. Berlin et al.: Lit Verlag.
Birnbacher, Dieter. 2002. „Philosophieren als Praxis: Eine Einschätzung des Schulversuchs Praktische. Philosophie aus fachpolitischer Sicht." In *Praktische Philosophie in Nordrhein-Westfalen. Erfahrungen mit einem neuen Schulfach. Abschlussbericht der wissenschaftlichen Begleitung*, hg. v. MSWF, 33–67. Erftstadt: Ritterbach Verlag.
Birnbacher, Dieter; Martens, Peter; Nenninger, Peter. 2002: „Zusammenfassende Bemerkungen und Hinweise." In *Praktische Philosophie in Nordrhein-Westfalen. Erfahrungen mit einem neuen Schulfach. Abschlussbericht der wissenschaftlichen Begleitung*, hg. v. MSWF, 120–122. Erftstadt: Ritterbach Verlag.
Blesenkemper, Klaus. 2017: „Philosophischer Unterricht an den Berufskollegs in NRW – Bisherige Entwicklungen und Perspektiven". In *Mitteilungen des Fachverbandes Philosophie e. V.* Nr. 57/2017 mit *Philosophieunterricht in Nordrhein-Westfalen* Beiträge *und Informationen* Nr. 53/2017: 28–35.
Bloom, Benjamin. 1976. *Taxonomie von Lernzielen im kognitiven Bereich*. 5. Auflage. Weinheim: Beltz Verlag.
BT-DS 13/10950 – Drucksache des Deutschen Bundestages 13/10950 vom 09. 06.1998. Endbericht der Enquete-Kommission „Sogenannte Sekten und Psychogruppen". Bonn. LT-APr 17/875 – Ausschussprotokoll des Landtages Nordrhein-Westfalen 17/875 vom 15.01.2020. Ausschuss für Schule und Bildung. Verhandlungspunkt: Zukunftsplan Grundschule. Düsseldorf.
CDU und FDP NRW. 2017. *Koalitionsvertrag für Nordrhein-Westfalen. 2017–2022*.
Cotter, Christopher R. und David G. Robertson, Hg. 2016. *After World Religions. Reconstructing Religious Studies*. London: Routledge.
Die Landesregierung Nordrhein-Westfalen. 2014. *Ministerin Löhrmann begrüßt Entscheidung: Breites Angebot für Alternativen zum Religionsunterricht*.
Draken, Klaus. 2007. „Einführung in die Tagung: ‚10 Jahre Praktische Philosophie in Nordrhein-Westfalen'" In *Philosophieunterricht in Nordrheinwestfalen. Beiträge und Informationen* Nr. 43: 16–30.
Elternverein NRW e. V. 2021. *Stellungnahme des Elternvereins NRW e. V. zu den Kernlehrplänen für die Primarstufe gemäß § 77 Abs. 2 Ziffer 2 und Abs 3 SchulG*.EKD Evangelische Kirche in Deutschland (Hg). 1994. *Identität und Verständigung. Standort und Perspektiven des Religionsunterrichts in der Pluralität. Eine Denkschrift der Evangelischen Kirche in Deutschland*. Gütersloher Verlagshaus, Gütersloh.
Fachverband Philosophie e. V. NRW. 2016. *Erster Entwurf für einen Lehrplan Praktische Philosophie Grundschule*. Philosophieunterricht in Nordrhein-Westfalen Sonderausgabe 2012 mit Ergänzungen 2015/2016.
Frank, Katharina. 2013. „Wie implementiert man einen religionskundlichen Unterricht? Analysen und Entwicklungen." In *Religionspädagogik zwischen religionswissenschaftlichen Ansprüchen und pädagogischen Erwartungen*, hg. v. Institut für Religionswissenschaft und Religionspädagogik, 61–103. Bremen: Universität Bremen.
Frank, Katharina. 2016. „Skizze eines religionswissenschaftlichen Kompetenzmodells für die Religionskunde." *Zeitschrift für Religionskunde* 3: 19–33.
GEW Gewerkschaft für Erziehung und Wissenschaft Köln. 2016. *Pflichtfach Praktische Philosophie. Antrag zum Gewerkschaftstag 2016*.
Humanistische Union e. V. 1997: *Praktische Philosophie – Anhörung zum Schulversuch in NRW (18 März 97)*.
Humanistischer Verband NRW. 2018. „*Wann kommt endlich „Praktische Philosophie" in die Grundschule?"*.

Humanistischer Verband NRW. 2021. *Stellungnahme des HVD NRW zum Entwurf „Lehrplan Ethik (Arbeitstitel)" an Grundschulen vom 4. Dezember 2020.*
IBKA (=Internationaler Bund der Konfessionslosen und Atheisten). 1997a: „‚Praktische Philosophie' für Religionsflüchtlinge?" In *Materialien und Informationen zur Zeit 2/97.*
IBKA. 1997b: *Ethikunterricht in Nordrhein-Westfalen – IBKA-Landesverband zum Schulversuch.*
IBKA. 2003: „Schulversuch ‚Praktische Philosophie' in NRW beendet." In *IBKA Rundbrief* August 2003.
katholisch.de. 2017. *Kirchen in NRW unterstützen Philosophie-Unterricht.*
Kenngott, Eva. 2017. „Religionskunde" In *Das wissenschaftlich-religionspädagogische Lexikon im Internet.*
KMK (= Sekretariat der Ständigen Konferenz der Kultusminister der Länder in der Bundesrepublik Deutschland). 2008. *Zur Situation des Ethikunterrichts in der Bundesrepublik Deutschland. Bericht der Kultusministerkonferenz vom 22.02.2008.* Bonn.
LT-DS 12/1068 – Drucksache des Landtages Nordrhein-Westfalen 12/1068 vom 05.06.1996. Antrag der Fraktion der SPD und der Fraktion Bündnis 90/Die Grünen zum Ersatzunterricht für Schülerinnen und Schüler, die nicht am Religionsunterricht teilnehmen. Alternativfach „Praktische Philosophie". Düsseldorf.
LT-DS 17/533 – Drucksache des Landtages Nordrhein-Westfalen 17/533 vom 05.09.2017. Antrag der Fraktion Bündnis 90/Die Grünen. Philosophie verleiht Flügel! Düsseldorf.
LT-DS 17/6606 – Drucksache des Landtages Nordrhein-Westfalen 17/6606 vom 19.06.2019. Beschlussempfehlung und Bericht des Ausschusses für Schule und Bildung zum Gesetz zum islamischen Religionsunterricht als ordentliches Lehrfach. Düsseldorf.
LT-DS 17/6739 – Drucksache des Landtages Nordrhein-Westfalen 12/1068 vom 02.07.2019. Antrag der Fraktion Bündnis 90/Die Grünen. Zukunftsplan Grundschule. Düsseldorf.
Masuzawa, Tomoko. 2005. *The Invention of World Religions: Or, How European Universalism Was Preserved in the Language of Pluralism.* Chicago: University of Chicago Press.
MSWF (= Ministerium für Schule, Wissenschaft und Forschung des Landes Nordrhein-Westfalen). 2002. *Praktische Philosophie in Nordrhein-Westfalen. Erfahrungen mit einem neuen Schulfach. Abschlussbericht der wissenschaftlichen Begleitung.* Erftstadt: Ritterbach Verlag.
MSJK (= Ministerium für Schule, Jugend und Kinder des Landes Nordrhein-Westfalen). 2004. *Fächerspezifische Vorgaben Studium Praktische Philosophie für das Lehramt der Grund-, Haupt- und Realschulen sowie entsprechender Jahrgangsstufen der Gesamtschulen.* Düsseldorf.
MSB (= Ministerium für Schule und Bildung des Landes Nordrhein-Westfalen). 2008. *Praktische Philosophie. Kernlehrplan für die Sekundarstufe I in Nordrhein-Westfalen.* Düsseldorf.
MSB. 2010. *Das Schulwesen in Nordrhein-Westfalen aus quantitativer Sicht. 2009/10. Statistische Übersicht Nr. 371.* Düsseldorf.
MSB. 2014. *Philosophie. Kernlehrplan für die Sekundarstufe II. Gymnasium/Gesamtschule in Nordrhein-Westfalen.* Düsseldorf.
MSB. 2019. *Das Schulwesen in Nordrhein-Westfalen aus Quantitativer Sicht 2018/19. Statistische Übersicht Nr. 404.* Düsseldorf.
MSB. 2020a. *Das Schulwesen in Nordrhein-Westfalen aus quantitativer Sicht. 2019/20. Statistische Übersicht Nr. 408.* Düsseldorf.
MSB. 2020b. *Lehrplan Ethik (Arbeitstitel). Entwurf Verbändebeteiligung 04. 12.2020.* Düsseldorf.
MSB. 2020c. *Masterplan Grundschule. Qualität stärken – Lehrkräfte unterstützen.* Düsseldorf.
MSB. 2020d. *Schulmitteilung: Lehrpläne für die Primarstufe.* Düsseldorf.
MSB. 2021a. *Religionsunterricht.* Online unter: https://www.schulministerium.nrw/themen/schulsystem/unterricht/lernbereiche-und-unterrichtsfaecher/religionsunterricht [letzter Zugriff: 13.12.2022]

MSB. 2021b. *Lehrplan für die Primarstufe. Fach Praktische Philosophie. RdErl. vom 01.07.2021*. Düsseldorf.

MSW (= Ministerium für Schule und Weiterbildung des Landes Nordrhein-Westfalen). 1997. *Kerncurriculum „Praktische Philosophie". Erprobungsfassung. Curriculares Rahmenkonzept*. Düsseldorf.

Martens, Ekkehard. 2002: „Praxis des Philosophierens: Eine Einschätzung des Schulversuchs Praktische Philosophie aus fachdidaktischer Sicht." In *Praktische Philosophie in Nordrhein-Westfalen. Erfahrungen mit einem neuen Schulfach. Abschlussbericht der wissenschaftlichen Begleitung*, hg. v. Ministerium für Schule, Wissenschaft und Forschung des Landes Nordrhein-Westfalen, 68–97. Erftstadt: Ritterbach Verlag.

Pro Ethik NRW. 2017. *Vor 10 Jahren in NRW: glücklose Initiative zur „Lebenskunde"*.

Pro Ethik NRW. 2018. *Neues Schuljahr – ohne Ethikunterricht an Grundschule.Säkulare Grüne*. 2018. *Die Schaffung eines integrativen Philosophie-, Ethik- und Religionskunde-unterrichtes muss Ziel bleiben – Zwangsersatzfächer für konfessionellen Religionsunterricht führen in die falsche Richtung*.

RdErl. d. Ministeriums für Schule, Jugend und Kinder Nordrhein-Westfalen v. 20.06.2003. „Religionsunterricht an Schulen". In *Bereinigte Amtliche Sammlung der Schulvorschriften NRW* 12-05 Nr. 1.

RdErl. d. Ministeriums für Schule und Weiterbildung v. 28.06.2019. „Verwaltungsvorschriften zur Verordnung über die Ausbildung und die Abschlussprüfungen in der Sekundarstufe I (VVzAPO-S I)". In *Bereinigte Amtliche Sammlung der Schulvorschriften NRW* 13–21 Nr. 1.2.

RdErl. d. Ministeriums für Schule und Weiterbildung v. 29.01.2021. „Verordnung über den Bildungsgang und die Abiturprüfung in der gymnasialen Oberstufe (APO-GOSt)". In *Bereinigte Amtliche Sammlung der Schulvorschriften NRW* 13–32 Nr. 3.1.

Säkulares NetzWerk NRW. 2021. *Stellungnahme des Säkularen NetzWerks NRW (SNW) zum Entwurf für einen Lehrplan im Fach Ethik (Arbeitstitel) an der Grundschule in NRW*.

Schirp, Heinz. 2002. „Die Konzeption des Kerncurriculums des Faches Praktische Philosophie." In *Praktische Philosophie in Nordrhein-Westfalen. Erfahrungen mit einem neuen Schulfach. Abschlussbericht der wissenschaftlichen Begleitung*, hg. v. Ministerium für Schule, Wissenschaft und Forschung des Landes Nordrhein-Westfalen, 24–32. Erftstadt: Ritterbach Verlag.

SchulG NRW. 2005. *Schulgesetz für das Land Nordrhein-Westfalen vom 15.02.2005 (GV. NRW. S. 102), zuletzt geändert durch Gesetz vom 04.05.2021 (SGV. NRW. 223)*.

SDKB (=Sekretariat der Deutschen Bischofskonferenz). 1989. *Nachkonziliare Texte zur Katechese und Religionsunterricht. Beschluß der Gemeinsamen Synode der Bistümer in der Bundesrepublik Deutschland: Der Religionsunterricht in der Schule (1974)*. Bonn.

SDKB 1991. *Religionsunterricht an öffentlichen Schulen in Europa. Dokumentation des Symposiums vom 13.-15. April 1991 in Rom*. Arbeitshilfen Nr. 91, 15–40. Bonn.

Szolnoki, Tibor Werner. 2000. *NRW: Landesweit erste Lehrerfortbildung für Schulfach Praktische Philosophie an Uni Paderborn*, hg. von Stabsstelle Presse und Kommunikation Universität Paderborn am 23.8.2000.

Anja-Maria Bassimir
11 Rheinland-Pfalz

Hard Facts auf einen Blick

Fachbezeichnung	Ethik
Einführung des Faches	1972
Schulstufen	Primarstufe, Sekundarstufe I, Sekundarstufe II
Rechtsstatus	Ersatzpflichtfach
Rechtsgrundlage	Artikel 35 der Landesverfassung vom 18.05.1947
Teilnehmer*innen	alle Schüler*innen, die nicht am Religionsunterricht (nach GG 7,3) teilnehmen
Einheitliche Prüfungsanforderung für das Abitur (EPA)	EPA Philosophie (2006)
Bezugsdisziplin/en laut curricularer Vorgaben	Philosophie
Studienstandorte	Koblenz-Landau, Mainz, Trier
Beteiligung der Religionswissenschaft an Lehramtsausbildung	nein
Besonderheit	
Weitere religions- und ethikbezogene Schulfächer	Religionsunterricht: evangelisch, katholisch, ferner jüdisch, islamisch (modellhafte Erprobung), alevitisch, mennonitisch; Philosophie

Open Access. © 2023 bei den Autorinnen und Autoren, publiziert von De Gruyter. Dieses Werk ist lizenziert unter der Creative Commons Namensnennung - Nicht-kommerziell - Keine Bearbeitungen 4.0 International Lizenz.
https://doi.org/10.1515/9783110694536-019

Nachfrage der religions- und ethikbezogenen Fächer in Rheinland-Pfalz in Form von Schüler*innen-Belegzahlen für das Schuljahr 2019/20

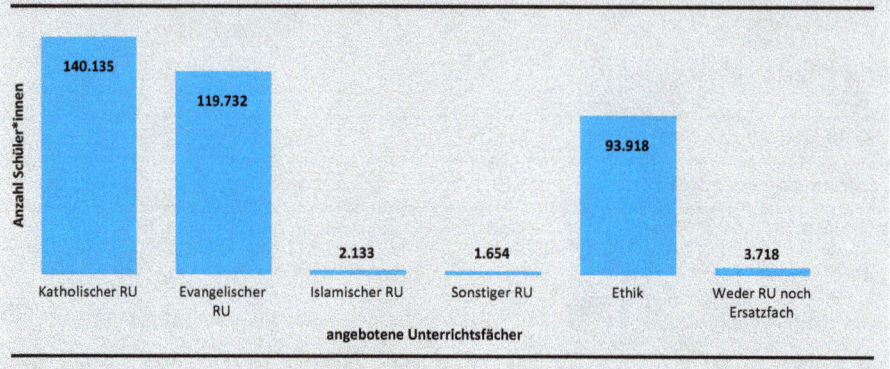

Quelle: KMK 2021. Auswertung Religionsunterricht Schuljahr 2019/20.

Verteilung der Fächer im Schulsystem

	Religionsunterricht (Pflichtfach)	Ethik (Ersatzpflichtfach)	Philosophie (Wahlfach)
Primarstufe	+	+	–
Sekundarstufe I	+	+	–
Sekundarstufe II grundlegendes Anforderungsniveau	+	+	+
Sekundarstufe II erhöhtes Anforderungsniveau	+	–	+

Geschichte und Entwicklung des aktuellen Modells

In der Landesverfassung von Rheinland-Pfalz vom 18. Mai 1947 ist ein „Sittenunterricht" für alle Schüler*innen, die nicht am Religionsunterricht teilnehmen, vorgesehen (Artikel 35).[1] Eine zeitnahe Umsetzung in den Schulalltag ist allerdings nicht erfolgt. Dies mag daran gelegen haben, dass zunächst nur ein sehr kleiner Teil der Bevölkerung weder der katholischen noch der evangelischen Kirche angehörte; das

---

[1] Für Informationen und Hintergrundgespräche danke ich Christoph Klafki, Katharina von Kapherr, Michael Landgraf und Christiane Lang.

hat sich zwischenzeitlich aber geändert. Nach Daten, die von der *Forschungsgruppe Weltanschauungen in Deutschland* (*fowid*) zusammengestellt wurden, ging die Zugehörigkeit zur katholischen und evangelischen Konfession in Rheinland-Pfalz zwischen 1950 und 2011 signifikant zurück, während die Zahlen der Konfessionslosen und „anderen Religionen", die statistisch als Sammelkategorie behandelt werden, beständig anstieg. So gehörten 1950 noch 57,7 Prozent der Rheinland-Pfälzer*innen der katholischen Kirche an, 40,7 Prozent waren evangelisch und 1,5 Prozent waren nicht religiös oder gehörten einer anderen Religionsgemeinschaft an. Im Jahr 2011 waren die Rheinland-Pfälzer*innen zu 45,7 Prozent Katholik*innen (ein Rückgang von 12 Prozentpunkten), zu 31,8 Prozent Protestant*innen (ein Rückgang von 8,9 Prozentpunkten) und zu 18,1 Prozent gehörten sie einer anderen Religionsgemeinschaft an oder waren nicht religiös (ein Anstieg von 16,6 Prozentpunkten) (fowid 2014).

Erst 1972 entschied das Kultusministerium, dass es einen „Ersatzunterricht" zum Religionsunterricht geben müsse und dieser „Ethikunterricht" heißen solle: „In Artikel 35 der Landesverfassung von Rheinland-Pfalz vom 18.05.1947 ist festgelegt, dass für Schülerinnen und Schüler, die nicht am Religionsunterricht teilnehmen, ein ‚Unterricht über die allgemein anerkannten Grundsätze des natürlichen Sittengesetzes' zu erteilen ist. Aus dieser gesetzlichen Verpflichtung heraus wurde gemäß Rundschreiben des Kultusministeriums vom 25.04.1972 festgelegt, dass dieser Ersatzunterricht die Bezeichnung ‚Ethikunterricht' erhält (KMK 2008, 45, 1.1).

Lehrpläne für den Ethikunterricht entstanden allerdings erst Mitte der 1980er Jahre;[2] ein Lehramtsstudium für das Fach Ethik wurde erst 2007/2008 an der Universität Koblenz-Landau eingeführt. Seither lässt sich dort Ethik für die Grund-, Haupt- und Realschule sowie das Gymnasium studieren. Ein Jahr später wurde das Studienfach für die Realschule und das Gymnasium an der Universität Mainz eingeführt. Eine formale Ausbildung für das Fach Ethik an Berufsschulen und Förderschulen gab es 2008 nicht.

Eine Aufstellung der Kultusministerkonferenz von 2008 lässt darauf schließen, dass Ethiklehrer*innen nicht nur für die Schulformen, für die es keinen Studiengang gab, sondern generell durch Fortbildungen und fachfremde Besetzung gewonnen wurden. Im Bericht heißt es:

> Wie für jedes andere Unterrichtsfach beauftragt der Schulleiter die Lehrkraft, den Unterricht für eine Klasse zu übernehmen. Hier greift er zunächst auf Personen zurück, die einen Weiterbildungslehrgang für Ethik oder ein Philosophiestudium abgeschlossen haben. Darüber hinaus werden häufig Lehrkräfte beauftragt, die ein gesellschaftswissenschaftliches Fach oder Religion unterrichten. (KMK 2008, 55, 3.1)

Mittlerweile ist das Lehramtsstudium für das Fach Ethik für alle allgemeinbildenden Schularten auch an der Universität Trier möglich. Außerdem wurde auf dem

---

2 „Ethiklehrpläne wurden 1983 für die Sek. II, 1985 für die Sek. I eingeführt. 1986 erschien eine entsprechende Handreichung zum Ethikunterricht an den Berufsbildenden Schulen" (KMK 2008, 54, 2.1).

Campus in Koblenz ein Lehramtstudiengang Ethik für die Berufsschule und auf dem Campus Landau ein Lehramtstudiengang Ethik für die Förderschule eingerichtet (Bildungsserver 2018).

Der im Bericht von 2008 genannte Umstand, dass der „Ersatzunterricht" zum Religionsunterricht von Religionslehrer*innen übernommen werden kann, lässt darauf schließen, dass solche Lehrpersonen als besonders befähigt zur Vermittlung von „Sittlichkeit", wie sie in der Landesverfassung gefordert wird, gelten. Zudem steht der Auftrag, „die Jugend zu Gottesfurcht" zu erziehen, wörtlich in der Landesverfassung. In Artikel 34 heißt es: „Die Schule hat die Jugend zur Gottesfurcht und Nächstenliebe, Achtung und Duldsamkeit, Rechtlichkeit und Wahrhaftigkeit, zur Liebe zu Volk und Heimat, zum Verantwortungsbewusstsein für Natur und Umwelt, zu sittlicher Haltung und beruflicher Tüchtigkeit und in freier, demokratischer Gesinnung im Geiste der Völkerversöhnung zu erziehen."

Somit ist der Ersatzunterricht in der Intention der Landesverfassung kein nichtreligiöser, sondern nur ein im Hinblick auf die Bezugsreligion unbestimmter Unterricht. Der Ethikunterricht ist in Rheinland-Pfalz daher ein diffus-religiöses werterziehendes Fach, das von Schüler*innen, die sich vom konfessionellen Religionsunterricht abgemeldet haben (oder vor Vollendung ihres vierzehnten Lebensjahres von ihren Eltern abgemeldet wurden), als Ersatzunterricht besucht werden muss. Ausgenommen von dieser Pflicht sind Schüler*innen, die außerhalb der Schule einen Bekenntnisunterricht besuchen, der von der Schule als solcher anerkannt wird und benotet in das Zeugnis eingeht (zum Beispiel im Falle jüdischer oder freikirchlicher Gemeinden).

Dem religiösen Ethikverständnis der Landesregierung steht das Selbstverständnis der Hochschullehrenden gegenüber, die Philosophie als Bezugsfach der Ethiklehrkraftausbildung unterrichten: „In der Philosophie ist zunächst gar nichts vorgegeben; hier beschäftigt sich das menschliche Denken und Wissen mit sich selbst, mit seinem eigenen Selbstverständnis"; Ethik wird als eine von vielen Teildisziplinen der Philosophie genannt (JGU Mainz 2018a; 2018b). Das disziplinäre philosophische Selbstverständnis sieht zudem kaum eine Verbindung zum Thema Religion, was sich auch in den Studienplänen niederschlägt. Dort ist Religion nur im Rahmen von „Alteritätsproblemen von Religion, Recht, Weltanschauung und Gesellschaft" als Teilaspekt in einem von sieben Modulen im Bachelorstudium vorgesehen (JGU Mainz 2010, 108–112). Somit wird auf der Ausbildungsebene ein Religionsbegriff verwendet, der auf eine philosophische Auseinandersetzung mit Werten, Sitten und Gewohnheiten abzielt.

Dagegen heißt es im Lehrplan für die Sekundarstufe II ausdrücklich: „Ethikunterricht ist von der Zielsetzung her nicht gleichzusetzen mit der philosophischen Disziplin Ethik". Vielmehr gehe es um die Vermittlung bestimmter Regeln und Werte. So sollen die Schüler*innen ein „Gespür" für „Grundwerte" und „Grundrechte" entwickeln, die sich unter anderem am deutschen Grundgesetz, an der rheinland-pfälzischen Landesverfassung und an der Menschenrechtserklärung der Vereinten Nationen orientieren (KMRP 1983, 6). Im Lehrplan für die Sekundarstufe I heißt es ausdrücklich „Menschen brauchen Werte". Der Ethikunterricht wird dementsprechend als Vermittlungsinstanz von Werten konzipiert (MBWW 2000, 7).

Der Landesregierung ist offensichtlich aufgefallen, dass ihre Ansprüche an den Ethikunterricht mit den Ansprüchen des Bezugsfachs Philosophie auseinanderklaffen und das Fach der Lebensrealität einer zunehmend säkularen Bevölkerung nicht gerecht wird. So heißt es auf dem Bildungsserver Rheinland-Pfalz zum Stichpunkt Lehrplanentwicklung: „Seit Veröffentlichung des derzeit geltenden Lehrplans für die Sekundarstufe I im Jahr 2000 und insbesondere des derzeit geltenden Lehrplans für die gymnasiale Oberstufe von 1983 hat sich in vielen Lebens- und Wissensbereichen ein tiefgreifender Wandel vollzogen" (Bildungsserver 2016a). 2016 wurde daher eine Lehrplankommission für die Entwicklung des Lehrplans der Sekundarstufe I einberufen. Das Ergebnis steht noch aus. Der Lehrplan für die Sekundarstufe II von 1983 ist immer noch gültig und bisher ist keine Lehrplankommission zur Überarbeitung ausgeschrieben.

Rahmenbedingungen

Aus dem Bericht der Kultusministerkonferenz vom 22. Februar 2008 lassen sich folgende Informationen für Rheinland-Pfalz für das Schuljahr 2006/2007 entnehmen: Ethikunterricht wurde für alle Schulformen eingerichtet und an 58,9 Prozent aller Schulen (1011 von 1717) angeboten. An Grundschulen (44,9 Prozent), Freien Waldorfschulen (50 Prozent) und organisatorisch verbundenen Kollegs und Abendgymnasien (50 Prozent) wurde Ethikunterricht seltener angeboten. Am anderen Ende des Spektrums befanden sich die Kollegs, integrierten Gesamtschulen und dualen Oberschulen, die durchgängig Ethikunterricht anboten (KMK 2008, 82). Eine weitere Tabelle zeigt, dass 11,1 Prozent aller Schüler*innen am Ethikunterricht teilnahmen. Am seltensten wahrgenommen wurde das Angebot an Freien Waldorfschulen (3,3 Prozent) und Berufsbildenden Schulen (5,2 Prozent). An Hauptschulen nahmen mehr Schüler*innen (21 Prozent) am Ethikunterricht teil als an Realschulen (10,1 Prozent) oder Gymnasien (10,8 Prozent) (KMK 2008, 83).

Auf Anfrage teilte das statistische Landesamt mit, dass im Schuljahr 2018/2019 Ethikunterricht an 1060 Schulen von 1479 Schulen in Rheinland-Pfalz eingerichtet war (siehe Abb. 1 und Tab. 1). Prozentual hat sich damit der Anteil von Schulen, an denen Ethikunterricht angeboten wurde von 59 Prozent im Schuljahr 2006/07 auf 72 Prozent im Schuljahr 2018/19 erhöht.

Das Statistische Landesamt veröffentlichte 2017 Religionsstatistiken zur Lage der evangelischen Kirche in Rheinland-Pfalz. Demnach ging der Anteil evangelischer Kirchenmitglieder an der Landesbevölkerung zwischen 2006 (1,28 Millionen) und 2016 (1,14 Millionen) um 11 Prozent zurück (Statistisches Landesamt 2017, Folie 6). Parallel sank der Anteil von schulpflichtigen Kindern und Jugendlichen evangelischer Konfession von 34,5 Prozent auf 30,4 Prozent im Jahr 2016. Dabei nahmen 2006

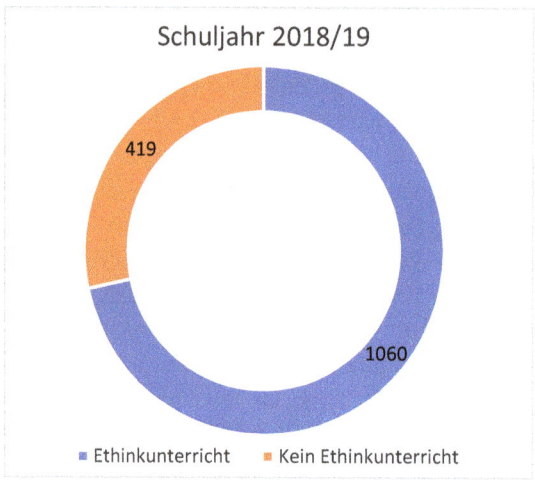

Abb. 1: Ethikunterricht an Schulen in RLP, 2018/2019.

Tab. 1: Schuljahr 2018/10.

Schuljahr 2018/19			
Schulart	Ethikunterricht	kein Ethikunterricht	Summe Schulen
Förderschulen	102	29	131
Freie Waldorfschulen	4	5	9
Grundschulen	597	343	940
Gymnasien	125	27	152
Integrierte Gesamtschulen	55		55
Kollegs	3	1	4
org. verb. Grund- und Realschulen plus	17	2	19
Realschulen plus	157	12	169

An den privaten Hauptschulen (3) und Realschulen (8) wird kein Ethikunterricht erteilt.

Zahlen des statistischen Landesamtes RLP.

an insgesamt 1479 Schulen 36,2 Prozent und 2016 33,8 Prozent der Schüler*innen am evangelischen Religionsunterricht teil (Statistisches Landesamt 2017, Folie 10). Bemerkenswert ist also einerseits der signifikante Mitgliederrückgang der evangelischen Kirche und andererseits der Umstand, dass mehr Schüler*innen am evangelischen Religionsunterricht teilnehmen, als dieser Konfession angehören. Aus den Statistiken ist allerdings nichts über die Ursache hierfür zu entnehmen.

Die rheinland-pfälzische Landesverfassung von 1947 sieht den konfessionellen Religionsunterricht „an allen Schulen mit Ausnahme der bekenntnisfreien Privatschulen [als] ordentliches Lehrfach" (Art. 34) vor (solche Privatschulen existieren aber de facto nicht). Der Ersatzunterricht ist nach den „allgemein anerkannten Grundsätze[n] des natürlichen Sittengesetzes zu erteilen" (Art. 35,2). Gleichzeitig schreibt die Landesverfassung aber auch einen Erziehungsauftrag zur „Gottesfurcht" vor. Weitere Details finden sich in den verschiedenen Schulordnungen, wobei die relevanten Passagen zum Religions- und Ethikunterricht auf dem Bildungsserver Rheinland-Pfalz zusammengestellt sind (Bildungsserver 2019c). Im ersten Teil (Absatz 1) des jeweiligen Paragraphen heißt es: „Die Schüler*innen nehmen am Religionsunterricht ihres Bekenntnisses teil". Es folgt die Festsetzung der schulbezogenen Religionsmündigkeit: „Die Teilnahme kann von Eltern, ab der Vollendung des 14. Lebensjahres von den Schülern und Schülerinnen schriftlich abgelehnt werden. Die Abmeldung minderjähriger Schüler und Schülerinnen ist den Eltern mitzuteilen".[3] Hier wird nochmals deutlich, dass die Teilnahme am Religionsunterricht als Regel gilt und es einer Abmeldung bedarf, um nicht am Religionsunterricht teilzunehmen. Obwohl Schüler*innen eine eigene Entscheidung gegen den Religionsunterricht zugetraut wird, sobald sie vierzehn Jahre alt sind, sind die Schulen verpflichtet die Eltern von dieser Entscheidung ihres Kindes in Kenntnis zu setzen, solange das Kind das achtzehnte Lebensjahr noch nicht vollendet hat.

Die folgenden Absätze der Schulordnungen regeln in allen Schulformen die Teilnahme am konfessionellen Religionsunterricht für Kinder, die einer anderen oder keiner Konfession angehören (Absatz 2), und Bekenntnisunterricht außerhalb der Schule für Kinder anderer Konfessionen (Absatz 3). Der finale Absatz im jeweiligen Paragraphen zum Religionsunterricht in allen Schulformen bestimmt sodann, dass alle Schüler*innen, die weder am konfessionellen Religionsunterricht in der Schule noch an einem von der Schule anerkannten Bekenntnisunterricht außerhalb der Schule teilnehmen, verpflichtend am Ethikunterricht teilnehmen (Absatz 4).

In Rheinland-Pfalz wird katholischer oder evangelischer Religionsunterricht an den Schulen angeboten. Seit 2004 gibt es zudem Pilotprojekte zu islamischem Religionsunterricht in der Primarstufe (an achtzehn Grundschulen landesweit) und in der Sekundarstufe I (an sieben weiterführenden Schulen in Ludwigshafen und Umgebung) (Bildungsserver 2019a). Zu den „weiteren Religionsgemeinschaften", die konfessionell gebundenen Religionsunterricht anbieten, der an ausgewählten Standorten als außerschulisches Ersatzfach für schulischen Religionsunterricht stattfindet, gehören die alevitischen, freireligiösen, jüdischen und mennoniti-

---

[3] § 40, 1 „Schulordnung für die öffentlichen Realschulen plus, Integrierten Gesamtschulen, Gymnasien, Kollegs und Abendgymnasien (ÜSchO)" vom 16.08.2018; § 25, 1 „Schulordnung für die öffentliche Grundschule" vom 10.10.2008; § 29, 1 „Schulordnung für öffentliche Sonderschulen (Förderschulen)" vom 29.05.2000; § 26, 1 „Schulordnung für die öffentlichen berufsbildenden Schulen" vom 09. Mai 1990. An Grundschulen bestimmen aufgrund der Altersregel nur die Eltern, an berufsbildenden Schulen, wo alle Schüler*innen älter als vierzehn Jahre sind, sieht der Paragraph keine Abmeldung durch die Eltern vor.

schen Gemeinden (Bildungsserver 2019b; vgl. auch REMID 2012).[4] Das Kultusministerium weist zudem explizit darauf hin, dass Religionsgemeinschaften, die an der Einrichtung eines eigenen konfessionellen Unterrichts interessiert seien, sich mit dem Ministerium in Verbindung setzen möchten. Laut Auskunft der zuständigen Referentin Katharina von Kap-herr sind ein Lehrplan und qualifizierte Lehrkräfte die zentralen Voraussetzungen für die Anerkennung eines Religionsunterrichts. Dabei sei das Ministerium bei den Anforderungen an die Qualifikation dieser Lehrkräfte flexibel, um den Bedürfnissen kleiner Religionsgemeinschaften gerecht zu werden[5] (Kap-herr 2019). Ein wissenschaftlicher Hochschulabschluss und eine didaktische Ausbildung stellen allerdings ein Mindestmaß an Voraussetzung dar. Der Prozess zur Einrichtung von Religionsunterricht durch weitere Religionsgemeinschaften wird entweder durch die Elternschaft oder die Religionsgemeinschaft angestoßen. Die Gruppe kommt auf das Bildungsministerium zu und entwickelt einen Plan für den Religionsunterricht. Außerdem biete man kleinen Gemeinschaften die Möglichkeit, den Unterricht auch jahrgangsübergreifend und/oder schulübergreifend stattfinden zu lassen, um die Mindestanzahl an Teilnehmer*innen von acht Schüler*innen zu gewährleisten. Zudem werden in Rheinland-Pfalz zwei Lehrkraftmodelle praktiziert: Entweder der Unterricht findet in der Schule statt, was eine Einstellung der Lehrkraft zur Folge hat, oder der Unterricht wird gemeindlich erteilt, wobei das Land diese Lehrkraft der Gemeinde bezuschusst (Kap-herr 2019).

Neben dem Ethikunterricht wird an einigen Schulen in der Sekundarstufe II das Wahlfach Philosophie angeboten; seit 2010 ist es zudem möglich, Philosophie auch als Leistungsfach zu wählen (MBWWK 2011). Da der Philosophieunterricht aber kein Ersatzfach darstellt, ist Philosophie zusätzlich zu wählen.

Auf Anfrage hat das Statistische Landesamt Rheinland-Pfalz eine Tabelle zusammengestellt, die die Zahlen der an den verschiedenen Religionsunterrichtsformen und des Ersatzunterrichts teilnehmenden Schüler*innen an den verschiedenen Schulformen nach Konfession aufschlüsselt und die aktuellen Zahlen des Schuljahres 2018/2019 mit denen von vor zehn Jahren vergleicht (Anfrage 2019). Exemplarisch sollen hier die Zahlen für die Grundschule näher beleuchtet werden (siehe Tab. 2).

Insgesamt ist die Anzahl der Grundschulkinder in den letzten zehn Jahren von 142.707 Kindern im Schuljahr 2008/2009 auf 135.896 Kinder im Schuljahr 2018/2019 gesunken (Rückgang von 4,77 Prozent), was beim Vergleich der Zahlen beachtet werden sollte. Außerdem ist zu beachten, dass nur katholischer und evangelischer Religionsunterricht flächendeckend eingerichtet ist. Im Schuljahr 2008/2009 gab es noch keinen islamischen Religionsunterricht und dieser fand auch im Schuljahr

---

4 Auf der Seite des Bildungsservers Rheinland-Pfalz gibt es Lehrpläne für alevitischen, freireligiösen und mennonitischen Religionsunterricht (Bildungsserver 2019b).
5 Bei den Lehrplänen werde häufig auf bestehende Pläne anderer Bundesländer zurückgegriffen und diese angepasst.

Tab. 2: Anzahl Schüler*innen.

		Anzahl-Schüler/-innen						
		1 Teilnahme kath. RU	2 Teilnahme ev. RU	3 Teilnahme sonst. RU	4 Teilnahme am Ethikunterr.	5 Keine Teilnahme RU/Ethiku.	6 Teilnahme islam. RU	Summe
2008/09								
Grundschule	1 röm.-katholisch	59.742	612	138	773	212		61.477
	2 evangelisch	1.392	43.529	94	641	259		45.915
	3 jüdisch	16	6	2	47	11		82
	4 islamisch	297	291	452	7.352	2.229		10.621
	5 sonst. Rel.Gemeinschaft	862	1.451	575	1.852	494		5.234
	6 Keine	3.546	7.723	160	6.852	1.097		19.378
	Summe Schulart	65.855	53.612	1.421	17.517	4.302		142.707
2018/19								
Grundschule	1 röm.-katholisch	45.754	674	21	845	20		47.314
	2 evangelisch	1.572	33.220	71	1.018	27	4	35.912
	3 jüdisch	8	4		36			48
	4 islamisch	443	361	55	13.161	1.415	1.028	16.463
	5 sonst. Rel.Gemeinschaft	1.633	1.438	557	3.774	323	19	7.744
	6 Keine	5.192	9.042	147	13.409	597	28	28.415
	Summe Schulart	54.602	44.739	851	32.243	2.382	1.079	135.896

Zahlen des statistischen Landesamtes RLP.

2018/2019 nur an wenigen Testschulen statt. Ethikunterricht fand 2018/2019 an 597 von 940 Grundschulen statt; Zahlen für 2008/2009 liegen nicht vor.

Im Schuljahr 2008/2009 stellten die Kinder katholischen Glaubens mit 43,08 Prozent die größte Gruppe der Grundschulkinder dar, gefolgt von Kindern evangelischen Glaubens (32,17 Prozent), konfessionslosen Kindern (13,58 Prozent), muslimischen Kindern (7,44 Prozent), Kindern sonstiger Religionszugehörigkeit (3,66 Prozent) und jüdischen Kindern (0,057 Prozent). Zehn Jahre später stellten katholische Kinder immer noch die größte Gruppe dar, obwohl ihr Anteil mit 34,81 Prozent deutlich geschrumpft ist. Kinder evangelischen Glaubens machten im Schuljahr 2018/2019 26,42 Prozent aller Grundschulkinder aus, konfessionslose Kinder 20,91 Prozent, muslimische Kinder 12,11 Prozent, Kinder sonstiger Religionszugehörigkeit 3,66 Prozent und jüdische Kinder 0,035 Prozent. Demnach waren die Gruppen der muslimischen Kinder und insbesondere der konfessionslosen Kinder stark angewachsen, während alle anderen Gruppen sich prozentual verkleinert hatten.

Die Zahl der Kinder muslimischen Glaubens stieg von 10.621 auf 16.463 an. Im Schuljahr 2008/2009 besuchten die meisten muslimischen Grundschulkinder den Ethikunterricht (69,22 Prozent), 20,98 Prozent gar keinen dieser Unterrichte, 4,25 Prozent einen außerschulischen Unterricht, 2,74 Prozent den evangelischen und 2,79 Prozent den katholischen Unterricht. Das Pilotprojekt islamischer Religionsunterricht an ausgewählten Grundschulen führte dazu, dass im Schuljahr 2018/2019 immerhin 6,24 Prozent an dieser Unterrichtsform teilnahmen, während gleichzeitig die Teilnahme am außerschulischen Unterricht auf 0,33 Prozent zurückging. Die Teilnahme muslimischer Kinder am Ethikunterricht stieg an auf 79,94 Prozent. Dafür sank die Zahl der muslimischen Kinder, die an keinem Unterricht teilnahmen auf 8,59 Prozent. Am evangelischen Religionsunterricht nahmen noch 2,19 Prozent der muslimischen Grundschulkinder teil und 2,69 Prozent am katholischen Religionsunterricht. Wenn auch nur ein kleiner Teil der muslimischen Kinder an gar keinem Unterricht teilnahm, stellten die Muslime dennoch mit 2.229 Kindern im Jahr 2008/2009 und 1.415 Kindern im Jahr 2018/2019 die größte Gruppe derer, die keinen Unterricht besuchten.

Am katholischen und am evangelischen Religionsunterricht nahmen sowohl im Schuljahr 2008/2009 als auch im Schuljahr 2018/2019 nicht nur Kinder der spezifischen Glaubensgemeinschaften teil. Konfessionslose Grundschulkinder stellten hierbei die größte Gruppe der konfessionsfremden Kinder im katholischen und im evangelischen Religionsunterricht in beiden Schuljahren: 2008/2009 machten konfessionslose Kinder 5,38 Prozent des katholischen und 14,40 Prozent des evangelischen Religionsunterrichts aus. 2018/2019 betrug der Anteil konfessionsloser Kinder im katholischen 9,51 Prozent und im evangelischen Religionsunterricht 20,21 Prozent. Von allen konfessionslosen Kindern besuchten somit im Schuljahr 2008/2009 18,30 Prozent den katholischen und 39,85 Prozent den evangelischen Religionsunterricht, 0,82 Prozent nahmen am Unterricht sonstiger Religionsgemeinschaften teil; 35,36 Prozent besuchten den Ethikunterricht und 5,66 Prozent besuchten keinen Unterricht. Zum Schuljahr 2018/2019 nahm die Zahl der konfessionslosen Kinder, die am evangelischen Religionsunterricht oder gar keinem Unterricht teilnahmen, ab, und der Anteil, der den Ethikunterricht besuchte, stieg: 18,27 Prozent besuchten den katholischen und 31,82 Prozent den evangelischen Religionsunterricht, 0,52 Prozent nahmen am Unterricht sonstiger Religionsgemeinschaften teil, 47,19 Prozent besuchten den Ethikunterricht und 2,10 Prozent nahmen an keinem Unterricht teil. Am muslimischen Religionsunterricht nahmen 0,098 Prozent der konfessionslosen Kinder teil.

Der Ethikunterricht an der Grundschule wurde in beiden Schuljahren von Kindern aus allen Gruppen wahrgenommen. Im Schuljahr 2008/2009 nahmen 12,27 Prozent aller Grundschulkinder am Ethikunterricht teil. Zehn Jahre später waren dies 23,73 Prozent. Im Schuljahr 2008/2009 stellten muslimische Kinder mit 41,97 Prozent die größte Gruppe der Kinder im Ethikunterricht; zehn Jahre später wurden sie (mit 40,81 Prozent) knapp von den konfessionslosen Kindern (41,59 Prozent) überholt.

Ausbildung der Lehrkräfte

Trotz mittlerweile eingerichteter Studien- und Weiterbildungsmöglichkeiten ist es in Rheinland-Pfalz weiterhin gängige Praxis, durch die Schulleitung als fachfremde Lehrperson delegiert zu werden, was unter anderem 2015 durch einen Runden Tisch Philosophie und Ethik gegenüber dem Kultusministerium beanstandet wurde (KMK 2008, 55, 3.1; Runder Tisch 2015). Das statistische Material verdeutlicht diese Kritik: Im Schuljahr 2012/2013 verfügte Rheinland-Pfalz über 397 Lehrkräfte mit der Lehrbefähigung Ethik (2018/2019: 583) (Statistisches Landesamt 2013, 20; 2018, 24). Da der Bericht der Kulturministerkonferenz von 2008 aber eine Erteilung von Ethik an 1011 von 1717 Schulen vermerkte (KMK 2008, 82), lässt sich schließen, dass der fachfremde Unterricht beziehungsweise der daraus resultierende Besuch von Weiterbildungsmaßnahmen ein verbreiteter Weg ist, Ethiklehrer*in zu werden. Das wird auf dem Bildungsserver entsprechend offensiv beworben (Bildungsserver 2019d).

Der andere Weg, Lehrkraft für das Fach Ethik zu werden, ist ein Studium an den Universitäten Koblenz-Landau, Mainz und Trier, allerdings nur als Doppelfach Philosophie/Ethik. Nichtsdestotrotz wird erwartet, dass Studierende ein weiteres „Zweitfach" belegen. Die Universität Koblenz-Landau ist der primäre Studienstandort für die rheinland-pfälzische Lehramtsausbildung und bietet zulassungsbeschränkte Studiengänge für alle Schularten an (Universität Koblenz-Landau 2020). In Mainz und Trier besteht lediglich die Möglichkeit, Philosophie mit der möglichen Spezialisierung Lehrkraft für Ethik zu studieren. Die einzige fachdidaktische Ethikprofessur ist an der Landesuniversität Mainz im Institut für Philosophie eingerichtet.

Die statistische Auswertung zeigt einen stetigen Anstieg der Studierendenzahlen der verschiedenen Studienfächer mit Ziel Ethiklehrkraft in den letzten Jahren. Bereits ein Jahr nach der Einführung des Ethikstudiums an der Universität Koblenz-Landau gab es 2008/2009 insgesamt 232 Studierende. Im darauffolgenden Wintersemester 2009/2010 verdoppelte sich diese Zahl beinahe auf 452, um im Wintersemester 2011/2012 auf 1729 Studierende zu schnellen. Im Wintersemester 2012/2013 waren 2169 Studierende und im Studienjahr 2018/2019 2943 Studierende immatrikuliert (Anfrage 2019). Auch wenn aus diesen Zahlen keine Absolvent*innenzahl hervorgeht, zeichnet sich doch eine Problemlage beim Wechsel in das Referendariat ab: Für den Vorbereitungsdienst werden betreuende Fachlehrer*innen benötigt. Das führt zu einem extrem engen Einstellungskorridor für Ethiklehrkräfte, der nach Einschätzung von Christiane Lang, der Vorsitzenden des Fachverbandes Philosophie in Rheinland-Pfalz, derzeit dreißig bis vierzig Referendar*innen im Lehramt Philosophie/Ethik für das Gymnasium umfasst (Lang 2019). Zudem ergeben sich offenbar Probleme bei der fachgenauen Zuteilung von studienrelevanten Schulpraktika.

Der religionskundliche Anteil in den Bachelor- und Masterstudiengängen ist marginal (Universität Koblenz-Landau 2012; vgl. die Modulhandbücher der Universität Mainz: Universität Mainz 2018a, 2018b): Lediglich in einem Modul des Bachelorstudiums (Modul 4: Alteritätsproblem in Religion, Recht, Weltanschauung und Gesellschaft mit zwei Seminaren beziehungsweise vier Semesterwochenstunden) sind explizit und in einem Modul des Masterstudiums (Modul 10: Vertiefendes fachwissenschaftliches und fachdidaktisches Studium zu Modul 4) implizit Bezüge zu Religion vorgesehen. Ansonsten profitiert das Thema Religion potentiell von der Aufwertung der Fachdidaktik, die in älteren Studienordnungen noch nicht vorgesehen war und mittlerweile sechs Seminare beziehungsweise zwölf Semesterwochenstunden umfasst. Hier können religionsbezogene Themen berücksichtigt werden. Beispielsweise wird an der Universität Mainz gelegentlich „Weltreligionen: Eine Einführung für Lehramtsstudierende der Ethik" angeboten. Dabei war das Seminar bislang als Begegnung mit den Religionsgemeinschaften konzipiert: Ein örtlicher Theologe vertrat das Christentum, eine Frankfurter Islamwissenschaftlerin referierte über den Islam, regionale Rabbiner oder Vertreter des Zentralrats der Juden stellten das Judentum vor und ein Mainzer Philosoph mit Schwerpunkt asiatische Philosophie führte in den Hinduismus und Buddhismus ein (Klafki 2019).

Curricula

Das Ersatzfach Ethik kann wie der Religionsunterricht ab einer Gruppe von acht Schüler*innen zustande kommen. Klassenübergreifende Lerngruppen sind möglich, sollten aber „nicht mehr als zwei aufeinander folgende Klassenstufen" umfassen (Bildungsserver 2016c). Ethik wird von der ersten Klasse an als Ersatzfach angeboten; in der Sekundarstufe II muss eines der Fächer katholische beziehungsweise evangelische Religionslehre oder Ethik als Grundfach belegt werden. Im Gegensatz zu Ethik können katholische beziehungsweise evangelische Religionslehre aber auch als Leistungsfach gewählt werden (MBWWK 2016, 12).

Grundsätzlich wird Ethik an den Schulen, an denen die Lehrkapazitäten bestehen, mit genauso vielen Unterrichtsstunden wie der Religionsunterricht unterrichtet. Für die Grundschule bedeutet das in Klasse 1 und 2 je zwei Schulstunden und in Klasse 3 und 4 je zweieinhalb Schulstunden. In der Sekundarstufe I wird Ethikunterricht in Klasse 5 und 6 mit je vier Unterrichtsstunden veranschlagt. In den Klassen 7 bis 10 finden insgesamt sieben, über den gesamten Zeitraum verteilte Unterrichtsstunden statt. In der gymnasialen Oberstufe gibt es in den Jahrgangsstufen 11 bis 13 je zwei Unterrichtsstunden. Besondere Regeln gelten bei den G8-Gymnasien: Die Jahrgangsstufen 7 bis 9 verfügen über ein insgesamt sechsstündiges Unterrichtskontingent und in den Jahrgangsstufen 11 und 12 findet Ethikunterricht je zweistündig statt (Bildungsserver 2016b).

Die Lehrpläne für den Ethikunterricht (Bildungsserver 2020) weisen dezidiert darauf hin, dass das Fach Ethik „von der Zielsetzung her nicht gleichzusetzen mit der philosophischen Disziplin Ethik" sei, vielmehr sei er ein Werteunterricht (KMRP 1983, 5): „Vom Bildungsauftrag der Schule her führt der Ethikunterricht in anthropologische und ethische Problemstellungen ein, die die Grundlagen menschlicher Existenz erhellen und die verdeutlichen, daß Mensch und Gesellschaft auf Sittlichkeit angewiesen sind" (KMRP 1983, 5). Die „sittlichen Grundsätze" leitet der Lehrplan aus der Landesverfassung, dem Grundgesetz und der Menschenrechtserklärung ab. Einerseits warnen die Verfasser*innen, dass Ethikunterricht „weder ideologisch indoktrinieren noch Indifferentismus fördern" dürfe. Andererseits wird betont, dass „die Schüler die Einsicht gewinnen [sollen], daß nur durch die Anerkennung eines Grundbestandes von Werten in unserer Gesellschaft Freiheit und Würde möglich sind" (KMRP 1983, 6). Diesen „Grundbestand von Werten" gilt es anhand dreier globaler Themengebiete herauszuarbeiten und zu verinnerlichen (KMRP 1983, 8). Religionskunde und religiöse Selbstreflexion sind explizit in Bereich 3 („Der Mensch und seine Weltanschauung/Religion") Teil des Ethikunterrichts, etwa in Bezug auf gesellschaftliche Konflikte (religiöse Vorurteile, Antisemitismus) (KMRP 1983, 17) oder auf Schuld und Strafe (religiöser Schuldbegriff, Vorstellung von Sühne) (KMRP 1983, 21).

Wo der Lehrplan von 1983 zwar auf einen „Minimalkonsens" an Werten für eine pluralistische Gesellschaft insistiert, aber eine genaue Definition unterlässt, verortet der Lehrplan Ethik für die Sonderschule (1990) diese Grundwerte klar im Christentum: „Die Konzeption des Lehrplans folgt dabei wesentlich den anerkannten sittlichen Werten und Forderungen christlicher und humanistischer Ethik gemäß Art. 29 der Landesverfassung von Rheinland-Pfalz, der besagt, daß die öffentlichen Grund-, Haupt- und Sonderschulen als christliche Gemeinschaftsschulen zu führen sind" (KMRP 1990, 6). Die christliche Ausrichtung des Ethikunterrichts scheint nicht nur hinsichtlich des Status des Faches als Ersatzpflichtfach für den Religionsunterricht problematisch: Die religiösen und kulturellen Hintergründe der Schüler*innen der Sonderschulkassen – der Lehrplan trägt explizit dem Umstand Rechnung, dass die meisten Schüler*innen anderen Kulturkreisen oder Herkunftsländern entstammen (KMRP 1990, 7) – lassen einen auf christlichen Grundwerten aufbauenden Unterricht problematisch erscheinen.

Im Gegensatz zu den anderen Plänen, die alle ungefähr 30 Seiten umfassen, ist der Lehrplan Ethik für die Sekundarstufe I aus dem Jahr 2000 mit 136 Seiten auffällig lang. Das wird auf den „tiefgreifende[n] Wandel" seit den 1980er Jahren zurückgeführt, der eine grundlegende Revision und eine neue Kompetenzorientierung nötig gemacht habe (MBWW 2000, 3). Zwar findet sich auch hier der Verweis auf die Landesverfassung, doch wird nicht auf christliche Grundwerte insistiert. Vielmehr eröffne die Gesetzeslage ein „Spannungsfeld verbindlicher Vermittlung von Grundwerten und eines gesellschaftlichen Pluralismus" (MBWW 2000, 27). Dennoch solle der Ethikunterricht Werte vermitteln (MBWW 2000, 7), dabei aber nicht Moral „verordnen", sondern „auf die Entwicklung der ethischen Urteilsfähigkeit [der Schüler*innen] vertrauen" (MBWW 2000, 20). Religion findet seinen Platz im Ethikunterricht unter dem Stichwort „sozialwissenschaftliche Befunde der Lebenswelt Heranwachsender". Das Thema sei lebensweltlich relevant für Schüler*innen, die in einer religiös pluralistischen und zunehmend säkularen Welt lebten (MBWW 2000, 13). Der Ethikunterricht habe den Anspruch zu informieren, eine religiöse Orientierung zu ermöglichen, Toleranz gegenüber Andersgläubigen zu entwickeln und Radikalisierung vorzubeugen. Zudem solle die „Beschäftigung mit dem Christentum einen Beitrag zur Sicherung des Verständnisses der abendländischen Kulturtradition [...] leisten, da vielen Heranwachsenden – und vor allem den aus dem Religionsunterricht ausgetretenen Schülern – die religiös-ethische Tradition des Christentums nicht mehr bekannt" sei (MBWW 2000, 15).

Lediglich der Teilrahmenplan Ethik für die Grundschule aus dem Jahr 2012 integriert dezidiert religionswissenschaftliches Wissen in den Unterricht (MBWWK 2012, 3, 5). Die Verfasser verstehen darunter eine Beschäftigung mit verschiedenen Religionen und deren Antworten auf Sinnfragen, die auf den Erwerb und Ausbau von Reflexionskompetenz, emotionaler Kompetenz und Handlungskompetenz abzielt (MBWWK 2012, 7,8). In Auseinandersetzung mit „religiöser Pluralität" wiederum sollen „Toleranz, Verständnis und Empathiefähigkeit" geschult werden (MBWWK 2012, 14).

Aktuelle Situation und Diskussionen

Es gibt Kritik an der derzeitigen Situation des Ethikunterrichts in Rheinland-Pfalz. Bereits 2013 wurde eine Petition mit der Forderung, Ethikunterricht in Rheinland-Pfalz zum ordentlichen Lehrfach zu machen, von 1215 Menschen unterstützt (Yumurtaci 2013). Der Petent Haluk Yumurtaci beanstandete, dass Ethik überwiegend fachfremd unterrichtet werde und es trotzdem kaum Referendariatsplätze für Ethik gebe, und Studienabsolvent*innen kaum Übernahme in den Schuldienst fänden. Er kritisierte die „bürokratische und politische Abwertung" des Faches, die sich auch in der „qualitativ geringgeschätzte[n] Betitelung des Ersatzfaches" ausdrücke. Dies wirke sich negativ auf die Lehrenden aus: „WIR sind keine Lehrer zweiter Klasse" (Yumurtaci 2013). Das Bildungsministerium stellte in seiner Antwort lediglich fest, dass Ethik als Ersatzfach für Religion ein ordentliches Unterrichtsfach sei, und bestätigte (ohne weitere Erläuterungen), dass es nur wenige Plätze im Vorbereitungsdienst für die Fachrichtung Philosophie/Ethik gebe. Bemerkenswert ist zudem der Hinweis, dass ethische und philosophische Schulbildung insbesondere auch im Religionsunterricht stattfinde. Der Petitionsausschuss sah damit die Petition als hinreichend beantwortet an (Petitionsausschuss 2018).

Ausgehend von Bemühungen des Mainzer Philosophischen Instituts wurde zudem 2014 ein Runder Tisch aus Lehrer*innen, Referendar*innen, Studierenden, Professor*innen beziehungsweise akademischen Mitarbeiter*innen, Fachleiter*innen, Mitarbeitenden des pädagogischen Landesinstituts, den Fachverbänden Ethik und Philosophie, der Gewerkschaft Erziehung und Wissenschaft, den Fachschaften, der Philosophischen Gesellschaft sowie verschiedenen Landespolitiker*innen einberufen, der die Situation des Ethikunterrichts analysierte und im Juli 2018 ein Papier mit seinen politischen Forderungen an das Bildungsministerium übergab (Runder Tisch 2015; Thein 2015, 96). Unterlegt mit Zahlen des statistischen Landesamtes und verschiedener Analysen beanstandete der Runde Tisch, dass Ethik überwiegend fachfremd unterrichtet werde, und forderte, bei der Einstellung grundständig ausgebildete Lehrkräfte den durch Weiterbildung qualifizierten Lehrenden vorzuziehen. Zudem forderte man ein Weiterbildungsstopp fachfremder Lehrkräfte und mehr Praktikums- und Referendariatsplätze. Das Fazit des Berichts benannte „schwerwiegende Qualitätsmängel", die durch eine Einstufung des Faches als „Mangelfach" oder „Bedarfsfach" systemisch angegangen werden müssten. Dadurch solle auch das Image des Faches („Schulfach Glück") gebessert werden – zusätzlich solle hier eine gezielte Informationskampagne des Ministeriums wirken. Weiterhin forderte der Runde Tisch, dass Ethik vom Ersatzfach für christlichen Religionsunterricht zum Alternativfach aufgewertet werde und als Leistungskurs in der Sekundarstufe II wählbar werden solle. Zuletzt sollten die Lehrpläne unter einer klaren philosophischen Perspektive als Bezugswissenschaft überarbeitet und das Angebot des Ethikunterrichtes landesweit erfasst und evaluiert werden (Runder Tisch 2015).

Für den rheinland-pfälzischen Fachverband Philosophie sind diese Forderungen nach wie vor aktuell, da sie weitgehend nicht umgesetzt wurden: Ethik werde weiterhin überwiegend fachfremd unterrichtet und es gebe nicht genügend Referendariatsplätze. Dabei steigen die Anmeldungszahlen für Ethik kontinuierlich, auch weil die im Ethikunterricht diskutierten Themen „hochwichtig und unverzichtbar für eine Gesellschaft [seien], die aufgeklärte und selbstbestimmte Bürger in sozialer Verantwortung herausbilden will" (Lang 2019).

Religionswissenschaftliche Einordnung

In Rheinland-Pfalz konkurrieren mindestens zwei konträre Auslegungen davon, was Ethikunterricht sein und leisten soll: 1) die Vermittlung von Werten und Normen oder 2) ein kritisch-problemorientierter Ansatz mit klarem Bezug auf das Fach Philosophie. Von Behörden wird die Forderung nach Wertevermittlung auf den Ethikunterricht projiziert, während die Fachlehrenden – und mehr noch ihre universitären Ausbilder*innen – Ethikunterricht als philosophisch-kritisches Fach verstehen. Für die einen ist der Bezug zur Religion klar: Als Ersatzfach für Religionsunterricht soll Ethik ein Minimum an Werten vermitteln, die andere Schüler*innen qua religiöser Lehre vermittelt bekommen. Unterschwellig – und im Sonderschullehrplan von 1990 explizit – sind Werte und Normen religiös konnotiert. Für die anderen ist Ethik eine Teildisziplin der Philosophie, die zunächst einmal nicht zwingend etwas mit Religion zu tun hat. Offensichtlich wird die Diskrepanz der beiden Ansätze in der Analyse von Lehrplänen, die auf die Vermittlung von Werten abzielen, und Studienordnungen, die auf die Vermittlung von philosophischen Fähigkeiten und Wissen abzielen. In den neueren Lehrplänen kommt zudem das Spannungsverhältnis der beiden Pole zum Ausdruck: In der pluralistischen Gegenwart lassen sich kaum allgemeingültige Werte formulieren; Ethikunterricht solle dennoch eine Werteorientierung ermöglichen. Schüler*innen sollen sowohl gesellschaftliche Traditionen und Strukturen hinterfragen als auch die Strukturen ihrer Gesellschaft annehmen und verteidigen.

Das in Artikel 35 der Landesverfassung für den Ethikunterricht festgelegte zu vermittelnde „Sittengesetz" stellt praktisch für den Ethikunterricht ein Problem dar. Unterricht, der nicht auch Normen und Werte vermittelt, scheint damit ausgeschlossen. Es bleibt aber offen, wie diese Werte und Normen zu definieren und zu vermitteln sind. Demnach experimentieren die neueren Lehrpläne mit Themen wie dem Selbstbild und der religiösen Orientierung der Schüler*innen. Der Lehrplan für die Sekundarstufe I deutet den Ethikunterricht einerseits als Raum, in dem sie ihre eigenen Werte ausbilden können, warnt Lehrende aber zugleich davor, sich für eine Patenschaft von Selbstfindungsprojekten vereinnahmen zu lassen: „Vielfältig sind auch die Erwartungen an die Ethik Unterrichtenden, die sich häufig als Helfer zur Selbstfindung, als Erzieher und Lebensberater, als Freund und Anwalt (mitunter sogar als Psychotherapeut) verstanden und gedeutet sehen" (MBWW 2000, 20). Der Lehrplan für die Sekundarstufe II aus dem Jahr 1983 geht dagegen von einem Minimalkonsens aus, den sich Jugendliche im Ethikunterricht erarbeiten sollen. Im schlimmsten Fall wird „Wertevermittlung", wie im Lehrplan für die Sonderschule von 1990, so interpretiert, dass der Ethikunterricht all denjenigen christliche Werte anerziehen soll, die dem Religionsunterricht fernbleiben.

Religionskunde und religionswissenschaftliche Ansätze sind in den Studienordnungen gar nicht vorgesehen und werden nur im Grundschullehrplan von 2012 erwähnt. Auch hier bildet Religionskunde als Erarbeitung von Wissen über Religionsgemeinschaften nur die Grundlage für moralische Erziehung, um etwa einen eigenen Standpunkt zur Religion zu entwickeln oder Fähigkeiten wie Empathie und Toleranz einzuüben (MBWWK 2012, 10,14). Ethikunterricht in Rheinland-Pfalz ist derzeit aus religionswissenschaftlicher Sicht keine Religionskunde und kann es bei aktueller Gesetzeslage auch nicht sein.

Bibliografie

Anfrage. 2019. *Anfrage der Autorin an das Statistische Landesamt Rheinland-Pfalz.* 17.09.2019.
Bildungsserver (=Bildungsserver Rheinland-Pfalz). 2016a. *Lehrplanentwicklung und Lehrplankonzept: Ethik.* 27.07.2016. Online unter: https://bildung-rp.de/
Bildungsserver. 2016b. *Rechtliche Grundlagen des Ethikunterrichts.* 11.04.2016.
Bildungsserver. 2016c. *Verwaltungsvorschriften, Lerngruppenbildung in den Fächern Religion und Ethik.* 04.04.2016.
Bildungsserver. 2018. *Wie werde ich Lehrerin/Lehrer für das Unterrichtsfach Ethik?.* 21.09.2018.
Bildungsserver. 2019a. *Islamischer Religionsunterricht (Erprobung).* 12.08.2019.
Bildungsserver. 2019b. *Religionsunterricht weiterer Religionsgemeinschaften.* 24.04.2019.
Bildungsserver. 2019c. *Schulordnung: Ethik.* 23.09.2019.
Bildungsserver. 2019d. *Weiterbildung.* 18.01.2019.
Bildungsserver. 2020. *Lehrpläne und Einheitliche Prüfungsanforderungen in der Abiturprüfung.* 09.01.2020.
fowid (=Forschungsgruppe Weltanschauungen in Deutschland). 2014. *Entwicklung der Religionszugehörigkeiten nach Bundesländern, 1950–2011.* 08.07.2014. Online unter: https://fowid.de/
JGU Mainz (=Johannes Gutenberg-Universität Mainz). 2010. *Ordnung für die Bachelorprüfung in lehramtsbezogenen Studiengängen: Philosophie/Ethik.* Mainz.
JGU Mainz. 2018a. *Philosophie/Ethik (B.Ed.).* Mainz.
JGU Mainz. 2018b. *Philosophie/Ethik (M.Ed.).* Mainz.
Kap-herr, Katharina von. 2019. *Telefoninterview der Autorin mit K. von Kap-herr, Bildungsministerium Rheinland-Pfalz.* 30.01.2019.
Klafki, Christoph. 2019. *Informationen durch Chr. Klafki im persönlichen Gespräch.* 07.02.2019.
KMK (=Sekretariat der ständigen Konferenz der Kultusminister der Länder in der Bundesrepublik Deutschland). 2008. *Zur Situation des Ethikunterrichts in der Bundesrepublik Deutschland. Bericht der Kultusministerkonferenz vom 22.02.2008.*
KMRP (=Kultusministerium des Landes Rheinland-Pfalz). 1983. *Lehrplan Ethik. Grundfach in der Oberstufe des Gymnasiums (Mainzer Studienstufe) und in der berufsbildenden Schule.* Worms: Informationsdienst-Vertriebsgesellschaft.
KMRP. 1990. *Lehrplan Ethik, Schule für Lernbehinderte (Sonderschule).* Grünstadt: Emil Sommer, Verlag für das Schulwesen.
Lang, Christiane. 2019. *E-Mail-Korrespondenz von Chr. Lang mit der Autorin.* 24.09.2019.
MBWW (=Ministerium für Bildung, Wissenschaft und Weiterbildung). 2000. *Lehrplan Ethik. Sekundarstufe I.* Grünstadt: Sommer Druck und Verlag.
MBWWK (=Ministerium für Bildung, Wissenschaft, Weiterbildung und Kultur). 2011. *Lehrplan Philosophie. Leistungsfach in der gymnasialen Oberstufe.* Alzey: Rheinhessische Druckwerkstätte.
MBWWK. 2012. *Rahmenplan Grundschule, Teilrahmenplan Ethik.* Neulingen: MF Druckservice.

MBWWK. 2016. *Mainzer Studienstufe: Informationen für Schülerinnen und Schüler, Abitur 2020.* Worms: Heinrich Fischer Rheinische Druckerei GmbH.

Petitionsausschuss. 2018. „Beschluss des Petitionsausschuss des Rheinland-pfälzischen Landtages." *openPetition.* 12.11.2018.

REMID (=Religionswissenschaftlicher Medien- und Informationsdienst e. V.). 2012. *Religionsunterricht in Deutschland.* 13.03.2012. Online unter: https://www.remid.de/Info_Religionsunterricht/

Runder Tisch. 2015. „Politische Forderungen 2015: Übergeben von den Beteiligten an das rheinland-pfälzische Ministerium für Bildung, Wissenschaft, Weiterbildung und Kultur." *Runder Tisch Philosophie und Ethik an den Schulen von Rheinland-Pfalz.* 09.07.2015.

Statistisches Landesamt Rheinland-Pfalz. 2013. *Statistische Berichte: Allgemeinbildende Schulen im Schuljahr 2012/2013, Teil II: Lehrkräfte, pädagogische Fachkräfte.* Mainz.

Statistisches Landesamt Rheinland-Pfalz. 2017, *500. Reformationstag Religionsstatistik.* Mainz.

Statistisches Landesamt Rheinland-Pfalz. 2018. *Statistische Berichte: Allgemeinbildende Schulen im Schuljahr 2017/2018, Teil II: Lehrkräfte, pädagogische Fachkräfte.* Mainz.

Thein, Christian. 2015. „Bericht über die Situation des Philosophie- und Ethikunterrichts in Rheinland-Pfalz." *Zeitschrift für Didaktik der Philosophie und Ethik* 1:94–97.

Universität Koblenz-Landau. 2012. *Modulhandbuch für das Fach Philosophie/Ethik im lehramtsbezogenen Bachelorstudiengang und in den Masterstudiengängen für das Lehramt an Realschulen plus, berufsbildenden Schulen und Gymnasien (Campus Koblenz).* 24.05.2012.

Universität Koblenz-Landau. 2020. *Vollständiges Studienangebot.*

Yumurtaci, Haluk. 2013. „Ethik- und Philosophieunterricht als ordentliches Lehrfach." *openPetition.*

Joanna Katharina Kiefer
12 Saarland

Hard Facts auf einen Blick

Fachbezeichnung	Allgemeine Ethik
Einführung des Faches	1969 bzw. 1974
Schulstufen	Sekundarstufe I, Sekundarstufe II
Rechtsstatus	Ersatzpflichtfach
Rechtsgrundlage	SVerf, Art. 27, Art. 29; SchoG §§ 10–15
Teilnehmer*innen	alle Schüler*innen, die nicht am Religionsunterricht (nach GG 7.3) teilnehmen
Einheitliche Prüfungsanforderung für das Abitur (EPA)	APA Allgemeine Ethik (2019)
Bezugsdisziplin/en laut curricularer Vorgaben	Philosophie, aus den religionsbezogenen Themen des Lehrplans ergibt sich ferner Religionswissenschaft
Studienstandorte	Saarbrücken
Beteiligung der Religionswissenschaft an Lehramtsausbildung	nein
Besonderheit	kein Alternativfach zum Religionsunterricht in der Primarstufe; Religionsmündigkeit und damit Abwahlmöglichkeit vom Religionsunterricht erst ab 18 Jahren
Weitere religions- und ethikbezogene Schulfächer	Religionsunterricht: katholisch, evangelisch (beide mit konfessionell-kooperativer Option), jüdisch, alevitisch und im Rahmen eines Modellprojekts islamisch; Philosophie (als zusätzliches Wahlfach in Sekundarstufe II)

ℹ **Nachfrage der religions- und ethikbezogenen Fächer im Saarland in Form von Schüler*innen-Belegzahlen für das Schuljahr 2019/20**

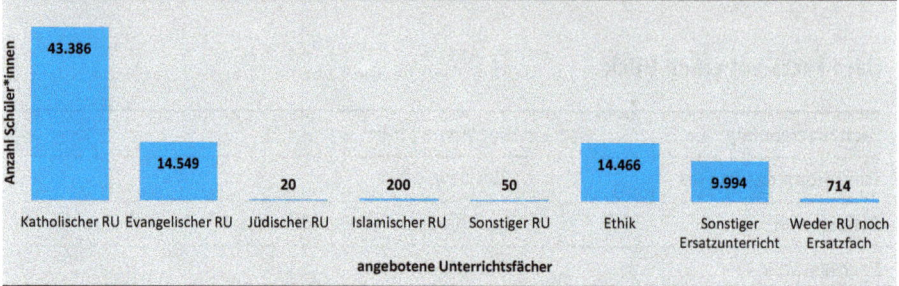

Quelle: KMK 2021. Auswertung Religionsunterricht Schuljahr 2019/20.

ℹ **Verteilung der Fächer im Schulsystem**

	Religionsunterricht (Pflichtfach)	Allgemeine Ethik (Ersatzpflichtfach)	Philosophie (Wahlfach)
Primarstufe	+	−	−
Sekundarstufe I	+	+	−
Sekundarstufe II grundlegendes Anforderungsniveau	+	+	+
Sekundarstufe II erhöhtes Anforderungsniveau	+	+	+

Geschichte und Entwicklung des aktuellen Modells

Das kleinste Flächenbundesland Deutschlands zeichnet sich durch eine mehrheitlich katholische Bevölkerung aus. Der prozentuale Anteil der Katholik*innen an der Wohnbevölkerung ist der bundesweit höchste: 2011 waren statistisch gesehen 63 Prozent der Saarländer*innen katholisch, 19 Prozent protestantisch, 3 Prozent muslimisch sowie 14 Prozent konfessionslos oder einer anderen Religion angehörend (Statista 2019). Gegenwärtig wird das Fach „Allgemeine Ethik" mit religionsbezogenen Inhalten als Ersatzpflichtfach zum konfessionellen Religionsunterricht ab Klassenstufe 9 und mit Einschränkungen ab Klassenstufe 5 unterrichtet.

Die Geschichte des Faches Allgemeine Ethik im Saarland geht auf die Entstehung der Saarländischen Verfassung im Jahr 1947 zurück. Bereits im Vorfeld positionierte sich die Christliche Volkspartei des Saarlands (CVP) gegen die von Frankreich favorisierte religionspolitisch laizistische Ausrichtung. Sie setzte sich für die Wiedereinführung von konfessionellen Bekenntnisschulen ein, wie es sie im Saarland bis 1935 gegeben hatte, und machte dies 1947 zum Wahlkampfthema (Wittenbrock 1990, 263). In den Verfassungsgremien war die Rekonfessionalisierung der Schulen und Lehrer*innenbildung eines der umkämpftesten Themen (Küppers 1987; Stöber 1952), welche die ab 1947 absolut regierende CVP letztlich durchsetzte: Die saarländische Verfassung vom 15. Dezember 1947 erklärte öffentliche Schulen zu Bekenntnisschulen (Art. 27). Der Religionsunterricht wurde eingerichtet als Angelegenheit der Kirchen und Religionsgemeinschaften sowie der staatlichen Aufsichtsbehörden. Die Abmeldung wurde entsprechend der Regelungen der Weimarer Reichsverfassung und der rheinland-pfälzischen Verfassung von 1947 geregelt: „Die Eltern können die Teilnahme ihrer Kinder am Religionsunterricht ablehnen. Den Kindern darf daraus kein Nachteil entstehen. Diese Ablehnung kann auch durch die Jugendlichen selbst geschehen, wenn sie das 18. Lebensjahr vollendet haben. Schüler, die nicht am Religionsunterricht teilnehmen, erhalten einen Unterricht in den allgemein anerkannten Wahrheiten des natürlichen Sittengesetzes." (SVerf 1947, Art. 29, 2)

Dies betraf im Jahr 1947 nur 130 Volksschüler*innen, die nicht am Religionsunterricht teilnahmen (Stöber 1952, 265). Trotzdem verloren die Bekenntnisschulen und auch der Religionsunterricht in den kommenden Jahrzehnten an Zulauf, bis schließlich 1969 – das Saarland war bereits der Bundesrepublik Deutschland angegliedert – die schulischen Belange im Schulordnungsgesetz neu und näher geregelt wurden. So wurde etwa der verfassungsgemäße „Unterricht im natürlichen Sittengesetz" gestrichen und erstmalig ein verpflichtendes Ersatzfach eingeführt (SVerf 1969). Im Rahmen der Regelungen für religiöse Minderheiten wurde festgelegt, dass abgemeldete Schüler*innen bei einer Mindestzahl von fünf Schüler*innen ab Klassenstufe 10 einen verpflichtenden Unterricht in Philosophie erhalten sollen (SchoG 1969, § 25).

Die neuerliche Schulreform 1972 unter Bildungsminister Werner Scherer (CDU), die 1974 in Kraft trat, fundierte schließlich das bis heute existierende Modell mit „Allgemeiner Ethik" als Ersatzpflichtfach ab Klassenstufe 9 (MKBSS 1972; SchoG 1974). Die Abmeldung vom Religionsunterricht erfolgte weiterhin durch die Eltern beziehungsweise die Schüler*innen ab Vollendung des 18. Lebensjahres (SchoG 1974, §§ 14–15). Die Einführung von Allgemeiner Ethik wurde damit begründet, dass „insbesondere in der 9. Klassenstufe der Hauptschule und in den Berufsschulen der vorgesehene Alternativunterricht in Philosophie die Schüler überfordern würde." (MKBSS 1972, 71). Die Begründung benennt auch die Zielvorstellungen des Ethikunterrichts: „Die Schüler sollen in diesem Unterricht zu moralischer Mündigkeit geführt und zum Erlernen werteinsichtigen Verhaltens und Handelns angehalten werden. Die inhaltliche Zielvorstellung des Unterrichtes in allgemeiner Ethik hat sich an den sittlichen Grundsätzen zu orientieren, wie sie in der Verfassung des Saarlandes und im Grundgesetz niedergelegt sind." (ebd.)

Im Jahr 2014 geriet das Thema aufgrund der steigenden Zahl an Abmeldungen vom Religionsunterricht erneut in den Fokus. Eine weitere Ausweitung wurde beschlossen, sodass nun Allgemeine Ethik ab Klassestufe 5 im Rahmen des Stundenbudgets der Schulen erteilt werden kann (MBKS 2014; Gesetz Nr. 1862). Bereits seit dem Schuljahr 2006/2007 wird am deutsch-luxemburgischen Schengen-Lyzeum in Perl Ethik als Ersatzpflichtfach ab der Klassenstufe 5 erteilt (LTS 2012b). Dabei folgt das Lyzeum einem am luxemburgischen und bayerischen Fach Ethik/Praktische Philosophie orientierten Lehrplan (Deutsch-Luxemburgisches Schengen-Lyzeum 2013, 4).

Neben den Regelungen zum Ersatzunterricht in Allgemeiner Ethik wurden außerdem in Übereinstimmung mit Art. 7.3 GG zusätzlich zu katholischem und evangelischem Religionsunterricht auch jüdischer, alevitischer und (im Rahmen eines Modellprojekts) islamischer Religionsunterricht eingeführt (Synagogengemeinde Saar 2019; Schröder 2006, 192; Griesser 2010; MBKS 2015a; 2019c). Zudem wird Philosophie weiterhin in der gymnasialen Oberstufe angeboten (MJS 2015).

Rahmenbedingungen

Die Verfassung des Saarlandes erklärt, dass an öffentliche Schulen „Schüler unabhängig von ihrer Religionszugehörigkeit bei gebührender Rücksichtnahme auf die Empfindungen andersdenkender Schüler auf Grundlage christlicher Bildungs- und Kulturwerte unterrichtet und erzogen" werden (SVerf 2016, Art. 27). Ferner regelt Artikel 29 den Religionsunterricht. Diese Gesetze werden durch die Paragrafen 10, 14 und 15 des Schulordnungsgesetzes des Saarlandes näher bestimmt. Sie kennzeichnen das Fach Allgemeine Ethik als Ersatzpflichtfach für die Schüler*innen, die an keinem Religionsunterricht teilnehmen und als Fach, das ab einer Teilnehmer*innenzahl von fünf Schüler*innen im Jahrgang eingerichtet wird (SchoG, 2019, § 15). Ausgenommen davon sind die Klassenstufen 5 bis 8; dort entscheiden die Schulen selbst im Rahmen ihres Stundenbudgets, ob Allgemeine Ethik angeboten wird (MJS 2015, § 1). Die Möglichkeit einer Abmeldung vom Ethikunterricht ist nicht vorgesehen. Die Abmeldung vom Religionsunterricht muss schriftlich erfolgen; eine Frist wird nicht festgelegt (SchoG, 2019, § 14). Die Oberstufenordnung sieht hierbei jedoch eine Einschränkung vor: Wird Religion als Leistungsfach gewählt, kommt eine Abmeldung während der Hauptphase (der letzten vier Halbjahre) einer Nichtzulassung zum Abitur gleich (Ministerium der Justiz Saarland 2018). Eine Begründung der Abmeldung ist nicht erforderlich (Mitglieder des Verfassungsgerichtshofs des Saarlandes 2009, 240).

Die Gruppe der Schüler*innen, die am Ethikunterricht teilnehmen, setzt sich zu einem großen Prozentsatz aus Schüler*innen ohne eingetragene Konfession zusammen.

Weitere Gruppen sind Muslime, Kopten, Orthodoxe und Evangelisch-Freikirchliche (Reick/Sunkel 2017, 6). Schüler*innen mit der eingetragenen Konfession römisch-katholisch oder evangelisch sind automatisch zum entsprechenden Religionsunterricht angemeldet. Schüler*innen mit einer anderen Religionszugehörigkeit müssen sich explizit zu einem anderen Religionsunterrichtsangebot anmelden und sind andernfalls automatisch dem Fach Ethik zugeteilt (MBKS 2019; Synagogengemeinde Saar 2019; LTS 2016b).

Aufgrund der Schulbudget-Regelung kann es in den Klassenstufen 5 bis 8 auch vorkommen, dass trotz der Mindestanzahl von fünf Schüler*innen kein Unterricht stattfindet oder etwa eine jahrgangsübergreifende AG eingerichtet wird. Diese Praxis scheint der rechtlichen Regelung vorgängig gewesen zu sein. Bereits 2012 konstatierte das Bildungsministerium, dass an einigen Schulen „ein Werteunterricht im Status von Arbeitsgemeinschaften" stattfand (LTS 2012b). Für das Schuljahr 2015/2016 galt, dass von insgesamt 97 erweiterten Realschulen, Gemeinschaftsschulen und Gymnasien an 49 Schulen Ethikunterricht in der Klasse 5 angeboten wurde, davon an drei Schulen in Form einer AG (3 Prozent) (LTS 2016d; Statistisches Amt Saarland 2017). Dabei stieg zuletzt die Anzahl der Schüler*innen im Ethikunterricht der Eingangsklassen (Klassenstufe 5). In Gemeinschaftsschulen konnte im Schuljahr 2016/17 eine Steigerung um 30 Prozent festgestellt werden, in Gymnasien um 55 Prozent (Saarbrücker Zeitung 2016a).

Ist ein Unterricht im Fach Allgemeine Ethik eingerichtet, ist dieses *ordentliches Lehrfach*. Das heißt, es gibt Noten, die versetzungsrelevant sind; das Fach ist keiner Fächergruppe zugeordnet (MJS 2015). Wird an einer Schule weder eine AG noch ein Ethikunterricht eingerichtet, greifen verschiedene Regelungen für Schüler*innen, die vom Religionsunterricht abgemeldet sind. Diese reichen von der Mitbetreuung in anderen Klassen bis zu früherem Schulschluss (LTS 2015b). Dies dürfte insbesondere in der vierjährigen Grundschule und an den Förderschulen der Fall sein; dort sieht die Stundentafel keinen Alternativunterricht zum Ethikunterricht vor (MBKS 2005).

Die Stundenverteilung des Faches Allgemeine Ethik an Gymnasien, Gemeinschaftsschulen und Berufsschulen orientiert sich weitgehend am vorgesehenen Stundenkontingent des Religionsunterrichts. In Gymnasien und Gemeinschaftsschulen ist eine zweistündige Belegung von entweder Religion oder Allgemeiner Ethik vorgesehen (MJS 2015). In der gymnasialen Oberstufe kann Ethik als Grundkurs mit zwei Wochenstunden sowie als Leistungskurs mit fünf Wochenstunden gewählt werden. Bei ausreichender Anzahl angemeldeter Schüler*innen und vorhandenen Kursen ist die Absolvierung einer schriftlichen oder mündlichen Abiturprüfung möglich (MJS 2018). Die Stundenzahl an beruflichen Schulen variiert je nach Schwerpunkt zwischen 40 und 180 Schulstunden für Religion oder Allgemeine Ethik (LP BS).

Ausbildung der Lehrkräfte

Die Ausweitung des Ethikunterrichts in den 1970er Jahren hatte in der Lehramtsausbildung zunächst keine Folgen. An der Universität des Saarlandes wurde erst im Jahr 2008 ein entsprechender Lehramtsstudiengang eingeführt (Saarbrücker Zeitung 2016). Dieses Defizit führte zu einer anhaltend hohen fachfremden Unterrichtung des Faches Ethik. In den 1990ern waren es überwiegend Religionslehrkräfte, die Ethikunterricht im Saarland erteilten (Meyer 1993, 53) – bis 2008 weiteten sich die primären Lehrbefugnisse zu Religion, Philosophie, Geschichte und Deutsch aus (KMK 2008, 60). Genaue Zahlen seit der Einführung des Studiengangs Lehramt Philosophie/Ethik im Jahr 2008 liegen nicht vor. Nach Angaben der Regierung des Saarlandes aus dem Jahr 2016 wird Ethik an Gemeinschaftsschulen weiterhin „von fachaffinen Lehrkräften unterrichtet [...], die beispielsweise eine Lehrbefähigung in Religion oder Gesellschaftswissenschaften haben" (LTS 2016a). Da sich die Zahlen derer, die sich in den Studiengang Philosophie/Ethik Lehramt an der Universität des Saarlandes einschreiben, vom Wintersemester 2010/11 zum Wintersemester 2018/19 fast verdoppelt haben, ist davon auszugehen, dass die Praxis des fachfremden Unterrichtens des Faches Allgemeine Ethik in Zukunft zurückgehen wird (Universität des Saarlandes 2010; 2018b).

Der Saarbrücker Studiengang Philosophie/Ethik befähigt für das Lehramt in den Fächern Philosophie und Allgemeine Ethik in der Sekundarstufe I und II sowie für das Lehramt an beruflichen Schulen (Universität des Saarlandes 2019a). Das Studium ist weitgehend mit dem älteren Studiengang Lehramt Philosophie identisch. Lediglich in den Leitbildern wurde „philosophisch" durch „philosophisch (und insbesondere ethisch)" ersetzt. Die Module sind bis auf Ergänzungen durch das Label „Ethik" oder „ethisch" gleich geblieben. Sie umfassen ausschließlich Veranstaltungen der Fachrichtung Philosophie (Universität des Saarlandes 2012, 1; 2007, 1).

Religionsbezogene Themen, wie sie auch der Lehrplan Allgemeine Ethik vorsieht, sind bis auf mögliche Berührungspunkte mit der Religionsphilosophie in Wahlmodulen nicht Teil des Studiums (Universität des Saarlandes 2012). Zwar wird als fachliche Kompetenz künftiger Philosophie- und Ethiklehrer*innen festgehalten, dass diese „die Relevanz anderer Fachwissenschaften [...] für das eigene Fach und seine Fragen- und Problemstellungen erkennen und nutzbar machen" können (Universität des Saarlandes 2018a, 448), ein Studienanteil außerhalb der Philosophie ist allerdings nicht integriert. An der Universität des Saarlandes gibt es kein religionswissenschaftliches Institut, sondern lediglich einen Schwerpunkt Religionswissenschaft in der Katholischen Theologie (Universität des Saarlandes 2019b). Die Beschränkung der Ausbildung angehender Ethiklehrkräfte auf Philosophie setzt sich in den Ausbildungsmodulen während des Vorbereitungsdienstes fort (Staatliches Studienseminar für die Sekundarstufen I und II an Gymnasien und Gemeinschaftsschulen 2013).

Anders sieht es im Fortbildungsangebot des saarländischen Landesinstituts für Pädagogik und Medien für Ethiklehrkräfte und fachfremd Unterrichtende aus. Während im Programm von 2016/2017 noch ausschließlich philosophische Fachthemen angeboten wurden (Landesinstitut für Pädagogik und Medien 2017), liegt der Schwerpunkt 2019/20 auf Fortbildungen zum Thema Islam. Hintergründe über die Qualifikation der Fortbildungsleiter*innen sind allerdings nicht ersichtlich (Landesinstitut für Pädagogik und Medien 2019).

Curriculare Vorgaben

Im Zuge der Ausweitung des Ethikunterrichts wurde eine Lehrplankommission berufen, die vom Schuljahr 2015/16 beginnend stufenweise neue Lehrpläne für die Gymnasien und Gemeinschaftsschulen entwickelte (LTS 2015b, 3074). Ein Einblick in die Zusammensetzung dieser Kommission ist leider nicht möglich; sicher sagen lässt sich nur, dass der Fachverband Philosophie im Saarland an der Entwicklung beteiligt war (Öhrlein 2017, 25).

Der fachspezifische Bildungsbeitrag wird als Fähigkeit, „sich selbst und sein Verhältnis zu den Mitmenschen und zur Welt zu reflektieren und sein Handeln vor diesem Hintergrund selbst zu bestimmen", festgelegt (LP GY E, 6). Die Relevanz dessen wird vor dem Hintergrund einer „pluralistische[n] und vernetzte[n] Welt", „Zukunftsoffenheit" und der „freie[n] Verfügbarkeit von Weltwissen" begründet (ebd.). Die Charta der Vereinten Nationen und das Grundgesetz werden als explizite Bezugspunkte genannt. Die Disziplin Philosophie, genauer philosophische Ethik und praktische Philosophie, definiert die fachwissenschaftlichen Grundlagen (ebd.). Im Lehrplan von 1993 war dies noch anders. Dort heißt es zwar auch, dass die Philosophie vorrangige Bezugswissenschaft sei. Darüber hinaus werden aber Human- und Kulturwissenschaften sowie Theologie *und Religionswissenschaft* explizit genannt (LPAS 1993, 4 [Hervorhebung d. Vf.]). Die Begriffe „Religionskunde" oder „religionskundlich" werden in den aktuellen Curricula nicht verwendet.

Die Lehrinhalte der Curricula des Gymnasiums und der Gemeinschaftsschulen sind kompetenzorientiert aufgebaut. Den Dimensionen „Sein", „Sollen" und „Handeln" werden Kompetenzen und sogenannte Perspektiven zugewiesen und in diesen wiederum nach Alters- und Alltagsrelevanz für jede Klassenstufe spezifische Themen benannt (LP GS E 2018a, 8; 2018b, 9). Wie im exemplarisch ausgewählten Lehrplan der Klassenstufe 9 zu sehen ist, werden religionsbezogene Themen ausschließlich innerhalb der Perspektive „Welt und Transzendenz" thematisiert (siehe Tab. 1). Folgende weitere Themen sind in diesem Rahmen von Klassenstufe 5 bis 8 vorgesehen (LP GS E; LP GY E):
- Staunen – Mythen – vom Anfang der Welt (Kl. 5 + 6)
- Feste und Riten im Christentum, Islam und Judentum (Kl. 5 + 6)
- Wert- und Moralvorstellungen im Christentum, Islam und Judentum (Kl. 7 + 8).

Tab. 1: Dimensionen-Perspektiven-Themen der Klassenstufe 9 des Gymnasiums (LP GY E, 90 [Hervorhebung d.Vf., eigene Zusammenstellung]).

Dimension	Perspektive		Themen
Sein (44 Stunden)	Ich	Mensch sein	Motive menschlichen Handelns
	Ich und die anderen	In Gemeinschaft leben	Kulturelle Vielfalt
			Medien – andere Welten
			Ich im Staat: Bürger sein
			Gewalt und Gewaltverzicht
	Die Welt	Kultur	Wissenschaft und Technik Bedingungen menschlichen Handelns und Gestaltungsspielräume
		Natur	Ethik des Natur- und Umweltschutzes
		Welt und Transzendenz	Religion und Gesellschaft Religionen der Welt
Sollen (16 Stunden)	Moralisches Handeln – Werte und Normen		Gewissen als Ort des moralischen Urteilens
			Der praktische Syllogismus
	Vorstellungen des guten Lebens		Selbstverwirklichung und Glück

Im Lehrplan der beruflichen Schulen findet sich zudem der Themenblock „Weltreligionen" (LP BS) und für den Leistungskurs Allgemeine Ethik der gymnasialen Oberstufe ist das Themenfeld „Sinn und Transzendenz" vorgesehen (LP GY LK E). Im Lehrplan des Grundkurses Allgemeine Ethik der gymnasialen Oberstufe wird Religion überhaupt nicht thematisiert (LP GY GK E).

Aktuelle Situation und Diskussionen

Die Ausweitung des Ethikunterrichts auf die Klassenstufen 5 bis 8 wurde in der Sitzung des Landtags am 22. April 2015 grundsätzlich von allen Parteien begrüßt, erhielt jedoch nur die Stimmen der Fraktionen der SPD, CDU und Piraten; die Grünen und Linken enthielten sich (LTS 2015b, 3065–3075). Ulrich Commerçon, zu jener Zeit Minister für Bildung und Kultur in der von CDU und SPD geführten Regierung, begründete die Ausgestaltung der Ausweitung im Rahmen des Stundenbudgets der einzelnen Schulen mit regionalen Unterschieden; insbesondere im städtischen Raum seien die Abmeldungen hoch. Diese Ausgestaltung stieß bei der Opposition auf starke Kritik. Die Grünen sprachen von einer „Billiglösung" und forderten gemeinsam mit den Piraten und der Linken zusätzliche Lehrkraftstellen (LTS 2015b). Ein von der

Landtagsfraktion der Piratenpartei zusätzlich eingebrachter Änderungsantrag bezüglich der Herabsetzung des Wahlrechts zwischen Religionsunterricht oder Ethikunterricht vom vollendeten 18. auf das vollendete 14. Lebensjahr, wurde von den Grünen und Linken unterstützt, letztlich aber durch die Stimmen der CDU und SPD abgelehnt.

Die Bekanntgabe der Ausweitung des Ethikunterrichts sowie die Einführung des islamischen Religionsunterrichts an Grundschulen wurde von Minister Commerçon in direkten Zusammenhang mit den Terroranschlägen in Paris im Januar 2015 gerückt, welche ihm zufolge die Bedeutung der „Rolle einer werteorientierten Erziehung und Bildung in der Schule" verdeutlichen (MBKS 2015a). Weiterhin wurde im Rahmen der Landtagsdebatte vermehrt nach „weltanschauliche[m]" Unterricht „in einer komplexer werdenden Welt" gerufen (ebd.). Minister Commerçon, unterstützt von der SPD-Landtagsfraktion, zählte dazu auch „religionskundliche Inhalte". Eine Abgeordnete der Landtagsfraktion der Linken betonte die Bedeutung des Diskutierens ethischer Werte und Normen unabhängig von Religionen oder Lebensvorstellungen und ein Grünen-Abgeordneter die Erziehung zu verantwortungs- und wertebewusstem Handeln unter Berücksichtigung der Pluralität von Bekenntnissen und Weltanschauungen. Die Landtagsfraktion der Piraten sah moralisches Handeln und Wertesysteme als zentrale Fachinhalte und betonte, dass Inhalte religiöser Bekenntnisse an Schulen nicht gewünscht seien. „[W]as es aber sehr wohl geben kann und was auch sinnvoll ist, ist das Unterrichten der Religionshistorie der verschiedenen Weltanschauungen [...] wo es Gemeinsamkeiten, wo es Unterschiede gibt", so die Abgeordnete der Piraten weiter. Für diesen religionskundlichen Teil der Lehrpläne solle nach Minister Commerçon „der Kontakt mit den Kirchen und gegebenenfalls auch mit anderen Religionsgemeinschaften gesucht werden" (LTS 2015b, 3066).

Darüber hinaus wurde im Rahmen der Landtagssitzung seitens des Bildungsministers erwähnt, dass die Kirchen sowie die Landesfachkonferenz Katholische Religion und Evangelische Religion die Ausweitung begrüßen würden (ebd.). Auch der Saarländische Philologenverband, der Verband Deutscher Realschullehrer im Saarland, der Fachverband Philosophie im Saarland und die Gewerkschaft Erziehung und Wissenschaft begrüßten die Ausweitung des Ethikunterrichts, forderten aber, dass den Schulen mehr Stunden zur Verfügung gestellt werden müssten (Hahn 2015; Kirch 2016; Öhrlein 2017, 26; Saarländischer Philologenverband e. V. 2015).

Die Positionen der Parteien, wie sie oben für das Jahr 2015 skizziert wurden, scheinen sich nicht geändert zu haben. Der Abgeordnete Klaus Kessler der Landtagsfraktion Bündnis 90/Die Grünen stellte im Nachgang an die Ausweitung des Ethikunterrichts im Jahr 2016 zwei Anfragen zur Situation dieses Faches an saarländischen Schulen an die Regierung. Dadurch blieb die Forderung, die Ausweitung des Ethikunterrichts nicht über das Stundenbudget der Schulen zu regeln, öffentlich sichtbar (LTS 2016a, 2016c). Die Piratenpartei machte zuletzt Schlagzeilen durch die neuerliche Forderung nach Abschaffung des Religionsunterrichts. Die Einführung islamischen Religionsunterrichts gehe in die falsche Richtung. Die Piraten stünden für die Einführung eines „überkonfessionellen Ethik- bzw. religionswissenschaftlichen Unterrichts" (Piratenpartei Saarland 2019). Auch die saarländische Linken-Politikerin Claudia Kohde-Kilsch äußerte Bedenken an der Zeitgemäßheit des konfessionellen Modells. Ihr Vorschlag sieht einen „vergleichenden Religionsunterricht" vor, „in dem unterschiedliche Religionen und Weltanschauungen gegenübergestellt würden; einzelne Unterrichtseinheiten könnten dabei von Lehrern unterschiedlicher Weltanschauungen [...] durchgeführt werden." (Die Linke, Landesverband Saar 2015). Ein neuer Akteur im Saarland ist der Humanistische Verband Rheinland-Pfalz/Saarland, der sich für einen gemeinsamen Werteunterricht an Grundschulen im Saarland ausspricht (Humanistische Verband Rheinland-Pfalz/Saarland 2019).

Religionswissenschaftliche Einordnung

Wo einst in der Geschichte des Saarlandes Bekenntnisschulen wieder eingeführt wurden und die Abmeldung vom Religionsunterricht einen politischen Kompromiss darstellte, wurde mit der Einführung von Ersatzpflichtfächern – zunächst Philosophie, dann Allgemeine Ethik – ein am Nachbarn Rheinland-Pfalz und der Bundesrepublik orientierter Schritt vorgenommen. Die Begründungslogik, die sich seit Beginn erkennen lässt, ist ein behauptetes Defizit an „sittlicher Bildung" der Schüler*innen, die nicht am Religionsunterricht teilnehmen. Durchgehend im Zentrum steht eine Werteerziehung und weltanschauliche Bildung. Diese gilt einerseits als Notwendigkeit, andererseits als Recht der Schüler*innen, die an keinem Religionsunterricht teilnehmen. Wo 1972 noch auf verfassungsmäßig niedergelegte „sittliche Grundsätze" verwiesen wurde, überwog 2015 eine auf wachsende Pluralität, internationalen Terror und eine „komplexe Welt" bezogene Argumentation (MKBSS 1972; MBKS 2015b). Alle 2015 im Landtag vertretenen Parteien bestanden auf die Verankerung religionskundlicher oder religionsbezogener Anteile im Ethikunterricht. Was deren Ausformung betrifft, äußerten die Parteien unterschiedliche Vorstellungen, von einer Kooperation mit Kirchen und Religionsgemeinschaften über Religionsgeschichte und essentialisierende Inhalte bis hin zu vergleichenden Betrachtungen.

Religionsbezogene Themen haben in den Lehrplänen innerhalb der deskriptiven Dimension „Sein" Einzug gefunden. Der Lehrplan sieht für diesen Bereich vor, dass die Schüler*innen das Kennengelernte auf die „Relevanz für ihre eigene Lebenswirklichkeit" prüfen. In Klasse 7 und 8 sollen die Schüler*innen in Bezug auf Religionen „andere Perspektiven einnehmen – sich in die Befindlichkeit eines anderen hineinversetzen" (LP GY E, 9–10). Dies öffnet die Tür für einen Unterricht, der über Religionskunde, wie sie hier verstanden wird, hinausgeht und zu einer Identifikation und Perspektivübernahme in Bezug auf Religion einlädt (zur Kritik der Perspektivübernahme siehe Frank 2013, 66–73). So besteht die Gefahr, dass aus einem religionskundlichen ein religiöser Unterricht wird, woraus ein rechtliches Problem im Rahmen eines obligatorischen Faches resultiert. Die Urteilskompetenz dagegen, deren religionskundliche Bedeutung Frank (2016) gegenüber Fremddarstellungen von Religion hervorhebt, bezieht sich in diesem Lehrplan-Modell allerdings gerade nicht auf religionsbezogene Themen. Ein religionskundlicher Bildungsbeitrag zu den genannten übergeordneten Zielen im Rahmen des im Lehrplan beschriebenen Kontextes einer „pluralistischen und vernetzten Welt" ließe sich zudem auch als Förderung des Zusammenlebens von Menschen unterschiedlicher religiöser und weltanschaulicher Herkunft – also in der Dimension „Sollen" – legitimieren und religionskundlich rahmen (Frank 2016, 23). Neben der Analyse der Makrostruktur ergibt eine Analyse der religionsbezogenen Themen der saarländischen Lehrpläne folgende drei Beobachtungen:

Vermischung von lebensweltlicher und kulturkundlicher Rahmung
Eine genaue Betrachtung der Themen zeigt eine Vermischung von mindestens zwei Rahmungen des Religionsunterrichts. Auf Grundlage der Analyse von empirisch-qualitativem Unterrichtsmaterial hat Katharina Frank (2013) vier mögliche Formen des Religionsunterrichts herausgearbeitet; diese können in Kommunikationsabsichten übersetzt werden. Auch wenn es sich bei den vorliegenden Lehrplänen nicht um die empirische Umsetzung der Themen im Unterricht handelt und die folgenden Interpretationen deshalb mit einem Vorbehalt erfolgen, verweisen dort vorgefundene Formulierungen bereits auf wahrscheinliche Rahmungen.

Eine lebensweltliche Rahmung setzt persönliche Relevanz der Themen bei den Schüler*innen voraus oder hat das Ziel, diese zu konstruieren. Im saarländischen Lehrplan spiegelt sich diese in Denkanstößen und Hinweisen wider, die nach der Bedeutung eines religiösen Sachverhaltes fragen. Beispiele sind „Welche Bedeutung haben religiöse Feste und Riten in *unserem* Leben?" (LP GY E, 43 [Hervorhebung d. Vf.]) oder „Welche Bedeutung haben für *mich* religiöse Vorstellungen?" (LP GY E, 114 [Hervorhebung d. Vf.]).

Weitaus häufiger finden sich kulturkundliche Rahmungen, indem durch theoretische Konzepte eine beobachtend analytische Distanz generiert wird, etwa beim „Vergleichen religiöser und weltlicher Feste nach Bedeutungsursprung und Zielgruppe" (MBKS 2018b, 42). Dies kann als religionskundliches Unterrichten verstanden werden. Durch die geforderte aktive Partizipation im Rahmen der lebensweltlichen Rahmung, beispielsweise als Aufforderung, einem religionsbezogenen Thema eine persönliche Bedeutung beizumessen, wird religiöses Handeln induziert, was einem religiösen Unterricht entspricht. Durch die im Lehrplan enthaltenen Hinweise ist die Tür zu religiösem Unterricht geöffnet und es kann zu einer problematischen Vermischung von religiösem und religionskundlichem Unterricht in einem dezidiert nicht religiösen Fach kommen.

Religionsphilosophie statt Religionskunde
Ein weiterer Punkt, der bei der Analyse auffällt, ist eine mit den Klassenstufen zunehmende Philosophisierung der religionsbezogenen Themen. Insbesondere im Themenbereich „Sinn und Transzendenz" der Oberstufe werden zunehmend religionsphilosophische Vergleichskategorien auf Religionssysteme angewandt. Die Nebeneinanderstellung von Religion und Metaphysik führt zwar zu einer religionskundlich zu begrüßenden Distanz gegenüber religiösen Selbstdarstellungen, jedoch auch dazu, dass Religion auf europäisch-christlich geprägte religionsphilosophische Konzepte begrenzt wird. Dies zeigt sich am deutlichsten in der Platzierung religionsbezogener Themen im Lernbereich „Welt und Transzendenz" und mehr noch in der vorgeschlagenen Religionsdefinition als „Weltanschauung, die in einem Glauben an transzendente Wirkmächte gründet" (LP GY LK E, 39).

Schließlich führt diese religionsphilosophische Perspektive in Verbindung mit der Vermittlung religionskundlicher Inhalte zu problematischen Hinweisen im Lehrplan. Dies ist der Fall, wenn philosophische Konzepte auf Selbstdarstellungen von Religion treffen und die Schüler*innen zur Einnahme einer Haltung aufgefordert werden sollen. Die im deskriptiven Teil des Lehrplans nicht vorgesehene Urteilskompetenz wird im Rahmen religionsbezogener Themen ohne Unterscheidung von Selbst- und Fremddarstellungen von Religion adressiert. So finden sich Hinweise wie „Diskutieren der Sinnhaftigkeit institutionell organisierter Gläubigkeit und entsprechender Verhaltensvorschriften (z. B. Essensvorschriften, Keuschheitsgebote etc.)" (LP GY E, 115). Die Aufforderung zur Beurteilung religiöser Selbstdarstellungen widerspricht dem Ziel der „Förderung eines toleranten und respektvollen Umgangs miteinander" (LP GY E, 74) und begrenzt diesen auf gesellschaftlich akzeptierte Praktiken.

Festhalten am Konzept der Weltreligionen statt Mut zur Diskursebene
Die religionsbezogenen Themen erweisen sich als wenig empirisch und diskursiv, sondern der religiösen Innensicht folgend. Mit Ausnahme des Themenblocks „Religion und Gesellschaft" sehen die Inhalte primär die Vermittlung von Wissen aus einer Binnensicht oder mit Bezug auf (religions-)philosophische Konzepte vor. Die Außensicht auf Religion auf einer Diskursebene, beispielsweise Religion in Politik, Medien und Schule, wird nur unter „Religion und Gesellschaft" und rudimentär im Umgang mit Stereotypen und Halbwissen unter „Religionen der Welt" (beides Klasse 9) aufgegriffen. Zudem lässt sich ein Festhalten am Konzept der Weltreligionen feststellen. Dies wird zwar ‚religionskundlich aufgebrochen', indem systematisch-vergleichende Herangehensweisen vorgesehen sind, eine Ablösung davon findet allerdings nicht statt. Am Ende stehen trotz guter Ansätze die sogenannten fünf Weltreligionen – von Weltanschauungen oder anderen Religionen ist aber keine Rede mehr; der Unterricht von Religion bleibt dem Weltreligionen-Paradigma verhaftet (LP BS, 10–11).

Insgesamt lässt sich also festhalten, dass der Lehrplan Allgemeine Ethik zwar an vielen Stellen Elemente eines religionskundlichen Unterrichts aufweist, allerdings an anderen Stellen diese Kriterien nicht erfüllt. Dies zeigt sich explizit an einer lebensweltlichen Rahmungen religiöser Inhalte, dem Festhalten am Konzept der Weltreligionen und essentialisierenden Darstellungen sowie fehlender Sensibilität im Umgang mit Fremd- und Selbstdarstellungen von Religion. Dabei erweist sich die philosophische Fachperspektive mit ihrer Vernachlässigung der empirischen Perspektive letztlich ebenfalls als wenig geeignet, einem religionskundlichen Anspruch gerecht zu werden.

Weiterhin verweist die ambivalente Beurteilung des Lehrplans auf die Rolle der Lehrkraft, die in der Praxis die Sensibilität mitbringen muss, um die Grenzen zwischen einem religiösen und religionskundlichen Unterricht klar abzustecken. Seit Beginn bestand eine große Diskrepanz zwischen der Einführung des Faches und der Bereitstellung ausgebildeter Lehrkräfte. Diesem Problem wurde mittlerweile zwar durch Anpassung des Lehramtsangebotes entgegengewirkt, trotzdem bildet das Studium nicht die im Lehrplan vorgesehenen religionsbezogenen Inhalte ab. Der Lehrplan lässt vieles uneindeutig und eröffnet dadurch zahlreiche Möglichkeiten die vorgesehenen Themenfelder religionskundlich didaktisch aber auch religiös didaktisch zu bearbeiten; letzteres kann auch von der Lehrkraft unbewusst hervorgerufen geschehen, wie Frank (2013, 63) im Rahmen einer empirischen Untersuchung zeigen konnte.

Bibliografie

Brosig, Rudolph. 2009. *Verfassung und Verfassungsgerichtsbarkeit im Saarland*. Saarbrücken: Selbstverlag.
Bündnis 90/Die Grünen, Fraktion im Landtag des Saarlandes. 2016. *Bildungsministerium verschleiert Daten zur Ausweitung des Ethikunterrichts*. Saarbrücken.
Deutsch-Luxemburgisches Schengen-Lyzeum. 2013. *Arbeitsplan Ethik*.
Die Linke, Landesverband Saar. 2015. *Modellversuch für Islamunterricht an Saarbrücker Schulen ist richtiger Schritt*. Saarbrücken.
Frank, Katharina. 2013. „Wie implementiert man einen religionskundlichen Unterricht? Analysen und Entwicklungen." In *Religionspädagogik zwischen religionswissenschaftlichen Ansprüchen und pädagogischen Erwartungen*, hg. v. Institut für Religionswissenschaft und Religionspädagogik, 61–103. Bremen: Universität Bremen.
Frank, Katharina. 2016. „Skizze eines religionswissenschaftlichen Kompetenzmodells für die Religionskunde." *ZFRK/RDSR Zeitschrift für Religionskunde* 3:19–33.
Griesser, Patrick. 2010. „Alevitischer Unterricht genehmigt." *Saarbrücker Zeitung*. 05.08.2010.
Hahn, Marcus. 2015. *Blick auf das Wesentliche. Kommentar Gymnasium Saar*. Saarländischer Philologenverband e. V.
Humanistischer Verband Rheinland-Pfalz/Saarland. 2019. *Gemeinsamer Werteunterricht in der Grundschule gefordert*.
Kirch, Ute. 2016. „Kein Ethik wegen Personalmangel?" *Saarbrücker Zeitung*. 08.02.2016.

KMK (= Sekretariat der Ständigen Konferenz der Kultusminister der Länder in der Bundesrepublik Deutschland). 2008. *Zur Situation des Ethikunterrichts in der BRD.*
Küppers, Heinrich. 1987. „Bildungspolitik in Rheinland-Pfalz und im Saarland nach 1945 im Vergleich." In *Frankreichs Kulturpolitik in Deutschland, 1945–1950. Ein Tübinger Symposium, 19. und 20. September 1985*, hg. v. Knipping, Franz und Jacques Le Rider, 161–178. Tübingen: Attempto-Verlag.
Landesinstitut für Pädagogik und Medien. 2017. *Fortbildungsprogramm.* Saarbrücken.
Landesinstitut für Pädagogik und Medien. 2019. *Fortbildungsprogramm.* Saarbrücken.
[LP BS] MBKS. 2017. *Lehrplan Ethik Berufsschule Berufsvorbereitungsjahr Berufsgrundbildungsjahr Berufsgrundschule/Hauswirtschaft-Sozialpflege Gewerbeschule Handelsschule Sozialpflegeschule Berufsfachschule für Kinderpflege Berufsfachschule für Haushaltführung und ambulante Betreuung Fachschule für Sozialpädagogik Fachoberschule.* Saarbrücken.
[LP GS E] MBKS. 2018a. *Lehrplan Allgemeine Ethik Gemeinschaftsschule – Erprobungsphase.* Saarbrücken.
[LP GY E] MBKS. 2018b. *Lehrplan Allgemeine Ethik Gymnasium – Erprobungsphase.* Saarbrücken.
[LP GY GK E] MBKS. 2019a. *Lehrplan Allgemeine Ethik Gymnasiale Oberstufe Grundkurs Hauptphase – Erprobungsphase.* Saarbrücken.
[LP GYLK E] MBKS. 2019b. *Lehrplan Allgemeine Ethik Gymnasiale Oberstufe Leistungskurs Hauptphase – Erprobungsphase.* Saarbrücken.
[LPAS 1993] MKBSS. 1993. *Lehrplan Allgemeine Ethik, Allgemeinbildende Schulen Klassenstufen 9+10.* Saarbrücken.
LTS (=Landtag des Saarlandes). 2015. *36. Sitzung am 22. April 2015. Pl. 15/36.* Saarbrücken.
LTS. 2012a. *Anfrage des Abgeordneten Hubert Ulrich (B90/Die Grünen) btr.: Situation des Ethikunterrichts an saarländischen Schulen. Drucksache 15/195.* 17.10.2012.
LTS. 2012b. *Antwort zu der Anfrage des Abgeordneten Hubert Ulrich (B90/Die Grünen) btr.: Situation des Ethikunterrichts an saarländischen Schulen. Drucksache 15/245 (15/195).* 20.11.2012.
LTS. 2015a. *Gesetzesentwurf der Regierung des Saarlandes betr.: Gesetz zur Änderung des Schulordnungsgesetzes und weiterer Gesetze im Geschäftsbereich des Ministeriums für Bildung und Kultur. Drucksache 15/1331.* 15.04.2015.
LTS. 2015b. *Antrag der Piraten-Landtagsfraktion betr.: Wahlfreiheit der Schülerinnen und Schüler bezüglich der weltanschaulichen oder religiösen Erziehung. Drucksache 15/1347.* 20.04.2015.
LTS. 2016a. *Anfrage des Abgeordneten Klaus Kessler (B90/Grüne) btr.: Ethikunterricht. Drucksache 15/1639.* 05.01.2016.
LTS. 2016b. *Antwort zu der Anfrage des Abgeordneten Klaus Kessler (B90/Grüne) btr.: Ethikunterricht. Drucksache 15/1708 (15/1639).* 26.02.2015.
LTS. 2016c. *Anfrage des Abgeordneten Klaus Kessler (B90/Die Grünen) btr.: Nachfrage zur Antwort der Landesregierung auf die Anfrage zum Ethikunterricht [Drucksache 15/1708 (15/1639)]. Drucksache 15/1716.* 01.03.2016.
LTS. 2016d. *Antwort zu der Anfrage des Abgeordneten Klaus Kessler (B90/Die Grünen) btr.: Nachfrage zur Antwort der Landesregierung auf die Anfrage zum Ethikunterricht [Drucksache 15/1708 (15/1639)]. Drucksache 15/1841 (15/1716).* 09.06.2016.
Maillasson, Hélène. 2016. „Luxemburg macht Schluss mit Religionsunterricht". *Saarbrücker Zeitung.* 15.09.2016.
Meyer, Martin. 1993. *Ethikunterricht in Deutschland – die Bundesländer im Vergleich.* Koblenz. https://www.uni-koblenz-landau.de/de/koblenz/fb2/philosophie/mitglieder/lehrende/meyer/der-ethikunterricht-in-deutschland.pdf [letzter Zugriff: 01.04.2022]
MJS (=Ministerium der Justiz Saarland). 2015. *Verordnung – Schulordnung – über die Stundentafel des Gymnasiums (Klassenstufen 5 bis 10) (Amtsbl. I S. 506). 223-2-90a.* 26. 03.2010, zuletzt geändert durch die Verordnung vom 21.07.2015.

MJS. 2018. *Verordnung – Schul- und Prüfungsordnung – über die gymnasiale Oberstufe und die Abiturprüfung im Saarland. GOS-VO.* 02.07.2007, zuletzt geändert durch die Verordnung vom 17.04.2018.
MBKS (=Ministerium für Bildung und Kultur Saarland). O. J. *Stundentafel Förderschule.* Saarbrücken.
MBKS. O. J. *Stundentafel Gemeinschaftsschule.* Saarbrücken.
MBKS. 2005. *Verordnung – Schulordnung – Über die Grundschule der Zukunft.* Saarbrücken.
MBKS. 2014. *Bildungsminister Commerçon für Ausweitung des Ethik-Unterrichts.* Saarbrücken.
MBKS. 2015a. *Rheinische Landessynode: Bildungsminister Ulrich Commerçon will Ethikunterricht ausweiten und Islamunterricht anbieten.* Saarbrücken.
MBKS. 2015b. *Frühe Werteerziehung an Schulen.* Saarbrücken.
MBKS. 2019c. *Modellversuch Islamischer Religionsunterricht wird um weitere vier Jahre verlängert.* Saarbrücken.
MKBSS (=Ministerium für Kultus, Bildung und Sport Saarland). 1972. *Schulreform an der Saar. Gesetzentwürfe.* Saarbrücken.
Mitglieder des Verfassungsgerichtshofs des Saarlandes. 2009. *Verfassung des Saarlandes – Kommentar.* Saarbrücken: Universitätsverlag.
Öhrlein, Stephan. 2017. „Landesverband Saarland." *Fachverband Philosophie* 25–26.
Piratenpartei Saarland. 2019. *PIRATEN: Neue konfessionelle Religionsunterrichte schaffen mehr Probleme als Lösungen.*
Reick, Robert und Torsten Sunkel. 2017. „Mit Argumenten gegen das Postfaktische. Allgemeine Ethik an Gemeinschaftsschulen. Interview mit Torsten Sunkel." *Erziehung und Wissenschaft im Saarland des Landesverbandes der GEW im DGB* 63:6–7.
Saarbrücker Zeitung. 2016a. „Deutlich gestiegene Nachfrage nach Ethikunterricht". *Saarbrücker Zeitung.* 10.02.2016.
Saarbrücker Zeitung. 2016b. „Ethik in der Lehrerausbildung". *Saarbrücker Zeitung.* 16. Februar 2016.
Saarländischer Philologenverband e. V. 2018. *Ethikunterricht ist eine sinnvolle Investition. Pressemitteilung vom 28. Mai 2015.*
Schröder, Bernd. 2006. „Religion unterrichten im Saarland." *Theo-Web. Zeitschrift für Religionspädagogik* 5 (2):188–198.
SchoG. 1969. *Schulordnungsgesetz.* 27. November 1969.
SchoG. 1974. *Schulordnungsgesetz.* 27. März 1974.
SchoG. 2019. *Schulordnungsgesetz.* 28. August 2019.
Staatliches Studienseminar für die Sekundarstufen I und II an Gymnasien und Gemeinschaftsschulen. 2013. *Ausbildungsmodule für die zweite Phase der Lehrerbildung im Saarland – Lehramt für die Sekundarstufe I und für die Sekundarstufe II (Gymnasien und Gemeinschaftsschulen).* 01.02.2013.
Statista. 2019. *Religionszugehörigkeit der Deutschen nach Bundesländern im Jahr 2011.* Hamburg.
Statistisches Amt Saarland. 2010. *Kirchliche Verhältnisse.* Saarbrücken.
Statistisches Amt Saarland. 2017. *Statistische Berichte 2017, Allgemeinbildende Schulen im Schuljahr 2015/16.* Saarbrücken.
Stöber, Robert. 1952. *Die saarländische Verfassung vom 15. Dezember 1947 und ihre Entstehung. Sitzungsprotokolle der Verfassungskommission, der Gesetzgebenden Versammlung des Saarlandes (Landtag) und des Verfassungsausschusses.* Köln: Comel.
SVerf. 1947. *Verfassung des Saarlandes.* 15. Dezember 1947.
SVerf. 1969. *Verfassung des Saarlandes.* 05. November 1969.
SVerf. 2016. *Verfassung des Saarlandes.* 13. Juli 2016.
Synagogengemeinde Saar. 2019. *Religionsunterricht.* Saarbrücken.
Universität des Saarlandes (Philosophische Fakultät). 2007. *Modulhandbuch.* Saarbrücken.

Universität des Saarlandes. 2010. *Studienfälle nach Fakultät, Fachgruppe, Fach und Abschluss. Wintersemester 2010/11*. Saarbrücken.
Universität des Saarlandes (Philosophische Fakultät I: Geschichts- und Kulturwissenschaften. 2012). *Modulhandbuch des modularisierten LS1+2-Studienfachs Philosophie/Ethik*. Saarbrücken.
Universität des Saarlandes. 2018a. *Dienstblatt der Hochschulen des Saarlandes*. Saarbrücken.
Universität des Saarlandes. 2018b. *Studienfälle nach Fakultät, Fachgruppe, Fach und Abschluss. Wintersemester 2018/19*. Saarbrücken.
Universität des Saarlandes (Philosophische Fakultät). 2019a. *Philosophie/Ethik (Lehramt)*. Saarbrücken.
Universität des Saarlandes. 2019b. *Fachrichtung Katholische Theologie. Religionswissenschaft*. Saarbrücken.
Wittenbrock, Rolf. 1990. „‚... Du heiliges Land am Saaresstrand.'. Konfessionsschule und Identitätssuche." In *Von der ‚Stunde 0' zum ‚Tag X'. Das Saarland 1945–1959. Katalog zur Ausstellung des Regionalgeschichtlichen Museums im Saarbrücker Schloß*, hg.
v. Stadtverband Saarbrücken, Regionalgeschichtliches Museum, 257–272. Merzig: Merziger Druckerei und Verlag GmbH.

Katharina Neef
13 Sachsen

Hard Facts auf einen Blick

Fachbezeichnung	Ethik
Einführung des Faches	1992
Schulstufen	Primarstufe, Sekundarstufe I, Sekundarstufe II
Rechtsstatus	Wahlpflichtfach
Rechtsgrundlage	SächsVerf § 105, SächsSchulG §§ 18–20, VwV Religion und Ethik (2004)
Teilnehmer*innen	Anmeldung als Wahlpflicht
Einheitliche Prüfungsanforderung für das Abitur (EPA)	EPA Ethik (2006)
Bezugsdisziplin/en laut curricularer Vorgaben	nicht explizit benannt; aus dem Lehrplan ergibt sich Philosophie, ferner Religionswissenschaft
Studienstandorte	Leipzig, Dresden, Chemnitz
Beteiligung der Religionswissenschaft an Lehramtsausbildung	marginal
Besonderheit	Ethik wird mehrheitlich belegt (vgl. demografische Situation)
Weitere religions- und ethikbezogene Schulfächer	Religionsunterricht: evangelisch, katholisch (beides mit Erprobung einer konfessionell-kooperativen Option) und jüdisch, Philosophie als Wahlfach in Sek II

Nachfrage der religions- und ethikbezogenen Fächer in Sachsen in Form von Schüler*innen-Belegzahlen für das Schuljahr 2019/20

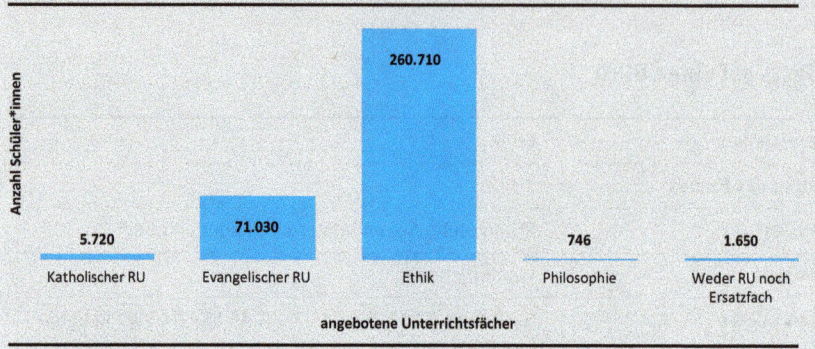

Quelle: KMK 2021. Auswertung Religionsunterricht Schuljahr 2019/20.

Verteilung der Fächer im Schulsystem

	Religionsunterricht (Wahlpflichtfach)	Ethik (Wahlpflichtfach)	Philosophie (Wahlfach)
Primarstufe	+	+	–
Sekundarstufe I	+	+	–
Sekundarstufe II grundlegendes Anforderungsniveau	+	+	+
Sekundarstufe II erhöhtes Anforderungsniveau	+	–	–

Geschichte und Entwicklung des aktuellen Modells

Die Wende 1989/1990 brachte in den neuen Bundesländern neben allen politischen, wirtschaftlichen und kulturellen Veränderungen auch eine grundlegende Schulreform mit sich: Die Einheitsschule wurde zugunsten eines mehrgliedrigen Modells abgeschafft und die Schulfächer einer Reform unterzogen; es entfiel vor allem der Staatsbürgerkundeunterricht, während Religions-/Ethikunterricht und Gemeinschaftskunde als neue Fächer hinzukamen.[1] Zwar sah die Opposition im Falle Sachsens durchaus die Umstände der Bremer Klausel gegeben – denn auf sächsischem Territorium wurde 1949 kein schulischer Religionsunterricht erteilt – doch wischte die 1990 absolut gewählte CDU-Regierung diese Anfrage mit dem Hinweis beiseite, dass „eine im Sinne des Grundgesetzes freiheitlich-demokratische Ordnung dieser Entscheidung [nicht] zugrunde lag".[2] Danach legte die Regierung ein besonderes Augenmerk auf die Einrichtung des Religionsunterrichts. Alternative Konzepte, etwa die Einrichtung von Ethik/Lebenskunde als Regelfach für alle Schüler*innen (gefordert von der PDS), gelangten durch die absolute Regierungsmehrheit nicht einmal in die nähere Beratung.[3]

Nach Planungen, Ethik als Ersatzfach nur in der weiterführenden Schule ab Klasse 5 anzusiedeln,[4] schwenkte die Landesregierung nach den ersten Debatten zum Schulgesetz und mit Blick auf die religionsdemografische Situation im Freistaat[5] in eine andere Richtung um: Seit dem Schuljahr 1992/1993 kam es sukzessive zur durchgängigen, schultyp- und klassenstufenübergreifenden Einführung von evangelischem und katholischem Religionsunterricht und Ethikunterricht als Wahlpflichtfächern. Diese Komplementarität beider Fächer parallelisierte ihre

---

[1] Zudem sank die Nachfrage nach Russisch als Fremdsprache rapide und setzte hier ein enormes Lehrdeputat frei; die betroffenen Lehrer*innen waren eine potentielle Klientel für berufsbegleitende Weiterbildungsstudien in den neuen Fächern beziehungsweise in Englisch, einem neuen Mangelfach. Das galt allerdings nur bedingt für ehemalige Staatsbürgerkundelehrer*innen: Deren möglicher Einsatz in Gemeinschaftskunde oder Ethik wurde bereits im Frühjahr 1991 im Landtag diskutiert und unterbunden (Drucksache [folgend: Drs.] 1/265).

[2] Das ist insofern bemerkenswert, als am 1. Januar 1949 weder die BRD noch die DDR bestanden und die sächsische CDU-Regierung also hier nicht die Systemdifferenz als Argument vorbringen konnte, sondern die Bremer Klausel nur aussetzte, weil in dieser Region die SED als nicht-freiheitlich-demokratische Kraft tonangebend war. In den kontextfreien Grundgesetzpassus wird also ein politischer Werthorizont impliziert (Drs. 1/265).

[3] Bemerkenswerterweise argumentierte die PDS dabei auch mit dem Aspekt der Diskriminierung: Die Einrichtung zweier Religionsunterrichte bevorzuge die Großkirchen und lasse „gleichzeitig 21 weitere" Religionsgemeinschaften unberücksichtigt (Drs. 1/606). Diese wurden allerdings nicht genau benannt, so dass unklar bleibt, an wen die Poliitker*innen hier gedacht hatten.

[4] Noch im April 1992 meinte das SMK: „Laut Schulgesetz ist Religion, aber auch Ethik, ein ordentliches Lehrfach. Das bedeutet aber nicht, dass beide Fächer über alle Schuljahre geführt werden müssen. Wir sehen vor, den Ethikunterricht mit dem 5. Schuljahr zu beginnen [...]. Der Religionsunterricht wird [...] ab Klasse 1 in der Stundentafel ausgewiesen." (Drs. 1/1739).

[5] Laut Zensus von 2011 gehörten 76,1 Prozent der sächsischen Wohnbevölkerung keiner Religionsgemeinschaft beziehungsweise keiner christlichen Großkirche an. 20,3 Prozent waren Mitglied der evangelischen Landeskirche, 3,6 Prozent römisch-katholisch. Die Zahlen sind zwar religionsstatistisch sehr ungenau – in Sachsen leben etwa auch relativ viele Mitglieder der Methodistischen Kirche, der Kirche Jesu Christi der Heiligen der Letzten Tage oder der Zeugen Jehovas. Ebenso wenig wurde der Anteil muslimischer Bürger*innen erhoben. Für den Abgleich mit der Unterrichtswahl Religion/Ethik spiegelt dies aber weitgehend die relevanten Verhältnisse wider (Ausnahmen sind freikirchliche Gemeinden oder etwa die Methodisten, deren Kinder in den evangelischen Religionsunterricht gehen, ohne Mitglied der Landeskirche zu sein).

Einführung weitgehend, allerdings kam es auch zu planmäßigen Abweichungen. So wurden die Religionsunterrichte durch einen strukturellen Vorteil deutlich schneller beziehungsweise flächendeckender implementiert: Die Kirchen konnten durch Gestellungsverträge, das heißt die Entsendung kirchlicher Mitarbeiter*innen und Lehrkräfte an die Schulen, dem Mangel qualifizierter Lehrkräfte effektiver beikommen. Zudem lehnte es die katholische Kirche ab, den Religionsunterricht aufgrund von Lehrer*innenmangel auszusetzen, und erteilte seit 1992 durchgängig Religionsunterricht. Das war nur möglich durch die Gestellung kirchlicher Lehrkräfte und durch die Wohnsituation der katholischen Minderheit in Sachsen, die sich weitgehend auf die ostsächsische Lausitzregion und die Großstädte konzentrierte. Das Angebot katholischen Religionsunterrichts war also sowohl zahlenmäßig als auch logistisch zu bewältigen.

Trotz der strukturellen Gleichheit der Fächer scheint seither gelegentlich die Vorrangigkeit auf, welche die Landesregierung dem Religionsunterricht nach wie vor einräumt. Ein Beispiel dafür ist das Auswahlprozedere der Wahlpflichtfächer: 1999 fragte der CDU-Landtagsabgeordnete Lars Rohwer beim Kultusministerium an, was „das SMK [Staatsministerium für Kultus] [tue], um die Akzeptanz des Religionsunterrichts in der Schule sowie bei Eltern und Schülern zu erhöhen". Kultusminister Matthias Rößler (CDU) beantwortete die Anfrage denkbar unproblematisierend, dass die Akzeptanz dadurch gefördert werde, dass Kirchen und Bistümer mit Unterstützung durch das SMK „Prospekte mit Informationen über den Religionsunterricht an die Schulen verteilt[en]" (Drs. 2/11333).[6] Zudem betrachtete das SMK die Fächer trotz ihres Wahlpflichtstatus eher als Abmelde- denn als Anmeldefächer. So betonte das Ministerium 2005, dass „die katholischen bzw. evangelischen Schüler bereits aufgrund ihrer Konfessionszugehörigkeit [für den betreffenden Religionsunterricht] angemeldet sind, [... was] oftmals eine ergänzende und unterstützende Beratung der Eltern sowie der Lehrer durch die Religionslehrer" erfordere (Drs. 4/1125).[7] Darauf deutet auch der Umstand hin, dass in Schulanmeldungsbögen zwar das gewünschte Fach erfragt, zusätzlich aber auch die Religionszugehörigkeit des Kindes erfasst wird. Zudem wird kontinuierlich auf die Anwesenheit von „Schüler[*innen], die nicht getauft sind", im Religionsunterricht und seine Bekenntnisoffenheit verwiesen (Drs. 4/1125).

Eine Statistik über den Unterrichtsbesuch im Schuljahr 1998/1999 zeigt ebenfalls deutliche Diskrepanzen: Während das Besuchsverhältnis an Oberschulen[8] gemessen an den demografischen Gegebenheiten eine leichte Überbelegung des Ethikunter-

---

6 Als Feldbeobachtung sei angemerkt, dass jüngst (2017/2018) zwar keine Prospekte zirkulierten, aber in der vor dem Schuleintritt stattfindenden Organisations- und Ablaufbesprechung der Religionsunterricht durch die Lehrkraft beschrieben wurde, während die Ethiklehrkraft nicht anwesend war.
7 In seiner Kleinen Anfrage bezog sich der CDU-Landtagsabgeordnete Andreas Grapatin ausdrücklich auf die sinkenden Schüler*innenzahlen und die steigenden Belegzahlen für den Religionsunterricht.
8 Die Schulform hieß im Freistaat Sachsen bis 2017 Mittel- oder Realschule, als eine Umbenennung in Oberschule stattfand. Im Text wurde – außer in Quellenangaben – zu Oberschule vereinheitlicht.

richts zeigt – pro Schüler*in im Religionsunterricht besuchten fünf Schüler*innen den Ethikunterricht – zeigen die Werte für Grundschulen (3:4) und Gymnasien (1:3) eine teilweise deutliche Überbelegung des Religionsunterrichts (Drs. 2/11333). Diese erklärt sich aus zwei Zusammenhängen, einer statistischen Verzerrung und einer demografischen Spezifik. Denn an den Grundschulen wurden insgesamt nur knapp 39.000 Schüler*innen erfasst, die Religions- oder Ethikunterricht belegten. Gegenüber 200.000 erfassten Oberschüler*innen ist also festzustellen, dass die größte Gruppe die von der Statistik nicht erfassten Grundschüler*innen sind, die keinen der beiden Unterrichte wählen konnten. Hier zeigt sich also zuvorderst ein Abdeckungsdefizit.[9] Allerdings profitierte der Religionsunterricht offenbar von seiner zügigeren Einführung: Er konnte 1998/1999 mehr Kindern angeboten werden als ein entsprechender Ethikunterricht.[10] Für den Gymnasialbereich ist die Analyse schwieriger, da hier ebenfalls das Angebot zur leichteren statistischen Überbelegung geführt haben mag. Ein anderer, nicht zu unterschätzender Aspekt ist die soziale Stratifizierung: An Gymnasien wird generell häufiger Religion gewählt, was an der bürgerlichen Klientel beziehungsweise einem bevorzugten bürgerlichen Habitus und an den sozialen Undurchlässigkeitshürden des deutschen Bildungssystems liegen mag.[11]

Die sukzessive Einführung des Ethikunterrichts fußte auf einem mehrdimensionalen Plan, der Schulebene, universitäre Ebene und Verwaltungsebene umfasste. So konzentrierte sich die Einführung zuerst auf die Sekundarstufe 1 an Oberschulen und Gymnasien.[12] Außerdem wurden alle drei Unterrichtsformen mit zwei Wochenstunden in der Stundentafel ausgewiesen, aber vorerst einstündig unterrichtet, um die Abdeckung zu erhöhen (und – so steht zu vermuten – curriculare und pädagogische Mängel zu mindern). Zudem arbeitete man bis zur Implementierung erster eigener Lehrpläne ab 1997 mit vorläufigen Ethiklehrplänen, die weitenteils aus Baden-Württemberg übernommen wurden. Parallel wurde an den sächsischen Universitäten ein Weiterbildungswesen für Lehrer*innen eingerichtet, die durch be-

---

9 Im Schuljahr 1998/1999 wurden ca. 218.000 Oberschüler*innen gezählt, die also fast flächendeckend Ethik- oder Religionsunterricht belegen konnten. Die ca. 173.000 Grundschüler*innen zeigen das statistische Blindfeld (Statistisches Jahrbuch Sachsen 2001, 109).
10 Vgl. dazu auch Drs. 2/10860 und 2/10861. Hier wurden für den gleichen Zeitraum die Grundschulen erhoben, in denen Religions- bzw. Ethikunterricht angeboten wurde: In 26 Prozent der Schulen wurde keines der Fächer unterrichtet, während 35 Prozent der Schulen beide Fächer parallel anbot. In den Schulen, die nur eines der Fächer anboten, wurde an 32 Prozent Religionsunterricht und an sieben Prozent Ethikunterricht erteilt.
11 Damit korrespondiert, dass an Förder- und Berufsschulen durchweg eine (an der Demografie bemessene) Überbelegung des Ethikunterrichts zu verzeichnen ist.
12 Dabei wurde im Schuljahr 1992/1993 in den Klassenstufen 5 und 9 begonnen, um hernach schuljahresweise die aufsteigenden Klassen hinzuzunehmen. Der evangelische Religionsunterricht war allerdings offenbar bereits im Schuljahr 1991/1992 in Klasse 5 eingeführt worden, da ab 1992 bereits die Klassen 5 und 6 beschult wurden (Drs. 1/2786).

rufsbegleitende Schnellkurse eine befristete Lehrbefugnis erlangen konnten.[13] Mitte der 1990er Jahre kamen Lehramtsstudiengänge und ein berufsbegleitendes, zu einer unbefristeten Lehrbefähigung führendes Weiterbildungsstudium hinzu. Die Einführung des Lehramtsstudiums erfolgte an allen drei sächsischen Universitäten in Leipzig, Dresden und Chemnitz, wobei die generelle Einrichtung von Lehramtsstudiengängen an den Technischen Universitäten in Dresden und Chemnitz einer Ausbaustrategie dieser Einrichtungen zu Volluniversitäten entsprach. Allerdings wurden an beiden Standorten keine religionswissenschaftlichen Stellen eingerichtet, sondern lediglich die Philosophie als Bezugswissenschaft der Ethiklehrkräfteausbildung definiert.

Ethik wurde anfangs deutlich seltener angeboten als Religionsunterricht, da für den Religionsunterricht kirchliche Angestellte ohne vollwertiges pädagogisches Studium eingesetzt werden konnten (zum Beispiel Gemeindekatechet*innen oder Pfarrer*innen), während Ethik von Beginn an nicht fachfremd unterrichtet werden sollte. Das führte 1996 zu der bemerkenswerten Anfrage der PDS-Fraktion, Lehrkräfte aus dem Humanistischen Verband als Gestellungslehrer*innen zu engagieren, um die Abdeckung des Ethikunterrichts zu erhöhen. Ebenso bemerkenswert ist die Antwort der Landesregierung: „Eine Delegierung des Unterrichts in einem ordentlichen Lehrfach an Interessenverbände ist grundsätzlich nicht möglich. Im Falle des Faches Ethik widerspräche diese auch der Verpflichtung zur weltanschaulichen Neutralität von Staat und Schule" (Drs. 2/4730). 2005 meldete das Kultusministerium, dass sowohl Ethik- als auch Religionsunterricht flächendeckend an den sächsischen Grund- und Oberschulen sowie an den Gymnasien eingeführt sei, wenn auch teilweise nur einstündig (statt zweistündig, wie die Stundentafel es vorsieht). Zudem werden die Fächer schulorganisatorisch gleich behandelt: So wird an einem Standort ein zweistündiger Unterricht nur dann angeboten, wenn alle Unterrichtsalternativen dies abdecken können – andernfalls bleiben alle Fächer einstündig (Drs. 4/870). Diese Stundenabminderung hält abseits des Gymnasiums auf niedrigem Niveau an. Das liegt nach wie vor am Mangel an ausgebildeten Fachlehrkräften (der für die Religionsunterrichte geringer ist, da weiterhin kirchliche Lehrkräfte als Gestellungslehrer*innen tätig sind) und mittlerweile auch am generellen sächsischen Lehrer*innenmangel, der mit der erprobten Reduktion dieses Faches den allgemeinen Mangel verwalten kann.

---

13 Bereits im Wintersemester 1992/1993 wurden an der Universität Leipzig die ersten weiterzubildenden Lehrer*innen immatrikuliert, die im Sommersemester 1994 abschlossen. Im Wintersemester 1993/1994 trat das reguläre sechssemestrige Weiterbildungsstudium hinzu.

Rahmenbedingungen

Die Rahmenbedingungen wurden bereits angesprochen und können hier nur ergänzend zusammengefasst werden: Der Ethikunterricht wurde – unter Priorität der Einrichtung des konfessionellen Religionsunterrichts, doch unter dem Druck der demografischen Gegebenheiten – als Wahlpflichtfach eingeführt und ist durchgängig komplementär zum Religionsunterricht. Ausgenommen sind Privatschulen in religiöser Trägerschaft, die keinen Ethikunterricht anbieten müssen. Das heißt, dass Ethik an staatlichen Schulen ebenso wie die Religionsunterrichte von Klasse 1 bis 12 an allen Schultypen angeboten werden und die sächsischen Schüler*innen eines der drei Fächer wählen müssen. Der (inner- wie auch außerschulisch abgehaltene) jüdische Religionsunterricht tritt punktuell als vierte Alternative hinzu.

Die Komplementarität der Ethik- und Religionsunterrichte greift auch auf der schulorganisatorischen Ebene, wenn praktisch Ethik und zumeist evangelische Religion beziehungsweise in der Lausitzer Region auch katholische Religion schulorganisatorisch parallel stattfinden. Alternativ werden die Unterrichtsstunden am Schultagesbeginn beziehungsweise -ende angesetzt, sodass sich Freistunden möglichst nicht in der Mitte des Schulplanes ergeben. Ethikunterricht findet nur in Einzelfällen klassenübergreifend statt, wohingegen die Religionsunterrichte aufgrund zu geringer Gruppenstärken durchaus klassenübergreifend, klassenstufenübergreifend und selten auch schulübergreifend organisiert werden müssen. Dabei beträgt die Mindestanzahl an Schüler*innen zur Einrichtung einer Unterrichtsgruppe in Religion oder Ethik acht Teilnehmende; das ist die Hälfte des regulären Mindestklassenschlüssels.

Ausbildung der Lehrkräfte

Es ist bemerkenswert, dass die Benennungen von studiertem Fach und Schulfach in der sächsischen Lehramtsausbildung nicht kongruent sind. Vielmehr heißt das Schulfach zwar „Ethik" (SächsSchulG, § 19), doch die Lehramtsstudiengänge heißen „Ethik/Philosophie" beziehungsweise „Ethik/Philosophieren mit Kindern". Das verweist auf die akademische fachliche Anbindung der Studiengänge an die Institute für Philosophie beziehungsweise im Falle der TU Chemnitz, an der ein solches Institut nicht mehr existiert, auf die Anbindung an die Fachdidaktik und eine (im Zentrum für Lehrerbildung, also außerfakultär angesiedelte) Fachwissenschaft Philosophie, die mit einer Mitarbeiter*innenstelle ausgestattet ist. Auch die Lehramtsprüfungsordnung adressiert nicht das Fach Ethik, sondern Ethik/Philosophie. Religion wird dabei als Teil der Philosophie aufgefasst, denn „Grundlagenwissen zu den Weltreligionen" wird unter Praktischer Philosophie rubriziert (LAPO I, § 30).

Wie erwähnt, dürfen in Sachsen grundsätzlich nur ausgebildete Lehrkräfte Ethik unterrichten. Allerdings gilt hier wie auch in anderen Fächern: Es gibt aufgrund des Lehrkräftemangels und nicht optimaler Fach- beziehungsweise Deputatzuweisungen auch fachfremd unterrichtende Lehrkräfte. Im Vergleich zu anderen Bundesländern ist hier aber festzustellen, dass die Situation der Doppelunterrichtung von Ethik- und Religionsunterricht faktisch keine Rolle spielt.[14] Dabei ist der Anteil der in Weiterbildung qualifizierten Lehrkräfte nach wie vor hoch, allerdings steigt der Anteil der grundständig studierten Lehrkräfte kontinuierlich. Die Studierendenzahlen sind konstant, wobei phasenweise die Abwanderungsquote sächsischer Lehramtsstudienabsolvent*innen recht hoch war, so dass nur Teile der Abschlussjahrgänge in den sächsischen Lehrdienst übergingen.

Die grundständige und weiterbildende Ausbildung der Ethiklehrkräfte wurde in den 1990er Jahren an drei Standorten – Leipzig, Dresden und Chemnitz – implementiert. Allerdings wurde die gesamte sächsische Lehramtsausbildung nach dem Jahr 2000 drastisch reduziert, als Statistiken weiterhin sinkende Geburtenzahlen und in Verbindung damit eine Überbeschäftigung von (nicht verbeamteten) Lehrkräften im öffentlichen Dienst prognostizierten. Nach dem Ausbau des Hochschulwesens in den 1990er Jahren fielen nach 2000 viele Stellen diesem Rückbau zum Opfer. Unter anderem wurden sämtliche Lehramtsstudiengänge am Standort Chemnitz eingestellt, während sich die Dresdner Technische Universität dieses Rückbaus erwehren konnte. Leipzig festigte sich dagegen als Standort der Lehramtsausbildung.

Nach 2010 stellten sich die Prognosen allerdings in mehrfacher Hinsicht als falsch heraus: Einerseits wuchsen die Geburtenzahlen wieder deutlich an, andererseits stieg auch die jährliche Zahl der Lehrer*innen, die in den Ruhestand gingen. Damit zeichnete sich seit 2010 ein anstehender Lehrer*innenmangel ab. Dem begegnete die Landesregierung verspätet mit einem Ausbau der Lehramtsstudienkapazitäten, zu dem unter anderem die Wiedereinführung des Grundschullehramts an der TU Chemnitz im Jahre 2013 führte. Das wurde unter anderem notwendig, da die Rekrutierungserfolge für Neulehrer*innen in den ländlichen sächsischen Regionen streckenweise desaströs waren. Die Strategie, herkunftsnah Lehrer*innen auszubilden, um ihre Abwanderung zu verhindern, erweist sich gegenwärtig als erfolgversprechend. Weitere Maßnahmen zur mittel- und langfristigen Bindung junger Absolvent*innen (wie finanzielle Anreize, mehr Mitspracherechte bei der Zuweisung der Schule, die Verkürzung des Referendariats und die Verbeamtung) scheinen ebenfalls Früchte zu tragen. Zudem wurde das zwischenzeitlich ausgesetzte Seiteneinsteiger*innenprogramm zur Qualifizierung nicht-pädagogisch ausgebildeter Akademiker*innen wieder aufgelegt, was zu einem Anstieg des Anteils der fachfremd unterrichtenden beziehungsweise nicht grundständig pädagogisch ausgebildeten Lehrkräfte geführt hat. Allerdings ist das Fach Ethik hier nur am Rande betroffen, da es weder zu den Hauptfächern noch zu den

---

14 In Drs. 3/8959 hatten zudem einige Regionalschulämter explizit und schulformgenau festgestellt, dass Ethik und Religion nicht fachfremd unterrichtet werden. Allerdings finden sich auch Vermerke, dass dies nur für die Religionsfächer zutrifft; ob Ethik dann fachfremd unterrichtet wurde oder ob kein Lehrkräftebedarf bestand, geht aus den Daten nicht hervor.

Hochdefizitfächern zählt. Das führt allerdings auch dazu, dass nur begrenzt Qualifikationsprogramme für weiterzubildende Ethiklehrkräfte angeboten werden.[15] Der generelle Aufwuchs in der Ethiklehramtsausbildung beziehungsweise im Schuldienst folgt den Gesamttrends des Landes, das heißt die Studierendenzahlen, die Referendariatsplätze und die Lehrstellenzahl sind angestiegen.

Der Befund zum religionskundlichen Anteil in den sächsischen Lehramtsstudiengängen für Ethik ist heterogen. Formal enthalten alle Studienablaufpläne mindestens ein Modul mit deutlichem Religionsbezug. Doch offenbaren die fachlichen Zugänge große Unterschiede: Während sich an der TU Dresden dem Gegenstand Religion religionsphilosophisch genähert wird,[16] wird die religionskundliche Ausbildung in Leipzig durch jeweils ein kirchenhistorisches, in der Theologischen Fakultät absolviertes und ein religionswissenschaftliches Modul abgedeckt (Universität Leipzig 2014).[17] Die Situation in Chemnitz ist strukturell anders aufgebaut, da hier die Lehrer*innenausbildung zum Teil extrafakultär in einem Zentrum für Lehrerbildung organisiert wird; das ist im Falle von Ethik zwingend, da ein Institut für Philosophie hier nicht mehr existiert. Die religionskundliche Ausbildung der Ethiklehrer*innen sieht zwei Module vor, die durch die nicht religionswissenschaftlich profilierten Mitarbeiter*innen in der Fachdidaktik abgedeckt werden.

Im Weiterbildungssektor werden über das sächsische Bildungsportal kontinuierlich zu allen Schulformen Schulungen mit religionsbezogenen Themen angeboten. Deren Nachfrage ist durchschnittlich. In den Veranstaltungen wird als Teilnahmemotivation dagegen regelmäßig angemerkt, dass das Studium in dieser Dimension sowohl auf der faktischen als auch auf der methodischen Ebene wenige bis keine Kenntnisse vermittelt hat. Zudem werden seit den 1990er Jahren in kleinem Maßstab, aber kontinuierlich, an der regionalen Schulbehörde angesiedelte, berufsbegleitende Fortbildungen angeboten, die zu einer Lehrbefähigung in dem Fach Ethik führen.

---

15 Gegenwärtig bietet die Universität Leipzig ein viersemestriges, berufsbegleitendes Weiterbildungsstudium für (werdende) Ethiklehrkräfte an. Das Programm wird aber weitgehend fakultätsextern im Zentrum für Lehrer*innenbildung und Schulforschung (ZLS) angeboten und ist auf wenige Durchgänge befristet (Universität Leipzig 2021).
16 „Philosophie der Religion" ist Teil eines vom Lehrstuhl für Fachdidaktik verantworteten Moduls, in dem auch die Philosophie der Kultur und der Technik thematisiert werden (vgl. TU Dresden 2018a, 78; 2018b; 2018c, 116; 2018d, 97). Religionskundliche Inhalte sind hier offenbar nicht vorgesehen.
17 Das von der Theologie angebotene Modul „Grundlagen der biblischen Traditionen und der Geschichte des Christentums" besuchen Studierende für das Lehramt Grundschule, Oberschule, Gymnasium und Sonderpädagogik. Das religionswissenschaftlich verantwortete Modul „Religionsgeschichte" besuchen nur Studierende der Studiengänge auf Oberschule, Gymnasium und Sonderpädagogik.

Curriculare Vorgaben

Dass Religion(en) überhaupt Gegenstand der Lehrer*innenausbildung ist, liegt auch an der prominenten Besetzung des Themas in den Lehrplänen. Bis zur neunten Klasse findet sich durchgängig ein religionsbezogenes Thema in einem der drei bis vier Lernbereiche. „Erwerb religionskundlichen Wissens" ist in den Lehrplänen der Grund-, Ober- und Förderschule in jedem Schuljahr als Lernziel hinterlegt, zumeist gekoppelt an die „Entwicklung interkultureller Kompetenz". Dabei erscheint das religionskundliche Wissen als Voraussetzung der zu erwerbenden Kompetenz (LP GS; LP OS). Im Berufsschulkontext werden ebenfalls sowohl die interkulturelle Kompetenz als auch die religionskundlichen Kenntnisse im Lernbereich „Phänomen Religion" benannt (LP BS, 20 f.). Lediglich im Gymnasiallehrplan ist die Religionskunde völlig getilgt und nur von interkultureller Kompetenz die Rede – inhaltlich sind die Texte aber bei einigen Besonderheiten weitgehend deckungsgleich.

Dabei beschränkt sich das religionskundliche Lernen zumeist auf das im religionswissenschaftlichen Diskurs seit Langem kritisch hinterfragte Weltreligionenparadigma (vgl. Masuzawa 2005): Im Laufe mehrerer Schuljahre werden Christentum, Judentum, Islam, Buddhismus und Hinduismus thematisiert. Dabei werden diese entlang religionsphänomenologischer Kategorien erschlossen und auf einen zumindest eurozentristischen, latent aber auch kolonialistischen Religionsbegriff verkürzt. Thematisiert werden der Festkalender, das heilige Schrifttum, Glaubensgrundsätze und ethische Maximen, die meist auf eine Essenz reduziert werden, um abschließend in Klasse 10 unter der Prämisse, dass alle Religionen letztlich auf eine moderne Moralvorstellung von Toleranz und Menschenwürde vereint werden könnten, als „Weltethos" unter dem Stichwort Goldene Regel subsumiert zu werden (LP OS, 27). Parallel zu diesem Religion auf einen Ethikproduzenten verengenden Narrativ lässt sich auch deutlich die Konstruktion des Eigenen und des Fremden in der Konzeptualisierung von Religionen erkennen: Christliche Feste werden in ihrem christlichen Horizont erklärt, eine lebensweltliche Anbindung jenseits christlicher Prägungen findet dagegen nicht statt. Das Andere wird dagegen stark stereotypisiert und entlang gegensätzlicher Abzweckungen präsentiert: Im Kontext des Islams wird auch über Konflikte, Gewalt und Fundamentalismus gesprochen (LP GY, 18), während der Buddhismus als meditative Tradition mit potentiellen Anschüben für die eigene Lebensbetrachtung („Beurteilen ausgewählter Aspekte europäischer Lebensweise aus buddhistischer Sicht", LP GY, 22) beziehungsweise als Ressource „einer harmonischen Lebensführung" gerahmt wird (LP OS, 24). Auch im Berufsschullehrplan wird das Thema Fundamentalismus intensiv angesprochen, wenn von „Missbrauch der Religion" die Rede ist (LP BS, 21). In dieser Rede von richtigem und falschem „Gebrauch" der Religion zeigt sich ein normatives Grundverständnis von Religion als moralisierendem Instrument.

An Lernplaneigentümlichkeiten sind ferner zu benennen: Im Wahlpflichtbereich der Klasse 4 werden „Naturreligionen" als Thema eröffnet, wobei ganz konkret „indianische" Religionen benannt werden.[18] Darüber hinaus wird der Horizont der sogenannten Weltreligionen nur in Klasse 8 verlassen, um „religiöse Sondergemeinschaften" beziehungsweise Okkultismus zu thematisieren. Dabei wird das Thema in der Oberschule als Lernbereich ausführlich thematisiert, während Gymnasiast*innen beide Themen nur als Wahlpflichtthema präsentiert bekommen können. In den Ausführungen beider Schultypen wird vor allem auf Einstiegsszenarien und Werbungsstrategien neuer religiöser Bewegungen fokussiert und der Besuch eines Sektenbeauftragten vorgeschlagen. Alternative, kleine oder neue Religionen werden also in einem negativen Setting thematisiert, das inhaltlich punktuell und strukturell in Gänze noch im hysterischen Sektendiskurs der 1990er Jahre verhaftet ist.[19]

Aktuelle Situation und Diskussionen

Sachsen bot bislang die genannten drei Unterrichte als Wahlpflicht an; seit 2019 wird auch Unterricht in Jüdischer Religion als viertes Alternativfach angeboten. Zuvor war der außerschulisch und unbenotet in den Gemeinden stattfindende Religionsunterricht als Ersatzunterricht anerkannt worden (Drs. 4/8071). Beginnend im Grundschulbereich und später aufsattelnd in den weiterbildenden Schulformen wird der Unterricht gegenwärtig in drei Modellschulen in Chemnitz, Dresden und Leipzig – den sächsischen Städten, in denen jüdische Gemeinden bestehen – durchgeführt (MDR 2019).[20]

Muslimischer Unterricht wird nicht angeboten und ist auch nicht in Planung, da das Kultusministerium die rechtlichen Bedingungen dafür als nicht gegeben sieht (vgl. jüngst Drs. 6/17491). Offenbar folgt das Kultusministerium hier der konservativen Lesart, nach der die Einrichtung von konfessionellem Religionsunterricht nur anerkannten, körperschaftlich verfassten Religionsgemeinschaften zustehe. Diese Lesart weicht von der Praxis einer wachsenden Anzahl von Bundesländern ab, die entweder

---

18 Dass hier keine anderen Beispiele benannt werden, mag eine populärkulturelle Referenz sein – wobei das Referenzobjekt unklar bleibt: an das Genre der Westernfilme, an Karl May oder an die spezifische ostdeutsche Rezeption indianischer Kultur in der Indianistik (vgl. von Boerries und Fischer 2008).
19 Das offenbart sich ganz deutlich im Gymnasiallehrplan, bei dem in der Überarbeitung unter Lehrinhalten noch immer „Sekte" als Gegenstand vermerkt ist, während der Titel zu „Religiöse Sondergemeinschaften" modernisiert wurde (LP GY, 19). Dabei ist auch „religiöse Sondergemeinschaften" ein apologetischer Terminus, der alles andere als interkulturelle Kompetenz ausdrückt. Wesentlich neutralere, religionswissenschaftlich favorisierte Termini (wie Religionsgemeinschaften, neue religiöse Bewegungen oder schlicht Religionen) finden sich in den Lehrplänen nicht (vgl. dazu komparativ Krenzer 2016).
20 In den Schulen wird gegebenenfalls die Mindestschüler*innenzahl von acht Teilnehmer*innen ausgesetzt. Gegenwärtig (2022) findet in einigen dieser Schulen weiterhin regulär Jüdischer Religionsunterricht statt; inwieweit ein Anschluss in die weiterführende Schule geplant oder bereits geschehen ist, entzieht sich jedoch der Kenntnis.

mit den regionalen Moscheegemeinden oder in Schulversuchen einen solchen Islamunterricht einrichten. Das SMK schloss einen solchen Schulversuch zuletzt kategorisch aus (Drs. 6/17491). In den sächsischen Großstädten findet sich zwar unterdessen auch eine ausreichend große Wohnbevölkerung mit muslimischem Hintergrund, doch sind hier bislang keine Bestrebungen zur Etablierung eines schulischen Religionsunterrichts oder zur Einrichtung einer Hochschultheologie erkennbar.[21]

Auch das Feld des christlichen Religionsunterrichts dynamisiert sich jüngst. Der klassenstufen- und schulübergreifende Religionsunterricht ist nicht nur für die Schulen extrem herausfordernd, sondern verlangt auch den Schüler*innen einiges ab, da diese Stunden naturgemäß eher in die späten Randstunden rücken – besonders wenn es sich um Sammelklassen innerhalb einer Schule oder gar aus mehreren Schulen handelt. Hier befürchten die kirchlichen Institutionen negative, aus der Minderheitensituation resultierende Nachfrageeffekte. Außerdem gehen die demoskopischen Prognosen eher von einem weiteren Rückgang der Kirchenmitgliedschaft und dementsprechend der Besuchszahlen des Religionsunterrichts aus. Daher planen die Evangelische Landeskirche Sachsen und das Bistum Dresden-Meißen gegenwärtig kooperative Religionsunterrichtsmodelle, die sich allerdings noch in der Konzeptualisierungsphase befinden (ELLS/BDM 2019a; 2019b).[22] Dieser konfessionell-kooperative Unterricht soll allerdings als drittes Modell neben die bestehenden monokonfessionellen christlichen Unterrichte treten.

Der Ethikunterricht dagegen ist in Sachsen in seinem Bestand weitgehend unproblematisiert, wobei auch hier – wie in den meisten Bundesländern – kritische bis ablehnende Stimmen dem separativen Unterrichtstypus gegenüber vernehmbar und inklusive, den gesamten Klassenverband integrierende Unterrichtsmodelle angemahnt werden. Dies verschränkt sich mit einer anderen Debatte, nämlich um Wertneutralität oder Wertgebundenheit des Ethikunterrichts beziehungsweise die Notwendigkeit wertevermittelnder schulischer Fachinhalte. Allerdings sind diese Debatten wenig öffentlich und schwer nachvollziehbar, da ein Landesverband des Fachverbands Ethik in Sachsen nicht besteht und die Fachberater*innen gering vernetzt sind. Politische Stimmen zu einer generellen Reform gibt es nicht, der Status Quo entspricht dem Konsens der politischen Landschaft. Auch im religiös-weltanschaulichen Feld gilt der Status als unkontrovers, da säkulare Verbände auf Basis des Grundgesetzverständnisses einer Weltanschauungsgemeinschaft in Sachsen so gut wie inexistent sind – die kleinen be-

---

21 Das kann unter anderem daran liegen, dass die religionspolitisch am weitesten formierte Gruppierung mit türkischem Hintergrund in Sachsen gemessen an westdeutschen Verhältnissen relativ unterrepräsentiert ist. Die sächsischen Muslim*innen sind ethnisch, sprachlich und religiös sehr heterogen (vgl. Hakenberg und Klemm 2016).
22 Die Einführung des Modells war für das Schuljahr 2019/2020 geplant, verschob sich aber coronabedingt.

stehenden säkularistischen Verbände streben keinen Lebenskundeunterricht nach dem Vorbild des Humanistischen Verbandes Deutschland an.[23]

Religionswissenschaftliche Einordnung

Das sächsische Grundschulfach Ethik versteht sich als wertorientierend. Das heißt, Ziel ist nicht die Übernahme von durch die Lehrkraft vorgegebenen Werten und Normen (werterziehend oder wertevermittelnd), sondern eine Wissensvermittlung, welche die Formung von Werten durch die Schüler*innen informiert, unterstützt und katalysiert: „Das Fach Ethik *vermittelt* Orientierungs- und Faktenwissen *über* Werte und Normen und bezieht sich dabei auf die Lebenswelt der Schüler. Sie werden *angeregt*, über wichtige Sinn-, Wert- und Deutungsfragen des menschlichen Lebens nachzudenken" (LP GS, 11, Hervorhebung KN).

Deutlich normierender dagegen liest sich die Lehrplangrundlegung für die Oberschule: „Das Fach Ethik *orientiert* die Schüler *auf* Werte, Normen und Traditionen, welche die abendländische Kultur prägen" (LP OS, 2, Hervorhebung KN).[24] Hier findet sich also eine Vermischung von Lernen *über* Religion und Lernen *von* Religion – religiöse Phänomene werden sowohl illustrierend als auch vorbildhaft thematisiert. Das geschieht etwa auch, wenn komplexe religiöse Traditionen auf ethische Basalaussagen reduziert werden oder philosophische Perspektiven daraus gewonnen werden. Am deutlichsten geschieht dies bei der Thematisierung des Buddhismus, der in Klasse 8 als Impulsgeber zur Reflexion der eigenen Lebenspraxis funktionalisiert wird.

Religion ist ein wichtiger thematischer Konstituent des Faches Ethik in Sachsen; das Sächsische Schulgesetz nennt „religionskundliches Wissen" an erster Stelle bei der Inhaltsbestimmung des Faches (SächsSchulG, § 19). Allerdings erfolgt keine genaue Erklärung, warum Religion als so relevant eingeschätzt wird. Zudem bleibt die

---

23 Als weiterer säkularer Akteur kommt hier der Sächsische Verband für Jugendarbeit und Jugendweihe e. V. hinzu, doch prononciert dieser seinen humanistischen Gehalt wenig, da der Verband weltanschaulich niedrigschwellig als zentraler Anbieter von Jugendweihefeiern in Erscheinung tritt. Das heißt auch, dass er sich dezidiert nicht im schulischen Feld positioniert. So definiert sich der Verein in seiner Satzung als „Weltanschauungsverein", doch heißt es auf der Homepage deutlich allgemeiner: „Unser Verband ist anerkannter freier Träger der Kinder- und Jugendhilfe und bietet seit 1990 ein anspruchsvolles Jugendweiheprogramm mit offener Jugendarbeit, vielseitigen Freizeitangeboten, Reisen und einer niveauvollen Jugendweihefeier. Dabei fühlen wir uns stets weltlich-humanistischen Werten und Traditionen verpflichtet – parteienunabhängig, tolerant, atheistisch." (SVJJ 2015; SVJJ o. J.).
24 Im LP GY ist dagegen von Wertvorstellungen auf abendländischer Basis keine Rede, stattdessen „entwickeln [die Schüler*innen] ihre individuellen Wert- und Normvorstellungen auf der Basis der freiheitlich-demokratischen Grundordnung" (IX).

Funktion dieses Lernens notorisch unterbestimmt – ist das Ziel Lernen von oder über Religion? Das korreliert maßgeblich mit verschiedenen, in dem Fach applizierten Religionsbegriffen, nämlich einem empirisch und einem philosophisch gewonnenen. So bleiben weite Teile des religionskundlichen Wissenserwerbs empirisch gänzlich auf der Phänomenebene verhaftet, wenn die lehrplangemäß zu betrachtenden Religionen innerhalb bestimmter Eckpunkte erschlossen werden. Und weil dieser phänomenologische Katalog an keiner Stelle hinterfragt wird, transportiert diese Bearbeitung ein sehr konkretes Bild von Religion: Religion erkennt man an einem heiligen Schrifttum, einem benennbaren Stifter, religiösen Experten und einem Festkalender. Alle davon abweichenden religiösen Formen werden entweder als differente Phänomene oder defizitäre Formen von Religion gerahmt („Naturreligionen", „Sondergemeinschaften", „Okkultismus", „Aberglauben"). Durch diese Reduktion entsteht so ein Bild von Religion, welches das Beispiel des Christentums zum Begriff abstrahiert hat. Der starke Fokus auf die normative, moralgenerierende Kraft der Religion ist ein Erbe des Protestantismus und führt zu der Annahme, dass jegliches negative Auftreten von Religion ihr Missbrauch sei, wie es der Lehrplan für die Berufsschule nahelegt (Kippenberg 1999). Dieser Religionsbegriff ist wiederum anschlussfähig an religionsphilosophische Diskurse und Fragestellungen. Das erklärt auch die Thematisierung von Religionskritik allein in der Gymnasialklasse 10 im Lernbereich „Religion in der Gegenwart" – wobei diese durchweg philosophiegeschichtlich bleibt (Comte, Russell, Feuerbach, Nietzsche, Marx oder Freud; LP GY, 26). Areligiöse Lebensentwürfe und -formen werden dahingegen nicht erwähnt; eine Auseinandersetzung mit dem Säkularismus der DDR oder deren säkulare Lebenspraxen fehlt ebenso. Vor dem Hintergrund der demografischen Situation ist das ein vergeudetes Potential lebensweltlicher Fundierung oder Rückbindung – auch aus den Perspektiven der Didaktik und der Praktischen Philosophie.

Die Behandlung religiöser Festkulturen stellt in diesem Setting oft den einzigen in der Lebenswelt der Schüler*innen greifbaren Aspekt dar – hier zeigt sich das Potential, Religion funktional als strukturgebende Institution wahrzunehmen und auf im eigenen Alltag wirkende Strukturkomponenten zurückzubinden. Ansonsten bleibt Religion weitgehend eine Sache ‚der Anderen' – dabei spielt es im weitgehend säkularen Sachsen keine Rolle, ob dieses Andere konkret der Buddhismus, das Judentum, der Islam oder das Christentum ist. Gerade in der Besprechung des christlichen Festkalenders in der Grundschule wird deutlich, dass die Lehrplanautor*innen eine weitgehende Unvertrautheit der Schüler*innen mit dem christlichen Fundament des deutschen Feiertagskalenders annehmen.[25] Kritisch gelesen finden sich hier Residuen eines Lernens der Religion – Residuen, da der sächsische Lehrplan gemessen an den Lehrplänen anderer Ethikunterrichte weitgehend frei von Ideen einer Refle-

---

25 Weihnachten und Ostern in ihrer christlichen Bedeutung zu thematisieren, zeigt auch die Annahme, dass Weihnachtsmann und Osterhase offensichtlich prominenter in der Praxis der Kinder verankert seien als die Person Jesu (vgl. LP GS, 16 f. [Kl. 1/2, Lernbereich 3: Voneinander]).

xion etwaiger eigener Religiosität bleibt. Doch erfolgt entlang des christlichen Festkalenders auch eine thematische Auseinandersetzung mit dessen Narrativen. Das mag im Falle der Reflexion über Schenken und Geschenke im Dezember lebensweltlich anknüpfbar sein, doch soll im zeitlichen Kontext des Buß- und Bettags im November, der in Sachsen ein Feiertag ist, auch über „Besinnung, Schuldbewusstsein, Neuanfang" gesprochen werden (LP GS, 24). Im Gegensatz zu Weihnachten ist diese lebensweltliche Anbindung wohl eher wenig evident, so dass geschlossen werden muss, dass hier schlicht ein religiös insinuierter Themenzyklus übertragen wurde.

Gegenwärtig ist die Thematisierung und Rahmung des Gegenstandes Religion im sächsischen Ethikunterricht gemessen an religionswissenschaftlich fundierten Parametern stark reformbedürftig, auch vor dem Hintergrund gegenwärtiger Debatten um Wertneutralität und Wertgebundenheit des Faches. Hier wäre eine Auseinandersetzung mit impliziten und expliziten Religionsbegriffen mehr als notwendig, um damit verbundene religionsaffirmative wie auch religionskritische Narrative und normative Setzungen in der Lehramtsausbildung ebenso wie bei den Lehrkräften offenzulegen und zu reflektieren. Denn die in diesem Zusammenhang oft als Ziel ins Gespräch gebrachte interkulturelle Kompetenz greift in einer pluralistischen Gesellschaft nicht erst in der Auseinandersetzung mit dem anderen Fremden, sondern bereits bei der Wahrnehmung und dem Begreifen der Diversität des Eigenen.

Bibliografie

Drucksache [Drs.] 1/265 – Religionsunterricht an den Schulen, KlAnfr. Fr. Rush/B90/Grüne. Sächsischer Landtag. 02.04.1991.

Drs. 1/606 – zu Drs. 1/276 Schulgesetz für den Freistaat Sachsen, ÄAntr LL/PDS. Sächsischer Landtag. 19.06.1991 [abgelehnt].

Drs. 1/1739 – Stundentafel für Klasse 1, KlAnfr Fr. Georgi F.D.P. Sächsischer Landtag. 15.04.1992.

Drs. 1/2786 – Ethik- und Religionsunterricht, KlAnfr Prof. Marcus SPD. Sächsischer Landtag. 20.01.1993.

Drs. 2/4730 – Ethikunterricht im Freistaat Sachsen, KlAnfr Dr. Hahn PDS. Sächsischer Landtag. 27.12.1996.

Drs. 2/10860 – Ethik- und Religionsunterricht an sächsischen Grundschulen, KlAnfr Fr. Dr. Schwarz SPD. Sächsischer Landtag. 23.02.1999.

Drs. 2/10861 – Ethikunterricht an sächsischen Grundschulen, KlAnfr Hatzsch SPD. Sächsischer Landtag. 23.02.1999.

Drs. 2/11333 – Erteilung von Religionsunterricht, KlAnfr Rohwer CDU. Sächsischer Landtag. 26.03.1999.

Drs. 3/8959 – Fachfremder Unterricht, KlAnfr Andrea Roth PDS. Sächsischer Landtag. 13.08.2003.

Drs. 4/870 – Ethik- und Religionsunterricht (I), KlAnfr Alexander Krauß CDU. Sächsischer Landtag. 25.02.2005.

Drs. 4/8071 – Jüdischer Religionsunterricht, KlAnfr Elke Herrmann GRÜNE. Sächsischer Landtag. 23.02.2007.

Drs. 4/1125 – *Religionsunterricht im Freistaat Sachsen, KlAnfr Andreas Grapatin CDU*. Sächsischer Landtag. 30.03.2005.

Drs. 6/17491 – *Islamischer Religionsunterricht an sächsischen Schulen – Nachfrage zu Drs 6/4612, KlAnfr Petra Zais GRÜNE*. Sächsischer Landtag. 23.04.2019.

ELLS/BDM (= Evangelisch-Lutherische Landeskirche Sachsens/Bistum Dresden-Meißen). 2019a. *Konfessionelle Kooperation im Religionsunterricht im Freistaat Sachsen. Gemeinsames Positionspapier der Evangelisch-Lutherischen Landeskirche Sachsens und des Bistums Dresden-Meißen*. 07.01.2019.

ELLS/BDM. 2019b. „Gemeinsame Presseerklärung ‚Evangelische und Katholische Kirche wollen beim Religionsunterricht in Sachsen enger zusammenarbeiten'." *Evangelisch-Lutherische Landeskirchen Sachsens und Bistum Dresden-Meißen*. 07.01.2019.

Hakenberg, Marie und Verena Klemm, Hg. 2016. *Muslime in Sachsen. Geschichte, Fakten, Lebenswelten*. Leipzig: Edition Leipzig.

Kippenberg, Hans G. 1999. „Kriminelle Religion. Religionswissenschaftliche Betrachtungen zu Vorgängen in Jugoslawien und im Libanon." *Zeitschrift für Religionswissenschaft* (7):95–110.

Krenzer, Michael. 2016. „‚Dulden heißt Beleidigen' – vom Umgang mit religiösen Minderheiten in deutschen Schulen." *Religion – Staat – Gesellschaft* (17), 63–202.

[LAPO I]. *Lehramtsprüfungsordnung I vom 29. August 2012*, zuletzt geändert am 16.12.2020. Dresden.

[LP GS]. Sächsisches Staatsministerium für Kultus [SMK]. 2019. *Lehrplan Grundschule Ethik*. Dresden.

[LP OS]. SMK. 2019. *Lehrplan Oberschule Ethik*. Dresden.

[LP GY]. SMK. 2019. *Lehrplan Gymnasium Ethik*. Dresden.

[LP BS]. SMK. 2019. *Lehrplan Berufsschule Ethik*. Dresden.

Masuzawa, Tomoko. 2005. *The Invention of World Religions. Or, How European Universalism Was Preserved in the Language of Pluralism*. Chicago: University of Chicago Press.

MDR. 2019. „Sachsen führt Jüdische Religion als neues Fach ein." *Mitteldeutscher Rundfunk*. 17.04.2019.

[SächsSchulG]. *Sächsisches Schulgesetz vom 3. Juli 1991*, zuletzt geändert am 21.05.2021. Dresden.

Statistisches Landesamt des Freistaates Sachsen, *Statistisches Jahrbuch Sachsen*. 10. Jg. Dresden 2001.

SVJJ (= Sächsischer Verband für Jugendarbeit und Jugendweihe e.V.). 2015. *Satzung Sächsischer Verband für Jugendarbeit und Jugendweihe e. V.* 05.09.2015.

SVJJ. O. J. „Selbstbeschreibung." *Sächsischer Verband für Jugendarbeit und Jugendweihe e. V.*

TU Dresden. 2018a. *Studienordnung für das Fach Ethik/Philosophie im Studiengang Ethik/Philosophie an Grundschulen*. 29.08.2018.

TU Dresden. 2018b. *Studienordnung für das Fach Ethik/Philosophie im Studiengang Höheres Lehramt an berufsbildenden Schulen*. 29.08.2019.

TU Dresden. 2018c. *Studienordnung für das Fach Ethik/Philosophie im Studiengang Höheres Lehramt an Gymnasien*. 29.08.2019.

TU Dresden. 2018d. *Studienordnung für das Fach Ethik/Philosophie im Studiengang Lehramt an Mittelschulen*. 29.08.2018.

Universität Leipzig. 2014. *Modulbeschreibungen Ethik/Philosophie*. 17.07.2014.

Universität Leipzig. 2021. *Studien-Führer Wissenschaftliche Ausbildung von Lehrkräften (wAL-Ethik)*. September 2021.

Von Boerries, Friedrich und Jens-Uwe Fischer. 2008. *Sozialistische Cowboys. Der Wilde Westen Ostdeutschlands*. Frankfurt am Main: Suhrkamp.

Felix Winge, Claudia Wustmann
14 Sachsen-Anhalt

Hard Facts auf einen Blick

Fachbezeichnung	Ethikunterricht
Einführung des Faches	1991
Schulstufen	Primarstufe, Sekundarstufe I, Sekundarstufe II
Rechtsstatus	Wahlpflichtfach
Rechtsgrundlage	Verf ST, Art. 27, Abs. 3, SchulG LSA 2018, §§ 19–21
Teilnehmer*innen	Anmeldung als Wahlpflicht
Einheitliche Prüfungsanforderung für das Abitur (EPA)	EPA Ethik (2006)
Bezugsdisziplin/en laut curricularer Vorgaben	nicht explizit benannt; aus dem Lehrplan ergibt sich Philosophie
Studienstandorte	Halle-Wittenberg, Magdeburg
Beteiligung der Religionswissenschaft an Lehramtsausbildung	nein
Besonderheit	Ethik wird mehrheitlich belegt (vgl. demografische Situation)
Weitere religions- und ethikbezogene Schulfächer	Religionsunterricht (evangelisch, katholisch), Philosophie

Open Access. © 2023 bei den Autorinnen und Autoren, publiziert von De Gruyter. Dieses Werk ist lizenziert unter der Creative Commons Namensnennung - Nicht-kommerziell - Keine Bearbeitungen 4.0 International Lizenz.
https://doi.org/10.1515/9783110694536-022

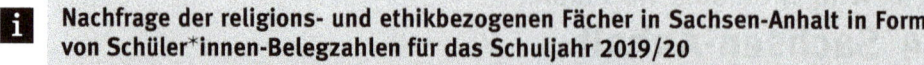

Nachfrage der religions- und ethikbezogenen Fächer in Sachsen-Anhalt in Form von Schüler*innen-Belegzahlen für das Schuljahr 2019/20

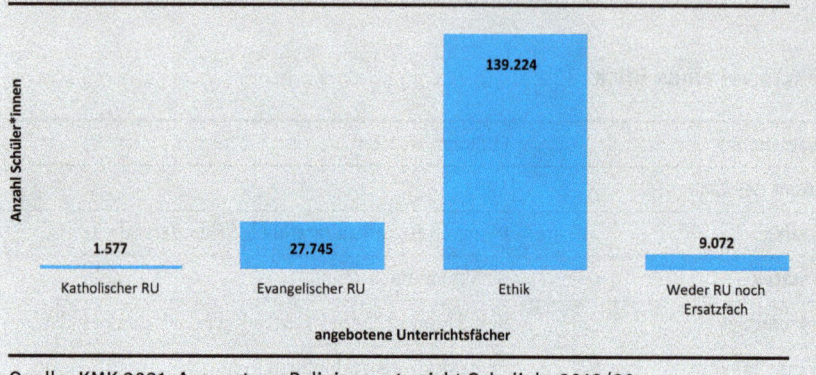

Quelle: KMK 2021. Auswertung Religionsunterricht Schuljahr 2019/20.

Verteilung der Fächer im Schulsystem

	Religionsunterricht (Wahlpflichtfach)	Ethik (Wahlpflichtfach)	Philosophie (Wahlfach)
Primarstufe	+	+	–
Sekundarstufe I	+	+	–
Sekundarstufe II grundlegendes Anforderungsniveau	+	+	+
Sekundarstufe II erhöhtes Anforderungsniveau	–	–	–

Geschichte und Entwicklung des aktuellen Modells

Die Einrichtung des Ethik- und Religionsunterrichts in der in Sachsen-Anhalt bestehenden Form hängt mit der historisch entstandenen Situation in diesem Bundesland zusammen, die sich in entsprechenden politischen Entscheidungen und der öffentlichen Wahrnehmung der Bürger*innen widerspiegelt. Die Ausgangssituation bezüglich des in der Bevölkerung vorhandenen Wissens über Religion ist deshalb ambivalent und nicht leicht nachzuvollziehen.

Zum einen gilt Sachsen-Anhalt, zu dem bekanntlich Wittenberg, der langjährige Wohn- und Wirkungsort Martin Luthers, gehört, als Stammland der Reformation. Luther ist omnipräsent und fast allen Bürger*innen ein Begriff. Die zahlreichen Veranstaltungen rund um das Reformationsjubiläum 2017 zogen viele Besucher*innen an, egal welche konfessionelle Bindung sie hatten, oder ob sie sich überhaupt als religiös definierten. Zudem etablierte August Herrmann Francke etwa zweihundert Jahre nach der Reformation den Pietismus als wichtige Strömung im deutschen Protestantismus. Die von ihm begründeten Franckeschen Stiftungen in Halle (Saale) zählen zu den bedeutendsten Sehenswürdigkeiten Sachsen-Anhalts und sind aus dem kulturellen und wissenschaftlichen Leben der Stadt und auch des Bundeslandes nicht wegzudenken.

Obwohl man auf Schritt und Tritt in Sachsen-Anhalt auf religionsgeschichtlich bedeutsame Artefakte stößt, ist es zum andern das Bundesland mit den meisten Menschen ohne Religionszugehörigkeit. Zu einer der evangelischen Kirchen gehörten im Jahr 2015 nur noch 12,7 Prozent der Menschen. Das ist der niedrigste Wert in ganz Deutschland. Der katholischen Kirche gehören noch 3,5 Prozent der Bevölkerung an, womit sich Sachsen-Anhalt auf einem ähnlichen Niveau wie die anderen ostdeutschen Bundesländer befindet (EKD 2017, 7).

Damit einher geht ein ausgeprägtes Desinteresse an religiösen Fragestellungen, aber auch an Wissen über Religion. Obwohl das kulturelle Angebot der christlichen Kirchen von den Bürger*innen im Allgemeinen gut angenommen wird, erwächst daraus kaum ein größeres und andauerndes inhaltliches Interesse an Religion – weder an der christlichen noch an irgendeiner anderen. Die große Anzahl von Menschen ohne religiöse Bindung und die damit verbundene Indifferenz gegenüber religiösen Themen stellen die grundlegenden Bedingungen für die politischen Regelungen dar, die den Ethik- und Religionsunterricht in Sachsen-Anhalt betreffen.

Dieser ist seit Beginn des Schuljahrs 1991/92 Teil des Fächerkanons an allgemein- und berufsbildenden Schulen in Sachen-Anhalt. Nach einer parlamentarischen Debatte wurde mit der am 16. Juli 1992 verabschiedeten Verfassung und dem am 20. Juni 1993 verabschiedeten Schulgesetz Sachsen-Anhalts der rechtliche Rahmen für diese Unterrichtsfächer gesetzt (Verf ST, Art. 27, Abs. 3 und SchulG LSA 2018, §§ 19, 20, 21). Die sachsen-anhaltische Regelung geht über die Bestimmung des Religionsunterrichts als ordentliches Lehrfach nach Artikel 7, Absatz 3 Grundgesetz insofern hinaus, als nicht nur der Religions-, sondern auch der Ethikunterricht ordentliches Lehrfach ist. Beide Fächer stellen somit gleichwertige Alternativen zueinander dar, zwischen denen frei gewählt werden kann (Domsgen 1998, 253–255). In den meisten anderen Bundesländern hat der Ethikunterricht hingegen den Charakter eines Ersatzfaches, das die vorherige Abmeldung vom Religionsunterricht voraussetzt.

Nach der Landtagswahl in Sachsen-Anhalt am 14. Oktober 1990 bildete die CDU gemeinsam mit der FDP eine Koalitionsregierung, die wenige Tage später am 2. November 1990 vereidigt wurde. Damit begannen die Vorarbeiten für eine gesetzliche Regelung des Schulwesens. Am 15. Februar 1991 brachte die SPD-Fraktion einen Entwurf für ein Landesschulgesetz ein, in dem bemerkenswerterweise der Religions- und der Ethikunterricht keine Erwähnung fanden. Einen Monat später legte dagegen die Koalitionsregierung am 14. März den „Entwurf des 1. Schulreformgesetzes" vor, das den Religionsunterricht an öffentlichen Schulen als ordentliches Lehrfach vorsah. Demnach sollten alle Schüler*innen automatisch zur Teilnahme am Ethikunterricht verpflichtet werden, wenn sie nicht am Religionsunterricht teilnehmen wollten (Domsgen 1998, 193–196).

In den anschließenden Beratungen über eine gesetzliche Regelung des Religionsunterrichts kam eine breite Palette unterschiedlicher Meinungen zur Sprache, was nicht zuletzt auf die geringe Kirchenbindung und die damit verbundene Gleichgültigkeit religiösen Dingen gegenüber zurückging. Alle Parteien waren sich aber darin einig, dass die Schüler*innen nicht zur Teilnahme am Religionsunterricht gezwungen werden dürften (Domsgen 1998, 197). Ferner wies die SPD darauf hin, dass eine Abmeldung der Schüler*innen vom Religionsunterricht als Voraussetzung für den Besuch des Ethikunterrichts viele Eltern irritieren würde. Eine Übertragung der in anderen Bundesländern geltenden Regelung mit dem Religionsunterricht als Pflichtfach und dem Ethikunterricht als Ersatzfach wurde aufgrund der Konfessionslosigkeit und areligiösen Orientierung der Mehrheit der Einwohner*innen Sachsen-Anhalts als problematisch erachtet. Die Tatsache, dass im 1993 beschlossenen Landesschulgesetz sowohl der Religions- als auch der Ethikunterricht als Wahlpflichtfach anerkannt wurden, lässt sich als notwendig erachtete Anpassung des Grundgesetzes (Artikel 7, Absatz 3) auf die religionsdemographische Situation in Sachsen-Anhalt verstehen.

Rahmenbedingungen

Laut Schulgesetz sind sowohl der Religionsunterricht als auch der Ethikunterricht an den öffentlichen Schulen in Sachsen-Anhalt ordentliche Lehrfächer im Wahlpflichtbereich. Die Schüler*innen müssen demzufolge entweder am Religionsunterricht oder am Ethikunterricht teilnehmen (SchulG LSA 2018, § 19, Abs. 2). Das Schulgesetz besagt, dass der Unterricht in diesen Fächern stattfindet, „sobald hierfür die erforderlichen Unterrichtsangebote entwickelt sind und geeignete Lehrerinnen und Lehrer zur Verfügung stehen" (SchulG LSA 2018, § 19, Abs. 5). Fehlen in einem der Fächer diese Voraussetzungen, kann nur das jeweils andere Fach unterrichtet werden. Allerdings drängt das Schulgesetz darauf, schnellstens eine Wahlmöglichkeit anzubieten: „Der Unterricht in den Fächern Evangelische Religion oder Katholische Religion ist unabhängig von dem Angebot des Ethikunterrichts an einer Schule anzubieten und einzurichten und vorrangig in den Klassen einzuführen, in denen bereits das Fach Ethik erteilt wird" (RdErl. MK 2007, Abs. 3.2).[1]

Sofern die entsprechenden Fächer angeboten werden, muss eines davon belegt werden. Darüber entscheiden zunächst die Eltern und ab Vollendung des vierzehn-

---

[1] Der Runderlass des Ministeriums für Kultur hat keinen rechtsverbindlichen Charakter, sondern dient nur der Information.

ten Lebensjahres mit Erreichung der Religionsmündigkeit die Schüler*innen selbst (SchulG LSA 2018, § 21). Die An- und Abmeldung zu einem der Unterrichtsangebote erfolgt mittels einer schriftlichen Erklärung am Ende des Schulhalbjahrs (RdErl. MK 2007, Abs. 4.1). Ein Wechsel des Unterrichtsfaches kann nur im Turnus eines Schulhalbjahrs erfolgen. Wird kein Religionsunterricht angeboten oder will beziehungsweise darf das Kind nicht daran teilnehmen, muss es den Ethikunterricht besuchen (RdErl. MK 2007, Abs. 4.2).

Bei dem angedachten Islamunterricht – der aber noch längst nicht beschlossen ist – soll es sich aller Voraussicht nach um einen Religionsunterricht analog zu den beiden christlichen handeln.

Nicht explizit eingegangen wird im ursprünglichen Text des Schulgesetzes auf den Fall, dass nur Religionsunterricht, aber kein Ethikunterricht angeboten werden kann. Resultierend aus der gesetzlichen Verpflichtung, eines der Fächer zu besuchen (SchulG LSA 2018; § 19, Abs. 2), sowie aus der Offenheit des Religionsunterrichts auch für nicht oder anders konfessionell gebundene Schüler*innen (RdErl. MK 2007, Abs. 4.3) könnte diese formelle Regelung so ausgelegt werden, dass alle Schüler*innen den Religionsunterricht besuchen müssen, wenn kein Ethikunterricht zur Verfügung steht. Vermutlich hat es in diesem Punkt häufiger Unklarheiten gegeben; eine Aktualisierung sieht sich deshalb genötigt, diesen Fall näher zu betrachten. So wird dort einerseits festgestellt: „Schülerinnen und Schüler, die keiner Religionsgemeinschaft oder einer anderen Religionsgemeinschaft angehören, können auch am Religionsunterricht einer Religionsgemeinschaft teilnehmen. Die Pflicht zur Teilnahme am Ethikunterricht oder Religionsunterricht besteht somit unabhängig davon, ob an einer Schule sowohl Ethikunterricht als auch evangelischer und katholischer Religionsunterricht angeboten wird" (Stehli 2018).

Andererseits verweist der Text auf das im Grundgesetz in Artikel 4, Absatz 1 und in der Landesverfassung in Artikel 9, Absatz 1 garantierte Recht der negativen Religionsfreiheit. Auf dieser Grundlage können die Schüler*innen ihre Teilnahme am Religionsunterricht ablehnen. Sofern der Ethik- und Religionsunterricht flächendeckend für alle Schüler*innen eingerichtet ist, sollen beide Fächer gleichwertige Optionen bilden. Doch einerseits kann die Teilnahme am Religionsunterricht in jedem Fall aus Gewissensgründen verweigert werden, auch wenn kein Ethikunterricht angeboten wird, und andererseits ist die Teilnahme am Ethikunterricht verpflichtend, selbst wenn kein Religionsunterricht zur Verfügung gestellt wird. Damit besteht trotz der formellen Gleichwertigkeit faktisch eine Vorrangstellung des Ethikunterrichts. Wie bereits oben angesprochen, wird damit auf die besondere religionsdemographische Situation in Sachsen-Anhalt Rücksicht genommen. Das prinzipielle Recht, die Teilnahme am Religionsunterricht zu verweigern, wird allerdings offiziell nur mit einem Hinweis auf die negative Religionsfreiheit begründet (Stehli 2018).

Ausbildung der Lehrkräfte

Für zukünftige Lehrkräfte im Fach Ethik gibt es den entsprechenden Studiengang Ethik, der an der Martin-Luther-Universität in Halle und an der Otto-von-Guericke-Universität in Magdeburg angeboten wird. Zudem kann Ethikunterricht auch durch Lehrkräfte erteilt werden, die eine Lehrbefähigung oder Unterrichtserlaubnis für das Fach Philosophie erworben haben (RdErl. MK 2007, Abs. 2.6). Andere Studiengänge wie Religionswissenschaft, Theologie oder Kulturwissenschaft begründen keine Lehrbefähigung für das Fach Ethik. Darüber hinaus können auch Lehrkräfte zur Erteilung des Ethikunterrichts eingesetzt werden, die im Rahmen eines berufsbegleitenden Studiengangs mindestens zwei Semester oder im Rahmen eines ebenfalls berufsbegleitenden Weiterbildungskurses 150 Unterrichtsstunden absolviert haben. Wird die Prüfung im laufenden Studiengang oder Weiterbildungskurs von der Lehrkraft nicht bestanden, erfolgt kein weiterer Einsatz der Lehrkraft im Ethikunterricht (RdErl. MK 2007, Abs. 2.5).

Die Prüfungsordnung für die Lehramtsausbildung von Gymnasiallehrer*innen für den Ethikunterricht sieht in Sachsen-Anhalt vor, dass die Modulfachnote aus acht examensrelevanten Modulen gebildet wird. Dazu zählen jeweils drei Aufbaumodule (Methoden der Philosophie, Ethik, Theoretische Philosophie), zwei Profilbildungsmodule Praktische Philosophie und ein Prüfungsmodul Theoretische Philosophie sowie zwei Module zur Fachdidaktik Ethik/Philosophie. Eine systematische Behandlung religionskundlicher Inhalte in Anlehnung an die Religionswissenschaft ist aus den angegebenen Modulthemen nicht ablesbar. Unter den acht Modulen, deren erfolgreicher Abschluss die notwendige Zulassungsvoraussetzung zur staatlichen Abschlussprüfung bildet, befindet sich nur ein Modul mit dem Titel „Religion, Religionsphilosophie und Ethik", das sich explizit auf das Thema Religion bezieht, aber ebenfalls nicht auf eine signifikante Vermittlung religionskundlichen Wissens hindeutet (LPVO 2008; Anlage 3, Abschnitt 7).

Die Religionsunterrichte werden in der Regel von den im Landesdienst befindlichen Lehrkräften erteilt, die entweder über das entsprechende Lehramt (Evangelische beziehungsweise Katholische Religionspädagogik) oder eine Erweiterungsprüfung verfügen. Diese müssen eine Lehrbefähigung oder eine Unterrichtserlaubnis besitzen und außerdem im Besitz einer *vocatio* oder *missio canonica* sein (RdErl. MK 2007, Abs. 2.1 und 2.2). Im Kirchendienst stehende Mitarbeiter*innen können für den Religionsunterricht eingesetzt werden, ohne dass sie eine gesonderte kirchliche Bevollmächtigung benötigen (Landeskirchenamt 2012, Abs. 6.1). Wie bei anderen Lehrkräften übernimmt auch bei ihnen das Land die Finanzierung.

Für die Erteilung der Vokation ist die Mitgliedschaft in der evangelischen Kirche oder einer kirchlichen Gemeinschaft nachzuweisen, die in der Arbeitsgemeinschaft christlicher Kirchen in Deutschland (ACK) mitarbeitet oder in Kirchengemeinschaft mit der Evangelischen Landeskirche Anhalts beziehungsweise mit der Evangelische Kirche Mitteldeutschlands (EKM) steht (ELA O. J.). Die jeweilige Gemeinschaft muss der Vokation zustimmen. Widerruft sie ihre Zustimmung oder tritt die betreffende Lehrkraft aus dieser Gemeinschaft aus, wird die Vokation entzogen. Das bedeutet, dass die Lehrkraft das Fach Evangelische Religion nicht mehr unterrichten darf (ELA 1992).

Curriculare Vorgaben

Im folgenden Abschnitt werden offizielle Informationen und schwerpunktmäßig die Lehrpläne für den Ethikunterricht und die Religionsunterrichte in Sachsen-Anhalt mit Blick auf den jeweiligen Umgang mit dem Thema Religion analysiert. Als Maßstab der Darstellung dient die Ausrichtung eines hypothetischen religionskundlichen Unterrichts, der säkular gerahmt ist und auf die Religionswissenschaft als Bezugswissenschaft verweist. Ein solcher Unterricht umfasst Lehrinhalte, in denen Religionen aus religionswissenschaftlicher Perspektive als kulturelle und soziale Phänomene analysiert werden, und in dem das hierfür notwendige Wissen über Religion vermittelt wird. Religionskunde verfolgt nicht den Anspruch, an religiösen oder normativen Diskursen über Religion zu partizipieren. Vielmehr geht es darum, diese objektsprachlichen Diskurse entsprechend der nichtreligiösen Ausrichtung des religionskundlichen Unterrichts zum Gegenstand einer wissenschaftlichen Analyse aus metasprachlicher Perspektive zu machen.

Ein Unterrichtsfach Religionskunde existiert in Sachsen-Anhalt nicht, auch kein anderes Fach, das als zentralen Lehrinhalt nicht religiöses „Wissen" vermittelt, sondern ein Wissen über Religion, das sich etablierten sozial-, kultur- und religionswissenschaftlichen Methoden erschließt. Stattdessen gibt es „drei Schulfächer für große Fragen", wie sie in einem an die Eltern adressierten Flyer des Landesinstituts für Schulqualität und Lehrerbildung Sachsen-Anhalt (Schmidt 2017) genannt werden: Ethik sowie evangelischer und katholischer Religionsunterricht. Die Zuordnung des Ethik- und Religionsunterrichts auf einen gemeinsamen thematischen Bezugspunkt („große Fragen") deutet bereits darauf hin, dass diese Fächer in einer inhaltlichen Affinität zueinander gesehen werden und dass von ihnen eine gleiche oder ähnliche Vermittlungsleistung von Kompetenzen in Bezug auf die Schüler*innen erwartet wird. Ethik- und Religionsunterricht figurieren demnach als zwei verschiedene Wege, die zu demselben Ziel führen sollen.

Unter die großen Fragen, die den gemeinsamen Nenner des Ethik- und Religionsunterrichts bilden sollen, fallen besonders solche, die mit existenziellen Dingen des Lebens zu tun haben: „Warum ist die Welt nicht gerecht? Was kommt nach dem Tod? Warum können nicht alle Menschen in Frieden leben? Was ist der Sinn meines Lebens? Was wird aus mir, wenn ich versagt habe? Gibt es Gott und wie könnte ich ihn mir vorstellen?" (Schmidt 2017) Im Unterschied zum religionskundlichen Anspruch, religiöse Phänomene aus nichtreligiöser Perspektive darzustellen, verweisen die genannten Themen auf normativ vorgegebene Annahmen über die Existenz Gottes und das Sein des Menschen vor und nach seinem Tod. Anstatt die Inhalte eines religiös normierten Diskurses nur zu wiederholen, beansprucht die Religionskunde, die damit verbundenen Einstellungen und Verhaltensweisen zum Gegenstand der wissenschaftlichen Analyse zu machen.

Die inhaltliche Schnittmenge des Ethik- und Religionsunterrichts bildet das Thema Religion. Der Flyer, der Schüler*innen und Eltern als Entscheidungshilfe für die Wahl der Unterrichtsform dienen soll, nennt folgende Gemeinsamkeiten: „Im Ethikunterricht und in den Religionsunterrichten wird die Entwicklung einer toleranten und verständnisvollen Haltung gegenüber anders Denkenden gefördert. Die Unterrichtsfächer sind Erprobungsräume für den Dialog von Kulturen und Religionen. Damit werden wichtige Voraussetzungen für das Leben in weltanschaulicher und religiöser Pluralität geschaffen." (Schmidt 2017)

Das zu vermittelnde Wissen ist demnach sowohl im Ethik- als auch im Religionsunterricht von vornherein an einen gemeinsamen normativen Zweck gebunden. Die Schüler*innen sollen dialogfähig werden und eine tolerante Einstellung gegenüber Andersdenkenden einnehmen. Dadurch soll der Austausch zwischen verschiedenen kulturellen und religiösen Gruppen befördert werden. Um dieses Ziel zu erreichen, bedarf es eines Mindestmaßes an Wissen über „die Anderen", über ihre religiöse Orientierung sowie darüber, wie und warum Religion zur Triebfeder menschlichen Denkens und Handelns werden kann.

Im Fach Ethik, dessen Gestaltung der staatlichen Verantwortung obliegt, soll dem Landesschulgesetz zufolge „den Schülerinnen und Schülern das Verständnis für ethische Werte und Normen sowie der Zugang zu philosophischen und religiösen Fragen" (SchulG LSA 2018, §19, Abs. 4) ermöglicht werden. Diese den Ethik- und Religionsunterricht betreffende Formulierung verweist darauf, dass Religion vorrangig aus einem ethischen Interesse hinsichtlich ihrer wertebildenden Funktion behandelt werden soll. Sie folgt damit dem Ziel, Toleranz und Dialogfähigkeit zu vermitteln. Wie ein Blick in die Lehrpläne für den Ethikunterricht im Folgenden zeigen wird, steht auch dort die Religion als normatives vorgegebenes Phänomen im Vordergrund, das im Hinblick auf seine werte- und sinngebende Leistung für die individuelle Lebensführung thematisiert wird. Die Konzentration auf religiöse Glaubensinhalte führt dazu, dass andere wichtige Fragen nicht zur Sprache kommen. Die geschichtliche, kulturelle und soziale Dimension von Religion bleibt unterbelichtet. Im Fokus steht vielmehr das religiöse Sinnstiftungsangebot, wobei die konkreten Ausprägungen der verschiedenen Religionen allenfalls grob umrissen werden.

Der Religionsunterricht wird in Übereinstimmung mit den Grundsätzen der Religionsgemeinschaften erteilt. Es handelt sich also von vornherein um einen religiös gerahmten Unterricht, der inhaltlich von der theologischen Binnenperspektive der jeweiligen religiösen Konfession aus konzipiert wird. Die entsprechenden Religionsgemeinschaften sind jeweils für die Gestaltung der Lehrpläne verantwortlich.

Der aktuell geltende Fachlehrplan für den Ethikunterricht an Gymnasien (FLP Gym Ethik 2016) in Sachsen-Anhalt trat ab dem Schuljahr 2016/2017 in Kraft. Er wurde erarbeitet von Frank Dittrich (Ethik-Lehrer, Dessau), Peter Kurtz (Fachseminar Ethik am Gymnasium, Schulpforte), Dr. Michael Reuter (Theologe, Magdeburg) und Dr. Ralf Schmidt (Landesinstitut für Schulqualität und Lehrerbildung Sachsen-Anhalt, Halle). Eine Bezugswissenschaft für den Ethikunterricht und speziell für die Behandlung des Themas Religion wird im Fachlehrplan nicht genannt. Der Begriff „Religionskunde" taucht hier generell nicht auf.

Als inhaltliche Bezugsobjekte des Ethikunterrichts stehen „Entwürfe des gelingenden Lebens" und „Fragen des richtigen Handelns" im Vordergrund. Es geht also um die „Auseinandersetzung mit Wertfragen und moralischen Überzeugungen". Das Fach wird dadurch legitimiert, dass die Schüler*innen durch die „Orientierung auf das menschliche Wohl […] zu mündigen Bürgerinnen und Bürgern in einem freiheitlich-demokratischen Rechtsstaat" sowie zu einer Haltung „kritischer Loyalität" befähigt werden sollen (FLP Gym Ethik 2016, 2).

Für das Thema Religion ist besonders die Zielstellung des Fachlehrplans relevant, „Nachdenken über Sinnangebote und Probleme moderner Gesellschaften offenzuhalten und vorschnelle Antworten zu hinterfragen" (FLP Gym Ethik 2016, 2). Aus der Perspektive der Gegenwart, an der sich auch der Lehrplan ausgehend vom Problem der Mündigkeit der Bürger*innen unter den aktuellen Umständen orientiert, wären deshalb insbesondere zeitgenössische essenzialisierende Diskurse über Religion und die darin zur Geltung kommenden, unreflektierten normativen Voraussetzungen (zum Beispiel stereotype Auffassungen und Vorurteile gegenüber bestimmten Religionen) zu analysieren. Die kritische Implikation dieser religionskundlichen Diskursanalyse wäre der Nachweis, wie der historische Charakter von Religion als soziales und kulturelles Phänomen verfehlt wird, wenn kontingente oder fiktive Eigenschaften zum eigentlichen „Wesen" einer Religion gemacht werden. Im Folgenden ist zu untersuchen, inwiefern die im Fachlehrplan für den Ethikunterricht an Gymnasien angeführten inhaltlichen Themen und Kompetenzen, die das Thema Religion betreffen, einem religionskundlichen Anspruch gerecht werden.

Im Fachlehrplan ist das Thema „Religion und Weltanschauung" dem inhaltlichen Schwerpunkt „Was darf ich hoffen?" zugeordnet, dessen leitender inhaltlicher Gesichtspunkt die Sinnbestimmung von Moral ist (FLP Gym Ethik 2016, 7). Die Schüler*innen sollen sich mit verschiedenen Weltanschauungen und Religionen auseinandersetzen, um das „eigene Welt- und Menschenbild zu erweitern, zu überprüfen und zu festigen" (FLP Gym Ethik 2016, 8). Dieser Ausgangspunkt setzt am Thema Religion mit einem spezifisch inhaltlichen Interesse an: Einerseits wird Religion als Sinnstiftungsressource der Moral in den Blick genommen, andererseits soll die Behandlung von Religion im Unterricht auf den Effekt abzielen, das „Welt- und Menschenbild" der Schüler*innen zu optimieren. Unklar bleibt, unter welcher methodologischen Voraussetzung Religion im Ethikunterricht überhaupt zu behandeln ist: Soll Religion von einem wissenschaftlichen Standpunkt aus zum Gegenstand einer deskriptiven, metasprachlichen Analyse gemacht werden? Oder soll Religion auf eine Weise im Unterricht behandelt werden, durch die sie für das „Welt- und Menschenbild" der

Schüler*innen selbst als sinngebende Ressource in Betracht gezogen, also im Rahmen eines normativen Diskurses zum Gegenstand gemacht wird? Im zweiten Fall läge eine problematische Vermischung von religionsexterner und -interner Perspektive vor.

Das Ziel des Schwerpunkts „Religion und Weltanschauung" besteht in der „Entwicklung kultureller Kompetenz", worunter verstanden wird, „fremdes Verhalten besser zu verstehen, eigenes Verhalten reflektiert einzuschätzen sowie gegebenenfalls zu korrigieren" (FLP Gym Ethik 2016, 8). Mit der pragmatischen Intention, die Schüler*innen zu einer toleranten Einstellung und einem toleranten Verhalten zu befähigen, wird ein normierender Rahmen vorgegeben, der die Behandlung von Religion im Ethikunterricht auf ganz bestimmte inhaltliche Aspekte hin orientiert. Diese Ausrichtung spiegelt sich auch in den Kompetenzschwerpunkten des Fachlehrplans wider: „Religiöse Sinnangebote charakterisieren" (Schuljahrgänge 5/6), „Erlösungsvorstellungen der Weltreligionen charakterisieren" (Schuljahrgänge 7/8), „Religiöse Ethik problematisieren" (Schuljahrgang 9) und „Religion aus philosophischer Sicht reflektieren" (Schuljahrgang 11/12) (FLP Gym Ethik 2016, 9).[2] Dadurch wird der Akzent auf die normativen und sinngebenden Aspekte von Religion gelegt, was eine inhaltlich differenzierte und tiefergehende religionskundliche Ausrichtung des Unterrichts von vornherein einschränkt. Religion als soziales und kulturelles Phänomen ernst zu nehmen, scheint nicht vorgesehen zu sein.

In der Auseinandersetzung mit religiösen Sinnangeboten in den Schuljahrgängen 5 und 6 sollen zunächst „charakteristische Erscheinungsformen von Judentum, Christentum und Islam" anhand ausgewählter Phänomene beschrieben werden, darunter kulturelle Traditionsbestände wie „Gebäude, Schriften, Symbole, Rituale und Feste" sowie theologische Gehalte wie die „Zehn Gebote, Bergpredigt, Fünf Säulen [des Islam]" (FLP Gym Ethik 2016, 13). Abgesehen von der stereotypen Behandlung von Christentum, Judentum und Islam als „Weltreligionen" bleibt dabei offen, aus welcher Perspektive deren religiöse Inhalte ausgewählt und behandelt werden, also ob es sich dabei um eine bloß referierende Darstellung religiöser Phänomene oder auch um ihre soziokulturelle Kontextualisierung handeln soll.

Nach diesem wohl als Einführung in ausgewählte kulturelle Traditionsbestände und theologische Vorstellungen der drei „Weltreligionen" konzipierten Einstieg in das Thema Religion sollen „Religiosität als Möglichkeit des Menschen und Religionen als Sinndeutungssysteme" auf einer theoretischen Ebene thematisiert werden (FLP Gym Ethik 2016, 13). Angestrebt wird dabei unter anderem die Ausbildung der Kompetenz, „den Unterschied zwischen Religion und Religiosität als Ebenen des Religiösen" erläutern zu können. Bei der Unterscheidung zwischen Religiosität als übergreifend-allgemeiner Kategorie und Religion als ihrer besonderen Ausformung

---

[2] Im Schuljahrgang der zehnten Klasse fällt der inhaltliche Schwerpunkt „Kontingenzerfahrung reflektieren" unter die Sparte „Glück und Lebenssinn" und wird vorrangig aus philosophischer Sicht, ohne Bezugnahme auf das Thema Religion behandelt (FLP Gym Ethik 2016, 21).

handelt es sich um ein vorwiegend im theologischen Rahmen verwendetes Konzept. Religiosität wird in diesem Zusammenhang als universales menschliches Empfinden mit Transzendenzbezug verstanden. Ausgehend von dieser Annahme einer im Individuum verankerten, existenziellen Grundlage des Religiösen, in der sich tatsächlich aber eine individualisierte, historisch-spezifische Sozialform der Religion auf verabsolutierte Weise widerspiegelt, sollen Religionen als historische und soziale Formen erklärt werden (Jakobs 2002, 75–76). Im Gegensatz zu diesem Ansatz werden Religionen im Rahmen der Religionskunde als soziale und kulturelle Phänomene und damit auch hinsichtlich ihrer prinzipiellen Historizität analysiert. Der dadurch gegebene wissenschaftliche Religionsbegriff vermeidet einen religiös normierten Dualismus zwischen Religiosität, die als anthropologisches Wesensmerkmal des Menschen gilt, einerseits und den historisch zu verstehenden Religionen als bloßen Formen eines vermeintlichen religiösen Wesens andererseits.

Im 7. und 8. Schuljahr sollen „Erlösungsvorstellungen der Weltreligionen" behandelt werden; genannt werden etwa „Kreislauf des Lebens und Nirwana; Jüngstes Gericht und ewiges Leben" (FLP Gym Ethik 2016, 17). Dieser inhaltliche Schwerpunkt, der zwei Schuljahre umfasst, deutet darauf hin, dass Erlösungsvorstellungen für von zentraler Bedeutung für Religionen gehalten werden. Aus der binnenreligiösen Perspektive des religiös orientierten Menschen mag dies zweifellos in vielen Fällen zutreffen. Gemessen am Maßstab und Anspruch einer religionskundlichen Analyse von Religionen wären diese religiösen Vorstellungen und theologischen Konzepte als in geschichtliche Zusammenhänge eingebundene diskursive Formen und nicht als fixe Eigenschaften essentialistisch verstandener „Weltreligionen" zu behandeln. Eine solche historische Betrachtung setzt wiederum ein religionskundliches Verständnis von Religion als sozialem und kulturellem Phänomen voraus. Die Entstehung religiöser Erlösungsvorstellungen ist schließlich immer rückgebunden an historisch-spezifische soziale und kulturelle Kontexte.

Problematisch aus religionskundlicher Sicht sind im Rahmen des Themenschwerpunkts der „Erlösungsvorstellungen" auch die dabei an die Schüler*innen zu vermittelnden Kompetenzen. So soll „religiöses Sprechen und Handeln in ihrer symbolischen Eigenart" dargestellt und „Glauben im religiösen Sinne als eine spezifische Erkenntnisweise" eingeordnet werden (FLP Gym Ethik 2016, 17). Wenn „Glauben im religiösen Sinne" thematisiert wird, bewegt sich diese Auseinandersetzung ausdrücklich in einem religiös normierten Rahmen. Dadurch wird ein binnenreligiöser Diskurs auf objektsprachlicher Ebene aufgenommen und fortgeführt. Ebenso stellen religionsinterne Ansprüche auf die symbolische Eigenart religiösen Sprechens und Handelns sowie eine religiös gerahmte Bewertung des Glaubens als einer spezifischen Erkenntnisweise aus religionswissenschaftlicher Sicht Bestandteile eines religiösen Diskurses dar. Aus einer religionskundlichen Perspektive sind diese religiösen Diskurse und Annahmen selbst zum Gegenstand einer metasprachlichen Reflexion zu machen.

Für das 9. Schuljahr ist das Unterrichtsthema „Religiöse Ethik problematisieren" vorgesehen. Inhaltliche Schwerpunkte sind „religiöser Fundamentalismus" und „Ethos der Weltreligion" (FLP Gym Ethik 2016, 19). Den Schüler*innen sollen die Kompetenzen vermittelt werden, die „Entstehung und Eigenart des Fundamentalismus erklären" sowie „fundamentalistische Propaganda mithilfe von Kernaussagen der Weltreligionen zu Frieden und Krieg untersuchen" zu können. Die Bestimmung von „Kernaussagen der Weltreligionen zu Frieden und Krieg", also religiöser Semantiken, als Mittel für die Untersuchung „fundamentalistischer Propaganda" im Ethikunterricht entspricht einer binnenreligiösen Reflexionsebene. Im Unterschied dazu orientiert sich die Religionskunde an den Methoden von Kultur- und Sozialwissenschaften. Die mögliche Bedeutung religiöser Aussagen „zu Frieden und Krieg" für fundamentalistische Propaganda kann aus religionskundlicher Perspektive erst verstanden werden, wenn der religiöse Fundamentalismus selbst als soziales und politisches Phänomen erklärt wird. Ferner wäre der religiöse Fundamentalismus als ein aktuelles und gesellschaftlich relevantes Thema hinsichtlich seiner Darstellung in medialen Diskursen und darin zur Geltung kommender normativer Aussagen über Religion zu analysieren. Wenn laut Fachlehrplan religiöse Aussagen als Erklärungsgrundlage für eine Untersuchung des religiösen Fundamentalismus zu betrachten sind, bleibt damit nur noch ein Abgleich von „fundamentalistischer Propaganda" und den religiösen „Kernaussagen [...] zu Frieden und Krieg" möglich, um eine Übereinstimmung oder Nichtübereinstimmung zwischen Religion und Fundamentalismus zu konstatieren, ohne auf eines der Phänomene von wissenschaftlichen Voraussetzungen ausgehend eingegangen zu sein.

Als weiterer Wissensbestand wird neben dem Thema „Fundamentalismus" das „Ethos der Weltreligionen" angeführt – wohl in Anlehnung an das „Projekt Weltethos" des katholischen Theologen Hans Küng, das darauf abzielt, auf der Grundlage von Gemeinsamkeiten verschiedener religiöser und kultureller Traditionen auf dialogische Weise ein universales Ethos zu entwickeln. Diesem inhaltlichen Gegenstand zugeordnet sind die Kompetenzen, „tradierte religiöse Moralvorstellungen im Dialog mit einer autonomen und universalen Ethik problematisieren" und „aus den ethischen Ressourcen religiöser Traditionen Ideen für eine humane Lebensgestaltung in einer globalisierten Welt entwerfen" zu können (FLP Gym Ethik 2016, 19). Hinsichtlich der erstgenannten Kompetenz bleibt der Status der von der religiösen Moral unterschiedenen „autonomen und universalen Ethik" unklar. Handelt es sich dabei um eine säkulare Moral? Ferner ist, wie auch in anderen Zusammenhängen, der methodische Status der dialogischen Problematisierung der Relation von religiöser Moral und „autonomer" beziehungsweise „universaler" Ethik unbestimmt. Soll im Unterricht selbst ein normativer Diskurs (ob aus religiöser oder nichtreligiöser Sicht) über religiöse Moral geführt werden? Oder sollen normative Diskurse zum Gegenstand einer wissenschaftlichen Analyse von Religionen und Weltanschauungen gemacht werden? Die Zielsetzung, „aus den ethischen Ressourcen religiöser Traditionen Ideen für eine humane Lebensgestaltung in einer globalisierten Welt [zu] entwerfen", deutet stark auf den Anspruch hin, religiöse Moralvorstellungen auf normative Weise zu thematisieren und sie hinsichtlich ihrer Geeignetheit für die ethische Fundierung einer „humane[n] Lebensgestaltung" zu bewerten.

Das Unterrichtsthema für die Schuljahrgänge 11 und 12 ist die Untersuchung von Religion aus philosophischer Sicht. Darunter fallen Wissensbestände wie „Gottesbegriff und Gottesbeweise, Theodizee und Religionskritik" sowie „Dimensionen und Funktionen von Religion" (FLP Gym Ethik 2016, 25). Die Kompetenzen, „individuelle und gesellschaftliche Funktionen von Religion charakterisieren" und „Dimensionen des Religiösen ermitteln und Religionsdefinitionen prüfen" zu können, werden im Fachlehrplan inhaltlich nicht weiter erläutert. Auffällig ist, dass die Beschäftigung mit den „Funktionen der Religion" der Religionsphilosophie und nicht der Religionssoziologie zugeordnet ist, in deren Gegenstandsbereich dieses Problem im Rahmen der Religionswissenschaft vorrangig fällt. Die Beschäftigung mit der Religion als einem sozialem Phänomen und damit hinsichtlich ihrer sozialen Funktion ist von entscheidender Bedeutung für die Frage nach den Dimensionen und Definitionen von Religion, findet aber im Fachlehrplan keine Erwähnung.

Zu den zu vermittelnden Kompetenzen gehört außerdem die Fähigkeit, „die Berechtigung klassischer Religionskritik am Beispiel der Theodizee diskutieren" zu können (FLP Gym Ethik 2016, 25). Die Diskussion der „Berechtigung" von Religionskritik in Auseinandersetzung mit dem theologischen Problem der Theodizee verweist auf einen normativen Zugang. Mit der Theodizee wird ein Konzept des religiösen Diskurses als Ausgangspunkt dafür gewählt, die darauf bezogene Legitimität von Religionskritik auf bewertende Weise zu diskutieren. Aus der Perspektive der Religionskunde sind aber sowohl religiöse als auch religionskritische Diskurse gleichermaßen zum Gegenstand einer deskriptiven Analyse zu machen. Eine mangelnde Unterscheidung und Abgrenzung von normativer und deskriptiver Sichtweise erscheint generell als ein strukturelles Problem der im Fachlehrplan für den Ethikunterricht an Gymnasien aufgeworfenen inhaltlichen Schwerpunkte und Kompetenzen.

Die beiden Religionsunterrichte in Sachsen-Anhalt positionieren sich durch ihre Bindung an die Theologie als Bezugswissenschaft und der damit einhergehenden religiösen Normierung in grundsätzlicher Differenz zu einem religionskundlichen Unterricht. Im Fachlehrplan für den Evangelischen Religionsunterricht an Gymnasien wird die „kritisch-rationale Theologie der Aufklärung" als Bezugswissenschaft genannt, die durch „hermeneutische Zugänge" die diskursive Bearbeitung von religiösen und weltanschaulichen Wahrheitsansprüchen sowie die kritische Reflexion von Glaubens-, Sinn- und Wertfragen ermöglichen soll (FLP Gym ER 2016, 3). Trotz der explizit theologischen Orientierung der Lehrinhalte werden diese als „unabdingbarer Bestandteil allgemeiner Bildung" gekennzeichnet. Die im evangelischen Religionsunterricht zu vermittelnde Kompetenz einer „religiösen Urteilsfähigkeit" soll sich durch die „Fähigkeit und Bereitschaft zur Religious Literacy" auszeichnen. Die „Verpflichtung auf einen Glauben" als Unterrichtsziel wird zwar explizit verneint, aber die Schüler*innen sollen befähigt werden, religiöse Sprache identifizieren und gebrauchen zu können (FLP Gym ER 2016, 4).

Eine religionskundliche, also religionswissenschaftlich informierte Auseinandersetzung mit Religion als kulturellem und sozialem Phänomen ist dabei nicht vorgesehen. Vielmehr bewegen sich die vorgesehenen Kompetenzschwerpunkte (Anthropologie, Christologie, Theologie, Ethik, Ekklesiologie, Eschatologie) und Perspektiven (biographisch-lebensweltlich, christlicher Glauben, philosophisch-weltanschaulich/interreligiös) in einem theologischen Rahmen (FLP Gym ER 2016, 5). Die Vermittlung dieser Kompetenzen soll zur Ausbildung „religiöse[r] Sensibilität" und zur Entwicklung der Fähigkeiten, „religiöse Sprachformen [zu] analysieren und als Ausdruck existentieller Erfahrungen [zu] verstehen", beitragen (FLP Gym ER 2016, 7). Der ausdrücklich religiöse Charakter zeigt sich auch in der Zielsetzung, dass Schüler*innen in die Lage versetzt werden sollen, „die Menschenrechte theologisch begründen" und „sich aus der Perspektive des christlichen Glaubens mit anderen religiösen und weltanschaulichen Überzeugungen argumentativ auseinandersetzen" zu können (FLP Gym ER 2016, 8). Diese normative Ausrichtung aus religiöser Sichtweise unterscheidet sich grundsätzlich von einer religionskundlichen Perspektive, die auf eine deskriptive Behandlung von Religionen und Weltanschauungen in einem säkularen Rahmen abzielt.

Für den katholischen Religionsunterricht wird ebenfalls die Theologie als Bezugswissenschaft genannt, wobei der konfessionelle Charakter des Unterrichts ausdrücklich hervorgehoben wird: „Zentral stellt er [der katholische Religionsunterricht] die Frage nach Gott. Seine primäre Arbeitsweise ist das Theologisieren." (FLP Gym KR 2016, 2)

Explizit wird auch die religiöse Zielsetzung und Gestaltung des Unterrichts zum Ausdruck gebracht: „Religiöse Kompetenz wird gefördert, indem Sinndeutungen des eigenen, des gesellschaftlichen und des globalen Lebens thematisiert und mit dem biblisch-christlichen Bild des Menschen in Beziehung gesetzt werden. [...] Die Schülerinnen und Schüler diskutieren im theologischen Horizont die Frage nach dem Sinn der Wirklichkeit und der Stellung des Menschen in ihr als göttlichem Geschöpf." (FLP Gym KR 2016, 3) Folgerichtig soll Grundlagenwissen zu anderen Religionen oder Weltanschauungen nicht auf wissenschaftlich-deskriptive Weise, sondern nur mit dem Anspruch behandelt werden, diese anderen Positionen aus der zu vermittelnden katholischen Perspektive betrachten und beurteilen zu können (FLP Gym KR 2016, 8).

Aktuelle Situation und Diskussionen

Nach den zuletzt vorliegenden Daten nahmen in Sachsen-Anhalt zum Schuljahr 2017/18 129.365 Schüler*innen am Ethikunterricht, 26.109 am evangelischen Religionsunterricht und 1.100 am katholischen Religionsunterricht teil (Sekretariat 2019). Die Religionsunterrichte werden also nur von einer deutlichen Minderheit der Schüler*innen in Anspruch genommen. Außerdem sollen 8.154 Schüler*innen weder den Religions- noch den Ethikunterricht besucht haben. Die Ursache für die letztgenannte Zahl besteht wahrscheinlich darin, dass an bestimmten Schulen kein Ethikunterricht für Schüler*innen angeboten wird, die nicht die Absicht erklärt haben, den Religionsunterricht zu besuchen, und folglich zu keiner Teilnahme an diesem verpflichtet sind.

Die gegenwärtige Landesregierung in Sachsen-Anhalt hat ihren Entschluss erklärt, islamischen Religionsunterricht als ordentliches Unterrichtsfach einzurichten. Im Koalitionsvertrag der Regierung von CDU, SPD und Bündnis 90/Die Grünen (2016–2021) heißt es bezüglich des Islamunterrichts: „Die Koalitionspartner stimmen darüber überein, dass sie ein dem konfessionellen Religionsunterricht vergleichbares Unterrichtsangebot für muslimische Schülerinnen und Schüler im Land Sachsen-Anhalt einführen wollen. Die Voraussetzungen sind noch zu prüfen." (KV 2016)

Die Fraktion der Partei „Alternative für Deutschland" (AfD) brachte am 21. März 2019 einen Antrag im Landtag von Sachsen-Anhalt ein, in dem sie die Landesregierung aufforderte, „ihre Bestrebungen zur Einführung islamischen Religionsunterrichts in Sachsen-Anhalt einzustellen" (Drs. 7/4124). Der Antrag wurde damit begründet, „dass keine juristischen Grundlagen zur Umsetzung dieses Ziels gegeben" seien, da die islamische Religionsgemeinschaft keine kirchenanaloge Struktur aufweise und deshalb keine Staatskirchenverträge mit ihr geschlossen werden könnten. Nach Artikel 105 der Landesverfassung von Sachsen-Anhalt soll der Religionsunterricht ausdrücklich „nach den Grundsätzen der Kirchen und Religionsgemeinschaften" erteilt werden, denen damit das Recht der Bevollmächtigung von Lehrer*innen und der Beaufsichtigung des Unterrichtes zukommt. Die von der AfD geforderte Einschränkung, dass nur kirchlich oder kirchenanalog strukturierte Religionsgemeinschaften an staatlichen Schulen Religionsunterricht erteilen dürften, wird durch den Gesetzestext somit nicht gedeckt, der ausdrücklich „Kirchen und Religionsgemeinschaften" nennt. Die rechtliche Argumentation der AfD scheint in ihrem Antrag aber nur eine vordergründige Rolle zu spielen, wenn darin der Islamunterricht mit dem Argument abgelehnt wird, dass dieser „unter Migranten aus dem islamischen Orient ein Verharren in der Herkunftsmentalität" fördere und so als „Integrationshemmnis" wirke.

Der damalige Bildungsminister Marco Tullner reagierte als Sprecher der CDU in dieser Debatte auf den Antrag der AfD. Im Widerspruch zum Entschluss des Koalitionsvertrags erklärte er, dass die Landesregierung keinen islamischen Religionsunterricht einführen werde, obwohl nach seiner eigenen Aussage die Verfassung grundsätzlich jeder Religionsgemeinschaft dieses Recht garantiert. Allerdings habe die Prüfung der Landesregierung ergeben, dass die jeweiligen islamischen Gemeinschaften in Sachsen-Anhalt nicht über die entsprechenden Voraussetzungen verfügen würden. „Stattdessen solle zukünftig der Ethikunterricht genutzt werden, um Kenntnisse über alle Weltregionen und damit auch den Islam zu vermitteln. Dafür sollen bis Ende des Jahres Unterrichtsmodule entwickelt und ein Dozentenpool eingerichtet werden" (Landtag 2019). Die CDU-Abgeordnete Angela Norr wies anschließend darauf hin, dass die im Rahmen des Ethikunterrichts zu vermittelnde Bildung über den Islam auch kritische Einschätzungen umfassen solle. Eine religionskundliche Ausrichtung lässt sich aus dieser Stellungnahme nicht erkennen.

Wie die CDU weiter mitteilte, fehle dem Land für die Einrichtung des Islamunterrichts ein rechtlicher Ansprechpartner, der die islamischen Gemeinden gegenüber den Behörden vertreten könne. Als Übergangslösung wurde deswegen ein vertiefendes Islam-Modul im Ethikunterricht konzipiert. Das Islam-Modul wird allerdings nur an einigen wenigen Schulen in Halle und Magdeburg eingeführt werden, wo ein höherer muslimischer Bevölkerungsanteil vorhanden ist (Goldmann 2019).

Die Fraktion der Partei „Die Linke" reagierte auf den Antrag der AfD am 29. März 2019 mit einem Alternativantrag, in dem sie einen verbindlichen Ethikunterricht an allen Schulen und die Vorlage der entsprechenden rechtlichen Voraussetzungen durch die Landesregierung forderte. In diesem wertevermittelnden Unterricht sollen den Schüler*innen unter Einhaltung weltanschaulicher Neutralität auch die „Grundlagen der Weltreligionen vermittelt werden" (Drs. 7/4158). Untermauert wurde dieser Antrag mit der Erklärung, dass der Religionsunterricht nach Artikel 7 des Grundgesetzes ein „fakultatives Angebot" darstelle. Diese Aussage steht aber im Widerspruch zur Einstufung des Religionsunterrichts als „ordentliches Lehrfach" in dem entsprechenden Artikel des Grundgesetzes und in Artikel 105 der Landesverfassung von Sachsen-Anhalt. Der Antrag der Partei „Die Linke" scheint auf der Annahme zu gründen, dass einem verpflichtenden Ethikunterricht für alle ein den Schüler*innen frei zur Wahl stehender Religionsunterricht als Alternativfach zur Seite steht. Die Debatte im Landtag endete mit der Ablehnung der beiden Anträge von AfD und „Die Linke".

Religionswissenschaftliche Einordnung

Die in Sachsen-Anhalt gelehrten „drei Fächer für große Fragen" weisen trotz partieller thematischer Überschneidungen grundlegend andere Voraussetzungen und Zielsetzungen auf, als ein Fach Religionskunde sie beinhalten müsste, wenn man darunter ein säkular gerahmtes Unterrichtsfach versteht, das einen an der Religionswissenschaft als Bezugswissenschaft ausgerichteten, religionsgeschichtlichen Zugang zu verschiedenen Religionen als sozialen und kulturellen Phänomenen eröffnen soll. Alle drei „Wertefächer" (Domsgen, Hahn und Raupach-Strey, 44) sind stark an normativen Fragestellungen orientiert. Daraus folgt, dass Religion primär als ein werte- und sinnbildendes Phänomen in verschiedenen Zusammenhängen betrachtet wird, sei es als Ressource für die Bewältigung von Kontingenzerfahrungen oder als Auslöser von Konflikten.

Im Ethikunterricht werden Religionen entsprechend seiner inhaltlichen Schwerpunktsetzung, den Schüler*innen ethische Werte zu vermitteln, vorrangig hinsichtlich ihrer normativen Dimension behandelt. Das für den Unterricht vorgesehene selektive deskriptive Wissen über Religionen (ausgewählte Phänomene von Judentum, Christentum und Islam wie Symbole, Rituale und Sitten sowie Erlösungsvorstellungen) bedingt einen inhaltlich stark eingeschränkten Zugang und tendiert aufgrund einer mangelnden historischen Kontextualisierung zu einer essentialistischen Sichtweise auf Religion. Empirische Kenntnisse über einzelne Religionen haben in diesem Lehrplan nur beispielhaft Platz, etwa um die Schwächen einer bestimmten Religionsdefinition deutlich zu machen. Außerdem werden in diesem Rahmen binnenreligiöse Diskurse und normative Diskurse über Religion eher auf einer objektsprachlichen Ebene referiert und aufgenommen, statt auf einer metasprachlichen Analyseebene behandelt zu werden.

Der fehlende religionswissenschaftliche oder religionskundliche Bezugspunkt bei der Behandlung von Religion im Ethikunterricht macht sich darin geltend, dass religiöse Auffassungen zum Teil unreflektiert übernommen und weitervermittelt werden. Dazu gehört zum Beispiel die Vorstellung, dass der religiöse Glaube eine eigenständige und der Wissenschaft analoge Erkenntnisweise darstellt. Begünstigt wird dadurch ein essentialistisches und binnenreligiös gefärbtes Bild von Religionen, die so dargestellt werden, als seien sie von fixen kulturellen Traditionen und theologischen Gehalten geprägt. Im Unterschied dazu verfolgt ein religionskundlicher Unterricht das Ziel, Religionen als soziale und kulturelle Phänomene zu analysieren und hinsichtlich ihres historischen Charakters transparent zu machen.

Bibliografie

Domsgen, Michael. 1998. *Religionsunterricht in Ostdeutschland. Die Einführung des evangelischen Religionsunterrichts in Sachsen-Anhalt als religionspädagogisches Problem.* Leipzig: Evangelische Verlagsanstalt.
Domsgen, Michael, Matthias Hahn, und Gisela Raupach-Strey, Hg. 2003. *Religions- und Ethikunterricht in der Schule der Zukunft.* Bad Heilbrunn: Julius Klinkhardt.
Drucksache [Drs.] 7/4124 – Antrag. Fraktion AFD. Kein Islamunterricht in Sachsen-Anhalt. Landtag Sachsen-Anhalt. 21.03.2019.
Drs. 7/4158 – Antrag Die Linke. Alternativantrag. Fraktion Die Linke. Kein Islamunterricht in Sachsen-Anhalt. Landtag Sachsen-Anhalt. 29.03.2019.
EKD (=Evangelische Kirche in Deutschland). 2017. *Kirchenmitgliederzahlen Stand 31.12.2015.*
ELA Evangelische Landeskirche Anhalts. o. J. *Unterrichtserlaubnis. Staatliche Lehrkräfte.*
[FLP Gym ER] Ministerium für Bildung Sachsen-Anhalt. 2016. *Fachlehrplan Gymnasium Evangelischer Religionsunterricht Sachsen-Anhalt.* Magdeburg.
[FLP Gym Ethik] Ministerium für Bildung Sachsen-Anhalt. 2016. *Fachlehrplan Gymnasium Ethikunterricht Sachsen-Anhalt.* Magdeburg.
[FLP Gym KR] Ministerium für Bildung Sachsen-Anhalt. 2016. *Fachlehrplan Gymnasium Katholischer Religionsunterricht Sachsen-Anhalt.* Magdeburg.

Goldmann, Fabian. 2019. „Kein Islam-Unterricht in Sachsen-Anhalt. Landesregierung schreckt von eigenem Versprechen zurück und macht neue Zusage für den Ethikunterricht". *Neues Deutschland*. 08.04.2019.

Jakobs, Monika. 2002. „Religion und Religiosität als diskursive Begriffe in der Religionspädagogik." *Zeitschrift für Religionspädagogik* (1):70–82.

KMK (=Sekretariat der ständigen Konferenz der Kultusminister der Länder in der Bundesrepublik Deutschland). 2019. *Auswertung Religionsunterricht Schuljahr 2017/2018*.

KV Koalitionsvertrag. 2016. *2016–2021. Zukunftschancen für Sachsen-Anhalt – verlässlich, gerecht und nachhaltig*. Magdeburg.

Landeskirchenamt der Evangelischen Kirche Mitteldeutschland. 2012. *Handreichung zur Gestellung von Mitarbeitenden durch Kirchenkreise der Evangelischen Kirche in Mitteldeutschland im Evangelischen Religionsunterricht ab Beginn des Schuljahres 2012/2013 (Land Sachsen-Anhalt, Freistaat Thüringen, Freistaat Sachsen)*. Erfurt.

Landtag Sachsen-Anhalt. 2019. *Islamunterricht an Schulen diskutiert*. Pressemitteilung 05.04.2019.

LPVO. 2008. *Verordnung über die Ersten Staatsprüfungen für Lehrämter an allgemeinbildenden Schulen im Land Sachsen-Anhalt (1. LPVO – Allg. bild. Sch.) vom 26. März 2008*.

RdErl. MK. 2007. *Runderlass des Ministeriums für Kultur vom 10.05.2007*.

Schmidt, Ralf. 2017. „Drei Schulfächer für große Fragen. Informationsmaterial für Eltern zur Fachauswahl." *Landesinstitut für Schulqualität und Lehrerbildung Sachsen-Anhalt*.

SchulG LSA. 2018. „Schulgesetz des Landes Sachsen-Anhalt in der Fassung der Bekanntmachung vom 9. August 2018." *Ministerium für Bildung Sachsen-Anhalt*.

Stehli, Stephan-Gerhard. 2018. „Grundlagen für den Religionsunterricht und den Ethikunterricht im Land Sachsen-Anhalt." *Schulverwaltungsblatt Land Sachsen-Anhalt 3/2018 vom 20. März. 2018*.

Verf ST. 2016. *Verfassung des Landes Sachsen-Anhalt vom 16. Juli 1992*.

Stephanie Gripentrog-Schedel
15 Schleswig-Holstein

Hard Facts auf einen Blick	
Fachbezeichnung	Philosophie
Einführung des Faches	1971 bzw. 1992
Schulstufen	Primarstufe, Sekundarstufe I, Sekundarstufe II
Rechtsstatus	Ersatzpflichtfach
Rechtsgrundlage	SchulG S-H § 7 Abs. 2; RdErl. des MFBWS vom 21.2.1995, zuletzt geändert 20.6.2019; Durchführungsbestimmungen zum RdErl. des MBWFK vom 7.5.1997; RdErl. des MBWFK vom 25.6.2002
Teilnehmer*innen	alle Schüler*innen, die nicht am Religionsunterricht (nach GG 7,3) teilnehmen
Einheitliche Prüfungsanforderung für das Abitur (EPA)	EPA Philosophie (2006)
Bezugsdisziplin/en laut curricularer Vorgaben	Philosophie
Studienstandorte	Flensburg, Kiel
Beteiligung der Religionswissenschaft an Lehramtsausbildung	nein
Besonderheit	
Weitere religions- und ethikbezogene Schulfächer	Evangelische Religion, Islamunterricht, Katholische Religion

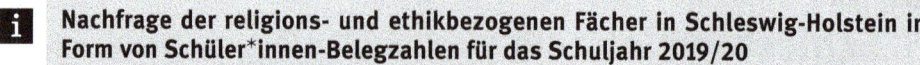

Nachfrage der religions- und ethikbezogenen Fächer in Schleswig-Holstein in Form von Schüler*innen-Belegzahlen für das Schuljahr 2019/20

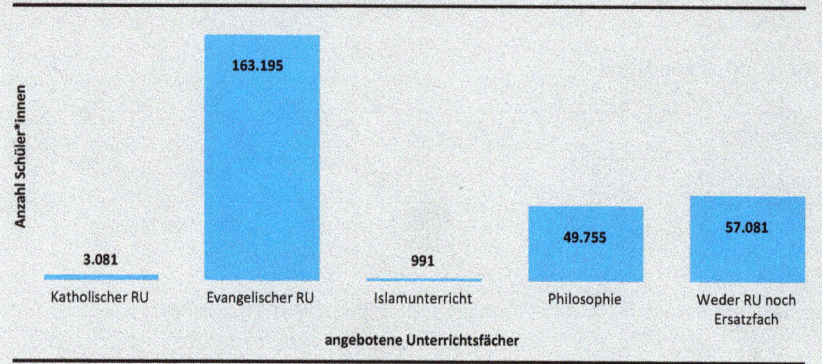

Quelle: KMK 2021. Auswertung Religionsunterricht Schuljahr 2019/20.

Verteilung der Fächer im Schulsystem

	Religionsunterricht (Pflichtfach)	Islamunterricht (Zusatzfach)	Philosophie (Ersatzpflichtfach)
Primarstufe	+	+	+
Sekundarstufe I	+	–	+
Sekundarstufe II grundlegendes Anforderungsniveau	+	–	+
Sekundarstufe II erhöhtes Anforderungsniveau	+	–	+

An den Schulen Schleswig-Holsteins gibt es evangelischen und katholischen Religionsunterricht, philosophischen Unterricht als Ersatzfach sowie einen an ausgewählten Grundschulen durch das Land verantworteten und freiwillig zu besuchenden Islamunterricht. Der Philosophieunterricht wurde erstmals 1971 als Ersatzfach zum konfessionellen Religionsunterricht eingeführt und kann beziehungsweise muss inzwischen von der Grundschule an bis zum Gymnasium besucht werden. Faktisch steht dem vor allem ein eklatanter Lehrkräftemangel auf Grundschulebene entgegen, wo Philosophie erst 2011 hinzukam. Die Schüler*innen, die Mitglieder der evangelischen Kirche in Schleswig-Holstein sind, machen inzwischen nicht mehr die Mehrheit aller Schüler*innen aus. Dennoch besucht die Mehrheit aller Schüler*innen (daher auch viele nicht evangelische) nach wie vor den evangelischen Religionsunterricht. Demgegenüber wird der Philosophieunterricht, auch wenn er das zahlenmäßig zweitstärkste Fach aus dieser Fächergruppe ist, nicht von allen als konfessionslos Gemeldeten wahrgenommen. Religionskundliche Inhalte sind über alle Stufen hinweg vereinzelt anzutreffen. Sie weisen jedoch stets ein metaphysisch, nicht anthropologisch orientiertes Religionsverständnis auf und sind zudem stark durch die Kooperation mit dem konfessionellen Unterricht geprägt. Politische Diskussionen über einen stattdessen gemeinsam von allen Schüler*innen zu besuchenden religionskundlichen Unterricht finden gegenwärtig zwar statt, stoßen jedoch auf viel Widerstand und bleiben sowohl in ihrem Verständnis von Religionskunde als auch hinsichtlich der Ideen einer konkreten Umsetzung vage.

Geschichte und Entwicklung des aktuellen Modells

Die konfessionell ausgerichteten Unterrichtsformen befassen sich dezidiert nicht aus religionskundlicher Perspektive[1] mit Religion(en). Daher werden sie im Folgenden kein primärer Gegenstand der Beschreibung sein. Die nun folgenden Ausführungen beziehen sich stattdessen auf das zum konfessionellen Unterricht eingerichtete Ersatzfach Philosophie und *seine* Formen der Auseinandersetzung mit Religion.

Auf einen Erlass des Kultusministeriums hin wurde es am 11. Januar 1971 für die Sekundarstufe I und für die gymnasiale Oberstufe eingeführt. Damals war Philosophie nur ein Ersatzfach für religionsmündige Schüler*innen, seit 1992 ist es ab Klassenstufe 5 für alle verpflichtend, die nicht am Religionsunterricht teilnehmen. Seit dem Schuljahr 2011/2012 wurde die Teilnahmeverpflichtung weiter ausgedehnt und das Fach Philosophie auch für die Jahrgangsstufen 1 bis 4 der Grundschule ausgeweitet. Sofern geeignete Lehrkräfte zur Verfügung stehen, wird es parallel zu den Fächern Evangelische Religion und Katholische Religion angeboten. Bedingung dafür ist das Zustandekommen einer „pädagogisch sinnvollen Gruppe" von mindestens zwölf Schüler*innen (Ministerium für Bildung und Kultur des Landes Schleswig-Holstein, 2011). Seit 1997 gibt es zudem einen durch das Ministerium für Bildung, Wissenschaft, Forschung und Kultur formulierten Kooperationserlass zwischen den beiden großen Konfessionen und der Philosophie, der vielfache Umsetzung findet (vgl. MBWFK 1997).

Der konfessionelle Religionsunterricht ist demgegenüber in Schleswig-Holstein dem Grundgesetz (GG § 7.3 in Verb. mit GG § 4.1–2) und dem Schulgesetz (SchulG S.-H. § 7.1) entsprechend ordentliches Lehrfach und soll in Übereinstimmung mit den Grundsätzen der Religionsgemeinschaften unterrichtet werden. Er wird derzeit faktisch als evangelischer und katholischer Religionsunterricht erteilt, wobei der katholische Unterricht meist nur für sehr kleine Gruppen angeboten wird. An eini-

---

[1] Zum Begriff Religionskunde vgl. Katharina Franks Ausführungen „Religiöser Unterricht und religionskundlicher Unterricht": Frank 2016, 19–33 sowie das einleitende Kapitel zu Religionskunde von Wanda Alberts in diesem Band.

gen ausgewählten Grundschulen gibt es zudem wie erwähnt Religionsunterricht für Muslim*innen, den die Landesregierung am 25. April 2006 beschlossen hat. Dieser wird in deutscher Sprache von Lehrkräften muslimischen Glaubens im Landesdienst erteilt. Die Teilnahme ist freiwillig (vgl. MBFSH 2007).

Rahmenbedingungen

Die Religionslandschaft in Schleswig-Holstein zeichnete sich zum Zeitpunkt des letzten Zensus im Jahr 2011[2] noch durch eine evangelische Bevölkerungsmehrheit von 55,7 Prozent aus, gefolgt von einer römisch-katholischen Minderheit mit 6,4 Prozent. 34,3 Prozent gehörten demgegenüber keiner der öffentlich-rechtlich anerkannten Religionsgemeinschaften an.[3] Bis 2019 haben sich diese Zahlen deutlich verschoben: Die EKD gibt für Schleswig-Holstein inzwischen nur mehr 43,3 Prozent der Bevölkerung als evangelisch und 6,0 Prozent als römisch-katholisch an (EKD 2020a, 7). Für die anderen Gruppierungen liegen keine belastbaren Zahlen vor. Konkreter sind die Angaben für die Schulen. Demnach waren im Schuljahr 2019/2020 135.612 der insgesamt 289.937 Schüler*innen an öffentlichen und privaten Schulen in Schleswig-Holstein Mitglieder der evangelischen, 15.467 Mitglieder der römisch-katholischen Kirche. Hinzu kamen 23.947 Schüler*innen muslimischen Glaubens, 45 jüdischen Glaubens und 36.630 Schüler*innen anderen Glaubens. Dem standen 78.236 konfessionslose Schüler*innen gegenüber.[4] Insofern besteht hoher Bedarf für das Angebot eines konfessionslosen Unterrichts.

Den gesetzlichen Hintergrund des Faches Philosophie ebenso wie des evangelischen und katholischen Religionsunterrichts bilden das Grund- und das Schulgesetz. Letzteres regelt im § 7 den Religionsunterricht sowie Bekenntnis- und Weltanschauungsschulen. Das Fach Philosophie ist hier nicht explizit genannt. § 7 Abs. 1 und 2 SchulG S-H lauten:

(1) Der Religionsunterricht ist in den öffentlichen Schulen ordentliches Lehrfach. Er ist unbeschadet der Rechte der Schulaufsichtsbehörden in Übereinstimmung mit den Grundsätzen der Religionsgemeinschaften zu erteilen.

(2) Die Eltern haben das Recht, die Schülerin oder den Schüler vom Religionsunterricht abzumelden. Dieses Recht steht der Schülerin und dem Schüler zu, wenn sie das 14. Lebensjahr vollendet haben. Schülerinnen und Schüler, die nicht am

---

2 Der nächste Zensus ist für 2022 geplant.
3 Ergebnis des Zensus 2011 zum Berichtszeitpunkt des 9. Mai 2011. Vgl. Statistische Ämter des Bundes und der Länder 2011.
4 Die Angaben stammen aus einer Anfrage der Autorin beim Ministerium für Bildung, Wissenschaft und Kultur des Landes Schleswig-Holstein vom 12.7.2021.

Religionsunterricht teilnehmen, erhalten stattdessen anderen gleichwertigen Unterricht.

Konkretisiert werden diese Vorgaben in den Erlassen „Religionsunterricht an den Schulen in Schleswig-Holstein" von 2019, „Kooperation in der Fächergruppe Evangelische Religion, Katholische Religion und Philosophie" von 1997 und „Philosophieunterricht in der Sekundarstufe I" von 2002.

Im erstgenannten Erlass vom 21. Februar 1995 und dessen Änderungen durch den Erlass vom 3. Juni 2010 wird dabei zunächst die Rolle des Religionsunterrichts allgemein definiert: Er leiste als Fach, „das sich mit den Grundlagen, Bedingungen und Möglichkeiten menschlicher Existenz beschäftigt, seinen fachspezifischen Beitrag, indem er aus dem christlichen Glauben heraus zu verantwortlichem Denken und Verhalten befähigen soll" (Ministerin für Frauen, Bildung, Weiterbildung und Sport 2019, §1 Abs. 1). Im zweiten Absatz wird dann auf die Notwendigkeit einer engen Zusammenarbeit der Fächergruppe Evangelische Religion, Katholische Religion und Philosophie hingewiesen, gefolgt von der Aussage: „Eine Schule, die sich der Gesellschaft und der Lebenswelt der Schülerinnen und Schüler öffnet, muss auch die Zusammenarbeit von Schule und Kirchen fördern" (Ministerin für Frauen, Bildung, Weiterbildung und Sport 2019, §1 Abs. 2). Das Papier besagt auch, dass konfessionell nicht gebundene Schüler*innen sowie Schüler*innen anderer Konfessionen auf Antrag am evangelischen oder katholischen Unterricht teilnehmen können. Zugleich können beziehungsweise müssen Schüler*innen einer Konfession vom zugehörigen Religionsunterricht abgemeldet werden, wenn sie daran nicht teilnehmen möchten – bis zum vollendeten 14. Lebensjahr durch die Eltern, danach auch selbst. An dieser Stelle findet dann auch das Fach Philosophie (jedoch nicht mehr als) Erwähnung: „Vom Religionsunterricht abgemeldete und konfessionell nicht gebundene Schülerinnen und Schüler erhalten anderen Unterricht (§7 Abs. 2 Satz 3 SchulG) in einem Pflichtfach, das zum Religionsunterricht thematisch vergleichbare Erziehungs- und Bildungsziele verfolgt" (Ministerin für Frauen, Bildung, Weiterbildung und Sport 2019, §4 Abs. 2).

Es folgt der Hinweis auf den Philosophie-Unterricht als dem entsprechenden dritten Fach. Es soll auf Grundlage des Runderlasses „Philosophieunterricht in der Sekundarstufe I" vom 25. Juli 2002 erteilt werden. Gemeinsam hat der Philosophieunterricht mit dem konfessionellen Religionsunterricht jenen Lernbereich, „der sich mit den Grundlagen, Bedingungen und Möglichkeiten menschlicher Existenz beschäftigt" (MBWFKSH 2002, Abs. 1). Philosophieunterricht ist für alle verpflichtend, die konfessionslos sind oder sich vom konfessionellen Unterricht abgemeldet haben. Zugleich wird schon im Runderlass auf Ausnahmen eingegangen. Die betreffen die Frage nach dem Zustandekommen einer für „pädagogisch sinnvoll" erachteten Zahl an Schüler*innen sowie das Vorhandensein einer ausgebildeten Lehrkraft. So kann es auch dazu kommen, dass Philosophieunterricht klassen- oder jahrgangsübergreifend unterrichtet wird:

> Sofern kein klassen- oder jahrgangsübergreifender Philosophieunterricht angeboten werden kann, kann im Einvernehmen mit den Eltern auch anderer, pädagogisch sinnvoller Unterricht, der dem Religionsunterricht nicht gleichwertig ist, vorgesehen werden. In diesem Fall wird keine Note erteilt. Stimmen die Eltern einem solchen Unterrichtsangebot nicht zu, nehmen die Schülerinnen und Schüler an keinem Unterricht teil; sie haben jedoch Anweisungen der Schule auf der Grundlage der zu gewährleistenden Aufsichtspflicht Folge zu leisten. (MBWFKSH 2002, Abs. 4)

Im Schuljahr 2019/2020 traf diese Situation auf immerhin 57.081 von insgesamt 289.937 Schüler*innen zu.

Die Möglichkeiten einer Zusammenarbeit der drei Fächer thematisiert der Erlass zur „Kooperation in der Fächergruppe Evangelische Religion, Katholische Religion und Philosophie". Zunächst werden dabei als Grund für diese Kooperation gesellschaftliche Veränderungsprozesse genannt: „Darüber hinaus ändert sich das religiöse und kulturelle Profil der Schülerschaft in dem Maße, wie sich die Gesellschaft wandelt. Ebenso ist festzustellen, dass eine wachsende Anzahl von Schülerinnen und Schülern in die Schulen eintritt, die keiner Religionsgemeinschaft angehört, so dass die Konfessionalität der Schülerinnen und Schüler heute nicht mehr ausschließlich als Voraussetzung für den Religionsunterricht verstanden werden kann" (MBWFK 1997, Abs. I/1.3).

Bemerkenswert ist, dass aus diesem Befund zwar die Notwendigkeit einer Zusammenarbeit der drei genannten Fächer konstatiert wird, nicht aber die eines konfessionsunabhängigen religionskundlichen Unterrichts. Stattdessen folgt eine Auflistung unterschiedlicher Möglichkeiten einer Kooperation, die jedoch zunächst nur den konfessionellen Unterricht betrifft. Sie reicht von verschiedenen Formen der Zusammenarbeit in der schulischen Praxis über die gegenseitige Anrechenbarkeit von Leistungen im Studium der angehenden Lehrkräfte, den Vorbereitungsdienst und die curriculare Entwicklung bis hin zu Formen der Fort- und Weiterbildung. Im zweiten Teil des Erlasses geht es dann um die Zusammenarbeit der beiden konfessionell gebundenen Fächer mit der Philosophie. Denn, so die These, alle drei hätten die Aufgabe, „dass sie das fragende Kind in seinem Heranwachsen begleiten und ihm Wege zu einem Leben in Mündigkeit und Toleranz zeigen wollen" (MBWFK 1997, Abs. II/1). Thematisch ergäben sich dadurch viele Gemeinsamkeiten, aber auch Unterschiede in der Herangehensweise. Kompetenzen, die auf Grundlage dieser Zusammenarbeit gefördert werden, seien Konfliktfähigkeit, Toleranz und Dialogbereitschaft.

Am evangelischen Religionsunterricht nahm im Schuljahr 2019/2020 mit 163.195 Schüler*innen die überwiegende Mehrheit aller 289.937 Schüler*innen teil. Nur 3081 Schüler*innen gingen in den katholischen Religionsunterricht. Ähnlich gestaltet sich die Situation für den Islamunterricht. 991 Schüler*innen nahmen an diesem Unterricht teil. Den Philosophieunterricht besuchten 49.755 Schüler*innen – also nicht alle der 78.236 als konfessionslos Gemeldeten. 57.081 Schüler*innen – eine durchaus beträchtliche Zahl – besuchten stattdessen weder Religions- noch Ersatzunterricht.[5]

Die Angaben verdeutlichen, dass mehr Schüler*innen am evangelischen Religionsunterricht teilnahmen als es evangelische Schüler*innen gab, was die multikonfessionelle Zusammensetzung des evangelischen Religionsunterrichts belegt. Dies entspricht dem seit 1994 durch die Kirche vollzogenen Beschluss, den evangelischen Religionsunterricht in Schleswig-Holstein für Kinder aller Konfessionen und auch für Konfessionslose zu öffnen (vgl. EKD 1994, 43).[6] Zugleich nahmen offenbar sehr viele katholische Schüler*innen nicht an dem für sie bestimmten katholischen Religionsunterricht teil. Da der Islamunterricht grundsätzlich nicht an allen (Grund)schulen angeboten wird, sind die Zahlen für diesen Fall nicht aussagekräftig. Auch der Philosophieunterricht wurde nicht von allen konfessionslosen Schüler*innen besucht. Da die Teilnahme an einem der Fächer dieser Fächergruppe (evangelische, katholische Religion sowie Philosophie) jedoch verpflichtend ist (die Option des generellen Ausfalls eines Ersatzunterrichts ist nur vorgesehen, falls Philosophieunterricht aus bestimmten Gründen gar nicht angeboten werden kann), präferiert ein offenbar nicht geringer Prozentsatz der Schüler*innen den evangelischen konfessionellen Unterricht. Hat dies inhaltliche oder auch administrative Gründe? Ist an allen Schulen die Sicherstellung des katholischen und auch des philosophischen Unterrichts und damit die Religionsfreiheit faktisch gewährleistet? Dies gab Anlass zu einer kontrovers geführten Debatte in Schleswig-Holstein, auf die im folgenden Kapitel nochmals genauer eingegangen werden soll.

Ausbildung der Lehrkräfte

Die Ausbildung der Lehrkräfte für das Schulfach Philosophie ist im Runderlass des Ministeriums für Bildung, Wissenschaft, Forschung und Kultur vom 25. Juni 2002 geregelt: „Philosophieunterricht als ordentliches Lehrfach soll grundsätzlich von Lehrkräften mit einem Hochschulabschluss im Fach Philosophie erteilt werden. Wenn entsprechend ausgebildete Lehrerinnen und Lehrer nicht in ausreichender Zahl zur Verfügung stehen, sollen an jeder Schule Lehrkräfte gewonnen werden, die sich in das Fach einarbeiten" (MBWFKSH 2002, Abs. 3).

---

5 Die Angaben stammen aus einer Anfrage der Autorin beim Ministerium für Bildung, Wissenschaft und Kultur des Landes Schleswig-Holstein vom 12.7.2021. Der tatsächliche Ersatzunterricht wird (mit Ausnahme von Philosophie) über die Schulstatistik nicht erfasst.
6 Die sogenannte *ReVikoR*-Studie setzt sich empirisch mit dieser Konstellation auseinander und versteht sich zugleich als Grundlage für ein neues didaktisches Konzept. Dieses bleibt trotz der beschriebenen Öffnung dem Prinzip der Konfessionalität verpflichtet. Vgl. Pohl-Patalong 2016, 10. 2020 hat die EKD zudem einstimmig ein Empfehlungspapier beschlossen, das die Relevanz von interreligiöser Kompetenz für die Aus-, Fort- und Weiterbildung von Religionslehrkräften betont. Vgl. EKD, 2020b.

Philosophie kann in Schleswig-Holstein in Kiel (mit Profil auf Lehramt an Gymnasien) und in Flensburg (mit Profil auf Lehramt an Grundschulen, Gemeinschaftsschulen und Sekundarstufe I) studiert werden. Inhaltlich setzt sich die Ausbildung in Kiel aus Elementen der Philosophiegeschichte, der theoretischen und praktischen Philosophie, der philosophischen Anthropologie und Kulturphilosophie sowie der Gegenwartsphilosophie zusammen. Vereinzelt finden sich Lehrimporte aus der systematischen Theologie im Programm. In Flensburg setzt sich das Studium aus Modulen zur praktischen Philosophie, zur Bildungsphilosophie sowie der Philosophie Europas in der Schule zusammen (Profil auf Lehramt an der Grundschule). Im Profil auf Lehramt an der Gesamtschule und der Sekundarstufe I kommt jeweils ein Modul zur theoretischen Philosophie hinzu. Ein Bezug zu religionsbezogenen Themen ist hier nicht erkennbar und eine religionswissenschaftliche Beteiligung an der Lehre findet nicht statt.

Der faktisch vorhandene Lehrkräftemangel führt nun dazu, dass inzwischen viele Lehrkräfte aus anderen Fächern, die das Weiterbildungsangebot in Anspruch genommen haben, Philosophie unterrichten. Aus dem Gesagten resultiert auch, dass ein religionswissenschaftliches Studium zumindest regulär zu keiner Lehrbefugnis im Schulfach Philosophie führt – zumal es kein eigenes Studienangebot für Religionswissenschaft in Schleswig-Holstein gibt. Wo Religion dennoch Gegenstand des Philosophieunterrichts ist, basiert die diesbezügliche Lehre somit auf keiner akademischen Ausbildung der Lehrenden.

Davon abgesehen gibt es grundsätzliche Probleme bei der Sicherstellung des Unterrichts. In einer Stellungnahme vom 11. Dezember 2018 schilderte der Fachverband der Philosophielehrer Schleswig-Holstein die Situation so: „Mit Blick auf die praktische Umsetzung der rechtlichen Rahmenbedingungen ist die Situation des Philosophieunterrichts nach wie vor als problematisch anzusehen; es ist nicht sichergestellt, dass Philosophieunterricht an allen Schulen angeboten und erteilt wird" (Fachverband Philosophie, 2018). Insbesondere durch die Einführung des Faches Philosophie auch an Grundschulen im Jahr 2011 ist ein Mangel an Philosophielehrkräften an Grundschulen eingetreten, dem seitens des Instituts für Qualitätsentwicklung an den Schulen Schleswig-Holsteins mit dem Angebot eines Weiterbildungslehrgangs begegnet wird. Der genannte Lehrgang umfasst insgesamt acht ganztägige Seminare, die sich mit folgenden Themen befassen:

> Einerseits wird in die Philosophie eingeführt, insbesondere in die vier philosophischen Disziplinen, welche die Kernbereiche des Lehrplans umfassen. Andererseits werden auf der Grundlage fachdidaktischer Konzepte verschiedene Möglichkeiten unterrichtlichen Arbeitens im Fach auf der Grundlage des Lehrplans ‚Philosophie in der Grundschule' entwickelt. (...)
> Am Ende der Weiterbildung wird ein Leistungsnachweis stehen, der die fachliche, didaktische und methodische Planung einer Unterrichtseinheit sowie einer Philosophiestunde im Rahmen einer Hausarbeit beinhaltet. (Institut für Qualitätsentwicklung 2020)

Religion wäre – soweit sich das aus den eher allgemein gehaltenen Unterlagen zur Weiterbildung und den Fachanforderungen, auf die sie sich bezieht, ableiten lässt –

im Zusammenhang mit der kantischen Frage „Was darf ich hoffen?" ein Gegenstand der Auseinandersetzung. Diesem insgesamt als „Metaphyischen Reflexionsbereich" bezeichneten Themenfeld sind zwei Tage der Weiterbildung gewidmet.

Was den Philosophieunterricht in der Sekundarstufe I anbelangt, sieht der Fachverband der Philosophielehrer Schleswig-Holsteins ebenfalls große Lücken. Die Frage ist, „[...] warum die Schulleitungen für das Fach ein eher geringes Engagement zeigen und warum die Schulämter ihrer Aufsichtspflicht nicht ausreichend nachkommen" (Fachverband Philosophie, 2018).

Darüber hinaus stellt der Fachverband fest:

> In den Gymnasien wird das Fach Philosophie in der Oberstufe sowie in der Sekundarstufe I – bis auf einige wenige Ausnahmen – rechtskonform, auch unter Berücksichtigung der Kontingentstundentafel (6 Std. in der Sekundarstufe I) erteilt.
>
> Im Beruflichen Gymnasium wird der Philosophieunterricht unserer Kenntnis nach flächendeckend erteilt; schon viele Lehrkräfte haben sich auf Antrag der Schulleitungen seit den 1990er Jahren durch das IQSH nachqualifizieren lassen. In den anderen Stufen der Berufsschulen wird fast ausschließlich Unterricht in evangelischer Religion angeboten und erteilt; ob eine Information der Eltern stattfindet, entzieht sich unserer Kenntnis. (Fachverband Philosophie, 2018)

Überhaupt sieht der Fachverband in der Informationspolitik seitens der Schulen eines der Hauptprobleme:

> Es gibt zahlreiche Beispiele, dass in solchen Fällen die Eltern und Schüler nicht informiert werden, die Kinder zur Teilnahme am Evangelischen Religionsunterricht verpflichtet werden, und erst in der 9.Kl. im WPK-Bereich Philosophie „wählen" können. Dadurch werden Rechtsvorschriften missachtet. Dies wird unserer Erfahrung nach vor allem dann sichtbar, wenn Lehrkräfte im Vorbereitungsdienst an die Schule kommen, wenn sich Eltern beschweren – oder auch, wenn man sich die Unterrichtsangebote auf der Schulhomepage ansieht. (Fachverband Philosophie, 2018)

Abgesehen also von einer besseren Informationspolitik können die Probleme mit dem Philosophieunterricht nach Ansicht des Fachverbandes nur durch den Willen seitens der Schulleitungen, den entsprechenden Erlass tatsächlich umzusetzen, die Bereitstellung zusätzlicher Stellen für Lehrkräfte sowie die Unterstützung der Umsetzung der rechtlichen Vorgaben durch die Schulaufsicht gelöst werden.

Curriculare Vorgaben

Im Philosophie-Unterricht ist/sind Religion/en in unterschiedlicher Weise Gegenstand der Lehre. Die Lehrpläne (in Schleswig-Holstein jetzt Fachanforderungen genannt) werden durch das Bildungsministerium in Kraft gesetzt. Ihre Erarbeitung liegt grundsätzlich bei Kommissionen mit Fachexpert*innen, die sich zusammensetzen aus Lehrkräften, der Fachaufsicht, de*dem Landesfachberater*in für das jeweilige Fach sowie der*dem Studienleiter*in (Aus- und Fortbildner*in für Lehrkräfte der jeweiligen Schulart/des jeweiligen Faches, wissenschaftlich fachdidaktische Begleitung). Das Institut für Qualitätsentwicklung an Schulen Schleswig-Holsteins koordiniert und begleitet die Prozesse zudem, um sicherzustellen, dass alle Rahmenvorgaben beachtet werden.

Die didaktische Leitlinie für das Fach Philosophie im Grundschulunterricht hält fest:

> Das Fach Philosophie, das sich – wie die Fächer Evangelische Religion und Katholische Religion – mit den Grundlagen, Bedingungen und Möglichkeiten menschlicher Existenz beschäftigt, stellt den Menschen in sein Zentrum, der danach fragt, wie weit seine Erkenntnis reicht und aus welchen Gründen sie sich herleitet, an welchen Werten er sein Handeln und sein Leben mit anderen ausrichten soll, wie er sein Leben insgesamt plausibel deuten kann. Für die Grundschule wie für die Sekundarstufen gilt, dass der Philosophieunterricht verstanden wird als Erziehung zu – methodisch gestützter – Nachdenklichkeit und als Mittel zur Orientierung in Denken und Handeln. (MBWK 2019, 9)

Das Fach Philosophie wird an dieser Stelle in direkten inhaltlichen Bezug gesetzt zu den konfessionell gebundenen Nachbarfächern, mit denen es die Fragerichtung nach den Grundlagen, Bedingungen und Möglichkeiten menschlicher Existenz teilt. Daraus leiten sich dann die spezifisch philosophischen Themenbereiche des Unterrichts ab, die an den vier kantischen Fragen orientiert sind und durch alle Jahrgangsstufen hindurch gleich bleiben:

Kernbereich I: Was kann ich wissen? (Erkenntnistheoretischer Reflexionsbereich
Kernbereich II: Was soll ich tun? (Moralischer Reflexionsbereich)
Kernbereich III: Was darf ich hoffen? (Metaphysischer Reflexionsbereich)
Kernbereich IV: Was ist der Mensch? (Anthropologischer Reflexionsbereich)

Vor allem im Kernbereich III findet sich auch die Frage nach Religion, wobei sie in der Grundschule in Form der Frage nach Gott erst als Thema für die Klassenstufen 3 und 4 im Plan steht. Im 2020 erschienenen Leitfaden zu den Fachanforderungen wird dieses Fragen nach Gott dann spezifiziert:

> Vorstellungen von Gott zu entwickeln, seine Existenz anzunehmen oder zu leugnen, an ihn zu glauben, ist etwas gänzlich anderes, als seine Existenz zu beweisen. Insbesondere bei diesem und dem vorhergehenden Thema ist die Lehrkraft im Sinne philosophischer Redlichkeit gehalten, sich weltanschaulich neutral zu verhalten und deutlich zu machen, dass die Reflexionen [sic!] innerhalb des philosophischen Fragens nach Leben und Tod, nach Gott, eine andere Funktion erfüllt als das Sprechen darüber in jeglichem religiösen Kontext. (MBWK 2020, 21)

Hier wird ein philosophisches Sprechen und Nachdenken über Gott deutlich von einem religiösen unterschieden. Der Leitfaden fordert weltanschauliche Neutralität von der Lehrkraft in der Auseinandersetzung mit Gott und stellt sich damit in Distanz zum konfessionellen Unterricht. Dennoch wird angenommen, dass „wie die Religion mit diesen Themenstellungen umgeht, [...] sich am besten in Kooperation mit den Fächern Evangelische und Katholische Religion beantworten [lässt – Anm. d. Verf.]"

(MBWK 2020, 21). Der Philosophieunterricht bezieht an dieser Stelle daher maßgeblich die konfessionellen Sichtweisen und damit religiösen Selbstdeutungen auf die betreffenden Themen mit ein. Religionskundliche Thematisierungen von Gott und Religion sind explizit ausgeschlossen und es bleibt fraglich, inwiefern die oben eingeforderte weltanschauliche Neutralität auf diese Weise eingehalten werden kann.

Im Unterricht schlägt sich dies in Form einer konkreten Kooperation der drei Fächer miteinander nieder, wozu die Fachanforderungen für evangelischen und katholischen Religionsunterricht für die Grundschule 2020 neu angepasst wurden. Einige der wichtigsten Themen, die sich zur Kooperation der drei Fächer eignen, nennt der Leitfaden für den Philosophieunterricht in einem eigenen Kapitel. Dazu gehören neben dem bereits genannten Fragen nach Gott (S. 41) auch Fragen wie „Wer bin ich?" (S. 42) oder Themen wie Gedanken und Gefühle (S. 42), mit der Natur/mit Tieren umgehen (S. 43), meine Beziehung zu anderen (S. 43), Sinn des Lebens (S. 44) oder Leben und Tod (S. 44).

Wie die in Kooperation zu bearbeitenden Themen konkret inhaltlich gefüllt werden, kann exemplarisch das Thema der Frage nach Gott zeigen (Abb. 1):

Fachanforderungen Philosophie – Themen (S. 17)	Themenbezogene Kompetenzen des Faches Philosophie	Themen und „Inhaltsbezogene Kompetenzen" der Fächer Evangelische und Katholische Religion
Fragen nach Gott (Jahrgangsstufen 3 und 4)	Die Schülerinnen und Schüler • nehmen wahr, dass es unterschiedliche Vorstellungen hinsichtlich der Annahme eines Gottes gibt • erstellen und überprüfen Argumente zur Annahme Gottes • diskutieren darüber, ob und wo Gott einen Platz in unserer Welt hätte • stellen eine Liste von Eigenschaften zusammen, die Gott zugeschrieben werden • diskutieren den Zusammenhang zwischen Hoffnung und einem Glauben an Gott • diskutieren den Zusammenhang zwischen Gottesvorstellungen und menschlichen Wünschen (vgl. S.30)	Thema: Die Frage nach Gott G5 entdecken eigene Gottesbilder und -vorstellungen, bringen diese zum Ausdruck und vergleichen sie mit den Gottesvorstellungen anderer G6 setzen sich vertiefend mit den eigenen Gottesbildern und -vorstellungen und denen anderer auseinander (Leitfaden Evangelische Religion Kompetenzbereich I) Thema: Die Frage nach Gott G1 bringen ihre Gedanken und Fragen zu Vorstellungen von Gott und seinem Wirken zum Ausdruck G2 erklären, warum man von Gott nur bildhaft sprechen kann G3 vergleichen unterschiedliche Gottesvorstellungen in Kunst, Kultur, Religionen und Gesellschaft (Leitfaden Katholische Religion, Kompetenzbereich II)

Abb. 1: Auszug MBWK 2020, 41.

Der Zugang zum metaphysischen Reflexionsbereich wird in den Fachanforderungen Philosophie also über den Gottesbegriff engeführt. Andere, etwa nicht-theistische Formen von Religion, spielen an dieser und auch an keiner anderen Stelle des Philosophieunterrichts in der Grundschule eine Rolle. Aus den Fragen, die für die themenbezogenen Kompetenzen für das Fach Philosophie entwickelt wurden, lässt sich zudem nicht ableiten, wie hier eine religiös-partizipative mit einer beschreibenden Auseinandersetzung mit dem Thema zueinander ins Verhältnis gesetzt werden. Während Schüler*innen einerseits die Existenz verschiedener Annahmen von „Gott" schlicht wahrnehmen können sollen, sind sie andererseits auch dazu angehalten, Argumente zur Annahme Gottes zu prüfen und dazu in bestimmter Weise Stellung zu beziehen. Der Leitfaden zu den Fachanforderungen Philosophie hebt insgesamt eindeutig die allen drei Fächern gemeinsame Zielsetzung einer Orientierung und Urteilsbildung für die Kinder und Jugendlichen hervor (vgl. MBWK 2020, 41). Daher ist von einer rein beschreibend-kontextualisierenden Auseinandersetzung mit der Gottesfrage im Sinne einer kulturkundlichen Rahmung eher nicht auszugehen oder jeweils von der individuellen Umsetzung durch die Lehrkraft abhängig. Zudem bleibt unklar, worum es sich bei der Urteilsbildung im Falle religiöser Themen genau handeln kann. In den Fachanforderungen heißt es zum „Kompetenzbereich ‚Urteilen'" allgemein: Die Schüler*innen erwerben „schrittweise ein genaueres Verständnis davon, was es heißt, zu einem reflektierten Urteil zu gelangen. Dabei lernen sie, die Gültigkeit und die Geltungsgründe des Urteilens zu analysieren, zu überprüfen und zu reflektieren." (MBWK 2019, 13–14). Ist das hier thematisierte Urteilen im Sinne der kantischen Philosophie (die ja für den philosophischen Unterricht an dieser Stelle Pate steht) als erkenntnistheoretisches Problem angesprochen (im Sinne der Un/möglichkeit einer Korrespondenz zwischen Urteil und Gegenstand)? Wenn ja: Wie ist es auf Religion anwendbar? Oder geht es darum, sich ein reflektiertes Urteil im Sinne einer Bewertung zu bilden? Die weiteren Ausführungen der Fachanforderungen sagen hierzu: Urteilskompetenz sei, „Urteilen von Meinen unterscheiden, spontanes Urteilen von begründetem Urteilen unterscheiden, auf der Grundlage eines oder mehrerer Argumente ein Urteil abgeben, das eigene Werten und Urteilen hinterfragen" (MBWK 2019, 14). Was das genau im Hinblick auf die Frage nach der Religion heißen kann, bleibt uneindeutig.

Die Fachanforderungen für die Sekundarstufe I bieten erneut ein entlang der vier kantischen Fragen orientiertes Programm, das der „Erziehung zu – methodisch gestützter – Nachdenklichkeit und als Mittel zur Orientierung in Denken und Handeln" (MBWK 2016, 13) dient.

Religion ist auch hier vor allem unter der Frage „Was darf ich hoffen?" ein Thema. Abb. 2 zeigt den entsprechenden Auszug aus den Fachanforderungen. Religion wird hier erneut metaphysisch, nicht anthropologisch bestimmt und über die direkte Bezugnahme auf „Gott", „Götter" oder „das Göttliche" begrifflich engeführt. Die Frage nach „Besonderheiten religiöser Überzeugungen" scheint zudem ein Verständnis von Religion als einem Phänomen *sui generis* vorauszusetzen, das sich deutlich von kulturwis-

Reflexionsbereich 3: Was darf ich hoffen? Jahrgangsstufe 8 / 9	
Thema: Vorstellungen und Begriffe des Göttlichen	
Themenbezogene Kompetenzen	Exemplarische Lerninhalte
Die Schülerinnen und Schüler erwerben oder erweitern die Fähigkeit,	
· Vorstellungen von Gott im Kontext religiöser Erfahrungen wahrzunehmen und zu beschreiben	*Ein Gott oder viele Götter? – Merkmale des Göttlichen*
· Merkmale des Göttlichen zu benennen und somit ihr Verständnis von göttlichen Wesenheiten zu präzisieren	*Der religionsphilosophische Kernbegriff des Göttlichen im Vergleich verschiedener Religionen*
	Der rationale Kern religiöser Überzeugungen
· Besonderheiten religiöser Überzeugungen zu erfassen und von anderen Überzeugungen abzugrenzen	*Religiöse Überzeugungen vs. wissenschaftliche Überzeugungen*
· Motive für den Glauben an das Göttliche zu formulieren und kritisch zu bewerten	*Warum glauben Menschen an Gott? – Motive auf dem Prüfstand*
· Konsequenzen für die eigene Lebenswirklichkeit aus dem Glauben an eine göttliche Instanz abzuleiten	*Gelebte Religiosität als Ausdruck der Besinnung auf das Göttliche*
· Argumente für die Existenz Gottes zu formulieren sowie kritisch zu überprüfen **und somit den rationalen Kern des Glaubens zu erfassen**	*Die Frage nach der Existenz Gottes*
	Vernunft und Unvernunft des Glaubens an das Göttliche
· das Problem des Übels in der Welt als Herausforderung für den religiösen Glauben einzuschätzen	

Abb. 2: Auszug MBWK 2016, 41 (Hervorhebungen im Original).

senschaftlichen Bestimmungen des Gegenstandes abhebt. Deutlich erkennbar ist auch das Interesse an einem Abgleich religiöser Positionen mit denen der Vernunft, andererseits die religionskritische Rückfrage zur „Vernunft und Unvernunft des Glaubens an das Göttliche". Mit der Zielsetzung, „den rationalen Kern des Glaubens zu erfassen" scheint zudem eine klar religionsapologetische Ausrichtung vorgegeben zu sein.

In der Jahrgangsstufe 9/10 wird Religion dann noch einmal unter der Frage „Was darf ich hoffen?" thematisiert, die hier vor allem dem Thema Tod und Unsterblichkeit gewidmet ist. Deutungen des Todes in verschiedenen Religionen sollen dabei in vergleichender Perspektive analysiert und reflektiert werden (MBWK 2016, 45). Wie genau die Thematisierung solcher Deutungen im Unterricht dann aussieht, müsste die Analyse konkreter Unterrichtspraxis zeigen – doch impliziert die Formulierung der „Deutungen des Todes in verschiedenen Religionen" eine stark idealtypisch-phänomenologisch ausgerichtete Auseinandersetzung. Diese steht dann neben einem wesentlich breiter angelegten, nicht auf Religion fokussierten Fragen nach dem Vorgang des Sterbens im Allgemeinen, dem Aspekt des menschenwürdigen

Sterbens, der individuellen Wahrnehmung dieser Vorgänge sowie den Vorstellungen der Schüler*innen von Unsterblichkeit.

Die oben beschriebene Struktur setzt sich auf der Ebene der Sekundarstufe II fort. Der Unterricht soll den Schüler*innen „die Möglichkeit einer selbstbewussten und begründeten kritischen Stellungnahme" (MBWK 2016, 53) eröffnen. Im „Metaphysischen Reflexionsbereich" wird Religion erneut stark fokussiert auf die Gottesfrage hin thematisiert. Es bleibt damit bis in die letzten Schuljahre hinein bei einer Engführung des Religionsbegriffs, auch wenn in den Erläuterungen zu den Fachanforderungen hierzu ausgeführt wird, dass sich der Mensch – hier allgemeiner formuliert – „in der Relation zu einer Transzendenz" verorte und definiere (MBWK 2016, 73). Als Grund für die Schwerpunktsetzung auf den Monotheismus nennen die Fachanforderungen die Vorherrschaft dieser Religionstraditionen „in unserem Kulturkreis" (MBWK 2016, 73). Die aus der Sekundarstufe I bereits bekannten Fragen führt der Lehrplan mit einer einerseits dezidiert rationalen und andererseits kritischen Befragung von Religion fort (Abb. 3). Auch die eigene Positionalität soll explizit zum Thema gemacht werden: „Dem metaphysischen Reflexionsbereich kommt somit eine wichtige Bedeutung zu, insofern die Schülerinnen und Schüler zur Vergewisserung, Reflexion und Darstellung der eigenen Position vor dem Hintergrund einer fachlichen Auseinandersetzung befähigt werden" (MBWK 2016, 73). Hier decken sich die Zielsetzungen des Philosophieunterrichts erneut deutlich mit denen des konfessionellen Religionsunterrichts: Die Bezugnahme auf das Metaphy-

Themenbezogene Kompetenzen	exemplarische Lerninhalte
Die Schülerinnen und Schüler erwerben oder erweitern die Fähigkeit,	*Der Begriff „Gott"*
• die Frage nach Gott als ein Ausweis der menschlichen Suche nach Letztbegründung und Sinngebung wahrzunehmen	*Argumente für die Existenz Gottes, z. B. ethnologischer, ontologischer, kosmologischer, teleologischer, neurologischer, moralischer Gottesbeweis sowie deren Widerlegungen*
• einige Versuche der vernunftgeleiteten Begründung der Existenz Gottes zu analysieren und zu beurteilen	*Zusammenhang zwischen Glaube an Gott und der Beweisbarkeit Gottes*
• das Religiöse und Religion(en) begrifflich zu unterscheiden und rational zu hinterfragen	*Grundlagen religiöser Bedürfnisse aus wissenschaftlicher Sicht*
• das Rechtfertigungsproblem eines als zugleich allmächtig und gütig gedachten Gottes angesichts des Leidens in der Welt wahrzunehmen und zu reflektieren	*Auswahl an religionskritischen Positionen: z. B. Religionskritik Marx', Feuerbachs, Nietzsches, Freuds*
• eine eigene Position vor dem Hintergrund der erarbeiteten philosophischen Reflexionen darzustellen	*Theodizee – Argumente zur Rechtfertigung Gottes und Erwiderungen darauf*
	Allwissenheit und Allmacht Gottes vs. Freiheit des Menschen

Abb. 3: Auszug MBWK 2016, 73.

sische impliziere stets die Notwendigkeit einer persönlichen Positionierung, auf die der Unterricht hinwirken soll.

Religion und Religionen als Versuche einer objektiven Sinngebung zu identifizieren und zu beurteilen ist dann noch ein Unterpunkt, der unter der Frage nach dem Wesen und Sinn menschlichen Daseins behandelt werden soll (MBWK 2016, 74). Auch an dieser Stelle geht es somit nicht um eine deskriptive Rahmung des Gegenstands Religion, sondern letztlich um eine reflektierte Beurteilungs- und Bewertungsrelation, die die Schüler*innen individuell für sich formulieren lernen sollen. Unter dem Thema „Die Auseinandersetzung mit dem Tod" wird dann erneut auf religiöse Deutungen des Todes eingegangen (MBWK 2016, 75). In den Leitfäden des evangelischen und katholischen Religionsunterrichts zu den Sekundarstufen I und II ist zudem die Fächerkooperation mit der Philosophie zu bestimmten Themen – darunter auch die Frage nach Gott – vorgesehen.[7]

Zusammenfassend lässt sich daher über das *curriculum* in den unterschiedlichen Jahrgangsstufen des Philosophieunterrichts sagen: Religion spielt insgesamt eine eher geringe Rolle im Unterricht. Sie wird – wenn – dann hauptsächlich im Kontext einer an die kantische Philosophie angelehnte Themenmatrix unter dem „Metaphysischen Reflexionsbereich" zum Thema. Dabei findet eine allgemeine Reflexion über den Religionsbegriff selbst nicht statt beziehungsweise bleibt offen, wie die von den Schüler*innen zu erlernende Unterscheidung des „Religiösen" von den „Religionen" (in den Fachanforderungen zur Sekundarstufe II gefordert, s. o.) genau gedacht wird. Andere Begriffe wie „Gott" (bzw. Götter, das Göttliche) oder „Metaphysik" stehen dem gegenüber deutlich im Vordergrund. Diese Engführung wird mit dem kulturellen Kontext der Lehrsituation begründet, in der monotheistische Traditionen vorzuherrschen scheinen. Eine Infragestellung dieser Annahme in Anbetracht der Veränderungen der gegenwärtigen Religionslandschaft findet nicht statt. Wo einzelne Religionen zum Thema werden, sind sie Gegenstand eher idealtypischer, den jeweiligen konkret-gesellschaftlichen Kontext nicht berücksichtigender Beschreibungen. Aus der Philosophie heraus soll es dabei vor allem um die rationale Prüfung und gegebenenfalls Infragestellung der Plausibilität von religiösen Glaubensauffassungen gehen.

Religion bleibt damit insgesamt stets metaphysisch, nicht anthropologisch bestimmt und ist Gegenstand einer durch die Schüler*innen einzuübenden philosophischen Urteilsbildung, die auch im Dialog mit den beiden konfessionellen Religionsunterrichts-Angeboten formuliert wird. Religion kann damit zugleich nicht einfach nur ein Gegenstand von Interesse sein, dem gegenüber Schüler*innen persönlich indifferent sind. Gefördert wird neben einer Wahrnehmungs-, Deutungs-, Argumentations- und Darstellungskompetenz vor allem eine Urteilskompetenz (vgl. MBWK 2016, 15).

---

[7] Vgl. MBWK 2017a, 48–51 sowie MBWK 2017b, 48–50.

Wie diese Vorgaben konkret Umsetzung finden, könnte neben der empirischen Unterrichtsforschung auch eine Analyse der verwendeten Schulbücher zeigen. Jedoch gibt es kein zentrales Zulassungsverfahren für Schulbücher und Lernmaterialien in Schleswig-Holstein. Die Schulen treffen die Auswahl stattdessen in eigener Zuständigkeit. Insofern könnten hier nur Mikroanalysen zu einzelnen Schulen weiteren Aufschluss geben. Beides ist zum aktuellen Zeitpunkt noch ein Forschungsdesiderat.

Aktuelle Situation und Diskussionen

Vor allem der Lehrkräftemangel in den verschiedenen Fächern wirft Grundsatzfragen auf und bringt eine neue Dynamik in die Diskussion. Dies betrifft auch den evangelischen Religionsunterricht, von dessen Entwicklungen der Philosophieunterricht sekundär betroffen ist:

Die Nordkirche hat in einem Schreiben im September 2019 an alle Schulen und mit Referenz auf einen schon im April 2018 gefassten Beschluss (LKA 2018, 240) die Richtlinien für den Zugang zur Lehrerlaubnis für das Unterrichtsfach Evangelische Religion verschärft. Sie reagiert damit auf die Situation, dass gegenwärtig nicht alle für das Fach eingesetzten Lehrkräfte das eigentlich erforderliche Theologiestudium und die Vokation vorweisen können. Stattdessen unterrichten oft fachfremde Kräfte ohne Vokation das Fach evangelische Religion. Die Zahl der Lehrkräfte, so begründen die Schulen diese Personalpolitik, reiche oft nicht aus. Von solchen Sonderlösungen sei künftig dennoch, so die Kirche, Abstand zu nehmen. Die Lehrkräfte hätten ihre Mitgliedschaft in der evangelischen Kirche vorzuweisen und eine entsprechende Fortbildung in Anspruch zu nehmen. Wer dieser Aufforderung bis 2022 nicht nachgekommen sei, dürfe dann keinen Religionsunterricht mehr erteilen. Begründet wird die Argumentation mit dem Recht der Schüler*innen auf eine „authentische religiöse Bildung".[8] Vor allem die Gewerkschaft Erziehung und Wissenschaft (GEW) sieht diese Entwicklung kritisch. Die Vize-Landesvorsitzende der GEW, Katja Coordes, geht davon aus, dass sich durch diese Maßnahme der Lehrkräftemangel im Fach Evangelische Religion verschärfen und zugleich eine neue Grundsatzdebatte über den Religionsunterricht angestoßen werden könnte (Billmayer-Christen 2019). Diese würde dann auch den Philosophieunterricht grundlegend betreffen, der dieselben Probleme aufweist:

Denn auch hier herrscht Mangel an Lehrkräften und dementsprechendem Unterricht. 2018 wurde dadurch erneut eine Diskussion in der politischen Landschaft Schleswig-Holsteins über die Frage nach dem Religionsunterricht und seinem Ersatzfach angestoßen. Auslöser der Debatte war eine Kleine Anfrage des Südschles-

---

[8] Auf das Schreiben an die Schulen hatte die Verfasserin keinen direkten Zugriff. Das Schreiben wird jedoch in einem Beitrag der Kieler Nachrichten explizit erwähnt. Vgl. Billmayer-Christen 2019.

wigschen Wählerverbandes (SSW) die ergab, dass lediglich an 315 öffentlichen Schulen Philosophie unterrichtet wird, aber an 714 Schulen evangelische Religion. Der SSW formulierte daraufhin einen Antrag an den Schleswig-Holsteinischen Landtag, er möge die „Religionsfreiheit an öffentlichen Schulen sicherstellen" (LTSH 2018a, 1). Das Papier fordert zudem, Schüler*innen und Eltern explizit auf die Option des Philosophieunterrichts hinzuweisen. Es thematisiert damit dieselbe Kritik, die oben bereits in der Stellungnahme des Fachverbandes der Philosophielehrer*innen angesprochen wurde. In einer Stellungnahme zu diesem Problem äußerte sich auch die Gewerkschaft Erziehung und Wissen zur Diskussion und stellte ähnliche Mängel fest. Sie sprach sich zudem für die Vorteile eines gemeinsamen Unterrichts aus, der am Hamburger Modell[9] orientiert sein könnte, kritisierte aber zugleich die in Hamburg praktizierte evangelische Verantwortung (die seit 2020 jedoch zugunsten einer interreligiösen Trägerschaft aufgegeben wurde) für einen solchen Unterricht (GEW 2018, 2). Da das Format in dieser Form also Schüler*innen ohne Religionszugehörigkeit vernachlässige, könnte stattdessen auch über einen Werteunterricht im Klassenverband nachgedacht werden (GEW 2018, 3).

Am 5. September 2018 wurde über den Antrag im Landtag in Schleswig-Holstein debattiert (vgl. LTSH 2018b). Die CDU machte dabei noch einmal explizit ihre Priorität für den konfessionellen Unterricht deutlich und legte den Schwerpunkt eher auf die Notwendigkeit der Einrichtung eines flächendeckenden islamischen Religionsunterrichts, aber auch eines entsprechenden Unterrichts für Schüler*innen der jüdischen Gemeinschaft oder der Alevit*innen (LTSH 2018b, 2654).[10] Der Abgeordnete Martin Habersaat von der SPD wies dem gegenüber auf den Unterschied zwischen Glaubensvermittlung und Religionskunde und die privilegierte Stellung des konfessionellen Religionsunterrichts hin. Dieses Ungleichgewicht halte er jedoch „vor dem Hintergrund der Schulpflicht und des Kalenders – wir schreiben immerhin das Jahr 2018 – für falsch" (LTSH 2018b, 2655). In der Folge sprach er sich vor allem für eine Verbesserung der Bedingungen für den Philosophie-Unterricht aus. Die SPD hatte den konfessions- und religionsübergreifenden Religionsunterricht schon 2017 in ihrem Wahlprogramm gefordert und ist bis heute dabei geblieben (vgl. Tönnemann 2017).[11]

Am weitesten zumindest in Richtung des Vorschlags eines religionskundlichen Unterrichts argumentierte die Vertreterin der Grünen, Eka von Kalben. Religion und Philosophie seien die Fächer, in denen Wertevermittlung stattfinde, und

> [...] hier kann auch der Ort sein, etwas über die unterschiedlichen Religionen zu lernen. [...] Unser Schulgesetz und der Lehrplan sehen vor, dass Kinder alle Möglichkeiten haben sollen, verschiedene Religionen kennenzulernen, und sie sollen die Möglichkeit haben, konfessions-

---

9 Vgl. hierzu den Beitrag von Giovanni Maltese zum Hamburger Religionsunterricht in diesem Band.
10 Interessant ist, dass die Zeugen Jehovas hier regelmäßig unerwähnt bleiben, obwohl sie – anders als etwa islamische Gruppierungen – in Schleswig-Holstein als Körperschaft des öffentlichen Rechts anerkannt sind und daher ebenfalls ein Recht auf Religionsunterricht an Schulen hätten.
11 Vgl. auch die Website der SPD Schleswig-Holstein.

freien Unterricht zu bekommen. [...] Ich frage mich im Übrigen auch [...], ob es überhaupt zielführend ist, den Klassenverband immer weiter aufzuteilen, angesichts dessen, was dieser Unterricht gerade vermitteln soll. Wenn es offensichtlich schon zu viel Spaltung in unserer Gesellschaft gibt, sollten wir in der Schule dann nicht lieber mehr Gewicht auf gemeinsames Lernen im Klassenverband mit unterschiedlichen religiösen Erfahrungen und Wertvorstellungen legen? Ich mache keinen Hehl daraus, dass wir Grüne am liebsten einen religions- und philosophiewissenschaftlichen Unterricht für die ganze Klasse hätten [...]. Doch wir wissen auch, dass das unsere Verfassung nicht zulässt. (LTSH 2018b, 2656 f)

In Anbetracht dessen sei aber, so von Kalben, der interreligiös orientierte Ansatz des evangelischen Unterrichts zu begrüßen. In andern, späteren Verlautbarungen Medien gegenüber sprach von Kalben von einem Modell, in dem die Lehrkräfte eher als Moderator*innen zu sehen seien, die den Schüler*innen alle Religionen im Vergleich vorstellen. Falls sich für einen solchen Entwurf aber keine politische Mehrheit finden ließe, sollten die evangelischen und katholischen Religionslehrer*innen zumindest verpflichtend Imame und Rabbiner in den Unterricht mit einbeziehen müssen (vgl. Hammer 2018).

Erwähnenswert ist zudem die Stellungnahme des Fachverbandes Philosophie zur Frage nach einer möglichen Erweiterung des Faches Philosophie um Aspekte aus der Religionskunde: Diese wird grundsätzlich abgelehnt, da sie kein Teilgebiet der Philosophie sei. Zugleich sieht der Fachverband die Einführung eines autonomen Faches „Religionskunde" aber als „unproblematisch" an (Fachverband Philosophie, 2018). Wie sich dies mit den Planungen vor allem der Grünen verträgt, muss die weitere Auseinandersetzung nach den Landtagswahlen Schleswig-Holsteins 2022 zeigen. Denn am 24. März 2019 wurde auf dem Landesparteitag der Grünen in Schleswig-Holstein die Einführung eines Pflichtfaches „Philosophie und Religionskunde" für alle beschlossen. Es soll im Rahmen des werteorientierten Unterrichts als ordentliches Lehrfach für alle Schüler*innen ohne die Möglichkeit der Befreiung angeboten werden.[12] Insofern könnte, je nach Ausgang der Wahl und vor allem der Wahlergebnisse der Grünen, eine neue Grundsatzdebatte zur Änderung des bisherigen Modells durchaus anstehen.

Religionswissenschaftliche Einordnung

Zusammenfassend lässt sich sagen: Das Fach Religionskunde nach dem Verständnis dieses Bandes gibt es in Schleswig-Holstein an der Schule nicht. Das Ersatzfach Philosophie ist – wie schon der Name besagt – gegenüber den konfessionellen Fächern nicht gleichgestellt. Es soll zum konfessionellen Religionsunterricht thematisch vergleichbare Erziehungs- und Bildungsziele verfolgen und steht somit in einer Abhängig-

---

12 Vgl. die Website der Säkularen Grünen.

keit zu diesem. Der Fachverband der Philosophielehrer*innen spricht sich zudem ganz explizit gegen eine Aufnahme religionskundlicher Inhalte in das Curriculum aus: Der Unterricht soll ein philosophischer sein. Dennoch ist Religion in spezifischer Weise Thema des Unterrichts: Sie wird einerseits in Kooperation mit dem konfessionellen Religionsunterricht und somit partizipativ und nicht beschreibend gelehrt. Als Expert*innen für Religion scheinen hier diejenigen mit der Innenperspektive zu fungieren: Die Leitfäden zu den Fachanforderungen der Philosophie gehen zumindest für die Grundschule explizit davon aus, dass es für die religiösen Themen auch die Expertise aus dem konfessionellen Religionsunterricht braucht. Andererseits liegt – wo Religion als Thema im Philosophie-Unterricht eine Rolle spielt – ein auf Gott/Götter/das Göttliche enggeführter Religionsbegriff vor, der zumindest dem Curriculum nach nicht mehr eigens reflektiert wird und daher den Anschluss an die religionswissenschaftliche Forschung zum Religionsbegriff vermissen lässt. Wo Religion so zum Gegenstand des Unterrichts wird, soll sie philosophisch wahrgenommen und gedeutet, soll über sie philosophisch argumentiert und soll letztlich auch ein reflektiertes Urteil gebildet werden. Da die Lehrbefugnis für das Fach zumindest der Regel nach auf Lehramtsstudierende der Philosophie beschränkt ist und allenfalls durch Weiterbildungen nachträglich erworben werden kann, fehlt zudem eine akademische Qualifikation der Lehrenden im Themenfeld der Religion. Religionswissenschaft ist an keiner der Universitäten Schleswig-Holsteins als eigenes Fach studierbar. Allein in Kiel gibt es eine Lektoratsstelle an der Theologischen Fakultät, die das Fach im Rahmen der verschiedenen theologischen Studiengänge lehrt und die Ausbildung der evangelischen Lehramtsstudierenden mitverantwortet. Der religionswissenschaftliche Anteil an der Ausbildung der evangelischen Lehramtsstudierenden ist hier in den letzten Jahren deutlich verstärkt worden. Doch bleibt er dabei notwendigerweise eingerahmt durch die Interessen eines konfessionellen Unterrichts, der andere Ziele verfolgt. Einen Lehrimport der Religionswissenschaft in die Philosophie hinein gibt es an dieser Stelle momentan nicht.

Dennoch könnte neue Dynamik in die gegenwärtige Situation kommen. Denn es ist vor allem der Lehrkräftemangel, der die Diskussion um die gesetzeskonforme Erteilung von getrenntem Religions- und Philosophieunterricht wieder neu entfacht hat und ein alternatives Modell von einem gemeinsamen Unterricht denkbar werden lässt. Zudem erscheint vielen eine sich immer weiter nach einzelnen Konfessionen mit separatem Unterricht zergliedernde Klassengemeinschaft nicht mehr zeitgemäß und auch kontraproduktiv zu den definierten Bildungszielen. Der für alle geöffnete konfessionelle evangelische Religionsunterricht kann hierfür – auch und gerade aufgrund der Vorgaben des Grundgesetzes – kaum die Lösung sein. Darüber hinaus hängt die weitere Auseinandersetzung mit dem Thema maßgeblich an der politischen Landschaft Schleswig-Holsteins. Mehrere der starken Parteien – allen voran die Grünen und die SPD – sprechen sich schon länger für eine Ablösung des alten Modells und einen neuen, konfessionsunabhängigen gemeinsamen Unterricht aus. Angedacht wurde bislang eine Kombination von Philosophie und Religionskunde als verpflichtender Unterricht für alle. Konkretisierungen fehlen an dieser Stelle jedoch noch und das angedachte Modell wirft neue, komplexe Fragen auf, die an dieser Stelle nicht diskutiert werden können. Die Landtagswahlen in Schleswig-Holstein 2022 werden die weiteren Entwicklungen dieser Diskussion jedenfalls maßgeblich bestimmen. Würde sich tatsächlich ein Unterricht für alle mit religionskundlichem Anteil konkretisieren, wäre dieser auch angewiesen auf einen entsprechenden Ausbau der dezidiert religionswissenschaftlichen Infrastruktur der Lehre an den Universitäten Schleswig-Holsteins.

Aber nicht nur diese Entwicklungen, sondern auch inhaltliche Gründe sprechen für eine Stärkung des religionskundlichen Unterrichts. Einer soll hier abschließend anhand der Frage nach der Perspektivität/Positionalität/Innenperspektive noch einmal herausgegriffen werden.

Denn stets argumentieren die Befürworter*innen eines konfessionellen Religionsunterrichts damit, dass die Fähigkeit zur (religiösen) Positionierung und zum daraus erwachsenden (interreligiösen) Dialog eine der entscheidenden Kompetenzen seien, die in einem solchen Unterricht erlernt und eingeübt werden müssten. Religionswissenschaft beziehungsweise Religionskunde wird demgegenüber jeweils als „neutrales" Fach charakterisiert, das sich gerade durch seine Standortunabhängigkeit auszeichne und sich daher für eine Auseinandersetzung mit Positionalität nicht eigne. Jedoch trifft diese Beschreibung nicht zu. Schon in den Einführungen in das Studium der Religionswissenschaft steht zu lesen: „Die Forderung eines ‚unbefangenen', ‚objektiven' Herantretens an eine Religion ist pure Naivität" (Stolz 1997, 39). Dass es also auch und gerade für eine Kulturwissenschaft wie die Religionswissenschaft, die sich in die Tradition des *linguistic turn* und des Postkolonialismus stellt, immer nur eine kritische Reflexion des unumgänglich gegebenen eigenen Standortes geben kann, ist Konsens unter den Fachvertreter*innen. Das Argument, konfessioneller Religionsunterricht setze sich mit Positionalität auseinander und Religionskunde tue dies nicht, trifft somit nicht zu. Umso mehr stellt sich die Frage: Welches Verständnis und welchen Umgang mit Positionalität kann das Fach Religionskunde in religionswissenschaftlicher Verantwortung nun positiv anbieten?

Hierzu abschließend ein paar Gedanken aus religionswissenschaftlicher Perspektive: Das Verortet-Sein hat viele Dimensionen; die religiöse ist nur eine davon. Insbesondere die *postcolonial studies* haben immer wieder auf die Machtgefüge und Bedingtheiten hingewiesen, aus denen heraus Forschung betrieben wurde und wird. Dabei geht es nicht nur um Religion, sondern auch um Fragen politischer Herkunft, um Zwänge von Sprache und Institution. Die Liste ist lang, und das Ergebnis aller Bemühungen, sich aus dem Geflecht dieser Bestimmtheiten zu lösen, führt immer nur in neue Verstrickungen. Ein konstruktiver Umgang mit dieser Erkenntnis des unumgänglichen Positioniert-Seins kann daher die kritische Selbstreflexion sein: die kritische Hinterfragung der Faktoren, welche die eigene und auch die Position anderer bestimmen und sie als solche überhaupt erst hervorbringen und als „notwendig" erscheinen lassen. Eine solche selbstreflexive Auseinandersetzung mit Positionalität unterscheidet sich aber deutlich von einem gezielten und expliziten *Einnehmen* einer Position – und das vor allem hinsichtlich des Fokus: Im einen Fall wird nach den Bedingungen der Möglichkeit des So-Seins einer bestimmten (auch der eigenen) Position gefragt, im anderen Fall wird eben diese Position eingenommen und vertreten.

Aus einer solchen selbstreflexiven Warte erscheint dann auch die von den Verantwortlichen des konfessionellen Unterrichts stets wiederholte Behauptung, Religion habe immer etwas Persönliches und könne gar nicht anders als persönlich erlebt, verstanden und vermittelt werden, in einem anderen Licht. Sie kann dann historisch relativiert werden als spezielle Konstruktionsgeschichte von Religion im europäischen Raum, die unter spezifischen historischen Bedingungen entstand und viel zu tun hat mit Theorien, die Religion stets als persönliche Erfahrung konzeptionalisiert haben. Die Auffassung, nur aus einer Innenperspektive sei Religion „richtig" verstehbar, entpuppt sich dann selbst als unhinterfragte, eigentlich aber historisch herleitbare Setzung. Anders gesagt: „Religion" ist möglicherweise Teil der je eigenen Positionalität, aber sie kann das auch anders als „rein persönlich", als positive religiöse Erfahrung aus der Innenperspektive sein – etwa in Form von etwas, das man ablehnt oder das einem egal ist oder aber auch in Form eines Gegenstandes, für den man sich einfach nur interessiert.

Wer Positionalität also in dieser Weise versteht – als vorwiegend kritische, selbstreflexive Arbeit einer Auseinandersetzung mit dem eigenen und den anderen Standpunkten – der betreibt zugleich eine konsequente Infragestellung aller Notwendigkeits- und Absolutheitsansprüche. Und letztlich ist dies wahrscheinlich die Frage, die gesellschaftlich entschieden werden muss: Welcher Wert soll jenen Kompetenzen beigemessen werden, die aus einer solchen Haltung resultieren?

Bibliografie

Billmayer-Christen, Ulf. 2019. „Religionsunterricht: Fachfremde Lehrer nicht erwünscht." *Kieler Nachrichten*, 25.9.2019.

EKD Evangelische Kirche Deutschland. 1994. *Identität und Verständigung. Standort und Perspektiven des Religionsunterrichts in der Pluralität. Eine Denkschrift*. Gütersloh: Gütersloher Verlagshaus.

EKD Evangelische Kirche Deutschland. 2020a. *Kirchenmitgliederzahlen Stand 31.12.2019*.

EKD Evangelische Kirche Deutschland. 2020b. *Interreligiöse Kompetenz. Perspektiven und Empfehlungen für die Aus-, Fort- und Weiterbildung von Religionslehrkräften*.

Fachverband Philosophie. 2018. *Stellungnahme des Fachverbandes Philosophie SH*. http://www.fv-philo-sh.de/stellungnahme-fv-philo-sh-sh/#more-7962 (Zugriff am 20.9.2021).

Frank, Katharina. 2016. „Skizze eines religionswissenschaftlichen Kompetenzmodells für die Religionskunde." *Zeitschrift für Religionskunde ZFRK* 3: 19–33.

GEW Gewerkschaft Erziehung und Wissenschaft. 2018. „Stellungnahme zum Thema ‚Religionsfreiheit an öffentlichen Schulen sicherstellen". Umdruck 19/1798.

Hammer, Wolfram. 2018. „Grüne fordern neuen Religionsunterricht." *Lübecker Nachrichten online*, 30.10.2018.
IQSH (=Institut für Qualitätsentwicklung an Schulen Schleswig-Holstein). 2020. *Weiterbildungsmaßnahme zum Erwerb der Unterrichtsgenehmigung für das Fach Philosophie in der Grundschule* (Schuljahr 2020/21).
LKA (=Landeskirchenamt der Evangelisch-Lutherischen Kirche in Norddeutschland). 2018. *Kirchliches Amtsblatt der Evangelisch-Lutherischen Kirche in Norddeutschland* 6. S. 240 ff.
LTSH (=Landtag Schleswig-Holstein). 2018a. „Antrag der Abgeordneten des SSW: Religionsfreiheit an öffentlichen Schulen sicherstellen". Drucksache 19/877.
LTSH. 2018b. Plenarprotokoll 19/36.
Ministerium für Frauen, Bildung, Weiterbildung und Sport. 1995. *Religionsunterricht an den Schulen in Schleswig-Holstein*. Runderlass vom 21. Februar 1995. Geändert durch Erlass vom 3. Juni 2010 und durch Erlass vom 20. Juni 2019.
MBWFK Ministerium für Bildung, Wissenschaft, Forschung und Kultur. 1997. *Kooperation in der Fächergruppe Evangelische* Religion, *Katholische* Religion *und Philosophie*. Durchführungsbestimmungen zu § 2 Abs. 3 Satz 2 und 3 des Runderlasses „Religionsunterricht an den Schulen in Schleswig-Holstein" – Runderlass vom 7. Mai 1997.
MBWFKSH Ministerium für Bildung, Wissenschaft, Forschung und Kultur des Landes Schleswig-Holstein. 2002. *Philosophieunterricht in der Sekundarstufe I*. Runderlass vom 25. Juni 2002.
MBFSH Ministerium für Bildung und Frauen des Landes Schleswig-Holstein. 2007. *Lehrplan Grundschule Islamunterricht*.
MBWK (=Ministerium für Bildung, Wissenschaft und Kultur des Landes Schleswig-Holstein). 2011. *Evangelische Religion, katholische Religion und Philosophie auf einen Blick*.
MBWK. 2016. *Fachanforderungen Philosophie: Allgemein bildende Schulen. Sekundarstufe I. Sekundarstufe II*.
MBWK. 2017a. *Leitfaden zu den Fachanforderungen evangelische Religion: Allgemein bildende Schulen. Sekundarstufe I. Sekundarstufe II*.
MBWK. 2017b. *Leitfaden Fachanforderungen katholische Religion: Allgemein bildende Schulen. Sekundarstufe I. Sekundarstufe II*.
MBWK. 2019. *Fachanforderungen Philosophie. Primarstufe/Grundschule*. Kiel.
MBWK. 2020. *Leitfaden zu den Fachanforderungen Philosophie. Grundschule/Primarstufe*. Kiel.
Pohl-Patalong, Uta u.a. 2016. *Konfessioneller Religionsunterricht in religiöser Vielfalt. Eine empirische Studie zum evangelischen Religionsunterricht in Schleswig-Holstein*. Stuttgart: Kohlhammer.
Säkulare Grüne, Website. https://saekulare-gruene.de/gruener-landesparteitag-schleswig-holstein-beschliesst-einfuehrung-eines-pflichtfaches-philosophie-und-religionskunde-fuer-alle/ (Zugriff am 20.9.2021).
Schleswig-Holsteinisches Schulgesetz (Schulgesetz – SchulG). 2007. Kiel.
SPD Schleswig-Holstein, Website. https://www.spd-schleswig-holstein.de/politik/schulen/ (Zugriff am 20.9.2021).
Statistische Ämter des Bundes und der Länder. 2011. *Zensus*.
Stolz, Fritz. 1997. *Grundzüge der Religionswissenschaft*, 2. Aufl., Göttingen: Vandenhoeck & Ruprecht.
Tönnemann, Curd. 2017. „Braucht Schleswig-Holstein neuen Religionsunterricht?", *Lübecker Nachrichten online*, 19.3.2017.

Benedikt Erb
16 Thüringen

Hard Facts auf einen Blick

Fachbezeichnung	Ethik
Einführung des Faches	1991
Schulstufen	Primarstufe, Sekundarstufe I, Sekundarstufe II
Rechtsstatus	Wahlpflicht- oder Ersatzpflichtfach (abhängig von der Religionszugehörigkeit)
Rechtsgrundlage	ThürVerf Art. 25, Abs. 1 und ThürSchulG § 46, Abs. 1, 4 und 5
Teilnehmer*innen	alle Schüler*innen, die nicht am Religionsunterricht (nach GG 7.3) teilnehmen
Einheitliche Prüfungsanforderung für das Abitur (EPA)	EPA Ethik (2006)
Bezugsdisziplin/en laut curricularer Vorgaben	Philosophie. Aus dem Lehrplan ergeben sich zudem die Religionswissenschaft und andere Sozialwissenschaften.
Studienstandorte	Erfurt, Jena
Beteiligung der Religionswissenschaft an Lehramtsausbildung	marginal
Besonderheit	unklarer rechtlicher Status des Ethikfachs zwischen Wahlpflicht- und Ersatzpflichtfach; mehrheitliche Belegung des Ethikunterrichts (vgl. demografische Situation)
Weitere religions- und ethikbezogene Schulfächer	Religionsunterricht: evangelisch, katholisch, jüdisch

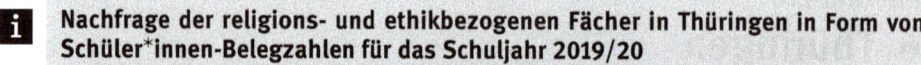

Nachfrage der religions- und ethikbezogenen Fächer in Thüringen in Form von Schüler*innen-Belegzahlen für das Schuljahr 2019/20

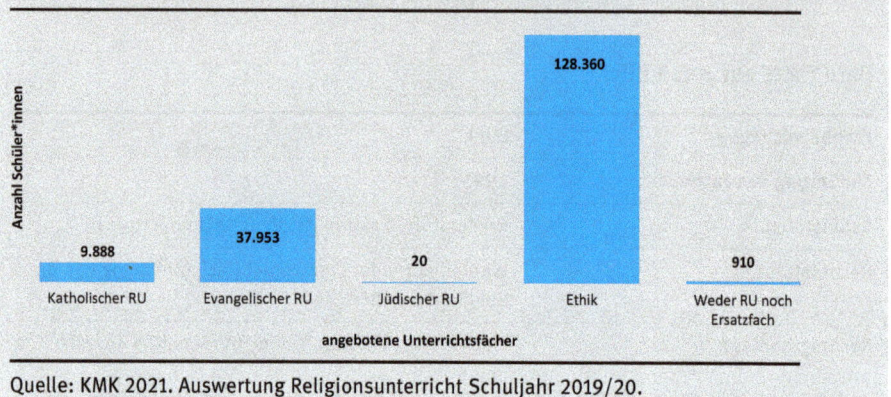

Quelle: KMK 2021. Auswertung Religionsunterricht Schuljahr 2019/20.

Verteilung der Fächer im Schulsystem

	Religionsunterricht (Wahlpflichtfach)	Ethik (Wahlpflicht- bzw. Ersatzpflichtfach)
Primarstufe	+	+
Sekundarstufe I	+	+
Sekundarstufe II grundlegendes Anforderungsniveau	+	+
Sekundarstufe II erhöhtes Anforderungsniveau	+	+

Geschichte und Entwicklung des aktuellen Modells

Im Schuljahr 1991/1992 war Thüringen das erste der neuen Bundesländer, welches das Fach Ethik an öffentlichen Schulen eingeführt hat (Ströbel 2007, 14). 1993 war es bundesweit das erste Land, welches das Fach Ethik dem Wortlaut im Gesetzestext nach als „ordentliches Lehrfach" dem Religionsunterricht gleichstellte (ThürSchulG, § 46.1; ThürVerf, Art. 25.1). Auch habe Thüringen mit der Einrichtung eines grundständigen Studiums zur Erlangung der Fakultas für das Fach Ethik bundesweit Neuland beschritten (Korrespondenz 2019a).¹ Thüringen habe mit der bisherigen Praxis in der Bundesrepublik gebrochen, die Unterrichtserlaubnis für das Fach Ethik mit Drittfachstatus ausschließlich über Zusatzstudien oder Weiterbildungen zu erteilen.²

Was sich zunächst liest, wie die besonders progressive und innovative Geschichte der Einführung des Faches Ethik in Thüringen, stellt sich bei näherer Betrachtung als notwendige Verkettung von Folgen aus der Einführung des konfessionellen Religionsunterrichts an öffentlichen Schulen in Thüringen heraus. Es wäre demnach transparenter, zunächst festzustellen, dass Thüringen im Schuljahr 1991/1992 das erste der neuen Bundesländer war, das im Sinne von Artikel 7.3 des Grundgesetzes (GG) den konfessionellen Religionsunterricht als ordentliches Lehrfach einführte, und im Anschluss daran das Fach Ethik. Die weitere Ausgestaltung des Verhältnisses von konfessionellem Religionsunterricht und dem Schulfach Ethik in Thüringen ist in der spezifischen Nachwendesituation der neuen Bundesländer zu suchen: Zum einen ist die geringe Kirchenbindung zu nennen, denn über sechzig Prozent der Bevölkerung der neuen Bundesländer sind infolge der Religionspolitik der DDR bis heute konfessionslos. Konfessioneller Religionsunterricht geht also am Bedarf des größeren Teils ostdeutscher Schüler*innen vorbei. Zum anderen stand nach der Wende die Frage der Werteorientierung im Raum, nachdem die normativen Fixpunkte der DDR prekär geworden waren, worauf zumindest im Falle Thüringens von Beginn an mit der explizit wertevermittelnden Rahmung der Fächer Religions- und Ethikunterricht reagiert wurde (Lieberknecht 1991, 22–23).

Die Geschichte des Schulfaches Ethik beginnt in Thüringen mit den politischen Umbrüchen von 1989/1990 und muss zunächst indirekt über die Debatte um den Religionsunterricht rekonstruiert werden. Denn weder kannte das Schulsystem der DDR ein Fach Ethik, noch gab es gegen Ende der DDR die administrativ-territoriale Einheit „Thüringen". Hingegen war an den Schulen die marxistisch-leninistisch orientierte Staatsbürgerkunde obligatorisch. Konfessionelle Religionsunterrichtung wurde vom Staat marginalisiert und fand nur außerschulisch im Rahmen kirchlicher Selbstverwaltung statt. Wie auch in anderen Bereichen kennzeichnete sich die Debatte um den Religionsunterricht in der Wendezeit durch eine relativ diffuse Interessenlage (Wermke 2006, 147). Die verschiedenen Positionen einte, dass sie klar in Abgrenzung zur DDR-Vorgeschichte standen. An den „Runden Tischen" diskutierte die pädagogische Reformbewegung einen Grundwerteunterricht für alle, während von einem schulischen Religionsunterricht entweder noch gar keine Rede war, oder ein solcher sowohl von

---

1 Ich danke Herrn Ministerialrat Bernd Th. Drößler, Referatsleiter für Religions- und Weltanschauungsangelegenheiten und Staatskirchenrecht in der Thüringer Staatskanzlei, für dessen freundliche und aufgeschlossene Hilfe in juristischen Fragen zum Ethikunterricht in Thüringen.
2 Dies gilt zumindest partiell, denn an Thüringer Hochschulen kann durchgängig seit dem Wintersemester 1991/1992 bis heute die Unterrichtserlaubnis für das Fach Ethik auch in Teil- oder Erweiterungsstudiengängen erworben werden; die Belegung des Lehramtsfachs Ethik als Hauptfach mit Erwerb der Fakultas ist also nicht obligatorisch.

nichtkonfessionellen als auch von kirchlichen Akteur*innen teils kritisch beäugt wurde (Petzold 2003, 19–20). Dies ist insofern bemerkenswert, als angesichts der Vorgeschichte staatlicher Indoktrination an Schulen – von Gert Geißler als erziehungsstaatlicher Komplex beschrieben (Geißler 2015, 90–93) – kritische Stimmen gegenüber einem Grundwerteunterricht in staatlicher Verantwortung zu erwarten gewesen wären. Michael Wermke zufolge gab es nämlich durchaus das Interesse, eine ideologiefreie Schule zu begründen, die frei von staatlicher und religiöser Indoktrination war.[3] Andererseits sahen aber insbesondere die neuen Entscheidungsträger*innen in Politik und Schule ab 1990 „gerade in der Beteiligung der Kirchen einen Garanten für die Entwicklung eines freiheitlich-demokratischen Schulwesens" (Wermke 2006, 147).

In der religionspädagogischen Literatur ist daher das Inkrafttreten von Artikel 7.3 GG infolge des Beitritts der DDR zur BRD nicht weiter erklärungsbedürftig und wird als Auflösung der divergierenden Positionen zum Religionsunterricht kommentarlos festgestellt (Petzold 2003, 20; Wermke 2006, 147). So beinhaltet der am 31. August 1990 zwischen der BRD und der DDR abgeschlossene Einigungsvertrag in Artikel 3 zwar das Inkrafttreten des Grundgesetzes in den neuen Bundesländern.[4] Allerdings folgt daraus nicht zwingend die Übernahme von Artikel 7.3 GG, da das Grundgesetz schließlich auch die Bremer Klausel (Art. 141 GG) umfasst, der zufolge „Artikel 7 Abs. 3 Satz 1 [...] keine Anwendung in einem Lande [findet], in dem am 1. Januar 1949 eine andere landesrechtliche Regelung bestand". Daher war in allen neu zu gründenden Bundesländern die Frage der Gültigkeit von Artikel 7.3.1 GG und damit die Einführung des Religionsunterrichts als ordentlichem Lehrfach an öffentlichen Schulen zu klären. Die entsprechende landesrechtliche Regelung der Thüringer Verfassung von 1946 lautete: „Das Recht der Religionsgemeinschaften auf Erteilung des Religionsunterrichts und seine Durchführung sind gewährleistet." (Art. 72, Abs. 3 der Verfassung des Landes Thüringen vom 20. Dezember 1946) Diese Regelung erfüllt die Voraussetzungen von Artikel 141 GG (Blanke und Drößler 2013, 377), da sie kein ordentliches Lehrfach „Religionsunterricht" im Sinne von Art. 7.3.1 GG benennt und zum 1. Januar 1949 noch in Kraft war. Der Handkommentar zur Verfassung des Freistaats Thüringen verweist daher auf die „in der Präambel zur Vorläufigen Landessatzung für das Land Thüringen vom 07.11.1990 festgestellten Rechtslage" (Blanke und

---

[3] Wermke hat seit 2003 die Professur für Religionspädagogik an der evangelischen Theologischen Fakultät an der Universität Jena inne und ist damit der direkte Nachfolger des ebenfalls oben zitierten Klaus Petzold. Seit 2011 ist Wermke Direktor des Zentrums für Religionspädagogische Bildungsforschung (ZRB), auf das später im Zusammenhang des Thüringer Bildungsplans noch einzugehen sein wird.

[4] Das in der DDR noch bis zur Verwaltungsreform von 1952 existierende Land Thüringen wurde auf Grundlage von Paragraf 1, Absatz 1 des sogenannten Ländereinführungsgesetzes vom 22. Juli 1990 aus den Bezirken Erfurt, Gera und Suhl sowie den Kreisen Artern, Altenburg und Schmölln wieder neu gebildet und durch den Einigungsvertrag vom 31. August 1990 zwischen der DDR und der BRD Teil der Bundesrepublik Deutschland (Art. 1 Einigungsvertrag). Dies umfasste auch das Inkrafttreten des Grundgesetzes in Thüringen (Art. 3 Einigungsvertrag).

Drößler 2013, 377), die unter anderem auch die Gültigkeit von Artikel 7.3 GG in Thüringen impliziert.[5] Damit liegt also eine letztlich nominale Festlegung zugunsten des Religionsunterrichts als ordentlichem Lehrfach vor, die in der Folge den rechtlichen Referenzpunkt für die Einführung des Faches Ethik in Thüringen darstellt.

Weshalb allerdings diese staatskirchenrechtliche und religionspolitische Entscheidung so und nicht anders – etwa in Form eines weltanschaulich neutralen und im kompletten Klassenverband stattfindenden integrativen Pflichtfaches mit religionskundlichen Fachanteilen – getroffen wurde, bleibt damit weiterhin ungeklärt. Möglicherweise war schlicht der Faktor Zeit dafür verantwortlich. Man wollte zwar die Strukturen der alten Bundesländer nicht einfach übernehmen, doch unter Zeitdruck wurde wie in anderen Bereichen auch Nachahmung zum beherrschenden Gestaltungselement (Petzold 2003, 20). Wermkes Verweis auf die dem Religionsunterricht aufgeschlossenen Entscheidungsträger*innen in der Politik (Wermke 2006, 147) legt außerdem nahe, dass sich in der Einführung von Artikel 7.3 GG in Thüringen die weltanschauliche Präferenz der seit dem 8. November 1990 auf einer nahezu absoluten CDU-Mehrheit aufbauenden ersten schwarz-gelben Landesregierung unter Josef Duchač ausdrückte.[6] Mindestens lässt sich das aber für die weltanschauliche Präferenz der damaligen Kultusministerin und späteren Ministerpräsidentin Christine Lieberknecht (CDU) sagen: In ihrer Rede während der Landtagsdebatte zum Vorläufigen Bildungsgesetz präsentierte die studierte evangelische Theologin am 20. März 1991 die geplanten Fächer Religions- und Ethikunterricht als entscheidenden Baustein eines allgemein wertevermittelnden schulpolitischen Anliegens der Landesregierung. Dabei hob sie mit Blick auf den Religionsunterricht zunächst besonders die Rolle der Kirchen hervor, um daraufhin in der Werterhetorik und in Abgrenzung zur DDR-Vorgeschichte verbleibend zum Ethikunterricht überzuleiten:

> Wir schaffen mit dem Vorläufigen Bildungsgesetz einen staatlichen Rahmen, in dem die Kirchen ausgehend vom kritischen Geist des Wortes Gottes menschliche Ordnung kritisch beleuchten und den Staat immer wieder zur Auseinandersetzung, zum Nachdenken über seine eigene Entwicklung zwingen können. Ich halte eine solche kritische Begleitung für einen freiheitlichen demokratischen Rechtsstaat für unverzichtbar. Selbstverständlich ist auch die Freiheit des einzelnen garantiert, sich für oder gegen Religionsunterricht zu entscheiden. Deshalb

---

5 „Das Land Thüringen ist ein Land der Bundesrepublik Deutschland. Damit sind die in den Artikeln 1 bis 19 des Grundgesetzes für die Bundesrepublik Deutschland niedergelegten Grundrechte auch unmittelbar geltendes Recht in Thüringen. [...]" (Präambel zur Vorläufigen Landessatzung für das Land Thüringen vom 7. November 1990). Auch der Verweis, dass „eine weitere Ausgestaltung des Grundrechtskatalogs durch das Landesverfassungsrecht [...] den Verfassungsberatungen vorbehalten" bleibe (ebd.), bezieht sich lediglich auf die weitere Ausgestaltung der Art. 1–19 GG im Zeitraum bis zur Verfassungsgebung des Bundeslandes und wäre – eine entsprechende Interessenlage vorausgesetzt – wohl nur mutwillig im Sinne von Artikel 141 GG interpretierbar gewesen.
6 Duchač war bis zu seinem Rücktritt 1992 unmittelbarer Amtsvorgänger des die Thüringer Nachwendepolitik dominierenden ehemaligen rheinland-pfälzischen Ministerpräsidenten Bernhard Vogel (CDU).

gibt es die Möglichkeit eines weltanschaulich neutralen Ethikunterrichtes, der einen Schwerpunkt in der vergleichenden Darstellung verschiedener Wertesysteme haben wird. Die Landesregierung bezieht damit eine klare Position, die den Menschen unseres Landes den Freiraum der eigenen Entwicklung und der eigenen Entscheidungsfindung sichert. Innere Erneuerung, die Neufindung von Wertevorstellungen, aber auch die innere Erneuerung unserer Schulen, das alles ist nicht nur Angelegenheit der Landesregierung, sondern Aufgabe und Verpflichtung für alle Menschen in unserem Land. (Lieberknecht 1991, 22–23)

Die hier etwas pathetisch an die Fächer Religions- und Ethikunterricht adressierte Erwartungshaltung einer umfassenden Werteerneuerung nach der Wende sollte keineswegs unterschätzt werden, drückt sie sich doch mit Schlagworten wie „Wertesystem in Trümmern", „Orientierungslosigkeit", „Neuorientierung" und „ethisch-moralischer Erneuerung" in zahlreichen Dokumenten aus der frühen Phase der Einführung beider Fächer in Thüringen aus.[7]

Das Vorläufige Bildungsgesetz (VBiG) trat am 25. März 1991 in Kraft. Bereits im ersten Nachwendeschuljahr formte es das komplette Schulsystem der DDR zugunsten einer hierarchischen Schulstruktur mit unterschiedlichen weiterführenden Schultypen um. Auch schuf es die formalen Voraussetzungen für die Einführung des Faches Ethik, indem es zunächst feststellte, dass „Religionsunterricht [...] ordentliches Lehrfach an allen öffentlichen Schulen" in Thüringen ist (§ 18 VBiG) und indem es die damit verknüpften Implikationen von Art. 7.3 GG im Hinblick auf die Beteiligung der Religionsgemeinschaften und das Recht auf Abmeldung vom Religionsunterricht bestätigte. Zudem führt das VBiG den Ethikunterricht als obligatorisches Ersatzfach zum konfessionellen Religionsunterricht ein: „Schüler, die nicht am Religionsunterricht teilnehmen, nehmen am weltanschaulich neutralen Ethikunterricht teil" (§ 18 VBiG). Damit wurde das Fach neben dem Religionsunterricht zum einzigen Schulfach, das seither in Thüringen gesetzmäßig garantiert ist.

Die Einführung des Ethikunterrichts ging daraufhin sukzessive und in Abhängigkeit von den zur Verfügung stehenden Lehrer*innen mit entsprechender Unterrichtserlaubnis vonstatten (Ströbel 2007, 14). Der Fokus lag dabei augenscheinlich auf dem Regelschul- und Gymnasialbetrieb der Klassenstufen fünf bis zehn, da ausschließlich für diesen Schulabschnitt die bis 1993 gültigen vorläufigen Lehrplanhinweise entwickelt wurden (Storz 1992, 5–6; Storz 2007, 18; Thüringer Kultusministerium 1991). Für die Grundschule griff man hingegen orientierungshalber auf den bayerischen Ethiklehrplan zurück (Ströbel 2007, 14). Daraus ergab sich im Hinblick auf das Weiterbildungs- und Nachqualifizierungssystem für Thüringer Ethiklehrer*innen eine

---

7 Insbesondere in den dokumentarischen Bänden ALP/ThILLM (1992) und Menzel (2007a) tauchen diese Figuren in zahlreichen Beiträgen von an der Einführung des Ethikunterrichts in Thüringen beteiligten Akteur*innen auf; auffällig ist dabei, dass die bayerische Außenperspektive von Häring und Prankel (1992, 3) oder Gödde (1994, 40) eher eine „Trümmerrhetorik" reproduziert, während die thüringische Innenperspektive von Schreier (1992, 4) und Schwarz (2007, 9; Menzel 2007b, 7) den Lieberknechtschen „Erneuerungsduktus" aktualisiert.

bedeutsame Verbindung nach Bayern. Das führte im Januar 1992 zur Zusammenarbeit des Thüringer Instituts für Lehrerfortbildung, Lehrplanentwicklung und Medien (ThILLM) mit der bayerischen Akademie für Lehrerfortbildung Dillingen – heute Akademie für Lehrerfortbildung und Personalführung Dillinngen (ALP) –, die in dem Materialienband „Ethikunterricht" (ALP/ThILLM 1992) und dem Rückblick „15 Jahre Ethikunterricht in Thüringen" (Menzel 2007a) umfassend dokumentiert ist.[8] Über ein mehrstufiges Multiplikator*innenverfahren erfolgte für das Fach Ethik bereits ab dem laufenden Schuljahr 1992/1993 die flächendeckende Weiterbildung von Grundschullehrer*innen, durch die bis 2007 der Großteil des Bedarfs an Ethiklehrer*innen für alle Schularten nachqualifiziert werden konnten (Gödde 1994, 40; Menzel 2007b, 8).

Rahmenbedingungen

Diese erste, von allgemeiner und rechtlicher Vorläufigkeit geprägte Phase in der Entwicklung des Faches Ethik in Thüringen fand ihren Abschluss in der Ablösung des Vorläufigen Bildungsgesetzes durch das am 6. August 1993 in Kraft getretene Thüringer Schulgesetz (ThürSchulG) und durch die am 25. Oktober 1993 erlassene Verfassung des Freistaats Thüringen (ThürVerf). „Religionsunterricht und Ethikunterricht sind in den staatlichen Schulen ordentliche Lehrfächer" heißt es seither wortgleich in Paragraf 46.1.1 ThürSchulG und in Artikel 25.1 ThürVerf, wobei letztere in Artikel 25.2 mit Blick auf die Bekenntnisfreiheit nach Artikel 39 ThürVerf das Bestimmungsrecht auf die Teilnahme an Religions- oder Ethikunterricht ergänzt (Blanke und Drößler 2013, 381). Diese Ausgestaltung von Artikel 7.3 GG in Form zweier dem Gesetzestext nach gleichgestellter „ordentlicher Lehrfächer" waren politische Auseinandersetzungen zum Verhältnis von Religions- und Ethikunterricht vorausgegangen. Hermann Ströbel (parteilos), von 1991 bis 2004 Staatssekretär im Thüringer Kultusministerium, spricht rückblickend von

---

8 Das ThILLM wurde mit Anordnung vom 18. Juni 1991 als dem Thüringer Kultusministerium unmittelbar nachgeordnete staatliche Dienststelle eingerichtet, deren Aufgaben unter anderem in der systematischen Lehrerfort- und -weiterbildung sowie der Lehrplanentwicklung lagen (Organisationsverfügung zur Errichtung des Thüringer Instituts für Lehrerfortbildung, Lehrplanentwicklung und Medien (ThILLM) vom 4.11.1991, Gem. Abl. TKM/TMWK 07/1991, 294). Damit spielte das ThILLM auch für die flächendeckende Weiterbildung von Lehrer*innen für das Fach Ethik eine tragende Rolle (Menzel 2007b, 7–8; Ströbel 2007, 14), wofür zunächst bis in die späten 1990er Jahre eng mit der ALP zusammengearbeitet wurde (Häring und Prankel 1992, 3; Schreier 1992, 4; Schwarz 2007, 9; Prankel 2007, 14–15; Gödde 2007, 17). Zur Rolle der ALP für die bayerische Ethiklehrer*innenausbildung vgl. den Länderbeitrag Bayern von Stefan Schröder.

> Reizwörter[n], die zu teilweise heftigen Diskussionen führten: ‚Ersatzfach' für Ethik und ‚Wahlpflichtfach' für beide Fächer. Ersatzfach wurde als eher abwertend aufgefasst; Wahlpflichtfach verkannte die Konsequenz aus der Bekenntniszugehörigkeit der Schüler und Schülerinnen. (Ströbel 2007, 14)

Eine Wahlpflichtkonstruktion für die Fächer Religions- und Ethikunterricht war 1990 mit Blick auf die neuen Bundesländer in den Ethikfachverbänden tatsächlich auch im Gespräch:

> Denn, ist es wirklich so unrealistisch zu behaupten, dass insbesondere für den Ethikunterricht diese bessere, gerechtere, ‚ersatzfach'freie Zukunft auf dem Gebiet der ehemaligen DDR schon morgen beginnen könnte? Hätte dieser Teil Deutschlands, in dem über 50 % der Bevölkerung aus der Kirche ausgetreten sind, nicht geradezu ein verfassungsmäßiges Anrecht auf Ethikunterricht, wenn schon nicht als ordentliches Pflichtfach für alle Schüler, wie ich es selbst einmal vorgeschlagen habe, so doch wenigstens als Wahlpflichtfach [...]? (Körber 1991, 26)

Wenn auch die verfassungsrechtlichen Voraussetzungen für solche, von Artikel 7.3 GG abweichenden Gedankenspiele zumindest bis zur Verabschiedung der vorläufigen Landessatzung in Thüringen gegeben waren, so ist doch die rechtliche Gleichstellung der Fächer Religions- und Ethikunterricht keinesfalls mit einer Wahlpflichtfachkonstruktion zu verwechseln, wenngleich Elemente einer Wahlpflicht vorfindbar sind. Betrachtet man beispielsweise die An- und Abmeldemodalitäten zur Teilnahme an einem der beiden Fächer, kann man zunächst durchaus feststellen, dass alle Schüler*innen unabhängig von ihrer konfessionellen (Nicht-)Zugehörigkeit an beiden Fächern teilnehmen können:

> (2) Religionsunterricht ist ordentliches Lehrfach für alle Schüler, die einer Kirche oder Religionsgemeinschaft angehören. [...] Über die Teilnahme am Religionsunterricht entscheiden die Eltern oder die Schüler, sofern sie das 14. Lebensjahr vollendet haben. [...] (3) Auf Wunsch der Eltern können Schüler, die keiner Kirche oder Religionsgemeinschaft angehören, am Religionsunterricht teilnehmen, wenn die Zustimmung der betreffenden Kirche oder Religionsgemeinschaft vorliegt; dies gilt entsprechend für Schüler, für deren Religionsgemeinschaft Religionsunterricht als ordentliches Lehrfach nicht eingerichtet ist. Sofern Schüler das 14. Lebensjahr vollendet haben, entscheiden sie anstelle der Eltern selbst. (4) Der weltanschaulich neutrale Ethikunterricht ist ordentliches Lehrfach für alle Schüler, die keiner Kirche oder Religionsgemeinschaft angehören und die auch nicht gemäß Absatz 3 am Religionsunterricht teilnehmen. [...] (5) Schüler, die gemäß Absatz 2 Satz 5 [im vorliegenden Zitat: Satz 2, BE] nicht am Religionsunterricht teilnehmen, nehmen am Ethikunterricht teil. (ThürSchulG, § 46.2-5)[9]

Hieraus resultieren die von Drößler (1997, 158–59) dargelegten und 2018 aktualisierten (Abl. TMBJS 04/2018 2018) An- und Abmeldemodalitäten für die Fächer Religions-

---

[9] Hierbei handelt es sich überwiegend um Übernahmen der praktischen Ausgestaltung von § 18 VBIG in den vorläufigen Schulordnungen von 1991 (vgl. §§ 63–64 Vorläufige Schulordnung für die Regelschule vom 2. Juli 1991 (VRSO) Gem. Abl. TKM/TMWK 04/1991, 172; §§ 58–59 Vorläufige Schulordnung für die Grundschule vom 10. September 1991 (VGSO), Gem. Abl. TKM/TMWK, 06/1991, 274; §§ 60–61 Vorläufige Schulordnung für die Gymnasien vom 16. August 1991 (VGySO), Gem. Abl. TKM/TMWK 06/1991, 260).

und Ethikunterricht. Juristisch ist demnach der Ethikunterricht wie schon nach Paragraf 18 VBiG weiterhin obligatorisches Ersatzfach für den Religionsunterricht. Explizit belegt dies auch die Beantwortung einer entsprechenden Anfrage nach dem Status des Faches Ethik in Thüringen seitens der Kultusministerkonferenz (KMK 2008, 75). *De jure* liegt dabei ein Zuordnungsschema vor, das Schüler*innen in Abhängigkeit von ihrer (Nicht-)Zugehörigkeit zu einer Religionsgemeinschaft und von der (Nicht-) Erteilung eines entsprechenden Religionsunterrichts an der jeweiligen Schule entweder dem Ethikunterricht oder einem der Religionsunterrichte zuteilt. Ein Fachwechsel in das jeweils andere Fach oder einen anderen Religionsunterricht würde sich demnach für Eltern und religionsmündige Schüler*innen in einer auf den Religionsunterricht ausgerichteten An- beziehungsweise Abmeldeoption ausdrücken. Es führen also „die Abmeldung von der Teilnahme am konfessionellen Religionsunterricht sowie der Widerruf dieses Wunsches zwingend zum Unterrichtsfachwechsel" (Blanke und Drößler 2013, 381). Eine Anmeldung zum oder die Abmeldung vom Ethikunterricht ist in keinem der vorliegenden juristischen Dokumente beschrieben.[10] *De facto* wird die Anmeldung zu einem der Fächer aber in den Schüler*innenstammbögen per Ankreuzoption unabhängig der jeweils angekreuzten (nicht-)konfessionellen Zuordnung vorgenommen und kann jederzeit geändert werden.[11] Zumindest praktisch kann in diesem Sinne von einer Wahlpflichtcharakteristik gesprochen werden.

Einschränkungen unterliegt die Möglichkeit zur An- und Abmeldung im Hinblick auf die tatsächliche Erteilung beider Fächer an den jeweiligen Schulen. Theoretisch haben Ethik- und Religionsunterricht wechselweise einen einrichtungsabhängigen Status, damit keines der beiden Fächer bevorzugt wird (Ströbel 2007, 14). Sobald eines der Fächer an einer Schule personalmäßig angeboten werden kann, solle dafür gesorgt werden, dass das jeweils andere Fach ebenfalls stattfindet (Drößler 1997, 159; ABL. TMBJS 04/2018 2018), wodurch der Anteil von Schüler*innen, der weder Religionslehre noch Ethikunterricht besucht, von über 40 Prozent seit dem Schuljahr 1993/1994 bis heute kontinuierlich gegen 0 reduziert werden konnte (Petzold 2003, 26). Realiter wird für den Fall eines Mangels an Religionslehrer*innen allerdings bis heute die aus der Geschichte des Faches Ethik in Deutschland bemerkenswerte Ausnahmeregelung beibehalten, der zufolge für Schüler*innen, für deren Religionszugehörigkeit an der jeweiligen Schule kein Religionsunterricht nach Artikel 7.3 GG eingerichtet ist, auch keine Teilnahmepflicht am dafür eingerichteten Ersatzfach Ethik besteht (Edelstein 2001, 51):

> Schüler, die einer Kirche oder Religionsgemeinschaft angehören, für die entsprechender schulischer Religionsunterricht in Thüringen zwar eingerichtet ist, der aber an der einzelnen

---

10 Die einzige dokumentierte Aussage zu einer Anmeldung zum Ethikunterricht in Thüringen lautet: „Ab dem 14. Lebensjahr kann jeder seine Religionszugehörigkeit selbst bestimmen. Die Abmeldung vom Fach Religion ist formlos möglich. Insofern kann man sich auch ohne Formalitäten für den Ethikunterricht anmelden" (KMK 2008, 76).
11 Zumindest im Falle mir vorliegender Grundschulanmeldeformulare ist dies der Fall.

Schule mangels Lehrpersonals nicht erteilt werden kann, sind nicht verpflichtet, am Ethikunterricht teilzunehmen. (Abl. TMBJS 04/2018 2018, 5).

Konkret dürfte diese Regelung insbesondere für jüdische und unter Umständen auch katholische Schüler*innen an einzelnen Schulstandorten in Thüringen eine Rolle spielen. Jüdischer Religionsunterricht wird in Thüringen zwar erteilt, aber nicht flächendeckend (Thüringer Staatskanzlei o. J.). Für den katholischen Religionsunterricht war zumindest noch 2003 ein nennenswerter Lehrkräftemangel zu konstatieren (Petzold 2003, 23). Während der Nichtbesuch des Religionsunterrichts also zur Belegungspflicht des Ethikunterrichts führt, existiert umgekehrt zumindest unter spezifischen Voraussetzungen für den Religionsunterricht keine Belegungspflicht. Unter anderem ist es dieser Sachverhalt, der zeigt, weshalb von einer Wahlpflichtcharakteristik bezüglich des Religions- und Ethikunterrichts in Thüringen keine Rede sein kann, denn eine tatsächliche Wahlpflicht setzt wechselweise ersatzpflichtige Fächer voraus, die in der vorliegenden Konstruktion zwar angestrebt wird, aber offensichtlich nicht immer gegeben ist.[12]

Darüber hinaus fixierte das Thüringer Schulgesetz die im Zusammenhang des vorläufigen Bildungsgesetzes politisch vorgenommene wertevermittelnde Rahmung des Religions- und Ethikunterrichts. Als nur geringfügige Übernahme aus den vorläufigen Schulordnungen von 1991 wird der weltanschaulich neutrale Ethikunterricht nun folgendermaßen charakterisiert:

> Der Ethikunterricht dient dem kritischen Verständnis von gesellschaftlich wirksamen Wertvorstellungen und Normen als Grundlage verantwortlichen Urteilens und Handelns. Sein Inhalt orientiert sich an den sittlichen Grundsätzen, wie sie im Grundgesetz niedergelegt sind. Im Übrigen berücksichtigt er die Pluralität der Bekenntnisse und Weltanschauungen. (ThürSchulG, § 46.4.2-4)[13]

Die Rede von der Berücksichtigung der Pluralität der Bekenntnisse und Weltanschauungen zielt zweifellos auf religionsbezogene Fachanteile im Ethikunterricht ab. Eine explizit religionskundliche Zielsetzung des Faches ist jedoch in keinem der maßgeblichen juristischen oder administrativen Dokumente zu finden.[14] Auch der Blick auf die bezugswissenschaftliche Rahmung des Faches Ethik in Thüringen lässt auf keine genuin religionskundliche Zielsetzung schließen: „Das Fach Ethik an Thüringer Schulen

---

12 Zur (ansatzweise) kritischen Auseinandersetzung mit dem darin sichtbar werdenden einseitigen Abhängigkeitsverhältnis zwischen Ethik- und Religionsunterricht vgl. Edelstein (2001, 50–51).
13 Statt „dient dem kritischen Verständnis von gesellschaftlich wirksamen Wertvorstellungen und Normen als Grundlage verantwortlichen Urteilens und Handelns" heißt es in den vorläufigen Schulordnungen von 1991 „dient der Erziehung des Schülers zu werteinsichtigem Urteilen und Handeln" (§ 64 VRSO, § 59 VGSO und § 61 VGySO, Fundstellen s. Fn. 9).
14 Der Handkommentar zur Thüringer Verfassung argumentiert zwar: „Die Berücksichtigung religionskundlicher Lehrinhalte ist zulässig, begründet aber keine kirchlichen Beteiligungsrechte, weil im Ethikunterricht keine konfessionelle Bildung stattfindet." (Blanke und Drößler 2013, 380) Aus Sicht des hier vertretenen Religionskundebegriffs wäre diese Aussage redundant, weil religionskundliche Lehrinhalte jedwede religiöse Beteiligung ausschließen. Es liegt also offensichtlich ein

bezieht sich auf die Leitdisziplin Philosophie. Desweiteren (sic!) werden sozialwissenschaftliche und religionswissenschaftliche Fragestellungen thematisiert" (TSP o. J.). Diese Ausrichtung bleibt hinter der klaren Hervorhebung der Religionswissenschaft als wichtigster Bezugswissenschaft neben der Philosophie durch die Kultusministerkonferenz deutlich zurück (KMK 2006, 6).

Schließlich sind die Fächer Religions- und Ethikunterricht gemäß Thüringer Schulordnung für die Grundschule, die Regelschule, die Gemeinschaftsschule, das Gymnasium und die Gesamtschule (ThürSchulO) mit zwei Stunden pro Woche in der Stundentafel verankert (ThürSchulO, Anlagen 1–12).[15] Personalbedingte Ausnahmen von der Sollstundenzahl sind gestattet (Drößler 1997, 158; Abl. TMBJS 04/2018 2018, 1).

Ausbildung der Lehrkräfte

Als das Fach Ethik im Schuljahr 1991/1992 in Thüringen eingeführt wurde, fehlten zunächst entsprechend ausgebildete Lehrkräfte, weshalb diese in kürzester Zeit über das neu geschaffene ThILLM (Thüringer Institut für Lehrerfortbildung, Lehrplanentwicklung und Medien) aus- und weiterzubilden waren. Das Vorhandensein ausgebildeter Lehrkräfte mit Unterrichtserlaubnis war seit Beginn der thüringischen Schulreorganisation eine bindende Voraussetzung für die Erteilung und damit auch für die Einführung des Faches Ethik an den Schulen (Drößler 1997, 159; Korrespondenz 2019a).

Auch kirchlicherseits scheint es als Bedingung für die Zustimmung zur 1993 erfolgten rechtlichen Gleichstellung der Fächer Religions- und Ethikunterricht als ordentliche Lehrfächer die Forderung nach einer qualifizierten Ausbildung von Ethiklehrer*innen gegeben zu haben (Gödde 1994, 40, Fn. 1). Da aber bereits ab 1991 Lehrer*innen sämtlicher Fächer eine Unterrichtserlaubnis über das ThILLM erwerben mussten und schon Anfang 1992 ein standardisiertes Weiterbildungsverfahren für das Fach Ethik am ThILLM anlief, ist anzunehmen, dass diese Forderung auf die Einführung grundständiger Lehramtsstudiengänge für das Fach Ethik abzielte. Diese gab es zwar seit dem Wintersemester 1991/1992 an der Friedrich-Schiller-Universität Jena und ab dem Wintersemester 1992/1993 an der Pädagogischen Hochschule Erfurt/Mühlhau-

---

anderer, nämlich evangelisch-religionspädagogisch geprägter Religionskundebegriff zu Grunde, wie er bereits Anfang des 20. Jahrhunderts prominent von Eugen Strauß ausformuliert wurde: Religionskunde erscheint demzufolge als Hilfsdisziplin der religiösen Erziehung, aus dem sich zwingend eine konfessionelle Beschäftigung zunächst mit der eigenen Religion, wohl auch mit anderen Religionen ergibt Strauß 1910, 23).

15 Ausnahmen bilden die Förder- und berufsbildende Schulen, die hier nicht weiter berücksichtigt werden.

sen, die ihrerseits 1994 in die wiederbegründete Universität Erfurt eingegliedert wurde (FSU Jena 1991, 40 und 1993, 39; Pädagogische Hochschule Erfurt/Mühlhausen 1992, 27–29). Im Falle Erfurts handelte es sich dem Anschein nach aber um Teilstudiengänge (Pädagogische Hochschule Erfurt/Mühlhausen 1992, 140). Auch an der Universität Jena datieren die ältesten Studienordnungen für das grundständige Lehramtsstudium Ethik erst auf 1994 (Gymnasium) und 1995 (Regelschule), weshalb davor auch in Jena von Teil- oder Ergänzungsstudiengängen auszugehen ist. In Thüringen wurden grundständige Lehramtsstudiengänge für das Fach Ethik also offenbar erst Mitte der 1990er Jahre eingeführt.

Besonders in der Einführungsphase wurde daher die Lehrer*innenqualifizierung ausschließlich über das Weiterbildungsprogramm des ThILLM durchgeführt. Dieses umfasste ein berufsbegleitend auf zwei Jahre verteiltes Pensum von 230 Stunden, von denen auf religionsbezogene Themen 40 Stunden (je 20 Stunden Christentum und „andere Weltreligionen") entfielen (Gödde 1994, 40; Menzel 2007b, 8). Von 1992 bis 2008 wurden am ThILLM ungefähr 2400 Ethiklehrer*innen für alle Schularten weitergebildet, während sich 365 Personen über die erste Staatsprüfung und 462 Personen über eine Erweiterungsprüfung im Prüfungsfach Philosophie/Ethik als Ethiklehrer*innen qualifizierten (KMK 2008, 86). Durch das Weiterbildungsprogramm konnten bereits im Schuljahr 1994/1995 die Hälfte und im Schuljahr 2001/2002 68 Prozent aller Thüringer Schüler*innen im Fach Ethik beschult werden (Menzel 2007b, 8). Gemessen an der Religionszugehörigkeitsstatistik von 2011 mit 68 Prozent Konfessionslosen und Angehörigen „anderer" – das heißt nichtkatholischer, nichtprotestantischer und nichtmuslimischer – Religionen für das Land Thüringen (Statista 2011) dürfte das also schon im vierten Nachwendeschuljahr 1994/1995 einer Bedarfsabdeckung von ungefähr 75 Prozent entsprochen haben. Ab dem Schuljahr 2001/2002 ist dementsprechend davon auszugehen, dass der Bedarf an Lehrer*innen für das Fach Ethik im Prinzip vollständig abgedeckt wurde.

Der prozentuale Anteil von Schüler*innen, die an Thüringer Schulen den Ethikunterricht besuchen, scheint zwischenzeitlich rückläufig zu sein. Er lag im Schuljahr 2006/2007 verglichen mit 2001 mit knapp 51 Prozent (KMK 2008, 84–85) deutlich unter dem Anteil Konfessionsloser/„Anderer", obwohl diese zumindest im schulpflichtigen Alter die primäre Zielgruppe des Faches Ethik in Thüringen bilden[16] – eine religionssoziologische Erklärung für diese Beobachtung steht bislang noch aus. Im Hinblick auf die Lehramtsausbildung für das Fach Ethik sind die beiden Hochschulstandorte Jena und Erfurt studienstrukturell zu unterscheiden. Das „Jenaer Modell der Lehrerbildung" ist ein Staatsexamensstudiengang, der für das Regelschullehramt neun und für das Gymnasiallehramt zehn Semester Regelstudienzeit vorsieht. An der Universität

---

16 Natürlich ist zu beachten, dass sämtliche der zitierten Erhebungen Momentaufnahmen verschiedener Zeitpunkte und dadurch nur bedingt aufeinander zu beziehen sind. Auch differenziert die Religionszugehörigkeitsstatistik von 2011 nicht nach Altersgruppen, weshalb ihre Zahlen nur unter Vorbehalt mit den Statistiken zur Teilnahme am Ethikunterricht ins Verhältnis zu setzen sind.

Jena können im Erweiterungsstudium außerdem zahlreiche Drittfächer studiert werden, in Erfurt ist dies heute nicht mehr möglich. Die Lehramtsqualifikation an der Universität Erfurt wiederum wird mit einem „Master of Education" (MEd) absolviert, der für das Lehramt an Regel-, Grund-, Förder- und berufsbildenden Schulen qualifiziert. Das heißt, die Lehramtsausbildung in Thüringen ist zwischen den beiden Hochschulstandorten dahingehend arbeitsteilig organisiert, dass in Jena Gymnasial- und Regelschullehrer*innen ausgebildet werden und in Erfurt Lehrer*innen für sämtliche nichtgymnasiale Schultypen.[17] In Thüringen kann man sich für das Lehramt im Fach Ethik in allen der genannten Studienvarianten und für alle entsprechenden Schultypen qualifizieren. Bei der weiteren Analyse der Lehramtsstudiengänge sowie der Lehrpläne bleiben Förder- und berufsbildende Schulen allerdings unberücksichtigt.[18]

Tab. 1: Religionswissenschaftliche Studienanteile in Lehramtsstudiengängen für das Schulfach Ethik an Thüringer Hochschulen. Eigene Darstellung auf Grundlage von FSU Jena 2015 und 2105b, Universität Erfurt 2014a und 2014b.

Lehramts-studiengang	FSU Jena				Universität Erfurt[19]	
	Gymnasium	Regelschule	Drittfach Gymnasium	Drittfach Regelschule	Regelschule (MEd R)	Grundschule (MEd Gr)
ECTS gesamt	300	270	75	60	120	120
... davon Ethik	115	100	75	60	24	24
... davon RW	0–10	0–20	0–10	0–10	0–6	0–6

---

17 Zwar sind auch die Hochschulen in Weimar und Ilmenau an der Lehramtsausbildung für bestimmte Schultypen, beziehungsweise für bestimmte Schulfächer beteiligt. Für die Betrachtungen zum Fach Ethik spielen sie aber keine Rolle und werden daher hier nicht weiter berücksichtigt.
18 Diese Beschränkung ist qualitativ wie quantitativ begründet: Zum einen, weil in beiden Fällen entweder die Lehramtsstudiengänge keinen religionswissenschaftlichen Studienanteil oder die entsprechenden Unterrichtslehrpläne keinen religionsbezogenen Fachanteil aufweisen. Zum anderen besuchten Stand 2008 insgesamt 37 Prozent aller Schüler*innen in Thüringen Förder- und berufsbildende Schulen, sodass auf diese Schultypen nur ein Sechstel aller Ethikschüler*innen thüringenweit entfallen. Bei genauerer Betrachtung sind diese Zahlen insofern noch weiter zu differenzieren, als berufsbildende Schulen im Verhältnis zu ihrer hohen Gesamtschüler*innenzahl eine bemerkenswert geringe Ethikschüler*innenquote haben, während Förderschulen bei sehr geringer Gesamtschüler*innenzahl die höchste Ethikschüler*innenquote in Thüringen aufweisen (KMK 2008, 85). Es liegt damit ein religionssoziologisch interessantes Forschungsdesiderat im Blick auf das Fach Ethik an berufsbildenden Schulen und sonderpädagogischen Einrichtungen vor, auf das hier aber nicht näher eingegangen werden kann.
19 Bei MEd R (Master of Education Regelschule) und MEd Gr (Master of Education Grundschule) ist jeweils noch ein religionswissenschaftlicher Studienanteil von 9–90 ECTS aus dem vorgeschalteten Bachelorstudium hinzuzurechnen.

Die religionswissenschaftlichen Studienanteile der verbleibenden Studienvarianten schlüsseln sich folgendermaßen auf (siehe auch Tab. 1): Die grundständigen Ethiklehramtsstudiengänge an der FSU Jena sehen „Module [...] aus dem Wahlpflichtbereich Theologie, Religionswissenschaft oder -philosophie" im Umfang von zehn respektive zwanzig ECTS vor und in den entsprechenden Erweiterungsstudiengängen fünf bis zehn ECTS (FSU Jena 2015a und 2015b, 2–3). Da diese religionswissenschaftlichen Studienanteile fakultativ sind, kann man an der FSU Jena also sowohl im grundständigen als auch im Erweiterungsstudium Ethiklehrer*in werden, ohne ein einziges religionswissenschaftliches Modul zu absolvieren. An der Universität Erfurt hingegen baut der Master of Education für das Lehramt Regelschule (im Folgenden MEd RS) auf einem Bachelor-Abschluss in zwei lehramtsrelevanten Studienrichtungen auf und der Master of Education für das Lehramt Grundschule (im Folgenden MEd GS) auf einem erziehungswissenschaftlichen Bachelor-Abschluss mit grundschulrelevanter Nebenstudienrichtung. Die Zulassungsvoraussetzung sowohl für den MEd RS Ethik als auch für den MEd GS ist ein Bachelor-Abschluss in Philosophie oder Religionswissenschaft. Dabei muss jeweils ein Modul des anderen Faches nachgewiesen werden. Im Studienverlauf mit (Neben-)Studienrichtung Ethik sind in beiden Fällen weitere sechs ECTS-Leistungspunkte in der Religionswissenschaft oder der Philosophie als fachwissenschaftliche Vertiefung zu erbringen (Universität Erfurt 2014b, 7 und 213–215; Universität Erfurt 2014a, 7 und 188–190).

Die Ethiklehrer*innenausbildung in Erfurt setzt also zunächst mindestens die Absolvierung eines religionswissenschaftlichen Moduls im Bachelorstudium voraus oder eben einen grundständigen religionswissenschaftlichen Bachelorabschluss im Umfang von 90 ECTS; hinzu kommen dann im Master fakultativ sechs weitere ECTS religionswissenschaftlicher Vertiefung. Die religionswissenschaftlichen Module speisen in Jena der Lehrstuhl für Religionswissenschaft (Theologische Fakultät) und in Erfurt das Seminar für Religionswissenschaft (Philosophische Fakultät) ein.[20] Zum Teil stehen die gleichen Module auch in den jeweiligen religionspädagogischen Lehramtsstudiengängen im Wahlpflichtbereich zur Auswahl. Es kommen also gemischte Seminargruppen mit Lehramtsanwärter*innen für den Religions- und den Ethikunterricht zustande.

Zusammenfassend ist festzuhalten, dass die religionswissenschaftlichen Studienanteile in den Thüringer Ethiklehramtsstudiengängen quantitativ enorm variabel

---

20 Während die in Erfurt zur Verfügung stehenden religionswissenschaftlichen Module in den Modullisten für MEd R und MEd Gr nicht benannt werden (Modullisten Universität Erfurt 2015b und Universität Erfurt 2015a), lassen die in Jena verfügbaren religionswissenschaftlichen Module der Beschreibung nach auf ein klassisches weltreligionsparadigmatisch-religionshistorisches und religionsphänomenologisch-systematisches Studienprogramm schließen (Modulkataloge FSU Jena 2019a, 5–43 und FSU Jena 2019b, 5–43). Wie sich zeigen wird, ist dies zumindest perspektivisch im Einklang mit der weltreligionsparadigmatischen Religionsdarstellung in den Ethiklehrplänen in Thüringen, steht damit aber im Widerspruch zu dem in diesem Band artikulierten religionskundlichen Anspruch.

und überwiegend fakultativ sind. Religionswissenschaftliche Expertise wird demzufolge über das Ethiklehramtsstudium nicht standardisiert und nahezu ausschließlich in Abhängigkeit von Studienverlaufsentscheidungen Studierender in die Breite getragen. Inwieweit die beiden Thüringer Religionswissenschaftsstandorte Einfluss auf die Studiengangsgestaltung für das Ethiklehramt haben, wurde nicht ermittelt. Demgegenüber ist die rege Betriebsamkeit des Jenaer Zentrums für religionspädagogische Bildungsforschung (ZRB) um Michael Wermke erwähnenswert, die in Thüringen zu einer deutlich evangelisch-religionspädagogischen Dominanz in religionsbezogenen Bildungsdiskursen führt. Der etwas sperrige Ausdruck „religionsbezogener Bildungsdiskurs" wird hier in Abgrenzung zu dem von Wermke etablierten Begriff der „religiösen Bildung" verwendet, der zwischen (inter-)religiös-dialogischem und religionskundlichem Lernen kaum differenziert. Die daraus resultierende Vereinnahmung religionskundlicher Anliegen wird im weiteren Verlauf kritisch diskutiert.

Curriculare Vorgaben

Die Lehrpläne für das Schulfach Ethik verfügten bereits bei der Einführung des Faches über umfangreiche religionsbezogene Fachanteile, insbesondere mit Blick auf das sukzessive Kennenlernen der „Weltreligionen" (Thüringer Kultusministerium 1991, 6–33). Daher nahmen Wissenseinheiten – etwa zum Islam oder zum Hinduismus – von Anfang an auch nennenswerten Raum in den Weiterbildungen für Ethiklehrer*innen ein (Schneider 1992; Vöcking 1992), wobei diese auf eine deutlich interreligiös-dialogische, bisweilen religiös-introspektive Orientierung schließen lassen. Diese Perspektive besteht bis heute fort, wie die nachfolgende exemplarische Untersuchung der Thüringer Ethiklehrpläne für Grundschule (LP GS) und Gymnasium (LP GY) zeigt.[21] Wie in anderen Bundesländern orientiert sich auch der wertevermittelnde Ethikunterricht in Thüringen an den vier kantischen Fragen und ordnet sie unterschiedlichen Teildisziplinen zu: Was kann ich wissen? (Erkenntnistheorie), Was soll ich tun? (Moral und Ethik), Was darf ich hoffen? (Religion und Gesellschaftstheorie), Was ist der Mensch? (Anthropologie). Der Ethiklehrplan für Gymnasien präzisiert die religionskundlich relevante Dimension „Was darf ich hoffen?" mit folgenden Worten:

> Für den Schüler ergeben sich in der Zeit des Heranwachsens viele Fragen nach dem Ursprung und nach dem Sinn menschlicher Existenz. Der Ethikunterricht greift diese Fragen auf, reflektiert, welche Antworten verschiedene Denkmodelle der Philosophie und der Weltreligionen darauf geben, und diskutiert deren Möglichkeiten und Grenzen. Er thematisiert die Konsequenzen, die sich aus dem Zusammenleben der Menschen mit unterschiedlichen Lebenszielen und Welt-

---

[21] Da der Ethiklehrplan für die Regelschule nahezu identisch mit demjenigen für die gymnasialen Klassenstufen 5–10 ist, wird er nicht separat analysiert. Unberücksichtigt bleiben hingegen die Ethiklehrpläne anderer Schultypen.

deutungen in einer pluralistischen und globalisierten Gesellschaft ergeben. Die Goldene Regel ist dabei der Orientierungsrahmen für die Entwicklung von Respekt und Akzeptanz gegenüber verschiedenen Lebensweisen. (LP GY 2012, 6)

Der Ethikunterricht in der Grundschule legt hingegen zunächst die Grundlage für eine Selbstidentifikation der Schüler*innen mit einem „eigenen Kulturkreis", der deutlich christliche Züge aufweist: Das Kennen wichtiger Feste, Symbole, Rituale und Persönlichkeiten der christlichen und in geringerem Umfang auch anderer Religionen beschreibt im Wesentlichen die zu erwerbende Sachkompetenz und soll mit einer religionsvergleichenden Perspektive vertraut machen. Der Vergleich wird allerdings auf die Entwicklung, Begründung und Bewertung ethischer Standpunkte eingeengt, um als Grundlage für die prominent platzierte „Goldene Regel" zu dienen, die als allgemeingültige moralische Norm präsentiert wird (LP GS, 12–13; LP GY 2012, 6).

Für die Klassenstufe 5/6 wird diese religionsbezogene Lernausgangslage nahezu wortgleich aktualisiert, wobei die vergleichende Perspektive ausdrücklich auf das Judentum ausgeweitet wird. Dieses wird im Verlauf der Klassenstufe 6 im Sinne einer jüdisch-christlichen Harmonie präsentiert, deren ethisches Erbe „in heutigen Wertmaßstäben" konserviert sei (LP GY 2012, 14). Der religionsbezogene Fachanteil in Klassenstufe 8 behandelt schwerpunktmäßig den Islam, wobei die religionsvergleichende Perspektive nochmals ausgedehnt wird, um das Gemeinsame aller drei monotheistischen Religionen hervorzuheben. Der Islam wird dabei in den Zusammenhang von „Werteerhalt und Traditionsbewahrung" gestellt und im „Spannungsfeld von Fundamentalismus und Beliebigkeit" verhandelt (LP GY 2012, 18). In Klassenstufe 10 liegt das Augenmerk vor allem auf den asiatischen Religionen der Gegenwart. Sie werden bemerkenswerterweise mit den Menschenrechten eingeführt, die den Ausgangspunkt für einen akzeptierenden Umgang mit fernöstlich „fremden" Denkweisen bilden und als deren Bewertungsmaßstab dienen sollen. Dabei wird die (religions-)vergleichende Perspektive neuerlich ausgeweitet, mit dem Ziel, Gemeinsamkeiten von Religionen herauszuarbeiten (LP GY 2012, 22). Klassenstufe 12 legt schließlich den Fokus auf systematische und eher religionsphilosophische Fragestellungen. Dabei erscheint „die Suche nach Transzendenz als menschliches Grundbedürfnis". Die Schüler*innen sollen religionsdefinitorische Beschreibungsversuche geben und lernen, eigene Antworten auf letzte Fragen zu finden, wozu auch die Beschäftigung mit religionskritischen Positionen gehört (LP GY 2012, 30–31).

Zusammenfassend bleibt festzuhalten, dass die Thüringer Ethiklehrpläne zwar nennenswerte religionsbezogene Fachanteile aufweisen. Diese können jedoch kaum als religionskundlich in einem religionswissenschaftlichen Sinn charakterisiert werden. Eine Ergänzung der reinen Lehrplananalyse um eine qualitative religionsbezogene Unterrichtsforschung, wie sie etwa von Katharina Frank durchgeführt wurde (Frank 2013, 62–73), wäre darüber hinaus sinnvoll. Religionen werden jedenfalls auf weltreligionsparadigmatischer Grundlage (Masuzawa 2005, 1–21) und damit zwingend essenzialisierend und eurozentristisch vor allem als ethische Ressource für die Begründung und Entwicklung eigener ethischer Standpunkte präsentiert. Im Unterschied zur komparatistischen Perspektive der Religionswissenschaft ist die im Ethikunterricht einzunehmende religionsvergleichende Perspektive eine normative und wird entsprechend mit der Herausbildung von Urteilsfähigkeit enggeführt. Ähnlich wie in der Weltethosprogrammatik von Hans Küng (1990) wird dabei die „Goldene Regel" zu einem weltethischen Minimalkonsens erklärt. Den Ausgangspunkt bildet dabei ein als *Eigenes* verstandener religiös-kultureller Komplex jüdisch-christlicher Couleur. Die Werturteilsbefähigung gegenüber anderen Religionen findet streckenweise selbstreflexiv von diesem Standpunkt aus statt. Erwähnenswert ist außerdem, dass die behandelten Weltreligionen auf bestimmte Eigenschaften und Fremdheitsgrade hin extrapoliert werden: Erscheint das Christentum als das *Eigene*, dem auch das Judentum relativ bruchlos hinzugefügt wird, so wird der Islam als dritte monotheistische Religion deutlich stärker mit Blick auf religiöse Handlungsvorschriften problematisiert. Schließlich bilden asiatische Religionen die Projektionsfläche des *Fremden* für die Einübung von Toleranz und Respekt, wiederum ergänzt um eine in den Menschenrechten gegründete, wertende Auseinandersetzung mit fernöstlichem Denken.

Der Religionskundebegriff kommt dabei in den aktuellen Thüringer Ethiklehrplänen nicht mehr vor, war aber interessanterweise in den vorläufigen Lehrplanhinweisen für das Fach Ethik noch für den religionsbezogenen Unterrichtsschwerpunkt in Gebrauch (Thüringer Kultusministerium 1991, 4). Bei der Entwicklung der Ethiklehrpläne spielen religionswissenschaftlich qualifizierte Akteur*innen offenkundig keine Rolle (Korrespondenz 2019b).

Aktuelle Situation und Diskussionen

Im Zusammenhang der Fächer Ethik- und Religionsunterricht gibt es in Thüringen aktuell kaum Kontroversen. In die Diskussion kamen die Fächer allerdings, als Anfang 2015 Abdullah Dündar, der Imam der verbandsmäßig unabhängigen Erfurter Moschee auf einer Podiumsdiskussion laut über die Einrichtung eines islamischen Religionsunterrichts an Thüringer Schulen nachdachte (*Thüringer Allgemeine* 2015). Dies zog einige Wochen lang eine mediale Debatte über das Für und Wider islamischen und allgemein konfessionellen Religionsunterrichts nach sich – sogar ein Pflichtfach „Philosophie und Religion" wurde in diesem Zusammenhang andiskutiert, das den Religionsunterricht ersetzen solle (Voigt 2015). Die Debatte fand ihren Abschluss in einem Interview mit Michael Wermke (vgl. Fußnote 3), in dem dieser der Idee eines alleinigen Pflichtfaches Ethik eine Absage erteilte. Stattdessen plädierte er sowohl für einen islamischen Religionsunterricht als auch für die Stärkung der beiden Fächer Religions- und Ethikunterricht (Rauch 2015). Etwa zeitgleich wurde aus der freigeistigen Szene Wermkes Forderung nach einem Ausbau des Religionsunterrichts an berufsbildenden Schulen in Thüringen kritisiert (Krebs 2015), was aber angesichts der Debatte zum islamischen Religionsunterricht eine Randnotiz blieb.

Im Blick auf den religionsbezogenen Bildungsdiskurs in Thüringen ist außerdem der „Thüringer Bildungsplan bis 18 Jahre" zu erwähnen (ThBP 2015a): Im Auftrag des Thüringer Ministeriums für Bildung, Jugend und Sport legte ein wissenschaftliches Konsortium, an dem auch Wermke beteiligt war, „ein durchgängiges Bildungskonzept vor, das die Bildungsorte und Bildungsansprüche aller Kinder und Jugendlichen bis zum Erreichen der Volljährigkeit miteinander verbindet" (ThBP 2015b). Als einer von zehn Bildungsbereichen findet sich darin der von Wermke verantwortete Bereich „Religiöse Bildung", der einen Anspruch aller Kinder und Jugendlichen auf religiöse Bildung formuliert. Kinder und Jugendliche zeigten mit dem Formulieren sogenannter letzter Fragen ein Wesensmerkmal des Menschen (ThBP 2015a, 278). Diese Prämisse, der zufolge der Mensch generell ein religiöses oder religiös interessiertes Wesen sei (*homo religiosus*), ist mit Wermkes Begriff der religiösen Bildung untrennbar verbunden.

Diese umfasst mit Blick auf die voranschreitende religiöse Pluralisierung nicht nur religionskundliche, sondern auch religiöse und interreligiöse Lernziele und Perspektiven (ThBP 2015a, 284–85). Aufgrund solcher Unschärfen und der Tendenz, nichtreligiöse Kinder und Jugendliche religiös zu vereinnahmen, wurde der Begriff von wissenschaftlicher wie nichtwissenschaftlicher Seite zu Recht kritisiert. Dennoch ist es gelungen, den Begriff der religiösen Bildung im „Thüringer Bildungsplan bis 18 Jahre" zu etablieren, worin sich die oben angesprochene evangelisch-religionspädagogische Dominanz in religionsbezogenen Bildungsdiskursen in Thüringen manifestiert. Daraus folgt eine religionspädagogische Vereinnahmung religionskundlicher Bildungsbereiche, während diesbezüglich eine religionswissenschaftliche Expertise in Thüringen kaum zu vernehmen ist.

Religionswissenschaftliche Einordnung

Ob die dargelegte Situation in Thüringen als Bestätigung der These von einer „angelaufenen schleichenden Reklerikalisierung" der neuen Länder gelten mag (Körber 1991, 26), sei dahingestellt. Die zügige Einführung des Faches Ethik und die kurz darauf erfolgte rechtliche Gleichstellung mit dem Religionsunterricht ist gleichermaßen im Sinne der Reklerikalisierungsthese lesbar, wie sie andersherum als relativ progressiver Weg in der Ausgestaltung von Artikel 7.3 GG ausgewiesen werden kann. Zusammenfassend kommt man nicht umhin, die Übernahme von Artikel 7.3 GG auch als eine ungenutzte Chance zu betrachten: Dies gilt zunächst für die rechtliche Gleichstellung der Fächer Ethik und Religionsunterricht, die trotz einzelner Wahlpflichtelemente in einer Ersatzpflichtfachlogik verhaftet bleibt und damit keine praktische Gleichstellung der Fächer ermöglichte. In einem radikalen Sinne gilt dies aber auch für die 1990 verpasste Möglichkeit, ähnlich dem Brandenburger Modell ein religionskundlich geprägtes Schulfach im Klassenverband als Pflichtfach einzuführen, anstelle einer segregativen Konstruktion aus Religions- und Ethikunterricht, in der religionskundliche Perspektiven zudem unzureichend repräsentiert sind.

Wie zudem die Lehrplananalyse gezeigt hat, bleiben die religionsbezogenen Fachanteile im Schulfach Ethik mit der Setzung des Weltreligionenparadigmas und der universalethischen Essenzialisierung von Religion auf die „Goldene Regel" hinter dem 1991 in den vorläufigen Lehrplanhinweisen sogar noch namentlich benannten religionskundlichen Anspruch zurück. Was die Lehrer*innenausbildung für das Fach Ethik in Thüringen betrifft, ist aus religionswissenschaftlicher Sicht die Nachrangigkeit des religionswissenschaftlichen Studienanteils zu beanstanden. An der Universität Jena qualifiziert man sich für die religionsbezogenen Fachanteile im Wahlpflichtbereich des Ethikunterrichts entweder mit theologischen, religionswissenschaftlichen oder religionsphilosophischen Studienmodulen. Für den Master of Education mit (Neben-)Studienrichtung Ethik an der Universität Erfurt gelten ähnliche Bedenken. Ohne näher auf die an beiden Hochschulstandorten zur Verfügung stehenden religionswissenschaftlichen Module einzugehen, ist klar, dass der geringe und im Wesentlichen fakultative religionswissenschaftliche Studienanteil nur unzureichend auf die religionsbezogenen Fachanteile im Schulfach Ethik vorbereitet. Dies gilt umso mehr, als eine Schüler*innenbefragung von 2000 „Religionen und Religionskritik" zusammen mit „Entstehung und Bedeutung von Werten und Normen" als wichtigste thematische Schwerpunkte im erlebten Ethikunterricht hervorhebt (Petzold 2003, 59–60).

Angesichts der marginalen Beteiligung der Religionswissenschaft an religionsbezogenen Bildungsdiskursen in Thüringen und besonders im Hinblick auf das Schulfach Ethik sind die skizzierten Probleme nicht verwunderlich. Es empfiehlt sich daher, die bereits existierende Beteiligung der Religionswissenschaft an der Ethiklehrer*innenausbildung in Thüringen als Chance zu begreifen und sowohl im Blick auf die Entwicklung einer religionswissenschaftlichen Fachdidaktik auszubauen (Alberts 2012, 308–9), als auch im Blick auf die Einflussnahme auf Ethiklehramtsstudiengänge, Ethiklehrpläne aber auch den „Thüringer Bildungsplan bis 18 Jahre" zu intensivieren.

Bibliografie

Abl. TMBJS *Thüringer Ministerium für Bildung, Jugend und Sport* 04/2018. „Hinweise zum Religions- und Ethikunterricht". 22.03.2018.
Alberts, Wanda. 2012. „Religionswissenschaft und Religionsunterricht." In *Religionswissenschaft*, hg. v. Michael Stausberg, 299–312. Berlin: De Gruyter.

ALP/ThILLM (= Akademie für Lehrerfortbildung Dillingen/Thüringer Institut für Lehrerfortbildung, Lehrplanentwicklung und Medien) Hg. 1992. *Ethikunterricht: Materialien*. Akademiebericht Nr. 222. Dillingen a.d. Donau, Arnstadt.

Blanke, Hermann-Josef und Bernd T. Drößler. 2013. „Artikel 25 [Religions- und Ethikunterricht]." In *Die Verfassung des Freistaats Thüringen: Handkommentar*, hg. v. Joachim Linck, Manfred Baldus, Sebastian v. Ammon, Joachim Lindner, Holger Poppenhäger und Matthias Ruffert, 375–82. Baden-Baden: Nomos.

Drößler, Bernd T. 1997. „Religionsunterricht und Ethikunterricht an Thüringer Schulen: Regelungen und Verfahren im Schuljahr 1994/95." In *Religionsunterricht in schwieriger Zeit: Ein Lesebuch zu aktuellen Kontroversen*, hg. v. Christoph T. Scheilke, 157–59. Münster: Comenius-Institut.

Edelstein, Wolfgang. 2001. *Lebensgestaltung – Ethik – Religionskunde: Zur Grundlegung eines neuen Schulfachs; Analysen und Empfehlungen*. Weinheim: Beltz.

Frank, Katharina. 2013. „Wie implementiert man einen religionskundlichen Unterricht? Analysen und Entwicklungen." In *Religionspädagogik zwischen religionswissenschaftlichen Ansprüchen und pädagogischen Erwartungen*, hg. v. Institut für Religionswissenschaft und Religionspädagogik, 61–103. Veröffentlichungen des Instituts für Religionswissenschaft und Religionspädagogik 4. Bremen: Universität Bremen.

FSU Jena (= Friedrich-Schiller-Universität Jena). 1991. *Personal- und Vorlesungsverzeichnis: Wintersemester 1991/92*. Obertshausen: context-verlag. Deutscher Hochschulverlag.

FSU Jena. 1993. *Personal- und Vorlesungsverzeichnis: Sommersemester 1993*. Obertshausen: context-verlag. Deutscher Hochschulverlag.

FSU Jena. 2015a. *Ordnung der Friedrich-Schiller-Universität Jena für das Studium und die Prüfungen in Studiengängen für ein Lehramt an Gymnasien vom 18. Juni 2015*. 18.06.2015.

FSU Jena. 2015b. *Ordnung der Friedrich-Schiller-Universität Jena für das Studium und die Prüfungen in Studiengängen für ein Lehramt an Regelschulen vom 18. Juni 2015*. 18.06.2015.

FSU Jena. 2019a. *Modulkatalog Erste Staatsprüfung für das Lehramt an Gymnasien: 127 Philosophie*.

FSU Jena, Friedrich Schiller Universität Jena. 2019b. *Modulkatalog Erste Staatsprüfung für das Lehramt an Regelschulen: 169 Ethik*.

Geißler, Gert. 2015. *Schule und Erziehung in der DDR*. Erfurt: Landeszentrale für Politische Bildung Thüringen.

Gem. Abl. TKM/TMKW Thüringer Kultusministerium und Thüringer Ministerium für Wissenschaft und Kunst. 1991. *Gemeinsames Amtsblatt des Thüringer Kultusministeriums und des Thüringer Ministeriums für Wissenschaft, Forschung und Kunst*.

Gödde, Ursula. 1994. „Wie kommt in Thüringen die Ethik in die Grundschule?" *Edition Ethik kontrovers: Jahrespublikation der Zeitschrift Ethik & Unterricht* 1:40–42.

Gödde, Ursula. 2007. „Handlungsorientierte Fortbildung." In *15 Jahre Ethikunterricht in Thüringen (1991–2006)*, hg. v. Elke Menzel, 17. Bad Berka: ThILLM.

Häring, Ludwig und Dieter Prankel. 1992. „Vorwort." In *Ethikunterricht: Materialien*, hg. v. Akademie für Lehrerfortbildung Dillingen/Thüringer Institut für Lehrerfortbildung, Lehrplanentwicklung und Medien, 3. Akademiebericht Nr. 222. Dillingen a.d. Donau, Arnstadt.

KMK (= Sekretariat der Ständigen Konferenz der Kultusminister der Länder in der Bundesrepublik Deutschland). 2006. *Einheitliche Prüfungsanforderungen in der Abiturprüfung* Ethik (Beschluss der Kultusministerkonferenz vom 01.12.1989 i. d. F. vom 16.11.2006).

KMK. 2008. *Zur Situation des Ethikunterrichts in der Bundesrepublik Deutschland: Bericht der Kultusministerkonferenz vom 22.02.2008*.

Körber, Sigurd. 1991. „Mehr als nur im Trend der Zeit: Ethikunterricht und Religionswissenschaft." *Ethik & Unterricht* (2): 25–26.

Korrespondenz. 2019a. *Mailkorrespondenz zwischen dem Autor und Bernd T. Drößler.* 24. September.
Korrespondenz. 2019b. *Mailkorrespondenz zwischen dem Autor und Elke Deparade.* 19. November.
Krebs, Siegfried R. 2015. „Gehört Religion in die Berufsschulen?". *Humanistischer Pressedienst.* 3. Februar 2015.
Küng, Hans. 1990. *Projekt Weltethos.* München: Piper.
Lieberknecht, Christiane. 1991. „Rede von Frau Lieberknecht, Kultusministerin des Landes Thüringen, aus Anlaß der Debatte um das Vorläufige Bildungsgesetz (VBiG) am 20. März 1991." *Gem. Abl. TKM/TMWK* 1, 21–23.
[LP GS] ThMBWK. 2010. *Lehrplan für die Grundschule und für die Förderschule mit dem Bildungsgang der Grundschule.* Erfurt.
[LP GY] ThMBWK. 2012. *Lehrplan für den Erwerb der allgemeinen Hochschulreife.* Erfurt.
Masuzawa, Tomoko. 2005. *The Invention of World Religions: Or, How European Universalism Was Preserved in the Language of Pluralism.* Chicago, London: The University of Chicago Press.
Menzel, Elke, Hg. 2007a. *15 Jahre Ethikunterricht in Thüringen (1991–2006).* Materialien/Thüringer Institut für Lehrerfortbildung, Lehrplanentwicklung und Medien 133. Bad Berka: ThILLM.
Menzel, Elke. 2007b. „Das Unterrichtsfach Ethik in Thüringen von 1991–2006." In *15 Jahre Ethikunterricht in Thüringen (1991–2006)*, hg. v. Elke Menzel, 7–8. Bad Berka: ThILLM.
Pädagogische Hochschule Erfurt/Mühlhausen. 1992. *Personal- und Vorlesungsverzeichnis: Wintersemester 1992/93.* Obertshausen: context-verlag. Deutscher Hochschulverlag.
Petzold, Klaus. 2003. *Religion und Ethik hoch im Kurs: Repräsentative Befragung und innovative Didaktik.* Leipzig: Evangelische Verlagsanstalt.
Prankel, Dieter. 2007. „Die ‚Gründerzeit' aus Sicht eines bayerischen Lehrerfortbildners." In *15 Jahre Ethikunterricht in Thüringen (1991–2006)*, hg. v. Elke Menzel, 14–15. Bad Berka: ThILLM.
Rauch, Elena. 2015. „Die Schule und die Religion: Der Jenaer Theologe Michael Wermke über die Rolle von Religion und Ethik im Unterricht und warum beide Fächer gestärkt werden sollten." *Thüringer Allgemeine.* 4. April 2015.
Schneider, Rudolf. 1992. „Einführung in den Hinduismus." In *Ethikunterricht: Materialien*, hg. v. Akademie für Lehrerfortbildung Dillingen/Thüringer Institut für Lehrerfortbildung, Lehrplanentwicklung und Medien, 169–175. Dillingen a.d. Donau, Arnstadt.
Schreier, Bernd. 1992. „Vorwort." In *Ethikunterricht: Materialien*, hg. v. Akademie für Lehrerfortbildung Dillingen/Thüringer Institut für Lehrerfortbildung, Lehrplanentwicklung und Medien, 4. Dillingen a.d. Donau, Arnstadt.
Schwarz, Barbara. 2007. „Jedem Anfang wohnt ein Zauber inne (Hermann Hesse)." In *15 Jahre Ethikunterricht in Thüringen (1991–2006)*, hg. v. Elke Menzel, 9–10. Bad Berka: ThILLM.
Statista. 2011. „Religionszugehörigkeit der Deutschen nach Bundesländern im Jahr 2011." *Statista GmbH.*
Storz, Maria-Theresia. 1992. „Anmerkungen zu den Vorläufigen Lehrplanhinweisen Ethik für Regelschulen und Gymnasien." In *Ethikunterricht*, hg. v. Akademie für Lehrerfortbildung Dillingen/Thüringer Institut für Lehrerfortbildung, Lehrplanentwicklung und Medien, 5–6. Dillingen a.d. Donau, Arnstadt.
Storz, Maria-Theresia. 2007. „Erinnerungen an den Anfang … ". In *15 Jahre Ethikunterricht in Thüringen (1991–2006)*, hg. v. Elke Menzel, 18. Bad Berka: ThILLM.
Strauß, Eugen. 1910. *Religion oder Religionskunde?* Pädagogisches Magazin 419. Langensalza: Hermann Beyer & Söhne.
Ströbel, Hermann. 2007. „15 Jahre Ethikunterricht in Thüringen – Die ersten Jahre." In *15 Jahre Ethikunterricht in Thüringen (1991–2006)*, hg. v. Elke Menzel, 14. Bad Berka: ThILLM.
ThBP (= Thüringer Ministerium für Bildung, Jugend und Sport). 2015a. *Thüringer Bildungsplan bis 18 Jahre: Bildungsansprüche von Kindern und Jugendlichen.* Erfurt.

ThBP. 2015b. *Thüringer Bildungsplan bis 18 Jahre*. Erfurt.
Thüringer Allgemeine. 2015. *Erfurter Imam fordert Islamunterricht an Schulen – Ministerin gesprächsbereit*. 21. Januar 2019.
Thüringer Kultusministerium. 1991. *Vorläufige Lehrplanhinweise für Regelschule und Gymnasium: Ethik (vLE)*. Erfurt: Verlag und Druckerei Fortschritt.
Thüringer Staatskanzlei. o. J. *Kirchen und Religionsgemeinschaften: Religions- und Ethikunterricht*.
TSP (= Thüringer Schulportal). o. J. „Ethik".
Universität Erfurt. 2014a. *Prüfungs- und Studienordnung der Universität Erfurt für das Master of Education-Programm Grundschule*. 30. Mai 2014. Erfurt.
Universität Erfurt. 2014b. *Prüfungs- und Studienordnung der Universität Erfurt für das Master of Education-Programm Regelschule*. 30.05.2014. Erfurt.
Universität Erfurt. 2015a. *Modulliste MEd Gr 2014: Grundschul-/Primarstufenpädagogik*. Erfurt.
Universität Erfurt. 2015b. *Modulliste MEd R 2014: Schulpädagogik*. Erfurt.
Vöcking, P. H. 1992. „Die Religion der Muslime." In *Ethikunterricht: Materialien*, hg. v. Akademie für Lehrerfortbildung Dillingen/Thüringer Institut für Lehrerfortbildung, Lehrplanentwicklung und Medien, 95–117. Dillingen a.d. Donau, Arnstadt.
Voigt, Christian. 2015. „Stiftung fordert Ende des Religionsunterrichts: Steinhaus unterstützt Knoepffler: Religion ist Privatsache." *Thüringische Landeszeitung*. 14. Februar 2015.
Wermke, Michael. 2006. „Religion unterrichten in Thüringen." *Theo-Web. Zeitschrift für Religionspädagogik* 5(2): 147–61.

Teil 4: **Vergleichsperspektiven**

Katharina Frank
1 Schweiz

Geschichte und Entwicklung des aktuellen Modells

Der religionsbezogene Unterricht ist heute in den meisten Kantonen der Schweiz als Religionskunde konzipiert. Die Teilnahme an diesem Unterricht ist obligatorisch. Die Geschichte des Unterrichts zum Thema „Religion" an den öffentlichen Schulen verlief in den einzelnen Kantonen der Schweiz jedoch unterschiedlich (vgl. Rota 2015, 2017). Im Folgenden werden daher neben gesamtschweizerischen insbesondere deutschschweizerische, ab und zu auch ausgewählte kantonsspezifische Entwicklungen geschildert.

Säkularisierung des Schulwesens

Als Ergebnis des Kulturkampfes mussten sich die Kirchen in der Schweiz im Verlaufe des 19. Jahrhunderts aus verschiedenen gesellschaftlichen Bereichen zurückziehen – so auch aus dem Schulwesen (vgl. Bischof 2019). Mit dieser Ausdifferenzierung von Religion und anderen Lebensbereichen fand ein starker Säkularisierungsschub statt. Mittlerweile sind in der Schweiz fast alle Schulen öffentlich, das heißt in der Verantwortung des Staates und damit säkular.[1] Diese öffentlichen Schulen, die sogenannten Volksschulen, Gymnasien oder Maturitätsschulen sowie Berufsschulen, sind eine Angelegenheit der Kantone. Auch das Verhältnis der Religionsgemeinschaften zum Staat wird in der Schweiz kantonal geregelt. Beim religionsbezogenen Unterricht liegt die Verantwortung daher in doppelter Hinsicht beim Kanton und nicht beim Bund: Viele Kantone haben den öffentlich-rechtlich anerkannten Religionsgemeinschaften, aber auch islamischen oder jüdischen Gemeinschaften bis in jüngster Zeit einen Raum und ein Zeitfenster für ihren jeweiligen Religionsunterricht an der öffentlichen Schule zur Verfügung gestellt.

Seit den 1970er Jahren nahm die Religiosität in der Gesamtbevölkerung stetig ab (vgl. Stolz et al. 2011). Immer weniger Menschen gehören einer der beiden Landeskirchen an. Bei der nationalen statistisch repräsentativen Erhebung von 2015–2017 gaben 24,4 Prozent der Befragten an, der evangelisch-reformierten Kirche anzugehören, 36,5 Prozent der Befragten bezeichneten sich als Mitglied der römisch-katholischen Kirche, 25 Prozent der Befragten sind ohne Religionszugehörigkeit und 7,5 Prozent machten keine Angabe. Der Anteil der Menschen, die sich als muslimisch bezeichnen, liegt bei

---

[1] „Staat" bzw. „staatlich" meint auf der Ebene der politischen Gemeinde, des Kantons oder des Bundes.

Open Access. © 2023 bei den Autorinnen und Autoren, publiziert von De Gruyter. Dieses Werk ist lizenziert unter der Creative Commons Namensnennung - Nicht-kommerziell - Keine Bearbeitungen 4.0 International Lizenz.
https://doi.org/10.1515/9783110694536-025

5,2 Prozent (Bundesamt für Statistik 2019). In den 1990er Jahren veränderte sich durch die Migration von Menschen mit einem muslimischen, einem christlich-orthodoxen oder säkularen Hintergrund auch die weltanschauliche Zusammensetzung der Schüler*innen.[2]

Gegenwärtige Situation

Der bis vor ein paar Jahren angebotene konfessionelle oder konfessionell-kooperative Religionsunterricht wurde zunehmend weniger besucht; umgekehrt stellten die Lehrkräfte ihren Unterricht um, damit auch nicht-christliche Schüler*innen teilnehmen können sollten: Nicht mehr nur die christliche Religion wurde vermittelt, sondern auch Islam, Judentum, Hinduismus und Buddhismus (vgl. Frank 2010; Jödicke und Rota 2010). Das funktionierte aber nur beschränkt; die Abmeldungen vom Religionsunterricht nahmen weiter zu und stellten die Schulpolitiker*innen vor die Frage, ob der vorwiegend christlich ausgerichtete Unterricht weiterhin an der Schule durchgeführt werden sollte.

Im Kanton Zürich fand daher im Jahr 2000 eine Vernehmlassung[3] zum Vorschlag statt, den bis dahin konfessionell-kooperativen Religionsunterricht in einen für alle Schüler*innen obligatorischen Unterricht zum Thema Religion umzuwandeln, welcher der Religionsfreiheit der Lernenden Rechnung trägt.

Diese Umstellung wurde auch von den Kirchen begrüßt, da der bisherige Unterricht wegen der schwindenden Schüler*innenzahlen kaum mehr zu legitimieren war.[4] Andere Kantone folgten und richteten ebenfalls einen obligatorischen Unterricht zum Thema Religion ein.

Durch die Migration von Familien innerhalb der Schweiz und die vermehrte Zusammenarbeit zwischen den Kantonen (beispielsweise hinsichtlich gemeinsamer Lehrmittel), wurde eine Vereinheitlichung von Lehrplänen und Schulzeiten immer dringender. Im Mai 2006 wurde in einer eidgenössischen Volksabstimmung die „Interkantonale Vereinbarung über die Harmonisierung der obligatorischen Schule"

---

[2] Zu den jüngsten Entwicklungen in der Schweiz vgl. Bochinger und Frank 2015a.
[3] Die „Vernehmlassung" ist ein in der Schweiz verbreitetes politisches Verfahren, um Änderungen in Gesetzen, Verfassung oder strategischen Konzeptionen einer interessierten Öffentlichkeit zur Diskussion zu unterbreiten. Das erlaubt, die Akzeptanz des Inhalts der Vernehmlassung sowie Änderungswünsche verschiedener Interessenvertreter*innen zu berücksichtigen. Bei einer Vernehmlassung kann jede am Inhalt interessierte Gruppierung, aber auch jede Privatperson eine Stellungnahme schreiben.
[4] Es mag erstaunen, dass die Kirchen diesen obligatorischen Unterricht über das Thema „Religion" begrüßten. Die Abmeldungen vom freiwilligen christlich ausgerichteten Unterricht waren aber derart angestiegen, dass auch die Kirchen eine solche Religionsvermittlung an den Schulen nicht mehr legitimieren konnten. Sie versuchten in der Folge dennoch, ihr Personal in einem obligatorischen Unterricht unterzubringen, was ihnen für die ersten Jahre auch gelang.

(abgekürzt „HarmoS") gutgeheißen. Damit wurde es möglich, die sprachregionale Vereinheitlichung der kantonalen Lehrpläne zu starten.

Mittlerweile liegen ein französischsprachiger sowie ein deutschsprachiger überkantonaler Lehrplan vor, wobei es den Kantonen überlassen bleibt, ob und gegebenenfalls mit welchen kantonalen Abänderungen sie den jeweiligen Lehrplan übernehmen möchten. Dieser Prozess ist in der Zwischenzeit in den Kantonen der Romandie mit dem *Plan d'études romand* und in der Deutschschweiz mit dem *Lehrplan 21*[5] weitgehend abgeschlossen (Stand 2019). Von diesen kantonal harmonisierten Lehrplänen betroffen ist auch der religionsbezogene Unterricht, und zwar gleich in mehrfacher Weise:

- „Religion" wird zu einem ordentlichen allgemeinbildenden Fach, das von Lehrkräften erteilt wird, die eine tertiäre Ausbildung an einer Pädagogischen Hochschule absolviert haben, wie das in anderen Schulfächern auch der Fall ist.
- Der Unterricht ist für sämtliche Schüler*innen obligatorisch; eine Abmeldemöglichkeit besteht nicht.
- Neben dem Teilfach „Religionen" (mit Kulturen) enthält das neu geschaffene Fach auch die Teile „Ethik" und „Gemeinschaft".
- Durch die kompetenzorientierten Lernzielformulierungen für das Teilfach „Religionen", die nicht nur „Wissen", sondern auch „Können" beinhalten, sind die „Rahmungen von Religion" (vgl. Frank 2010) und damit eventuelle religiösnormative Zielsetzungen besser erkennbar.
- Kantone, in denen bis dahin noch ein konfessioneller oder konfessionellkooperativer Unterricht an öffentlichen Schulen stattgefunden hat, müssen überlegen, ob und in welcher Form sie diesen freiwilligen Religionsunterricht zusätzlich weiterführen wollen oder nicht.

Mit Ausnahme des Kantons Solothurn und mit Sonderregelungen in den Kantonen Genf, Neuenburg, Wallis und St. Gallen wurde der „Plan d'études romand" beziehungsweise der „Lehrplan 21" bezüglich „Religion" von den Kantonen übernommen, auch wenn die Bezeichnungen für das Fach kantonal etwas variieren.

„Religionen" ist nicht nur an der Volksschule der Schweiz ein sich im Wandel befindendes Fach, sondern auch an weiterführenden Schulen. Während manche Kantone an den Gymnasien seit längerem ein obligatorisches Fach „Religion" kennen (vgl. Bleisch et al. 2015), bieten andere Kantone immer noch ein freiwilliges und in der Regel christlich ausgerichtetes, von Theolog*innen erteiltes Fach an und/oder führen „Religion" als Ergänzungsfach (als eines unter vielen anderen Wahlpflichtfächern). In manchen Kantonen wird nun gefordert, dass auch an Gym-

---

[5] Mit der Zahl „21" sind die am Lehrplan beteiligten einundzwanzig deutschsprachigen (Halb-)Kantone oder Kantonsteile der Schweiz gemeint.

nasien – zumindest im Untergymnasium, das der Sekundarstufe I der Volksschule entspricht – ein Pflichtfach „Religionen" eingeführt wird.

Rahmenbedingungen

In der Schweiz sind die rechtlichen und schulischen Voraussetzungen für einen Religionskunde-Unterricht ideal: Kirche und Staat sind weitgehend getrennt, sodass die Kirchen nicht mehr Mitspracherecht haben als andere Interessengruppen.

Rechtliche Rahmenbedingungen

Wie bereits erwähnt, geht es beim religionsbezogenen Unterricht in den gesamtschweizerisch harmonisierten Lehrplänen um einen obligatorischen Unterricht ohne Abmeldemöglichkeit. Die Schüler*innenschaft ist demnach religiös und weltanschaulich heterogen. Aus diesem Grund steht dieser Unterricht wie kein anderer unter grundrechtlicher Beobachtung.

Die Bundesverfassung der Schweiz (BV) garantiert in Artikel 15 Absatz 4 die sogenannte negative Religionsfreiheit: „Niemand darf gezwungen werden, einer Religionsgemeinschaft beizutreten oder anzugehören, eine religiöse Handlung vorzunehmen oder religiösem Unterricht zu folgen." Der Unterricht muss religiös neutral gestaltet sein. Anders als bei einem religiösen Unterricht, den Schüler*innen freiwillig besuchen können sollen (vgl. zur positiven Religionsfreiheit BV, Art. 15, Abs. 3), muss hier geprüft werden, ob der obligatorische Unterricht nicht religiöse beziehungsweise antireligiöse Zielsetzungen verfolgt.

Letztlich entscheiden Religionsrechtler*innen darüber, ob ein Unterricht religiös neutral ist und im Sinne einer Religionskunde erfolgt (vgl. Hafner, Loretan und Schwank 2000; Kley 2008). Den Gerichtsinstanzen müssen jedoch von wissenschaftlicher Seite Kriterien für einen „religionskundlichen Unterricht" gegeben werden, um diese Entscheidung treffen zu können. Hier ist die religionswissenschaftliche Expertise gefragt (vgl. Bochinger 2012).

Schulische Rahmenbedingungen

Das Fach wird in deutschsprachigen Stundentafeln „Ethik, Religionen, Gemeinschaft" (abgekürzt „ERG") genannt; im Kanton Zürich wird es – der ehemaligen Fachbezeichnung „Religion und Kultur" folgend – als „Religionen, Kulturen, Ethik" (abgekürzt „RKE") bezeichnet. Auch andere Kantone kennen eigene Fachbezeichnungen oder verbinden ERG mit anderen kantonsspezifischen Fächern wie beispielsweise Lebenskunde oder Klassenstunde.

Die meisten Kantone, die für die obligatorische Schulzeit den „Plan d'études romand" beziehungsweise den „Lehrplan 21" übernommen haben, veranschlagen das obligatorische Fach, in dem Religionen und Ethik vermittelt werden, vom Kindergarten[6] bis zum neunten Schuljahr mit ein bis zwei Unterrichtsstunden pro Woche. In der nachobligatorischen Schulzeit, also der Sekundarstufe II des Gymnasiums, hat das Fach – wenn es überhaupt angeboten wird – oft den Status eines Wahlpflichtfaches. In Kantonen, in denen „Religionskunde" in der Sekundarstufe II obligatorisch ist, wird es über ein halbes oder ein ganzes Jahr der vierjährigen Gymnasialzeit mit zwei Unterrichtsstunden pro Woche erteilt.

In den Stundentafeln der Volksschule wird nicht zwischen Religionen/Kulturen (cultures religieuses) und Ethik/Gemeinschaft (éthique) differenziert.[7] Für eine Lehrkraft ist es möglich, den zeitlichen Schwerpunkt mehr auf Ethik oder mehr auf Religionen zu legen. Ob es Lehrkräfte gibt, die nur „Ethik/Gemeinschaft" beziehungsweise nur „Religionen" unterrichten, kann erst in ein, zwei Jahren evaluiert werden, wenn sich das Fach etabliert hat.

Lehrpersonen der obligatorischen Volksschule, die „Religionen" unterrichten, erteilen in der Regel auch andere Fächer wie Mathematik oder Deutsch, Französisch oder Englisch, Physik/Chemie/ Biologie, Informatik, Geschichte, Geografie, Hauswirtschaft, Musik oder textiles und nicht-textiles Werken. Es ist der Lehrkraft überlassen, ob sie einige dieser Fächer zeitlich kombiniert und beispielsweise ein bestimmtes Thema wie „Religiosität" sowohl in religionskundlicher als auch in informatikbezogener Perspektive, das Thema „Migration" sowohl in geschichts- wie religionskundlicher Perspektive, das Thema „Ernährung" sowohl in hauswirtschaftlicher als auch in religionskundlicher Perspektive angehen möchte.

An Gymnasien lehren Lehrkräfte oft nur „Religion", seltener erteilen sie zusätzlich ein anderes Fach.

Ausbildung der Lehrkräfte

Voraussetzung für die Ausbildung zum Lehrberuf ist in der Regel eine eidgenössisch anerkannte Matura.[8] Die nachfolgenden Ausbildungen zur Religionskunde-Lehrkraft finden sowohl an Pädagogischen Hochschulen als auch an Universitäten

---

6 Der zweijährige Kindergarten gehört in der Schweiz ebenfalls zur obligatorischen Schulzeit (vgl. EDK 2017; grafisch dargestellt in SB 2016).
7 Bei den Kompetenzformulierungen des Lehrplans 21 hingegen werden die Fachinhalte „Religionen", „Ethik" und „Gemeinschaft" klar unterschieden.
8 Die Matura ist gleichzusetzen mit dem Abitur.

statt. Wie viele Ausbildungsanteile die beiden tertiären Institutionen für welche Lehrkräfte (Primarstufe, Sekundarstufe I und II) jeweils übernehmen und in wessen Händen die Gesamtverantwortung liegt, ist von Kanton zu Kanton verschieden. Im Folgenden sollen zunächst die strukturellen Verhältnisse in verschiedenen Kantonen aufgezeigt und danach die Ausbildung am Beispiel des Kantons Zürich inhaltlich diskutiert werden.

Primar-, Sekundar- sowie Gymnasiallehramtsausbildung in verschiedenen Kantonen

Die Schweiz besteht aus 26 (Halb-)Kantonen, wobei in fast allen Kantonen eine Pädagogische Hochschule Lehrer*innenausbildungen anbietet. Während früher eine Lehrtätigkeit nur in jenem Kanton möglich war, in dem die Ausbildung absolviert wurde (sowie in Partnerkantonen ohne Pädagogische Hochschule), besteht heute in allen Kantonen die gegenseitige Anerkennung der Abschlüsse. Nicht alle Kantone bieten neben der Primarlehrer*innenausbildung auch noch eine Sekundarlehrer*innenausbildung an. Gymnasiallehrer*innenausbildungen sind in der Regel auf Kantone beschränkt, die auch eine Universität mit den entsprechenden Fächern haben.

Primarlehrer*innenausbildungen erfolgen in allen Fällen nur an der Pädagogischen Hochschule, während Sekundarlehrer*innenausbildungen zumindest teilweise auch an Universitäten stattfinden. Die Ausbildung zur Gymnasiallehrkraft bedingt ein vorangegangenes reguläres Studium in den Fächern, die von den zukünftigen Lehrer*innen unterrichtet werden sollen. Erst nach diesem regulären Studium können Kandidat*innen ein Lehrdiplom erwerben.

Die sprachregionale Vereinheitlichung der Lehrpläne brachte es mit sich, dass das neue obligatorische Fach „Ethik, Religionen, Gemeinschaft" (ERG) praktisch in allen Kantonen unterrichtet wird, und die oben beschriebenen Bedingungen für die Ausbildung in diesem Fach in allen Kantonen analog zu den anderen Fächern erfolgt.

Das Ausbildungspersonal an den Pädagogischen Hochschulen besteht zur Mehrheit noch aus theologisch geschulten Akademiker*innen, wobei für neue oder wieder zu besetzende Stellen Religionswissenschaftler*innen bevorzugt werden. Mittlerweile besteht bei Stellenbesetzungen für ERG-Dozierende an Pädagogischen Hochschulen der Anspruch, neben einem Lehrdiplom für die jeweilige Schulstufe sowie Unterrichtserfahrung auch einen Abschluss im universitären Bezugsfach und eine Promotion (in der Religionswissenschaft oder in der Fachdidaktik ERG) aufzuweisen. Das fachwissenschaftliche Ausbildungspersonal an den Universitäten muss einen Promotionsabschluss in Religionswissenschaft vorlegen sowie Weiterbildungen in Hochschuldidaktik und Lehrerfahrung an einer Universität mitbringen. Diese Erwartungen an potenzielle Hochschuldozierende von Pädagogischen Hochschulen und Universitäten sind sehr hoch und in der Realität erst in wenigen Fällen umgesetzt.

Die Ausbildung im Kanton Zürich

Der Kanton Zürich bildet insbesondere Studierende aus, die anschließend im eigenen Kanton Unterricht erteilen möchten. Seit dem Ausbildungsjahr 2017/2018 besteht für alle Schulfächer der neue Studiengang, der sich dem „Lehrplan 21" angepasst hat. Die bedeutendste Neuerung in der Ausbildung zur Religionskunde-Lehrkraft betrifft den zu „Religion und Kultur" neu hinzukommenden Fachteil „Ethik". Anders als herkömmliche katholische Kantone kannte der Kanton Zürich nie ein separat ausgewiesenes Fach „Ethik", da er sich auf den Standpunkt stellte, dass in jedem einzelnen Schulfach der ethischen Dimension Rechnung getragen werden müsse. Aus diesem Grund lässt die Pädagogische Hochschule die Ethik-Ausbildung allen Lehramtsstudierenden zukommen und nicht nur denjenigen, die das Fach „Ethik, Religionen, Gemeinschaft" gewählt haben. Auch in anderer Hinsicht unterscheidet sich der Kanton Zürich von anderen Kantonen: Das Schul- und Ausbildungsfach heißt nicht „Ethik, Religionen Gemeinschaft" (ERG), sondern der bisherigen Fachtradition folgend „Religionen, Kulturen, Ethik" (RKE). Die Kompetenzformulierungen im Zürcher Lehrplan bezüglich RKE sind jedoch identisch mit denjenigen des „Lehrplans 21".

Lehrpersonen für den Kindergarten und die Primarstufe (gemäß „Lehrplan 21" entspricht dies Zyklus 1 und Zyklus 2) werden für alle Fächer sowohl fachwissenschaftlich als auch fachdidaktisch an der Pädagogischen Hochschule ausgebildet. Ihr Abschluss gilt als *Bachelor of Arts in Primary Education* und berechtigt sie, jene sieben Fächer zu unterrichten, in denen sie ausgebildet wurden. Als Pflichtfächer für die Lehramtsstudierenden gelten Deutsch; Mathematik; Natur, Mensch, Gesellschaft (Geschichte, Geografie, Biologie, Physik, Chemie); Erste Fremdsprache (Französisch oder Englisch). „Religionen, Kulturen, Ethik" gehört zum Wahlpflichtbereich. Hier müssen die Studierenden drei der folgenden sechs angebotenen Fächer wählen: Bewegung und Sport; Musik; Bildnerisches Gestalten; Textiles und Technisches Gestalten; Religionen, Kulturen, Ethik; Zweite Fremdsprache. Damit wird das Fach, das „Religionen" beinhaltet, gleichgestellt mit anderen Wahlpflichtfächern.

Lehrpersonen der Sekundarstufe I (gemäß „Lehrplan 21" entspricht diese Stufe dem Zyklus 3) werden am Religionswissenschaftlichen Seminar der Universität Zürich für die fachwissenschaftlichen Anteile, an der Pädagogischen Hochschule Zürich für die fachdidaktischen Bereiche ausgebildet. Der Abschluss gilt als *Master of Arts in Secondary Education* und berechtigt die Absolvierenden, jene vier Fächer zu erteilen, in denen sie ausgebildet wurden. Die Studierenden können zunächst zwischen Deutsch und Mathematik (Wahlbereich A), danach eines der folgenden Fächer wählen (Wahlbereich B): Englisch; Französisch; Natur und Technik. Im Wahlbereich C gilt es, sich für zwei Fächer aus dem folgenden Angebot zu entscheiden: Musik; Bildnerisches Gestalten; Wirtschaft, Arbeit, Haushalt; Bewegung und Sport; Religionen, Kulturen, Ethik; Geschichte, Geografie, Politische Bildung; Design und Technik. Für die Ausbildung „Religionen, Kulturen, Ethik" der Sekundarstufe I sind insgesamt 30 ECTS-Punkte vorgesehen, wobei 14 ECTS-Punkte der Fachwissenschaft zugeteilt sind. Anders als die Ausbilder*innen an der Universität, die nur „Religionen/Kulturen" lehren, müssen die Ausbilder*innen der Pädagogischen Hochschule zusätzlich die Ethik-Ausbildung bewerkstelligen. Dies ist für Dozierende, die Religionswissenschaft studierten, eine fachliche Herausforderung, beruht das schulische Teilfach Ethik doch ausschließlich auf den akademischen Fächern Philosophie, Soziologie und Psychologie.

Die Pädagogische Hochschule als verantwortliche Institution der Gesamtausbildung formuliert die folgenden Ziele für die Fachausbildung RKE:[9]

Standard 1: Fachspezifisches Wissen und Können
Der Lehrer, die Lehrerin
- kennt Hauptelemente, kulturelle Ausprägungen und Grundzüge der Geschichte wichtiger Religionen, die in unserer Gesellschaft präsent sind.
- kann Innen- und Aussensicht auf Religionen und Kulturen unterscheiden und Aspekte verschiedener Religionen erkunden und darstellen.
- kann eigene Sichtweisen von Perspektiven anderer abgrenzen und zu ihnen in Beziehung setzen.
- ist bereit, seinen/ihren Horizont zu erweitern und ist sich des eigenen Horizonts in seiner notwendigen Begrenztheit bewusst.
- kennt Interpretationen zentraler philosophischer und ethischer Begriffe und Fragestellungen.
- kennt Verfahren ethischer Urteilsbildung und kann verschiedene ethische Grundkonzepte einbeziehen.

Standard 4: Heterogenität
Der Lehrer, die Lehrerin
- anerkennt die religiöse, weltanschauliche und kulturelle Vielfalt als Herausforderung und Chance für Lernprozesse und zur Horizonterweiterung.
- pflegt einen bewussten Umgang mit Äusserungen und Vorurteilen in Bezug auf Religionen und Kulturen.
- gestaltet Settings und Lernarrangements, die Schülerinnen und Schülern Partizipation und Distanz ermöglichen, ohne die Lernenden zu vereinnahmen und auf kulturelle Herkunft, religiöse Zugehörigkeit oder individuelle Überzeugungen festzulegen.
- kann strittige Fragen angemessen aufnehmen und philosophische und ethische Fragen kontrovers bearbeiten.

---

9 Der Fachausbildung liegt das allgemeine Kompetenzstrukturmodell der Pädagogischen Hochschule Zürich zugrunde. Die zu erwerbenden Kompetenzen sind als fachliche Spezifizierungen der dort formulierten Standards zu verstehen (vgl. Fachwegleitung 2017).

Standard 5: Kooperation, Partizipation und soziales Umfeld
Der Lehrer, die Lehrerin
- wendet sich zur Klärung von fachlichen Fragen an geeignete Kontaktpersonen und Einrichtungen.
- pflegt Kontakte zu Gewährsleuten verschiedener religiöser und kultureller Traditionen und zu fachlich relevanten Institutionen.

Standard 10: Schule und Gesellschaft
Der Lehrer, die Lehrerin
- nimmt wahr, wo religiöse Orientierungen und kulturelle Hintergründe berührt werden und wo sich ethisch herausfordernde Fragen stellen.
- bezieht religionskundliche Themen auf die Lebenswelt der Schülerinnen und Schüler und die Rolle religiöser Traditionen und Gemeinschaften in der Gesellschaft (Kontextualisierung).
- erkennt Fragen, Probleme und Chancen, die sich aus Modernisierungsprozessen, technischen Entwicklungen und der religiösen und weltanschaulichen Pluralisierung und Individualisierung ergeben und kann sie zum eigenen beruflichen Handeln in Beziehung setzen.
- zeigt Interesse für schulische und gesellschaftliche Entwicklungen, Debatten und Veränderungen.
(Fachwegleitung 2017, 9–10)

Während die fachwissenschaftlichen Ziele der Universität Kontextualisierungskompetenzen, Forschungs- und Theoriekompetenzen sowie Kommunikationskompetenzen für die Lehrer*innenbildung vorsehen und als religionswissenschaftlich bezeichnet werden können,[10] enthalten die Ausbildungsziele der PHZH etliche Anteile, die zumindest auch christlich-religionspädagogisch beziehungsweise religionsphänomenologisch gelesen werden können. Zu kritisieren ist jedenfalls die Unklarheit der fachdidaktischen Lernziele: Was heißt beispielsweise: „pflegt einen bewussten Umgang mit Äußerungen und Vorurteilen" (Fachwegleitung 2017, Standard 4)? Wieso sollen die Studierenden Vorurteile nicht dekonstruieren können? Was meint der Standard „gestaltet Settings und Lernarrangements, die Schülerinnen und Schülern Partizipation und Distanz ermöglichen" (Fachwegleitung 2017, Standard 4)? Geht es um Partizipation an Religion, um Distanz von Religion oder geht es um Partizipation am Religionskunde-Unterricht? Sind Theolog*innen „geeignete Kontaktpersonen", Religionsgemeinschaften „geeignete Kontakt-Einrichtungen" (Fachwegleitung 2017,

---

10 Diese entstammen einem unveröffentlichten Dokument aus dem Jahr 2015, das von der Fachkoordinationsstelle des Religionswissenschaftlichen Seminars Zürich verfasst wurde (vgl. Frank 2016).

Standard 5)? Diese Unklarheiten in den Zielformulierungen führen bei den Studierenden zu ganz unterschiedlichen und sich widersprechenden Fachverständnissen, wie Diskussionen in Lehrveranstaltungen und bei Abschlussarbeiten immer wieder zeigen.

An Gymnasien im Kanton Zürich ist das Fach „Religion" bisher freiwillig (Untergymnasium) oder ein Ergänzungsfach beziehungsweise eines von vielen Wahlpflichtfächern (Obergymnasium). Die jeweilige Maturitätsschule entscheidet, ob sie das Fach „Religion" eher theologisch oder religionswissenschaftlich ausrichten und mit dem entsprechenden Personal besetzen will. Demnach können angehende gymnasiale Fachlehrpersonen ein Religionswissenschafts- oder Theologiestudium (Master) absolviert haben, müssen jedoch eine gewisse Anzahl ECTS-Punkte im jeweils anderen Studiengang erreicht haben, bevor sie das Lehrdiplom für Maturitätsschulen an der Universität in Zürich erwerben können.

„Religion" kann in der Gymnasiallehrer*innenausbildung als alleiniges oder als eines von zwei Unterrichtsfächern gewählt werden. Zur Ausbildung gehören neben fachdidaktischen vor allem auch allgemeindidaktische Anteile. Das Angebot umfasst insgesamt 60 ECTS-Punkte über vier bis sechs Semester.[11] Zurzeit (Stand 2019) hat – wie in anderen Fächern ebenfalls üblich – eine an einem Gymnasium tätige Lehrkraft den fachdidaktischen Teil dieser Ausbildung am Erziehungswissenschaftlichen Institut der Universität inne. Sie hat eine theologisch-religionspädagogische Ausbildung genossen und verfügt nicht über eine Promotion. Um diese Einseitigkeit zugunsten einer theologischen Ausbildung ein Stück weit zu beheben, hat das Religionswissenschaftliche Seminar Zürich fachdidaktische Lehrveranstaltungen eingerichtet, welche die Studierenden im Wahlpflichtbereich der Gymnasiallehrer*innenausbildung oder während des Religionswissenschaftsstudiums besuchen können. Das Religionswissenschaftliche Seminar schafft damit für die Lehramtsstudierenden die Möglichkeit, neben der verpflichtenden theologischen auch eine religionswissenschaftliche Fachdidaktik kennenzulernen und sich für die Erteilung eines religionskundlich ausgerichteten Unterrichts zu qualifizieren.

Curriculare Vorgaben

Im Folgenden soll der „Lehrplan 21" im Zentrum stehen, der in den deutschsprachigen Kantonen beziehungsweise Kantonsteilen eingesetzt wird.

---

11 Zur Ausbildung vgl. FI 2020.

Zur Entstehung des Lehrplans 21

Der vereinheitlichte „Lehrplan 21" für die deutschsprachigen Volksschulen wurde im Oktober 2014 von der Deutschschweizer Erziehungsdirektoren-Konferenz (D-EDK) freigegeben. Der Lehrplan orientiert sich nicht wie frühere kantonale Lehrpläne an Inhalten, sondern an *Kompetenzen*, das heißt die Lernziele werden als „Wissen *und* Können" formuliert.

Die neue sprachregionale Vereinheitlichung der Lehrpläne wurde von den Erziehungsdirektor*innen der Kantone in Auftrag gegeben. Die bestehenden Lehrpläne werden von den kantonalen Erziehungsdirektionen verantwortet. Bei den Lehrplänen aller Schulfächer haben – wie das in der Schweiz üblich ist – die jeweiligen Fachdidaktiker*innen der Pädagogischen Hochschulen sowie ausgewählte Lehrpersonen mitgearbeitet. Für das Fach „Ethik, Religionen, Gemeinschaft" (ERG) im deutschsprachigen „Lehrplan 21" waren die theologisch ausgebildeten Fachdidaktiker Johannes Rudolf Kilchsperger von der Pädagogischen Hochschule Zürich sowie Dominik Helbling von der Pädagogischen Hochschule Luzern zuständig. Im Team, das den Lehrplan gegengelesen und überarbeitet hatte, war auch die Religionswissenschaftlerin und Fachdidaktikerin Petra Bleisch von der Pädagogischen Hochschule Fribourg. Während der Konsultationsphase zum provisorischen Entwurf im Jahr 2013/2014 melden sich aber weit mehr akademische Akteur*innen sowie Interessenvertreter*innen zu Wort: Die Schweizerische Gesellschaft für Religionswissenschaft SGR hatte in ihrer Stellungnahme auf strukturelle Probleme aufmerksam gemacht[12] und etliche religionswissenschaftliche Formulierungsänderungen vorgeschlagen (SGR 2013).

Positioniert hatte sich aber auch eine beruflich vorwiegend in Deutschland sozialisierte Gruppe von evangelischen und katholischen Religionspädagog*innen verschiedener Hochschulen. Diese Gruppe wehrte sich dagegen, dass Religionswissenschaft alleinige Bezugsdisziplin sein soll und betonte die Wichtigkeit der (christlichen) Theologie.[13] Auch etliche Kantone äußerten sich im Sinne einer „christlichen Werteerziehung".[14] Angesichts dieser machtpolitischen Gemengelage ist es nicht verwunderlich, dass die Kompetenzformulierungen an etlichen Stellen religionswissenschaftliche *und* theologische Lesarten zulassen. Das Gelingen beziehungsweise Nicht-Gelingen dieses neuen obligatorischen Teilfachs „Religionen" ist im Wesentlichen von den Lernzielen und entsprechenden Kompetenzformulierungen im „Lehrplan 21" ab-

---

[12] Die SGR würde „Religionen" im Fachbereich Räume, Zeiten, Gesellschaft verorten (zusammen mit Geschichte und Geografie) statt im Verbund mit Ethik und Gemeinschaft.
[13] Die Gruppe verlangte im obligatorischen Schulfach ERG eine „Sensibilisierung (für Religion und die existenzielle religiöse Dimension des Lebens); Orientierung (in einer Vielfalt religiöser Angebote und in ethischen Handlungsmaximen, die sich religiös begründen); Vermittlung (sowohl von religiösem Wissen als auch von religiösen Erfahrungen)" (Cebulj et al. 2014).
[14] Zur Rezeption der konträren Positionen vgl. die Auswertung der Konsultation zum „Lehrplan 21" (D-EDK 2014).

hängig. Sollte es in Zukunft zu Gesuchen um Abmeldung vom ERG-Unterricht kommen, die vor ein Kantons- oder das Bundesgericht gelangen, ist zu hoffen, dass Jurist*innen und Expert*innen die vielen christlich-theologisch und religionsphänomenologisch interpretierbaren Kompetenzformulierungen beanstanden.[15] Für die Gymnasien beziehungsweise Maturitätsschulen besteht ein mittlerweile etwas veralteter gesamtschweizerischer Rahmenlehrplan aus dem Jahr 1994. Das Fach zum Thema „Religion" wird dort als „Religionslehre" bezeichnet und enthält sowohl theologische als auch religionswissenschaftliche Anteile. Die jeweiligen Kantone, manchmal auch die Gymnasien selbst, sind aufgefordert, auf der Basis dieses Rahmenlehrplans ihre eigenen konkreten Lehrpläne zu formulieren. Diese werden zurzeit laufend neu gestaltet beziehungsweise modifiziert, da eine Entwicklung in Richtung eines Obligatoriums und damit auch des „Lehrplans 21" diskutiert wird.

Bildungsauftrag und Legitimation des obligatorischen Teilfachs „Religionen"

Im „Lehrplan 21" findet sich keine explizite Legitimierung des Faches „Ethik, Religionen, Gemeinschaft". Eine solche Legitimation findet sich auch nicht im Hinblick auf andere Fächer. Hingegen wird im „Lehrplan 21" auf den Allgemeinen Bildungsauftrag der öffentlichen Schule und auf die „Interkantonale Vereinbarung zur Harmonisierung der obligatorischen Schulen der Schweiz" (HarmoS), Art. 1 bis 3 Bezug genommen (Lehrplan 21, 2014, 20). Darin werden allgemeine Ziele, grundlegende Kenntnisse und Kompetenzen wie lebenslanges Lernen, Persönlichkeitsentwicklung und soziale Fähigkeiten angesprochen. Zentral geht es aber auch um eine fachliche Ausbildung, die den Zugang zu weiterführenden Schulen und Berufslehren ermöglicht. Schulfächer werden nur teilweise konkret genannt; das Fach „Religionen" lässt sich unter den übergeordneten und explizit genannten Bereich der Sozial- und Naturwissenschaften subsumieren.

Im Abschnitt „Orientierung der Volksschule" (Lehrplan 21, 2014, 20) werden die Bundesverfassung sowie Volksschulgesetze erwähnt. Dabei taucht in einem allgemein gehaltenen Teil zum ersten Mal ein religiöser Begriff auf: Die Bildungsbeauftragten sollen von „christlichen, humanistischen und demokratischen Wertvorstellungen" ausgehen. Im nächsten Absatz wird ein Widerspruch oder zumindest eine Spannung sichtbar: „Sie [die Schule] ist in Bezug auf Politik, Religionen und Konfessionen neut-

---

[15] Für die zu erwartenden juristischen Klagen gegen das Obligatorium sind zwar Lernarrangements und Äußerungen der Lehrperson gegenüber den Schüler*innen in der Regel Anlass für die Beschwerde vonseiten der Eltern. Für das Bundesgericht ist jedoch der Lehrplan selbst Richtschnur bei einem Entscheid für oder gegen das Obligatorium (vgl. Landert, Stamm und Trachsel 1998). Die „kulturchristlich" sowie allgemein-religiös formulierten oder lesbaren Lernziele könnten deshalb zum Stolperstein eines Obligatoriums werden.

ral." (Lehrplan 21, 2014, 20) Angesichts der religiösen und weltanschaulichen Pluralität der Schweizer Gesellschaft und der hier bekräftigten religiösen Neutralität des Staates ist die Referenz auf „christliche Werte" befremdend. Dieser Bezug wird im zweiten Absatz und in den weiteren Absätzen gewissermaßen neutralisiert, wenn die Chancengleichheit, die Nicht-Diskriminierung, soziale Gerechtigkeit, Demokratie und Umweltschutz betont werden.

Im Abschnitt „Fachbereiche" (Lehrplan 21, 2014, 21–22) wird im Bereich „Natur, Mensch, Gesellschaft" (NMG), zu dem auch das Fach „Ethik, Religionen, Gemeinschaft" (ERG) gehört, zum ersten Mal „Religion" thematisiert. Dort heißt es, dass sich die Schüler*innen „mit der Welt in ihren natürlichen, technischen, historischen, kulturellen, sozialen, ökonomischen, ethischen und religiösen Dimensionen" auseinandersetzen sollen (Lehrplan 21, 2014, 21). Diese Gleichsetzung von religiösen mit anderen Dimensionen zeugt nicht vom Problembewusstsein, dass „Religion" auf zwei grundsätzlich verschiedene Arten vermittelt werden kann (religiös oder religionskundlich) und diese unterschiedlichen Vermittlungen auch in der Unterrichtspraxis zu beobachten sind (vgl. Landert, Brägger und Frank 2012).

Im Lehrplanabschnitt, der die Kompetenzen für die Fächer einleitet, zeigt sich zudem die Schwierigkeit, die Teile Ethik, Gemeinschaft und Religionen in einem Fach zu vereinen:

> In der Perspektive Ethik, Religionen, Gemeinschaft entwickeln Schülerinnen und Schüler Kompetenzen für das Leben mit verschiedenen Kulturen, Religionen, Weltanschauungen und Werteeinstellungen. In einer pluralistischen und demokratischen Gesellschaft gilt es, eine eigene Identität zu finden, Toleranz zu üben und zu einem respektvollen Zusammenleben beizutragen. Dazu denken Schülerinnen und Schüler über menschliche Grunderfahrungen nach und gewinnen ein Verständnis für Wertvorstellungen und ethische Grundsätze. Sie begegnen religiösen Traditionen und Vorstellungen und lernen mit weltanschaulicher Vielfalt und kulturellem Erbe respektvoll und selbstbewusst umzugehen. Dies trägt zur Toleranz und Anerkennung von religiösen und säkularen Lebensweisen und damit zur Glaubens- und Gewissensfreiheit in der demokratischen Gesellschaft bei. Es handelt sich dabei um einen Unterricht über Religionen, nicht um Unterweisung in einer Religion. Diese ist Sache der Eltern sowie der Kirchen und Glaubensgemeinschaften. (Lehrplan 21, 2014, 252)

Während bei den konkreten Kompetenzformulierungen Ethik, Gemeinschaft und Religionen keine Vermischung der Lernziele stattfindet, ist in den einleitenden Teilen immer wieder eine Verbindung festzustellen. Der oben zitierte Abschnitt kann so gelesen werden, dass es im Teil „Religionen" um die Findung der eigenen Identität sowie um menschliche Grunderfahrungen geht, welche die Schüler*innen betreffen. Zwar gehe es nicht um die Unterweisung in einer *bestimmten* Religion (dogmatische Rahmungen von Religion), jedoch lässt sich die Formulierung durchaus im Sinne lebensweltlicher Rahmungen von Religion[16] interpretieren. Diese

---

[16] Vgl. Frank 2010: Im religionsbezogenen Unterricht lassen sich neben dogmatischen und kulturkundlichen Rahmungen von Religion sowie religiösen Narrativen auch schüler*innen- oder mensch-

hier mögliche Lesart begünstigt ein hohes Identifikationspotential mit religiösen Unterrichtsgegenständen und damit einhergehend persönliche Religiositätskonstruktionen bei den Lernenden.

Bezugswissenschaft und Bezugsdidaktik im Lehrplan 21

Bezugswissenschaften für das Fach „Religionen" werden – wie für andere Fächer auch – weder in den alten kantonalen noch in den neuen sprachregional vereinheitlichten Lehrplänen der Volksschule oder den Lehrplänen der Gymnasien genannt. Welche akademische Disziplin die wissenschaftliche Referenz für ein Fach bietet, geht vielmehr aus den für die Ausbildung herbeigezogenen fachwissenschaftlichen Hochschuldisziplinen hervor. Für das schulische Fach „Religionen" (zunächst „Religion und Kultur", heute „Religionen, Kulturen") hat sich in den vergangenen 15 Jahren im Kanton Zürich die Religionswissenschaft als Bezugsdisziplin etabliert.

In der Fachdidaktik der Pädagogischen Hochschulen der Schweiz bezieht man sich auf die „Religionskunde-Didaktik", da Fachdidaktiker*innen den Begriff „Religionswissenschaft" oder „Religionswissenschaftliche Fachdidaktik" als zu akademisch und zu forschungsorientiert betrachten. Zudem können sich die an den Pädagogischen Hochschulen tätigen Theolog*innen eher mit dem Begriff „Religionskunde/Religionskunde-Didaktik" anfreunden als mit dem Begriff „Religionswissenschaft/Religionswissenschaftliche Fachdidaktik". Auch in religionswissenschaftlichen Kreisen, die sich derzeit mit dem Thema „Religion in der Schule" befassen, wird für die Volksschule der Begriff „Religionskunde" gegenüber „Religionswissenschaft" aus wissenschaftlichen,[17] aber auch aus politischen und pragmatischen Gründen vorgezogen (vgl. Bleisch et al. 2015).[18] Im „Lehrplan 21" ist die Religionskunde jedoch nur an einer einzigen Stelle erwähnt, in der es um „Religionen" im Fach ERG im Zyklus 3 geht:

> Die Unterscheidung von Glauben und Wissen ist für die westliche Kultur eine zentrale Bildungsfrage. Kompetent mit ihr umzugehen, heißt nicht sie abschließend zu lösen, vielmehr die Spannung von Glauben und Wissen als von kulturell grundlegender Bedeutung für das Ver-

---

heitsbezogene lebensweltliche Rahmungen von Religion beobachten, bei denen die Schüler*innen religiöse Elemente auf die eigene (religiöse) Lebenswelt beziehen sollen.

17 „Religionskunde" verfolgt denselben Zugang zu Religion wie die Religionswissenschaft. Sie bedient sich der Forschungserkenntnisse und der Sprache der Religionswissenschaft und bezieht sich auf Untersuchungen der Religionswissenschaft. Allerdings bringt „Religionskunde keine *neuen* Erkenntnisse bzw. Theorien hervor, wie das die Religionswissenschaft macht" (vgl. Frank 2010, 2016).

18 Was hingegen nur noch in theologisch-religionspädagogischen Kreisen vertreten wird, ist ein Begriff von Religionskunde als „rein informierendem Unterricht über Religionen". Diese Sicht entspricht schon lange nicht mehr demjenigen Begriff, den Religionswissenschaftler*innen an Pädagogischen Hochschulen und Universitäten vertreten.

ständnis von Wissenschaft und Religion zu betrachten. *Religionskunde* [Hervorhebung KF] kann dazu beitragen, diesen Perspektivenwechsel zu beachten. (Lehrplan 21, 2014, 270)

Aus fachdidaktischer Sicht ist die Erwähnung von „Religionskunde" ohne eine differenzierte Ausführung, was unter diesem Begriff zu verstehen ist, wenig hilfreich. Die „Unterscheidung von Glauben und Wissen" und die implizite Zuordnung von „Wissen" zur Religionskunde sind religionswissenschaftlich gesehen prekär, denn sowohl „Glauben" als auch „Wissen" können als religiöse Dimensionen betrachtet werden (vgl. Glock 1969).[19] Dieses nicht-wissenschaftliche Verständnis von „Glauben" und „Wissen", wie es hier dargelegt ist, zeigt sich im „Lehrplan 21" vor allem in Kompetenzformulierungen, bei denen die Schüler*innen religiöses Wissen aneignen, das heißt etwa Lehren, Mythen der religiösen Traditionen wiedergeben können müssen, ohne diese zu kontextualisieren. Hier besteht kein Unterschied zu den Zielen eines konfessionellen Unterrichts. Aus diesem Grund ist die Forderung, zwischen „Glauben" und „Wissen" zu unterscheiden, kontraproduktiv; vielmehr müsste zwischen „religiösem Wissen" und „religionskundlichem Wissen" differenziert werden (Frank 2013; 2015).

Religionskonzeption im Lehrplan 21

Das Religionsverständnis wird im „Lehrplan 21" nicht expliziert. Implizit findet sich zunächst ein Verständnis von „Religion als Kultur". So sollen die Schüler*innen „Spuren und Einfluss von Religionen in Kultur und Gesellschaft erkennen" (Lehrplan 21, 2014, 366). Dabei geht aus dem Kompetenzaufbau hervor, dass der Blick für den religiösen Aspekt von Kultur geschärft werden soll und insbesondere christliche (und gegebenenfalls jüdische) Spuren entdeckt werden sollen. Religionen werden oft auf derselben Ebene gesehen wie Kulturen. Damit werden Religionen mit demselben Zugang vermittelt wie Kulturen. Das kann jedoch problematisch sein: Während bei „nicht-religiösen Kulturen" schülerbezogen-lebensweltliche Rahmungen (Frank 2010) möglich sind, beispielsweise durch Fragen wie „Welches Fest hast Du am liebsten?", konstruieren Lehrpersonen mittels schülerbezogen-lebensweltlichen Rahmungen *von Religion* Religiosität bei den Schüler*innen, beispielsweise mit Fragen wie „Welches religiöse Fest magst Du am liebsten?". Um letztere Frage zu beantworten, müssen Schüler*innen, die nicht-religiös aufwachsen und nicht religiös werden wollen, sich mit religiösen Festen in einem identifikatorischen Sinn auseinandersetzen. Es wird der Eindruck vermittelt, dass nicht nur alle Menschen eine Kultur (oder mehrere) haben, sondern auch eine Religion, dass Religiös-Sein etwas grundsätzlich Menschliches, also eine anthropologische Konstante darstellt.

---

19 Beide Dimensionen fließen, zusammen mit weiteren religiösen Dimensionen, jeweils operationalisiert als Fragen in quantitative empirische Studien zur Religiosität von Individuen ein.

„Religion" ist im „Lehrplan 21" weitgehend positiv konnotiert: Das Wohlwollen gegenüber Menschen, die religiös leben, wird betont. An etlichen Stellen wird „Respekt" gegenüber Religionen und Religionsangehörigen angemahnt (Lehrplan 21, 2014, 58, 252, 262). Konflikte, die (auch) durch die Beteiligung von Akteur*innen mit religiösen Argumenten und Zielsetzungen entstehen, werden im Teil „Religionen" kaum erwähnt – mit einer Ausnahme: in ERG 3.2 b (Lehrplan 21, 2014, 366) sollen neben positiven auch negative Wirkungen von Religion eingeschätzt werden. Konflikte als Thema sind in vielen anderen (Teil-)Fächern jedoch omnipräsent. Sichtweisen, die von manchen religiösen Weltanschauungen befördert werden, beispielsweise die Nicht-Akzeptanz von Homosexualität oder die Nicht-Gleichbehandlung von Geschlechtern (vgl. Monnot 2011), und die dem ethischen Konsens in der Schweiz und den Grundrechten entgegenstehen, bleiben unerwähnt. Hingegen sollen die Schüler*innen negative Zuschreibungen oder diskriminierende Aktivitäten gegenüber Religionsangehörigen aufzeigen (ERG 3.2 c und d, Lehrplan 21, 2014, 366) und Medienbeiträge zu Religionen hinterfragen können (ERG 3.1 d, Lehrplan 21, 2014, 366).

Einige Stellen des Lehrplans legen nahe, dass sich jeder Mensch mit „Religion" zwecks eigener Persönlichkeitsentwicklung auseinandersetzen soll. So ist ERG 4 (Lehrplan 21, 2014, 367) betitelt mit „Sich mit Religionen und Kulturen auseinandersetzen". Die Akteur*innen von Religion werden in der Regel nicht genannt, wie das bei einer religionswissenschaftlichen Konzeption von Religion der Fall ist (vgl. religionswissenschaftliches Dreieck von Bochinger und Frank 2015b). Damit ist es möglich, dass Lehrpersonen die Schüler*innen selbst als Akteur*innen von Religion betrachten und einsetzen können. Angesichts solcher Religionskonzepte wird ein religiöser Unterricht begünstigt und die gesellschaftlich und juristisch notwendige religionskundliche Ausrichtung des obligatorischen Unterrichts unterlaufen.

Kompetenzen im Lehrplan 21

Im „Lehrplan 21" ist „Religion" Teil der natur-, geistes- und sozialwissenschaftlichen Bildung. Die Zusammenschau der übergeordneten NMG- beziehungsweise ERG-Lernziele zeigt, dass die Teile Ethik und Gemeinschaft (NMG 10, 11; ERG 1, 2, 5) und der Teil Religionen (und Kulturen) (NMG 12 und ERG 3, 4) strikt voneinander getrennt sind. Damit hat sich die im Kanton Zürich bewährte Unterscheidung von „Religionen" einerseits und eine alle Fächer betreffende, als „soziales Lernen" ausgerichtete Ethik auch in den Kompetenzformulierungen des interkantonalen Lehrplans durchgesetzt.

In Zyklus 1 und 2 (Kindergarten und Primarstufe) wird „Religionen" hauptsächlich in NMG 12 „Religionen und Weltsichten begegnen" bearbeitet (Lehrplan 21, 2014, 309). In Zyklus 3 (Sekundarstufe I) gehört „Religionen" ebenfalls zum Bereich NMG, dort wiederum zum Fach „Ethik, Religionen, Gemeinschaft" (ERG) und wird hauptsächlich in ERG 3 „Spuren und Einfluss von Religionen in Kultur und Gesellschaft erkennen" (Lehrplan 21, 2014, 367–369) und ERG 4 „Sich mit Religionen und Weltsichten auseinandersetzen" (Lehrplan 21, 2014, 370–372) bearbeitet.

Im „Lehrplan 21" wird ein Kompetenzmodell dargelegt, das sowohl für alle allgemeinbildenden Fächer aus „Natur, Mensch, Gesellschaft" (NMG) als auch über drei Schulstufen (Zyklus 1–3) angewendet werden soll: „die Welt wahrnehmen", „sich die Welt erschließen", „sich in der Welt orientieren", „in der Welt handeln". Jede dieser Kompetenzen wird erläutert (Lehrplan 21, 2014, 250). Die Gleichsetzung des Kompetenzmodells für „Religionen" mit dem Modell für andere allgemeinbildende Fächer führt zu etlichen Kompetenzformulierungen, die im Sinne der Förderung religiöser Kompetenzen und nicht religionskundlicher Kompetenzen gelesen werden können. Vergleiche mit den Teilfächern Physik, Chemie und Biologie, aber beispielsweise auch Geschichte machen zudem deutlich, dass für den Teil „Religionen" eine mehrdeutige und oft unwissenschaftliche Sprache gewählt wurden.

Thematisch gesehen sollen alle sogenannten „großen Religionen" berücksichtigt werden. Damit richtet sich der Lehrplan am Weltreligionen-Paradigma aus, wobei dem Christentum und hier wiederum der Theologie (grundlegende Lehren und Vorstellungen) ein besonderes Gewicht und eine besondere Bedeutung zukommen (Lehrplan 21, 2014, 270).

Zum Teilfach „Religionen" werden für jeden Zyklus übergeordnete Kompetenzen formuliert (Lehrplan 21, 2014, 309–311, 367–369).[20] Für die Zyklen 1 und 2 (Kindergarten und Primarstufe) sind es folgende Kompetenzen:

NMG. 12 Religionen und Weltsichten begegnen
1. Die Schülerinnen und Schüler können religiöse Spuren in Alltag und Umgebung erkennen und erschließen.
2. Die Schülerinnen und Schüler können Inhalt, Sprachform und Gebrauch religiöser Texte erläutern.
3. Die Schülerinnen und Schüler können religiöse Praxis im lebensweltlichen Kontext erläutern.
4. Die Schülerinnen und Schüler können Festtraditionen charakterisieren.
5. Die Schülerinnen und Schüler können sich in der Vielfalt religiöser Traditionen und Weltanschauungen orientieren und verschiedenen Überzeugungen respektvoll begegnen.

Für Zyklus 3 (Sekundarstufe I) geht es um folgende Kompetenzen:
ERG.3 Spuren und Einfluss von Religionen in Kultur und Gesellschaft erkennen

---

[20] Zu jeder dieser Kompetenzen existieren jeweils noch „Unterkompetenzen", die aufeinander aufbauen und – wie bei anderen Themen auch – mit Beispielen angereichert sind. Aus Platzgründen können sie hier nicht aufgeführt werden.

1. Die Schülerinnen und Schüler können religiöse Motive im Alltag und in kulturellen Werken erkennen und einschätzen, wie Religionen in Medien dargestellt werden.
2. Die Schülerinnen und Schüler können Rolle und Wirkungen von Religionen und Religionsgemeinschaften in gesellschaftlichen Zusammenhängen einschätzen.

ERG. 4 Sich mit Religionen und Weltsichten auseinandersetzen
1. Die Schülerinnen und Schüler können erläutern, wie Texte und Lehren in den Religionen überliefert und verwendet werden.
2. Die Schülerinnen und Schüler können religiöse Praxis im lebensweltlichen Kontext erläutern.
3. Die Schülerinnen und Schüler können Festtraditionen charakterisieren und kulturell einordnen.
4. Die Schülerinnen und Schüler können sich in der Vielfalt religiöser Traditionen und Weltanschauungen orientieren und verschiedenen Überzeugungen respektvoll begegnen.
5. Die Schülerinnen und Schüler können Weltsichten und Weltdeutungen reflektieren.

Die Formulierungen zeigen, wie durch die Einzeichnung des Teilfaches „Religionen" in das oben besprochene übergeordnete NMG-Kompetenzmodell typische Unklarheiten entstehen: Weil meistens keine Akteur*innen genannt sind, können auch die Schüler*innen selbst als solche eingesetzt und auf ihre Religiosität hin angesprochen werden.[21] So ist beispielsweise das Ziel (NMG 12.3), dass die Schüler*innen „religiöse Praxis im lebensweltlichen Kontext erläutern" können sollen, auch so interpretierbar, dass es um die eigenen lebensweltlichen Kontexte der Schüler*innen geht. Das würde bedeuten, dass die Lernenden erläutern sollen, wie sie selbst „religiös handeln", welche religiösen Symbole für ihre eigene Lebenswelt von Bedeutung sind.

Auch die Formulierung in ERG 4.4 legt nahe, dass der Unterricht zum Thema Religion dazu da ist, dass die Lernenden ihren eigenen Weg im vielfältigen Angebot der Religionen finden sollen. Mit einem solchen Unterricht werden die Schüler*innen zu eigenen Religiositätskonstruktionen aufgefordert, was die negative Religionsfreiheit der Schüler*innen beeinträchtigt. Eine Präzisierung bei der Formulierung könnte dieses Ziel eindeutig religionskundlich machen: „Die Schülerinnen und Schüler können religiöse Praxis *im Kontext der Lebenswelt der jeweiligen Religionsangehörigen* erläutern." (NMG 12.3) beziehungsweise „Die Schülerinnen und Schüler können die Viel-

---

[21] Selbst wenn bei einigen Unterkompetenzen die Akteur*innen genannt sind, verbleibt das Wissen und Können im religiösen Bereich: Könnens-Verben wie „begegnen", „erkennen", „beschreiben", „erläutern", aber auch „respektieren" sind keine wissenschaftlichen Fähigkeiten wie „kontextualisieren", „erforschen", „analysieren" oder „systematisieren", wie man sie ganz selbstverständlich in Kompetenzformulierungen anderer Fächer findet.

falt religiöser Traditionen und Weltanschauungen *kontextualisiert und systematisiert wiedergeben*". Damit wäre klar, dass nicht die Schüler*innen selbst die Deutungen religiöser Symbole wie Gebäude, Rituale und so weiter vornehmen oder diese an ihre Lebenswelt anbinden, sondern nach den Interpretationen und Kontexten der Religionsangehörigen fragen sollen.

Ein weiterer Kritikpunkt betrifft die Beobachtung, dass die Kompetenzen oft im religiösen Wissen verbleiben, wie etwa die Formulierung in NMG12.2 zeigt. Auch im religiösen Unterricht sollen Inhalte, Sprachform und der Gebrauch religiöser Texte erläutert werden können: Gleichnisse aus dem Neuen Testament, Schöpfungsgeschichten aus der Tora im Alltag anwenden, Orientierungen für den Alltag aus Koran und Sunna finden. Für die Ziele eines Religionskunde-Unterrichts müssen die Lernenden keine Inhalte religiöser Texte erläutern können. Vielmehr müssen sie wissen, dass dies in der religiösen Erziehung vieler Religionsangehöriger wichtig ist, diese Erläuterungen innerhalb derselben Tradition sehr unterschiedlich erfolgen und auch bei Individuen eine große Vielfalt von Interpretationen auszumachen ist.

Warum solche von der Gesellschaft für Religionswissenschaft (SGR) in ihrer Stellungnahme vorgeschlagenen religionskundlichen Formulierungen nach der Konsultationsphase nicht in den „Lehrplan 21" übernommen wurden, kann nur vermutet und aus mündlichen Diskussionen erschlossen werden: Man wollte einen Konflikt mit den (noch) mehrheitlich theologisch geschulten Lehrkräften und Bildungspolitiker*innen vermeiden und den Lehrplan für Nutzer*innengruppen aus Religionswissenschaft *und* Theologie offen halten. Politisch-strategisch betrachtet mochte das für einen Übergang zu einem rein religionswissenschaftlich orientierten Unterricht sinnvoll sein. So schrieb Petra Bleisch als religionswissenschaftliche Ausbilderin an der Pädagogischen Hochschule Fribourg, dass die Kompetenzformulierungen des „Lehrplans 21" mit einer Religionskunde-Didaktik durchaus kompatibel seien (Bleisch 2015, 134). Dieser pragmatischen Sicht konnte damals durchaus zugestimmt werden. Wie Beobachtungen in der Zwischenzeit jedoch zeigen, finden sich in der Ausbildung sowie in der Unterrichtspraxis im Rückgriff auf solche religiös formulierten Lernziele theologisch-religionsphänomenologische Umsetzungen. Angesichts dieser Entwicklungen ist es meines Erachtens höchst problematisch, die Kompetenzformulierungen im „Lehrplan 21" für theologische und religionsphänomenologische Interpretationen offen zu halten.

Aktuelle Situation und Diskussionen

Wird die aktuelle Situation in der Schweiz in den Blick genommen, muss zwischen Volksschule und Gymnasium unterschieden werden. Wie bereits erwähnt, ist der Prozess der Curriculumskonzeption für die Volksschule abgeschlossen. Diese sprachregional vereinheitlichten Lehrpläne sehen eine politisch zurzeit unbestrittene obligatorische Teilnahme im Teilfach „Religionen" für sämtliche Schüler*innen vor. Der Unterricht soll als „Religionskunde" geführt werden, auch wenn die Lehrpläne und die zur Verfügung stehenden Lehrmedien aus religionswissenschaftlicher Sicht noch nicht eindeutig religionskundlich ausgerichtet sind.

Das Teilfach „Religionen" ist seit dem Schuljahr 2019/2020 mit Ausnahme weniger Kantone in der gesamten Schweiz flächendeckend eingeführt. Wahrscheinlich lässt sich erst in ein paar Jahren sagen, ob die Lehrkräfte den Religionsteil des Fachs ERG tatsächlich durchführen (und nicht nur das Teilfach Ethik/Gemeinschaft) erteilen und welche Erfahrungen sie mit der Vermittlung von „Religionen" machen werden. Auch wird sich erst in ein paar Jahren sagen lassen, wie das Teilfach „Religionen" bei Lernenden und Eltern wahrgenommen wird, ob das Ansinnen eines Obligatoriums definitiv durchsetzbar ist oder ob die beiden sprachregionalen Lehrpläne bezüglich „Religionen" abgeändert werden müssen.

Anders stellt sich die Situation an Gymnasien dar. Hier wird in den kommenden Jahren in Bezug auf das Fach „Religionen" derselbe Prozess erwartet, wie ihn die Volksschule seit bald 20 Jahren kennt: Abmeldungen vom freiwilligen Fach „Religionslehre" in Untergymnasien nehmen weiter zu, ein Obligatorium „Religionen" wird in etlichen Kantonen vorgeschlagen und umgesetzt, der gesamtschweizerische Rahmenlehrplan wird auf der Basis von „Lehrplan 21" überarbeitet werden. Da dieser Prozess noch im Gange ist, formieren sich die Interessengruppen der sich als Bezugsdisziplinen verstehenden universitären Fächer, der Lehrer*innenschaft, die noch weitgehend theologisch orientiert ist, sowie der Ausbilder*innen, die ebenfalls vorwiegend christlich-religionspädagogisch arbeiten.

Die Religionswissenschaft hat voraussichtlich nochmals einen ähnlichen Macht- und Legitimationskampf vor sich, wie dies bei der Volksschule der Fall war und immer noch ist. Da die personellen und finanziellen Ressourcen in der christlichen Theologie viel grösser sind als in der Religionswissenschaft, sind viel Engagement und Freiwilligenarbeit vonseiten der Religionswissenschaft gefordert. Immerhin können die religionswissenschaftlichen Interessenvertreter*innen auf institutionelle Strukturen und wissenschaftliche Arbeiten zurückgreifen, die in den vergangenen 20 Jahren anlässlich des Paradigmenwechsels in der Volksschule eingerichtet und geleistet wurden: Die Unterstützung der Schweizerischen Gesellschaft für Religionswissenschaft (SGR), die Zeitschrift für Religionskunde ZFRK/*Revue de didactique des sciences des religions RDSR* mit vielen wertvollen Artikeln aus Forschung und Entwicklung sowie formelle und informelle Netzwerke religionskundlich tätiger Lehrpersonen und Ausbilder*innen. Schließlich werden auch religionswissenschaftliche Modelle und religionskundliche Lernarrangements an den Ausbildungsstätten vorangetrieben, die sich in den Gymnasien anwenden lassen.

Die breite Akzeptanz des Obligatoriums des Fachs in der Volksschule, aber auch am Gymnasium wird davon abhängen, welches Fachverständnis sich durchsetzt und wie das Fach erteilt wird. Theologisch oder religionsphänomenologisch ausgerichtete und religionswissenschaftlich orientierte Fachdidaktiker*innen sehen die

Lernziele des „Lehrplans 21" beziehungsweise eines obligatorischen Gymnasialunterrichts immer noch unterschiedlich. Ausdruck davon ist die Tatsache, dass in der Schweiz zwei elektronische Medien für Ausbilder*innen und Lehrpersonen existieren: die zwei- beziehungsweise mehrsprachige religionswissenschaftlich orientierte Zeitschrift für Religionskunde ZFRK (Didaktik, Unterricht, Forschung, Religion und Gesellschaft, Rezensionen) und die deutschsprachige christlich-theologische und religionspädagogisch orientierte Website „ethik-religionen-gemeinschaft" (Grundlagen, Ausbildung, Praxis, Medien).

Trotz dieser Differenzen treffen sich die unterschiedlich orientierten Ausbilder*innen jährlich an der Tagung des Fachdidaktikforums „Ethik, Religion und Kultur" und tauschen sich aus.[22]

Anders als in Deutschland ist die schulpolitische Macht der Kirchen in Bezug auf den obligatorischen Unterricht zum Thema „Religionen" in der Schweiz gering, da es kein vergleichbares Recht der Kirchen auf den „Religionsunterricht an der öffentlichen Schule" gibt. Religionswissenschaftlich orientierte Fachdidaktiker*innen können sich daher auf die Entwicklung der religionswissenschaftlich ausgerichteten Religionskunde konzentrieren. Dennoch schreiten fachdidaktische Entwicklungen für die Religionskunde, insbesondere konkrete Unterrichtsvorschläge, nur langsam voran und hinken anderen Fächern des „Lehrplans 21", die sich ebenfalls auf die Kompetenzorientierung einlassen mussten, hinterher. Die Zahl der fachdidaktisch tätigen Religionswissenschaftler*innen, die den Unterricht an vorderster Front prägen und den Paradigmenwechsel vorantreiben können, ist immer noch geringer als die der theologisch ausgebildeten Vertreter*innen. Die Religionswissenschaft ist weiterhin gefordert, ihre Position in verschiedenen Arbeitsbereichen der Religionskunde inhaltlich und die Beteiligung an neuen Entwicklungen personell auszubauen.

Religionswissenschaftliche Einordnung

Der derzeitige Unterricht zum Thema Religion, der im vorliegenden Beitrag im Zentrum steht, ist gemäß den *formalen* Kriterien dieses Handbuchs ein „religionskundlicher Unterricht": Er ist für sämtliche Schüler*innen obligatorisch. Es besteht keine Abmeldemöglichkeit und er findet, wie es für alle anderen allgemeinbildenden Fächer auch üblich ist, im bestehenden weltanschaulich heterogenen Klassenverband statt. Der Unterricht wird von einer Lehrkraft erteilt, die außerdem noch andere Fächer wie beispielsweise Mathematik, Deutsch oder Geschichte unterrichtet. *Inhaltlich* betrachtet muss im Einzelfall, das heißt mit Blick auf Lehrplan, Lehrmittel, Unter-

---

22 Dieses Fachdidaktikforum fungiert als Arbeitsgruppe der Schweizerischen Gesellschaft für Lehrerinnen- und Lehrerbildung (SGL).

richtskonzeptionen und Lehramtsausbildung geprüft werden, inwiefern die in diesem Handbuch vorgegebenen Kriterien für eine „Religionskunde" erfüllt sind. Insgesamt kann gesagt werden, dass sich eine Tendenz in Richtung eines religionskundlichen Unterrichts abzeichnet, jedoch auf didaktischer Ebene noch viel religionswissenschaftliche und auf formaler Ebene, vor allem in Bezug auf den Unterricht an Gymnasien, politische Arbeit geleistet werden muss, um die Religionsvermittlung an den öffentlichen Schulen als religionswissenschaftlich ausgerichtete „Religionskunde" bezeichnen zu können.

Bibliografie

Bischof, Franz Xaver. 2019. „Kulturkampf, Art." *Historisches Lexikon der Schweiz HLS*.
Bleisch, Petra. 2015. „'Religion(en)' im Lehrplan 21. Religionswissenschaftliche Betrachtungen und religionskundedidaktische Folgerungen." *Zeitschrift für Religionskunde ZFRK/RDSR* 1:128–136.
Bleisch, Petra, Séverine Desponds, Nicole Durisch Gauthier und Katharina Frank. 2015. „Zeitschrift für Religionskunde: Begriffe, Konzepte, Programmatik/Revue de didactique des sciences des religions: notions, concepts, intentions". *Zeitschrift für Religionskunde/Revue de didactique des sciences des religions ZFRK/RDSR* 1:9–21.
Bochinger, Christoph. 2012. „Religionen, Staat und Gesellschaft. Weiterführende Überlegungen." In *Religionen, Staat und Gesellschaft. Die Schweiz zwischen Säkularisierung und religiöser Vielfalt*, hg. v. Christoph Bochinger, 209–241. Zürich: NZZ-Verlag.
Bochinger, Christoph und Katharina Frank. 2015a. „Religion, Spiritualität und Säkularität in der Schweiz". In *Handbuch Sozialwesen Schweiz*, hg. v. Anna Maria Riedi, Michael Zwilling, Marcel Meier Kressig, Petra Benz Bartoletta und Doris Aebi Zindel, 201–213. Bern: Haupt Verlag.
Bochinger, Christoph und Katharina Frank. 2015b. „Das religionswissenschaftliche Dreieck. Elemente eines integrativen Religionskonzepts." *Zeitschrift für Religionswissenschaft* 23 (2):343–370.
Bundesamt für Statistik. 2019. Religionen. Entwicklung der Religionslandschaft. Religionszugehörigkeit 2015–2017.
Cebulj, Christian, Monika Jakobs, Andreas Kessler, Salvatore Loiero, Isabelle Noth und Thomas Schlag. 2014. Bildung braucht Religion. Religionspädagogische Stellungnahme zum Lehrplan 21.
D-EDK Deutschschweizer Erziehungsdirektoren-Konferenz. 2014. „Auswertung der Konsultation zum Lehrplan 21."
EDK Schweizerische Konferenz der kantonalen Erziehungsdirektoren. 2017. „Bildungssystem Schweiz".
Fachwegleitung. 2017. „Fachwegleitung „Religionen, Kulturen, Ethik." Pädagogische Hochschule Zürich.
FI. 2020. „Fachwissenschaftliche Information. Unterrichtsfach Religion." Universität Zürich. Institut für Erziehungswissenschaft.
Frank, Katharina. 2010. Schulischer Religionsunterricht. Eine religionswissenschaftlich-soziologische Untersuchung. Stuttgart: Kohlhammer.
Frank, Katharina. 2013. „Wie implementiert man einen religionskundlichen Unterricht? Analysen und Entwicklungen." In *Religionspädagogik zwischen religionswissenschaftlichen Ansprüchen*

und pädagogischen Erwartungen, hg. v. Tilman Hannemann, Arendt Hindriksen, Eva-Maria Kenngott und Gritt Klinkhammer, 61–103. Bremen: Universität Bremen.

Frank, Katharina. 2015. „Vermittlung und Rezeption von religiösem und säkularem Wissen im schulischen Religionsunterricht." *Zeitschrift für Religionskunde/ Revue de didactique des sciences des religions ZFRK/RDSR* 1:43–61.

Frank, Katharina. 2016. „Skizze eines religionswissenschaftlichen Kompetenzmodells für die Religionskunde." *Zeitschrift für Religionskunde/ Revue de didactique des sciences des religions ZFRK/RDSR* 3:19–33.

Glock, Charles Y. 1969. „Über die Dimensionen der Religiosität." In *Religion und Gesellschaft. Einführung in die Religionssoziologie I*, hg. v. Joachim Matthes, 150–168. Reinbek bei Hamburg: Rowohlt.

Hafner, Felix, Adrian Loretan und Alexandrea Schwank. 2000. „Schweizerische Rahmenbedingungen des Religionsunterrichts." In *Religionsunterricht an der öffentlichen Schule. Orientierungen und Entscheidungshilfen zum Religionsunterricht*, hg. v. Helga Kohler-Spiegel und Adrian Loretan, 55–81. Zürich: NZZ Buchverlag.

Jödicke, Ansgar und Andrea Rota. 2010. Unterricht zum Thema Religion an der öffentlichen Schule.

Kley, Andreas. 2008. „Wie neutral ist die Rechtsprechung des Schweizerischen Bundesgerichts in Glaubens- und Weltanschauungsfragen?". In *Religiöse Neutralität. Ein Rechtsprinzip in der multireligiösen Gesellschaft*, hg. v. René Pahud de Mortanges, 65–104. Zürich/Basel/Genf: Schulthess.

Landert, Charles, Margrit Stamm und Ernst Trachsler. 1998. Die Erprobungsfassung des Lehrplans für die Volksschule des Kantons Zürich: Bericht über die externe wissenschaftliche Evaluation. Teil I Synthese und Teil II Materialien. Zürich: Bildungsdirektion des Kantons Zürich.

Landert, Charles, Martina Brägger und Katharina Frank, unter Mitarbeit von Ansgar Jödicke. 2012. Neues Unterrichtsfach „Religion und Kultur". Bericht über die Evaluation der Einführungsphase. Zürich.

Lehrplan 21. 2014. Deutschschweizer Erziehungsdirektoren-Konferenz (D-EDK).

Mader, Luzius und Marc Schinzel. 2012. „Religion in der Öffentlichkeit." In *Religionen, Staat und Gesellschaft. Die Schweiz zwischen Säkularisierung und religiöser Vielfalt*, hg. v. Christoph Bochinger, 109–143. Zürich: NZZ-Verlag.

Monnot, Christophe. 2011. Pratiquer la religion ensemble. Analyse des paroisses et des communautés religieuses en Suisse dans une perspective de sociologie des organisations. Thèse de doctorat. Université de Lausanne.

Plan d'études romand. 2005. Conférence intercantonal de l'instruction publique de la Suisse romande et du Tessin (CIIP). Bern.

Rahmenlehrplan der Maturitätsschulen. 1995. Schweizerische Konferenz der kantonalen Erziehungsdirektoren (EDK). Verordnung des Bundesrates/Reglement der EDK über die Anerkennung von gymnasialen Maturitätsausweisen (MAR). Bern.

Rota, Andrea. 2015. Etat des lieux des politiques de l'enseignement religieux en Suisse latine. Réformes institutionnelles et schémas interprétatifs. Lausanne: Infolio.

Rota, Andrea. 2017. La religion à l'école. Négociations autour de la présence publique des communautés religieuses. Genève und Zürich: Seismo.

SB „Das Schweizerische Bildungssystem". 2016. Schweizer Medieninstitut für Bildung und Kultur Genossenschaft.

SGR Schweizerische Gesellschaft für Religionswissenschaft. 2013. „Stellungnahme im Konsultationsverfahren zum Lehrplan 21."

Stolz, Jörg, Judith Könemann, Thomas Englberger, Michael Krüggeler und Mallory Schneuwly Purdie. 2011. Religiosität in der modernen Welt. Bedingungen, Konstruktionen und Wandel. Bern: Schweizerischer Nationalfonds.

Karsten Lehmann
2 Österreich

Österreich kommt im Rahmen des vorliegenden Handbuches eine Sonderstellung zu.[1] Während Ethikunterricht (beziehungsweise andere Formen eines dezidert religionskundlichen Unterrichts) in den meisten deutschen Bundesländern bereits institutionell fest verankert ist, besitzen die Debatten in Österreich gerade jetzt eine besondere Dynamik. Erst Ende des Jahres 2020 wurde das Fach ‚Ethikunterricht' gesetzlich implementiert. Eine Ausbildung für Lehrkräfte sowie curriculare Vorgaben sind zwar bereits vorhanden. Sie sollen in den kommenden Jahren aber maßgeblich modifiziert werden (Bundesministerium Bildung, Wissenschaft und Forschung 2020).

Dies unterstreicht zum einen Österreichs eigenständige Tradition der schulischen Beschäftigung mit Religion, welche die Debatten im Rahmen des Sammelbandes um eine weitere Diskussion erweitern kann. Zum anderen lassen sich gerade dadurch, dass die Debatten um Ethikunterricht und Religionskunde in Österreich zum gegenwärtigen Zeitpunkt besonders intensiv geführt werden, besondere Erkenntnisse für die Diskussionen des Sammelbandes erhalten. Systematische und organisatorische Spezifika sind in solchen Umbruchphasen besonders gut zu greifen.

Beides soll nun weiter expliziert werden. Hierzu folgen die Ausführungen einem Zugang, der die aktuellen religionswissenschaftlichen Analysen des Verhältnisses von Religion und Politik besonders betont (Jödicke 2013; Grümme 2009). Dementsprechend werden vor allem zwei Punkte hervorgehoben: Einerseits soll dahingehend argumentiert werden, dass die Diskussionen um den Ethikunterricht in Österreich maßgeblich von der Position des traditionellen Religionsunterrichts geprägt sind, die zu Beginn des 20. Jahrhunderts ausgehandelt wurde. Andererseits werden die weiteren Ausführungen das Augenmerk auf die unterschiedlichen Akteur*innen richten, welche die aktuellen Beziehungen zwischen Religion und Politik in Österreich prägen und damit auch die Debatten um das Modell des Ethikunterrichts beziehungsweise der Religionskunde bestimmen (Krobath u. a. 2013 und 2019).

---

[1] Der Artikel dokumentiert die Situation vom Anfang 2020. Da sich die Debatten um den Ethikunterricht sowie die politische Landschaft in Österreich in den letzten Monaten und Jahren sehr dynamisch und grundlegend verändert haben, hat sich die Situation zum Zeitpunkt der Drucklegung in einzelnen Punkten bereits wieder verändert. Der Autor bedankt sich herzlich bei allen Kolleginnen und Kollegen, die ihm bei den Recherchen zu diesem Artikel unterstützt haben. Besonderer Dank gilt: Prof. Dr. Petra Bleisch Bouzar (Pädagogische Hochschule Fribourg), Dr. Paul Geiß (Arbeitsgemeinschaft Psychologie und Philosophie Wien), Mag. Dr. Paul Tarmann (KPH Wien/Krems) und Prof. Dr. Elisabeth Zissler (KPH Wien/Krems).

Open Access. © 2023 bei den Autorinnen und Autoren, publiziert von De Gruyter. Dieses Werk ist lizenziert unter der Creative Commons Namensnennung - Nicht-kommerziell - Keine Bearbeitungen 4.0 International Lizenz.
https://doi.org/10.1515/9783110694536-026

Geschichte und Entwicklung des aktuellen Modells

Um die besondere Dynamik der österreichischen Debatten um 2020 herauszuarbeiten, bedarf es zunächst einiger konzeptioneller Vorüberlegungen. Erst dann kann man adäquat beschreiben, welche Aspekte der gegenwärtigen Situation in Österreich für den vorliegenden Band von Interesse sind.

Drei Praxisdimensionen von Religionskunde

Die einleitenden Kapitel des Sammelbandes haben bereits auf die konzeptionellen Schwierigkeiten hingewiesen, die sich mit Begriffen wie ‚Religionskunde', ‚Ethikunterricht' oder ‚Ersatzfach' verbinden. Folgt man den Herausgeber*innen und versteht unter Religionskunde zunächst einen Unterricht über Religion und Religionen, der religiös in keiner Weise gebunden oder normiert ist und unter Achtung der Religionsfreiheit für alle Schüler*innen verpflichtend sein kann, dann gilt es mit Blick auf die aktuelle Situation in Österreich drei Praxisdimensionen von Religionskunde zu unterscheiden:

(a) Zunächst kann Religionskunde direkt an die Religionswissenschaft angebunden werden, sodass darunter ein Unterricht verstanden wird, der ausschließlich von religionswissenschaftlichen Konzepten geprägt ist (Frank 2016 und 2017). Bei einer solchen Begriffsbestimmung existiert in Österreich kein religionskundlicher Unterricht. Sowohl in den Ausbildungsgängen wie auch in den curricularen Vorgaben sind zum gegenwärtigen Zeitpunkt kaum Verweise auf die Religionswissenschaft als Referenzwissenschaft für Unterricht zu finden. Die zentrale Referenzwissenschaft ist stattdessen die philosophische Ethik. Religionswissenschaftler*innen sind zwar an der Ausbildung von Lehrer*innen sowie der Herstellung von Lehrmaterialien beteiligt, ihr darüber hinausgehender konzeptioneller Einfluss ist bislang aber vergleichsweise gering (Reiss/Wurzrainer 2021).

(b) Folgt man dagegen einem weiteren Konzept von Religionskunde, das die vielfältigen Formen von religiös nicht gebundener oder normierter Unterrichtspraxis über Religion umfasst, so legen aktuelle Studien nahe, dass in Österreich durchaus Lehrangebote mit religionskundlichen Komponenten existieren – nicht zuletzt in den unterschiedlichen Religionsunterrichten (Klutz 2015 und Strutzenberger-Reiter 2016). Vor allem zwei aktuelle Entwicklungen lassen sich in diese Richtung lesen: Zum einen wird von Seiten der christlichen Minderheitenkirchen seit bald zehn Jahren ein Modell des sogenannten dialogisch-konfessionellen Religionsunterrichts (dk:RU) erprobt. Zum anderen gibt es einzelne Versuche von Begegnungslernen im Religionsunterricht. Beide Unterrichtsformate umfassen religionskundliche Komponenten, die über den traditionellen Religionsunterricht hinausgehen (Abuzahra / Garcia Sobreira-Majer 2014; Lindner 2017).

(c) Eine dritte Dimension des Begriffs fokussiert auf die weiteren gesellschaftlichen Diskurse, in denen das Konzept der Religionskunde gegenwärtig ausgehandelt wird. Was Österreich angeht, so richtet diese Lesart des Begriffs das Augenmerk auf die Diskussionen um die Einführung des Faches ‚Ethik' an allgemeinbildenden Schulen. Diese Diskussionen setzen in Österreich spätestens in den 1990er Jahren ein und haben in den letzten Jahren an besonderer Dynamik gewonnen. Im Jahr 2020 wurde Ethikunterricht als sogenanntes ‚Ersatzfach' an den allgemeinbildenden höheren Schulen (AHS) und den Berufsbildenden mittleren und höheren Schulen (BMHS) eingeführt und 2021 entsprechende Durchführungsrichtlinien erlassen. Die folgenden Überlegungen richten das Augenmerk primär auf die letztgenannte Dimension von Religionskunde.

Modellversuch Ethikunterricht (seit den 1990er Jahren)

Die Diskussionen um die Einführung eines Schulfaches Ethik gehen in Österreich – ähnlich wie in Deutschland – bis in die 1970er Jahre zurück. In Österreich kam es zu dieser Zeit zu einer Annäherung zwischen der damals regierenden Sozialdemokratischen Partei Österreichs (in der Person von Bundeskanzler Bruno Kreisky) und der katholischen Kirche (in der Person von Kardinal Franz König) (Rathkolb 2016, bes. S. 544–557; Vocelka 2002). Dies führte zu einer Abschwächung der SPÖ-Kritik am Religionsunterricht und eröffnete Raum für weiterführende Diskussionen um die Vermittlung von Religion an Schule.

In den folgenden zwei Dekaden hat diese neue Situation unter anderem dazu geführt, dass im Jahr 1997 erste österreichische Schulversuche zum Ethikunterricht begonnen wurden (Auer 2002). Diese Schulversuche sind zumeist aus lokalen Initiativen entstanden. Lehrer*innen hatten – in Kooperation mit den jeweiligen Schulleitungen – Curricula entwickelt und diese umgesetzt.[2] Dabei konnte man im Anschluss an Manfred Göllner (Göllner 2002, 252) idealtypisch drei unterschiedliche Modelle von Ethikunterricht unterscheiden:
– moralisch handlungsorientierte Modelle (Vorarlberg, Tirol)
– ethisch-reflexive Modelle (Oberösterreich, Salzburg)
– lebenskundlich-hermeneutische Modelle (Wien)

---

[2] Mit Blick auf die Diskussionen des vorliegenden Sammelbandes ist dabei noch auf zwei strukturelle Besonderheiten des österreichischen Schulsystems hinzuweisen. Im Unterschied zur Situation in Deutschland und der Schweiz sind die staatlichen Höheren Schulen in Österreich dem Bundesministerium für Bildung unterstellt. Daneben existiert ein vergleichsweise starker privater Schulsektor, der seit dem zweiten Weltkrieg weitgehend von religiösen Trägern geprägt ist (Engelbrecht 2015, bes.: S. 190–245).

In diese Zeit erster formaler Schulversuche fallen auch die ersten systematischen Evaluationen des Ethikunterrichts, die 1998/1999 durch den Salzburger Religionspädagogen Anton A. Bucher durchgeführt worden sind (Bucher 2014). Auf der Basis von Umfragen kam Bucher zu dem Ergebnis, dass die Modellversuche zum Ethikunterricht von Lehrer- und Schüler*innen in der Mehrzahl als erfolgreich angesehen wurden. Der Ethikunterricht sei von der Mehrheit der Schüler*innen akzeptiert worden und habe „nachweislich das Ausmaß an ethischem Relativismus und ausländerfeindlichen Stereotype [sic] reduziert und sittliche Handlungsbereitschaft (geringfügig) erhöht." (Bucher o. J., Ethikunterricht in Österreich. Kurzzusammenfassung).

Eine Dekade später gewannen die Diskussionen um den Ethikunterricht erneut an Dynamik. Im Jahr 2009 sprach sich die Österreichische Bischofskonferenz in einer Pressemitteilung nach intensiven Diskussionen für den „Ethikunterricht als Ersatzfach" aus (Österreichische Bischofskonferenz 2009). Außerdem wurde im Jahr 2011 eine Enquete des Nationalrats zum Thema Ethikunterricht durchgeführt (Parlament der Republik Österreich). Schließlich setzte sich die Initiative „Ethik für ALLE" in den Jahren 2013 und 2019 für ein Volksbegehren zum „Ethikunterricht für Alle" ein (Verein Ethik für Alle). In diesem Rahmen führte Anton Bucher 2013 erneute eine Evaluation zum Ethikunterricht durch, welche weitgehend die Ergebnisse von 1998/1999 replizierte (Bucher 2014, 73–90).

Im Jahr 2020 zählte das Bundesministerium Bildung Wissenschaft und Forschung an insgesamt 233 Allgemeinbildenden Höheren Schulen (AHS) sowie Berufsbildenden Mittleren und Höheren Schulen (BMHS) Schulversuche zum Ethikunterricht (Bundesministerium Bildung, Wissenschaft und Forschung 2020). Außerdem wurde von Bildungsminister Heinz Faßmann (ÖVP) 2019 der politische Wille geäußert, Ethikunterricht zunächst in der Sekundarstufe verpflichtend als Ersatzfach einzuführen. Im Kontext einer Podiumsdiskussion auf dem ersten „Tag der ReligionslehrerInnen" der Erzdiözese Wien bezeichnete Faßmann den Ethikunterricht Anfang 2019 als „Alternative zum Kaffeehaus":

> Bildungsminister Heinz Faßmann räumt dem konfessionellen Religionsunterricht einen fixen Platz in Österreichs Bildungslandschaft und an Schulen ein. Es sei notwendig, der Gesellschaft eine ethische Fundierung zu geben und Glaubensgrundsätze weiterzuvermitteln, sagte Faßmann am Mittwoch, 26. September 2018 beim ersten „Tag der ReligionslehrerInnen". [. . .] Ein Konkurrenzprojekt zum Religionsunterricht wolle er damit aber sicher nicht etablieren, sondern „eine Alternative zum Kaffeehaus". „Ich will das nicht gegeneinander ausspielen, sondern verstehe es als eine komplementäre Ergänzung", so Faßmann (Erzdiözese Wien 2018).

Der hier angesprochene Gedanke, dass sich Religions- und Ethikunterricht nicht widersprechen dürften, prägt die Diskussionen um die Ausbildung von Lehrkräften und die curricularen Vorgaben zum Ethikunterricht auch nach dem Inkrafttreten des Gesetzes von 2020. Die dadurch geschaffene Rechtslage wird im folgenden Abschnitt skizziert.

Rahmenbedingungen

Für das Verständnis der rechtlichen Rahmenbedingungen gilt es Anfang 2020 zwei Aspekte besonders zu berücksichtigen: Zum einen beeinflussen die traditionelle Rolle der katholischen Kirche sowie der aktuelle demographische Wandel (etwa in Bezug auf die Zunahme religiöser Diversität bei abnehmender formaler Zugehörigkeit zur katholischen Kirche) die Diskussionen. Zum anderen ist die nun entstandene rechtliche Rahmung von der spezifischen Position des Religionsunterrichts an österreichischen Schulen geprägt. Auf beide Aspekte soll nun kurz eingegangen werden, bevor dann die aktuelle rechtliche Situation skizziert wird.

Rolle der katholischen Kirche und demographischer Wandel in Österreich

Zunächst ist an diesem Punkt die vergleichsweise starke öffentliche Position der katholischen Kirche zu nennen, die spätestens mit den politischen Entscheidungen der Habsburger im Gefolge der Reformation einsetzte. Rechtlich ist die Stellung der Kirche noch immer maßgeblich im „Konkordat zwischen dem Heiligen Stuhl und der Republik Österreich samt Zusatzprotokoll" geregelt, das 1934 zur Zeit des sogenannten Ständestaates abgeschlossen wurde. Artikel I des Konkordats hält fest:

> Artikel I. §1. Die Republik Österreich sichert und gewährleistet der heiligen römisch-katholischen Kirche in ihren verschiedenen Riten die freie Ausübung ihrer geistlichen Macht und die freie und öffentliche Ausübung des Kultus. §2. Sie anerkennt das Recht der katholischen Kirche, im Rahmen ihrer Zuständigkeit Gesetze, Dekrete und Anordnungen zu erlassen; sie wird die Ausübung dieses Rechtes weder hindern noch erschweren. §3. In der Erfüllung ihrer geistlichen Amtspflicht steht den Geistlichen der Schutz des Staates zu (Bundesministerium für Digitalisierung und Wirtschaftsstandort, Vertrag zwischen dem Heiligen Stuhl und der Republik Österreich samt Zusatzprotokoll).

Trotz der starken Position der katholischen Kirche darf aber nicht aus den Augen verloren werden, dass Österreich auf Grund des nachhaltigen Einflusses des aufgeklärten Absolutismus und seines imperialen Erbes auf eine vergleichsweise lange Geschichte religiöser Vielfalt und der Tolerierung religiöser Minderheiten zurückblickt (Vocelka 2013). Dies dokumentiert sich einerseits in der Toleranzpolitik seit Joseph II. und dem 1781 erlassenen Toleranzedikt. Andererseits zeigt es sich in der Religionsgesetzgebung – wie etwa dem Islamgesetz von 1912 –, das bereits gegen Ende der k.u.k. Monarchie zu einer rechtlichen Anerkennung des Islam geführt hat und 2015 durch ein neues Gesetz ersetzt wurde.

Von besonderem Interesse ist dabei die Situation in Wien. Die österreichische Hauptstadt hatte sich im Laufe des 19. Jahrhunderts unter anderem. zu einem Zentrum des europäischen Judentums entwickelt (Lappin 2009; Oppl / Csendes 2006). Auch hierdurch wurde religiöse Vielfalt Teil der alltäglichen Lebenswelt in Österreich.

Jüd*innen waren ein zentraler Teil der Stadtgesellschaft in Wien. Gleichzeitig entwickelte sich ein starker Antisemitismus, der sich zu Beginn des 20. Jahrhunderts auf das Furchtbarste Bahn brach.

Seit den 1960er und 1970er Jahren hat sich die religiöse und weltanschauliche Pluralität in Österreich nachdrücklich verstärkt. Regina Polak spricht in diesem Zusammenhang von fünf Megatrends der Pluralisierung und Individualisierung, der Säkularisierung und (Re)Sakralisierung, der ‚produktiven Trennung' und produktiven Vernetzung, der Rationalisierung und Erlebnisorientierung sowie der Ökonomisierung und der Sehnsucht nach Werten (Polak 2002, bes. 75–82). Der Theologe und Religionssoziologe Paul M. Zulehner identifiziert auf Grundlage eines Surveys von 2000 eine zunehmende weltanschauliche ‚Verbuntung' bei abnehmender formaler Kirchenzugehörigkeit (Zulehner 2011). Und die Studien der Gruppe ‚WIREL - Wiener Religionen' an der Österreichischen Akademie der Wissenschaften gehen davon aus, dass sich religiöse Vielfalt gerade unter Jugendlichen weiter ausbreiten wird (Goujon 2015).

Diese zunehmende religiöse Vielfalt prägt zum einen die Position des Religionsunterrichts in Österreich und dient zum anderen als impliziter Referenzpunkt für die weitergehenden Debatten um die Rolle von Religion an österreichischen Schulen (Wurzrainer 2015).

Starke Position des Religionsunterrichts

Die aktuellen verfassungsrechtlichen Grundlagen des Religionsunterrichts gehen in Österreich auf das Staatsgrundgesetz von 1867 sowie das Bundes-Verfassungsgesetz von 1929 zurück. Artikel 17 des Staatsgrundgesetzes hält in Absatz 4 fest: „Für den Religionsunterricht in den Schulen ist von der betreffenden Kirche oder Religionsgemeinschaft Sorge zu tragen" (Bundesministerium für Digitalisierung und Wirtschaftsstandort, Staatsgrundgesetz über die allgemeinen Rechte der Staatsbürger für die im Reichsrathe vertretenen Königreiche und Länder). Flankierend schreibt Artikel 14 des Bundes-Verfassungsgesetzes fest:

> Im partnerschaftlichen Zusammenwirken von Schülern, Eltern und Lehrern ist Kindern und Jugendlichen die bestmögliche geistige, seelische und körperliche Entwicklung zu ermöglichen, damit sie zu gesunden, selbstbewussten, glücklichen, leistungsorientierten, pflichttreuen, musischen und kreativen Menschen werden, die befähigt sind, an den sozialen, religiösen und moralischen Werten orientiert Verantwortung für sich selbst, Mitmenschen, Umwelt und nachfolgende Generationen zu übernehmen (Bundesministerium für Digitalisierung und Wirtschaftsstandort, Bundes-Verfassungsgesetz).

Diese Rechtsgrundlagen prägten fünf Jahre später auch die Formulierungen des Konkordats sowie knapp drei Jahrzehnte später die des „Vertrags zwischen dem Heiligen Stuhl und der Republik Österreich zur Regelung von mit dem Schulwesen zusammenhängenden Fragen samt Schlußprotokoll" von 1962 (Bundesministerium für Digitalisierung und Wirtschaftsstandort, Vertrag zwischen dem Heiligen Stuhl und der Republik

Österreich zur Regelung von mit dem Schulwesen zusammenhängenden Fragen samt Schlußprotokoll). In Art VI des Konkordats wird festgeschrieben:

> **Artikel VI. § 1.** (1)Der Kirche steht das Recht auf Erteilung des Religionsunterrichtes und Vornahme religiöser Übungen für die katholischen Schüler an allen niederen und mittleren Lehranstalten zu. (2)Es besteht Einverständnis darüber, daß die Diözesanordinarien über die Einrichtung eines Religionsunterrichtes, der über den gegenwärtig bestehenden Zustand hinausgeht, das Benehmen mit der zuständigen obersten staatlichen Schulbehörde herstellen werden. (3)Die Leitung und unmittelbare Beaufsichtigung des Religionsunterrichtes und der religiösen Übungen kommt der Kirche zu. (4)Die Verbindlichkeiten des Religionsunterrichtes samt den religiösen Übungen im bisherigen Ausmaß wird gewährleistet. (5)Die finanzielle Obsorge für diesen Unterricht erfolgt in der bisherigen Weise. (Bundesministerium für Digitalisierung und Wirtschaftsstandort, Konkordat zwischen dem Heiligen Stuhl und der Republik Österreich zur Regelung von mit dem Schulwesen zusammenhängenden Fragen samt Schlußprotokoll).

Für das Argument des vorliegenden Aufsatzes ist hierbei Satz 3 besonders hervorzuheben: Dieser gibt der katholischen Kirche eine sehr starke, eigenständige Position bei der Erteilung von Religionsunterricht. Und diese rechtliche Lösung wurde spätestens mit dem Religionsunterrichtgesetz von 1949 (in der aktuellen Fassung von 2017) sowie den entsprechenden Durchführungserlassen zum Religionsunterricht (in der aktuellen Fassung von 2007) auf alle gesetzlich anerkannten Kirchen und Religionsgemeinschaften ausgeweitet. So schreibt § 1 des Religionsunterrichtsgesetzes fest: „Für alle Schüler, die einer gesetzlich anerkannten Kirche oder Religionsgesellschaft angehören, ist der Religionsunterricht ihres Bekenntnisses Pflichtgegenstand an den öffentlichen und den mit dem Öffentlichkeitsrecht ausgestatteten" Schulen (Bundesministerium für Digitalisierung und Wirtschaftsstandort, Bundesgesetz betreffend den Religionsunterricht in der Schule).

Dieser allgemeine rechtliche Rahmen hat maßgebliche Konsequenzen für die Debatten um die Rolle von Religion an Schulen: Die Rechtslage führt in der gegenwärtigen Situation dazu, dass allen 16 anerkannten Religionsgemeinschaften in Österreich[3] das grundsätzliche Recht auf die Erteilung von Religionsunterricht zusteht, auch wenn nicht alle anerkannten Religionsgemeinschaften dieses Recht wahrnehmen (Bundes-

---

3 Gegenwärtig sind dies: Alevitische Glaubensgemeinschaft in Österreich (ALEVI); Altkatholische Kirche Österreichs; Armenisch-apostolische Kirche in Österreich; Evangelische Kirche A.B. und H.B.; Evangelisch-methodistische Kirche in Österreich (EmK); Freikirchen in Österreich; Griechisch-orientalische (= orthodoxe) Kirche in Österreich; Islamische Glaubensgemeinschaft in Österreich; Israelitische Religionsgesellschaft; Jehovas Zeugen in Österreich; Katholische Kirche; Kirche Jesu Christi der Heiligen der Letzten Tage (Mormonen) in Österreich; Koptisch-orthodoxe Kirche in Österreich; Neuapostolische Kirche in Österreich; Österreichische Buddhistische Religionsgesellschaft; Syrisch-orthodoxe Kirche in Österreich (Bundesministerium für Digitalisierung und Wirtschaftsstandort, Gesetzlich anerkannte Kirchen und Religionsgesellschaften, https://www.oesterreich.gv.at/themen/leben_in_oesterreich/kirchenein__austritt_und_religionen/3/Seite.820015.html [letzter Zugriff: 25.10.2021].

kanzleramt, Kirchen und Religionsgemeinschaften). Außerdem bildet sie die Grundlage für die Einführung des Ethikunterrichts im Jahr 2020.

Beschluss und Umsetzung des Ethikunterrichts

Die Rechtslage zum Ethikunterricht ist Ende 2020 im Schulorganisationsgesetz festgehalten. In dieses wurden durch Beschluss des Österreichischen Nationalrates vom 20. November 2020 an mehreren Stellen zwei jeweils idente Passagen eingefügt: In § 39 Abs. 1 / § 55a Abs. 1 sowie § 68a Abs. 1 wurde festgehalten: „Ab der 9. Schulstufe ist für jene Schülerinnen und Schüler, die am Religionsunterricht nicht teilnehmen, der Pflichtgegenstand Ethik im Ausmaß von zwei Wochenstunden vorzusehen" (Parlament der Republik Österreich). In § 43 / § 57 und § 71 des Schulorganisationsgesetzes wurden darüber hinaus folgende Sätze eingefügt:

> Der Pflichtgegenstand Ethik ist möglichst zeitgleich mit dem Religionsunterricht jener gesetzlich anerkannten Kirche (Religionsgesellschaft) durchzuführen, der die höchste Zahl an Schülerinnen und Schülern der Schule angehört. Wenn Kirchen (Religionsgesellschaften) den Religionsunterricht in kooperativer Form abhalten, so ist für die Ermittlung der Zahl der Schülerinnen und Schüler die Summe aller Angehörigen der an der Kooperation teilnehmenden Kirchen (Religionsgesellschaften) zu bilden. Sind weniger als zehn Schülerinnen oder Schüler einer Klasse zur Teilnahme am Ethikunterricht verpflichtet, so sind sie zunächst mit Schülerinnen oder Schülern anderer Klassen der gleichen Schulstufe, dann anderer Klassen der Schule und schließlich anderer Schulen zusammenzuziehen, bis die Zahl mindestens zehn beträgt. (Parlament der Republik Österreich)

Damit ist zum einen ein Pflichtgegenstand Ethik ab der 9. Schulstufe für alle jene Schüler*innen eingeführt, die nicht am Religionsunterricht teilnehmen. Zum anderen sieht das Schulorganisationsgesetz nun vor, dass Ethik zeitgleich mit dem Religionsunterricht jener gesetzlich anerkannten Religionsgemeinschaften durchgeführt werden solle, welchem in der jeweiligen Schule die höchste Zahl an Schüler*innen angehört. Beides hat direkte Konsequenzen für die Ausbildung der Lehrkräfte sowie die curricularen Vorgaben haben.

Ausbildung der Lehrkräfte

Im Jahr 2020 existierten in Österreich für den Ethikunterricht noch zwei parallele Ausbildungsoptionen. Zum einen sind dies zwei Masterstudiengänge an den Universitäten Wien und Graz, die unter anderem für die Erteilung von Ethikunterricht qualifizieren. Zum anderen besteht seit 2019 ein „Hochschullehrgang Ethik", der im Rahmen der Fort- und Weiterbildung angeboten wird und dessen voraussichtlich letzte Studierendenkohorte im Wintersemester 2021/2022 mit dem Studium begonnen hat. Letzterer wendet sich an Lehrer*innen, die seit mindestens drei Jahren in einem Dienstverhältnis stehen, und qualifiziert diese bei erfolgreichem Abschluss dazu, Ethikunterricht zu erteilen. Ab dem Wintersemester 2021/2022 soll ein universitäres Lehramtsstudium ‚Ethik' angeboten werden (Bundesministerium für Bildung, Wissenschaft und Forschung).

Beide existenten Ausbildungsoptionen sollen nun auf der Grundlage der 2020 bestehenden Curricula vorgestellt werden. Dabei soll jeweils genauer darauf eingegangen werden, wie Religion in den Studienangeboten konstruiert wird.

Universitäre Masterstudiengänge

Die Masterstudiengänge der Universitäten Wien und Graz sind beide interdisziplinär angelegt und werden im Rahmen eines viersemestrigen Studiengangs erworben (120 ECTS). Sie befähigen zum Unterrichten in der Schule, sofern die entsprechende Lehrperson bereits ein Lehramtsstudium absolviert hat.

An der Universität Wien heißt der Studiengang „Ethik für Schule und Beruf". Seine Zielsetzung wird auf der Studiengangwebsite folgendermaßen zusammengefasst: Es geht um „die Vermittlung grundlegender fachlicher und didaktischer Kenntnisse und Fähigkeiten, die es erlauben, in unterschiedlichen Bereichen der Arbeitswelt, der Gesellschaft und der Schule ethische Fragestellungen und Konflikte zu reflektieren und zu deren Lösung beizutragen" (Universität Wien: Ethik für Schule und Beruf [Master]). Damit soll der Studiengang – im Sinne der Zulassungsvoraussetzungen – Studierende ansprechen, die bereits Abschlüsse der Philosophie, der katholischen und evangelischen Theologie sowie der Lehramtsstudien Psychologie und Philosophie beziehungsweise Religion besitzen (Universität Wien: Curriculum für das interdisziplinäre Masterstudium Ethik für Schule und Beruf).

Das Curriculum besteht – zusätzlich zu einer Abschlussphase mit MA-Seminar, Masterarbeit und Defensio – aus drei Modulen: einem Grundlagenmodul, einem Wahlmodul zu Bereichsethiken sowie einem sogenannten alternativen Pflichtmodul. Das Grundlagenmodul beschäftigt sich primär mit philosophischer Anthropologie, Grundlagen der Ethik sowie Klassikern der Ethik und politischen Philosophie. Die Wahlmodulgruppe folgt der Logik unterschiedlicher Bereichsethiken. Im Rahmen des vorliegenden Beitrags ist dabei besonders das Wahlmodul „Ethik im Kontext von Religionen und Kulturen" hervorzuheben. In diesem Modul können zum Beispiel Veranstaltungen aus der theologischen Ethik, der Religionswissenschaft und der interkulturellen Philosophie belegt werden. Für zukünftige Ethik-Lehrer*innen ist außerdem das alternative Pflichtmodul „Ethik im Kontext von Schule, Unterricht und Bildung" verpflichtend (Universität Wien: Curriculum für das interdisziplinäre Masterstudium Ethik für Schule und Beruf).

Der parallele Magisterstudiengang an der Universität Graz ist im Jahr 2020 ebenfalls auf vier Semester (120 ECTS) konzipiert und in gleicher Weise interdisziplinär ausgerichtet. Er heißt „Angewandte Ethik" und beschäftigt sich laut der Studiengangwebsite „mit grundlegenden Fragestellungen der Praktischen Philosophie, die das Handeln von Menschen und dessen Grundsätze methodisch und systematisch untersucht. Die Begründungen von Werten und Normen, die Rolle und Funktion moralischer Begriffe sowie die Regeln und Strukturen von Entscheidungsprozessen sind relevante Fragestellungen, die von der angewandten Ethik rational erschlossen, untersucht und aufbereitet werden" (Universität Graz: Curriculum für das Masterstudium Angewandte Ethik). Dabei sind die Zulassungsvoraussetzungen in Graz sehr breit formuliert und reichen von geistes- und kulturwissenschaftlichen BA- oder Diplomstudien bis zu Abschlüssen in Medizin oder Gesundheits- und Pflegewissenschaft (Universität Graz: Angewandte Ethik [Master]).

Das Curriculum umfasst – neben dem abschließenden Privatissimum, der Masterarbeit und der Masterprüfung – insgesamt 12 Module: Grundlegend sind die Module „Praktische Philosophie", „Angewandte Ethik" sowie „Moral und Recht" zu belegen. Die übrigen Module folgen wieder weitgehend der Idee der Bereichsethiken. Dabei sind mit Blick auf die Erteilung von Ethikunterricht die Module „Ethik unterrichten" sowie „Fachdidaktik angewandte Ethik" zentral. In letzterem Modul ist ein Seminar „Religion(en) im Ethikunterricht" festgeschrieben. Weitere religionsbezogene Seminare sind in den Modulen „Wertevermittlung und kulturelle Diversität" sowie „Bioethik" vorgesehen. Im Modul „Wertevermittlung" sollen laut aktuellem Curriculum explizit religionswissenschaftliche Grundkenntnisse vermittelt werden (Universität Graz: Curriculum für das Masterstudium Angewandte Ethik).

Während die beiden Masterstudiengänge von zwei der großen österreichischen Universitäten angeboten werden und sich ganz allgemein an Studierende richten, die sich für angewandte Ethik in Schule und Beruf interessieren (ohne ein dezidiertes Lehramtsstudium anzubieten), handelt es sich beim „Hochschullehrgang Ethik" um ein zweisemestriges Weiterbildungsangebot für Lehrer*innen (60 ECTS).

Hochschullehrgang im Verbund Nord/Ost

Der Hochschullehrgang ist eines der Resultate der Debatten der letzten Jahre. Er wird seit dem Wintersemester 2019/2020 im sogenannten Verbund Nord-Ost angeboten. Der 2016 gegründete Verbund ist einer von insgesamt vier regionalen Zusammenschlüssen der zentralen Ausbildungsstätten von Lehrer*innen für die Sekundarstufe in Österreich. Er ist für die Bundesländer Wien und Niederösterreich zuständig und besteht aus der Universität Wien, der Pädagogischen Hochschule Niederösterreich, der Pädagogischen Hochschule Wien, der Hochschule für Agrar- und Umweltpädagogik sowie der Kirchlichen Pädagogischen Hochschule Wien / Krems (Cluster Nord-Ost).

Der „Hochschullehrgang Ethik" wendet sich laut Studiengangwebsite an Lehrer*innen in einem aktiven Dienstverhältnis mit mindestens dreijähriger Berufserfahrung. Vorausgesetzt wird entweder ein abgeschlossenes universitäres Lehramtsstudium oder ein abgeschlossenes Bachelor- und Masterstudium Sekundarstufe Allgemeinbildung beziehungsweise ein Studium der Fachtheologie sowie Religionspädagogik. Außerdem bedarf die Teilnahme am Lehrgang der Zustimmung der Direktion. Der Hochschullehrgang setzt sich dabei „den Aufbau praktisch-philosophischer Kenntnisse und Denkmodelle [zum Ziel] und integriert Ergebnisse der Fachwissenschaften in die Einübung moralisch-ethischer Entscheidungsfindungsprozesse." Er qualifiziert damit zur Erteilung von Ethikunterricht (Kirchliche Pädagogische Hochschule Wien / Krems).

Das Curriculum des Hochschullehrgangs sieht für das erste Studienjahr vier Grundmodule vor. Diese heißen „Grundlagen und Grundbegriffe der Ethik", „Ethik im Spannungsfeld von Individuum und Gesellschaft", „Ethik im Spannungsfeld von Moral, Politik und Recht" sowie „Ethik im Spannungsfeld von Religionen und Kulturen". Im zweiten Studienjahr sind dann ein Erweiterungspflichtmodul zu „Grundformen ethischen Lernens und Lehrens" sowie weitere Wahlpflichtmodule vorgeschrieben, die sich mit anderen Bereichsethiken beschäftigen. Dabei fällt auf, dass das Thema Religion im Curriculum des Hochschullehrgangs präsenter ist, als in den beiden Magisterstudiengängen. Im Modul „Ethik im Spannungsfeld von Religionen und Kulturen" ist explizit die Vermittlung „religionskundlicher Eckdaten" von Judentum, Christentum, Islam sowie Hinduismus, Buddhismus und den religiösen Traditionen Chinas vorgesehen (Universität Wien / Kirchliche Pädagogische Hochschule Wien / Krems / Pädagogische Hochschule Wien / Pädagogische Hochschule Niederösterreich, Curriculum Hochschullehrgang / Zertifikatskurs Ethik).

Zusammenfassend kann somit festgehalten werden, dass alle drei Ausbildungs- und Studienangebote im Jahr 2020 primär im Rahmen der Philosophie verortet waren und sich somit an einen weiteren Kreis von Personen wendeten. In jedem Fall wird Religion gemäß der aktuell vorliegenden Curricula nur am Rande thematisch, wobei es leichte Unterschiede zwischen den Angeboten gibt. Die Behandlung von Religion ist teilweise religionswissenschaftlich informiert. Die religionsbezogenen Seminare werden aber primär von theologischen Akteur*innen angeboten und durchgeführt.

Curriculare Vorgaben

Im Unterschied zur Ausbildung der Lehrkräfte sind die aktuellen Vorgaben zum Ethikunterricht 2020 noch immer stark der Logik eines Modellversuchs verpflichtet. Zum Zeitpunkt der Verfassung dieses Beitrags existierte noch kein flächendeckender Lehrplan. In den Diskussionen wurde meist der „Lehrplan für den Schulversuch ETHIK an der Sekundarstufe 2 AHS und BHS" in der Fassung von 2017 als Referenzunkt für die Ausarbeitung des neuen Lehrplans herangezogen (Bundesministerium Bildung Wissenschaft Forschung, Ethik – Pflichtgegenstand für alle Schülerinnen und Schüler, die keinen Religionsunterricht besuchen). Dieser Lehrplan wurde von der „Arbeitsgemeinschaft Ethik" (ARGE Ethik) formuliert und bezieht sich auf Allgemeinbildende Höhere Schulen (AHS) sowie Berufsbildende Mittlere und Höhere Schulen (BMHS) (ARGE Ethik).[4]

Die hier analysierte Version des Lehrplanentwurfs basiert auf einem Verständnis von Bildungs- und Lehraufgaben, das gegen Ideen von Wertneutralität, Wertrelativismus und Dogmatik abgrenzen soll:

> Der Ethikunterricht findet im Rahmen der freiheitlich-demokratischen Grundordnung Österreichs statt und bindet sich an die aus der europäischen Aufklärung hervorgegangene Idee der Würde des Menschen als Person.
> Der Ethikunterricht ist daher weder wertneutral noch wertrelativistisch noch dogmatisch.
> Der Ethikunterricht soll Schülern/innen zu selbstständiger Reflexion im Hinblick auf Wege gelingender Lebensgestaltung befähigen, ihnen Orientierungshilfen geben und sie zur fundierten Auseinandersetzung mit den Grundfragen des Lebens anleiten. (ARGE Ethik)

Die folgenden Ausführungen basieren auf der 2019 im Internet zugänglichen Fassung des Lehrplanentwurfs (ARGE Ethik). In diesem Lehrplanentwurf wird mit Blick auf die didaktische Grundlegung zunächst auf einer grundsätzlichen Kompetenzorientierung aufgebaut. Auf dieser Basis werden dann exemplarisches Lernen, Erfahrungsorientierung, Betonung der Vernetzung, Schüler/innenorientierung, Diskursorientierung sowie lebensgestalterische Orientierung als weitere Grundlagen des Lehrplans hervorgehoben. Darauf aufbauend identifiziert der Lehrplan drei Orientierungsfelder: (a) Identität, Beziehung, Gemeinschaft, (b) Gesellschaft, Politik, Umwelt sowie (c) Weltanschauungen, Menschenbilder, Religionen.

Im Weiteren expliziert das vorliegende Konzept der Arbeitsgemeinschaft Ethik die Inhalte, die im Ethikunterricht behandelt werden sollen. Diese Inhalte sind von der neunten bis zur zwölften Schulstufe gestaffelt. Sie folgen zum einen der Logik der Bereichsethiken. So sollen unter anderem Medienethik, Umweltethik, Medizinethik oder Wirtschaftsethik behandelt werden. Zum anderen werden aber auch Themen- und Konfliktfelder von Jugendlichen benannt: etwa Familie, Freundschaften, Vorbilder und Autoritäten, Sucht und Prävention oder Menschenrechte.

Im Rahmen des vorliegenden Handbuchs ist besonders hervorzuheben, dass die ARGE Ethik bei ihrem Lehrplanvorschlag vier religiöse Traditionen gesondert als Inhalte benennt: Judentum und Christentum auf der neunten; Islam auf der zehnten und fernöstliche Weltanschauungen auf der elften Schulstufe. In jedem dieser inhaltlichen Komplexe sollen zunächst die Grundlagen des Glaubens und der Kultur der jeweiligen religiösen Traditionen behandelt werden. Darüber hinaus sieht diese Fassung des Lehrplanentwurfs eine Auseinandersetzung mit einzelnen ethischen Themenbereichen vor, die von den Autor*innen der ARGE Ethik besonders mit religiösen

---

[4] gDer Lehrplan wurde am 7.6.2021 erlassen: https://www.ris.bka.gv.at/eli/bgbl/II/2021/250/20210607 (letzter Zugriff: 25.10.2021).

Traditionen verbunden werden. So sollen Schüler*innen etwa die Verfolgungssituationen erläutern und reflektieren können, denen Jüd*innen ausgesetzt waren beziehungsweise sind. Sie sollen die Beiträge von christlich-religiöser und philosophisch begründeter Ethik für ein friedliches Zusammenleben kritisch betrachten. Außerdem sollen sie die Rolle des Islam im Zusammenhang mit Frieden und Gewalt erörtern können (ARGE Ethik).

Für die zwölfte Schulstufe sieht die ARGE Ethik schließlich Fundamentalismus, Krieg, Friedensethik sowie Religionskritik, Säkularismus als Inhalte vor. Im ersten dieser inhaltlichen Bereiche sollen Schüler*innen (a) die historische und aktuelle Bedeutung von Fundamentalismus (im Hinblick auf Kirchen und religiöse Sondergemeinden) analysieren, (b) Ursachen von Krieg erläutern und (c) sich mit Ursachen und Folgen von Terrorismus auseinandersetzen. In Bezug auf den Bereich „Religionskritik, Säkularismus" sollen die Schüler*innen Formen von kritischer Religiosität und Areligiosität beschreiben und kommentieren, philosophische Religionskritik darstellen und vergleichen sowie Säkularismus als (Religionen inkludierenden) pluralistischen Lebens- und Gesellschaftsentwurf darstellen und begründen können.

Vor dem Hintergrund der aktuellen Diskussionen um Ethikunterricht und Religionskunde in Österreich verbindet der von der ARGE Ethik vorgelegte Lehrplan in seiner gegenwärtigen Fassung somit die beiden zentralen Trends der aktuellen österreichischen Debatten: Auf der einen Seite folgt er der Tendenz, dass der Ethikunterricht im Rahmen der Philosophie verhandelt wird. Die Philosophie wird in der hier berücksichtigten Fassung explizit als Grundlagenwissenschaft benannt. Religionswissenschaft wird neben anderen Wissenschaften (wie Psychologie, Soziologie oder Geschichte) als Bezugswissenschaft erwähnt. Theologie ist in der aktuellen Fassung dieses Lehrplanentwurfs kein einziges Mal explizit genannt.

Auf der anderen Seite kommen Religion und Religionen im Rahmen des Lehrplanentwurfs durchaus eine herausgehobene Bedeutung zu, die auf Grund der Ausbildungsangebote so nicht zu erwarten war. Hier scheint sich die Idee durchzuhalten, dass es sich beim Ethikunterricht um ein Fach handelt, das parallel zum Religionsunterricht verstanden wird. Die hier behandelte Fassung des Lehrplanentwurfs schreibt fest, dass sich ein Ersatzfach zum Religionsunterricht auch mit Religion auseinanderzusetzen habe. Dabei dokumentiert der Lehrplanentwurf keine Rückbindung an die Theologie, sondern primär an die Philosophie und die Religionswissenschaft. Seit 2020 hat sich die Situation weiter konsolidiert.

Aktuelle Situation und Diskussionen

Die vorangegangenen Ausführungen sollten deutlich gemacht haben, dass die aktuellen Diskussionen um den Ethikunterricht seit 2019 durch eine hohe Dynamik geprägt sind. Trotz einer vergleichsweise langen Praxis von Ethikunterricht an österreichischen Schulen ist das Fach erst jüngst als Pflichtgegenstand eingeführt worden und dementsprechend noch nicht institutionell verfestigt. Um die Dynamiken dieser Debatten zum Zeitpunkt der Drucklegung klarer herauszuarbeiten, soll zunächst nochmals auf die drei unterschiedlichen Positionen eingegangen werden, welche die Diskussionen bislang geprägt haben: (a) Religionsunterricht mit Abmeldungsoption, (b) Ethikunterricht als Ersatzfach und (c) Ethikunterricht für Alle. Diese unterschiedlichen Positionen lassen sich je spezifischen Akteur*innen zuordnen:

Die großen staatlich anerkannten Religionsgemeinschaften in Österreich plädieren seit etwa einer Dekade weitgehend für ein Modell des Ethikunterrichts als Ersatzfach zum Religionsunterricht. Was die Position der katholischen Kirche angeht, so ist hier noch immer der Beschluss der Österreichischen Bischofskonferenz aus dem Jahr 2009 maßgebend, in dem sich diese für einen „Ethikunterricht als Ersatzfach" aussprach (Österreichische Bischofskonferenz: Presseerklärung: Religionsunterricht – Ethikunterricht). In eine ähnliche Richtung gehen die Positionen der Evangelischen Kirche und der Islamischen Glaubensgemeinschaft in Österreich (Evangelische Kirche in Österreich; Islamische Glaubensgemeinschaft in Österreich).

Dem gegenüber setzten sich die Humanistenverbände weitgehend für einen „Ethikunterricht für Alle" ein. Maßgeblich ist hier der gemeinnützige Verein „Religion ist Privatsache – Initiative zur Entflechtung von Staat und Religion", der nach § 2 seiner Satzung „die Förderung der Trennung von Staat und Kirche bzw. Religion und der religiösen Neutralität des Staates gem. der Bestimmungen der österreichischen Verfassung" bezweckt (Religion ist Privatsache). Der Verein „Religion ist Privatsache" ist unter anderem Träger des Volksbegehrens „Ethik für ALLE". In diesem vertritt er die Auffassung, es sei höchste Zeit, dass die Republik Österreich das Heft in die eigene Hand nehme und für eine zeitgemäße Wertevermittlung und eine verantwortungsvolle Integration in Österreichs Schulen sorge (Verein Ethik für alle).

Was die politischen Parteien in Österreich angeht, so ließen sich in den Programmen für die Wahlen zum Nationalrat im Jahr 2019 zwei unterschiedliche Strategien des Umgangs mit dem Thema Ethikunterricht unterscheiden: Betrachtet man die Parteien, die in der Legislaturperiode 2017–2019 im Nationalrat vertreten waren, kann man zwischen Wahlprogrammen unterscheiden, in denen der Ethikunterricht überhaupt nicht thematisiert wird, und solchen, die eine explizite Position zum Ethikunterricht beziehen.[5]

---

5 Die „Grünen – Die Grüne Alternative" waren im letzten Nationalrat nicht vertreten, sind im September aber wieder in das Parlament gewählt worden. Ihr Wahlprogramm schreibt fest: „Eine Sensibilisierung für die Klimaherausforderung zählt hier etwa ebenso dazu wie kritische Medienbildung oder ein verbindlicher gemeinsamer Ethik Unterricht für alle" (Die Grünen (Hg.), Wen würde unsere Zukunft wählen?, – Wahlprogramm Nationalratswahl 2019 -, Wien 2019, 28. https://www.gruene.at/partei/programm/wahlprogramme (letzter Zugriff: 25.10.2021).

Die meisten Parteien, die sich explizit für einen „Ethikunterricht für Alle" ausgesprochen haben, vermerkten dies auch in ihren Programmen. So stand etwa im Wahlprogramm der Sozialdemokratischen Partei Österreichs: „Der Ethikunterricht für alle bietet einen Rahmen für eine qualifizierte Auseinandersetzung und ist auch ein Beitrag zur politischen Bildung und Entwicklung einer soliden Wertehaltung" (Sozialdemokratische Partei Österreichs 2019, 120). Die NEOS („Das Neue Österreich und Liberales Forum") argumentierten in die gleiche Richtung: „In einer zunehmend fragmentierten Gesellschaft erreichen traditionelle Formen der Wertevermittlung nur mehr einen Teil der Kinder und Jugendlichen. Ein Unterrichtsfach ‚Ethik und Religionen' ist ein wichtiger Träger für eine pluralistische, offene und demokratische Gesellschaft" (NEOS 2019, 52).

In den Wahlprogrammen der Liste Sebastian Kurz – die neue Volkspartei (bis 2017: Österreichische Volkspartei, ÖVP), der Freiheitlichen Partei Österreichs (FPÖ) sowie der Partei JETZT – Liste Pilz wurden im Wahlkampf 2019 dagegen weder Aussagen zum Religionsunterricht noch zum Ethikunterricht formuliert. In anderen Worten: Das Thema Ethikunterricht schien gerade den beiden Parteien ÖVP und FPÖ, die sich in der vergangenen Legislaturperiode für einen Ethikunterricht als Ersatzfach eingesetzt haben, nicht hinreichend bedeutsam oder konsensfähig zu sein, um es in das Wahlprogramm aufzunehmen.

Hier dokumentiert sich eine ganz eigene Dynamik: Die Etablierung des Fachs Ethik als Ersatzfach wird inzwischen primär durch die religiösen Akteur*innen in Österreich unterstützt und vorangebracht. Und diese Position scheint offensichtlich auch eine politische Mehrheit zu besitzen. Die rechtliche Etablierung des Ethikunterrichts dokumentiert, dass sich die Akteur*innen in Österreich durchgesetzt haben, welche diese Option präferiert haben.

Religionswissenschaftliche Einordnung

Die vorangegangenen Darstellungen und Analysen sollten deutlich gemacht haben, welche Bedeutung den Beziehungen zwischen Religion und Bildung noch immer zugeschrieben wird (Alberts 2012). Die Debatten um den Ethikunterricht in Österreich scheinen dabei einen Aspekt dieses Feldes greifbar zu machen, der gegenwärtig von besonderem gesellschaftlichen Interesse ist. Gerade aus diesem Grund wird der abschließende Abschnitt des vorliegenden Beitrags dafür genutzt werden, Überlegungen anzuschließen, die dem Autor von weiterer religionswissenschaftlicher Bedeutung scheinen.

Wie eingangs bereits angedeutet, sieht sich der vorliegende Beitrag einem Zugang verpflichtet, der die Fragen nach Ethikunterricht an Schule im Rahmen aktueller religionswissenschaftlicher Analysen des Verhältnisses von Religion und Politik verortet (Jödicke 2013; Willaime 2007; Lehmann / Schlager-Weidinger 2019). Die folgenden Überlegungen stehen somit im Kontext zunehmend dynamischer werdender Debatten (Beaman u. a. 2015; Halafoff u. a., 2016; Arweck u. a. 2014), die das Augenmerk auf die Konstruktion von Religion in gesellschaftlichen Diskursen und die daran beteiligten Akteur*innen richten (Lehmann 2012 und 2018). Aus dieser Perspektive lassen sich abschließend zwei Punkte besonders hervorheben:

Zunächst sollten die vorangegangenen Untersuchungen deutlich gemacht haben, von welcher Signifikanz die traditionellen Festschreibungen der Beziehungen zwischen Kirche und Staat für die religiöse Gegenwartskultur sind. Was die Debatten um den Ethikunterricht in Österreich angeht, so kann hier beispielhaft auf die Bedeutung des Konkordats zwischen dem Heiligen Stuhl und der Republik Österreich verwiesen werden. Dieses ist einerseits als völkerrechtliches Dokument prägend und bindend. Das Konkordat dient darüber hinaus aber auch als impliziter Referenzpunkt für viele Debatten um Religion an Schulen in Österreich. Und dies wirkt bis in die Gegenwart fort.

Von besonderer Bedeutung ist hier zum einen die Art und Weise, wie die im Konkordat festgeschriebene starke Position der katholischen Kirche an Schule in der Zweiten Republik auf die anderen anerkannten Religionsgemeinschaften übertragen wurde. Diese findet sich im aktuellen Gesetzestext besonders in der Forderung nach der zeitgleichen Abhaltung von Ethik- und Religionsunterricht formuliert. Zum anderen ist hier von Interesse, wie nachdrücklich der Lehrplanentwurf der ARGE Ethik die Behandlung von Religion im Rahmen des Ethikunterrichts vorsieht. Im Vergleich mit den aktuellen Ausbildungsangeboten für Lehrkräfte wird hier deutlich, dass das Modell des Religionsunterrichts die Lehrpraxis noch immer nachhaltig prägt – weitgehend übersetzt in ein Modell der Auseinandersetzung mit ‚Weltreligionen'.

Darüber hinaus unterstreichen die hier vorgestellten Debatten um den Ethikunterricht aber auch die Dynamik der Beziehungen zwischen Religion und Politik in Österreich. Einerseits lässt sich hier auf Grund der vorangegangenen Überlegungen hervorheben, wie sich in den letzten Jahren unterschiedliche religiöse Akteur*innen (und bei weitem nicht nur die katholische Kirche) zunehmend für den Ethikunterricht als Ersatzfach stark zu machen begonnen haben. Hier scheint sich eine Position in Bezug auf den Religionsunterricht zu etablieren, welche ganz unterschiedliche religiöse Akteur*innen zusammenführt und die letztlich zur Etablierung des Ethikunterrichts als Pflichtfach (zumindest) beigetragen hat.

Andererseits ist interessant, wie sich die politischen Parteien gegenüber dem Ethikunterricht positionieren. Die Beschäftigung mit den Wahlprogrammen von 2019 macht deutlich, dass im politischen Feld vor allem der Verweis auf den „Ethikunterricht für Alle" als erwähnenswert angesehen wird. Dies dokumentiert einen erstaunlichen Bias zwischen der politischen Präsenz der Position für einen Ethikunterricht für Alle und der politischen Durchsetzbarkeit eines Ethikunterrichts als Ersatzfach, die sich im neuen Gesetzestext widerspiegelt und die Situation in Österreich – zumindest mittelfristig – prägen wird.

Bibliografie

Abuzahra, Amani und Alfred Garcia Sobreira Majer. 2014. „Man kommt seiner eigenen Religion näher, man lernt die anderen zu verstehen und zu tolerieren." Interreligiöses Begegnungslernen in der ReligionslehrerInnen-Ausbildung: Konzept und Evaluation eines Projekts der KPH Wien/Krems und der IRPA. *Österreichisches Religionspädagogisches Forum*, 22: 55–64.

Alberts. Wanda. 2007. *Integrative Religious Education in Europe. A Study-of-Religions Approach.* Berlin/New York: De Gruyter.

Alberts, Wanda. 2012. „Religionswissenschaft und Religionsunterricht." In Religionswissenschaft, hg. von Michael Stausberg, 299–312. Berlin/Boston: De Gruyter.

ARGE Ethik. 2017. Lehrplan für den Schulversuch ETHIK an der Sekundarstufe 2 AHS und BHS: https://fewd.univie.ac.at/fileadmin/user_upload/inst_ethik_wiss_dialog/Bundes-ARGE_Ethik_2017.12.05_online_gestellt_Lehrplan_für_den_Schulversuch_Ethik_1.3.2017.pdf (letzter Zugriff: 25.10.2021).

Arweck, Elisabeth und Robert Jackson (Hg.). 2014. *Religion, Education and Society*. London: Routledge.

Auer, Karl Heinz. 2002 (Hg.). *Ethikunterricht. Standortbestimmungen und Perspektiven*. Innsbruck und Wien: Tyrolia.

Beaman, Lori G. und Leo van Arragon (Hg.). 2015. *Issues in Religion and Education. Whose Religion?* Leiden: Brill.

Bucher, Anton. 2014. *Der Ethikunterricht in Österreich. Politisch verschleppt – pädagogisch überfällig!* Innsbruck und Wien: Tyrolia.

Bucher, Anton. Ethikunterricht in Österreich. Kurzzusammenfassung des wissenschaftlichen Evaluationsberichts der Schulversuche ‚Ethikunterricht': https://www.sbg.ac.at/pth/people/bucher/evaluation.htm (letzter Zugriff: 25.10.2021).

Bundeskanzleramt. Kirchen und Religionsgemeinschaften: https://www.bundeskanzleramt.gv.at/agenda/kultusamt/kirchen-und-religionsgemeinschaften.html (letzter Zugriff: 25.10.2021).

Bundesministerium für Digitalisierung und Wirtschaftsstandort. Bundesgesetz betreffend den Religionsunterricht in der Schule (Religionsunterrichtsgesetz). BGBl. Nr. 190/1949.

Bundesministerium für Digitalisierung und Wirtschaftsstandort, Bundesgesetz über die äußeren Rechtsverhältnisse islamischer Religionsgemeinschaften – Islamgesetz 2015. BGBl. I. Nr. 39/2015.

Bundesministerium für Digitalisierung und Wirtschaftsstandort, Bundes-Verfassungsgesetz. IdF BGBl. I. Nr. 194/1999.

Bundesministerium Bildung Wissenschaft und Forschung. 2020. Ethik – Pflichtgegenstand für alle Schülerinnen und Schüler, die keinen Religionsunterricht besuchen: https://bildung.bmbwf.gv.at/schulen/unterricht/ethik.html (letzter Zugriff: 25.10.2021).

Bundesministerium für Digitalisierung und Wirtschaftsstandort. Gesetz betreffend die Anerkennung der Anhänger des Islams als Religionsgemeinschaft (RGBl. Nr. 159/1912).

Bundesministerium für Digitalisierung und Wirtschaftsstandort. Konkordat zwischen dem Heiligen Stuhl und der Republik Österreich samt Zusatzprotokoll. BGBl. Nr. 2/1934.

Bundesministerium für Digitalisierung und Wirtschaftsstandort. Religionsunterricht: https://www.oesterreich.gv.at/themen/leben_in_oesterreich/kirchenein___austritt_und_religionen/Seite.820014.html (letzter Zugriff: 25.10.2021).

Bundesministerium für Digitalisierung und Wirtschaftsstandort. Staatsgrundgesetz über die allgemeinen Rechte der Staatsbürger für die im Reichsrathe vertretenen Königreiche und Länder. RGBl. Nr. 142/1867.

Bundesministerium für Digitalisierung und Wirtschaftsstandort. Vertrag zwischen dem Heiligen Stuhl und der Republik Österreich zur Regelung von mit dem Schulwesen zusammenhängenden Fragen samt Schlußprotokoll. BGBl. Nr. 273/1962.

Bundesministerium für Inneres. Nationalratswahl 2019: https://bmi.gv.at/412/Nationalratswahlen/Nationalratswahl_2019/start.aspx#wahltag (letzter Zugriff: 25.10.2021).

Cluster Nord-Ost. Lehramt Nord-Ost: https://www.lehramt-ost.at (letzter Zugriff: 25.10.2021).

Die Grünen (Hg.). 2019. *Wen würde unsere Zukunft wählen? Wahlprogramm Nationalratswahl 2019.* Wien: Die Grünen.

Die Neue Volkspartei (Hg.). 2019. *Unser Weg für Österreich. 100 Projekte.* Wien: ÖVP.

Engelbrecht, Helmut. 2015. *Schule in Österreich. Die Entwicklung ihrer Organisation von den Anfängen bis zur Gegenwart.* Wien: new academic press.

Erzdiözese Wien. Bildungsminister Faßmann: Religionsunterricht hat fixen Platz an Schule: https://www.erzdioezese-wien.at/site/home/nachrichten/article/68458.html (letzter Zugriff: 25.10.2021).

Erzdiözese Wien. Erster ReligionslehrerInnentag (2018): https://www.erzdioezese-wien.at/pages/inst/25473874/information/versammlungen/dioezesanversammlung/2018/gallery/3256.html (letzter Zugriff: 25.10.2021).

Erzdiözese Wien. Ethikunterricht: Umsetzung weiter nach Plan, Lehrgänge starten: https://www.erzdioezese-wien.at/site/home/nachrichten/article/76504.html (letzter Zugriff: 25.10.2021).

Evangelische Kirche in Österreich. Schliefermaier zum Ethikunterricht: ‚Kein Kampf um Schülerinnen und Schüler': https://evang.at/schiefermair-erwarte-keinen-kampf-um-die-schuelerinnen-und-schueler/?highlight=ethikunterricht (letzter Zugriff: 25.10.2021).

Frank, Katharina. 2016. „Skizze eines religionswissenschaftlichen Kompetenzmodells für die Religionskunde." *Zeitschrift für Religionskunde* 3:19–33.

Frank, Katharina und Petra Bleisch. 2018. „Approches conceptuelles de l'enseignement religieux et enseigenement orienté sciences des religions." *Zeitschrift für Religionskunde* 4:70–78.

Freiheitliche Partei Österreichs (Hg.), Mit Sicherheit für Österreich. Fair, Sozial, Heimattreu, Wien 2019.

Göllner, Manfred. 2002. Die Bildungs- und Lehraufgaben des Ethikunterrichts in Europa im Vergleich, Münster.

Goujon, Anne. 2015. *Religions in Vienna in the past, present and future. Key findings from the WIREL project.* Wien: Vienna Institute of Demography.

Grümme, Bernhard. *Religionsunterricht und Politik. Bestandsaufnahme – Grundsatzüberlegungen – Perspektiven für eine politische Dimension des Religionsunterrichts.* Stuttgart: Kohlhammer.

Halafoff, Anna, Elisabeth Arweck und Donald Boisvert (Hg.). 2016. *Education about religions and worldviews. Promoting intercultural and interreligious understanding in secular societies.* London: Routledge.

Hödl, Gerald, Astrid Mattes und Lukas Pokorny (Hg.). 2012–221. *Religion in Austria*, Bd. 1–6. Wien: Praesens-Verlag.

Islamische Glaubensgemeinschaft in Österreich, Islamische Glaubensgemeinschaft begrüßt Kurz' Vorschlag zum Ethikunterricht: http://www.derislam.at/iggo/?f=news&shownews=1599&kid=70 (letzter Zugriff: 25.10.2021).

JETZT – Liste Piltz. 2019. 12 *Pläne für 5 Jahre. Gerade Jetzt!* Wien: Liste Piltz.

Jödicke, Ansgar (Hg.). 2013. *Religious Education Politics, the State and Society.* Würzburg: Ergon.

Kirchliche Pädagogische Hochschule Wien / Krems. Hochschullehrgänge im Überblick: Ethik: https://kphvie.ac.at/institute/zentrum-fuer-weiterbildung/hochschullehrgaenge-im-ueberblick.html (letzter Zugriff: 25.10.2021).

Klutz, Philip. 2015. *Religionsunterricht vor den Herausforderungen religiöser Pluralität. Eine qualitativ-empirische Studie in Wien.* Münster: Waxmann.

Krobath, Thomas, Andrea Lehner-Harmann und Regina Polak (Hg.). 2013. *Anerkennung in religiösen Bildungsprozessen. Interdisziplinäre Perspektiven.* Göttingen: Vandenhoeck & Ruprecht.

Krobath, Thomas, Doris Lindner und Edith Petschnigg (Hg.). 2019. *„Nun sag, wie hast du's mit der religiösen Vielfalt?" Zwischen Konflikt und Kompetenz in Kindergärten, Schulen und Jugendarbeit.* Wien: LIt.

Lappin, Eleonore. 2009. „Jüdische Lebenserinnerungen. Rekonstruktionen von jüdischer Kindheit und Jugend im Wien der Zwischenkriegszeit." In Wien und die jüdische Erfahrung: 1900–1938, hg. von Frank Stern und Barbara Eichinger. Wien: Böhlau.

Lehmann, Karsten und Ulf Plesentin (Hg.). *Inverses Böckenförde-Diktum. Leben Religionen von politischen Voraussetzungen, die sie selbst nicht garantieren können?* Themenheft der Zeitschrift Religion – Staat – Gesellschaft. Münster: LIT.

Lehmann, Karsten. 2018. *Religiöse Vielfalt in Österreich erforschen. Religionswissenschaftliche Anregungen zum Begriff der Interreligiosität.* Wien: Kirchliche Pädagogische Hochschule Wien/Krems.

Lehmann, Karsten und Thomas Schlager-Weidigner. 2019. „Zu den Ebenen der Beziehungen zwischen Religionspädagogik und Politik. Überlegungen im Anschluss an die Einführung des Konzepts ‚interreligiöse Kompetenz' in den Curricula der Pädagogischen Hchschulen in Österreich." In *Zeitschrift des Österreichischen Religionspädagogischen Forums*, 27: 128–144.

Lindner, Doris und Thomas Krobath. 2017. !Das Modell eines dialogisch-konfessionellen Religionsunterrichts in Wien. Zentrale Ergebnisse der Evaluation 2015/16." In *Professionalisierung durch Forschung*, hg. von Doris Lindner und Elena Stadnik, 227–266, Wien: LIT.

NEOS. 2019. *Pläne von A bis Z.* Wien: NEOS Parlamentsklub.

Österreichische Bischofskonferenz. Presseerklärung: Religionsunterricht – Ethikunterricht: https://www.bischofskonferenz.at/dl/sprtJKJKKollmJqx4KJK/Bischofskonferenz_Presserkl_run gen_Fr_hjahr2009.pdf (letzter Zugriff: 25.10.2021).

Österreichische Bischofskonferenz. Presseerklärung: Religionsunterricht – Ethikunterricht: https://www.bischofskonferenz.at/bildung/religionsunterricht-ethikunterricht (letzter Zugriff: 25.10.2021).

Oppell, Ferdinand und Peter Csendes (Hg.). 2006. *Wien – Geschichte einer Stadt. Von 1790 bis zur Gegenwart.* Wien: Böhlau.

Parlament der Republik Österreich. Beilagen zu den stenographischen Protokollen des Nationalrats XXIV: Werteerziehung durch Religions- und Ethikunterricht in einer offenen, pluralistischen Gesellschaft: https://www.parlament.gv.at/PAKT/VHG/XXIV/III/III_00234/ fname_218887.pdf (letzter Zugriff: 25.10.2021).

Polak, Regina (Hg.). 2002. *Megatrend Religion? Neue Religiositäten in Europa.* Ostfildern: Schwabenverlag.

Rathkolb, Oliver. 2016. *Die Zweite Republik (seit 1945). In Geschichte Österreichs*, hg von Thomas Winkelbauer, 525–596 Stuttgart: Reclam.

Reiss, Wolfram und Robert Wurzraine. 2021. „Religionen im Ethikunterricht. Eine religionswissenschaftliche Perspektive". *Im Dialog 9*: 8–10.

Religion ist Privatsache: http://www.religion-ist-privatsache.at (letzter Zugriff: 25.10.2021).

Religion ist Privatsache. Statuten des Vereins ‚Initiative Religion ist Privatsache': http://www.reli gion-ist-privatsache.at/webandco/downloads/Statuten_n.pdf (letzter Zugriff: 25.10.2021).

Sozialdemokratische Partei Österreichs (Hg.). 2019. *Menschlichkeit siegt. Mit diesem Programm zur Nationalratswahl 2019.* Wien: SPÖ.

Strutzenberger-Reiter, Edda. 2016. *Religion in der Schulentwicklung. Eine empirische Studie.* Stuttgart: Kohlhammer.

Universität Graz, Angewandte Ethik (Master). https://studien.uni-graz.at/de/ordentliche-studien/studium-angewandte-ethik/angewandte-ethik-master/ (letzter Zugriff: 25.10.2021).

Universität Graz, Curriculum für das Masterstudium Angewandte Ethik (2010): https://online.uni-graz.at/kfu_online/wbMitteilungsblaetter_neu.display?pNr=16569&pDocNr=5285595&pOrgNr=14190 (letzter Zugriff: 25.10.2021).

Universität Wien, Curriculum für das interdisziplinäre Masterstudium Ethik für Schule und Beruf (2016): https://senat.univie.ac.at/fileadmin/user_upload/s_senat/konsolidierte_Masterstudien/MA_Ethik_fuer_Schule_Beruf.pdf (letzter Zugriff: 25.10.2021).

Universität Wien, Ethik für Schule und Beruf (Master): https://slw.univie.ac.at/studieren/masterstudien/ethik-fuer-schule-und-beruf-master/ (letzter Zugriff: 25.10.2021).

Universität Wien / Kirchliche Pädagogische Hochschule Wien / Krems / Pädagogische Hochschule Wien / Pädagogische Hochschule Niederösterreich, Curriculum Hochschullehrgang / Zertifikatskurs Ethik: https://www.kphvie.ac.at/fileadmin/Mitteilungsblatt/KPH-2019_MB_177_Curriculum_HLG_Zertifikatskurs_Ethik_28062019.pdf (letzter Zugriff: 25.10.2021).

Verein Ethik für Alle, Ethik für Alle! Das Volksbegehren für eine gemeinsame Wertevermittlung und Integration in der Schule: https://www.ethikfueralle.at (letzter Zugriff: 25.10.2021).

Vocelka, Karl. 2002. *Geschichte Österreichs. Kultur – Gesellschaft – Politik*. München: Heyme.

Vocelka, Karl. 2013. *Multikonfessionelles Österreich: Religionen in Geschichte und Gegenwart*. Wien: Styria.

Willaime, Jean-Paul (Hg.). 2007. *Religion and Education in Europe. Developments, Contexts and Debates*. Münster: Waxmann.

Woodhead, Linda. 2017. „Foreword." *In We need to talk about religious education. Manifestos for the Future of RE*, 7–10. London: Jessica Kingsley Publishers.

Wurzrainer, Robert. 2015. *Konfessioneller Religionsunterricht und Ethikunterricht in Österreich aus religionswissenschaftlicher Perspektive*. Diplomarbeit Wien.

Zuehner, Paul M. 2011. *Verbuntung. Kirchen im weltanschaulichen Pluralismus und Religion im Leben des Menschen*. Ostfildern: Schwabenverlag.

Sachregister

Abmeldemöglichkeit, Abmeldung vom Unterricht V, 6–8, 24, 30, 67, 79–80, 82, 92, 114–115, 117, 119–120, 132–133, 136, 146–147, 239, 247–248, 258, 261, 266–267, 279–280, 300, 331–335, 347–350, 363, 377–379, 382–384, 394, 409–411, 452, 454–455, 472, 474, 490, 508 s. auch Befreiungsklausel, Dispensoption
Alevitische Gemeinde Deutschland e.V. 26, 235
Alevitischer Religionsunterricht
    s. religionsbezogene Unterrichtsfächer
Allgemeine Ethik
    s. religionsbezogene Unterrichtsfächer
Alternative für Deutschland (AfD) 199, 248, 266, 421–422
Alternativfach V, 4, 9, 24–26, 28–29, 50–51, 63, 71, 167, 206–216, 222, 232, 237, 248, 300, 303, 307, 323, 330–331, 334, 348, 371, 377, 379, 401, 422 s. auch Ersatzfach, Ersatzpflichtfach, Pflichtfach, Wahlpflichtfach, Zusatzfach
Altkatholische Religion
    s. religionsbezogene Unterrichtsfächer
Antijudaismus, Antisemitismus 85, 94, 155, 304, 369, 500
Arbeitsgemeinschaft Ethik (ARGE Ethik) 506–510
Atheismus, atheistisch 106, 117, 119, 198, 331, 347, 403
Ausbildung s. Lehramt
Außenperspektive (etisch) 14, 43, 79, 138, 386, 478

Bayernkonkordat s. Staatskirchenverträge
Befreiungsklausel 67–68, 167–170, 172, 188–190, 223, 307, 334, 442 s. auch Abmeldemöglichkeit, Dispensoption
Beifach s. Erweiterungsfach
Beirat, Beiratsmodell 8, 38–39, 43, 185, 216, 221, 223, 314, 333, 367, 371, 449 hier auch Runder Tisch
bekenntnisfreie Schule s. Schule nach Organisationsform
Bekenntnisfreiheit 210, 242, 317, 453 s. auch Gewissensfreiheit, Glaubensfreiheit, Religionsfreiheit

Bekenntnisschule s. Schule nach Organisationsform
Belegzahlen, Belegungszahlen, Belegungsquote 22, 34, 275, 279–280, 303, 309, 394
Benachteiligungsverbot 302, 316, 377
Berliner Modell 7, 39, 42, 167–168
berufsbildende Schule, Berufsschule
    s. Schule nach Schulform (Bildungsabschluss)
Bezugsdisziplin, Bezugsfach, Bezugswissenschaft
– Philosophie 40, 42, 45, 48, 120, 173–174, 194–195, 244, 283, 285, 306, 311–316, 338, 340, 360–361, 371, 381, 396, 457, 507
– Religionswissenschaft 9, 16, 25, 40–49, 120, 173–175, 194–195, 217, 223, 264, 269, 299–300, 306, 311, 318, 323, 338, 343, 351–352, 381, 413, 422, 457, 476, 481, 484, 490, 496, 507
Biblische Geschichte auf allgemein christlicher Grundlage (BGU) s. religionsbezogene Unterrichtsfächer
Bildungsauftrag 119, 133, 170, 260, 277, 305, 316–317, 348, 369, 482
Bildungsziel 50, 114, 116, 122, 134, 145, 159, 211, 286, 306, 318, 321, 324, 342, 345, 348, 429, 442–443
    s. auch Lernziel, hier auch Erziehungsziel
Bischofskonferenz 93, 109, 116, 498, 508
Böckenförde-Diktum 23–24
Brandenburger Modell 168, 289, 465
Bremer Klausel 8, 27, 49, 110–111, 166, 190, 207, 210, 275, 277, 393, 450–451
Bremer Modell 28, 111
Buddhismus, buddhistisch 132, 139, 155–156, 176, 196, 234–236, 241, 257, 287, 320, 344, 368, 400, 403–404, 472, 505
Buddhistischer Religionsunterricht entfernen s. religionsbezogene Unterrichtsfächer
Bund der Evangelischen Kirchen in der DDR (BEK) 121, 185
Bundesverfassungsgericht 4, 6, 49, 110, 165, 170, 189, 302

Open Access. © 2023 bei den Autorinnen und Autoren, publiziert von De Gruyter. Dieses Werk ist lizenziert unter der Creative Commons Namensnennung - Nicht-kommerziell - Keine Bearbeitungen 4.0 International Lizenz.
https://doi.org/10.1515/9783110694536-027

Bündnis 90/Die Grünen 134, 152,
    158–169, 186, 188, 199, 209, 234, 237,
    248, 266, 347–348, 382–383, 421,
    441, 443

Christenlehre s. religionsbezogene
    Unterrichtsfächer
Christlich Demokratische Union
    Deutschlands (CDU) 109, 121, 131, 134,
    167, 169–170, 177, 189–190, 199,
    235, 248, 265, 277, 289, 348–349,
    377, 382–383, 393–394, 409, 421–422,
    441, 451
christliche Gemeinschaftsschule s. Schule
    nach Organisationsform
christliche Schule s. Schule nach
    Organisationsform
Christlich-Soziale Union in Bayern (CSU) 109,
    149, 157, 169, 189
Christozentrismus, christozentrisch
    41, 73
Codex Iuris Canonici (CIC) 87, 112

Dachverband Buddhistische
    Religionsgemeinschaft Hamburg
    e.V. 236–237, 250
Deutsche Demokratische Republik (DDR) 72,
    97, 117, 121, 168–169, 185–188, 191, 275,
    404, 449–454
Deutsche Evangelische Kirche (DEK)
    90–91, 93
Deutscher Evangelischer Kirchenbund (DEKB)
    90
Dialog, interreligiöser 15, 36, 219, 222, 224,
    234, 267, 318, 322, 324, 414, 444,
    461
Dialogisch-konfessioneller Religionsunterricht
    496
Die Linke 168–169, 199, 235, 248, 263, 266,
    277, 289, 382–384, 393, 396, 422
    hier auch PDS
Dispensoption 28, 35, 48, 208, 210–211, 221
    s. auch Abmeldemöglichkeit,
    Befreiungsklausel
DİTİB (Türkisch-Islamische Union
    der Anstalt für Religion e. V.) 26, 38,
    170, 178, 216, 221, 235, 257, 266
Drittes Reich s. Nationalsozialismus
Drittfach s. Erweiterungsfach

Ehrfurcht vor Gott, Gottesfurcht 69, 116, 118,
    122, 131, 145, 159, 360, 363
Elternrecht 5, 39, 94, 114, 145–146, 149, 170,
    173, 191, 193, 210, 261, 276, 278–279,
    309, 334, 360, 363, 377, 410, 428–430,
    433, 454
Entkonfessionalisierung 81, 87, 112, 122
Enzyklika 87
EPA (Einheitliche Prüfungsanforderungen in der
    Abiturprüfung) Ethik 40–41, 150, 314, 317
EPA (Einheitliche Prüfungsanforderungen in der
    Abiturprüfung) Philosophie 40–41, 309
Ersatzfach 8, 32–33, 49, 63, 68–73, 79–82,
    105–106, 113–117, 119, 121–123, 132–136,
    140, 145–146, 149, 158–159, 206, 258,
    261, 266, 274–277, 279–281, 289–290,
    301–302, 309, 331, 340–341, 347–348,
    359–360, 363–364, 368, 371–372, 378,
    393, 401, 409–410, 426–427, 431–440,
    442, 454–455, 496, 498, 508–510
    s. auch Alternativfach, Ersatzpflichtfach,
    Pflichtfach, Wahlpflichtfach, Zusatzfach
Ersatzpflichtfach 6, 28, 30–31, 40–41, 50, 211,
    257, 261, 266, 302, 304–306, 308, 323,
    334–335, 340, 350, 369, 376–378, 384,
    464 s. auch Alternativfach, Ersatzfach,
    Pflichtfach, Wahlpflichtfach, Zusatzfach
Erweiterungsfach, Erweiterungsstudium 157,
    160, 282–283, 312, 449, 459–460
    hier auch Beifach, Drittfach
Erziehungsziel s. Bildungsziel
Ethik, Ethikunterricht s. religionsbezogene
    Unterrichtsfächer
Ethik, Religionen, Gemeinschaft (ERG)
    s. religionsbezogene Unterrichtsfächer
Evangelische Kirche Deutschland (EKD,
    einschließlich Gliedkirchen) 24–25, 36–38,
    86, 90, 112, 148, 166, 168, 186, 192–193,
    207, 232–234, 236–237, 240, 246–247,
    249, 258, 281, 361, 393, 402, 412, 428,
    431, 440, 471 hier auch Landeskirche
Evangelische Religion s. religionsbezogene
    Unterrichtsfächer

Fachdidaktik
– religionskundliche,
    religionswissenschaftliche 41, 44, 51, 77,
    268–269, 292, 313, 352, 465, 480,
    484, 490

– sonstige 97, 133, 194–195, 283, 299, 368, 397, 399, 412, 476, 481, 490, 504
Fächergruppe 39, 47, 50, 167, 170, 188, 190, 263, 276, 278, 281, 340, 379, 427, 429–431
Fächerkooperation 7, 39, 176, 244, 285–286, 427, 429, 434–435, 439, 443
fachfremde Lehrkraft, fachfremde Unterrichtung 47, 134, 152, 156, 158, 160, 177, 194, 198, 212, 236, 259, 262, 281, 308, 311, 336–337, 359, 367, 370–371, 380–381, 396, 398, 440 *s. auch* Lehrbefähigung
Fachverband
– Ethik (Bundesverband mit Landesverbänden) 140, 153, 157, 173, 177, 265, 267, 371, 402, 454
– LER e.V. Brandenburg 194, 199
– Philosophie (Bundesverband mit Landesverbänden) 140, 221, 237–238, 242, 245, 247, 249, 265, 278, 281, 284–285, 290, 335, 345, 348, 368, 371, 381, 383, 432–433, 441–442
– Religionslehrkräfte im Land Bremen e.V. 37, 209, 216
– Werte und Normen – ethische und humanistische Bildung in Niedersachsen e.V. 27, 39, 300, 307, 309, 314, 321–323
Facultas, Fakultas *s.* Lehrbefähigung
Förderschule *s.* Schule nach Schulform (Bildungsabschluss)
Freidenkertum, freidenkerisch 71–73, 158, 333, 344, 347 *s. auch* freireligiös, Humanismus, Konfessionslosigkeit, *hier auch* Internationaler Bund der Konfessionslosen und Atheisten (IBKA)
Freie Demokratische Partei (FDP) 109, 167–168, 170, 186, 199, 235, 248, 265, 307, 309, 348–349, 409
freireligiös 25, 27, 39, 67–73, 80, 121, 257, 299–301, 322 *s. auch* Freidenkertum, Humanismus, Konfessionslosigkeit
Freireligiöse Religion *s.* religionsbezogene Unterrichtsfächer
Freiwilligkeit, freie Teilnahme am Religionsunterricht 3, 5, 7–8, 17, 27–28, 32, 35, 100, 121, 146, 158, 166–167, 170–172, 178, 188–190, 192–193, 197–199, 222, 232, 247, 276, 289, 426–428, 473–474, 480, 490 *s. auch* Abmeldemöglichkeit

Gemeinschaftsschule *s.* Schule nach Organisationsform
Gesamtschule *s.* Schule nach Schulform (Bildungsabschluss)
Gewissensfreiheit 70, 82, 133, 147, 149, 210, 258, 301, 317, 411, 483 *s. auch* Bekenntnisfreiheit, Glaubensfreiheit, Religionsfreiheit
Glaubensfreiheit 133, 149, 210, 217, 242, 258, 317, 483 *s. auch* Bekenntnisfreiheit, Gewissensfreiheit, Religionsfreiheit
Grundschule *s.* Schule nach Schulform (Bildungsabschluss)
Gymnasium *s.* Schule nach Schulform (Bildungsabschluss)

Hamburger Modell 7–8, 27, 43, 441
Heiliger Stuhl 85–86, 88–89, 110, 115, 499–501, 510 *hier auch* Vatikan
Hinduismus, hinduistisch 138–139, 155–156, 196, 213, 236, 250, 257, 287, 318, 344, 368, 400, 461, 472, 505
Humanismus, humanistisch 12, 158–159, 257, 260, 265–266, 289, 299, 301–302, 305, 316, 320, 322, 324, 331, 347–349, 369, 403, 482 *s. auch* Freidenkertum, freireligiös, Konfessionslosigkeit
Humanistische Lebenskunde *s.* religionsbezogene Unterrichtsfächer
Humanistischer Verband (Bundesverband mit Landesverbänden) 27, 36, 39, 80, 159, 171, 178, 192–199, 277, 281, 289–290, 299–300, 315, 322–323, 348–349, 384, 396, 403 *s. auch* Humanismus

Innenperspektive (emisch) 70, 138, 222, 386, 414, 443–445, 452
integrativer Unterricht *s.* Organisationsform
Interkulturalität 231, 243, 263, 286, 319, 344, 347, 400–401, 405, 503
Internationaler Bund der Konfessionslosen und Atheisten (IBKA) *s.* Freidenkertum, freidenkerisch
Islamische Religion *s.* religionsbezogene Unterrichtsfächer

Islamunterricht s. religionsbezogene Unterrichtsfächer
Israelitische Kultusgemeinde 7, 26, 148, 169–170, 178, 187, 216, 221, 235, 401 *hier auch* Jüdische Gemeinde

Jüdische Gemeinde s. Israelitische Kultusgemeinde
Jüdische Religion s. religionsbezogene Unterrichtsfächer

kantische Fragen 41, 215, 286, 316, 433–434, 436, 461
Katechese 63, 71, 106, 396
Katholische Religion s. religionsbezogene Unterrichtsfächer
Kerncurricula-Kommission (KC-Kommission) s. Lehrplankommission
Kompetenzziel s. Lernziel
Konfessionslosigkeit, Konfessionsfreiheit 68, 72, 77, 82, 119, 123, 132, 191, 231, 234, 237–238, 245–246, 257, 275, 279–280, 302, 335, 348, 359, 366–367, 376, 410, 427–429, 431, 442, 449, 458
    s. auch Freidenkertum, freireligiös, Humanismus
Konfessionsschule s. Schule nach Organisationsform
Konkordat s. Staatskirchenverträge
Konzeptualisierungen von Religion 5, 9–18, 41, 47, 159, 232, 238, 244, 249, 321, 324, 400, 486 s. auch Religionsbegriff
Körperschaft des öffentlichen Rechts 39, 235–236, 401, 441
kulturkundlich 13–14, 17, 385, 436, 483

Landesinstitut 21, 25, 37, 173, 177, 188, 194–195, 213–214, 216, 222, 240, 242, 308, 332, 345, 371, 381, 413, 415
Landeskirche s. Evangelische Kirche Deutschland (EKD, einschließlich Gliedkirchen)
learning about religion 3, 42, 63, 67, 70–71, 77, 81–82, 98, 106, 249, 266, 291, 403 *hier auch* Lernen über Religion
learning from religion 43, 63, 66–67, 69, 72–74, 77, 80, 82, 159, 249, 267–268, 291, 403 *hier auch* Lernen von Religion

learning religion 63, 65–67, 69–70, 73, 77, 80–82, 217, 249, 266–268
– Lebensgestaltung – Ethik – Religionskunde (LER) s. religionsbezogene Unterrichtsfächer
Lebenskundeunterricht 72, 77, 79–82, 172, 186, 192–193, 322, 393, 403, 475, 497 s. auch Humanistische Lebenskunde
Lebensweltbezug 42, 159, 175, 195, 217, 219, 243, 264, 268, 306, 370, 403–404, 429, 479, 484, 488–489, 499
Lehramt 6, 22, 25, 37, 39, 42, 44–46, 102, 150, 157–158, 160, 173, 177, 194, 208, 212–214, 221–222, 240, 262, 281–285, 287–288, 290–291, 299–300, 310–313, 321, 324, 332, 336–339, 343, 351, 359–360, 367–368, 380, 387, 396–399, 405, 412, 431–432, 443, 457–461, 465, 476–480, 492, 502–504
    s. auch Pädagogische Hochschule, *hier auch* Ausbildung, Lehramtsausbildung, Lehramtsstudium
Lehrbefähigung, Lehrbefugnis, Lehrerlaubnis 22–26, 36, 46–47, 86, 150–152, 173, 212–214, 236, 259, 261, 282–284, 308, 310, 312, 337, 367, 380, 396, 399, 412, 432, 440, 443, 448–449 *hier auch* Facultas, s. auch Missio canonica, Vocatio
Lehrkräftemangel 80, 99, 212, 247, 275, 280, 284, 349, 394, 396, 398, 426, 432, 440, 443, 455–456
Lehrmittel 39, 156, 287–289, 292, 472, 491
    s. auch Schulbuch
Lehrplankommission 39–40, 103, 233, 299, 314–315, 322, 333, 340, 361, 381, 433 *hier auch* Kerncurricula-Kommission (KC-Kommission)
Lernen über Religion s. learning about religion
Lernen von Religion s. learning from religion
Lernziel 41, 43, 45, 48, 50, 64, 77, 81, 154, 157, 176, 215, 220, 263, 275, 283, 306, 315–321, 323, 341, 400, 464, 473, 479, 483, 486, 489 s. auch Bildungsziel, *hier auch* Kompetenzziel

Mennonitischer Religionsunterricht
  s. religionsbezogene Unterrichtsfächer
Menschenrechte 5, 175, 177–178, 200–201, 263–264, 287, 316, 345, 349, 360, 369, 420, 462, 506
Metaebene, Metaperspektive, Metasprache 12, 41, 134, 276, 288, 291, 324, 413, 415, 417, 423 *hier auch* Objektebene
Metaphysik, metaphysisch 241, 243–245, 249, 340–341, 344, 386, 427, 433–434, 436, 438–439
Migration, Migrationshintergrund, migrantisch 139, 208, 233, 237, 256–257, 331, 421, 472, 475
Missio canonica 86, 112, 260, 412 *s. auch* Lehrbefähigung, Vocatio
Mittelschule *s.* Schule nach Schulform (Bildungsabschluss)
Modellversuch *s.* Schulversuch
Monotheismus, monotheistisch 138–139, 176, 220, 263, 287–288, 319–320, 341, 345–346, 438–439, 462–463
Moralunterricht 69–70, 72–73, 82, 113, 234

Nachqualifikation, Nachqualifizierung
  s. Weiterbildung
Nachwendepolitik, Nachwendeschuljahr, Nachwendesituation
  s. Wiedervereinigung
Nationalsozialismus 82, 85–87, 89–94, 99
Neue religiöse Bewegungen 155, 159, 244, 265, 268, 318–319, 343–345, 351, 401 *hier auch* "Sekte"
Neutralität, neutral 35, 87, 114, 150, 167, 170, 178, 189, 192, 200, 209, 220, 223, 235, 262, 267, 301, 306, 317, 323, 333, 339, 347–349, 351, 396, 402, 405, 422, 434–435, 444, 451–452, 454, 456, 474, 483, 506, 508

Oberschule *s.* Schule nach Schulform (Bildungsabschluss)
Objektebene, objektsprachlich
  s. Metaebene
ordentliches Lehrfach 24, 100, 110, 119, 131–132, 147–149, 165–166, 169, 188, 193, 239, 257, 260, 276, 281, 301, 304, 307–308, 312, 332, 334, 362, 370–371, 379, 393, 396, 409–410, 421–422, 427–428, 431, 442, 448–454, 457, 473
Organisationsform
– integrativ 6–9, 28, 42, 50, 168, 220, 222, 234, 265–266, 268–269, 291, 323, 337, 347–348, 350, 352, 451
– separativ V, 5, 50, 210, 257, 303, 306, 323, 350, 402, 443
Orthodoxer Religionsunterricht
  s. religionsbezogene Unterrichtsfächer
Othering 4, 155, 319–320

Pädagogische Hochschule 102, 120, 136, 300, 457, 473, 475–478, 481, 484, 489, 495, 504–505 *s. auch* Lehramt
PDS *s.* Die Linke
Pflichtfach 24–35, 41–42, 49–50, 111–112, 119, 121, 149, 158, 167, 185, 193, 277–278, 289–291, 348, 410, 429, 442, 451, 454, 463–465, 474, 477, 510 *s. auch* Alternativfach, Ersatzfach, Ersatzpflichtfach, Wahlpflichtfach, Zusatzfach
Phänomenologie
  s. Religionsphänomenologie
Philosophie, Philosophieunterricht
  s. religionsbezogene Unterrichtsfächer
Philosophie/Ethik *s.* religionsbezogene Unterrichtsfächer
Philosophieren mit Kindern
  s. religionsbezogene Unterrichtsfächer
Polytheismus, polytheistisch 138, 288, 320
Positionalität 17, 146, 208, 217, 438
Praktische Philosophie *s.* religionsbezogene Unterrichtsfächer
Privilegien, Privilegierung, Privilegienbündel 15, 112, 213, 250, 265–266, 268–269, 347, 441

Rahmungen religionsbezogenen Unterrichts 10, 13–17, 43, 49, 63, 67, 69, 71, 73, 77, 82, 106, 218–219, 223, 288, 291, 324, 385–387, 405, 413–414, 422, 436, 439, 449, 456, 473, 483, 485
Referendariat 152, 213–214, 222, 240, 284, 311, 313, 368, 370–371, 398–399
Reformpädagogik 79, 101
Regelschule *s.* Schule nach Schulform (Bildungsabschluss)
Reichskonkordat *s.* Staatskirchenverträge

Reichsschulgesetz 78, 81, 87, 93
Religion (Bremen) s. religionsbezogene Unterrichtsfächer
Religionsaffirmativität V, 43, 73, 156, 159, 234, 260, 266, 405
Religionsbegriff, Religionsverständnis 11–12, 42, 48, 65–67, 72, 81, 176, 197–198, 219, 244, 250, 265, 268, 291, 318, 320, 324, 346, 351, 360, 400, 404–405, 417, 427, 438–439, 443, 485 s. auch Konzeptualisierungen von Religion
religionsbezogene Unterrichtsfächer
- Alevitische Religion 21, 23, 25, 28, 36, 148, 171, 257, 304, 307–308, 310, 333–334, 363, 378, 441
- Allgemeine Ethik 21, 30–31, 37, 40, 47, 50, 376–380, 382, 384, 387
- Altkatholische Religion 21, 36, 147
- Biblische Geschichte auf allgemein christlicher Grundlage (BGU) 8, 27, 111, 206–210, 212, 214, 216–217, 222
- Buddhistischer Religionsunterricht 21, 28, 36, 171
- Christenlehre 97, 100, 122, 185
- Dialogisch-konfessioneller Religionsunterricht 496
- Ethik, Ethikunterricht 7–9, 21, 28–29, 37–38, 40, 43, 47, 49, 72, 90, 113–119, 121, 131–140, 146, 154–155, 160, 165, 167, 169–170, 172–179, 221, 240, 242, 257–269, 277, 284, 310, 316, 334, 340, 345–373, 392–393, 395–399, 402–403, 405, 408, 419–420, 423, 448–449, 451–465, 495–498, 502–510
- Ethik, Religionen, Gemeinschaft (ERG) 476–477, 481–484, 486–491
- Evangelische Religion 22, 25–33, 36, 39, 91, 112, 148, 171, 187, 192, 214, 223, 233, 263, 275–276, 280, 282, 289, 299, 303–304, 307–309, 331, 333–337, 362, 367–368, 378, 383, 393, 397, 410–413, 419–420, 426–431, 433–435, 439–440, 442–443
- Freireligiöse Religion 22, 25, 27, 36, 68–69, 71, 257, 300, 363
- Humanistische Lebenskunde 22, 27–28, 36, 159, 171, 192–193, 199, 289, 299, 348
- Islamische Religion 21, 23, 25, 28, 36, 139, 171, 216, 234, 257, 266, 278, 302–304, 307–309, 333–334, 363–364, 366, 378, 383, 421, 441, 463–464
- Islamunterricht 21, 27, 32, 37, 266, 268, 402, 411, 421–422, 426, 430
- Jüdische Religion 21, 23, 25, 28, 36, 171, 257, 278, 303–304, 307–308, 310, 333, 335, 360, 363, 378, 397, 401, 441, 456
- Katholische Religion 21, 25–26, 28, 34, 36, 39, 89, 134, 171, 192, 214, 223, 258, 263, 276, 278, 280–281, 289, 303, 307–309, 331, 333, 335, 363, 367–368, 378, 383, 393–394, 397, 410–411, 413, 420, 426–431, 434–435, 439, 456
- Lebensgestaltung – Ethik – Religionskunde (LER) 6–9, 18, 21, 28, 33, 35, 37, 40–44, 165, 167–168, 185–200, 235, 242, 284, 289–290, 310
- Mennonitischer Religionsunterricht 22, 36, 333, 364
- Orthodoxer Religionsunterricht 22–23, 28, 36, 147, 171, 303–304, 307–308, 310, 333, 335, 379
- Philosophie, Philosophieunterricht 8, 22, 26, 28–29, 39, 49, 208–216, 221–224, 232–233, 236–237, 240–241, 249, 262, 274, 283–284, 286, 289–291, 304–305, 307, 309–312, 322–323, 330, 334–340, 348, 350, 352, 364, 372, 377–378, 384, 426–443
- Philosophie/Ethik 21, 30, 47, 136, 144, 151, 167, 173, 214, 233–234, 237, 240, 277, 340, 367–368, 371, 380, 397, 458
- Philosophieren mit Kindern 21, 30, 37, 40, 47, 50, 248, 274–286, 289–291, 310, 348, 397
- Praktische Philosophie 6, 21, 30, 37, 40, 47, 50, 241, 330, 378
- Religion (Bremen) 8, 35, 43, 48, 209–224
- Religionsunterricht der Christengemeinschaft 21, 28, 36
- Religionsunterricht für Alle (RUfa) 7–8, 25–26, 36–37, 43, 214, 219, 223, 232–234, 237, 246–248, 250
- Syrisch-orthodoxer Religionsunterricht 22–23, 28, 36, 147, 303–304, 307–308, 310, 333
- Unitarischer Religionsunterricht 22, 36

– Werte und Normen 6, 22, 31, 37–38, 44–46, 48–50, 201, 212, 214, 223, 242, 284, 298–299, 301–318, 320–324
Religionsfreiheit VI, 5–6, 14, 16, 22, 24, 32, 39, 47, 49–50, 113, 115, 117, 122, 146, 187, 192, 201, 231, 242, 257, 265, 267, 281, 302, 309, 317, 324, 411, 431, 441, 451, 472, 474, 488, 496 s. auch Bekenntnisfreiheit, Gewissensfreiheit, Glaubensfreiheit
Religionsgeschichte 68, 71–72, 74, 82, 137–138, 140, 195, 217–218, 287, 289, 384, 399, 409, 414, 422, 478
Religionskundedidaktik, religionskundliche Didaktik s. Fachdidaktik
Religionsmündigkeit 132, 173, 191–193, 239, 260–261, 276, 279, 309, 334, 363, 383, 411, 427–429, 454–455
Religionsphänomenologie 10, 41–42, 268, 288, 319, 324, 400, 404, 437, 460, 479, 482, 489–490 hier auch Phänomenologie
Religionsunterricht der Christengemeinschaft s. religionsbezogene Unterrichtsfächer
Religionsunterricht für Alle (RUfa)
  s. religionsbezogene Unterrichtsfächer
religionswissenschaftliche Fachdidaktik
  s. Fachdidaktik

Säkularisierung 23, 25, 63–66, 70, 87, 111, 120, 137, 139, 165, 172, 198, 216, 249, 269, 343, 471, 500 s. auch Trennung von Staat und Kirche
Sammelklasse 79, 93, 402
Sammelschule s. Schule nach Organisationsform
Schulaufsicht 23–24, 65–66, 86, 101, 110, 247, 259–260, 276, 377, 421, 428, 433, 501
Schulbuch 97, 103, 105, 138, 344 s. auch Lehrmittel
Schule
– nach Organisationsform
  – bekenntnisfreie Schule 24, 78, 334, 362 s. auch Sammelschule, weltliche Schule
  – Bekenntnisschule 78, 86–87, 89, 91, 93, 110, 335, 377, 384 s. auch Konfessionsschule
  – christliche Gemeinschaftsschule 91, 93, 110, 131, 369
  – christliche Schule 87–88, 93

  – Gemeinschaftsschule 78, 92, 137, 210, 379–381, 432, 457
  – Konfessionsschule 78, 87, 92–93, 100
    s. auch Bekenntnisschule
  – Sammelschule 78–79, 82, 88 s. auch bekenntnisfreie Schule, weltliche Schule
  – Simultanschule 78–79, 81, 87, 131
  – weltliche Schule 69, 78–79, 82, 87
    s. auch bekenntnisfreie Schule, Sammelschule
– nach Schulform (Bildungsabschluss)
  – berufsbildende Schule, Berufsschule 132, 150, 213, 259, 262, 278, 281–282, 285, 304–312, 332, 334–335, 340, 359–361, 363, 377, 379–380, 382, 395, 400, 404, 409, 433, 457, 459, 463, 471, 497–498, 506
  – Förderschule 153, 312, 359–360, 363, 379, 395, 400, 457, 459
  – Gesamtschule 233, 312, 314, 332, 336, 361, 363, 432, 457
  – Grundschule 39, 49, 82, 131, 140, 147, 150–172, 194, 213, 239, 259–260, 262, 266–267, 277, 282–283, 286, 303–307, 312, 330, 340, 345, 350–351, 359, 361, 363, 367, 369–370, 372, 379, 383–384, 395–396, 400–401, 404, 426–432, 434, 443, 452–453, 457, 459–462
  – Gymnasium 34, 41, 65, 71, 132, 136–139, 146–150, 173, 192, 194, 199, 209, 211, 213–214, 216, 222, 233, 239–262, 265–267, 277–278, 282–287, 290, 304, 311–330, 332, 334, 337, 359, 361–363, 368–369, 378–382, 395–396, 400–401, 404, 412, 414–419, 426, 432–433, 452, 457, 461, 471, 473, 480, 482, 484, 489–492
  – Mittelschule 147, 150, 153–154, 394
  – Oberschule 102, 211, 213–214, 216, 314, 361, 394–396, 400–401, 403
  – Regelschule 24, 78, 110, 452, 454, 457–458, 460–461
  – Volksschule 63–64, 68, 70–71, 73, 78, 82, 93, 131, 150, 471, 473, 481–482, 484, 489
Schulreform 77, 81, 100, 102, 276, 377, 392, 410
Schulstreit 109–110, 207
Schulversuch 25, 27–28, 147–148, 157, 167, 187, 208, 277, 302, 332–333, 336–337,

349, 402, 497–498, 505 *hier auch* Modellversuch
Schura 26, 38, 216, 221, 235–236
Sekte *s.* Neue religiöse Bewegungen
Sektendebatte, Sektendiskurs 333, 401
separativer Unterricht *s.* Organisationsform
Simultanschule *s.* Schule nach Organisationsform
Sinn- und Wertfragen 170, 196, 214, 218, 258, 263, 341–342, 344–346, 350, 352, 370, 403, 413, 419, 461
Sittengesetz, Sittenunterricht, Sittlichkeitsunterricht 69–70, 131, 145–146, 153, 156, 358–359, 363, 372, 377
Sozialdemokratische Partei Deutschlands (SPD) 77, 88, 109, 131, 145, 167–169, 186, 188–190, 199, 209, 234–235, 248, 258, 265, 289, 300–301, 331, 382–383, 409–410, 421, 441, 443
Staatsbürgerkunde (Stabü) 97–99, 101–106, 121, 275, 392, 449
Staatskirchenrecht 89, 449, 451
Staatskirchenverträge 85–90, 94, 110, 115, 421, 499–501, 510 *hier auch* Bayernkonkordat, Konkordat, Reichskonkordat
Studienseminar 44, 152, 311, 313, 380
Syrisch-orthodoxer Religionsunterricht *s.* religionsbezogene Unterrichtsfächer

Trennung von Staat und Kirche 40, 100, 508 *s. auch* Säkularisierung

Unitarischer Religionsunterricht *s.* religionsbezogene Unterrichtsfächer
Unterrichtsabdeckung 80, 311, 395–396, 458

Vatikan *s.* Heiliger Stuhl
Verband der Islamischen Kulturzentren (VIKZ) 26, 38, 216, 221, 235–236
Vocatio, Vokation 112–113, 236, 260, 412, 440 *s. auch* Lehrbefähigung, Missio canonica
Volksbegehren 111, 170, 498, 508
Volksschule *s.* Schule nach Schulform (Bildungsabschluss)

Wahlpflichtfach 6, 26, 28–33, 35, 40–41, 50, 117, 133, 149, 158–159, 167–170, 188–190, 209–211, 232–233, 236–239, 241, 247, 290, 304–305, 334–335, 350, 393–394, 397, 401, 410, 454–456, 464, 473, 475, 477, 480 *s. auch* Alternativfach, Ersatzfach, Ersatzpflichtfach, Pflichtfach, Zusatzfach
Weimarer Reichsverfassung 77–79, 86–87, 101, 192, 207, 377
Weimarer Republik 77, 80–82, 85–89, 100–101, 121, 156
Weiterbildung 82, 105, 134–135, 158, 240, 259, 263, 275, 282–284, 291, 334, 338, 359, 367, 371, 393, 395–396, 398–399, 412, 429–433, 443, 449, 452–453, 457–458, 461, 476, 502, 504 *hier auch* Nachqualifikation
Weltethos-Projekt 137–138, 155, 418, 463
weltliche Schule *s.* Schule nach Organisationsform
Weltreligionenparadigma 10, 41–42, 51, 154, 159, 219, 268, 319, 324, 345, 386, 400, 460, 462, 465, 487
Werte und Normen *s.* religionsbezogene Unterrichtsfächer
Wertevermittlung 6, 24, 28, 44, 48, 50–51, 116–118, 145, 149, 153–154, 157, 159–160, 168, 188–189, 264, 267–268, 300, 305, 316, 318, 320, 324, 331, 340, 360–361, 370, 372, 403, 422, 441, 449, 451, 456, 461, 504, 508–509
Wiedervereinigung 49, 111, 116–117, 121–122, 275, 449, 452, 458 *hier auch* Nachwendepolitik, Nachwendeschuljahr, Nachwendesituation

Zeugen Jehovas 132, 393, 441, 501
Zusatzfach 27–28, 32, 35 *s. auch* Alternativfach, Ersatzfach, Ersatzpflichtfach, Pflichtfach, Wahlpflichtfach

www.ingramcontent.com/pod-product-compliance
Lightning Source LLC
Chambersburg PA
CBHW050736110426
42814CB00006B/282